Ole Vedfelt

Dimensionen der Träume

Ein Grundlagenwerk zu Wesen, Funktion und Interpretation

Aus dem Englischen von
Sieglinde Denzel und Susanne Naumann

W0058213

Deutscher Taschenbuch Verlag

Im Text ungekürzte Ausgabe
Januar 1999
Deutscher Taschenbuch Verlag GmbH & Co. KG, München
© der dänischen Originalausgabe: 1989 Ole Vedfelt
(ICBS, Kvæsthusgade 3F, DK-1251 Kopenhagen)
Titel der dänischen Originalausgabe:
Drømmenes dimensioner. Drømmenes væsen, funktion og fortolkning
Gyldendalske Boghandel, Nordisk Forlag, Copenhagen 1989
© der deutschsprachigen Ausgabe:
1997 Walter Verlag, Zürich und Düsseldorf
ISBN 3-530-40016-5
Umschlagkonzept: Balk & Brumshagen
Umschlagfoto: © Lajos Keresztes
Gesamtherstellung: C. H. Beck'sche Buchdruckerei, Nördlingen
Gedruckt auf säurefreiem, chlorfrei gebleichtem Papier
Printed in Germany · ISBN 3-423-35149-7

Inhalt

Vorwort

Jeder Mensch träumt zwei Stunden pro Nacht. In allen Kulturen wurde Träumen große Bedeutung beigemessen. Träume gaben Anlaß zu tiefsinnigen Theorien über die menschliche Psyche. Doch was bedeuten Träume wirklich? Wie können wir sie in der Psychotherapie nutzen? Und wo können wir Informationen finden, die uns helfen, sie zu verstehen?

Das zwanzigste Jahrhundert hat eine ganze Reihe ernstzunehmender Traumtheorien hervorgebracht. Die Freudianer haben sich mit Träumen befaßt, die Jungianer und die Existentialisten. Träume wurden statistisch ausgewertet und im Labor untersucht. Aber auch der Zusammenhang zwischen Traum und Körper, Traum und parapsychologischen Phänomenen, Traum und Meditation, Traum und Geburtserfahrungen, Traum und bewußtseinserweiternden Techniken und Traum und Psychosen war Gegenstand des Forschungsinteresses, bis hin zum Studium von Gruppenphänomenen und soziologischen Aspekten des Traums. Infolge dieser mannigfaltigen Bemühungen besitzen wir heute ein beträchtliches Wissen über Träume, wir sind mit ihren Funktionen vertraut und haben Modelle, anhand derer wir sie interpretieren und mit ihnen arbeiten können.

Leider mangelt es am interdisziplinären Austausch der verschiedenen theoretischen und therapeutischen Richtungen, ein Umstand, der sich in der Literatur genauso niederschlägt wie in der praktischen Arbeit. Ein Übersichtswerk, in dem die vielen Theorien und Methoden umfassend dokumentiert werden, tut deshalb dringend not.

Den beruflichen und persönlichen Hintergrund des vorliegenden Buches bilden zunächst zehn Jahre Analyse und Supervision bei erfahrenen Lehranalytikern des C. G. Jung-Instituts Zürich mit dem Schwerpunkt Traumdeutung. Später lernte ich, Elemente der Maltherapie und der Gestalttherapie in die Traumarbeit miteinzubeziehen, und absolvierte eine Psychodrama-Ausbildung. Ich habe Sitzungen mit psychedelischen Drogen mitgemacht, mit Körpertherapie gearbeitet und mich systematisch in die Techniken der Meditation einführen lassen. Männer und Frauen waren meine Lehrer. Wo immer möglich, ließ ich die gewonnenen Einsichten in meine eigene therapeutische Praxis einfließen. Weitere zehn Jahre Erfahrung mit Träumen kamen hinzu, in denen ich mit etwa fünfzehntausend Träumen von hundertfünfzig bis zweihundert Personen arbeitete. Am Anfang standen längerdauernde Einzeltherapien im Vordergrund, doch im Laufe der Zeit kam verstärkt die Arbeit mit Gruppen in Workshops hinzu, die ich häufig gemeinsam mit Gestalt-, Gruppen- und Psychodrama-Therapeuten leitete.

In meiner eigenen Analyse wurden die Träume gewöhnlich aus freudianischer oder jungianischer Sicht gedeutet. Als sich dann mein therapeutischer Horizont erweiterte, taten sich unvermutet bis dahin unbekannte Themen auf. Einige davon waren völlig neu und schienen durch den therapeutischen Prozeß angeregt. Bei anderen sah ich, wenn ich meine Traumaufzeichnungen durchblätterte, daß sie schon immer dagewesen waren, ich sie aber jahrelang nicht gesehen hatte. Was mir zuvor als wahre oder einzig gültige Deutung erschienen war, bezog sich, wie ich nun erkannte, nur auf einen einzigen oder einige wenige Aspekte des Traums, betrachtet von einer ganz bestimmten Bewußtseinsebene aus, die vom Ansatz und von den theoretischen Vorannahmen des Therapeuten eingegrenzt war.

Auf Tagungen und Symposien wurde mir klar, daß die verschiedenen Richtungen der Traumtherapie in wechselseitiger Unkenntnis voneinander dahinplätschern, ja daß jeder das tiefeingewurzelte und dabei völlig unbegründete Vertrauen hat, die eigene Methode sei die beste und tiefschürfendste. Das hätte sich als subjektiver Eindruck abtun lassen, wenn ich es nicht in reichstem Maße in der Literatur bestätigt gefunden hätte. Die Freudianer schenkten den Untersuchungen der Jungianer wenig Beachtung. Jung wütete gegen Freud, verstand ihn aber oft gar nicht richtig. Der Daseinsanalytiker Medard Boss verschwendete ungeheure Energie in sinnlosen Kontroversen. Perls glaubte, seine Therapie sei die einzige «wirklich angemessene» usw. Dennoch waren die Traumdeuter der verschiedenen Schulen sämtlich imstande, ihren Klienten wichtige Hilfen für ihr Selbstverständnis zu geben, und hatten ausgefeilte Materialien, Techniken und Theorien bei der Hand, die ich durchaus nutzbringend in meiner eigenen Arbeit anwenden konnte. Gleichzeitig machte ich die Beobachtung, daß viele erfahrene Traumtherapeuten aus meiner Bekanntschaft in der Praxis wesentlich flexibler sind, als ihre Theorien zulassen, was ebenso für die großen Traumtheoretiker gilt, die in diesem Buch zu Wort kommen.

Mein Interesse galt folglich vor allem der Frage, wie die Arbeitsmethoden der verschiedenen Schulen einander gegenseitig ergänzen und unterstützen können. Mir ging es darum, eine kreative Synthese des vorhandenen Materials zu schaffen, um festzustellen, ob die verschiedenen Standpunkte nicht vielleicht ein in sich stimmiges Muster ergeben, das zu einem vollständigeren Bild des in Träumen steckenden Potentials führt, als wir es bisher haben.

Im Laufe der Arbeit kristallisierte sich heraus, daß sich das vorliegende Wissen über Träume in vierzehn Themenbereiche gliedern läßt, die den vierzehn Kapiteln dieses Buches entsprechen. Schließlich läßt sich das gesamte Material in eine multidimensionale Traumtheorie integrieren, die in Kapitel 15 vorgestellt wird.

Wichtig war mir, die Leistungen der Pioniere der Traumforschung ganz innerhalb ihres eigenen Bezugssystems darzustellen und ihre Theorien und Methoden so transparent wie möglich zu machen.

Kapitel 1 ist der Traumtheorie Sigmund Freuds und seiner Nachfolger gewidmet. Die Freudianer gehen davon aus, daß Träume von primitiven und infantilen Triebimpulsen herrühren, die von den Abwehrmechanismen der Psyche unterdrückt und allenfalls in entstellter Form zugelassen werden. Mit Kenntnissen der Ergebnisse der freudianischen Traumforschung und der auf ihr aufbauenden Theorien können Träume dazu herangezogen werden, unterdrückte Kindheitskonflikte sichtbar zu machen und zu bearbeiten. Die Freudsche Methode der freien Assoziation wird vorgestellt, und es wird auf die Bedeutung von «Tagesresten» – Verbindungen zwischen Trauminhalt und Erlebnissen des vorangegangenen Tages – eingegangen. Wir erfahren von Abwehrmechanismen in Träumen, von der Übertragung innerer Konflikte auf andere, vor allem auf den Therapeuten, und von der Fähigkeit des Menschen, psychische Einsichten in seine Persönlichkeit zu integrieren. Auch wird der praktische Nutzen freudianischer Modelle für die sexuelle und soziale Individuation deutlich, und wir erhalten Aufschluß darüber, wie der Traumdeuter mit seinem «Material» umgehen sollte.

In Kapitel 2 steht die Traumtheorie C. G. Jungs und seiner Schule im Mittelpunkt. Jung glaubte nicht, daß Träume irgend etwas verschleiern oder verbergen, sondern sah sie im Gegenteil als Quelle der Offenbarung uralten Wissens. Er war außerdem weniger an eventuellen traumatischen Erfahrungen des Träumers in seiner Kindheit interessiert als daran, was Träume über das Entwicklungspotential der betreffenden Person aussagen.

Im Zuge der Beschäftigung mit Jungs Ansatz lernen wir sein hochdifferenziertes Schema von Traumdeutungsregeln kennen, die im Vergleich zum Freudschen Ansatz zahlreiche neue Erkenntnisse bringen. Die Bedeutung der besonders wichtigen archetypischen Träume und des Individuationsprozesses des Erwachsenen in Träumen wird diskutiert. Wir werfen einen Blick auf den Zusammenhang zwischen Traum und alchemistischen Symbolen, Traum und Tod, Traum und Berufung, Traum und Problemlösung beziehungsweise Kreativität sowie Traum und persönlichem Schicksal. Ein Lebensweg wird anhand von Träumen lebendig. Die neojungianischen Schulen haben Alternativen zu Freuds Individuationspsychologie entwickelt und betrachten Träume unter anderem auf dem Hintergrund der Geschlechterrollenentwicklung. Der Vergleich der freudianischen und der jungianischen Traumtheorie führt zu Überlegungen, inwiefern die beiden in sinnvoller Weise miteinander kombiniert werden können.

Trotz aller grundsätzlichen Unterschiede in ihren Ansätzen stimmten Freud und Jung darin überein, daß Träume aus dem Unbewußten kommen. In Kapitel 3 geht es demgegenüber um eine Richtung in der Traumanalyse, die den Ursprung der Träume im Wacherleben ansiedelt und davon ausgeht, daß Träume problemlösende Funktion haben. Die bedeutendsten Vertreter dieser Theorie sind Alfred Adler, Erich Fromm, Montague Ullmann und besonders Calvin Hall, der eine Methode entwickelte, die es ermöglicht, große Mengen von Traummaterial einer statistischen Analyse zu unterziehen. Hall konnte nachweisen, daß eine Verbindung zwischen Traum und Wachzustand besteht. Sein methodischer Apparat ermöglichte es ihm, allein auf der Basis von Traumreihen, ohne die betreffende Person und ihre Assoziationen zu kennen, eine Persönlichkeitsdiagnose zu erstellen. Durch Hall erfahren wir etwas darüber, womit sich Träume typischerweise beschäftigen, und zwar bei allen Menschen – Frauen, Männern, Kindern –, und über die Entwicklung von Träumen im Laufe des Lebens. Und wir sehen, wie sich diese Erkenntnisse in Verbindung mit dem Vorhergehenden fruchtbar machen lassen.

Eine vierte Richtung der Traumdeutung hat ihren Hauptvertreter in dem Daseinsanalytiker Medard Boss, dessen «phänomenologische» Methode darauf abzielt, Träume so zu nehmen, wie sie sind, statt sie im Rahmen bestimmter Theorien mehr oder weniger gewaltsam auf entsprechende Inhalte zu reduzieren. In Kapitel 4 werden Beispiele für Boss' Traumdeutung vorgestellt, an denen seine besonders einfühlsame therapeutische Methode, die gewonnenen Einsichten zu vermitteln, anschaulich wird. Auch der phänomenologische Ansatz läßt sich mit dem bereits Erarbeiteten kombinieren. Zugleich wird aber auch deutlich, daß gerade eine antitheoretische Methode wie die phänomenologische zu versteckten Theoretisierungen führen kann.

Im Licht der neueren, erlebnisorientierten Therapien zeichnet sich ab, daß Deutungen und Assoziationen zu Träumen oft nicht ausreichen, dem Klienten emotionale Erleichterung zu verschaffen. Kapitel 5 schildert die Arbeit mit Träumen in der Gestalttherapie und im Psychodrama – Techniken, die eine nützliche Ergänzung zu den vier wichtigsten Schulen der Traumdeutung bilden.

In Kapitel 6 geht es um Untersuchungen im Schlaflabor. Die meisten dieser Studien orientieren sich an der Psychoanalyse. Die große Bandbreite von Experimenten und Beobachtungen hat zu einem besseren Verständnis aller bis dahin vorliegenden Theorien zu Wesen und Funktion von Träumen beigetragen und bildet ihrerseits den Ausgangspunkt für eine Reihe komplementärer Theorien.

In Kapitel 7 geht es um den Zusammenhang zwischen Traum und Körper – um Traum und organische Krankheiten oder Körpersymptome, Traum und Körperform, Traum und kinästhetische Empfindungen, Traum und Körpersprache und Traum und Berührung. Das Bild wird abgerundet durch Träume von Personen in unterschiedlichen körpertherapeutischen Behandlungen. Die neugewonnenen Einsichten werden wiederum in das bereits Vorgetragene integriert.

Viele Traumforscher haben sich für parapsychologische Phänomene interessiert. Kapitel 8 diskutiert Freuds Telepathiehypothese, Jungs Synchronizitätskonzept und Montague Ullmanns Laborexperimente zur Gedankenübertragung in Träumen. Historische und moderne Beispiele von Präkognition und Telepathie in Träumen werden ebenso diskutiert wie der therapeutische Umgang mit parapsychologischen Phänomenen in Träumen.

Kapitel 9 setzt sich mit dem esoterischen Traumverständnis auseinander. Die Verbindung zwischen Traum, Meditation und Chakren wird untersucht, und es wird auf luzide Träume eingegangen, die einen ganz besonderen Platz im Traumleben einnehmen. Wir sehen, wie diese alternativen Ansätze zum Traumverständnis mit dem bereits vorliegenden Wissen in Beziehung gesetzt werden können.

In Kapitel 10 geht es um Geburtssymbolik im Traum und den Stellenwert, der dieser Symbolik in verschiedenen Richtungen der Psychoanalyse und der erlebnisorientierten Therapie eingeräumt wird. Kapitel 11 behandelt den Zusammenhang zwischen Traum und bewußtseinserweiternden Techniken. Im Mittelpunkt steht Stanislav Grofs LSD-Therapie. Es werden Beispiele für Träume nach LSD-Erfahrungen vorgestellt, und auch diese Ergebnisse werden mit dem übrigen Material verglichen.

In Kapitel 12 schließlich geht es um ein weiteres Gebiet extremer Erfahrungen: um Traum und Psychose. Es werden zahlreiche Beispiele für Träume in psychotischen Zuständen vorgestellt sowie verschiedene Arbeitsmethoden für die Traumtherapie in solchen Fällen.

In Kapitel 13 erfahren wir etwas über die Einschätzung von Träumen in verschiedenen Gesellschaften und zu verschiedenen Zeiten. Von besonderem therapeutischem Interesse ist dabei das Verhältnis der Senoi zu Träumen. Es werden Ähnlichkeiten und Unterschiede im Blick auf die Trauminhalte verschiedener kultureller Gruppen dargestellt, und wir setzen uns mit Träumen auseinander, die unter extremen sozialen Bedingungen auftreten.

In Kapitel 14 geht es um alternative Richtungen und Methoden des Arbeitens mit Träumen, besonders um die Arbeit in Gruppen und um Traum und Maltherapie.

In Kapitel 15 werden Überlegungen zu dem heute vorliegenden Wissen über Träume angestellt, die als Ausgangspunkt einer multidimensionalen Theorie vom Wesen und von der Funktion des Traums dienen. In allen vorangehenden Kapiteln wurde anhand von Beispielen immer wieder gezeigt, wie verschiedene Deutungsmethoden in sinnvoller und fruchtbarer Kombination auf einen einzigen Traum angewendet werden können, so daß eine multidimensionale Deutung naheliegt. Wie es der Psyche möglich ist, mit einer so komplexen Manifestation von Kreativität umzugehen, wie sie der Traum darstellt, wird aus der Sicht der Informationstheorie erläutert. Die Betrachtung der multidimensionalen Traumtheorie unter einem philosophischen Gesichtspunkt schließlich ergibt, daß sie in einer Reihe steht mit den zahlreichen Bemühungen, ein angemessenes Paradigma für Wissenschaft, Kunst und Alltagsleben zu finden.

Dimensionen der Träume ist ebenso für den interessierten Laien geschrieben wie für den psychotherapeutisch und wissenschaftlich arbeitenden Leser. Das Buch soll eine undogmatische Einführung in das heute vorliegende Wissen über Träume sein und den Leser in umfassender und anregender Weise über das Abenteuer der Traumdeutung in seiner ganzen Vielgestaltigkeit informieren. *Dimensionen der Täume* ist für all diejenigen gedacht, die im therapeutischen Rahmen oder im Zuge ihrer eigenen Persönlichkeitsentwicklung mit Träumen arbeiten und auf der Suche nach einem Übersichtswerk sind, in dem die vielen Methoden der Traumtherapie vorgestellt, ihre Vor- und Nachteile gegeneinander abgewogen und Vorschläge zu einer möglichen Synthese der verschiedenen Verfahren gemacht werden. Es richtet sich aber auch an den Forscher, der eine komprimierte Darstellung der theoretischen Prämissen, empirischen Grundlagen und des philosophischen Hintergrunds der verschiedenen Methoden sucht. Darüber hinaus möchte das Buch ein Traum-Handbuch sein und ein Leitfaden für die weitergehende Auseinandersetzung mit dem Traum.

Schließlich hoffe ich, daß die multidimensionale Theorie und Methode auch in anderen Disziplinen, die sich mit der Verarbeitung von Phänomenen des Bewußtseins und des Unbewußten befassen, Anwendung finden, sei es in Kunst, Literatur oder Mythologie.

Die Entstehung von *Dimensionen der Träume* wurde von Mogens Kristensen, Lektor beim Gyldendal Verlag, Kopenhagen, mit dem sicheren Instinkt des Lesers mitverfolgt. Äußerst hilfreich waren mir die Mitarbeiter verschiedener Bibliotheken. Dank schulde ich auch meinen Klienten, die mir bereitwillig Material zur Verfügung stellten.

Zahlreiche Anregungen bei der Entstehung dieses Buches verdanke ich meiner Frau, Lene Harpsøe, und ein besonderes Wort des Dankes geht an Ulla Olsen, ohne deren unermüdliche Hilfe bei der Erfassung und Übersetzung des Manuskripts das Buch nicht zustande gekommen wäre.

1 Freud und die Neofreudianer

Das Geheimnis des Traums enthüllt sich – Das Unbewußte bei Freud – Wesen und Funktion des Traums bei Freud – Die Methode der freien Assoziation – Traumzensur – Die Traumquellen – Traumarbeit – Die Methode der Traumdeutung – Traum und Regression – Freud und das Prospektive im Traum – Affekte im Traum und das Kontrastprinzip – Wunscherfüllung und ihr Fehlen im Traum – Symbole und Wortspiele im Traum – Die Neofreudianer – Traum und Abwehrmechanismen – Die Integrationsfähigkeit des Träumers – Traum und Übertragung – Vom latenten zum manifesten Traum – Traum und psychosexuelle Entwicklung – Traum und psychosoziale Entwicklung – Traum und Aggression – Die Rolle des Analytikers und die «Gegenübertragung» – Zusammenfassung

Das Geheimnis des Traums enthüllt sich

Mitte der neunziger Jahre des vorigen Jahrhunderts hatte sich Sigmund Freud, der Begründer der Psychoanalyse, schon mehrere Jahre mit psychischen Störungen wie Hysterie und Zwangsneurose beschäftigt. Angeregt durch seinen Mentor Josef Breuer hatte er belegen können, daß man die neurotische Idee «aufdecken» und den Patienten damit von ihr befreien konnte, wenn es im Laufe der Analyse gelang, die neurotischen Symptome auf die Elemente zurückzuführen, aus denen sie im Seelenleben des Kranken hervorgegangen waren. Die Analyse der neurotischen Vorstellung und ihre Auflösung fielen für Freud damals zusammen.[11a] Später mußte er allerdings einräumen, daß die Interpretation allein nicht genügte.[18]

Im Zuge seiner psychoanalytischen Forschung wies Freud seine

Patienten an, sämtliche Assoziationen und Gedanken, die ihnen im Zusammenhang mit dem zu bearbeitenden Problem in den Sinn kamen, auszusprechen. Dabei begannen sie auch, von ihren Träumen zu erzählen, und Freud erkannte bald, daß Träume in einen Komplex von Vorstellungen eingebaut sein können, die von der krankhaften Idee zurück zu Erinnerungen aus der Kindheit führen.

Diese Entdeckung veranlaßte ihn, den Traum selbst als Symptom zu betrachten und die analytische Methode, die er bis dahin auf die neurotischen Symptome angewandt hatte, auch bei Träumen einzusetzen.[13a]

Wie alle guten Psychotherapeuten erprobte Freud seine Methode zunächst an sich selbst. Eine Art Durchbruchserlebnis hatte er am 24. Juli 1895, dem Tag, an dem sich ihm seiner Ansicht nach durch die Analyse seiner Träume das Geheimnis des Traumes enthüllte.[7a]

Fünf Jahre später erschien sein monumentales Werk *Die Traumdeutung,* in dem er nicht nur eine völlig neue, umfassende Methode der Traumanalyse vorstellte, sondern darüber hinaus auch einige seiner wichtigsten psychologischen Konzepte entwickelte. Freud selbst und alle, die mit seiner Lehre vertraut waren, betrachteten das Buch denn auch als sein wichtigstes Werk überhaupt.[32,16] Obwohl Freud seine Theorien ständig überarbeitete,[14-16] blieb *Die Traumdeutung* sein Hauptbeitrag zur Theorie des Traums.

Das Unbewußte bei Freud

Es ist kein Zufall, daß Freud seiner *Traumdeutung* als Motto das Vergil-Zitat voranstellte: «Wenn ich die höheren Mächte nicht beugen kann, werde ich die Unterwelt bewegen.» Freud erlebte die psychischen Regionen, in die er vordrang, primär als negativ und bedrohlich. Das Unbewußte ist für ihn «der dunkle, unzugängliche Teil unserer Persönlichkeit», «ein Chaos, ein Hexenkessel voller brodelnder Erregungen». Sein Inhalt ist größtenteils infantiler sexueller Natur, und seine Denkweise ähnelt den Halluzinationen eines Wahnsinnigen. Die innere Welt wird mit der äußeren vermengt, Grenzen von Raum und Zeit negiert, und Gedanken und Bilder fließen ineinander, so daß das eine das andere symbolisieren kann.[50a]

Im Gegensatz zu diesem destruktiven und unschöpferischen Chaos steht das Bewußtsein, der Teil der Persönlichkeit, der uns bekannt ist, der logisch und rational denkt, der zwischen der inneren und der äußeren Realität unterscheidet und durch Einflüsse der Außenwelt geformt werden kann.

Zwischen dem Bewußtsein und dem Unbewußten existiert ein psychisches System, das Freud als «das Vorbewußte» bezeichnete. Das Vorbewußte gleicht einem Schutzschild, der alle Inhalte aus dem gefährlichen Unbewußten filtert und verkleidet, bevor sie ins Bewußtsein aufsteigen dürfen.

Dreiundzwanzig Jahre nach Erscheinen der *Traumdeutung* entwickelte Freud ein Modell der Psyche, in dem er als wichtigste psychische Instanzen das Ich, das Überich und das Es postulierte, wobei das Es dem Unbewußten entspricht.[3.47]

Wesen und Funktion des Traums bei Freud

Wie alle späteren bedeutenden Traumtheoretiker ging auch Freud davon aus, daß der Traum eine wichtige psychologische Funktion hat. Diese Funktion bestand für ihn darin, daß der Traum dem Träumer nützt, daß er ihm irgendeinen Gewinn bringt. Der Trauminhalt ist keineswegs sinnlos oder zufällig. Im Gegenteil, in Träumen spiegeln sich komplexe mentale Vorgänge, die ihren eigenen Gesetzen folgen. Nach Auffassung Freuds stehen sie in engem Zusammenhang mit bewußten Denkprozessen.[13b]

Freuds einfachster Traumdefinition zufolge sind Träume Wunscherfüllungen. Er sah sie als Ersatz für Unerlöstes aus der Kindheit und deutete sie vor allem als Ausdruck unterdrückter Sexualität.

Freud glaubte, Träume seien in ihrer ursprünglichsten Form genauso rational wie Gedanken im Wachzustand, würden dann jedoch verkleidet und verzerrt, weil das Bewußte sie so nicht akzeptieren kann. Er bezeichnete den ursprünglichen Traum als *latenten* Traum und den zensierten, maskierten Traum, an den man sich nach dem Aufwachen erinnert, als *manifesten* Traum.

Auch wenn die Triebkraft eines jeden Traums in unterdrückten infantilen sexuellen Wünschen bestand, war für Freud ganz wichtig festzuhalten, daß Träume nicht etwa das Unbewußte repräsentieren, sondern im Gegenteil Gedanken spiegeln, die bewußt hätten ablaufen können, hätte das Vorbewußte den Träumer nicht davor geschützt, die Wahrheit über sich selbst zu erfahren.

Von seinem innersten Wesen her stellt der Traum einen Kompromiß zwischen dem Unbewußten und dem Bewußten dar. Auf der einen Seite verschafft er den unterdrückten Trieben des Unbewußten in der Traumaktivität eine gewisse Befriedigung, auf der anderen Seite schützt er das Bewußte vor Gedanken, die so schockierend wären, daß der Träumer davon aufwachen würde. Der Traum hat damit zwei Funktionen: Wünsche zu erfüllen und den Schlaf zu behüten.[46a]

Die Methode der freien Assoziation

Um zum wahren Inhalt eines Traums vorzudringen, bediente sich Freud der folgenden Methode: Er zergliederte den Traum in einzelne Elemente, und der Patient sollte zu jedem Teil sagen, was ihm dazu einfiel. Freud bezeichnete dieses Verfahren als «freie Assoziation».[13a] Es erfordert eine gewisse Vorbereitung und Einstimmung. Der Patient sollte möglichst entspannt sitzen oder liegen und seine Aufmerksamkeit ganz auf das richten, was in ihm abläuft, ohne seine Gedanken in irgendeiner Weise zu zensieren. Dabei kommt es besonders darauf an, den kritischen Intellekt daran zu hindern, die «freisteigenden» Gedanken abzuwehren und damit den Zugang zu sonst unzugänglichen Teilen der Psyche zu kontrollieren.

Eines der Beispiele, die Freud in seiner *Traumdeutung* anführt, sei hier zitiert: «Ein siebenundzwanzigjähriger Mann, der seit einem Jahr schwer leidend ist, hat zwischen elf und dreizehn Jahren wiederholt unter schwerer Angst geträumt, *daß ein Mann mit einer Hacke ihm nachsetzt; er möchte laufen, ist aber wie gelähmt und kommt nicht von der Stelle.*» Zunächst dachte der Träumer an einen Onkel, der einmal von einem verdächtig aussehenden Individuum angefallen worden war, und meinte, daß er zur Zeit des Traums von einem ähnlichen Ereignis gehört haben könnte. Zu dem Begriff «Hacke» assoziierte er, daß er sich um diese Zeit selbst mit einer Hacke an der Hand verletzt hatte, als er Holz hackte. Doch dann fiel ihm sein Bruder ein, den er manchmal so mißhandelt hatte, daß seine Mutter sagte: «Ich habe Angst, daß er ihn eines Tages noch umbringt.» Während seine Gedanken noch um das Thema «Gewalt» kreisten, tauchte plötzlich eine Erinnerung aus seinem neunten Lebensjahr auf. Er «hörte dann ein Keuchen und andere Geräusche, die ihm unheimlich vorkamen» aus dem Schlafzimmer seiner Eltern. Er hatte Blut im Bett seiner Mutter bemerkt und daraus geschlossen, daß es zwischen seinen Eltern zu Gewalttätigkeiten gekommen war.

Damit waren die verschiedenen Elemente des Traums auf ihren Ursprung zurückgeführt, und Freud konnte sie zu einer Deutung zusammensetzen. Er wußte von seinen Klienten, daß Kinder, die den sexuellen Verkehr Erwachsener belauschen, das Ganze unheimlich finden und Angst bekommen. Nach Auffassung Freuds ist diese Angst in Wirklichkeit eine sexuelle Erregung, mit der das kindliche Verständnis nicht umgehen kann und die abgewehrt wird, weil die eigenen Eltern darin verwickelt sind.[13c]

Traumzensur

Die Funktion, die die unbewußten Wünsche im Schlafzustand unter Kontrolle hält, bezeichnete Freud als «Traumzensur». Die Traumzensur war in seinen Modellen keine unabhängige Instanz, sondern wurde lediglich als Teil der verdrängenden Kräfte betrachtet.

Freud wählte den folgenden Traum, den er selbst gehabt hatte, als Beispiel: *«Freund R. ist mein Onkel. – Ich empfinde große Zärtlichkeit für ihn.»* Bei der Beschäftigung mit dem Traum fiel Freud ein, daß er ja nur einen Onkel hatte, nämlich Onkel Josef, den sein Vater nicht ganz ohne Grund als «Schwachkopf» zu bezeichnen pflegte. Der manifeste Traum sagt also aus, daß Freud R. sehr mag; dahinter steht jedoch im latenten Traum die Implikation, daß er ihn, indem er ihn zu seinem Onkel macht, für einen Schwachkopf hält. Es sei wie in einem «Staatsleben», schrieb Freud, in welchem ein auf seine Macht eifersüchtiger Herrscher und eine rege öffentliche Meinung miteinander ringen. Das Volk empört sich gegen einen ihm mißliebigen Beamten und verlangt dessen Entlassung; um nicht zu zeigen, daß er dem Volkswillen Rechnung tragen muß, wird der Alleinherrscher dem Beamten gerade dann eine hohe Auszeichnung verleihen, zu der sonst kein Anlaß vorläge.[13d]

Die Zensur in diesem Fall entspricht dem Abwehrmechanismus, den Freud später als Reaktionsbildung bezeichnete und der darin besteht, daß das Individuum sich gegen negative Gefühle schützt, indem es das Gegenteil empfindet.

Die Traumquellen

Um Mißverständnissen vorzubeugen, muß gleich klargestellt werden, daß mit Traumquellen nicht etwa die Quelle der den Traum verursachenden Energie gemeint ist, die nach Freud grundsätzlich in unbefriedigten körperlichen Bedürfnissen zu suchen ist, sondern vielmehr die Quelle des Traummaterials, der verschiedenen Komponenten, aus denen sich der Traum zusammensetzt: die Traumbilder, die vorkommenden Personen und die dramatischen Situationen.

Für Freud stammten diese Komponenten aus drei Quellen: *Körperliche (somatische) Quellen, Tagesreste und infantiles Material.*

Körperliche (somatische) Quellen: Für den Laien sind Trauminhalte in der Regel auf physische Faktoren wie die Körperhaltung des Träumers, Verdauungsstörungen, Fieber, Schmerzen und äußere Einflüsse wie Lärm, Licht, Kälte und Hitze zurückzuführen. Freud machte allerdings die Beobachtung, daß auch durch derartige Reize ausgelöste Träume meist in irgendeiner Weise mit psychisch wichtigen Quellen in Verbindung stehen.[46b] (Vgl. «Träume und äußere Reize», S. 259.)

Tagesreste: Unter «Tagesresten» verstand Freud emotional und energetisch aufgeladene Denkprozesse vom vorangegangenen Tag, die im Traum wiederkehren. Seiner Ansicht nach lassen sich fast in jedem Traum solche Elemente auffinden.

Er teilte die Tagesreste in zwei Gruppen ein: «gleichgültige» Eindrücke, die im manifesten Traum wiederauftauchen, und «rezente und psychisch bedeutsame» Erlebnisse, die gerade ihrer Bedeutung wegen im Traum maskiert werden und nur durch mühsame Analyse und Demaskierung erhellt werden können.

In der *Traumdeutung* erzählt Freud von einer Frau, die träumte, daß sie zu spät auf den Markt kam *und beim Fleischhauer nichts bekomme.*

Der gleichgültige Tagesrest bestand hier darin, daß die Frau am Tag zuvor tatsächlich zu spät auf den Markt gekommen war und nichts mehr kaufen konnte. Freud führt nun aber aus, daß man die Wendung «die Fleischbank ist offen» (bzw. «zu») in der Alltagssprache gewöhnlich auf einen Mann beziehe, dessen Hosenschlitz nicht ordentlich geschlossen ist, wodurch das scheinbar so gleichgültige Ereignis im Traum eine alles andere als harmlose Bedeutung annimmt. Als Auslöser für den Traum sind Eindrücke nötig, die keineswegs gleichgültig, sondern ganz im Gegenteil psychologisch höchst bedeutsam sind. In Zusammenhang mit dem Traum von der Fleischbank begnügt Freud sich mit dem Hinweis, daß der *bedeutsame* Eindruck in diesem Fall sexueller Natur war. Da es für die Träumerin jedoch inakzeptabel war, bestimmte sexuelle Gefühle und Gedanken zuzulassen, traten sie im Traum in entstellter Form in Erscheinung.[13e]

Noch heute, neunzig Jahre nach Veröffentlichung der *Traumdeutung*, wird die Bedeutung von Tagesresten von den meisten Laien falsch eingeschätzt. Träumt jemand, daß «im Keller das Licht ausging», hört man oft, das komme nur, weil es am Tag vorher tatsächlich einen Stromausfall gegeben habe. Das erklärt jedoch nicht, warum Tausende von Bürgern in derselben Nacht nicht ebenfalls geträumt haben, daß das Licht im Keller ausging.

Alle Traumtheoretiker nach Freud stimmen denn auch in diesem Punkt mit ihm überein: Die Tagesreste in unseren Träumen sind immer mit etwas psychologisch Bedeutsamem verknüpft.

Das Infantile als Traumquelle: In der *Traumdeutung* gibt Freud eine Reihe von Beispielen lang vergessener Kindheitserlebnisse, die in Träumen wieder lebendig wurden und deren Authentizität in der Folge nachgewiesen werden konnte.

Ein Mann, der beschlossen hatte, nach zwanzigjähriger Abwesenheit seine Heimatstadt zu besuchen, träumte in der Nacht vor der Abreise, «er sei in einer ihm ganz unbekannten Ortschaft und begegne daselbst auf der Straße einem unbekannten Herrn, mit dem er sich unterhalte». Als er in seiner Geburtsstadt ankam, stellte sich heraus, daß das Dorf aus seinem Traum ganz in der Nähe lag und daß der «unbekannte» Mann ein Freund seines verstorbenen Vaters war. Ein anderer Mann träumte, «sein ehemaliger Hofmeister befinde sich im Bette der Bonne, die bis zu seinem elften Jahre im Hause gewesen war». Der Trauminhalt wurde von seinem älteren Bruder als auf eine tatsächliche Erfahrung zurückgehend bestätigt. Die Liebenden pflegten den Bruder mit Bier betrunken zu machen, wenn sie zusammensein wollten, der Träumer aber war kein Hinderungsgrund für sie gewesen, weil er erst drei Jahre alt war.[13f]

Weit häufiger jedoch stellte Freud fest, daß solche Kindheitserlebnisse maskiert auftraten und erst durch eingehendere Analyse aufgedeckt werden konnten.

Wie zum Beispiel in dem Traum mit der Hacke, bei dem die freie Assoziation zu einer sexuellen Szene zwischen Vater und Mutter führte. Oder bei einer Frau, die träumte, sie werde auf der Straße ohnmächtig, und die sich dadurch an die epileptischen Anfälle des Pförtnersohns aus ihrer Kindheit erinnerte.

Freud stand eine große Sammlung von Träumen zur Verfügung, die sich auf erinnerte Erlebnisse aus den ersten drei Lebensjahren zurückführen ließen. Häufig ging der sich abzeichnenden Erinnerung eine komplizierte Entschlüsselungsphase voraus. Kaum ein Traumforscher von heute würde Freuds These widersprechen, daß wir alle in unserem Unbewußten ein riesiges Archiv von Erinnerungen besitzen, das bis zu frühesten Ereignissen unserer Kindheit zurückreicht.[13g]

Und nicht zuletzt liefert das Kindliche in uns, verstanden als infantile Impulse, reichhaltiges Material für Träume.[13e]

Traumarbeit

Unter «Traumarbeit» – nicht zu verwechseln mit der analytischen Arbeit mit Träumen – verstand Freud den psychischen Vorgang, der die ursprünglichen, latenten Traumgedanken in den manifesten Traum überführt. Die vier Mechanismen, die in diesem Prozeß wirksam werden können, bezeichnete Freud als Verdichtung, Verschiebung, bildliche (plastische) Darstellung und sekundäre Bearbeitung, wobei er der Verdichtung und der Verschiebung am meisten Bedeutung zumaß.[46a]

Mit *Verdichtung* meinte Freud, daß die einzelnen Traumelemente gleichsam Knotenpunkte darstellen, in denen sehr viele Traumgedanken gebündelt sind; sie sind deshalb nach Freud «überdeterminiert». Als Freud zum Beispiel von einem botanischen Buch träumte, zwischen dessen Blättern das getrocknete Exemplar einer bestimmten

Pflanze lag, entdeckte er darin eine Fülle von Verbindungen zu Vorfällen, Gedanken und Gefühlen des vorangegangenen Tages.

Er hatte einen gewissen Professor «*Gärtner*» getroffen, dessen Frau er «*blühend*» fand. Er hatte eine Monographie über die Gattung «*Zyklamen*» gesehen. Er hatte daran gedacht, daß dies die «*Lieblingsblume*» seiner Frau war, usw. All diese Gedankenverbindungen, die herzustellen er ein erstaunliches Talent hatte und die mehrere Seiten der *Traumdeutung* füllen, waren psychologisch bedeutsam und hatten mit der eigentlichen Bedeutung des Traums zu tun.[13h]

«*Verschiebung*» bestand für Freud darin, daß die emotionale Energie eines bestimmten Traumgedankens auf ein anderes Traumelement übertragen wurde. In dem oben erwähnten Traum mit dem geschlossenen Fleischerladen etwa wurde der gefährliche, emotional stark besetzte, sexuelle Inhalt auf eine harmlose Alltagsszene verschoben.

Die beiden letzten, weniger wichtigen Traummechanismen dienten dazu, den Traum in eine dramatisch anschauliche Form zu bringen und ihm eine gefällige Fassade zu geben.[46d]

Die Methode der Traumdeutung

«Die Laienwelt hat sich darum von jeher bemüht, den Traum zu ‹deuten›, und dabei zwei im Wesen verschiedene Methoden versucht», schrieb Freud.

Die erste bezeichnete er als «symbolische Methode» (später im vorliegenden Buch wird der Begriff «symbolisch» allerdings in anderem Sinn gebraucht). Diese Deutungstechnik betrachtet den Trauminhalt als Ganzes und versucht, Parallelen zwischen dem Traum und einem irgendwann in der Zukunft eintretenden äußeren Ereignis herauszuarbeiten, wie in dem biblischen Beispiel vom Traum des Pharao: Die sieben fetten Kühe, die von sieben mageren Kühen aufgefressen werden, waren nach Josefs Deutung die in Symbolform gekleidete Ankündigung einer siebenjährigen Hungersnot in Ägypten, in deren Verlauf alle Überschüsse aus sieben ertragreichen Jahren aufgezehrt wurden. Freud sah wenig Sinn in solchen Deutungen.

Die zweite Methode nannte er die «Chiffriermethode», da sie den Traum als eine Art Geheimcode behandelt, bei dem jedes Zeichen nach einem festgesetzten Schlüssel in ein anderes Zeichen von bekannter Bedeutung zu übersetzen ist. Habe ich zum Beispiel von einem Brief geträumt, aber auch von einem Leichenbegängnis, so schlage ich in einem «Traumbuch» nach und finde vielleicht, daß «Brief» mit «Verdruß» und «Leichenbegängnis» mit «Verlobung» zu übersetzen ist. Es bleibt mir dann überlassen, aus den Schlagwörtern, die ich entziffert habe, einen Zusammenhang herzustellen, den ich wiederum als Hinweis auf Zukünftiges auffassen werde.[13i]

Freud war der Meinung, daß seine eigene Technik der Chiffriermethode am nächsten kam. Der Traum wurde in seine Bestandteile zerlegt, und dann wurde nach der Bedeutung jedes einzelnen Elements gefragt, natürlich nicht mit Hilfe eines Traumbuches, sondern mit dem Mittel der freien Assoziation. Freud war überzeugt, daß jeder Traum eine unzweideutige Bedeutung habe, die sich durch Interpretation aufdecken ließ.[13j]

Traum und Regression

Die Genialität des Freudschen Ansatzes bestand darin, daß Freud die Bedeutung des Traums in das Individuum verlegte, den Traum also als Ausdruck innerer Muster des Individuums verstand, und seine Interpretation im Gegensatz zu den gängigen populärwissenschaftlichen Methoden nicht auf die Zukunft, sondern auf die Kindheit bezog. Zwar führten andere, spätere Methoden sowohl die externe als auch die prospektive Deutung wieder ein, doch Freud konnte zu Recht für sich in Anspruch nehmen, der erste gewesen zu sein, der die Traumdeutung auf psychischen und regressiven Aspekten des Traums aufbaute.

Freuds Deutungsansatz stand in engem Zusammenhang mit seiner Sicht der Psyche. Der Traum verkörperte für ihn die Rückkehr zu früheren Erlebnisformen, also eine «Regression».

Diese Regression tritt in drei Formen auf: als *topische Regression* mit dem Grundgedanken, daß die Psyche eine Art Landkarte darstellt, auf der oben das Bewußte und unten das Unbewußte liegt, und daß Gedanken vom Bewußten ins Unbewußte hinabsinken; als *zeitliche Regression,* die in Kindheitserlebnisse zurückführt; und als *formale Regression,* die bewirkt, daß die Ausdrucks- und Darstellungsweisen im Traum primitiver sind als im Wachbewußtsein. Alle drei Arten der Regression treffen aber im Grunde zusammen, das heißt, je tiefer man ins Unbewußte hinabgleitet, desto weiter dringt man in die Kindheit vor und desto primitiver und unrealistischer wird die Sprache des Traums.[46e]

Freud und das Prospektive im Traum

Freud räumte ein, daß in Träumen so etwas wie Problemlösungsversuche zu erkennen seien, und kannte auch die zum ersten Mal von seinem Kollegen Alfred Adler vorgetragene Hypothese, daß der Traum «vorausdenken» könne. Seiner Ansicht nach hatte dies jedoch nichts mit kreativer Aktivität im Unbewußten zu tun. Zwar war für ihn unstrittig, daß sogar höchst komplexe intellektuelle Leistungen außerhalb des Bewußten möglich sind und daß ein Träumer durchaus mit der Lösung für ein kniffliges Problem aufwachen kann, das er im Wachzustand nicht hätte lösen können. Seine im Einklang mit seiner Traumtheorie formulierte Erklärung für derartige Phänomene lief jedoch darauf hinaus, daß in solchen Fällen das «Vorbewußte» als problemlösende Instanz auftritt, möglicherweise bereits im Wachzustand, und daß die Lösung dann im Traum offenbart wird. Außerdem seien solche Lösungen äußerst selten.[42]

Affekte im Traum und das Kontrastprinzip

Freud und andere frühe Traumforscher machten die erstaunliche Entdeckung, daß im Traum Vorstellungsinhalte nicht die Affektwirkung mit sich bringen, die wir normalerweise im wachen Denken erwarten würden.

In einem Traum Freuds fiel ein Mann (den Freud als Stellvertreter seiner selbst betrachtete) tot zu Boden, ohne daß Freud dabei auch nur die leisesten Anzeichen von Schrecken verspürte. An einer anderen Stelle im selben Traum wiederum empfand er Entsetzen über etwas, das im Wachzustand ein Glücksgefühl bei ihm hervorgerufen hätte. Mit anderen Worten: Es steht der Traumarbeit frei, «den Affektanlaß aus seinen Verbindungen in den Traumgedanken zu lösen und beliebig anderswo im Trauminhalt einzufügen».[13v]

Während Freud manchmal Zeichen einer Affekthemmung oder -unterdrückung im Traum gewahrte, beobachtete er in anderen Fällen eine vollständige Affektverkehrung. Ein Beispiel dafür ist der folgende Traum Freuds:

«Eine Anhöhe, auf dieser etwas wie ein Abort im Freien, eine sehr lange Bank, an deren Ende ein großes Abortloch. Die ganze hintere Kante dicht besetzt mit Häufchen Kot von allen Größen und Stufen der Frische. Hinter der Bank ein Gebüsch. Ich uriniere auf die Bank; ein langer Harnstrahl spült alles rein, die Kotpatzen lösen sich leicht ab und fallen in die Öffnung. Als ob am Ende noch etwas übrigbliebe.»

Freud wunderte sich, daß er bei diesem Traum keinen Ekel empfunden hatte. Bei näherer Analyse stellte er jedoch fest, daß der Traum paradoxerweise ganz entgegengesetzte Gefühle enthielt.

Der Vorgang der Reinigung ließ ihn sofort an den griechischen Helden Herkules denken, der den Augiasstall reinigte. Tags zuvor hatte Freud noch eine Vorlesung über den Zusammenhang von Hysterie und Perversionen gehalten und angesichts von «diesem Wühlen in menschlichem Schmutz» einen tiefen Ekel verspürt. Doch anschließend an die Vorlesung sagte ihm ein Student Schmeichelhaftes darüber, was er alles bei ihm gelernt habe, und betonte, er, Freud, habe für ihn «den Augiasstall der Irrtümer und Vorurteile in der Neurosenlehre gereinigt». Der Schauplatz des Traums entpuppte sich als der Ort, an dem Freuds Kinder gerade Ferien machten. Freud selbst hatte kurz zuvor die «Kindheitsätiologie der Neurosen aufgedeckt und dadurch meine eigenen Kinder vor Erkrankung bewahrt». Die Bank (die in der Realität allerdings kein Abortloch hatte) war das Geschenk einer dankbaren Patientin Freuds und damit eine Erinnerung daran, wie sehr seine Patienten ihn verehrten, usw. Freud stellte also fest, daß *hinter* dem Traum im Grunde nur positive Gedanken und Empfindungen standen.[13k]

Diese und ähnliche Traumanalysen führten Freud zu der Annahme, daß die Deutung zeitweise erfordere, ein *Kontrastprinzip* anzuwenden, das heißt, davon auszugehen, daß jedes Element im Traum sowohl seine offensichtliche Bedeutung verkörpern kann als auch deren Gegenteil.

Ein weiterer Traum, in dem Affekte und Trauminhalt nicht zusammenpaßten, wurde von einem älteren Herrn berichtet:

«Ich lag in meinem Bette, ein bekannter Herr trat ein, ich wollte das Licht aufdrehen, konnte es aber nicht ... Daraufhin stieg meine Frau aus dem Bette, um mir zu helfen, aber auch sie vermochte nichts auszurichten; weil sie sich aber vor dem Herrn wegen ihres Negligés genierte, gab sie es schließlich auf und legte sich wieder ins Bett; all dies war so komisch, daß ich darüber fürchterlich lachen mußte.»

Der Mann wurde von seiner Frau geweckt, weil er unbändig lachte. Unter Freuds analytischem Blick gewann der Traum allerdings eine weit weniger erheiternde Bedeutung. Der Träumer litt an Arteriosklerose und hatte am Tag zuvor Grund gehabt, ans Sterben zu denken. Der bekannte Herr, der eintrat, als er im Bett lag, konnte als der Tod gedeutet werden, «der große Unbekannte», und das Licht, das der Träumer nicht anknipsen konnte, war nichts anderes als sein «Lebenslicht». Das unkontrollierbare Lachen in dieser Situation stand in Wirklichkeit für sein Schluchzen bei dem Gedanken, daß er sterben mußte.[13m]

Wunscherfüllung und ihr Fehlen im Traum

Gegen Freuds These, alle Träume seien letztlich Wunscherfüllungen, wurde von den meisten späteren Traumtheoretikern vorgebracht, daß es erwiesenermaßen sehr viele verstörende und unangenehme Träume gibt, die von Dingen handeln, die sich kein Mensch wünschen würde. Doch schon Freud selbst erörterte in der *Traumdeutung* wie auch in seinen späteren Schriften eine ganze Reihe scheinbarer Ausnahmen zur Theorie der Wunscherfüllung.

Freud teilte diese Ausnahmen in vier Traumtypen ein: *Gegenwunschträume, Strafträume, Angstträume* und *Träume bei traumatischen Neurosen.* Sowohl die Gegenwunschträume als auch die Strafträume vermochte er problemlos in seinen Theorierahmen zu integrieren.[46f]

Ein Bekannter, ein Jurist, den Freud für hochintelligent hielt, erzählte: «*Ich träume, daß ich, eine Dame am Arm, vor mein Haus komme. Dort wartet ein geschlossener Wagen, ein Herr tritt auf mich zu, legitimiert sich als Polizeiagent und fordert mich auf, ihm zu folgen. Ich bitte nur noch um die Zeit, meine Angelegenheiten zu ordnen.*» Der Jurist erwartete, daß der Polizeibeamte ihn wegen Kindesmords festnehmen wollte. Bei der Analyse arbeitete Freud heraus, daß der Mann die Nacht mit einer Frau verbracht hatte. Er hatte Koitus interruptus praktiziert, um eine Schwangerschaft zu vermeiden. Am Morgen vor dem Traum hatte er jedoch erneut Verkehr mit der Frau gehabt und war sich der Wirksamkeit seiner Vorsichtsmaßnahmen nicht mehr allzu sicher.

Wenige Tage zuvor hatten Freud und der Jurist darüber diskutiert, daß es rechtlich noch immer üblich war, Empfängnisverhütung und Kindesmord gleichzusetzen. Schließlich stellte sich noch heraus, daß der Jurist unter Gewissensbissen litt, weil er einmal eine Abtreibung veranlaßt hatte.

Der Traum stellte sich als Aversionstraum dar. Doch hinter der Angst vor der Beschuldigung wegen Kindesmords erblickte Freud ein tieferes Motiv: den Wunsch, die Frau möge nicht schwanger werden. Nach Freud ging es in diesem Fall darum, das wahre Wunschmotiv des Gegenwunschtraums herauszufinden.[13n] In anderen Fällen sah Freud unangenehme Träume als Manifestation masochistischer Neigungen des Träumers.

Als *Strafträume* bezeichnete Freud Träume, in denen der Träumer körperlicher oder seelischer Mißhandlung ausgesetzt ist. Als literarisches Beispiel für einen solchen Traum zitierte er einen Schriftsteller, der früher Schneidergeselle gewesen war. Dieser träumte wiederholt, wie er wieder in der Schneiderwerkstatt saß und sich darüber grämte, daß er hier seine Zeit verschwenden und sich von seinem Meister schikanieren lassen mußte, ohne auch nur Lohn dafür zu bekommen.

Freud war der Ansicht, daß der Träumer in solchen Fällen eigentlich den Wunsch habe, für seine offenen oder unterdrückten Wünsche bestraft zu werden. Dieser masochistische Wunsch entspringe dabei nicht dem Unbewußten, sondern zensierten, vorbewußten Kräften in der Psyche.[13p]

Träume, die so angstbesetzt sind, daß der Schläfer darüber erwacht, standen doch ganz offensichtlich in radikalem Gegensatz zu der Theorie, daß Träume «Hüter des Schlafes» sind, und zu der Annahme, daß sie der Wunscherfüllung dienen. Freud erklärte das Phänomen so, daß die Zensur gegenüber dem unbewußten Wunsch zunächst versagt hatte, dann aber dadurch eingriff, daß sie den Traum einfach durch Wecken des Träumers abbrach.

Eine Ausnahme vom Prinzip der Wunscherfüllung sah Freud in einem bestimmten Traumtypus, in *Träumen bei traumatischer Neurose*. Freuds Aufmerksamkeit wurde vor allem während des Ersten Weltkriegs auf diesen Traumtyp gelenkt, als solche Neurosen in großer Zahl auftraten. Das Traumleben in der traumatischen Neurose ist dadurch charakterisiert, daß der Träumer wieder und wieder in die entsetzliche, angstauslösende Situation versetzt wird, woraufhin er in jedesmal erneuertem Schrecken erwacht.[18]

Nach Freud hat jeder Mensch eine natürliche «Angstbereitschaft», die ihn davor bewahrt, ungeschützt in angstauslösende Situationen zu geraten. Doch in Kriegs- oder Katastrophenzeiten kann der Ansturm angstauslösender Reize so massiv sein, daß der «Reizschutz» durchbrochen wird. Durch die Aktualisierung der Katastrophe im Traum versucht der Organismus dann – zu spät und auf unrealistische Weise –, eine Angstbereitschaft herbeizuführen, um den Träumer vor neuen unerwarteten Schrecken zu schützen.

Dem Versuch, aversive Erfahrungen durch Wiederholung zu überwinden, begegnete Freud auch im kindlichen Spiel.

Beobachtungen wie diese führten ihn schließlich zu der Annahme, daß es jenseits des Lustprinzips einen zweiten, tieferen Antrieb gibt, ein selbstzerstörerisches Todesprinzip, das vom «Wiederholungszwang» gespeist wird. Das Postulat dieses zweiten Prinzips markierte einen Wendepunkt in Freuds Theoriebildung, in dessen Folge er unter anderem auch seine ursprüngliche Definition, der Traum stelle eine Wunscherfüllung dar, dahingehend abwandelte, daß der Traum den Versuch einer Wunscherfüllung verkörpere.[46]

Symbole und Wortspiele im Traum

Neben dem Einsatz der Methode der freien Assoziation, mit deren Hilfe der Forscher vom manifesten (zensierten) Traum zum latenten (unzensierten) Traum vordringen kann, arbeitete Freud auch mit Symbolen und ihrer Entschlüsselung.

Symbole haben bei Freud ganz bestimmte, feststehende Bedeutungen, die im Traum nahezu ausschließlich sexuell zu verstehen sind. Zum Beispiel symbolisieren Waffen, Geräte und Werkzeuge die männlichen Genitalien, während ausgehöhlte Gegenstände die weiblichen Genitalien darstellen. Das Hinaufsteigen auf einer Leiter oder Treppe kann für den Geschlechtsakt mit seiner Skala wachsender Lust stehen. Empfindungen des Fallens oder Fliegens erzeugen nach Ansicht Freuds Empfindungen wie beim Geschlechtsakt. Das englische Wort für «Veilchen», «violet», im Traum eines englischen Klienten, erinnert an das englische «violate», vergewaltigen, usw.

Da so viele Symbole eine feststehende Bedeutung hatten, hielt Freud es unter bestimmten Umständen für möglich, einen Traum zu deuten, ohne den Träumer selbst zu befragen. Allerdings erfordere dies auf seiten des Deuters große Erfahrung und besonderes Geschick im Umgang mit dem symbolischen Instrumentarium und sei deshalb nicht generell zu empfehlen.[468]

Damit anerkannte Freud die Existenz universaler Symbole. Interessanterweise sah er in der Symbolsprache ein vererbtes, unbewußtes Wissen aus der Evolutionsgeschichte des einzelnen wie der Gattung, «als ob ein Stubenmädchen perfekt Sanskrit beherrsche, ohne je davon gehört zu haben».

Bei der Übersetzung der Symbole näherte sich Freud der alten Chiffriertechnik, betonte allerdings, daß die Symboldeutung im Verhältnis zur freien Assoziation erst an zweiter Stelle stehe.[468] Ein fesselndes Phänomen, für das er einen besonderen Spürsinn hatte, waren Wortspiele und Redewendungen. Wir haben bereits gesehen, wie der Ausdruck «die Fleischbank ist offen» Freud auf die sexuelle Bedeutung des Traums brachte. «… ein armseliges Hotel, von den Wänden tropft das Wasser, die Betten sind feucht» wurde in der Deutung zu «überflüssig», «sein Onkel gibt ihm im Automobil einen Kuß» zu «Autoerotismus». Wenn ein Träumer «eine Frau hinter dem Bett hervorzieht», bedeutete dies, daß er ihr den Vorzug gab. *Der alte Blasel* (ein Wiener Schauspieler) wurde als Anspielung auf ein altes *Blasenleiden* interpretiert und ein Mädchen in einer weißen Bluse als Anspielung auf ein gewisses «Fräulein Weiss».[139]

Die Neofreudianer

Freuds *Traumdeutung* blieb fast ein halbes Jahrhundert lang relativ un-
angefochten innerhalb der Psychoanalyse. Als sich die klassische Psychoanalyse Freudscher Prägung jedoch thematisch stärker verfestigt
hatte, war es immer mehr möglich, auch ohne die Hinzuziehung der
Träume zu Diagnosen und Problemlösungen zu kommen. Hatte Freud
die Traumdeutung noch als «Via regia zum Unbewußten» gesehen,
scheint sie für seine Nachfolger allmählich an Bedeutung verloren zu
haben – sie betrachteten sie teilweise geradezu als einen Umweg. Die
Methode der freien Assoziation war zudem aufwendig und konnte von
Patienten, die eine gewisse Kenntnis der psychoanalytischen Theorie
hatten, leicht unterlaufen werden.[7b] Doch seit den vierziger Jahren begannen die Nachfolger Freuds mit der Weiterentwicklung seiner
Traumtheorie.

Freuds Psychologie war zuerst und vor allem eine Theorie des Unbewußten gewesen, die Neofreudianer dagegen interessierten sich in
wachsendem Maße für das Ich und seine Abwehrmechanismen.
Träume wurden in diesem Zusammenhang mit kreativen Prozessen
verglichen,[7.33.38] und während Freud sich noch fast ausschließlich mit
dem latenten Traum befaßt hatte, betrachtete man nun den manifesten
Traum (das heißt, den Traum, so wie er unmittelbar erinnert wird) als
wichtige eigenständige Aussage.[7.39.40.53.54]

Eine weitere Veränderung ergab sich durch die wachsende Beachtung, die die Therapeut-Klient-Beziehung mit ihrer Übertragung und
Gegenübertragung irrationaler Gefühle fand. Freuds Modell der Psyche wurde modifiziert, was nicht ohne Folgen für das Verständnis von
Trauminhalten blieb.

Traum und Abwehrmechanismen

In der Psychologie Freuds war das Ich eine zerbrechliche Wesenheit,
ständig bedroht von unbewußten Triebimpulsen, einem strafenden
Überich und äußeren Gefahren. Um diese Gefahren abzuwenden, baut
die Psyche in der frühen Kindheit eine Reihe von Abwehrmechanismen
auf, wobei die verschiedenen Entwicklungsstadien des Kindes jeweils

von unterschiedlichen typischen Abwehrformen gekennzeichnet sind.[50b]

In der *Traumdeutung* war die Theorie der Abwehrmechanismen noch bei weitem nicht so ausgereift wie später bei den Neofreudianern.[3a] Anna Freud, Freuds Tochter, beschrieb neun häufige Abwehrmechanismen[12], spätere Theoretiker nannten noch einige weitere Mechanismen größtenteils primitiver Natur, die bei Erwachsenen vor allem im Zusammenhang mit pathologischem Narzißmus zu beobachten sind.[35]

Positiv formuliert umfassen Abwehrmechanismen sämtliche Techniken der Beherrschung, Lenkung und Verwendung von Kräften, die andernfalls in die Neurose führen würden. In der Therapie werden sie allerdings meist als Blockaden gesehen, die den Erlebensspielraum einer Person und ihren Kontakt zur Außenwelt einengen.

Die Abwehrmechanismen stehen in Beziehung zum Ich, sind jedoch im Laufe der Entwicklung zu vorbewußten Automatismen geworden, die nicht unmittelbar ins Bewußtsein integriert werden können.[50b]

Deshalb manifestieren sich Impulse aus dem Unbewußten in Träumen um so direkter und unverstellter, je jünger ein Kind ist. Charles Brenner erwähnt in seinem Einführungsbuch in die Psychoanalyse das Beispiel eines zweijährigen Kindes, das nach der Geburt eines Geschwisterchens den Traum erzählt: *«Hab' gesehen, wie das Baby wegging.»* Der Traum wurde als der unverhüllte Wunsch gedeutet, den neuen Rivalen um die Zuneigung der Eltern loszuwerden. Bei einem älteren Menschen wären die feindseligen Regungen im Traum vermutlich in verschleierterer Form zutage getreten.[3b]

Mit der Weiterentwicklung des Konzepts der Abwehrmechanismen wurde klar, daß die Entstellung des ursprünglichen, unbewußten Inhalts im Traum sich nicht gesetzmäßig vollzieht, sondern je nach Stärke der unbewußten Impulse und Wirksamkeit der Abwehrmechanismen variiert.

Brenner entwirft das hypothetische Beispiel einer Frau, deren «latenter» Trauminhalt dem – in der psychoanalytischen Terminologie als «ödipal» bezeichneten – Wunsch nach einer sexuellen Beziehung mit ihrem Vater entstammt. Dieser Wunsch könnte im Traum in einem zum ödipalen Stadium (zwischen drei und fünf Jahren) passenden (erinnerten) Bild ausgedrückt werden, wie die Frau spielerisch mit ihrem Vater balgt, wobei ein Gefühl sexueller Erregung entsteht. Im manifesten Traum taucht dann zwar die Balgerei auf, die sexuellen Empfindungen werden jedoch ausgespart. Wenn dies der ursprünglichen Phantasie immer noch zu nahe kommt, kann die Person des Vaters durch eine andere Person, etwa den Sohn der Träumerin, ersetzt werden. Ist auch das noch zu dicht am ursprünglichen Bild, kann an die Stelle der Balgerei ein Tanz der Träumerin mit ihrem Sohn treten, oder die Tänzerin ist eine fremde Frau, um die Distanz noch mehr zu vergrößern, usw.

Die Möglichkeiten zur Maskierung des Trauminhalts sind unbegrenzt. Was sich am Ende im manifesten Traum zeigt, hängt vom Kräftegleichgewicht zwischen dem unbewußten Inhalt (den Es-Impulsen) und den Abwehrmechanismen ab – mit anderen Worten, von einem Kompromiß zwischen beiden. Die Abwehr kann sich auch darin äußern, daß der im latenten Traum ursprünglich zusammenhängende Ereignisfluß im manifesten Traum in Einzelsegmente aufgeteilt wird und bruchstückhaft erscheint. Zum Beispiel könnte in dem hypothetischen Traum der Vater in einem Teil des Traums anwesend sein, während die Frau sich in einem anderen Teil des manifesten Traums mit einem anderen Mann balgt. Eine andere häufige Kompromiß-Technik bewirkt, daß der Traum sehr diffus bleibt.[3c]

Ein weiterer Abwehrmechanismus im Traum ist die *Projektion* – etwa daß die Frau im erwähnten Beispiel ihre eigenen sexuellen Wünsche auf eine fremde Frau überträgt. Projektion kann aber auch in der Verschiebung der Affektintensität von einem Gegenstand auf einen anderen bestehen, in der Trennung bestimmter Empfindungen, die nicht auf ein und dasselbe Objekt gerichtet sein können (wenn zum Beispiel die weiblichen Figuren im Traum eines Mannes in Huren und Heilige unterteilt sind), in der Verkehrung oder Leugnung von Gefühlen usw.

Der Analytiker Bela Mittelmann führt als Beispiel für eine Affektverkehrung den folgenden Traum einer fünfzigjährigen Hausfrau mit Phobien (extremer Angst in bestimmten Situationen) und starker sexueller Gehemmtheit an: «... *mein Mann und ich schauen zu, wie ein fünfjähriges Mädchen verheiratet wird. Wir lachen herzlich.*» Daß die Frau im Traum fünf Jahre alt ist, hängt, wie die Analyse ergibt, damit zusammen, daß ihre Mutter sie in diesem Alter streng bestrafte, weil sie masturbierte; das Lachen könnte als Versuch gedeutet werden, die

Angst zu dämpfen. (Vgl. dazu Freuds Beispiel von dem Mann, der das «Lebenslicht» nicht andrehen konnte und lachend erwachte.) Andere Affektverkehrungen sind etwa Angst, die in Aggressivität umschlägt; Haß, der zu Liebe wird, usw.

Als Beispiel für die «Leugnung von Angst» mit Hilfe einer Phantasie von «hoher ästhetischer Qualität» berichtet Mittelmann den Traum einer «attraktiven, intelligenten, unverheirateten Frau von achtundzwanzig Jahren», die sieben Verlobungen gelöst hatte. Eines Nachts träumte sie, nachdem sie Geschlechtsverkehr gehabt hatte: *Sie befindet sich im Meer, steigt empor und stürzt hinab mit riesigen, bedrohlich wirkenden Wellen. Schließlich nehmen die Wellen die Gestalt einer wunderschönen Orchidee an und werden ruhig. Ihre Angst verschwindet.*[45a] (Einer anderen möglichen Deutung dieses Traums werden wir in Kapitel 4 begegnen.)

Die Abwehr gegenüber bestimmten Trauminhalten kann sich auch darin äußern, daß der Traum beim Erwachen vergessen ist. R. M. Whitman, ein Neofreudianer, hat dieses Phänomen systematisch untersucht. Er stellte fest, daß besonders Träume mit inakzeptablem aggressivem Inhalt vergessen werden. Dabei ist dieser Widerstand oft unbewußt und kann wirksam werden, ohne daß der Träumer selbst der erschreckenden Aspekte in seinem Traum gewahr wird.[60]

Der Traumtheoretiker Emil Gutheil zeichnete das folgende Traumbeispiel eines männlichen homosexuellen Patienten auf: *Ich war eine Frau. Ich kniete neben einem Bett. Eine andere Frau lag darin. Auf ihrem Bauch, zwischen Nabel und Vagina, war eine rote Narbe zu sehen. Ich hatte das Gefühl, ich würde diese rote Narbe gerne streicheln …» … «Ich wachte auf und dachte, was für ein dummer Traum; am besten vergessen.*» Gutheil merkt an: «Wann immer ein Patient eine solche abwertende Bemerkung zu einem Traum macht, können wir davon ausgehen, daß der Traum irgendein äußerst wichtiges Detail enthält.»

Die an einen Kaiserschnitt erinnernde Narbe im Traum wurde im Laufe der Deutung mit der Mutter des Träumers in Verbindung gebracht. Sie hatte oft gesagt: «Du hast mich bei der Geburt zerrissen.» Der Patient war immer der Überzeugung gewesen, daß seine Mutter ihn für diese «grausame Tat» verantwortlich mache und ihn deshalb nicht liebe.[23]

Die Integrationsfähigkeit des Träumers

Eines der Gebiete, auf denen die Neofreudianer Freuds Theorie modifizierten, ist die Psychologie der Kreativität. Freud war der Ansicht gewesen, künstlerische Kreativität sei gleichzusetzen mit Wunscherfüllung. Einer seiner Nachfolger, Ernest Kris, dagegen hat kreative Prozesse als eine «Regression im Dienste des Ich» bezeichnet. Damit ist gemeint, daß die schöpferische Person imstande ist, auf primitive, infantile Art und Weise zu denken und zu erleben, was in diesem Fall keineswegs pathologisch zu verstehen ist, sondern im Gegenteil als ein Kriterium für psychische Gesundheit, vorausgesetzt, das Ich kann die Regression für seine Ziele und Bestrebungen nutzen.[38] Eine Reihe anderer Analytiker der Freudschen Schule haben diese Auffassung auch auf den Zustand des Traums übertragen, der damit als Regression mit einem gewissen Maß an Kontrolle und Selektion im Hinblick auf das unbewußte Material betrachtet wird.

Das hat wichtige Folgen für die Traumdeutung, da folglich nur insoweit aus dem Grad der Regression im Traum auf die psychische Gesundheit des Träumers geschlossen werden kann, als dabei die Verarbeitungs- und Integrationsfähigkeit des Ich berücksichtigt wird.[2] Nicht jeder Träumer kann gleich viel verarbeiten; umgekehrt kann die Fähigkeit des Träumers, Traumdeutungen zu integrieren, als Maß für seine Ich-Stärke herangezogen werden.

Bela Mittelmann beschreibt fünf Grade der Integrationsfähigkeit: 1. Der Traum ist klar, der Patient akzeptiert die Deutung und liefert entsprechende Assoziationen. 2. Der Träumer akzeptiert die Deutung erst nach einiger Mühe. 3. Der Träumer liefert relevante Assoziationen, verhält sich dem Traum gegenüber jedoch emotional indifferent. 4. Zahlreiche längere Träume liegen vor, doch die Assoziationen sind unzusammenhängend, und der Traum kann nicht zum täglichen Leben in Beziehung gesetzt werden. 5. Die Deutung des Traums macht den Träumer nur noch ängstlicher und selbstunsicherer.[45]

Als Beispiel für eine hohe Integrationsfähigkeit führt Mittelmann zwei Träume der bereits erwähnten fünfzigjährigen, von Phobien geplagten Hausfrau an:

1. «*Sie ist vier oder fünf Jahre alt und macht einem geistig behinderten*

Mädchen auf der Toilette sexuelle Avancen, als die Tür aufgeht und sie
voller Angst, Scham und Schuldgefühle innehält.»
   2. «Ihre Mutter ist nicht zu Hause, und sie fühlt sich glücklich und
frei.»

Die Patientin berichtete im Zusammenhang mit dem Traum, daß ihre Mutter sie streng bestraft hatte, als sie vier oder fünf Jahre alt war und masturbierte. Sie konnte trotzdem nicht aufhören und hatte Alpträume, fürchtete sich davor, allein im Haus zu bleiben und klammerte sich an die Mutter. Es lebte damals wirklich ein geistig behindertes Mädchen bei ihnen im Haus, die Frau erkannte jedoch, daß das behinderte Mädchen im Traum sie selbst verkörperte. Sie war emotional zurückgeblieben und hatte deshalb Schwierigkeiten, in der Schule mitzukommen.

Der Therapeut deutete den Traum als Versuch der Patientin, die Verantwortung für ihre sexuelle Aktivität und ihre feindseligen Gefühle der Mutter gegenüber zu leugnen. Dies, zusammen mit der ständig erwarteten Mißbilligung und Bestrafung durch die Mutter, steigerte ihre Angst vor dem Verlassenwerden. Die Patientin akzeptierte die Deutung rasch und produzierte dazu passende Assoziationen.[45b]

Eine geringere Integrationsfähigkeit wurde am Traum eines zweiundvierzigjährigen Homosexuellen demonstriert. Nach Mittelmann zeigte der Träumer alle wichtigen emotionalen Regungen, konnte jedoch nicht in Kontakt zu ihnen treten. *«Er sieht eine geschwungene Treppe, auf der ihm ein Schwarzer entgegengelaufen kommt, der dann verschwindet ... Er betrachtet die Stufen so, daß sie einmal vertikal und einmal horizontal vor ihm erscheinen. Das gibt ihm das Gefühl, die Situation völlig unter Kontrolle zu haben.»* (gekürzt) Der Träumer war zum ersten Mal in seinem Leben dabei, eine sowohl sexuell als auch emotional besetzte Beziehung einzugehen. Im Laufe der Traumanalyse wurde ihm bewußt, daß die Bewegungen des farbigen Mannes in seinem Traum charakteristisch für die Bewegungen seines Freundes waren. Er selbst empfand im Traum keine Angst, der andere dagegen schien Furcht zu haben. Mittelmann sah den Traum als Ausdruck des Versuchs des Träumers, seine Angst vor der sich anbahnenden Beziehung – die er in Wirklichkeit gar nicht zu verspüren imstande war – durch ein magisches Allmachtsgefühl zu beschwichtigen.[45c]

In den vierziger Jahren wandelte sich die psychoanalytische Klientel. Die Therapeuten wurden vermehrt mit sogenannten narzißtischen Neurosen konfrontiert. Narzißtische Störungen entspringen einem frühen Stadium der kindlichen Entwicklung, und das narzißtische Ego ruft andere, primitivere Abwehrmechanismen auf den Plan als die psychosexuellen Konflikte, mit denen Freud sich befaßt hatte.[35]

Liegt eine ernste narzißtische Störung vor, so handelt es sich um pathologischen Narzißmus oder einen «Borderline-Zustand» (siehe S. 403). Der amerikanische Psychoanalytiker Masud Khan hat dargelegt, daß solche Klienten häufig ihre Träume und deren Deutung *mißbrauchen,* weil selbst jene Ich-Funktionen, die eigentlich dazu da sind, den Traum zu integrieren, gestört sind. Träume werden dann dazu benutzt, Allmachtsphantasien nachzugeben und eine magische Welt zu schaffen, in die man vor der Berührung mit der Umwelt flieht. Unter Khans Klienten waren viele, die zwar durchaus imstande waren, ihre Träume zu verstehen und Assoziationen zu ihnen zu produzieren, dabei aber gleichsam erstarrt waren vor Angst.[36a] Ich selbst bin in meiner Praxis häufig großer Angst vor dem, was ein Traum aussagen könnte, begegnet. Der Klient ist dann nur noch auf die Frage fixiert: «Ist das nun gut oder schlecht?» Meiner Erfahrung nach ist es in solchen Fällen Zeitverschwendung, mit den Träumen zu arbeiten, bevor man sich nicht mit der Angst selbst auseinandergesetzt hat.

Traum und Übertragung

In der Zeit zwischen dem Entstehen der *Traumdeutung* und der Formulierung der Theorie des Todestriebs und des Wiederholungszwangs änderte Freud sein praktisches Vorgehen bei der therapeutischen Arbeit mit Träumen grundlegend. Wurde der Klient ursprünglich lediglich dahin geführt, sich an die verdrängten Erlebnisse zu *erinnern,* lag das therapeutische Ziel nun darin, ihn dazu zu bringen, die Ereignisse der Vergangenheit als unmittelbares Erlebnis in der Gegenwart zu *wiederholen.* Das konnte dadurch geschehen, daß die verdrängten Emotionen (Haß, Liebe, Ohnmacht usw.) in der Beziehung zum Analytiker noch einmal durchlebt wurden, und zwar im Rahmen der *Übertragung.*[18]

Viele der Neuerer nach Freud haben den Aspekt der Übertragung in der therapeutischen Arbeit mit Träumen noch stärker betont als er. Bedeutende Neofreudianer stellten die Hypothese auf, daß eine Selbstanalyse den meisten Menschen nicht möglich ist, weil es immer einer Person aus der äußeren Welt bedarf, auf die die zu durchlebenden Konflikte übertragen werden können. Einer noch überspitzteren Position zufolge ist es gar nicht der Traum, der für die Therapie interessant ist, sondern seine Einbindung in die Übertragungssituation. Daß Freud *Die Traumdeutung* angeregt durch eine intensive Selbstanalyse schrieb, wurde von manchen als geniale Ausnahme betrachtet oder damit erklärt, Freud selbst habe eine Übertragungsbeziehung zu seinem Freund Wilhelm Fließ gehabt.[36b]

Im folgenden sollen einige Beispiele aus der Praxis verschiedener neofreudianischer Traumtheoretiker zum Phänomen der Übertragung behandelt werden.

Der Deutsche Hermann Schultz erwähnt in seiner Dissertation über Träume von Patienten einer Psychoanalyse den Traum einer vierundzwanzigjährigen jungen Frau: *«Sie lag am Strand, konnte sich nicht von der Stelle bewegen. Angst.»* Die Frau hatte keine Assoziationen.

Der Traum wurde im Zusammenhang mit der Therapiesituation gesehen: Die Patientin muß auf einer Couch liegen, während der Analytiker hinter ihr sitzt; er kann sie anschauen, während sie ihn nicht sehen kann. Sie ist psychisch ausgeliefert, so wie sie am Strand physisch den Blicken preisgegeben ist.[54b]

Heinz Kohut, ein bekannter Neofreudianer, berichtet in seinem Buch *Narzißmus*: Ein Patient träumt, er befinde sich *«in einer Rakete und umkreist den Erdball, weit weg vom Boden. Er ist jedoch vor dem unkontrollierten Fortschießen in den Weltraum durch die unsichtbare, dennoch sehr mächtig wirkende Anziehungskraft der Erde im Zentrum seines Weltalls geschützt.»* Das unkontrollierte «Fortschießen» in den Weltraum wurde als Psychose gedeutet. Die Erde symbolisierte den Analytiker, die Erdanziehungskraft die narzißtische Übertragung.[37]

Und noch ein Beispiel aus dem Buch des englischen Analytikers Patrick Casement, *On Learning From the Patient:* Eine Patientin drückte an einem kritischen Punkt der Analyse die Angst aus, «in Stücke gerissen oder verrückt zu werden». Casement meinte, ihr durch seine Aussage helfen zu können, daß er selbst nachhaltig Kraft gefunden hatte, als er es wagte, auch seinen tiefsten Ängsten ins Gesicht zu blicken, selbst der Angst vor dem Wahnsinn. In der folgenden Sitzung erzählte die Patientin «einen schrecklichen Traum»:

«Ich fuhr in einer Drahtseilbahn auf einen Berg. Plötzlich blieb sie stehen. Ich hing auf halber Höhe am Berg und konnte weder vor noch zurück. Ich saß fest. Das Ganze wurde noch schlimmer dadurch, daß die Tür der Drahtseilbahn immer wieder aufging. Sie bestand ganz aus Glas in einem Metallrahmen – wie ein Fensterrahmen (engl. casement frame, d. Ü.).»*

Die Anspielung auf den Namen des Analytikers springt ins Auge. Casement deutete den Traum so, daß der Rahmen der analytischen Situation für die Patientin bedroht war und er sich in der Sitzung hätte bemühen müssen, die Ängste der Patientin zu beschwichtigen statt ihr zu sagen, daß auch er Angst haben konnte.

Vom latenten zum manifesten Traum

Während Freud sich fast ausschließlich mit dem latenten Traum befaßte, dessen Inhalt über die freie Assoziation zugänglich wurde, gingen die Neofreudianer seit den vierziger Jahren in wachsendem Maße auf die Bedeutung des manifesten Traums ein. Der amerikanische Analytiker L.J. Saul konnte feststellen, daß er anhand der ersten zehn bis fünfzehn Träume, die ein Patient in die Analyse einbrachte, imstande war, den zentralen Konflikt des Patienten herauszuarbeiten und die wichtigsten Aspekte seiner Neurosenstruktur zu umschreiben.[53] C.W. Reiss, ein anderer Freudianer, versuchte, zu einer Charakterisierung seiner Klienten zu kommen, indem er Traumserien sowohl mit als auch ohne freie Assoziation untersuchte. Er konnte dabei statistisch nachweisen, daß ein klarer Zusammenhang zwischen den «Persönlichkeitsprofilen» bestand, die mit beiden Arbeitsweisen gewonnen wurden.

Andere Untersuchungen arbeiteten mit Klientengruppen, die in bestimmten Merkmalen voneinander verschieden waren, um zu prüfen, ob sich die Gruppe auch im Hinblick auf ihre Träume unterschied. Jugendliche in der Pubertät wurden mit älteren Menschen verglichen,

Schizophrene mit Nicht-Schizophrenen, usw. Die Resultate waren vielversprechend.[41]

Reiss war der Ansicht, daß der manifeste Traum sozusagen das Skelett oder Grundgerüst der Persönlichkeit liefere, während die Assoziationen dieses Skelett mit Fleisch umkleideten.[54a] Auch Erik H. Erikson, dessen Ansatz im folgenden Abschnitt diskutiert wird, ging davon aus, daß die Deutung des manifesten und des latenten Traums einander ergänzen. Allerdings ist die Analyse manifester Träume in anderen Richtungen der Traumforschung sehr viel weiter entwickelt worden und wird im entsprechenden Zusammenhang diskutiert werden.

Traum und psychosexuelle Entwicklung

Einer der Meilensteine der psychoanalytischen Theoriebildung ist die Theorie der psychosexuellen Entwicklungsstufen in der Kindheit. Von der frühen Kindheit bis zum fünften Lebensjahr durchläuft das Kind die «orale», die «anale» und die «phallische» Phase, in denen sein sexueller Instinkt und seine Lustgefühle nacheinander mit dem Mund, dem Anus und den Genitalien als sogenannten «erogenen Zonen» verknüpft sind. Das Verhalten des Kindes in diesen Phasen wird zum «Prototyp», das heißt zum «ursprünglichen Muster» für bestimmte Persönlichkeitszüge, die das ganze Leben lang erhalten bleiben können. Die frühen Erfahrungen, die zur Ausprägung dieser Eigenschaften führen, werden in der Regel später rigide verdrängt. Ausgehend von Freuds Definition des Traums als «*via regia* zum Unbewußten» müßten sich die ursprünglichen Muster aus diesen Entwicklungsphasen allerdings in Träumen enthüllen.

Die orale Phase umfaßt die ersten beiden Lebensjahre, in denen nach Freud der Mund die wichtigste Quelle kindlicher Lustgefühle ist. Der Mund ist hauptsächlich verbunden mit Vorgängen wie Nahrungsaufnahme, Festhalten, Beißen, Ausspucken und Schließen. Diese Vorgänge werden zu Prototypen späterer psychischer Verhaltensmuster. Die Nahrungsaufnahme über den Mund wird zum Prototyp für Gier, das Festhalten für Starrsinn und Entschlossenheit, das Beißen für Zerstörungsdrang, das Ausspucken für Abwehr und Verachtung, das Schließen für Verweigerung und Negativismus. Allerdings werden die ursprünglichen Funktionsweisen im Laufe der Entwicklung über die Abwehrmechanismen verändert, so daß sie häufig ersetzt, verkehrt, sublimiert usw. werden, wobei sie sich zu einem Geflecht von Interessen, Einstellungen und Verhaltensweisen verdichten. Man kann Wissen, Liebe oder Macht annehmen oder «ausspucken» oder, als Reaktionsbildung (Verkehrung der Gefühle), «alles roh hinunterschlingen».[24]

Nach dieser Auffassung können in Träumen auftauchende Symbole, die mit Essen, Beißen, Nahrungsaufnahme usw. oder mit Derivaten der ursprünglichen Muster zu tun haben, mit oralem Verhalten in Verbindung gebracht werden. Der Berliner Analytiker Hans Dieckmann berichtet, daß eine seiner Patientinnen, die am Anfang der Analyse Charaktereigenschaften zeigte, die einer starken oralen Hemmung entsprachen, jeweils träumte, *sie gehe in leere Geschäfte, wo sie nichts kaufen konnte oder infolge des Vordrängens anderer Personen nichts erhielt.* Doch etwa zu jenem Zeitpunkt der Analyse, als sie ihr Verhalten zu ändern begann, träumte sie schließlich, *in einem Geschäft endlich das Gewünschte zu kaufen und auch zu erhalten:*

«Ich ging in die Kantine. Es ist angenehm, da keine Arbeit getan werden muß, aber ich treffe Nachbarn. Wir freuen uns, und irgend jemand empfahl uns ein besonders leckeres Gebäck. Ich schaute rasch in meinen Geldbeutel; ja, ich konnte es mir gerade noch leisten. Aber da gab es auch noch Brötchen, die man aufschneiden konnte und die mit Leberwurst fein schmeckten; für nur eine Mark. Das Wasser lief mir bei dem Gedanken im Mund zusammen, und mit schlechtem Gewissen gab ich meine letzte Mark aus und stürzte mich einfach in den Genuß des wohlschmeckenden, seltenen Vergnügens.»[5]

Die anale Phase umfaßt jene Periode im Leben des Kindes, in der es beginnt, Kontrolle über seine Ausscheidung zu gewinnen, und in der die Sauberkeitserziehung einsetzt. «Machen» kann der Prototyp für schöpferische Arbeit sein, aber auch für «primitive Entladungsreaktionen» wie schlechte Laune und Wutanfälle.

Wenn die Eltern das Kind loben und motivieren, wird es Freude daran finden, etwas für sich selbst und für andere zu schaffen, und als Persönlichkeit großzügig und produktiv sein. Verhalten die Eltern sich dagegen streng und tadelnd, wird das Kind zwanghafte

Ordentlichkeit, Knauserigkeit und Kontrollzwänge entwickeln oder, als Reaktionsbildung, Schlampigkeit, Unreinlichkeit und Verschwendungssucht.[24]

Mir ist bei Menschen, die sehr kontrolliert sind und denen es schwerfällt, spontan zu sein, vor allem bei Frauen, häufig ein bestimmter Traum begegnet. Er handelt davon, wie er oder sie auf die Toilette geht, *«aber gerade als ich mich hinsetzen will, sehe ich einen Mann durchs Fenster hereinschauen»* oder *«plötzlich kommen eine Menge Leute herein»* oder *«die Toilette funktioniert nicht»*. Umgekehrt habe ich als Vorbereitung kreativer Prozesse oder spontaner emotionaler Ausbrüche Träume beobachtet, in denen die Ausscheidung problemlos funktioniert, am richtigen Ort erfolgt usw.

Wir sollten uns in Erinnerung rufen, daß Freud seinen Traum, in dem er die Kotpatzen mit einem kräftigen Urinstrahl von der Abortbank spülte, mit seiner schöpferischen Arbeit in Zusammenhang brachte. In Träumen können Exkremente durch Abfall ersetzt werden, in der Symbolsprache Freuds kann auch Gold oder Geld an ihre Stelle treten. Bei Zwangsneurosen können Ausscheidungsprobleme in Träumen eine dominante Rolle spielen.

In Nordeuropa, dessen Bewohner von der Mentalität her als analzwanghaft bezeichnet werden, sind Träume, in denen man sich angenehm erleichtert, fast immer wichtig und positiv.[31]

Die phallische Phase verläuft bei Jungen und Mädchen unterschiedlich. Nach Freud verliebt sich der Junge in seine Mutter, wobei der inzestuöse Charakter der Liebe mit Zunahme des Sexualtriebs stärker hervortritt. Der Vater wird in dieser Situation zum Rivalen; zugleich fürchtet der Junge den Vater aber auch und hat Angst, von ihm kastriert zu werden (Kastrationsangst).

Das Mädchen wiederum verliebt sich in den Vater (weiblicher Ödipuskomplex) und ist eifersüchtig auf die Mutter. Es hat zwar keine Furcht, vom Vater kastriert zu werden, leidet aber statt dessen unter dem Penisneid und gibt der Mutter die Schuld für diesen Mangel.[24]

In dem Abschnitt über Abwehrmechanismen habe ich ein Beispiel von Charles Brenner über die unerlöste Verliebtheit einer Frau zitiert, die sich in ganz unterschiedlichen Formen im Traum manifestieren kann. In ähnlicher Weise kann sich der Theorie zufolge auch der männliche Ödipuskomplex in verschiedenen Verkleidungen zeigen.

Will man sich in der Arbeit möglichst eng an den manifesten Traum halten, so bietet es sich an, sich primär mit Träumen zu beschäftigen, in denen die Eltern des Träumers selbst auftauchen oder in denen es um sexuelle Annäherung an Personen geht, die beträchtlich älter sind als der Träumer bzw. eine Erziehungsfunktion haben, wie eine Kinderfrau oder ein Lehrer.

Calvin Hall hat Kriterien für die Deutung von Träumen entwickelt, die Kastrationsangst und Penisneid zum Thema haben. Sie vermitteln uns einen Eindruck davon, welch breiten Raum das Konzept der Kastrationsangst bei Männern und des Penisneids bei Frauen einnimmt. Die folgenden Kriterien beziehen sich auf *Kastrationsangst in Träumen:* Verletzung oder Schmerz an einem Teil des Körpers oder am ganzen Körper wie auch von Tieren oder Dingen, die dem Träumer gehören – oder die Bedrohung durch sie. Irgend etwas am Körper des Träumers ist kindlich oder zu klein geraten. Schwierigkeit, den Penis oder phallische Objekte zu gebrauchen oder Dinge in Hohlräume zu stecken. Ein Mann zeigt weibliche Züge oder trägt Frauenkleider.[26]

Kriterien für *Penisneid in Träumen von Frauen:* Erwerbung eines Penis oder phallischer Objekte. Die Träumerin beneidet oder bewundert das Aussehen eines Mannes, seine Art, sich zu geben, oder Dinge in seinem Besitz, die eine Phallusform haben. Sie zeigt maskuline Züge oder trägt Männerkleider.

Die bisher erörterten Phasen der psychosexuellen Entwicklung werden unter dem Oberbegriff «prägenitale Phasen» zusammengefaßt. Die darauffolgenden Entwicklungsstufen – die «Latenzphase», etwa vom siebten bis zum zwölften Lebensjahr, und die «genitale Phase», die in das Erwachsenenleben mündet – werden als nicht so bedeutsam im Hinblick auf die Erzeugung von Traummaterial betrachtet.

Die psychosexuellen Phasen der kindlichen Entwicklung und die Reaktionsmuster, die mit ihnen verbunden sind, sind ausführlich in Otto Fenichels Grundlagenwerk über Freud[10] und bei Calvin S. Hall[24] beschrieben. Für unseren Zusammenhang ist entscheidend, daß das Wissen um die Symbolsprache dieser Phasen uns Informationen über komplexe Charakterstrukturen des Träumers liefern kann.

Auch diejenigen, die Freuds Theorie kritisch gegenüberstehen und einige seiner wichtigsten Thesen sogar verwerfen, können bei der Deutung von Träumen aus dem Wissen um diese Phasen Nutzen ziehen. Ein

Beispiel dafür ist das Konzept des Penisneids, das in der neofreudianischen Literatur mit einem breiten Spektrum von Persönlichkeitszügen bei Frauen in Verbindung gebracht wird. Es kann durchaus lohnen, entsprechenden Traumsymbolen bei Klientinnen nachzugehen, ganz gleich, ob man nun tatsächlich glaubt, daß sie auf den Neid des kleinen Mädchens auf den Penis des Jungen zurückgehen. Genauso nützlich kann es sein, bei Ausscheidungsträumen auf die Beschreibung «analer Persönlichkeitszüge» zurückzugreifen, auch wenn man nicht davon ausgeht, daß diese Züge einzig und allein mit einer rigiden Sauberkeitserziehung zusammenhängen.

Traum und psychosoziale Entwicklung

Einer der bekanntesten Ansätze zur Weiterentwicklung der Traumdeutung aus dem neofreudianischen Lager stammt von Erik Homburger Erikson. Erikson hat die Grenzen des oben dargestellten Freudschen Entwicklungsmodells gesprengt, indem er ein Modell psychosozialer Entwicklung entwarf, das er als *epigenetisch* bezeichnete. Dieses Modell legte er auch seinem erweiterten Traumverständnis zugrunde.

Das Konzept der Epigenese kommt ursprünglich aus der Biologie. Der Theorie zufolge entwickeln sich Eizelle und Fötus nach einem genetisch festgelegten Stufenplan, der in Verbindung mit bestimmten Umwelteinwirkungen abläuft. Für jede neue Entwicklungsstufe wird dabei eine völlig neue, jeweils höhere, kontrollausübende Struktur im Organismus ausgebildet. Auf die psychosoziale Entwicklung des Menschen angewandt, verstand Erikson das Konzept im Sinne einer Aktivierung/Freisetzung je spezifischer Ressourcen oder «Grundtugenden», sowohl bezogen auf die vom einzelnen durchlaufenen Entwicklungsstufen als auch im Hinblick auf ihre Einbettung in bestimmten gesellschaftlichen Institutionen. Erikson glaubte, daß es so etwas wie eine universale Entwicklungsabfolge beim Menschen gibt und daß jede Gesellschaft auf ihre Weise versucht, das Erreichen der einzelnen Stufen bei ihren Mitgliedern zu fördern.

Menschliches Wachstum mit seinen Krisen läßt sich nach Erikson als eine Anzahl aufeinanderfolgender Phasen beschreiben. Die menschliche Entwicklung umfaßt insgesamt acht solcher Lebensstufen, die jeweils durch eine typische Entwicklungsaufgabe charakterisiert sind.

1. Urvertrauen gegen Urmißtrauen.
2. Autonomie gegen Scham und Zweifel.
3. Initiative gegen Schuldgefühl.
4. Leistung gegen Minderwertigkeitsgefühl.
5. Identität gegen Rollenkonfusion.
6. Intimität gegen Isolierung.
7. Zeugende Fähigkeit gegen Stagnation.
8. Ich-Integrität gegen Verzweiflung.[8]

Die ersten fünf Stufen sind an die psychosexuellen Phasen des Freudschen Entwicklungsmodells angelehnt. Die drei letzten hat Erikson eigenständig konzipiert. Nach Auffassung des Wissenschaftshistorikers Henry F. Ellenberger orientierte er sich dabei allerdings stark an C. G. Jung.[6a]

Das Neue an Eriksons Traumtheorie besteht darin, daß der Traum wie das Wach-Ich mit der Anpassung des individuellen Entwicklungstempos an die gesellschaftlichen Forderungen befaßt ist, die in solch kritischen Phasen an die Person gestellt werden. Im Traum wird dabei versucht, eine Synthese zwischen der individuellen Entwicklung und den Erwartungen und Bedürfnissen der Umwelt zu schaffen.[7c]

Erikson stellte seine Theorie 1954 in einem Artikel mit dem Titel *Das Traummuster der Psychoanalyse* vor, in dem er seine Hypothesen an einem Traum von Freud selbst überprüfte.

Der unter der Bezeichnung «Irmas Injektion» in die Geschichte eingegangene Traum stammte aus der Nacht vom 23. auf den 24. Juli 1895, in der Freud die entscheidende Inspiration für die *Traumdeutung* empfing. Am Vortag war er von seinem Freund und Kollegen «Otto» davon in Kenntnis gesetzt worden, daß es einer Patientin von ihm namens Irma nach der Behandlung nicht so gut ging wie erwartet.

«Eine große Halle – viele Gäste, die wir empfangen. – Unter ihnen Irma, die ich sofort beiseite nehme, um gleichsam ihren Brief zu beantworten, ihr Vorwürfe zu machen, daß sie die ‹Lösung› noch nicht akzeptiert. Ich sage ihr: Wenn du noch Schmerzen hast, so ist es wirklich

nur deine Schuld. – Sie antwortet: Wenn du wüßtest, was ich für Schmerzen jetzt habe im Hals, Magen und Leib, es schnürt mich zusammen. – Ich erschrecke und sehe sie an. Sie sieht bleich und gedunsen aus; ich denke, am Ende übersehe ich da doch etwas Organisches. Ich nehme sie zum Fenster und schaue ihr in den Hals. Dabei zeigt sie etwas Sträuben wie die Frauen, die ein künstliches Gebiß tragen. Ich denke mir, sie hat es doch nicht nötig. – Der Mund geht dann auch gut auf, und ich finde rechts einen großen weißen Fleck, und anderwärts sehe ich an merkwürdigen krausen Gebilden, die offenbar den Nasenmuscheln nachgebildet sind, ausgedehnte weißgraue Schorfe. – Ich rufe schnell Dr. M. hinzu, der die Untersuchung wiederholt und bestätigt … Dr. M. sieht ganz anders aus als sonst; er ist sehr bleich, hinkt, ist am Kinn bartlos … Mein Freund Otto steht jetzt auch neben ihr, und Freund Leopold perkutiert sie über dem Leibchen und sagt: Sie hat eine Dämpfung links unten, weist auch auf eine infiltrierte Hautpartie an der linken Schulter hin (was ich trotz des Kleides wie er spüren kann) … M. sagt: Kein Zweifel, es ist eine Infektion, aber es macht nichts; es wird noch Dysenterie hinzukommen und das Gift sich ausscheiden … Wir wissen auch unmittelbar, woher die Infektion rührt. Freund Otto hat ihr unlängst, als sie sich unwohl fühlte, eine Injektion gegeben mit einem Propylpräparat, Propylen … Propionsäure … Trimethylamin (dessen Formel ich fettgedruckt vor mir sehe) … Man macht solche Injektionen nicht so leichtfertig … Wahrscheinlich war auch die Spritze nicht rein.[13r]

Es handelt sich hier um einen äußerst komplexen Traum. Freud widmete seiner Deutung dreißig Seiten, ohne seinen Inhalt auch nur annähernd zu erschöpfen, Erikson verwendet nahezu fünfunddreißig Seiten auf den Traum. Ich möchte mich hier ausschließlich auf den wirklich neuen Aspekt von Eriksons Traumtheorie konzentrieren: Die Verbindung zwischen Lebensalter und sozialer Funktion.

Nach Erikson bereitete dieser Traum Freud auf die siebte Lebensstufe vor, deren Dilemma im Konflikt zwischen zeugender Fähigkeit und Stagnation liegt. Zur Zeit des Traums war Freud neununddreißig Jahre alt, und die für dieses Lebensalter festgeschriebene Lebensaufgabe ist die Reproduktion. In biologischem Sinn ist damit Elternschaft gemeint, in psychologischem Sinn kann es aber auch einfach darum gehen, der jüngeren Generation etwas «weiterzugeben».[7d]

Eriksons Deutung basiert auf Freuds zahlreichen eigenen Assoziationen und auf einer fundierten Kenntnis seines Lebens und seiner Gedanken, wie er sie in seinen Briefen an seinen Freund und Kollegen Wilhelm Fließ niedergelegt hat.

Daß Irma eine Injektion mit einer unreinen Spritze erhielt, läßt sich natürlich sexuell deuten. Daß der Träumer, Freud selbst, gerade in der Nacht des Traums zu seinem wichtigsten Werk inspiriert wurde, läßt die weitergehende Deutung zu, daß es sich hier nicht um eine Zeugung im Fleisch, sondern im *Geist* handelte. (In meiner eigenen Praxis sind mir in der Tat Träume begegnet, in denen das Motiv der Injektion und der Insemination zusammenfielen. Eine Frau träumte, sie sei nach einer Vorlesung von mir schwanger geworden, mußte dann aber vom Arzt eine Spritze bekommen, um das Kind behalten zu können.) Otto, der die Injektion verabreicht hatte, kann hier als Stellvertreter von Freuds Freund Wilhelm Fließ gelten. Der Brückenschlag zu Fließ scheint weit hergeholt und sehr versteckt, paßt jedoch zu Freuds Traumstil und wirkt weniger abwegig, wenn man bedenkt, wie stark Freud die Tendenz des Traums zur Verzerrung und Entstellung hervorhob.

Fließ hatte Freud mit einigen seiner wichtigsten Ideen «befruchtet». Freud und Irma waren im Traum bis zu einem gewissen Grad eins: Freud hatte Schmerzen in der Schulter wie Irma. Irmas Unwohlsein wird im Traum mit *merkwürdigen krausen Gebilden, die offenbar den Nasenmuscheln nachgebildet sind,* in Verbindung gebracht. Freud selbst aber war wegen einer Nasenerkrankung bei Wilhelm Fließ in Behandlung gewesen.

Freud hatte einmal gesagt, daß er zuweilen eine merkwürdige homosexuelle Neigung für Fließ empfand, und im letzten Brief an ihn redete er ihn zum ersten und einzigen Mal in ihrer Korrespondenz mit «liebster» an. Auch das Wort «Trimethylamin» führt zu Fließ, der glaubte, daß Trimethylamin eine wichtige Rolle im Sexualstoffwechsel spiele. Und Fließ' Überlegungen zum Sexualstoffwechsel «befruchteten» Freud mit einem seiner wichtigsten Konzepte, nämlich, daß der Mensch von seiner Grundveranlagung her bisexuell sei.

Außerdem enthielt der Traum eine Reihe von Anspielungen auf das Thema «Geburt». Es war der *Geburtstag* von Freuds Frau, die tatsächlich schwanger war, und ausgerechnet an diesem Tag «empfing» Freud passenderweise auch noch Gäste.

Schon diese wenigen Streiflichter machen deutlich, daß Eriksons Auffassung vom Traum weiter gefaßt ist als die Freuds. Er betrachtet den Traum als Aussage mit vielen Facetten. Dabei geht er mit Freud darin einig, daß infantile Wünsche den Antrieb des Traums darstellen und daß man mit dem Mittel der freien Assoziation zum latenten Traum vorstoßen kann. Gleichzeitig ist Erikson jedoch der Ansicht, daß schon das manifeste Traummaterial an sich wichtige Informationen enthält und daß sich aus dem latenten und dem manifesten Trauminhalt gewonnene Deutungen fruchtbar miteinander kombinieren lassen. Nach seiner Auffassung spiegelt jeder Traum zudem einen Übertragungskonflikt.

Um den universalen Charakter von Träumen anschaulich zu machen, zieht Erikson – genau wie C. G. Jung – Parallelen zu den Übergangsriten und religiösen Symbolen anderer Völker.[7]

Traum und Aggression

Wie bereits erwähnt, erweiterte Freud seine Theorie 1920 um einen unabhängigen Destruktions- und Aggressionstrieb, den er mit der Sexualität in Verbindung brachte.

Zu denjenigen, die den Gedanken in der praktischen Traumanalyse angewendet haben, gehört der dänische Psychiater Torkild Vanggaard. Vanggaard interessiert sich vor allem für den männlichen Aggressionstrieb und seine Adaptation innerhalb hierarchischer sozialer Strukturen, in männlichen Dominanz-Unterwerfungs-Spielen und in der sexuellen Symbolsprache, die dabei zutage tritt. Er hat einen unveröffentlichten Bericht über eine kurze Psychoanalyse verfaßt, in deren Verlauf die Traumdeutung eine entscheidende Rolle spielte. Das Buch ist insofern einmalig in der freudianischen Literatur, als es die Aufzeichnungen wiedergibt, die Vanggaard im Anschluß an jede Sitzung machte, und damit einen Einblick in Vanggaards ganz persönliche therapeutische Vorgehensweise gewährt.[57a]

Vanggaards Analysand war ein vierundvierzigjähriger Krankenhausarzt, A., der an einer «schweren neurotischen Angststörung mit Panikattacken» litt. Sie manifestierte sich unter anderem in eingebildeten Herzanfällen und Klinikeinweisungen.

Im Rahmen einer Traumanalyse konnte Vanggaard dem Patienten bewußtmachen, daß seine Panikattacken mit unterdrückter Aggressivität verbunden waren. Nachdem diese Problematik bearbeitet worden war, verschwanden die Angstsymptome.

Die Angst und die unterdrückte Aggressivität des Patienten wurden in der Analyse mit zwei verschiedenen Problemen in Verbindung gebracht:

Zum einen mit der sexuellen Frustration A.s, weil seine Frau in der prämenstruellen Phase vollen Geschlechtsverkehr ablehnte und von ihm verlangte, Koitus interruptus zu praktizieren. Zum anderen mit der antiaggressiven Haltung A.s im Umgang mit seinen Kollegen, die ihn daran hinderte, die Autorität, die in seiner Position von ihm gefordert wurde, wirklich einzusetzen und eine Professur zu erlangen, für die er eigentlich qualifiziert war.

Im Laufe des Therapieprozesses hatte der Patient die drei folgenden Träume, wobei Traum eins und zwei seit vielen Jahren die ersten Träume waren, in denen seine Frau vorkam:

«Lag mit Ehefrau im Bett. Wollte mit ihr Geschlechtsverkehr, kam jedoch wegen Störfaktoren nicht dazu – einmal wegen einer Schar kleiner Kinder, die auf ihr herumkrabbelten, wie in Kai Nielsens Wassermutter *oder in* Der Nilgott, *und zum anderen, weil sein Bruder in einem anderen Bett im selben Raum lag.»*

Unter den kommentierenden Bemerkungen des Patienten zu dem Traum hob Vanggaard vor allem die Aussage hervor, daß die Frau seines Bruders ihm unverblümt Avancen gemacht hatte und er deshalb versucht hatte, ihr aus dem Weg zu gehen. Dazu die Aussage A.s, daß da etwas gewesen sei «mit meinem Vater ... etwas, das mich vor der Ehe warnte». Der Träumer erwähnte auch, daß seine Mutter, im Gegensatz zu seiner Frau, «von unserer Geburt immer als von etwas Schrecklichem geredet hat». Der Träumer selbst sah in den Kindern im Bett seine eigene Angst vor einer Schwangerschaft seiner Frau verkörpert. Sie lehnte es ab, Verhütungsmittel zu nehmen, und er mußte Koitus interruptus praktizieren, weil sie offensichtlich nicht mit seinem Ejakulat «besudelt» werden wollte.

Zur Zeit des Traumes hatte A. weniger stark das Bedürfnis nach Sex als seine Frau. Vanggaard kam zu dem Schluß, daß der Traum «einen Faktor in seinem geistigen Leben spiegelte, der unter anderem für die Dämpfung (die sexuelle Hemmung, O.V.) verantwortlich ist, nämlich eine bedrohliche männliche Gestalt, die als Störfaktor anwesend ist, wenn er Geschlechtsverkehr haben soll. Hier wird diese Funktion von seinem ältesten Bruder übernommen.» Nach Vanggaard könnte die bedrohliche Gestalt ebensogut auch der Vater sein.[57b]

Sechs Wochen später erzählte A. den folgenden Traum:

«Er war im Examen und sollte eine der komplizierten Gleichungen für zytologische Zusammenhänge im Körper erklären, von der er zuvor geträumt hatte. Seine Frau war auch da und gehörte zur Prüfungskommission. Wenn er es diesmal nicht schaffte, die Gleichung zu lösen, mußte er sterben. Es war äußerst schwierig. Aber dann kam er irgendwie auf eine Lösung, er weiß nicht mehr genau, wie sie aussah, doch er erwachte in einer euphorischen Stimmung, was irgendwie unangenehm war und böse schien, da sein Hochgefühl wie ein Frohlocken und ein boshafter Triumph über die anderen wirkte. Er kann sich nicht genau erinnern, worin die Lösung im Traum bestand, glaubt aber, daß es irgendwie darauf hinauslief, daß er es aufgab, sich mit der Gleichung herumzuplagen, und damit Selbstmord beging, und daß sein Jubel den anderen galt, die ihn jetzt mal gern haben konnten.»

Vanggaard erläuterte A., daß es im Prinzip keinen Unterschied macht, ob man sich selbst umbringt oder alle anderen. Der Traum war damit ein Ausdruck massiver Aggression, enthüllte aber zugleich auch A.s Angst vor diesem Gefühl. Dies führte zu dem Eingeständnis A.s, daß er sehr aggressiv sein konnte; in seinen wissenschaftlichen Arbeiten zum Beispiel griff er ständig die Aussagen der anderen Autoren an und ließ «Köpfe rollen». Noch etwas später stellte sich heraus, daß er gern Kollegen zum Gespött machte, denen gegenüber er nicht offen aggressiv sein konnte. Insgesamt wurde deutlich, daß A. unfähig war, Aggression auf der persönlichen Ebene auszuleben, dagegen aber durchaus aggressiv agierte, wenn die Auseinandersetzung auf einer theoretischen oder institutionellen Ebene ausgetragen werden konnte.[57c]

Im weiteren Verlauf der Therapie kam das Gespräch darauf, daß einer von A.s Assistenten, O., einige vernünftige Grenzen, die A. ihm gesetzt hatte, überschritten hatte. A. war nicht in der Lage gewesen, ihn in die Schranken zu weisen, bekam aber danach Angstgefühle.[57d] In die nächste Sitzung brachte er folgenden Traum über sein Verhältnis zu O.:

«Er saß in einem Bus neben dem Fahrer. Der Bus fuhr ziemlich langsam. Auf einmal tauchte O. vor dem Bus auf und legte sich flach auf die Straße, offensichtlich in selbstmörderischer Absicht. A. versuchte verzweifelt, den Busfahrer zum Halten zu bewegen, doch der reagierte nicht. Ohne viel Federlesens überfuhr er O., wobei ein scheußliches Knirschen zu hören war. Danach sprang der Fahrer aus dem Bus, und auf einmal war er es, der vor dem Bus lag und überrollt wurde. Im Anschluß daran erblickte A. den Fahrer und O., die sich mit entsetzlich zugerichteten Köpfen vor Schmerzen wälzten und stöhnten. Es war ein grauenhafter Traum.»

Vanggaard notierte: «Er sagt selbst, daß dieser Traum ihm sein Verhältnis zu O., der ihn durch seine unterwürfige, einschmeichelnde Art ärgert, ja eigentlich geradezu anekelt, deutlich macht. Er erkennt, daß im Traum seine eigene Neigung sichtbar wird, O. zu bezwingen und zu mißbrauchen. Zugleich wurde ihm klar, daß der Traum auch eine sexuelle Färbung hat. Der Gedanke an Sexualität zwischen Männern war für ihn bisher völlig inakzeptabel, nun wird ihm bewußt, daß er selbst nicht ohne solche Neigungen ist. Diese Erkenntnis hat ihm eine ganz neue gelassene Ruhe im Blick auf dieses Thema geschenkt.

Während des anschließenden Gesprächs betone ich, daß es vor diesem Hintergrund durchaus verständlich ist, wenn er Schwierigkeiten hat, O. den tatsächlich verdienten Verweis zu erteilen. Ein solcher Verweis mündet für ihn in eine Zurschaustellung von Macht und Sexualität O. gegenüber, dem in dieser Situation Erniedrigung und Verstümmelung droht. Diese Unterströmung exzessiver Phantasien und Impulse macht ihm so große Angst vor sich selbst und seinen Neigungen, daß er sogar davor zurückschreckt, Aggression in einer gemäßigten und durchaus realitätsangepaßten Form zu zeigen, wie im Beispiel der Situation mit O.»[57e]

Ergebnis der relativ kurzen Behandlung war, daß A. von seiner panischen Angst geheilt wurde. Die Beziehung zur Ehefrau blieb allerdings unverändert.

In seiner Darstellung der Analyse von A. weicht Vanggaard von einem theoretischen Grundsatz ab, den Freud 1920 formuliert hatte, daß nämlich sexuelle Frustration unmittelbar angsterzeugend wirkt. «A. wurde seine Angst los, ohne daß sich seine eheliche Beziehung änderte.» Vanggaard kam zu dem Schluß, daß die Wut über die sexuelle Frustration, mit der A. leben mußte, dessen Angst auslöste.[57f] Bei Vanggaard dominiert der Aggressionstrieb damit das Sexuelle.

Die Rolle des Analytikers und die «Gegenübertragung»

Da die Einschätzung des Klienten durch seine inneren Widerstände und Abwehrmechanismen verzerrt sein kann, wird in der Psychoanalyse der Urteilskraft des Analytikers entscheidendes Gewicht beigemessen. Die Zustimmung des Patienten sei nicht entscheidend für die Richtigkeit der Deutung, schrieb Freud.[30] Andererseits wurde von seiten des Therapeuten große Unvoreingenommenheit und Offenheit gefordert.

Freud empfahl seinen Patienten, den kritischen Intellekt auszukoppeln, damit die «freisteigenden» Einfälle, die die Grundlage der Assoziationsmethode bildeten, nicht gebremst würden. Ein ganz ähnlicher Zustand der Entspanntheit und nicht auf ein bestimmtes Ziel gerichteten Aufmerksamkeit war auch beim Analytiker erforderlich. Denn «sobald jemand seine Aufmerksamkeit bewußt über ein gewisses Maß hinaus konzentriert, beginnt er aus dem vorliegenden Material auszuwählen; der eine Punkt bleibt mit besonderer Klarheit im Bewußtsein stehen, andere werden entsprechend übersehen, und bei dieser Auswahl wird er seinen Erwartungen und Neigungen folgen ...» Der Analytiker sollte deshalb «einfach nur zuhören und sich nicht darum bemühen, sich an irgend etwas zu erinnern oder an etwas zu denken».[55]

Wer das Unbewußte einer anderen Person verstehen will, kann dies nur über den Zugang zum eigenen Unbewußten. Diese Vorbedingung wurde von den Neofreudianern Thomas French und Erika Fromm noch erweitert. Ihrer Auffassung nach muß die Analyse grundsätzlich auf Empathie gegründet sein, das heißt, auf einfühlsames Verstehen und auf Intuition.[11a] Ein Problem, das damit ins Spiel kommt, wird als *Gegenübertragung* bezeichnet. Freud machte die Entdeckung, daß nicht nur der Klient unbewußte Gefühle auf den Analytiker projiziert, vielmehr ist es in der intensiven emotionalen Beziehung der Analyse unvermeidlich, daß auch der Analytiker eigene Gefühle auf den Klienten überträgt. Freud prägte dafür den Begiff Gegenübertragung, und die Neofreudianer haben Verschiedenes vorgeschlagen, um diesem Phänomen zu begegnen. So soll der Deutende seine Aufmerksamkeit hin und wieder vom «dahinfließenden Strom unbewußten Materials» abziehen und dasselbe objektiv betrachten.[55a] Geschieht dies jedoch, bevor genügend relevantes Assoziationsmaterial gesammelt ist, spricht man von einem verfrühten Abschluß der Deutung.[44] In einem solchen Fall kann der Therapeut das Material noch einmal streng anhand der von ihm herangezogenen Deutungsmodelle sichten und den Fehler auf diesem Weg korrigieren. Oder er kann gleichsam eine «innere Supervision» durchführen, wie Patrick Casement und andere vorgeschlagen haben. Casement sah sich im Fall des Traums über die Drahtseilbahn, bei der der Metallrahmen der gläsernen Tür («casement frame») kaputt war, zu einer solchen «inneren Supervision» veranlaßt, als er merkte, daß er der Klientin nicht von seiner eigenen Angst hätte erzählen dürfen. Das Bedürfnis danach war offensichtlich nicht von der Klientin ausgegangen, sondern von Casement selbst.

Im klassischen psychoanalytischen Ansatz wird großes Vertrauen in die objektive Deutung als Mittel der Korrektur von Gegenübertragungen gesetzt, während in den neueren Ansätzen die ständige innere Überprüfung im selbstkritischen Wissen um die Schwächen und die Fehlbarkeit des Analytikers stärker im Vordergrund steht.

In der heutigen Psychoanalyse freudianischer und jungianischer Prägung wird die Gegenübertragung aktiv und konstruktiv als therapeutisches Mittel eingesetzt. Der Analytiker erspürt oft mit intuitivem Einfühlungsvermögen die Gefühle, die der Klient unterdrückt hat, und kann dies dem Klienten direkt als Deutung anbieten oder implizit im therapeutischen Feedback ansprechen. Wenn die Gegenübertragung die tatsächlichen Gefühle des Klienten spiegelt, wird sie als «syntone Gegenübertragung» bezeichnet. Wenn sie körperlich spürbar wird, ist es eine «verkörperlichte Gegenübertragung». Wenn beides nicht zutrifft, spricht man von «dystoner Gegenübertragung».

Zusammenfassung

Die Theorien

Sigmund Freud hat als erster in der Geschichte der Traumdeutung ein wirklich umfassendes System zur Deutung von Träumen vorgelegt. Die Kernaussage seiner Theorie ist, daß der Traum auf Wunscherfüllung abzielt und die Funktion hat, «Hüter des Schlafes» zu sein. Die Trauminhalte sind nach Freud rückwärts, auf frühere Lebensphasen, gerichtet und stellen einen Kompromiß zwischen dem Unbewußten und den Abwehrmechanismen des Ich dar. Ihre Energiequelle sind infantile sexuelle Impulse. Das Traumverständnis der Neofreudianer war am Konzept der Übertragung orientiert und wies den Abwehrmechanismen eine größere Bedeutung zu. Sie setzten die Träume in Beziehung zu einem hypothetischen, unabhängigen Aggressionstrieb sowie zu einem Modell von psychosozialen Entwicklungsstufen.

Freud und die Neofreudianer haben – wie auch die meisten anderen Interpretationssysteme – eine ausgeprägte Neigung zu recht klar definierten Theorien über die Anwendungsmöglichkeiten der Träume. Eigenartigerweise umfaßt Freuds Praxis der Traumdeutung eine sehr viel größere Bandbreite als seine Theorie, die Träume grundsätzlich auf infantile sexuelle Impulse reduzieren möchte.

Der Traum, in dem Freud mit einem Urinstrahl Kotreste von einer Abortbank spült (S. 28), hätte sich durchaus von der Analphase her erklären lassen, doch Freud verband ihn mit seiner inneren Berufung zum Psychoanalytiker und seiner Aufgabe für die Menschheit, fast so, wie Erikson es getan hätte. Den Traum des älteren Mannes, dem es nicht gelang, das Licht anzuknipsen – nach der Freudschen Theorie ein Traum über den Verlust sexueller Potenz (S. 29) – interpretierte Freud selbst als Todestraum. Ein Traumbild, in dem eine Frau in einen mondbeschienenen See eintaucht, deutet er als psychisches Wiedergeburtsmotiv[135] und einen Flugtraum als Ausdruck von Sehnsucht.[13x]

Blickt man nur auf diese Beispiele, so gewinnt man fast den Eindruck, daß Freuds Theorierahmen für die Erlebnisvielfalt, auf die Träume sich beziehen können, zu eng war.

Es gibt jedoch auch das umgekehrte Beispiel: In dem Bestreben, den Traum als Beleg für die eigene theoretische Position zu gebrauchen, werden Aspekte, die nicht ins Schema passen, einfach übersehen oder ausgeklammert. Ein Beispiel dafür ist Vanggaards Deutung von A.s Träumen.

Bei dem Traum, in dem A. mit seiner Frau im Bett liegt, beschäftigt sich Vanggaard ausschließlich mit der bedrohlichen männlichen Gestalt, die eventuell mit dem Vater des Träumers gleichzusetzen ist. Doch wie steht es mit der Ehefrau, die inmitten einer Schar wuselnder Kinder im Bett liegt? Eine immerhin recht plausibel erscheinende Hypothese wäre, daß A.s sexuelle Hemmung damit zusammenhing, daß er seine Frau als Mutter erlebte. Die Kinder im Bett könnten seine eigenen infantilen Seiten verkörpern. Vanggaard akzeptierte jedoch die Erklärung seines Klienten, bei der es sich nach allem, was wir wissen, genausogut um einen Abwehrmechanismus gehandelt haben könnte.

Dabei äußerte A. im Zusammenhang mit dem Traum sogar eine Assoziation zu seiner Mutter. Sie hatte immer von der Geburt ihrer Kinder als «etwas Schrecklichem» gesprochen[57g] – aus psychologischer Sicht eine äußerst feindselige Bemerkung dem Sohn gegenüber. Diese Assoziation wurde jedoch überhaupt nicht aufgegriffen. In dem Traum, in dem A. der Tod drohte, wenn es ihm nicht gelang, eine gewisse Gleichung zu lösen, befand sich seine Frau unter den Prüfern und war mit anderen Worten an der Entscheidung über sein Todesurteil potentiell beteiligt. Auch dieser Aspekt ging in der Analyse unter.

In einem anderen, hier nicht zitierten Traum «kauft» sich A. ein Callgirl (Christine Keeler). Als sie sich ihm jedoch in sexueller Weise nähert, empfindet er Ekel. Später überläßt er sie, gegen ihren Protest, einer Horde «primitiver Betrunkener», die «sie gierig betatschen und befingern». A. sieht dem Treiben amüsiert zu, und sein Vater klopft ihm lachend und anerkennend auf die Schulter – was sein Vater in Wirklichkeit niemals getan hätte.[57h]

Christine Keeler wurde in diesem Traum als Stellvertreterin der Ehefrau verstanden. Das therapeutische Gespräch drehte sich jedoch hauptsächlich um Dominanz-/Unterwerfungsprobleme von Männern und A.s mögliche Nominierung für eine Professur.[57i]

Besonders interessant ist dabei die auffallende Übereinstimmung zwischen den von Vanggaard «übersehenen» Informationen in den Träumen des Klienten und den Themen, die er auch im Gespräch auf der bewußten Ebene offensichtlich nicht zu berühren wagt. So wurde über die Ehefrau fast ausschließlich im Hinblick auf ihre sexuellen

Funktionen gesprochen, ihren Wunsch nach Koitus interruptus und ihr geringeres sexuelles Verlangen in der prämenstruellen Phase. An keiner Stelle wird der Versuch unternommen, die Probleme der Ehefrau zu verstehen, wie auch nirgends die Rolle der Frauen in A.s Träumen genauer exploriert wird. Am meisten überrascht dabei, welche Fragen zur Beziehung des Klienten zu seiner Frau Vanggaard *nicht* stellte.

Vanggaard kommt zu dem Schluß, daß A.s «Mutter keinen ausreichenden Anlaß für innere psychische Konflikte gegeben habe», was er damit begründet, daß die Angst des Klienten verschwand, ohne daß die Beziehung zur Mutter in die Analyse einbezogen wurde.[57j] Dennoch hätte das Zusammenleben von A. und seiner Frau nach meiner Ansicht davon profitiert, wenn Vanggaard sich nicht nur einseitig darauf konzentriert hätte, die Angst des Klienten als eine Art mechanische Funktionsstörung zu beseitigen, sondern die Traumanalyse auch dazu benutzt hätte, A. zum Nachdenken über das andere Geschlecht anzuregen – über seine ersten Erfahrungen mit Frauen, gespiegelt im Verhältnis zur Mutter, und auch über seine späteren Beziehungen.

Das vorliegende Beispiel ist das erste in diesem Buch, das zeigt, wie selektiv und verengend mit Traummaterial umgegangen werden kann, ohne daß die Behandlung und ihr Resultat deshalb vom Träumer wie vom Traumdeuter zwangsläufig als unbefriedigend empfunden werden muß. In gesellschaftlicher Hinsicht erreichte A. am Ende dasselbe wie Vanggaard: Er wurde Medizinprofessor (Chefarzt) – und das ohne Angst.

Die Behandlung von A. darf allerdings nicht als ein methodischer Mißgriff des Therapeuten gesehen werden, da es immer beim Klienten liegt zu bestimmen, wie tief die Analyse gehen soll. Problematisch ist es jedoch, wenn, wie hier, Deutungen, die in der Praxis funktionieren (operationale Deutungen), zur endgültigen Theorie über Wesen und Funktion der Träume erhoben werden, so daß der Traumanalytiker damit seine Augen vor Forschungsergebnissen verschließen kann, die zu anderen Schlußfolgerungen kommen. Vanggaard etwa erklärt, Freuds vor fünfundachtzig Jahren verfaßtes Werk *Die Traumdeutung* sei nicht nur epochal gewesen, sondern habe das Thema ein für alle Mal «erschöpfend» abgehandelt.

Der Märchenforscher Wilhelm Laiblin prägte für die Neigung, vorliegendem Deutungsmaterial vorgefertigte Theorien überzustülpen, den Begriff «Hypostatisierung».[29] Im Grunde erinnert ein solches Vorgehen an die von Freud als «symbolische» Deutungsmethode bezeichnete Technik, der dieser selbst eigentlich ablehnend gegenüberstand.

In vieler Hinsicht haben sich die Freudianer mittlerweile um eine Öffnung ihres traumtheoretischen «Bezugsrahmens» – als Bezugsrahmen bezeichne ich die Modelle der Traumtheoretiker über ihre jeweils spezifische Annahme, wovon Träume wirklich handeln – bemüht.

Schon in den fünfziger Jahren tendierten neofreudianische Traumtheoretiker wie Thomas French und Erika Fromm zu der Auffassung, daß Träume mehrere Bedeutungen haben können (sich gleichzeitig auf verschiedene Konfliktherde beziehen können).[11b] In ihren Deutungen blieben sie allerdings noch immer eng an das Freudsche Symbolverständnis gebunden: ein Eisenstab ist ein erigierter Penis, ein Tunnel verkörpert die weiblichen Genitalien usw. Die Funktion des Traums wird allerdings nicht in der Bewahrung des Schlafs gesehen, er dient vielmehr der Lösung und Integration momentan im Brennpunkt stehender emotionaler Probleme. French und Fromm sind darüber hinaus der Ansicht, daß Träume eine «kognitive» Struktur haben.

Am innovativsten unter den Neofreudianern ist Erik Erikson. Erikson geht zwar davon aus, daß Träume wahrscheinlich von einem infantilen Wunsch herrühren, aber er schreibt weiter: «Wo der Traum schafft, da behebt sich des Träumers Isoliertheit, da wird sein Gewissen beruhigt und seine Identität gerettet, und all das auf jeweils typischen, höchst eindrucksvollen Wegen.»[7e] Sein Ansatz wurde als synthetisierend empfunden und nähert sich in Teilen Jungs Denken. Nach Erikson hat der Traum eine konstruktive und problemlösende Funktion und kann, wie wir bei Freuds Traum von Irmas Injektion gesehen haben, gleichzeitig mehrere Problembereiche behandeln. Am wichtigsten sind Übertragungskonflikte, Kindheitskonflikte und akute Lebenskonflikte in Zusammenhang mit der sozialen Anpassung.

Die ersten Entwicklungsstufen in Eriksons epigenetischem Entwicklungsmodell können vielmehr als Erweiterungen des Freudschen Konzepts der infantilen Sexualität verstanden werden denn als Widerspruch: «Urvertrauen versus Urmißtrauen» entspricht der oralen Phase, «Autonomie versus Scham und Zweifel» der analen Phase, der Konflikt zwischen «Initiative und Schuldgefühl» der phallischen Phase usw.

War Freuds Theorie noch «vaterdominiert»²², so betont Erikson die Rolle der Mutter und geht insgesamt von einem breiteren Ansatz aus als Freud. Das Kind wird stärker als soziales Wesen gesehen, und die Kausalerklärungen sind komplexer. Betrachten wir zum Beispiel die Analphase bei Freud, so ist sie mit der beginnenden Kontrolle des Kindes über den Schließmuskel und der Sauberkeitsforderung der Eltern verknüpft. Bei Erikson stellt sich die in dieser Stufe behauptete Autonomie dagegen nicht nur als Protest gegen die Eltern oder mangelnde Bereitschaft, sich der Herrschaft des Töpfchens zu unterwerfen, dar. Das Kind hat vielmehr ein angeborenes Bestreben, Entscheidungen zu treffen, auf eigenen Beinen zu stehen. Scham und Zweifel entstehen nicht einfach aus einer allzu strengen Sauberkeitserziehung, sondern daraus, daß das Kind ganz allgemein zu oft die Äußerung «schäm dich!» zu hören bekommt.⁷ᶠ

Wenn diese Überschneidungen zwischen den Bezugsrahmen stichhaltig sind, können wir sie in einem weiteren Schritt für die Traumdeutung nutzbar machen. Wir dürfen zum Beispiel vermuten, daß die Frau, die träumte, daß sie immer in leere Läden kam, nicht nur ein orales Problem im Freudschen Sinn hat, sondern auch ein Problem mit dem Urvertrauen. Umgekehrt können wir davon ausgehen, daß eine Person, die im Traum oft Scham empfindet, Persönlichkeitszüge aufweist, wie wir sie in Freuds Beschreibung des analen Charakters finden. Natürlich darf die Einbeziehung verschiedener Bezugsrahmen nicht unkritisch geschehen, sie erfordert Erfahrung und Vertrautheit mit den entsprechenden theoretischen Modellen und muß jeweils in Abwägung mit anderem Material, das den Traum betrifft, erfolgen. Das wäre dann in Übereinstimmung mit der Theorie, wie Erikson sie beschreibt.

Als wichtigste Aspekte im Rahmen der Weiterentwicklung der Freudschen Theorie kann man zweifellos die Betonung der Bedeutsamkeit auch des manifesten Traums, das gewachsene Vertrauen in die konstruktiven und kreativen Potentiale des Traums und die Höherschätzung der Rolle des Ich im Gegensatz zum Unbewußten bezeichnen und nicht zuletzt eine größere Diskussionsbereitschaft im Hinblick auf den Einsatz der Traumdeutung in der Praxis der Analyse.

Freuds Auffassung, daß Träume Wunscherfüllungen darstellen und Hüter des Schlafes sind, soll später in einem breiteren Kontext nochmals erörtert werden.

Die empirische Basis

Bei genauem Hinsehen ist das empirische Material, das die Basis für Freuds Werk *Die Traumdeutung* bildet, relativ mager. Freud wollte keine Träume von Patienten zur Erläuterung seines Verfahrens heranziehen, um sich nicht dem Einwand auszusetzen, «es seien ja die Träume von Neuropathen, die einen Rückschluß auf die Träume gesunder Menschen nicht gestatten». Und er fährt fort: «Somit bin ich auf meine eigenen Träume angewiesen als auf ein reichliches und bequemes Material, das von einer ungefähr normalen Person herrührt und sich auf mannigfache Anlässe des täglichen Lebens bezieht.»

Zwar erwähnt er in diesem Zusammenhang, daß er im Laufe seiner psychoanalytischen Tätigkeit bei Neurotikern «wohl bereits über tausend Träume zur Deutung gebracht» habe,[13] doch das ist nicht besonders eindrucksvoll, verglichen mit dem Material späterer Traumtheoretiker, das häufig, wie wir sehen werden, fünfzig- bis hunderttausend Träume umfaßt. Außerdem ist anzumerken, daß Freud sich niemals selbst in die Rolle des Klienten begab, was im allgemeinen in der freudianischen Traumanalyse als unerläßlich gilt, und daß die wissenschaftliche Literatur, auf die er sich stützte, äußerst begrenzt war.

Die Dürftigkeit des Materials, auf dem *Die Traumdeutung* beruht, ist allerdings für sich genommen noch kein Grund, die aus diesem Material gewonnenen Erkenntnisse zu verwerfen. Seit der Formulierung der Theorie hatten Freud selbst und Generationen von Analytikern nach ihm ausreichend Gelegenheit, sie in der klinischen Praxis zu erproben und ihre Stringenz im Rahmen eines umfassenden wissenschaftlichen Diskurses zu erörtern. Ein unbestreitbarer Vorzug des Werkes ist in jedem Fall die Anschaulichkeit der Darstellung mit zahlreichen Beispielen, aus denen wir nicht nur Freuds eigene Deutung erfahren, sondern zugleich so viele authentische Details, daß wir wirklich in der Lage sind, seine eigentliche Arbeitsweise kennenzulernen, und nicht nur jene Elemente, die mit seiner Theorie übereinstimmen.

In dieser Hinsicht bleiben die Neofreudianer hinter dem Begründer der Psychoanalyse zurück. Ihre Bücher und Artikel über Träume stehen im allgemeinen auf einem sehr hohen Abstraktionsniveau und enthalten äußerst wenig praktische Traumbeispiele.

Ein wichtiger Faktor für die einsetzende Veränderung der Freudschen Traumtheorie mag im Wechsel der Klientel und der Neurosenformen, die zur Behandlung kamen, liegen, ein Phänomen, das wir in dem Abschnitt «Die Integrationsfähigkeit des Träumers» (S. 37) kurz angedeutet haben.[36a]

Ein weiterer signifikanter Unterschied zwischen Freud und den Neofreudianern im Hinblick auf die empirische Basis liegt darin, daß Freud aus dem Traummaterial erwachsener Klienten Schlüsse auf die kindliche Entwicklung zog, während viele seiner Nachfolger mit Kindern selbst gearbeitet haben. Das psychoanalytische Interesse hat sich auf die frühkindliche Beziehung zur Mutter verschoben, was Folgen für die Deutung der Übertragung zeitigt.[22] Daß Kinderanalytiker die wichtigsten Aussagen von Freuds Theorie noch immer brauchbar finden, scheint die Annahme zu belegen, daß man in der Tat aus Träumen Rückschlüsse auf frühere Entwicklungsstörungen ziehen kann.

Der deutsche Wissenschaftstheoretiker K.O. Apel sah die Psychoanalyse mit ihrer Kombination aus Deutung und Überprüfung der Deutung im Rahmen der psychoanalytischen Situation als Vorbild für die Sozial- und Verhaltenswissenschaften. In der Regel gilt allerdings die psychoanalytische Methode der Informationserhebung im Vergleich zur Methode statistischer Testung als «weiche Kontrolle».[44]

Die Richtigkeit einer Deutung wird bei den Freudianern einerseits mit der logischen Übereinstimmung mit der Theorie und andererseits mit ihrer Anwendbarkeit in der klinischen Praxis begründet. (Im Beispiel Vanggaards wird der Patient seine Angst los – also stimmt die Theorie.) Diese «operationale» Deutungsmethode hat Vorteile etwa vor einer Methode, bei der man nicht hinter die Aussage zurückgehen und überprüfen kann, was die Deutung beim Urheber auslöst, aber auch Schwächen, die auf der Hand liegen.

Freuds geistesgeschichtlicher Hintergrund

Henry F. Ellenberger, ein amerikanischer Forscher, der sich mit der Entwicklung der modernen Psychotherapie auseinandersetzte, hat überzeugend dargelegt, daß Freuds (und Jungs) theoretische Ansätze zu ihrer Zeit praktisch in der Luft lagen und auch von anderen Exponenten vorgetragen wurden. Freuds (und Jungs) besonderes Genie bestand Ellenbergers Ansicht nach hauptsächlich darin, eine kreative Synthese aus dem Vorgefundenen geschaffen zu haben.

Freuds geistesgeschichtlicher Hintergrund war zunächst und vor allem der Positivismus, die rationalistische und materialistische Philosophie mit ihren Galionsfiguren Auguste Comte und John Stuart Mill.

Er studierte bei bekannten Professoren der Neurologie und Physiologie in Wien, die die Auffassung vertraten, daß man die Psyche auf neurologische und physiologische Prozesse im Gehirn reduzieren könne. Freuds eigene Vorstellung von der Psyche basiert denn auch letztlich auf einem Modell für Nervenreflexe. Er betrachtete seine Theorie vom «psychischen Apparat» als vorläufige Lösung, als «fiktive Theorie»,[47b] die, wie er glaubte, später durch eine biologisch begründete Theorie ersetzt werden würde, mit deren Hilfe die psychischen Phänomene mit wissenschaftlicher Genauigkeit untersucht werden könnten.[6]

Freuds Vorstellung von psychischen Vorgängen im allgemeinen und von Traumprozessen im besonderen ist strikt kausal. Das Konzept der Regression, das als Erklärungsprinzip für das Wesen des Traums herangezogen wurde, hatte er von Charles Darwin entlehnt. Die Instinkttheorie und der Gedanke, daß die Entwicklung des Individuums die der ganzen Spezies widerspiegle, war von einem anderen Biologen inspiriert, von Ernst Haeckel. Und wenn Freud Träume als Camouflage peinlicher und schockierender Wahrheiten auffaßte, die durch die rationale Analyse ans Licht gebracht werden konnten, so stand er damit in einer Reihe mit den Philosophen der Aufklärung, die in der Entlarvung von Heuchelei und Selbsttäuschung eine wichtige und edle Aufgabe sahen. Im Hinblick auf diesen Einfluß wird auch Freuds einseitige Vorstellung von der Religion als Illusion verständlich.[6b]

Aus Freuds eigenen Ausführungen zu der ihm vorliegenden Literatur wird deutlich, daß einige der Gesichtspunkte, die er vortrug, schon von anderen berührt worden waren. Keiner seiner Vorgänger betonte jedoch so entschieden wie er, daß Träume eine Funktion hatten. Behandelt wurden dagegen eine Reihe von Fragen zur emotionalen Intensität von Träumen, die Beziehung der Träume zu Tagesresten und ihre Symbolsprache.[49] Als Beispiel für ein symbolisches Traumverständnis, das teilweise seinem eigenen Deutungsansatz nahekommt, zitiert Freud in der *Traumdeutung* Karl Scherner, einen deutschen Schriftsteller: Im Traum eines Mannes, in dem das obere Teil einer Klarinette, das Mundstück einer Pfeife und ein Stück Pelz auf der

Straße liegen, symbolisieren die Klarinette und die Pfeife das männliche Glied, der Pelz das Schamhaar. Im Traum einer Frau «kann sich die Schrittenge der zusammenschließenden Schenkel durch einen schmalen, von Häusern umschlossenen Hof, die weibliche Scheide durch einen mitten durch den Hofraum führenden, schlüpfrig weichen, sehr schmalen Fußpfad symbolisieren ...» usw.[13u]

Freud war nicht nur Positivist, er stand auch unter dem Einfluß der Hermeneutik, der Wissenschaft von der Textinterpretation.[44]

Höchstwahrscheinlich wurde die weitere Entwicklung der Freudschen Traumtheorie und Praxis nicht nur von neuen klinischen Entdeckungen, sondern weit grundlegender durch die Veränderung von Kultur, Zeitgeist und Menschenbild bestimmt. Freud war Kulturpessimist und orientierte sich an der Biologie. Erik Erikson und viele andere Nachfolger Freuds dagegen sind stärker humanistisch geprägt und wiesen der Gesellschaft und der Kultur größeren Einfluß auf die Entwicklung des einzelnen zu.[8,21,22] Freuds Psychologie war in erster Linie eine Theorie des Unbewußten – seine Nachfolger betonen stärker die Fähigkeit des Ich, die Welt zu verändern.

2 Jung und die Neojungianer

Jungs Haltung zum Traum – Das Unbewußte bei Jung – Das Wesen des Traums – Traumquellen bei Jung – Traummechanismen – Das lebendige Symbol – Archetypische Traumsymbole – Das Bedeutungsspektrum des Traums – Deutungsprinzipien bei Jung – Wichtige Traumtypen – Traum und Individuationsprozeß – Autonome Wachstumsprozesse – Traum und Alchemie – Junganische Traumarbeit – Die Neojungianer (Die jungianischen Schulen) – Die klassische Schule und der Traum – Traum und persönlicher Mythos – Berufungsträume – Traum und Tod – Problemlösung und Kreativität im Traum – Traum und Entwicklungspsychologie – Traum und weibliche Entwicklung – Traum und männliche Entwicklung – Wach-Ich und Traum-Ich – Der Traum als eigene Welt – Untersuchungen zur archetypischen Qualität von Träumen – Die Rolle des Traumdeuters – Die Funktion des Traums bei Jung – Freuds und Jungs Traumtheorie – ein Vergleich – Die empirische Basis des Jungschen Modells

Jungs Haltung zum Traum

Kaum einer der Pioniere der Tiefenpsychologie hat Träumen so große lebenspraktische Bedeutung beigemessen wie Carl Gustav Jung, der Begründer der analytischen Psychologie. In seinen *Gesammelten Werken* finden sich freilich neben zahlreichen eingestreuten Bemerkungen und Deutungen von Träumen nur vier relativ kurze Abhandlungen zum Thema.[38.40.41.42] Ein weit umfassenderes Bild von Jungs Arbeit mit Träumen vermitteln dagegen einige seiner Seminare, die von Zuhörerinnen mitstenographiert wurden.[35.36.37.39] Jung erhob nie den

Anspruch, eine erschöpfende und abschließende Erklärung für das Phänomen des Traums zu haben. Er begriff seine Theorien als Arbeitshypothesen, deren Gültigkeit sich durch ihre Brauchbarkeit in der Praxis erweisen mußte. So verstand er auch seine Regeln zur Deutung von Träumen als allgemeine Richtlinien, die nicht allzu dogmatisch gehandhabt werden sollten.

Der Zugang zum Traumverständnis Jungs wird dadurch erschwert, daß seine Auffassung von der Psyche sich ständig weiterentwickelte und er sich nicht die Mühe machte, alte Texte zu revidieren. Der bedeutende englische Jungianer Michael Fordham rät mit Recht, auch und gerade im Hinblick auf die zentralen Konzepte Jungs kritisch zu überprüfen, «was Jung nur einmal gesagt hat und was wiederholt, welchen Aussagen er Gewicht beimaß und welche intuitive Bemerkungen im Vorübergehen waren».[18a]

Das Unbewußte bei Jung

Jungs Vorstellung vom Bewußtsein und vom Aufbau des Ich wich nicht wesentlich von der Freuds ab. In ihrer Auffassung des Unbewußten und seiner Beziehung zum Bewußtsein jedoch gingen die Ansichten der beiden auseinander.

Für Jung war das Unbewußte nicht einfach ein Chaos von Trieben und körperlichen Erregungszuständen. Er stellte im Gegenteil die unabhängige und schöpferische Aktivität des Unbewußten im Blick auf das Individuum wie im Blick auf die ganze Kultur heraus.

Jung war der Ansicht, daß der Mensch ein angeborenes Repertoire von Instinkten besitze (eine Art universales Programm für typische Verhaltensformen der Spezies) und als psychische Entsprechung ein Repertoire an *Archetypen,* das heißt universalen Erlebnismodi. Die Archetypen sind ererbte, imaginative *Möglichkeiten,* Urbereitschaften, eine Art Schablonen zur Erzeugung archetypischer Bilder und Symbole. Ererbt ist also der Archetyp, nicht das Bild.

Um die Sexualität als Beispiel zu nehmen, so ist sie ein elementarer Instinkt, der eine Person in die Arme eines Partners treibt und damit den Fortbestand der Art sichert. Als Archetyp dagegen symbolisiert sie die Vereinigung männlicher und weiblicher Kräfte in einer Persönlichkeit und die daraus erwachsenden Möglichkeiten zu schöpferischer und spiritueller Weiterentwicklung.

Für Jung gliedert sich das Unbewußte in zwei grundsätzlich verschiedene Schichten: eine persönliche und eine kollektive. Das persönliche Unbewußte ist jener Teil des Unbewußten, der die persönlichen Komplexe und Erinnerungen an die Kindheit enthält, die verdrängt und vergessen wurden, weil sie nicht zu den Vorstellungen und moralischen Konzepten der Umgebung paßten.

Das persönliche Unbewußte entspricht jener Schicht der Psyche, mit der Freud arbeitete. Hinter dem persönlichen Unbewußten liegt jedoch eine weitere, kollektive Schicht, die die Archetypen enthält. Sie ist sehr viel älter und frei von Elementen der Lebensgeschichte des einzelnen. Die Archetypen sind gleichsam ein Niederschlag der Urerfahrungen der Menschheit und der Summe ihres Wissens.[32]

Nach Auffassung von Jung entwickelt sich der Mensch von der Geburt bis zum Tod weiter. Die schöpferische Tätigkeit des Unbewußten findet ihren Ausdruck in Wachstumsprozessen, deren Verlauf, sofern keine künstliche Intervention stattfindet, natürlich und unabhängig erfolgt, so wie sich ein Getreidekorn nach seinen eigenen Gesetzen entfaltet.[32a] Das Unbewußte kann dabei die Haltung des Bewußten in konstruktiver Weise korrigieren – es hat eine «kompensatorische Funktion».

Das Wesen des Traums

Während Freud davon ausging, daß eine innere Autorität versucht, etwas vor dem Träumer zu verbergen, betrachtete Jung den Traum primär als Sprecher des «universalen Menschen in uns».[56a] Sich mit Träumen zu beschäftigen, ist, als ob man sich vor ein Wesen setzte, das alles Wissen des kollektiven Unbewußten um typische menschliche Motive besitzt, und es fragte: «Nun, was hältst du von mir?»[56b]

Wesentliche Punkte in Jungs optimistischerem Bild vom Unbewußten waren bedeutsam für seine Traumtheorie:

– Seiner Überzeugung nach ist der manifeste Traum, der Traum, der unmittelbar erinnert wird, als konstruktiver Kommentar zur aktuellen Situation im Bewußtsein zu betrachten.

– Träume und ihre Symbole sind für ihn Manifestationen von Wachstumsprozessen im Unbewußten des Träumers, die sich in ihrer Beziehung zum Bewußten unabhängig entwickeln können.

– Träume können die üblichen Grenzen von Raum und Zeit überschreiten und damit in der Zeit vorgreifen und so zu Vektoren für parapsychologische Phänomene werden.

– Neben Träumen kann auch die aktive Imagination einen fördernden Effekt auf die Persönlichkeitsentwicklung haben.

Traumquellen bei Jung

Wie Freud maß auch Jung somatischen oder externen Stimuli wenig Bedeutung für die Traumbildung bei, und er stimmte mit Freud darin überein, daß der Traum Tagesreste und Material aus dem Alltag des Träumers enthalte. Er war auch der Ansicht, daß Erinnerungen aus der Vergangenheit, einschließlich psychologisch bedeutsamer Ereignisse aus der Kindheit, in Träumen wiederauftauchen, schrieb ihnen aber nicht annähernd dieselbe Wichtigkeit zu wie Freud.

Eine weitere Traumquelle stellen die sogenannten subliminalen Wahrnehmungen dar, Eindrücke, die nicht vom Bewußtsein registriert, vom Unbewußten aber aufgegriffen und im Traum verarbeitet werden. Als Beispiel für eine solche Wahrnehmung führte Jung einen Geschäftsmann an, dem ein Geschäftsabschluß in Aussicht gestellt worden war, der von außen betrachtet durchaus ehrenhaft schien. In der folgenden Nacht träumte er, daß *seine Hände und Unterarme mit schwarzem Dreck bedeckt waren*. Daraufhin gestand der Träumer, daß der Abschluß ihn in einen Betrug verwickeln würde.

Die tiefste und wichtigste Quelle für Traumbilder sind für Jung jedoch die Archetypen des kollektiven Unbewußten.[56c]

Traummechanismen

Jung dachte wie Freud, daß viele Inhalte im selben Symbol «verdichtet» werden können, daß das Unbewußte sich in Wortspielen und Metaphern Ausdruck verschafft und daß verschiedene Traumszenen oder auch verschiedene Personen ein und denselben Gedanken ausdrücken können.

Er gebrauchte den Begriff *Kontamination* für das Phänomen, daß Inhalte im Unbewußten in einer von der des Bewußtseins völlig verschiedenen Logik miteinander verknüpft werden: Eine psychotische Frau etwa träumte von einer Insel aus Silber. Die Insel sei sie selbst, sagte sie und erklärte dies folgendermaßen: «Schweigen ist Gold, und Reden ist Silber», und weil sie eine Menge rede, sei sie Silber.[44]

Da Jung den Traum nicht als Verkleidung oder Fassade betrachtete, nahm er besonderen Anstoß an dem Traummechanismus, den Freud als «Verschiebung» bezeichnete.

Die scheinbaren Verhüllungen im Traum haben für Jung mit der besonderen Ausdrucksform des Unbewußten zu tun – es spricht in Metaphern. Diese Metaphern aber verbergen nicht, sondern enthüllen. Eine Frau träumte:

«Sie ist zu einem großen gesellschaftlichen Ereignis eingeladen. Ihre Gastgeberin empfängt sie mit den Worten: ‹Wie schön, daß Sie gekommen sind. Alle Ihre Freunde sind bereits hier und erwarten Sie.› Sie führt sie zu einer Tür, öffnet sie, und die Träumerin tritt – in einen Kuhstall!»

Nach Jung war die Betreffende bekannt für «ihre bornierten Vorurteile und starren Argumente». Es war ihm nicht gelungen, sie dazu zu bewegen, darüber nachzudenken, ob es nicht vielleicht ihre eigenen Ansichten und nicht die der anderen seien, mit denen etwas nicht stimmte.[56a]

An diesem Punkt kommentierte der Traum in derber und höchst anschaulicher Sprache: «Du bist eine dumme Kuh.» Und die Pointe tat ihre Wirkung, so Jung.[42a]

Jung mußte allerdings einräumen, daß es auch Träume gibt, bei denen es durchaus sinnvoll erscheint, eine Traumfigur als Stellvertreter für jemand anders zu verstehen. Er glaubte jedoch, daß das Unbewußte in diesem Fall eine ganz bestimmte Absicht mit der Tarnung verfolge, nämlich die Gefühle des Träumers von der beteiligten Person abzulenken und ihm klarzumachen, daß es sich hier um ein inneres Problem seiner selbst handle.[56e]

Während Jung sein entscheidendes Werk, die erste Fassung von *Symbole der Wandlung,* schrieb, von dem er zu Recht befürchtete, daß es Freuds Unmut hervorrufen werde, hatte er einen Traum, der sich in einer Gebirgslandschaft in der Nähe der schweizerisch-österreichischen Grenze abspielte:

«Es war gegen Abend, und ich sah einen ältlichen Mann in der Uniform eines k. k. Zollbeamten. Etwas gebückt ging er an mir vorbei, ohne mich zu beachten. Sein Gesichtsausdruck war griesgrämig, etwas melancholisch und verärgert. Es waren noch andere Menschen da, und jemand belehrte mich, der Alte sei gar nicht wirklich, sondern der Geist eines vor Jahren verstorbenen Zollbeamten. ‹Das ist einer von denen, die nicht sterben konnten›, hieß es.»

Jung sah in dem älteren Mann eine Verkörperung Freuds. Den Zoll deutete er als Parallele zur Instanz der Traumzensur und zur strengen Traumanalyse freudianischer Prägung. Das Mürrische und Melancholische stimmte mit seinem Bild von Freud überein und paßte nicht zuletzt zu der Erfahrung, daß das, was Freud bei seinen Analysen herausfand, in der Regel nicht gerade erfreulich war. Nach Ansicht Jungs zielte der Traum darauf ab, Freud abzuwerten und seinen Einfluß auf ihn abzuschwächen, denn er bedeutete ihm persönlich und beruflich immer noch zuviel.[43a]

Das lebendige Symbol

Jungs Vorstellung vom Symbol unterschied sich grundlegend von der Freuds. Während Freud fest definierte Symboldeutungen verwendete, betrachtete Jung das Symbol als bestmöglichen Ausdruck für etwas eher Unvertrautes.[32b]

Bei der praktischen Traumanalyse arbeitete Jung jedoch ebenfalls mit relativ feststehenden Symbolbedeutungen. Der Löwe zum Beispiel, der in zahllosen Darstellungen zu finden ist, wurde seit jeher als Symbol für Macht und Sinnlichkeit verstanden, das Element Luft und fliegende Wesen gelten als Sinnbilder spiritueller und imaginativer Fähigkeiten.[39a]

Allerdings müssen diese symbolischen Deutungen immer gegen eine mögliche ganz persönliche Bedeutung des Bildes für den Träumer abgewogen werden.

Doch Symbole hatten für Jung noch eine weit umfassendere Funktion. Er betrachtete sie als lebendige und schöpferische Gebilde, deren wichtigste Eigenschaft darin besteht, daß sie die Psyche wandeln, das heißt, psychische Energie von einer Erlebnisweise auf eine andere übertragen können, selbst wenn dieser Vorgang intellektuell nicht verstanden wird.[32c] (Siehe «Autonome Wachstumsprozesse», S. 101.)

Man denke zum Beispiel an einen Christen, der auf dem Totenbett ein Kruzifix an die Brust drückt und dadurch seine Todesangst in ein Gefühl der Annahme verwandelt; an einen afrikanischen Jungen, der einen Becher mit Blut der erwachsenen Männer seines Stammes trinkt und dabei spürt, wie er selbst zu einem erwachsenen Mann wird mit allem, was diese Rolle von ihm verlangt; oder an einen Pueblo-Indianer, dessen Leben einen tiefen Sinn und weltumspannende Bedeutung gewinnt durch den Gedanken, daß seine Meditation dazu beiträgt, daß Vater Sonne jeden Morgen aufgeht.[51]

Für Jung war diese Perspektive – so fremdartig sie dem modernen, rationalistischen Menschen auch erscheinen mag – von elementarer Bedeutung für die psychische Gesundheit. Er ging sogar so weit, Neurose – und zwar jede Neurose – als Entfremdung von den archetypischen Symbolen zu definieren, als Verlust der symbolischen Einstellung.[2] Eine Bestätigung seiner Auffassung sah er im Zerfall primitiver Kulturen unter dem Einfluß der westlichen Mentalität, weil sie die religiösen Symbole und Rituale aufgaben, die ihnen bis dahin ein Gefühl von Sinn und Geborgenheit in einer höheren kosmischen Ordnung vermittelt hatten.[42]

Zugleich war er der Ansicht, daß der Verlust der symbolischen Einstellung beim modernen Menschen durch Träume kompensiert wird, was Träume natürlich noch wichtiger macht, und er stellte fest, daß das therapeutische Arbeiten mit Symbolen eine heilende Wirkung hat.[42b]

Jung sah die Symbolbildung als Manifestation einer Tendenz in der Psyche jedes einzelnen, die Kräfte des Bewußtseins und des Unbewußten zu einer Einheit, einer «transzendenten Funktion», zu verbinden.

Archetypische Traumsymbole

Jung war der Überzeugung, daß Symbole in religiösen und rituellen Vorstellungen – kulturelle Symbole – einer noch tieferen Quelle als die Religionen selbst entspringen, nämlich den Archetypen. Aus diesem Grund können sie spontan als «natürliche» Symbole in Träumen von Menschen auftauchen, die in der Realität nie mit ihnen in Berührung kamen.[42c]

Unter anderem berichtet Jung von einer Reihe außergewöhnlicher Träume, die ein beunruhigter Vater von seiner zehnjährigen Tochter als Weihnachtsgeschenk erhielt. Sie hatte diese Träume im Alter von acht Jahren gehabt. Im folgenden sind sechs der zwölf Träume zitiert.

> «1. *‹Das böse Tier›: ein schlangenartiges Ungeheuer mit vielen Hörnern, das alle anderen Tiere umbringt und verschlingt. Aber Gott kommt aus den vier Ecken (eigentlich sind es vier Götter) und gebiert alle Tiere wieder.*
>
> 2. *Aufstieg in den Himmel, wo heidnische Tänze aufgeführt werden, und Abstieg in die Hölle, wo Engel Gutes tun. ...*
>
> 4. *Eine kleine Maus, in die Würmer, Schlangen, Fische und Menschen eingehen. Auf diese Weise wird die Maus menschlich. Dies ist der Ursprung der Menschheit in vier Stadien.*
>
> 5. *Ein Wassertropfen durch ein Mikroskop betrachtet: der Tropfen ist voller Zweige. Dies ist der Ursprung der Welt. ...*
>
> 11. *Sie ist schwerkrank. Plötzlich kommen Vögel aus ihrer Haut und bedecken sie völlig.*
>
> 12. *Mückenschwärme verdunkeln Sonne, Mond und alle Sterne außer einem, der dann auf die Träumerin fällt.*»

Jung sah keinen Grund zu bezweifeln, daß es sich bei dem vorgelegten Material tatsächlich um Träume handelte und nicht um Phantasien im Wachzustand. In der Umgebung und Erziehung des Mädchens war keinerlei Anhaltspunkt dafür zu finden, daß sie ihre ungewöhnlichen Traummotive von hier bezogen haben könnte. Neun der zwölf Träume handeln von Tod und Auferstehung, einem universalen religiösen Motiv. Die Vierheit von Gottheiten, die im ersten Traum erscheint, entspricht nicht den christlichen Vorstellungen, wohl aber denjenigen östlicher Religionen und Philosophien. Traum Nummer zwei mit den Heiden im Himmel und den Engeln in der Hölle gemahnt eher an Nietzsches «Umkehrung aller Werte» als an die Gedanken einer Achtjährigen. Das Verschlungenwerden von einem Ungeheuer und die anschließende wunderbare Rettung gehört ebenfalls zu den universalen Themen der Mythologie. Traum vier und fünf gleichen primitiven Schöpfungsmythen usw.

Nichts in den Träumen schien in irgendeiner Form zum Leben und Umfeld des Mädchens in Beziehung zu stehen. Den existentiellen Ernst und die archetypische Tiefe der Bilder würde man in den Träumen einer Achtjährigen nicht erwarten. Was war nun aber die Intention der Träume, ihre «kompensatorische Funktion»? Hätte ein Medizinmann so geträumt, dann hätten die Träume Variationen zum Thema «Tod und Auferstehung» beziehungsweise «Weltschöpfung und Erschaffung des Menschen» sein können. Bei einem jungen Menschen aus einer Stammesgesellschaft hätten sie jene zentralen Lehren versinnbildlichen können, mit denen die Knaben im Rahmen ihrer Initiation ins Erwachsenenleben vertraut gemacht werden. Im Blick auf die kleine Träumerin sah Jung jedoch keine andere Erklärung, als daß sie das Mädchen offenbar auf einen unzeitigen Tod vorbereiten sollten. Sie starb tatsächlich, als sie elf Jahre alt war.[42d]

Jung betonte, daß die Archetypen keine statischen Muster darstellen, sondern dynamische Faktoren sind. Seiner Erfahrung nach läßt sich bei plötzlichen Persönlichkeitsveränderungen häufig nachweisen, «daß die archetypischen Wandlungsformen, die im Augenblick der Katastrophe sichtbar hervortreten, schon lange vorher am Werke waren und die äußeren Umstände geschickt so arrangierten, daß sie unvermeidlich die Krise herbeiführen mußten», wobei es grundsätzlich eine große Rolle spielt, ob die Veränderung in Verbindung mit dem Archetyp des andern Geschlechts, Anima oder Animus, abläuft.[42e] Ich selbst habe oft genug erlebt, wie über eine gewisse Zeit hin die weiblichen Gestalten (die Anima) in den Träumen eines Mannes immer plastischer und attraktiver werden, während die Ehefrau mehr und mehr in den Hintergrund tritt. Und dann trifft der Betreffende «aus heiterem Himmel» eine Frau, an der er die Eigenschaften des Traumgeschöpfes entdeckt, und seine ganze Welt gerät aus den Fugen. Ohne das aus den vorangegangenen Träumen gewonnene Wissen würde der Konflikt zwischen ihm und den beiden weiblichen Idealen einfach als ein von außen kommendes Widerfahrnis betrachtet.

Das Bedeutungsspektrum des Traums

Der Traum hat für Jung im wesentlichen zwei Quellen. Er kann teilweise von unbewußten Eindrücken und Inhalten ausgelöst werden und teilweise von kreativen Prozessen im Unbewußten.[82a] Diese zweite Quelle interessierte Jung besonders. In einem Seminar über Kindheitsträume, das er 1938/39 abhielt, unterteilte er Träume – bezogen auf ihr Verhältnis zum Bewußtsein – in vier Kategorien:

1. Der Traum verkörpert eine unbewußte Reaktion auf eine bewußte Situation.

2. Der Traum verkörpert eine Situation, die einem Konflikt zwischen dem Bewußten und dem Unbewußten entspringt.

3. Der Traum verkörpert eine Tendenz im Unbewußten, die danach strebt, die bewußte Haltung des Träumers zu verändern.

4. Der Traum verkörpert unbewußte Prozesse, aus denen sich keine Beziehung zur bewußten Einstellung ablesen läßt.[39b]

Im Rahmen dieser Ordnung entwickelt sich der Traum immer stärker fort vom Alltäglichen und hin zum Archetypischen.

Zu 1: Träume dieses Typs werden auch als *Reaktionsträume* bezeichnet. Sie erinnern an Freuds Definition psychologisch relevanter Tagesreste. Jung verwendete solche Träume als Kommentare zur praktischen Umgestaltung des Alltagslebens des Träumers.

Marie-Louise von Franz, Jungs langjährige Mitarbeiterin, analysierte einmal einen Mann, der etliche Monate Alkoholentzug hinter sich hatte. Er wollte jetzt ausprobieren, ob er nach «einem einzigen Bier» in seiner Kneipe mit dem Trinken aufhören konnte. In der Nacht nach dem Versuch hatte er den folgenden Traum:

«Er fuhr mit seinem Auto auf einen Berg hinauf bis zuoberst, aber dort zog er die Bremse nicht richtig an und rollte mit dem Auto rückwärts wieder den ganzen Berg hinunter, bis wo er gestartet war.»

Der Traum wurde als Reaktionstraum, ausgelöst durch Eindrücke vom Vortag, dahingehend gedeutet, daß «ein einziges Bier» genügte, den Klienten «den ganzen Weg zurück bis zum Ausgangspunkt» rutschen zu lassen.[82b]

Zu 2: Hier läßt sich keine aktuelle Situation, die den Traum ausgelöst haben könnte, ausmachen. Der Traum wird jedoch mit einem allgemeineren Konflikt zwischen dem Bewußtsein und dem Unbewußten in Verbindung gebracht.

Die folgende Traumsequenz aus meiner eigenen Praxis stammt von einem achtundzwanzigjährigen Mann. Er träumte, daß

«... er sich in seinem alten Jugendzimmer zu Hause bei seinen Eltern befand. Eine Gruppe bewaffneter Männer erzwang sich den Zutritt zu seinem Zimmer und verurteilte ihn wegen ‹Mißbrauchs des Lebens› zum Tode. Die Rechtsgrundlage für das Urteil bildeten zwölf Wahrheiten, die ihm vorgelesen wurden. Eine lautete, daß ‹ich der unbegrenzten Intelligenz der Natur nicht vertraut habe›. Als Erklärung dazu bemerkte einer der Männer, daß schon allein die Tatsache, daß ich in einem Traum Wahrheiten anerkennen und verstehen könne, die ich normalerweise nicht wahrnehmen könnte, beweise, daß es eine höhere Intelligenz als die meine gebe.»

Es gelang uns nicht, eine Verbindung zwischen dem Traum und irgendeinem Ereignis des vorhergehenden Tages herzustellen. Der Mann hatte mich aufgesucht, um sich Rat in einer Herzensangelegenheit zu holen. Bei jeder Therapiesitzung präsentierte er pflichtschuldigst drei oder vier Träume, die ungewöhnlich klar und instruktiv waren. Die Therapie wurde jedoch durch die Tatsache behindert, daß der Klient nach eigener Aussage «nicht an Träume glaubte». Der obige Traum schien einen Kommentar zu dem allgemeinen Problem des Klienten darzustellen, daß er Träume und das Unbewußte nicht ernst nahm.

Zu 3: Hier geht es um besonders bedeutsame Träume, in denen das Unbewußte die Führung übernimmt und die nach Jung eine Person dazu veranlassen können, ihre Einstellung radikal zu ändern. Das untenstehende Beispiel stammt von einem schwer depressiven Amerikaner, der Patient von Jungs engem Mitarbeiter C. A. Meier war. Er hatte den Traum in die erste Konsultationsstunde mitgebracht:

«Ich war damit beschäftigt, Forellen zu fischen, nicht in einem gewöhnlichen Fluß oder See, sondern in einem Reservoir, welches in verschiedene Kammern abgeteilt war. Ich fischte mit gewöhnlichem Fischzeug (Fliegen usw.). Ich hatte kein Glück. Indem ich ungeduldig erregt wurde, nahm ich einen dreizackigen Speer, der dalag, und konnte sofort einen prachtvollen Fisch aufspießen.»

Der Mann war bereits mehrere Jahre lang in verschiedenen Sanatorien in Behandlung gewesen, ohne von seiner Depression geheilt zu werden. Nun wollte er es mit einer jungianischen Analyse versuchen. Als er zur Behandlung kam, war er von der Depression so gelähmt, daß er kaum sprechen konnte. Seine Frau hatte den Traum für ihn aufgeschrieben.

Zehn Tage nach dem Traum setzte eine allmähliche Besserung seines Zustandes ein, die in eine vollständige Heilung mündete. Die Behandlung wurde noch einige Monate fortgesetzt, und der Patient blieb psychisch gesund bis zum Tod.[58a]

Wir werden uns an späterer Stelle (unter der Überschrift «Der dramatische Aufbau des Traums», S. 78) näher mit der Bedeutung von Träumen beschäftigen, an dieser Stelle sei lediglich schon angemerkt, daß Meier den unverhofften Fischfang als Vorwegnahme der an ein Wunder grenzenden Heilung interpretierte.

Zu 4: Beim vierten Traumtypus ist es nicht möglich, eine Verbindung zur bewußten Situation des Träumers herzustellen – beziehungsweise erst viel später. Das kleine Mädchen mit den sonderbaren Träumen aus dem vorigen Abschnitt war ein solcher Fall. Träume vom Typ 4 sind sehr selten. Sie können entscheidend für die Persönlichkeitsentwicklung sein und wegen ihres kollektiven Gehalts auch für das Umfeld des Träumers und die Gesellschaft, in der er lebt, Bedeutung haben. Auf der anderen Seite stellen solche Träume aber auch eine schwere seelische Last dar, der nicht jede Persönlichkeit gewachsen ist. Nach Jung können Träume dieser Art auch dem plötzlichen Ausbruch einer Psychose oder einer schweren Neurose vorausgehen.[39c]

Ein Beispiel für einen Traum von kollektiver Bedeutung, der Wirklichkeit wurde, ist der folgende Traum von Jung selbst aus dem Jahr 1914:

«Im ... Traum war wieder eine ungeheure Kälte aus dem Weltall hereingebrochen. Er hatte jedoch ein unvermutetes Ende: da stand ein blättertragender, aber früchteloser Baum (mein Lebensbaum, dachte ich), dessen Blätter sich durch die Einwirkung des Frostes zu süßen Weinbeeren voll heilenden Saftes verwandelt hatten. Ich pflückte die Trauben und schenkte sie einer großen harrenden Menge.»[43b]

Der Traum tauchte an einem Tiefpunkt in Jungs Leben auf. Er hatte mit Freud gebrochen und war in Psychoanalytikerkreisen nicht mehr akzeptiert. Er zweifelte an seinen eigenen Theorien, hatte seine akademische Laufbahn aufgeben müssen und seine Kraft in Selbstversuche gesteckt, deren Allgemeingültigkeit höchst unsicher war. Nach jungianischer Deutung besagte der Traum, daß die «Kälte», die er erlebt hatte, sich letztlich als förderlich erweisen würde und er einen für viele Menschen segensreichen Beitrag zur Psychologie leisten würde. In der Tat stellte sich heraus, daß Jungs Selbstversuche aus dieser Zeit das wichtigste Rohmaterial für seine Arbeit in den nächsten vierzig Jahren bilden sollten.

Es gibt auch Beispiele für Träume dieses Typs, die eher eine negative Wirkung haben. Ein dreißigjähriger Mann suchte Jung wegen eines «Nervenzusammenbruchs» auf. Vor dem Zusammenbruch hatte er mehrmals hintereinander geträumt:

«Er geht spazieren auf einer Düne und entdeckt plötzlich schwarze Scherben am Boden. Er hebt sie auf. Es sind prähistorische Scherben. Er geht heim, holt einen Spaten, beginnt den Boden aufzugraben und entdeckt eine ganze prähistorische Ansiedlung, Waffen und Geräte, Steinbeile etc. Er ist ungeheuer fasziniert und erwacht schwitzend vor Aufregung.»[39c]

Aus Jungscher Sicht konnte man den Traum dahingehend deuten, daß der Träumer sehr weit in das kollektive Unbewußte vorgedrungen war und nun ganz allein mit seinen faszinierenden Erfahrungen dastand.

Es mag überraschend erscheinen, daß ein solcher Traum Ausdruck für heftige Umwälzungsprozesse in der Psyche sein kann, doch die analytische Tradition jungianischer Prägung bestätigt Jungs Beobachtungen.

Der Unterschied zwischen Jung und dem Patienten bestand darin, daß Jung durch fünfzig Jahre Arbeit die Fähigkeit und die Ich-Stärke erworben hatte, die Möglichkeiten, die in seinem Traum zum Ausdruck kamen, zu erkennen – der junge Mann dagegen nicht.

Deutungsprinzipien bei Jung

Jungs Grundthese, daß Träume einen Zweck haben, erlaubte es ihm, ganz andere Bedeutungen und Strukturen in ihnen zu entdecken als Freud. Das führte zu einer Reihe praktischer Deutungsprinzipien. Die wichtigsten sind im folgenden aufgelistet:

a) die dramatische Struktur des Traums,

b) der nach vorn und der nach rückwärts gerichtete Aspekt des Traums (prospektiv/reduktiv),

c) der Zusammenhang, in dem der Traum erscheint (Traumkontext),

d) die Deutung auf der inneren und äußeren Ebene (Subjekt- und Objektstufe) und

e) die Bestätigung der Richtigkeit der Deutung (Verifikation).

Mehr noch als für alle Deutungsprinzipien plädierte Jung jedoch für ein «phänomenologisches» Vorgehen: Das heißt, im Idealfall sollte der Deuter alle vorgefaßten Meinungen und Ansichten beiseite lassen und den Traum als eine Informationsquelle betrachten über Zustände, deren Natur ihm unbekannt sind und über die er genausoviel lernen muß wie der Träumer selbst.

Der dramatische Aufbau des Traums

Jung stellte fest, daß die meisten Träume wie ein klassisches griechisches Drama aufgebaut sind und daß schon dieser Aufbau einen Zugang zum Verständnis des Traums bilden kann. Der Traum läßt sich formal in folgende Strukturelemente gliedern:

Anfang des Traums: Zeit, Ort und Personen werden vorgestellt.

Exposition oder Darstellung des Problems, um das der Traum kreist.

Peripetie oder Klimax. An dieser Stelle kann es zu einer positiven Transformation des Problems kommen, aber auch zur Katastrophe.

Lysis oder Resultat des Traums. Die Lösung des Traumproblems wird sichtbar. Schlußphase der Erzählung.[39l]

Dieser Aufbau wird als Ausdruck einer möglichen Entwicklung beim Träumer verstanden. Die Einführung und die Exposition machen sein gegenwärtiges Problem deutlich, während die Peripetie und die Lösung Möglichkeiten zur Bewältigung des Problems und das Finden einer Lösung aufzeigen. Besonders bei den wichtigen archetypischen Träumen ist es von großer Bedeutung, wie sie enden.[32d]

Wenden wir dieses Strukturmodell auf den Traum von C. A. Meiers depressivem amerikanischem Patienten an, stellt er sich folgendermaßen dar:

Traumanfang:

«Ich war damit beschäftigt, Forellen zu fischen, nicht in einem gewöhnlichen Fluß oder See, sondern in einem Reservoir, welches in verschiedene Kammern abgeteilt war.»

Deutung: Für Jung ist Wasser ein Symbol für das Unbewußte. Eine Therapie zu machen kommt dem Fischen im Unbewußten gleich. Der Mann hatte bereits verschiedene Behandlungsmethoden ausprobiert – vielleicht die verschiedenen mit Wasser gefüllten Kammern?

Exposition:

«Ich fischte mit gewöhnlichem Fischzeug (Fliegen etc.). Ich hatte kein Glück.»

Der Patient hat die traditionellen Behandlungsmethoden erfolglos ausprobiert.

Klimax:

«Indem ich ungeduldig erregt wurde, nahm ich einen … Speer.»

Ärgerlich zu werden und die Initiative zu ergreifen, ist schon an sich ein enormer Schritt für einen schwer Depressiven, der in seiner Antriebslosigkeit unfähig ist, selbst zu handeln. Meier wies außerdem darauf hin, daß der Dreizack mit dem Meeresgott Poseidon assoziiert wird. In manchen Gegenden war Poseidon ein Gott der Heilung, aber er war auch ein Symbol der wütenden Elemente und damit der «elementaren» Emotionalität, die dem Träumer gefehlt hatte.

Lösung:

«... *und* (der Träumer) *konnte sofort einen prachtvollen Fisch aufspießen.*»

Die Möglichkeit einer Heilung war bereits im Höhepunkt des Traums angelegt, als der Träumer aus Ärger aktiv wurde. Der Schluß des Traums unterstrich noch einmal, daß der Mann sein Problem lösen würde.

Prospektive und reduktive Aspekte des Traums

Die Deutung Meiers läuft darauf hinaus, daß der Traum des depressiven Patienten sich mit einer zukünftigen Möglichkeit auseinandersetzte. Dies war einer der entscheidenden Punkte, in denen Jung von Freud abwich. Wenn Jung von einem prospektiven (nach vorn gerichteten) Aspekt des Traums und einer prospektiven Deutung sprach, meinte er damit nicht eine Prophezeiung. Er sah den Traum vielmehr als «eine im Unbewußten auftretende Antizipation zukünftiger bewußter Leistungen, etwa wie eine Vorübung oder eine Vorausskizzierung, ein im voraus entworfener Plan».[40a]

Jung bestritt nicht, daß es unter Umständen sinnvoll sein kann, einen Traum auf traumatische Ereignisse in der Kindheit zurückzubeziehen (reduktive Deutung). Aus seinen theoretischen Arbeiten und seinen Seminaren geht jedoch eindeutig hervor, daß er diesen Ansatz eher als negativ betrachtete, als etwas, das absolviert werden mußte, um dann zum eigentlich Wesentlichen überzugehen.

Der Traumkontext

Jung empfahl, den Kontext für jedes einzelne Element im Traum zu klären. Mit «Kontext» meinte er zum einen die *Assoziationen,* die sich an das betreffende Traumelement knüpfen, zum anderen die Bedeutungen, die sich durch den Vergleich mit symbolhistorischem Material erschließen lassen; Jung spricht hier von *Amplifikation.*[39e]

Assoziationen

Jungs Assoziationstechnik unterschied sich von der Freudschen Assoziationsmethode mit ihrem zwanglosen Dahingleiten von einer Assoziation zur anderen, ohne beim Ausgangsgedanken zu bleiben. Jung war zwar durchaus der Ansicht, daß auch die freie Assoziation den Träumer zu seinen Komplexen hinführe, fand aber, daß er genauso zu ihnen gelangen würde, wenn er Assoziationen zu einer Zugabfahrtstafel in russischer oder indischer Sprache produzieren müßte. Zum Verständnis des Zwecks des Traums trägt diese Methode jedoch nichts bei. Es geht nicht darum, die Komplexe des Träumers aufzuzeigen, sondern eine Distanz zu ihnen zu schaffen, damit in konstruktiver Weise an ihnen gearbeitet werden kann.[39e]

Symbole weisen nach vorn und geben Anregungen zur Problemlösung. Es muß daher zwischen Assoziationen, die mit dem Symbol verknüpft sind, und solchen, bei denen dies nicht der Fall ist, unterschieden werden.[92a] Gewöhnlich bewegt man sich jeweils nur ein oder zwei Schritte vom Symbol fort.

Ein einfaches Beispiel aus meiner eigenen Praxis stellt der folgende ultrakurze Traum eines jüngeren Mannes dar:

«Jemand fragt: ‹Möchten Sie Kaffee?› Ich antworte: ‹Nein danke, ich hätte lieber Tee.›» In der Familie des Träumers war Tee das übliche Getränk. Kaffee war ein Luxus, den man sich nur gönnte, wenn man bei Fremden eingeladen war. Der Traum ging einem Seminar mit Teilnehmern, die dem Träumer unbekannt waren, unmittelbar voraus.

Über den Traum wurde dem jungen Mann ein Widerstand gegen das Seminar bewußt, der ihm zuvor nicht klar gewesen war, ein Gefühl der Unterlegenheit gegenüber diesen Fremden («der Kaffee der anderen ist etwas Besseres als mein Tee»).

Amplifikation

Eine andere Möglichkeit, den Kontext eines Traumelements zu erweitern, bietet der Vergleich mit anderem Symbolmaterial. Man bezeichnet diese Technik als Amplifikation oder Symbolverstärkung. Es lassen sich dabei drei Ebenen unterscheiden, *die persönliche, die kulturelle, die archetypische.*[24]

Persönliche Amplifikationen kommen Assoziationen im Jungschen Sinne nahe.

Handelt der Traum zum Beispiel von einem Glas, so werden wir uns bemühen, einzelne Details genauer zu beleuchten. Ist es ein Bierglas? Vielleicht ist es ein Trinkglas, das immer im Zimmer der Großmutter stand, und ganz bestimmte Erinnerungen sind damit verknüpft.[39e]

Symbole können aber auch mit *kulturtypischen* und *konventionellen* Bedeutungen befrachtet sein. In vielen Sprachen wird das Wort «rot» mit dem Wort «Blut» assoziiert. Im Altnordischen zum Beispiel heißt «Blut» *rodra*, in Sanskrit *rudhira*. Die Farbe Rot wird deshalb oft mit Leben, Leidenschaft, intensiven Gefühlen assoziiert.[1] In der modernen Gesellschaft kann «rot» mit einer roten Ampel in Verbindung gebracht werden, einem Haltesignal; im indischen Kundalini-Yoga ist «rot» einem bestimmten Bereich des Körpers zugeordnet (dem Wurzelchakra) und erhält dadurch eine Reihe besonderer Bedeutungen.

Das Kreuz, um ein anderes Beispiel zu gebrauchen, erscheint in vielen asiatischen Mandalas (vgl. den folgenden Abschnitt): Ein Kreis wird in vier gleiche Teile geteilt – ein Symbol für Ganzheit. In der christlichen Kultur wurde das Kreuz dagegen seit dem 8. Jahrhundert so dargestellt, daß der Querbalken etwas über der Achse liegt. Diese Besonderheit scheint mit einer zunehmend religiösen Aufladung des Symbols zusammenzuhängen, in deren Rahmen das Kreuz mit der Kreuzigung Christi verbunden wurde. Auf diese Weise gewinnt das Kreuz seine spezifische Bedeutung für den Christen.[33]

Jung hielt die Amplifikation mit kulturübergreifendem historischem Symbolmaterial vor allem bei archetypischen Träumen, bei denen der Träumer keine persönlichen Assoziationen hat, für sinnvoll.[39c]

Ein Beispiel dafür stammt von dem Schweizer Jungianer C. Salles, der einen zweiunddreißig Jahre alten Arzt namens E. behandelte. Der Mann erfüllte die sozialen Anforderungen seiner Rolle oberflächlich gesehen zufriedenstellend, stand seinem Leben jedoch emotional völlig gleichgültig gegenüber. Die Analyse war an einen toten Punkt gekommen. Die Sitzungen wurden immer steriler, so daß der Analytiker allmählich an ihrem Wert zu zweifeln begann.

In dieser Zeit hatte E. einen bemerkenswerten Traum, in dessen Folge einschneidende Persönlichkeitsveränderungen bei ihm zu beobachten waren:

«Meine Haut war merkwürdig. Sie hatte eine andere Farbe (grau). Ich war aus Wachs. Die Klimaanlage war angeschaltet, und ich merkte, wenn die Temperatur weiter stieg, würde ich schmelzen. Mein Herz war aus Blei. Da nahm ich das Herz, legte es zur Seite und drehte den

Schalter der Klimaanlage auf ‹warm›. Als die Temperatur stieg, fing ich
an zu schmelzen und zu schmelzen, bis ich nur noch ein Skelett war. Am
Ende blieben nur das Skelett und das Herz übrig.»

Salles amplifizierte nacheinander sämtliche Elemente des Traums. Ich
gehe hier nur auf das Wichtigste in seinen Ausführungen ein.

Wachs ist ein modellierbares Material. Wachsfiguren leben nicht. Sie
entstehen dadurch, daß jemand sie formt. Das paßt zu dem Tatbestand,
daß E. in der Realität genau die Rolle spielte, die andere von ihm
erwarteten, jedoch völlig ohne gefühlsmäßige Beteiligung seinerseits.

Im Traum wird der «künstliche» Wachszustand mit Hilfe einer nicht
weniger künstlichen Maßnahme aufrechterhalten, nämlich durch die
Klimaanlage. Hitze ist häufig ein Sinnbild für emotionale Wärme. Die
Einstellung einer bestimmten Temperatur – die Kontrolle über die
emotionale Energie – spielt im alchemistischen Prozeß eine große
Rolle, der, wie Jung demonstrierte, die Entwicklung der Persönlichkeit
symbolisiert. In dem Traum beschloß E. zu schmelzen, bis nur noch
Knochen und Herz übrig waren.

Für die Alchemisten war das Herz ein Symbol heilender Kraft. Das
Skelett wiederum gilt in vielen Kulturen als elementare Substanz für die
Wiedergeburt. Das würde darauf hindeuten, daß der Traum von Heilung und psychischer Wiedergeburt handelt. Eine weitere Parallele zu
diesem Traum fand Salles im Bericht eines sibirischen Schamanen über
seine Berufung. Der Mann war eine Zeitlang krank gewesen und
träumte, daß

«… ich zu den Ahnen versetzt und in Stücke geschnitten wurde. Sie
warfen mich in einen Kessel, und ich wurde gekocht. Sie fanden einen
Knochen an den Rippen mit einem Loch in der Mitte. Man schaut durch
das Loch in dem Knochen und beginnt, alles zu sehen und alles zu
wissen, und dann ist man ein Schamane.» (gekürzt)

Der Schamane und E. hatten also offenbar denselben Verwandlungsprozeß in ihren Träumen durchlaufen: Krankheit/Leiden – Zerstückelung bei dem Schamanen/Schmelzen bei E.s wächsernem Körper –
Kochen bei dem Schamanen/Aufheizen des Raumes bei E. – Initiation
zum Schamanen/Verwandlung der Persönlichkeit bei E.

Natürlich gab es darüber hinaus noch eine ganze Reihe anderer mythologischer Parallelen zum Herzen, zum Metall Blei, zur Farbe Grau, zur Zerstückelung, Wiedergeburt usw.[68]

Träume werden deswegen mit mythologischen Symbolen anderer Kulturen in Verbindung gebracht, weil beide aus derselben Grundsubstanz hervorgegangen sind: den Archetypen. Das Wissen um die archetypischen Entsprechungen ermöglicht es, Träume und Bewußtseinszustände zu verstehen, die für den Träumer selbst fremd und erschreckend sind und ihn deshalb davor zurückscheuen lassen könnten, eine innere Entwicklung weiter voranzutreiben.

Archetypische Amplifikationen müssen immer gegen das kulturelle und das persönliche Umfeld des Träumers abgewogen werden. Einer meiner Klienten träumte von «einem Vogel, der aus dem Fenster fliegen möchte». Da er etwas Jung gelesen hatte, dachte er, dies sei ein Sinnbild für «den freien Flug des Geistes», den ein Vogel ja durchaus symbolisieren könnte. Bei genauerer Betrachtung stellte sich jedoch heraus, daß der Traum mit einem kranken Kanarienvogel zusammenhing, den seine Mutter in einem Käfig gehalten hatte, als er noch ein Kind war, ein Vogel, der in Freiheit nicht überlebt hätte. Hier war die persönliche Bedeutung des Vogels maßgebend.

Daneben darf nicht vergessen werden, daß sich die Mehrheit aller Träume – wie bereits im Abschnitt «Das Bedeutungsspektrum des Traums» ausgeführt – auf Eindrücke vom Vortag bezieht.

Angesichts der Komplexität des Gegenstands wird klar, warum Jung betonte, daß man Traumdeutung nicht lernen könne wie eine mechanische Technik. Selbst das Vorhandensein guter Nachschlagewerke mit Verzeichnissen symbolischer Bedeutungen[94.95.96] ist hier nur von begrenztem Nutzen.

Deutung auf der inneren und der äußeren Ebene

Einen wesentlichen Aspekt der Jungschen Traumdeutungstechnik bilden jene Regeln, die festlegen, wann Traumgestalten als Ausdruck psychischer Zustände und Komplexe des Träumers selbst zu sehen sind (Subjektstufe) und wann es sich um echte Personen der äußeren Welt handelt (Objektstufe).

Aus seiner praktischen Erfahrung heraus entwickelte Jung die folgenden Grundregeln: Die Objektstufe wird relevant, wenn die

Traumfigur eine wichtige Person im Leben des Träumers ist, etwa ein nahes Familienmitglied oder ein enger Freund. Eine subjektive Deutung dagegen bietet sich an, wenn es sich um entferntere Verwandte, flüchtige Bekannte oder unbekannte beziehungsweise historische Personen oder Phantasiegestalten handelt.

Bekannte, mit denen der Träumer momentan in Kontakt steht oder mit denen er sich im Konflikt befindet, werden in der Regel objektstufig interpretiert.

Wird die Traumgestalt «fotografisch» genau gesehen, so liegt ebenfalls eine objektstufige Deutung näher, als wenn die Person verzerrt oder sonst verändert erscheint.[35a]

Grundsätzlich kann man hier jedoch nicht nach einem starren Regelsystem vorgehen, sondern ist auf Wahrscheinlichkeiten und Möglichkeiten angewiesen, die im Zusammenhang mit dem übrigen Traumkontext beurteilt werden müssen.

Das folgende Beispiel einer Deutung auf der Subjektstufe stammt von Jung. Einer seiner Patienten träumte *«von einer verwahrlosten und betrunkenen, vulgären Person, die sich ‹seine Frau› nennt»*. In Wirklichkeit war seine Frau ganz anders, schrieb Jung und fuhr fort: «Tatsächlich ist hier die Vorstellung einer dem Träumer nahe verwandten, verkommenen Person weiblichen Geschlechts vorhanden. Diese Vorstellung wird auf die Ehefrau projiziert, was die Aussage falsch macht.»[42f] Jung sah in dem Traum einen Bezug zu einem weiblichen Aspekt in der Persönlichkeit des Mannes, einem Aspekt, der dem Verhalten im Traum entsprach. Eine ähnliche subjektive Deutung hätte man im Fall des Traumes über Christine Keeler bei Vanggaards Patienten in Erwägung ziehen können (S. 57).

Andererseits können Träume auch Informationen über Eltern, Geschwister, Ehepartner, Kollegen usw. des Träumers enthalten, die sonst unzugänglich blieben. Bei Eheproblemen, bei denen ich beide Partner behandelte, fiel mir immer wieder auf, wie häufig sich Träume der Partner aus derselben Nacht auf dasselbe Ereignis beziehen. Aus eventuellen Überschneidungen werden dann zwei unterschiedliche subjektive Haltungen und zugleich ein Stück objektive Wirklichkeit erkennbar.

Ein Paar hatte in der Nacht miteinander geschlafen. Nach einigen anfänglichen Schwierigkeiten war der Beischlaf für das Empfinden beider Partner zufriedenstellend verlaufen. Träume im Anschluß an sexuellen Verkehr verraten oft etwas darüber, ob es irgendwelche Komplikationen beim Kontakt gab.[13] Man könnte außerdem erwarten, daß im Traum auftauchende Symbole sich freudianisch interpretieren lassen.

Die Frau träumte, sie sei in einem Ferienlager und mache zusammen mit einer Gruppe junger Mädchen eine Wanderung zu einem schönen alten Schloß auf einem Berg.

«Auf dem letzten, schwierigsten Stück sehe ich, daß die anderen Mädchen einen Pfad mit winzigen Stufen linkerhand hinaufklettern. Ich stolpere und mache einen Satz nach links, und plötzlich bin ich an der Spitze der Gruppe.»

Wenn Bergsteigen nach Freudscher Terminologie für das stufenweise Erreichen des Orgasmus steht, dann könnte man in diesem Fall sagen, die Träumerin gelangte zu sexueller Befriedigung, indem sie «die jungen Mädchen in sich überholte».

Der Ehemann hatte häufig einen vorzeitigen Samenerguß, was für die Frau ein Problem darstellte. Die jungen Mädchen zu überholen, könnte also auch bedeuten, daß sie in der Beziehung zu ihrem Mann die Haltung einer Erwachsenen einnahm und die Initiative ergriff. (Eine weitere Deutung findet sich auf Seite 193.)

Der Mann war in seinem Traum mit seiner Partnerin (Inge) zusammen:

«... in einem Theater, wir warteten auf die Vorstellung. Ab und zu wurde irgendwo im Auditorium geschossen, und ein Mann wurde in den Rücken getroffen... Auf einmal entdeckte Inge ihn (den Schützen), und nun konnte ich ihn auch sehen. Es war ein Junge von sieben bis zehn Jahren...»

Vom Kontext her könnte der wild um sich schießende Junge ein Sinnbild für die Ejaculatio praecox sein, durch die der Mann im Traum, sexuell ausgedrückt, getötet wird.

Der Traum spiegelte die objektive Tatsache, daß seine Partnerin das Problem in Angriff genommen und die Initiative ergriffen hatte, indem sie sich eine sexuelle Praktik aneignete, die die vorzeitige Ejakulation verhinderte.

Nachfolger Jungs haben die Deutung auf der Subjektstufe als Tiefendeutung betrachtet, die bei der Person zu innerpsychischen Veränderungen führt, während die Objektstufe sich mehr auf der Ebene der Außenwelt bewegt.[69]

In diesem Fall wäre die Deutung auf der Subjektstufe nach Jung die Methode der Wahl bei Patienten, die schon längere Zeit an ihrer inneren Weiterentwicklung arbeiten; sie wäre wichtiger bei älteren Personen, die sich in der Welt verwirklicht haben, als bei jüngeren Menschen, die mit ihren Problemen zu Rande kommen müssen.

Einer allgemein akzeptierten Faustregel nach empfiehlt es sich, zunächst die objektstufigen Möglichkeiten des Traumes abzuklopfen, bevor man auf die innere Ebene geht.[9]

Verifikation der Traumdeutung

Zu den Kriterien, anhand deren nach Jung die Richtigkeit einer Deutung überprüft werden kann, gehören unter anderem:

1. Die Deutung wird durch andere Träume in derselben Traumserie bestätigt. Einer von Jungs Patienten hatte einen Traum, in dem sein Vater einen Globus in den Händen hält und versucht, ihn in zwei gleich große Teile zu teilen. *«Dies muß so geschehen, daß sich im Osten genau so viele Menschen befinden wie im Westen.»*

Jung fühlte sich durch den Traum an den zweiten Schöpfungstag im biblischen Schöpfungsbericht erinnert, an dem Gott das Wasser unter dem Himmel vom Wasser über dem Himmel scheidet, und deutete den Traum als Bewußtwerdungsprozeß. Seine Deutung fand ihre Bestätigung, als der Patient berichtete, er habe geträumt, *«daß Gott mit Blitz und Donner eine Welt erschuf».*[39f]

2. Ein zweites Kriterium für die Richtigkeit der Deutung besteht darin, daß sie dem Träumer etwas sagt, ihm ein «Aha-Erlebnis» verschafft.

Jung war der Ansicht: «Wer eine Suggestion vermeiden will, muß also eine Traumdeutung so lange als ungültig ansehen, bis jene Formel gefunden ist, die das Einverständnis des Patienten erreicht.»[32e] Es ist eine Faustregel für die therapeutische Praxis, daß eine Deutung nichts taugt, wenn der Klient sie nicht versteht. Dennoch zog Jung oft sehr weitreichende Schlußfolgerungen, vor allem, wenn er archetypische Traumserien deutete (vgl. die Interpretation der eigenartigen mythologischen Träume des achtjährigen Mädchens und die Traumserien im Abschnitt «Psychologie und Alchemie».) Wie bei Freud entschied auch für Jung die Zustimmung oder Ablehnung des Patienten nicht immer, ob die Deutung richtig war.

3. Ein drittes Verifizierungskriterium ist, daß die Deutung beim Träumer eine Wirkung zeigt und zu Resultaten führt.

Wichtige Traumtypen

Besonders wichtige Traumtypen waren für Jung:
– Träume aus der *frühesten Kindheit*.
– Träume in wichtigen Übergangszeiten des Lebens: Pubertät, mittleres Lebensalter, Tod.[39g]
– *Initialträume* am Anfang einer Analyse und
– Träume, die für die menschliche Gemeinschaft von Bedeutung sind, zum Beispiel *Berufungsträume*.

Kindheitsträume

Jung fand heraus, daß Träume aus der frühesten Kindheit aus sehr tiefen Persönlichkeitsschichten kommen und oft so bedeutsam sind, daß sie das Schicksal der Person voraussagen. Mit Kindheitsträumen sind hier Träume gemeint, an die man sich noch bis weit ins Erwachsenenalter erinnert. Das unterstreicht deren besondere Bedeutung.

Meist ist es bei Kinderträumen schwer, Assoziationen zu erhalten. Jung führte das darauf zurück, daß die Träume von Kindern allgemein stärker archetypisch und überpersönlich sind als die von Erwachsenen und daß Kinder Assoziationen zum Traum aus Angst vor dem Trauminhalt häufig unterdrücken. Bei den Träumen, die später noch im Gedächtnis haften, sind wiederum in der Regel alle Umstände und Bedingungen längst vergessen.[39g]

Drei Beispiele aus Jungs «Kindertraum-Seminaren» können uns einen Eindruck vom Zusammenhang zwischen erinnerten Kindheitsträumen und persönlichem Schicksal vermitteln.

Ein fünfundvierzigjähriger Mann erinnerte sich an einen Traum, den er mit fünf oder sechs Jahren gehabt hatte:

«Ich sehe vor mir eine Pyramide. Auf der Spitze befindet sich ein Haus aus Glas. Darin ist jemand. Wie ich näher komme, sehe ich, daß ich es selber bin.»

Der Traum war häufig wiedergekehrt. Sein ganzes Leben lang war der Mann ein Sucher gewesen, ein Träumer, dem es schwerfiel, mit der Wirklichkeit zurechtzukommen. Er versuchte sich als Jurist und wurde schließlich Kolonialbeamter. Er heiratete, doch er vermochte sich nie wirklich auf etwas einzulassen. Unter anderem dilettierte er in Philosophie, in der Hoffnung, hier zu finden, wonach er suchte. Zufällig stieß er dabei auf ein Buch von Jung und kam im Alter von fünfundvierzig Jahren zu ihm.

Jung war der Ansicht, daß der Kindheitstraum des Mannes etwas sehr Unkindliches hatte. Er war abstrakt und archetypisch, aber nicht neurotisch oder sonstwie bedenklich, sondern verwies ganz eindeutig auf die andere, nicht alltäglich orientierte Seite des Mannes.[39h]

Der Junge am Fuß der Pyramide war weit von dieser anderen Seite seiner selbst entfernt. So, wie der Mann in seinem Leben zerrissen war, war er es auch im Traum.

Das Bild des Glashauses oben auf der Pyramide hatte keine Entsprechung im Wacherleben des Träumers. Andererseits konnte Jung eine Reihe alchemistischer und mythologischer Parallelen anführen, die auf eine geistige Wandlungssymbolik hinwiesen. Der Träumer sollte offenbar erkennen, daß er eine Art geistigen Doppelgänger hatte, eine geistige Substanz, die er ernst nehmen und entfalten sollte.[39i] Vierzig Jahre hatte dieser Zwiespalt das Leben des Mannes bestimmt, bis er bei Jung anfing, daran zu arbeiten, und schließlich seinen inneren Frieden fand.

Ein fünfjähriges Mädchen träumte:

«Im ersten Traum hörte ich meinen Vater rufen. Als ich aufstand und ins Schlafzimmer meiner Eltern trat, sah ich über jedem Bett eine Pyramide aus Asche und über jeder die Totengrimassen von Vater und Mutter.

Im zweiten Traum stand ich auf einem öden Platz von lauter Kratern. In unerreichbarer Ferne stand in einem dieser Krater mein Vater und rief um Hilfe.»

Die Träumerin hatte Jung die beiden Träume schriftlich zugeschickt, als sie dreißig Jahre alt war. Sie hatten sie ihr ganzes Leben lang verfolgt.

Um den ersten Traum zu verstehen, ist es notwendig, sich in die Gefühlswelt des Kindes zu versetzen. Schon allein die Tatsache, daß der Vater in der Nacht rief, wirkt erschreckend und unheimlich – wenn jemand während der Nacht ruft, dann die Kinder, nicht die Eltern. Und als das Kind ins Schlafzimmer der Eltern ging, fand es dort, wo eigentlich elterliche Liebe und offene Arme es empfangen sollten, nur zwei Aschehaufen.

Außerdem fällt auf, daß keiner der beiden Träume eine Lösung (Lysis) hatte. Wenn der Traum wenigstens geendet hätte, «ich lief hin, um ihnen, so gut ich konnte, zu helfen», oder «ich tat mein Möglichstes …», könnte man sagen, «aha, die Träumerin kann irgendwie mit der Sache umgehen, sie kann es zumindest versuchen». Dann wäre etwas gegeben, mit dem man arbeiten könnte.

Nach Jungs Erfahrung hatten Träume wie diese eine katastrophale Bedeutung. In der Tat erlitt die Frau, kurz nachdem er die beiden Schilderungen bekommen hatte, einen schizophrenen Schub. Jung erläuterte an diesem Beispiel, daß die kompensatorische Funktion in solchen Fällen fehlt oder auf jeden Fall vermindert ist.[39j]

Nachdem wir den Kindertraum einer suchenden Seele, die schließlich Frieden fand, und den Traum einer Person mit einem unglücklichen Schicksal kennengelernt haben, wollen wir abschließend den Traum einer bedeutenden und erfolgreichen Persönlichkeit betrachten, einen Traum von Jung selbst.[43d]

Mit drei oder vier Jahren hatte er einen ungewöhnlichen und sehr ergiebigen Traum gehabt, der ihn sein ganzes Leben lang beschäftigte. Er träumte, er befände sich auf der Wiese beim Haus seiner Eltern:

«Im Traum stand ich auf dieser Wiese. Dort entdeckte ich plötzlich ein dunkles, rechteckiges, ausgemauertes Loch in der Erde. … Da sah ich eine Steintreppe, die in die Tiefe führte. Zögernd und furchtsam stieg ich hinunter … und erblickte einen zirka zehn Meter langen rechteckigen Raum in dämmerigem Lichte. Die gewölbte Decke bestand aus Steinen, und auch der Boden war mit Steinfliesen bedeckt. In der Mitte lief ein roter Teppich vom Eingang bis zu einer niedrigen Estrade. Auf dieser stand ein wunderbarer reicher goldener Thronsessel. … Der Sessel war

prachtvoll, wie im Märchen, ein richtiger Königssessel! Darauf stand nun etwas. Es war ein riesiges Gebilde, das fast bis an die Decke reichte. Zuerst meinte ich, es sei ein hoher Baumstamm. Der Durchmesser betrug etwa fünfzig bis sechzig Zentimeter und die Höhe etwa vier bis fünf Meter. Das Gebilde ... bestand aus Haut und lebendigem Fleisch, und obendrauf war eine Art rundkegelförmigen Kopfes ohne Gesicht und ohne Haare; nur ganz oben auf dem Scheitel befand sich ein einziges Auge, das unbewegt nach oben blickte. ... Es herrschte aber über dem Kopf eine gewisse Helligkeit. Das Ding bewegte sich nicht, jedoch hatte ich das Gefühl, als ob es jeden Augenblick wurmartig von seinem Throne herunterkommen und auf mich zukriechen könnte.» (gekürzt)

Jungs Mitarbeiterin Marie-Louise von Franz hielt das gigantische penisähnliche Objekt für einen unterirdischen Gott, der in Gegensatz zur christlichen Weltanschauung stand. In anderen Traditionen symbolisiert der Phallus den «geheimen ‹genius›» eines Menschen, die Quelle seiner körperlichen und geistigen Kraft, den Spender all seiner Inspirationen und überschießenden Lebensfreude.[86a]

Tatsächlich stellte Jung wie wenig andere in diesem Jahrhundert der christlichen Gottesvorstellung ihr «dunkleres», unterirdisches Gegenstück gegenüber. Ganz im Einklang mit dem Traum, besaß er eine außergewöhnliche Kreativität, und allen, die ihn näher kannten, fiel seine enorme persönliche Vitalität auf.

Initialträume

Am Anfang einer Therapie kommt es gewöhnlich zu einem oder mehreren Träumen, die ein besonders repräsentatives Bild der wichtigsten Probleme des Träumers liefern, während spätere Träume häufig um speziellere Aspekte seines Problems kreisen. Introduktorische oder Initialträume können in ihrem Aufbau sehr klar und symbolisch sein, doch häufig kann der Träumer nur wenige, eher oberflächliche Assoziationen dazu produzieren, eine Beobachtung, die Freud, Jung und eine Reihe anderer Pioniere der Traumdeutung übereinstimmend machten.[72a]

Nach Jung erleichtert der Initialtraum nicht nur die Diagnose, er sagt unter Umständen auch etwas über die Heilungsaussichten aus, die Behandlungsprognose. In dem Angeltraum von C. A. Meiers amerikanischem Patienten haben wir ein Beispiel für die Deutung eines Initialtraums im Hinblick auf eine Heilungsprognose kennengelernt.

Ein weiteres Beispiel, bei dem es möglich ist, aus dem Initialtraum den Behandlungsfortschritt bis zum Abschluß der Therapie vorherzusagen, stammt aus meinem Buch *Det kvindelige i manden* (Das Weibliche im Mann). Ein achtundzwanzigjähriger Mann träumt:

«Eine dicke alte Frau macht ihm sexuelle Avancen, und er bleibt passiv. Später sitzt er mit einer schönen jungen Frau zusammen in seinem Auto. Sie hat Fahrkarten für ihre Flitterwochen gekauft.»

Vom Kontext des Traums her mußte die ältere Frau als Mutterfigur gedeutet werden. Die sexuelle Beziehung zu dieser Gestalt ist Teil des Phänomens, das Freud als «Ödipuskomplex» bezeichnete; die Diagnose «ungelöste Mutterfixierung» bot sich also an. Die jüngere Frau dagegen verkörpert die weibliche Seite des Mannes und seine Fähigkeit, mit einer nichtmütterlichen Partnerin eine zufriedenstellende Bindung einzugehen (die Flitterwochen). Die dramatische Struktur des Traums hatte ihren negativen Ausgangspunkt in der Mutterfixierung, während der positive Schluß auf gute Entwicklungsmöglichkeiten hindeutete – was sich in der Therapie dann auch bestätigte.

Auf den ersten Blick erscheinen die obigen Beispiele klar und einfach. Zugleich aber werfen sie zahlreiche Fragen auf, auf die sie keine Antwort geben. Inwiefern unterscheidet sich das Problem des Achtundzwanzigjährigen von dem anderer Männer mit einem «Ödipuskomplex»? Wie erlebt er seine Problematik im Alltag? Wie kann er ganz praktisch an seinem Problem arbeiten? usw.

Freud, Jung und andere frühe Traumtheoretiker stimmten darin überein, daß Initialträume in der Regel erst verständlich werden, wenn die Therapie schon relativ weit fortgeschritten ist. Bei Freud war es soweit, wenn der erste Widerstand gegen die Therapie gebrochen war und der Patient frei assoziieren konnte. Bei Jung war dieser Zeitpunkt gekommen, wenn die wichtigsten Komplexe des Patienten bekannt waren und man den Traum als Glied einer Kette, die sich fortsetzte, betrachten konnte.[72a] Eine Reihe von Problemen tun sich auch im Zusammenhang mit der Frage auf, welche Träume, die sich in der Zeit vor einer Analyse einstellen, nun eigentlich Initialträume sind. Ist es der letzte Traum vor der ersten Analysesitzung? Oder der erste Traum nach Beginn der Behandlung? Oder der Traum an dem Tag, an dem der Patient mit dem Analytiker Kontakt aufgenommen hat? Oder ist es ein Traum in den ersten zwei Monaten nach Beginn der Behandlung?

Meiner Ansicht nach ist es eine Sache der Erfahrung, hier eine genauere Bestimmung vorzunehmen, wobei der Zeitpunkt, in dem der Traum auftritt, immer auch gegen seine archetypische Bedeutsamkeit abgewogen werden muß.

Wir stoßen hier auf eine Inkonsistenz in der Theorie, daß besonders bedeutsame Träume aus tiefen Schichten des Unbewußten spontan und unabhängig vom Bewußtsein auftreten. Archetypische Initialträume entspringen ganz im Gegenteil einer sehr klaren und bedeutungsgeladenen, bewußten Ausgangssituation. Der deutsche Analytiker Hermann Schultz untersuchte die Initialträume von sechsunddreißig Klienten, die durchschnittlich fünf Jahre Therapie bei insgesamt zwanzig Therapeuten hinter sich hatten. Er kam zu dem Schluß, daß nur die Hälfte der Träume neue prognostische Aspekte ergaben.[72b] Ich glaube allerdings, daß Traumdeuter vom Kaliber eines Freud oder Jung mehr mit den Träumen hätten anfangen können.

Das Konzept des Initialtraums läßt sich über den therapeutischen Kontext hinaus auf alle wichtigen Lebenssituationen übertragen, in denen eine klare und bedeutsame Entscheidung von der Person gefordert wird, zum Beispiel vor einer Verlobung oder Eheschließung, am Anfang eines Projekts, vor der Aufnahme eines neuen Lebensstils usw.

Einige Neofreudianer haben im Hinblick auf die sich anbahnende therapeutische Beziehung festgestellt, daß sich häufig rasch eine aggressiv-kontrollierende und klammernde Übertragungsreaktion herausbildete, wenn der Analytiker in den ersten Träumen mehrfach auftauchte.[28]

Als Beispiel für einen Initialtraum am Anfang eines Projekts möchte ich einen Traum anführen, den ich nach dem Entwurf der ersten Gliederung für das vorliegende Buch hatte:

«*An einem Pier im Hafen. Es war ein wunderschöner Abend, warm, mit einem unglaublich schönen, klaren Sternenhimmel. Unter den anderen, die ihn mit mir bewunderten, war ein Paar, zwischen 55 und 60. Ich wechselte einige Worte mit der Frau, wobei sich herausstellte, daß sie*

Analytikerin war. Plötzlich bemerkte ich am Himmel einen kleinen Sternenhaufen, der näher kam. Es war eine Galaxie mit Myriaden von Sternen. Sie hatte eine herrliche Goldfarbe, und man konnte zusehen, wie sich in relativ kurzer Zeit ein Vorgang abspielte, der Millionen von Jahren gedauert haben mußte – vielleicht die Entstehung der Galaxie. Die Verdichtung von Zeit und Raum war überwältigend und am Anfang ehrfurchtgebietend. Die Bewegung innerhalb der Galaxie war geformt wie zwei Drachen, die einen rotierenden Kreis bildeten und einander in den Schwanz bissen. Einer war größer als der andere. Eine Frau meines Alters, meine «Ehefrau», wandte sich um und schaute ebenfalls zu. Aus dem Sternenhaufen löste sich ein Modellschiff von etwa einem Meter Länge, aus dunklem, asiatischem Holz geschnitzt, und segelte gleichsam durch die Luft herab. Ich streckte den Arm aus, und das Schiff ließ sich auf meiner Hand nieder. Es war geformt wie ein relativ dicker Stock. Meine Frau war verwundert. Ich legte den Arm um sie und sagte, es sei alles in Ordnung, hier könne alles passieren.»

Meine erste Assoziation beim Aufwachen war, daß die beiden Drachen Freud und Jung verkörperten. Zugleich stellen sie aber auch ein alchemistisches Symbol dar.

Der Traum war von kosmischer und archetypischer Symbolik: Die Verdichtung von Zeit und Raum, die beiden Paare, die zusammen eine autonome Einheit in einem Symbol der Ganzheit bildeten.

Das Schiff war ein Modell, so wie meine Gliederung für mein Buch. Es schwebte in meine Hand herab, genau wie das Angebot des Verlags. Mir dämmerte auf einmal, daß alles möglich ist, und das Buch wurde dann auch tatsächlich ganz anders, als ich es mir vorgestellt hatte. Es eröffnete mir völlig neue Dimensionen, und die Arbeit daran löste bei mir zugleich einen tiefgreifenden persönlichen Wandlungsprozeß aus.

Natürlich freute ich mich über den außergewöhnlichen und archetypischen Charakter des Traums, und der Gedanke an ihn machte mir Mut, weiterzumachen, als sich plötzlich Hindernisse vor mir auftürmten, die unüberwindlich schienen. Die Assoziation zu Freud und Jung als den beiden Drachen (wobei Jung der größere war) tauchte noch einmal im Zusammenhang mit dem Modellschiff auf, das ebenfalls aus zwei ineinandergefügten Holzstücken bestand. Diese beiden Männer sind denn auch für mich die beiden tragenden Säulen der Traumanalyse.

Das asiatische Holz wiederum könnte ein Hinweis darauf sein, daß das Buch letztlich «esoterischer» geriet als geplant.

Traum und Individuationsprozeß

In Freuds Psychologie spielt das Konzept der psychosexuellen Entwicklungsstufen, die sich von der Geburt bis ins Jugendalter von der oralen über die anale und phallische bis zur genitalen Phase erstrecken, eine wichtige Rolle. Aufgabe der Psychoanalyse ist es häufig aufzuarbeiten, was in dieser kritischen Zeit am Anfang des Lebens eines Menschen an Verletzungen und Verstörungen erlebt wurde.

Jung dagegen war besonders an den Prozessen der Persönlichkeitsentwicklung interessiert, die sich in reiferem Alter vollziehen. Seiner Ansicht nach existiert so etwas wie ein potentieller angeborener Entwicklungsplan, der einem universalen Muster gehorcht, innerhalb dieses Rahmens aber jede Einzelpersönlichkeit ihren ganz eigenen Charakter entfalten läßt. Die Verwirklichung dieses Planes bezeichnete Jung als Individuationsprozeß. Der einzelne trägt gleichsam in embryonaler Form eine transzendente Funktion in sich, die die scheinbaren psychischen Gegensätze, das Bewußtsein und das Unbewußte, einen kann. Diese ordnende, ein Gleichgewicht schaffende Funktion aber kann durch die Arbeit mit Träumen weiterentwickelt werden.[47]

Jungs Modell für die inneren Wachstumsprozesse sieht in der Theorie einfach aus. Die erwachsene Person hat sich, als Schritt in ihrer Ich-Entwicklung und sozialen Anpassung, übermäßig mit ihrer sozialen Rolle, ihrer *Persona,* identifiziert. Damit aber hat sie eine Reihe von Eigenschaften unterdrückt oder ist sich ihrer gar nie bewußt geworden, Eigenschaften, die negativ und positiv sein können, in jedem Fall aber notwendig für die psychische Ganzheit sind.

Im mittleren Lebensalter hat die Person gewöhnlich erreicht, was sie in der äußeren Welt erreichen kann. Sie hat die Grenzen äußerer Expansion im beruflichen Aufstieg und in der Gründung einer Familie ausgelotet. Wenn es jetzt nicht zu einem Stillstand kommen soll, dann muß sie sich innerlich weiterentwickeln und eine Reihe bislang unterdrückter oder gar unerkannter Möglichkeiten in ihrer eigenen Persönlichkeit integrieren. Jung bezeichnete diese Aspekte, denen der Mensch in sich selbst begegnet, als *Schatten, Anima/Animus* und *Selbst.* Im Prinzip wird man auch in dieser Reihenfolge mit ihnen konfrontiert.

Unter dem Schatten verstand Jung eine Art zusätzliche, unbewußte Persönlichkeit. Der Schatten wird gewöhnlich als Teil des persönlichen Unbewußten, gleichgeschlechtlich mit dem Träumer, gedacht. Bei einem Mann könnte das ein Landstreicher sein, ein Gauner, ein Künstler, ein Homosexueller, ein Farbiger, ein Wanderarbeiter oder eine andere Gestalt, die Seiten von ihm verkörpert, die er nicht anerkennen will. Bei einer Frau ist als Schatten die Schlampe, die Hexe, die Vettel, die Femme fatale usw. denkbar. Oft erscheint auch ein Bruder oder eine Schwester als Schattengestalt. Abgesehen von solchen individuellen Ausformungen gibt es auch kollektive Schattenfiguren wie den Teufel und solche, die den Schatten einer ganzen Kultur repräsentieren.[78b]

Das Konzept des Schattens ist in der praktischen Traumarbeit äußerst nützlich. Wenn ein Mann (um ein Beispiel aus meiner eigenen Praxis zu gebrauchen), der sich selbst als äußerst unkompliziert und leger betrachtet, immer wieder von Männern in Nadelstreifenanzügen träumt, dann muß er in irgendeiner Weise den Wunsch haben, ein distinguierter Herr zu sein, und er täte besser daran herauszufinden, an welcher Stelle er den Aristokraten in sich herauskehrt. Vielleicht meint er, in den entsprechenden Situationen den Erwartungen seiner Umwelt genügen zu müssen, in Wirklichkeit kommt die Erwartung jedoch aus ihm selbst. Genauso muß eine Frau, die immer wieder von einer Freundin träumt, die sie als äußerst geschwätzig beschreibt, selbst eine geschwätzige Seite haben. Wahrscheinlich bezeichnet sie diese Seite bei sich anders und ist aufrichtig überzeugt, sie gebe nur wichtige und nützliche «Informationen» weiter. Beim Konzept des Schattens wird grundsätzlich davon ausgegangen, daß wir uns unserer Motive nicht bewußt sind.

Häufig ist zu beobachten, daß der Schatten, wenn man ihm bestimmte Zugeständnisse macht, kooperativer wird. Nehmen wir an, ein Mann träumt davon, von einer Rockerbande bedroht zu werden. Vielleicht geht es darum, daß er sich selbst gestatten sollte, etwas aggressiver zu sein, oder daß er fester zu seiner eigenen Meinung stehen sollte. Möglicherweise wird er dann in den folgenden Träumen anfangen, mit der Rockerbande ins Gespräch zu kommen, und die Feindseligkeit wird immer mehr abgemildert.

Im jungianischen Modell ist der erfolgreiche Umgang mit dem eigenen Schatten eine Vorbedingung dafür, daß man fähig wird, mit der gegengeschlechtlichen Seite – beim Mann die Anima, bei der Frau der Animus – zu arbeiten. Beim Mann kann die Anima die Gestalt einer Schwester oder Freundin annehmen, eines Engels oder einer sanften Jungfrau, einer Göttin, Hexe, Dämonin, Bettlerin, Hure, Amazone usw. und im Prinzip auch in Gestalt aller anderen Symbole erscheinen, die als «weiblich» erlebt werden, zum Beispiel als Kuh, Katze, Tiger, Schiff, Höhle.

Das Männliche in der Frau kann in ähnlich vielfältigen Verkörperungen auftreten, als Bruder oder Freund, Filmstar, Boxer, Politiker oder charismatischer Prediger, aber auch in Symbolgestalten, die dem Maskulinen zugeordnet werden: als Schlange, Stier, Löwe, Lanze, Turm oder ein anderes phallisches Gebilde.

In der praktischen Traumarbeit werden diese Figuren zu bestimmten psychologischen Charakterzügen in Beziehung gesetzt, die theoretisch dem Weiblichen im Mann und dem Männlichen in der Frau entsprechen.

Solange die Gegengeschlechtlichkeit eine völlig unhinterfragte Größe bleibt, kommt es zum Beispiel zu Erscheinungen wie der des «launischen Mannes, beherrscht von weiblichen Trieben, geleitet von Emotionen, oder wie die alles besser wissende, räsonnierende, auf männliche Weise und nicht instinkthaft reagierende, animusbesessene Frau».[32f]

Wenn eine Person jedoch mit Hilfe ihrer Träume in Kontakt zu ihrer komplementärgeschlechtlichen Seite tritt, dann wird diese Seite zu einem sehr hilfreichen und nützlichen Faktor in der Psyche des Träumers.

Allgemein gesprochen ist die Anima eine Personifikation aller weiblichen psychologischen Tendenzen in der männlichen Psyche wie Emotionen, Launen, intuitiver Fantasien, Empfänglichkeit für das Irrationale, Liebesfähigkeit, Empfindsamkeit für die Natur und schließlich seiner Beziehung zum Unbewußten – mit anderen Worten stellt sie ein ganzes Set von Charakterzügen dar, die es dem Mann ermöglichen, über die traditionelle Männerrolle hinauszugehen. Solange er jedoch diese Züge nicht bewußt einsetzt und auslebt, werden sie ihn immer wieder als unberechenbare «Anima-Stimmungen» überfallen, die ihn verletzlich und ängstlich, melancholisch, reizbar oder sentimental machen oder in Selbstmitleid stürzen.[89a]

Auf seiten der Frau kann sich ein unentwickelter Animus in unbewußten destruktiven und selbstzerstörerischen Überzeugungen manifestieren, als innere Stimme, die ihr ständig sagt, sie sei unfähig oder nicht liebenswert, oder der Animus kann in plötzlichen häuslichen Dramen zum Durchbruch kommen, als Kälte und Unnahbarkeit oder als halbbewußter Zynismus, der den bewußteren Vorstellungen der Frau von sich selbst zuwiderläuft. Wird der Animus dagegen bewußtgemacht und entfaltet, so kann er der Frau mehr Dynamik, konstruktive Kraft und Initiativefreudigkeit schenken. Diese Seite in ihr kann kreative Potentiale enthalten, ihr den Brückenschlag zum anderen Geschlecht erleichtern und den Kontakt zu tieferen Schichten im eigenen Unbewußten fördern.[89b]

In einer Vorlesungsreihe, die Jung in den späten zwanziger Jahren hielt, findet sich in der Traumserie eines siebenundvierzigjährigen Analysanden ein praktisches Beispiel für die Anima.

In seinem Initialtraum wird der Mann mit einem Kind seiner jüngsten Schwester konfrontiert, das in Wirklichkeit gar nicht existierte. *«Das Kind sieht ziemlich krank aus, und jemand sagt mir, daß es den Namen meiner Frau, Maria, nicht aussprechen will. Ich sage ihm den Namen vor und fordere das Kind auf, ihn zu wiederholen ..., aber ich sage ... ‹Mari-ah-ah›, als gähne ich ...»* (gekürzt)

In diesem wichtigen Traum tritt die Anima als krankes, zweijähriges Kind auf, als Ehefrau, deren Name bei ihrem Mann Gähnen auslöst, und als Schwester, die dem Träumer in der Realität ziemlich gleichgültig war und in seinem gegenwärtigen Leben keine Rolle spielte.[35b]

In den folgenden Träumen des Mannes erschien die Anima einmal als arme, kranke Näherin, dann wieder in Gestalt kleiner Mädchen, die unreife Kirschen sammelten, und in der Verkörperung seltsamer, beinahe hermaphroditischer Wesen. Die Anima und die zu ihr gehörigen Charakterzüge wurden in den Träumen grundsätzlich als kränklich, kindisch, unreif und langweilig dargestellt. Kein Wunder, daß der Träumer ein hartgesottener Geschäftsmann war, der sehr wenig Zeit hatte, sich mit seinen Gefühlen zu beschäftigen, und dessen erotische Beziehung zu seiner Frau dem Umgang mit seinen Bankabrechnungen entsprach, die er mehrmals monatlich zu erledigen hatte.

Nach acht oder neun Monaten träumte der Mann, seine Frau bringe Drillinge zur Welt. Die beiden ersten Kinder starben, das letzte aber überlebte. Der Traum deutete die Möglichkeit an, daß seine Anima vielleicht doch noch zu einem reiferen psychischen Faktor werden und neue Potentiale seiner Persönlichkeit «zur Welt bringen» konnte.[30]

Eine völlig andere Form von Anima taucht im folgenden Traum eines fünfundvierzigjährigen Psychotherapeuten auf (das Beispiel stammt aus dem von Marie-Louise von Franz vorgelegten Material):

«Er befindet sich mit seiner Mutter und seiner Ehefrau in einer alten Kirche. Er soll als Priester eine Messe zelebrieren. Er ist sehr aufgeregt, weil er bald anfangen soll. Seine Aufregung wird dadurch verstärkt, daß seine Mutter und seine Frau ihn durch banales Geschwätz stören. Dann hört das Orgelspiel auf, und alle warten auf ihn. Er bittet eine der hinter ihm knienden Nonnen, ihm ihr Meßbuch zu reichen, was sie in zuvorkommender Weise tut. Dieselbe Nonne schreitet ihm voran zum Altar. Das Meßbuch sieht aus wie eine Tafel, ein Blatt mit sechzehn alten Bildern, die nebeneinander in Spalten angeordnet sind. Die Nonne muß zunächst einen Teil der Liturgie lesen, bevor er damit anfängt. Wie sie ihm sagte, ist es die Nummer 15. Er wendet sich der Gemeinde zu, und obwohl er nicht sicher ist, ob er die Schrift entziffern kann, will er es versuchen. Er wacht auf.» (gekürzt)

Beim Zubettgehen hatte der Träumer daran gedacht, wie schwer es ist, das Leben allein, ohne den Halt der Zugehörigkeit zu einer Kirche, zu meistern. Der Traum wurde (zusammenfassend) wie folgt interpretiert:

Die Mutter und die Frau (die tatsächlich sehr extravertiert war) stehen für seine Mutterbindung und für eine extravertierte Seite seiner Anima. Die Nonne verkörpert die introvertierte Anima. Sie kann nicht als Sinnbild einer offiziellen Denomination verstanden werden, weil ihr Meßbuch von so auffallender Fremdartigkeit ist. Die sechzehn (vier mal vier) Bilder sind zu verstehen als psychische Bilder, die die religiöse Anima ihm enthüllt. Jung hatte gezeigt, daß die Quaternität ein Symbol für das Selbst ist, den Kern der Psyche – daß die Bilder «vier mal vier» auftauchten, wird entsprechend als Hinweis auf psychische Ganzheit gedeutet. Die Leute in der Kirche verkörpern psychische Eigenschaften des Träumers, die wollten, daß er die Messe selbst hielt. Der Traum konnte also dahingehend verstanden werden, daß der Mann keinem offiziellen Glauben angehören mußte, doch «wenn er die durch seinen Mutterkomplex verursachte innere Unsicherheit überwindet, wird er entdecken, daß seine Lebensaufgabe von der Art eines religiösen Gottesdienstes ist und daß, wenn er über die symbolische Bedeutung der Bilder in seiner Seele meditiert, sie ihn zu deren Verwirklichung führen wird».[89c]

Der folgende Traum, der den Animus einer Frau in positiven und negativen Gestalten widerspiegelt, stammt von einer fünfundvierzigjährigen Frau, ebenfalls eine Klientin von Marie-Louise von Franz:

«Zwei verhüllte Figuren klettern auf den Balkon und in das Haus. Sie sind in schwarze Mäntel und Kapuzen gehüllt und scheinen zu beabsichtigen, sie und ihre Schwester zu quälen. Diese versteckt sich unter dem Bett, doch ziehen sie sie mittels eines Besens hervor und quälen sie. Dann ist die Reihe an der Träumerin. Der Anführer der beiden stößt sie an die Wand und führt vor ihrem Gesicht magische Gesten aus. Inzwischen zeichnet sein Helfer eine Skizze an die Wand, und wie sie sie sieht, sagt sie (um einen freundlichen Eindruck zu machen): ‹Oh, das ist aber gut gezeichnet!› Da hat ihr Folterer plötzlich den vornehmen Kopf eines Künstlers und sagt stolz: ‹Ja, tatsächlich›, und beginnt seine Brille zu reinigen.»

In der Deutung wurden folgende Schwerpunkte herausgearbeitet:

Die beiden Einbrecher stellen einen sadistischen Animusaspekt dar oder, in der Sprache der Psychologie, *Gedanken,* mit denen die Träumerin sich selbst quält. Das entsprach der Realität, da sie häufig an schweren Angstanfällen litt, in denen der Gedanke sie plagte, geliebte Menschen befänden sich in großer Gefahr. Die tiefere Bedeutung des Traumes weist jedoch auf ein ungenutztes kreatives Potential. Die Träumerin und ihre Schwester hatten großes Maltalent gezeigt, die Frau zweifelte jedoch daran, ob Malen eine sinnvolle Tätigkeit für sie sei. Der Traum machte ihr in dieser Situation eindringlich deutlich, daß sie ihre Begabung unbedingt ausleben sollte. Wenn sie dieser Forderung folgte, würde der destruktive, quälende Animus in eine kreative und sinnvolle Tätigkeit verwandelt werden.[89d]

Zugleich repräsentierten die Animusgestalten im Traum der Frau ein Element des kollektiven Unbewußten, das keinerlei Verbindung zur persönlichen Lebensgeschichte der Träumerin aufwies.

Jungs psychologisches System, in das die Archetypen von Animus und Anima eingebettet sind, ist weit komplexer, als es hier dargestellt werden kann. Er entwickelte zum Beispiel eine Reihe von Stufen möglicher positiver Metamorphosen der gegengeschlechtlichen Seite. Die erste Stufe der Anima ist symbolisiert in der biblischen Eva oder ursprünglichen Frau, die rein instinktive oder biologische Beziehungen verkörpert. Als Prototyp der zweiten Stufe sah Jung Fausts Helena. Sie personifiziert eine romantische und ästhetische Ebene im Mann, die aber noch immer durch sexuelle Aspekte charakterisiert ist. Die dritte Stufe ist in der Jungfrau Maria verkörpert, in der die Liebe in geistige Hingabe transformiert ist. Die vierte Stufe schließlich versinnbildlicht eine Gestalt aus der Gnosis: die Sapientia, Ausdruck der höchsten Weisheit.[89e,36a]

Auch die Entfaltung des Animus sah Jung in vier Stufen. In einem frühen Entwicklungsstadium erscheinen die Animusgestalten als primitive Muskelprotze, als Tarzan, Boxchampion oder andere Personifizierungen roher körperlicher Kraft. Auf der zweiten Stufe verkörpert die Animusgestalt romantische Qualitäten der Frau sowie die Fähigkeit zu gezieltem Handeln. Die dritte Stufe umfaßt den Begriff der Bedeutung und kann in einem großen Redner oder einer anderen Persönlichkeit symbolisiert sein, die wesentliche Gedanken in Worte zu kleiden weiß. Als vierte Stufe sah Jung den geistigen Führer, den «alten Weisen», wie etwa Gandhi.[89f]

Autonome Wachstumsprozesse

Schon die Vertrautheit mit den formalen Strukturen der Individuation (Schatten, Anima/Animus, Selbst) ist von hohem praktisch-therapeutischem Nutzen, wie mehrere Generationen von Jungianern bestätigen können. Noch wichtiger aber war und ist der dynamische Charakter der Individuation: Ihre inneren Wachstumsprozesse entfalten sich, wenn sie durch nichts behindert werden, gleichsam spontan, auf dieselbe Weise, wie sich ein Samenkorn unter geeigneten Bedingungen entfaltet und zur Pflanze wird.

Diese Annahme in einem streng wissenschaftlichen Sinne zu beweisen, ist allerdings nahezu unmöglich, da wir eine Person niemals vollständig von äußeren Einflüssen isolieren können. Wir haben jedoch bereits einige Traumbeispiele kennengelernt, die sich nur schwer mit äußeren Einflüssen erklären ließen (die Träume des achtjährigen Mädchens, die auf ihren vorzeitigen Tod hinwiesen, und der Heilungstraum des depressiven Amerikaners). Jung sah deshalb seine vordringlichste Aufgabe darin zu belegen, daß die von ihm postulierten Prozesse tatsächlich existieren.[54]

Er führte eine große Studie nach der anderen durch, um das zu demonstrieren: In dem Werk *Symbole der Wandlung* (die ursprüngliche Fassung erschien 1911/12 unter dem Titel *Wandlungen und Symbole der Libido*)[48] setzte er sich intensiv mit den Phantasien einer Amerikanerin auseinander. Ende der zwanziger Jahre widmete er eine zweijährige Vorlesungsreihe einem Mann mit schweren Animaproblemen,[35] und von 1930 bis 1934 untersuchte er die Träume und Phantasien einer dreißigjährigen Frau.[36.37]

Jung verwendete bei seiner Arbeit ein sehr fortgeschrittenes Interpretationssystem, das auf seinem unerschöpflichen Wissen über archetypische Symbole aus den unterschiedlichsten Quellen basierte und mit dessen Hilfe er die inneren Erlebnispotentiale in den Träumen und Visionen seiner Klienten auslotete. Seine Ausführungen sind nicht leicht zugänglich, und in seinem Bestreben, möglichst viele archetypische Parallelen aufzuzeigen, entfernte er sich oft weit von dem, was der Patient selbst berichtet hatte. Trotzdem bleibt der rote Faden immer erkennbar.

Traum und Alchemie

Anschaulich wird Jungs Vorstellung von inneren Wachstumsprozessen auch in seinem Buch *Psychologie und Alchemie* aus dem Jahr 1944.

Bei der Arbeit mit den Träumen seiner Patienten stieß Jung häufig auf Motive, die sich ihm nicht sofort erschlossen, zu denen sich jedoch Parallelen in den dunklen Texten der alten Alchemisten fanden.[90]

Die Alchemisten glaubten, chemische Substanzen durch psychische

Magie beeinflussen zu können. Träume, Visionen und Meditation spielten deshalb eine wichtige Rolle in ihrer Arbeit.[49a]

Den Metallen und verschiedenen chemischen Substanzen wurden in der Alchemie bestimmte symbolische Bedeutungen zugeordnet. Das schwere, giftige Blei hatte seinen Platz in den Anfangsstadien jenes Prozesses, in dessen Verlauf alles Negative und Unangenehme in der Psyche konfrontiert werden sollte. Silber verkörperte eine verfeinerte Form des Weiblichen, Gold eine verfeinerte Form des Männlichen. Auch andere Substanzen wie etwa Schwefel und Salz hatten einen männlichen beziehungsweise einen weiblichen Symbolwert. Ihre Verbindung schließlich (die *coniunctio*) symbolisierte die Einheit von Männlichem und Weiblichem. Noch unzählige andere Symbole lassen sich nach Jung aus den alchemistischen Texten ableiten, denn je weniger die alchemistischen Spekulationen mit der Chemie der wirklichen Welt zu tun hatten, desto wahrscheinlicher wurden sie zu Projektionen innerer Zustände, das heißt zu psychischen Symbolen.[90]

Viele Alchemisten hatten begriffen, daß es nicht so sehr darum ging, wirklich Gold herzustellen, als vielmehr darum, die komplizierten Prozesse, mit deren Hilfe ein Grundmaterial in ein Edelmetall verwandelt werden kann, als Ausdruck einer Verfeinerung der Persönlichkeit zu begreifen. Das manifestierte sich zum Beispiel in der Unterscheidung zwischen «gewöhnlichem Gold» und «wahrem Gold», in der das «gewöhnliche» Gold das echte, materielle Gold repräsentierte, während «wahres» Gold ein Ausdruck für geistige Vervollkommnung war.[49b]

Da die verschiedenen Ingredienzen der alchemistischen Prozeduren psychischen Komponenten und Zuständen zugerechnet wurden, entdeckte Jung im kollektiven Verfeinerungsprozeß der Alchemie eine Parallele zu seiner Vorstellung vom Individuationsprozeß.[49c]

Eine Traumserie

Die in Träumen sichtbar werdenden Symbole des Individuationsprozesses sind nach Jung grundsätzlich archetypisch. Sie widerspiegeln einen «Zentrierungsprozeß», die Erschaffung eines neuen Persönlichkeitskerns. Dieses wahre Zentrum der Persönlichkeit bezeichnete Jung als das «Selbst».

In *Psychologie und Alchemie* veröffentlichte Jung eine Traumserie, an der sich seine Auffassung besonders gut veranschaulichen läßt.

Es ging ihm dabei in erster Linie um die Bilder, die sich direkt oder ausschließlich auf das neue Zentrum bezogen, das ins Bewußtsein eintrat.[49d] Ein wichtiges archetypisches Bild des Selbst fand Jung in den östlichen Mandalasymbolen. Ein Mandala ist eine Art magischer Kreis, der in religiösem Zusammenhang Verwendung fand. Es ist häufig üppig mit Ornamenten verziert und trägt manchmal die Bilder von Gottheiten in der Mitte oder um den Kreis herum angeordnet. Mandalas scheinen ein weltweites Phänomen zu sein. Jung konnte sie in der christlichen Tradition ebenso wie bei den Azteken, im Lamaismus und im tantrischen Yoga nachweisen – und sie tauchten mehrfach in der im folgenden beschriebenen Traumserie auf.[49e] Die Serie bestand aus über tausend Träumen und Visionen eines jungen Mannes mit einer außergewöhnlichen akademischen Laufbahn. Er war allerdings nie mit dem historischen Symbolmaterial in Berührung gekommen, mit dem Jung arbeitete.

In seinem Buch verwendete Jung nur Beispiele aus den ersten vierhundert Träumen und Visionen, die in den ersten zehn Monaten der Analyse aufgetaucht waren. Um dem Einwand zuvorzukommen, er habe die Träume beeinflußt, ließ Jung den Mann fünf Monate lang von einer seiner Schülerinnen betreuen, die damals noch Anfängerin in analytischer Psychologie war. Während der darauffolgenden drei Monate beobachtete der Träumer selbst seine Träume. Erst die letzten fünfundvierzig Träume der Reihe träumte er, als er bei Jung in Behandlung war, und in dieser Zeit gab Jung keine nennenswerten Deutungen zu dem Material ab.[49d]

Die Träume

Die Traumserie des jungen Mannes[49h] wird hier auszugsweise, gekoppelt mit Zusammenfassungen von Jungs Kommentaren, wiedergegeben.

Wie bereits erwähnt, bestand Jung normalerweise darauf, daß Träume in Verbindung mit Assoziationen gedeutet und mit der konkreten Lebenssituation des Träumers in Zusammenhang gebracht werden sollten. Dies unterließ er im vorliegenden Fall bewußt. Hier bildete die Traumserie selbst den Kontext. Die Symbole der einzelnen Träume wurden lediglich zu ihrem Auftauchen in anderen Träumen in Beziehung gesetzt. Jung fand dieses Verfahren gerechtfertigt, weil «in deren

Verlauf sich der Sinn allmählich von selber gewissermaßen herausentwickelt».[49f]

Der Beitrag des Träumenden selbst bestand ausschließlich darin, auf seine Träume zu achten, Träume und Visionen niederzuschreiben und sie in seiner Phantasie weiterzuentwickeln. Wichtig war aber auch, daß er dem Prozeß Aufmerksamkeit schenkte, da sonst das Unbewußte Welle um Welle ins Bewußtsein schicken konnte, ohne daß etwas geschah.

1. Traum: *«Der Träumer ist in einer Gesellschaft, wo er sich beim Abschied statt des seinigen einen fremden Hut aufsetzt.»*

Jung erklärt das Traumbild des Hutes symbolgeschichtlich als eine Art Leitgedanken, der die Gedanken des Träumers sozusagen auf ihren gemeinsamen Nenner bringt, «unter einen Hut». Er sah darin eine Parallele zu Gustav Meyrinks Novelle *Der Golem,* in der der Held sich den Hut eines Zauberers (Athanasius Pernath) borgt und sich damit dessen Fähigkeiten aneignet. Der Zauberer wiederum verkörpert für Jung das Auftauchen des Unbewußten.

Diese Deutung wurde durch den fünfunddreißigsten Traum der Reihe gestützt, in dem ein Schauspieler einen Hut gegen eine Wand schlägt, wobei dieser sich in ein Mandalasymbol verwandelt.

2. Traum: *«Fährt in der Eisenbahn, und indem er sich breit vor das Fenster stellt, versperrt er den Mitreisenden die Aussicht. Er muß sie freigeben.»*

Die Zugreise ist ein Symbol der innern Reise. Der Prozeß kommt in Fluß. Die Mitreisenden werden als unbewußte Inhalte gesehen, die ans Licht drängen – das heißt, ins Bewußtsein. Hier wird bereits Jungs zentraler Gedanke deutlich, daß das Unbewußte selbst danach strebt, ins Bewußtsein vorzustoßen.

3. Hypnagogischer visueller Eindruck: *«An der Meeresküste. Das Meer bricht, alles überflutend, ins Land herein. Dann sitzt er auf einsamer Insel.»*

Das Meer ist das Symbol des kollektiven Unbewußten. Während das Unbewußte im vorhergehenden Traum lediglich heraufdrängte, überflutet es den Träumer nun. Solche Einbrüche haben etwas Unheimliches. Sie sind irrational und unbegreiflich und führen in die Isolation. Der Kontakt zu anderen wird gestört, und Energie fließt ins Unbewußte. Höchstwahrscheinlich weist die Vision voraus; vierhundert Träume und Visionen in einem Zeitraum von nur zehn Monaten – das ist wahrlich eine Flut!

4. Traum: *«Er ist umgeben von vielen unbestimmten Frauengestalten. Eine Stimme in ihm sagt: ‹Ich muß erst weg vom Vater.›»*

Hier zeigt sich die Anima. Der Mann, der sich nach innen wendet und isoliert, wird vom Weiblichen überflutet. Der Vater wird als Symbol der traditionellen, patriarchalen und rationalistischen intellektuellen Weltanschauung gesehen, die der Träumer hinter sich lassen muß.

5. Visueller Eindruck: *«Eine Schlange beschreibt einen Kreis um den Träumer. Er steht wie ein Baum am Boden festgewachsen.»*

Der Träumer zieht einen magischen Kreis um sich – ein Mandalasymbol. Die kreisbildende Schlange erinnert zugleich an das alchemistische Symbol des Uroboros: die Schlange, die sich selbst in den Schwanz beißt.

6. Visueller Eindruck: *«Eine verhüllte Frauengestalt sitzt auf einer Treppe.»*

Die unbekannte Frau ist eine Animagestalt. Die Treppe spielte eine symbolische Rolle in den Initiationsriten von Mysterienreligionen, zum Beispiel im Isiskult.

Die Mysterien der Isis fanden ihren Höhepunkt in der Krönung des Initianden zum Helios (Sonne). In der Alchemie ist diese Gleichsetzung mit der Sonne unter dem Begriff *solificatio* bekannt und entspricht der mystischen Vorstellung von der «Erleuchtung», das heißt, dem Erkennen oder Gewahrwerden der höchsten Ordnung. Jung war überzeugt, daß das psychische Potential, das sich in dieser Vision spiegelte, zum fraglichen Zeitpunkt weit jenseits des Bewußtseins des Träumers lag.

Bei der Beschreibung der Traumserie arbeitete Jung sorgfältig heraus, wie die Begegnung mit den einzelnen Symbolen zu ihrer immer weiteren Entfaltung und Verwandlung führt, so daß man deutlich den Eindruck eines in sich schlüssigen, fortschreitenden Prozesses gewinnt:

Eine Blume, die der Träumer am Weg findet, wird mit einem alchemistischen Symbol, der «Goldblume», in Verbindung gebracht, und im nächsten Traum findet der Träumer denn auch Münzen, die wie die Goldblume rund sind und aus Gold bestehen. In der folgenden Vision verwandelt sich ein Schädel in einen roten Ball, der wiederum zum Vorläufer eines Globus in der nächsten Vision wird. Auf dem Globus steht eine Frau, die die Sonne anbetet. Sonne und Gold waren in der Alchemie miteinander verwandte Symbole.[498]

In einer zweiundzwanzig Träume und visuelle Eindrücke umfassenden Einleitungsphase fand Jung sechs Mandalasymbole, deren Häufigkeit in den folgenden Träumen zunahm. Später tauchte eine besondere Ganzheits- und Entwicklungssymbolik auf, die ohne Bezüge zur Alchemie unverständlich geblieben wäre, zum Beispiel:

«Es sind viele Leute da. Alle gehen linksläufig im Quadrat herum. Der Träumer ist nicht in der Mitte, sondern auf einer Seite. Es heißt, man wolle den Gibbon rekonstruieren.»

Dieser Traum weist eine Parallele zu Mandalas auf, die aus einem Kreis und einem Quadrat bestehen, und zur Alchemie, wo die Quadratur des Kreises die Erlangung psychischer Ganzheit symbolisierte, wie in dem Text *Rosarium Philosophorum* ausgeführt wird:

«Schlag einen Kreis um Mann und Frau, zieh das Quadrat daraus, und aus dem Quadrat ein Dreieck. Schlag einen Kreis, und du wirst den Stein der Weisen finden.»

In späteren Träumen der Serie erschien der Kreis «als eine Uhr, als ein Kreis mit einem Mittelpunkt, als runde Zielscheibe für Schießübungen, als Uhr, welche ein Perpetuum mobile darstellt, als Ball, als Kugel, als runder Tisch, als Schale usw. Das Viereck erscheint auch etwa zur gleichen Zeit, in der Form eines quadratischen Platzes oder Gartens mit einem Springbrunnen in der Mitte. Etwas später erscheint das

Viereck in Verbindung mit einer Kreisbewegung: Leute, die in einem Viereck herumgehen, eine magische Zeremonie (die Verwandlung von Tieren in menschliche Wesen) findet in einem quadratischen Raum statt, in dessen Ecken vier Schlangen sind, und es sind Leute da, die um die vier Ecken herum zirkulieren; der Träumer fährt in einem Taxi um einen viereckigen Platz herum; eine viereckige Gefängniszelle, ein leeres Quadrat, welches rotiert, usw. In anderen Träumen wird der Kreis durch Rotation dargestellt, zum Beispiel vier Kinder tragen einen ‹dunkeln Ring› und gehen in einem Kreis. Der Kreis erscheint auch kombiniert mit der Quaternität, als eine silberne Schüssel mit vier Nüssen an den vier Kardinalpunkten, oder als Tisch mit vier Stühlen. Die Mitte scheint besonders betont zu sein. Sie wird symbolisiert durch ein Ei in der Mitte eines Ringes; durch einen Stern, der aus einem Trupp Soldaten besteht; durch einen in einem Kreis rotierenden Stern, wobei die vier Kardinalpunkte die vier Jahreszeiten repräsentieren; durch den Pol; oder durch einen kostbaren Stein, usw.»[45]

Jung stellte fest, daß die Träume eine wachsende Zahl von Mandalas enthielten. Teilte man die vierhundert Träume in acht Gruppen zu je fünfzig, ergab sich folgendes Bild:

I	6 Mandalas		V	11 Mandalas	
II	4	–	VI	11	–
III	2	–	VII	11	–
IV	9	–	VIII	17	–[49i]

Darüber hinaus beschreibt Jung zahlreiche andere Symbole für das Selbst, auf die hier nicht näher eingegangen wird.

Die Traumserie fand ihren Abschluß in einer Vision, von der der Träumer sagte: «Es war ein Eindruck der sublimsten Harmonie»:

«Es ist ein vertikaler und ein horizontaler Kreis mit gemeinsamem Mittelpunkt. Das ist die Weltuhr. Sie ist vom schwarzen Vogel getragen. Der vertikale Kreis ist eine blaue Scheibe mit weißem Rand, in 4 x 8 = 32 Teile geteilt, darauf rotiert ein Zeiger. Der horizontale Kreis besteht aus vier Farben. Darauf stehen vier kleine Männchen mit Pendeln, und darum liegt der ehemals dunkle und jetzt goldene Ring (vormals von den vier Kindern getragen). Die Uhr hat drei Rhythmen oder Pulse: Der kleine

Puls: Der Zeiger des blauen Vertikalkreises springt ¹/₃₂ weiter. Der mittlere Puls: Eine ganze Umdrehung des Zeigers. Zugleich rückt der horizonale Kreis um ¹/₃₂ weiter. Der große Puls: 32 mittlere Pulse machen einen Umlauf des goldenen Ringes aus.»

Jung erkannte, daß die Vision alle Andeutungen der vorhergehenden Träume zusammenfaßte. «Sie scheint ein Versuch zu einem bedeutungsvollen Ganzen zu sein, bestehend aus den früheren fragmentarischen Symbolen, die damals als Kreis, Kugel, Viereck, Rotation, Uhr, Stern, Kreuz, Vierheit, Zeit usw. charakterisiert waren.»[45]

Jung sah in diesem Traum den Ausdruck einer Wiederherstellung der Harmonie im Unbewußten. Er fügte hinzu, daß der Mann in seinem Leben das ungeheure Potential, das seine Träume ihm bescheinigten, tatsächlich umsetzte und zur Verwirklichung brachte. Später stellte sich heraus, daß der Träumer der bekannte Kernphysiker Wolfgang Pauli war.

Die praktische Anwendung der alchemistischen Symbolik

Was die Alchemie für Jung besonders anziehend machte, war die Tatsache, daß die Ausübenden dieser hermetischen, häretischen Kunst Individualisten waren, die häufig isoliert arbeiteten. Der größte Teil des religionsgeschichtlichen Materials nimmt eine kollektive Form an und wird in kodifizierter Gestalt weitervermittelt. Das aber bedeutet, daß die religiösen Erfahrungen des einzelnen – Visionen, Träume, Offenbarungen – in der Regel unterdrückt werden, zumal wenn sie im Widerspruch zur Tradition stehen. Jung erachtete die Imaginationen der Alchemisten als viel freier und den Träumen nahestehend.[90]

Die oben zitierte Traumserie wie auch Jungs spätere alchemistische Studien bieten eine Fülle von Gedanken und Anregungen, auf die man bei schwer enträtselbaren Träumen zurückgreifen kann, wie etwa dem folgenden Traum eines meiner eigenen Klienten: *«Ich gehe in eine Apotheke, wo ich irgendwelche grünen Verjüngungspillen kaufen soll, die Vitali nochwas oder so heißen.»*

Im Traum Nr. 14 in *Psychologie und Alchemie* finden wir eine Parallele dazu:

«Geht mit dem Vater in eine Apotheke. Dort sind wertvolle Sachen zu

billigem Preis zu haben, vor allem ein besonderes Wasser. Der Vater erzählt ihm vom Lande, wo das Wasser herkommt. Darauf fährt er mit einem Zug über den Rubikon.»

Die Apotheke vom alten Schlag verkörperte für Jung ein Stück alchemistisches Laboratorium. Er vergleicht deshalb das besondere Wasser im Traum mit dem «aqua nostra non vulga» (unser nicht gewöhnliches Wasser) und dem «aqua permanens» (das ewige Wasser) der Alchemisten, einer Art lebensspendendem, ewig verjüngendem Wasser im Unbewußten.[49k]

Vor diesem Hintergrund könnte man den Traum meines Klienten als Versuch des Unbewußten zu einer Erneuerung und damit Verjüngung seines Erlebensmodus auffassen. Der Traum muß dabei keineswegs auf die Aussage reduziert werden, der Träumer wolle in rein körperlichem Sinne künstlich jung bleiben, wie etwa ein Neofreudianer die Sprache des Traums ausgelegt hätte (siehe S. 200).

Eine meiner Analysandinnen, eine vierzigjährige Frau, träumte: *«Ich gehe mit einem Becher voll kochenden Wassers herum. Spielende Kinder geraten mir zwischen die Beine, und ich bin in Gefahr, das kochendheiße Wasser zu verschütten.»*

Jung betrachtete die hermetisch versiegelte Retorte der Alchemisten, deren Inhalt ständig über einer niedrigen Flamme am Sieden gehalten wurde, als symbolische Anweisung für die Arbeit mit dem Unbewußten. Die Flamme unter der Retorte versinnbildlicht die nötige Emotionalität und Leidenschaft, ohne die nichts geschehen kann. Das luftdicht verschlossene Gefäß entspricht der Notwendigkeit, nicht im Gespräch zu zerreden, was im Inneren abläuft, den emotionalen Druck nicht entweichen zu lassen, sondern im Gegenteil die innere Intensität zu bewahren, die schließlich die Energie für den Verwandlungsprozeß liefern kann.

Da Wasser das Symbol für das Unbewußte ist, könnte der obige Traum ein Bild dafür sein, wie die Frau mit ihrem Unbewußten umgeht.

Tatsächlich war sie aus ehrgeizigen Motiven bestrebt, das Feuer ihres inneren Wandlungsprozesses anzufachen, doch das Unbewußte, das Wasser in dem offenen (!) Becher, war bereits auf dem Siedepunkt. Die Kinder symbolisierten unverarbeitete kindliche Seiten an ihr, die in Gefahr waren, Schaden zu nehmen, weil sie nicht wußten, mit welcher

Vorsicht die höchst intensiven Inhalte des Unbewußten zu behandeln sind.

Jungianische Traumarbeit

Aktuelle und prozeßorientierte Traumarbeit

Wie bereits erwähnt, können nach Jung Träume zum Teil durch bewußte Eindrücke im Alltag ausgelöst werden, zum Teil durch unabhängige kreative Prozesse im Unbewußten. Daraus ergeben sich zwei verschiedene Möglichkeiten, mit Träumen zu arbeiten.

Die Verarbeitung aktueller Situationen im täglichen Leben
Hier geht es um die kontinuierliche Arbeit mit den Kommentaren, die Träume zu konkreten Problemen des Lebens liefern, wie etwa im Fall des Mannes, der versuchen wollte, ob er es schaffen könne, «ein einziges Bier» zu trinken.

Eine analytische Therapie dauert zwischen zwei und fünf Jahren. Der Klient ist in dieser Zeit permanent mit den eigenen Grundkonflikten konfrontiert. Spezifische Mutter- und Vaterfiguren und bestimmte Reaktionsweisen auf diese Figuren sowie spezifische Schatten- und Anima-/Animusgestalten erweisen sich als vorherrschend. Der Träumer kann lernen, diese Gestalten allmählich als Teile seiner selbst zu begreifen. Da die aus der Traumarbeit gewonnene Erfahrung ständig in Bezug zu seinem Verhältnis zur äußeren Welt hier und jetzt gesetzt wird, wird verhindert, daß sie ins Abstrakte abgedrängt wird. Auf diese Weise wird eine Wandlung der eigenen Einstellungen, Erfahrungen und Handlungen möglich.

Diese durchaus praktische und «bodenständige» Seite der jungianischen Analyse spielte eine wichtige Rolle in Jungs Arbeit mit seinen Schülern. Er hielt sie dazu an, die Bedeutung eines Traums in einem einzigen Satz zusammenzufassen, etwas Einfachem und Greifbarem, mit dem der Träumer bis zur nächsten Sitzung arbeiten konnte.[91] Dabei war sich Jung durchaus bewußt, daß der Traum ein sehr komplexes Gebilde ist und, wenn es darauf ankommt, eine geradezu unerschöpfliche Bedeutungsvielfalt hervorbringen kann.[82c]

Prozeßorientierte Traumarbeit

Dabei geht es um die langfristige Arbeit mit Träumen, bei der nicht mehr im Hier und Jetzt stattfindende, konkrete Veränderungen im Vordergrund stehen, sondern die Entfaltung innerer Wachstumsprozesse angestrebt wird.

Beim durchschnittlichen, extravertierten Westeuropäer ist ein außergewöhnlich großer Betrag an Energie im Bewußtsein gebunden und wird in der äußeren Welt ausgelebt. Wenn jedoch innere Prozesse angeregt werden sollen, muß die Energie vom Bewußten ins Unbewußte fließen. Daher ist es wichtig, daß der Klient nicht mit jedermann über das, was sich in ihm vollzieht, redet, da die emotionale Energie sonst verpufft. Die Bilder der inneren Wandlung sollten nicht in der äußeren Welt ausgelebt werden, sondern gleichsam den Treibstoff für den inneren Individuationsprozeß liefern. Die Arbeit auf dieser Ebene ist relativ schwierig. Sie setzt eine Begabung zur Introversion voraus und die Fähigkeit, psychische Spannung zu ertragen, ohne immer gleich konkrete Resultate zu sehen.

Das Aufschreiben von Träumen

Jung empfahl seinen Klienten, ihre Träume niederzuschreiben, sie mit Assoziationen und anderen Notizen zu versehen und, soweit möglich, selbst zu interpretieren.[38a] Das steht in schroffem Kontrast zur Freudschen Therapie, bei der man die Träume nicht aufschreibt, weil das von der Spontaneität des Erlebens ablenken könnte. Das Aufschreiben der Träume hat zweifellos den Vorteil, daß der Träumer den inneren Prozeß nicht nur in seiner vollen Länge nachverfolgt, sondern daß er auch immer wieder zurückblättern und Zusammenhänge erkennen kann, die anfangs vielleicht in der Masse des Materials untergingen. Das aber steigert seine Fähigkeit, die eigene Persönlichkeitsentwicklung als etwas zu erleben, das auch außerhalb des Therapiezimmers stattfindet. Das Verfahren bringt aber natürlich auch gewisse Probleme mit sich, über die noch zu sprechen sein wird.

Imaginationsarbeit bei Jung

Die imaginative Fähigkeit war für Jung ein wesentlicher Bestandteil der Arbeit mit Träumen und ganz allgemein mit dem Unbewußten.

In der Lage zu sein, sich bis zu einem gewissen Grad von den inneren Bildern zu distanzieren, sich nicht mit ihnen zu identifizieren, sondern sie mit dem «geistigen Auge zu betrachten», kann zu einer Quelle der Inspiration werden und innere Prozesse in Gang setzen.[3a]

Um 1916 begann Jung, in Verbindung mit seiner eigenen Selbsttherapie eine besondere Technik zu entwickeln, die er als *aktive Imagination* bezeichnete und die er bis 1933 in einer Reihe von Veröffentlichungen beschrieb. Sie gehört mittlerweile zum Standardrepertoire der jungianischen Psychologie. (Eine äußerst gründliche und präzise Darstellung der Methode stammt von dem schweizerischen jungianischen Analytiker A. N. Ammann. Unter denen, die sich ebenfalls mit Jungs Imaginationstechnik auseinandersetzten, sind Marie-Louise von Franz[83], Barbara Hannah[27], Verena Kast[52/1] und Jane Dallet[7].)

Ausgangspunkt für die aktive Imagination kann jedes psychische Phänomen sein, mit dem der Betreffende arbeiten möchte. Ein inneres Bild, eine Phantasie, eine Stimmung, eine Emotion, eine Melodie, die einem nicht aus dem Kopf geht, ein Traum. In der Praxis versucht der Imaginierende zunächst, «leer» von allen äußeren Gedanken zu werden. Dann richtet er seine Aufmerksamkeit auf das gewählte Phantasiebild und versucht es so lange wie möglich festzuhalten. Man kann davon ausgehen, daß es sich an einem bestimmten Punkt durch eine spontane Assoziation verändern wird. Das ist der entscheidende Augenblick: Nun tritt der Imaginierende selbst ins Bild, setzt sich in der Phantasie mit den imaginierten Situationen, die aufsteigen, auseinander, stellt sie in Frage, reagiert auf sie.[3f]

Aktive Imagination wird besonders dann eingesetzt, wenn ein Traum bestimmte Aspekte enthält, die unverständlich scheinen, oder wenn das Ende, die Lösung (Lysis) des Traums, verschwommen ist. Als Beispiel dafür erwähnt Ammann den folgenden Traum eines erfolgreichen Geschäftsmannes:

«Er fährt Auto und wird von der Polizei angehalten. Er geht zu Fuß weiter durch die Stadt und kommt in eine ärmliche Gegend. Es ist kalt und regnerisch. Eine Frau kommt auf ihn zu; sie ist ärmlich angezogen, verwahrlost und verhärmt. Im Vorbeigehen hat er den Eindruck, daß sie etwas zu ihm sagen möchte, sich aber nicht traut.»

In der aktiven Imagination beschließt der Geschäftsmann, der Frau zu folgen. Er berührt sie leicht am Arm und fragt: «*Entschuldigen Sie, wollten Sie nicht etwas zu mir sagen?*» *Sie bejaht, und sie gehen zusammen in ein Restaurant in der Nähe. Dort beginnt sie ihm von ihrem Kummer zu erzählen.*

Bis dahin hatte der Geschäftsmann seine Gefühle nicht zugeben wollen, doch durch die aktive Imagination wurde es ihm möglich zu erkennen, daß er selbst schwer unter Melancholie und Depressivität litt und daß dies in starkem Kontrast zu seinem Selbstbild stand, das ganz an seinem äußeren Erfolg orientiert war.[3b]

Für Jung umfaßte das Konzept der aktiven Imagination auch das Zeichnen, Malen und Modellieren innerer Bilder. Es läßt sich auf alle Arten kreativer Aktivität erweitern.

Da Jung Phantasien denselben symbolischen Wert und dieselbe Funktion zuschrieb wie Träumen, konnten sie auch nach denselben Regeln interpretiert werden.

Ein weiteres Beispiel von Ammann: «*Im Traum befinden wir uns in einem Raum mit vier Türen. Der Träumer ist ohne irgendein sichtbares Ergebnis durch die vierte Tür gegangen.*»

Der Therapeut hat nun die Phantasie, durch eine andere Tür zu gehen. Er gelangt in einen Garten, in dem eine Frau sitzt. Er beginnt ein Gespräch mit ihr. Danach erzählt er dem Klienten, was er erlebt hat, und schlägt ihm vor, ebenfalls eine der noch ungeöffneten Türen auszuprobieren.[3c]

Aktive Imagination im Vergleich mit anderen psychologischen und meditativen Techniken

Nach Ammann unterscheidet sich die aktive Imagination von den meisten anderen Formen der Meditation dadurch, daß sie kein standardisiertes Programm oder Ziel hat. So ist es zum Beispiel nicht erforderlich, davor besondere Entspannungsübungen zu machen oder eine bestimmte Körperhaltung einzunehmen. Man lenkt das Erleben des Klienten auch nicht auf festgelegte Pfade wie bei der Chakra-Meditation, bei Phantasiereisen und bei geleiteten Tagträumen. Das Wesentliche der Technik liegt nach Jung darin, daß man sich bei der aktiven Imagination nicht über die Probleme erhebt, sondern im Gegenteil in sie eintritt.

Anregungen für seine neue Technik bezog Jung zunächst und vor allem aus der freien Meditation der Alchemisten über chemische Prozesse und aus den Berichten von Eskimoschamanen über ihre Begegnungen mit hilfreichen Geistern, allerdings mit dem Unterschied, daß bei Jung das Ich grundsätzlich eine sehr viel wichtigere Rolle spielt. Die aktiv intervenierende Beziehung zum Unbewußten betont den ethischen Aspekt.[3d]

Anwendbarkeit

Jung empfahl den Einsatz aktiver Imagination im fortgeschrittenen Stadium einer Analyse, da die Technik hier die Begegnung mit dem Unbewußten intensivieren und den Individuationsprozeß beschleunigen kann. Er fand außerdem, daß sie die Unabhängigkeit des Analysanden bei der Arbeit an sich selbst fördere.

Wenn bei einem Analysanden zu viele Träume auftraten, schlug er unter Umständen vor, die Träume durch eine überschaubare Zahl aktiver Imaginationen zu ersetzen.[44] Umgekehrt machte er aber auch die Beobachtung, daß die aktive Imagination das Unbewußte dazu anregen kann, mehr Träume zu produzieren, wenn das Traummaterial spärlich ist. Außerdem erwies sich die Technik als nützlich bei der Auslösung von Emotionen und bei der unmittelbaren Verarbeitung starker Affekte.

Nicht hilfreich ist die Methode bei einem schwachen Ich und bei Personen, bei denen sich bereits ein Übergewicht des Unbewußten abzeichnete, wie etwa bei latenten Psychosen und Borderline-Psychosen. Das Hervorrufen negativer dämonischer Inhalte, die der Imaginierende nicht kontrollieren kann, ist soweit wie möglich auszuschließen, auch wird in der Jungschen Methode der Einbezug realer Personen in die Phantasien vermieden, um eine der Schwarzen Magie ähnliche Wirkung zu vermeiden.[3e]

Die Neojungianer (Die jungianischen Schulen)

Seit den vierziger Jahren hat sich Jungs analytische Psychologie als allgemein anerkannte professionelle Disziplin mit einem internationalen Verband und Ausbildungsinstituten auf der ganzen Welt etabliert. Auf internationalen Kongressen, in Fachzeitschriften von hohem Niveau und im Rahmen einer breiten Literaturpalette von Fachverlagen wurde und wird der wissenschaftliche Austausch gepflegt. Gleichzeitig kristallisierten sich unterschiedliche Auffassungen von Theorie und Praxis mit entsprechend unterschiedlichen Ansätzen zur Traumdeutung heraus.

Der englische Analytiker Andrew Samuels unterscheidet drei Schulen: die *klassische*, die *archetypische* und die *entwicklungspsychologische*.

Die klassische oder orthodoxe (Gerhard-Adler-)Schule, deren Vertreter Jung häufig noch persönlich kannten oder von Jungs Mitarbeitern in Zürich und deren Arbeiten beeinflußt sind, konzentriert sich in ihrer Arbeit vor allem darauf, Jungs Theorien zu erläutern und in ihrem Rahmen weiterzuarbeiten, und tendiert weniger dazu, Jungs Theorien kritisch zu betrachten oder in neue Forschungsgebiete vorzustoßen.[70a] Zentral für die klassische Schule ist der Individuationsprozeß und seine Symbolik im Rahmen von Imaginationsarbeit und Traumdeutung. Dieser Schule eng verbunden ist die archetypische Schule, die in noch größerem Maße als Jung selbst an der unabhängigen Aktivität des Unbewußten und am Realitätscharakter innerer Bilder interessiert ist. Oder, wie es der prominenteste Vertreter dieser Schule, James Hillman, formuliert: «Bilder sind die einzige Realität, die wir direkt wahrnehmen.»[70b] Die dritte, die entwicklungspsychologische Schule, zu deren Anhängern Erich Neumann und Michael Fordham zu rechnen sind, legt großes Gewicht auf die Analyse von Kindheitskonflikten und auf Übertragung und Gegenübertragung, während Träume, Archetypen und Individuation von sekundärer Bedeutung sind. Der klassischen Schule wird vorgeworfen, sie vernachlässige das Gebiet der kindlichen Entwicklung.

Ein wichtiger Beitrag der entwicklungspsychologischen Schule im Blick auf unser Thema besteht darin, daß nicht nur Träume analysiert werden sollen, sondern auch und vor allem die Art und Weise, wie sie zwischen Klient und Therapeut zur Sprache kommen. In der darin deutlich werdenden Übertragungs-/Gegenübertragungsbeziehung spiegeln sich psychologische Grundmuster aus der Kindheit des Klienten, die bearbeitet werden müssen. Überschwemmt der Klient den Analytiker zum Beispiel geradezu mit Träumen, so daß dieser gegenüber der Materialfülle auf verlorenem Posten steht, oder präsentiert er ihm die Träume gleichsam wie Geschenke, die eine strenge imaginäre Elternfigur milde stimmen sollen? Diskutiert er vielleicht im Fall einer klassischen Analyse seine aufgezeichneten Träume mit Anmerkungen und Fußnoten gleichsam aus einer literarischen Distanz und ohne tiefere emotionale Beteiligung? Jede dieser Haltungen hat eine bestimmte psychodynamische Bedeutung. Samuels faßt das methodische Grundprinzip in die Worte: «Analysiere den Patienten – nicht den Traum.»[71]

Es muß jedoch nicht unbedingt ein Konflikt zwischen der Auseinandersetzung mit Träumen und der Arbeit mit Übertragungs-/Gegenübertragungsprozessen bestehen, da alle Träume auch Elemente aus diesem Problembereich enthalten, wie bereits im Kapitel über Freud und die Neofreudianer deutlich wurde (S. 39ff. und S. 54ff.). Darüber hinaus ist ein gewisser Einfluß der erlebnisorientierten Therapien und anderer traumtheoretischer Richtungen spürbar, der allerdings zu keiner tiefgreifenden Revision von Jungs Traumtheorie geführt hat.

Die klassische Schule und der Traum

Anders als Freud hat Jung niemals ein umfassendes Werk über seine Traumtheorie und Traumdeutung vorgelegt. Häufig vermißt man in seinen Ausführungen anschauliche Beispiele, an anderer Stelle hat er Ideen spontan formuliert und nicht durch entsprechendes Material gestützt. Erst Jungs Nachfolger C. A. Meier[58], James A. Hall[23] und Mary Ann Mattoon[56] haben die Traumdeutungsregeln und die Methoden der Traumarbeit, die sich aus Jungs Werken ableiten lassen, zusammengetragen und systematisiert. Jung und die Vertreter der klassischen Schule haben damit einen der wichtigsten Beiträge zur Traumforschung überhaupt geleistet.

Traum und persönlicher Mythos

In einem Seminar über Kindheitsträume erzählte Jung von einem Traum, den ein kleines Mädchen im Alter von drei Jahren hatte und der ihr ganzes späteres Leben «wie in ihr Bewußtsein gebrannt» war. «*Ein langer Kometenschweif fährt über die Erde: die Erde kommt in Brand, und die Menschen gehen in diesem Feuer unter; das Kind hört dann das fürchterliche Geschrei der Menschen und erwacht daran.»*

Jung wertete diesen Traum als kosmischen Traum und staunte, daß ein Kind sich schon über die archaische Vorstellung eines Weltendes durch Feuer Gedanken machen konnte. Ein Traumdeuter des Altertums hätte nach seiner Ansicht von einer «kosmischen Verbundenheit» und dem besonderen Schicksal der Träumerin gesprochen, und er fügte hinzu: «Solche Menschen finden ihre Bestimmung in der Allgemeinheit. Eine derartige kollektive Rolle spricht gegen ein glückliches Familienleben. Man wird zerrissen durch die kollektive Bestimmung.»

Jung führte diesen und andere Kindheitsträume, die auf irgendeine spätere Unvermeidlichkeit hinwiesen, an, um seine Ansicht deutlich zu machen, daß das Kind unbewußt bereits eine Erwachsenenpsychologie habe. «Das Individuum ist eben von Geburt an, man könnte sogar sagen, schon vor der Geburt das, was es sein wird.»[39k]

Begriffe wie «persönliches Lebensziel», «individuelles Schicksal» und «persönlicher Mythos» spielten für Jung eine große Rolle. Der persönliche Mythos enthüllt sich seiner Ansicht nach häufig im Laufe der intensiven Arbeit am Wachstumspotential des Individuums. Jungs eigener Mythos und seine Methode der Arbeit mit Träumen ist Gegenstand des Buches von Marie-Louise von Franz, *C. G. Jung – Sein Mythos in unserer Zeit.*[86]

Wie die Träume eines ganzen Lebens als Ausdruck eines persönlichen Lebensziels erfahren werden können, wird sichtbar bei der amerikanischen Analytikerin Sheila Moon, die zweihundertfünfunddreißig ihrer Träume, aufgezeichnet über einen Zeitraum von nahezu fünfzig Jahren, veröffentlichte.[61]

Moons Traumserie ist deshalb so besonders faszinierend, weil es sich hier um die Träume einer Frau handelt, die trotz schwerster innerer Probleme ungemein viel Positives in ihrem Leben geleistet hat. An einer Stelle erwähnt Sheila Moon, sie sei in jüngeren Jahren nahezu schizoid gewesen, und in graphologischen und chiromantischen Gutachten wurde sie als äußerst gespalten geschildert.[61m]

Moons Mutter hatte ihr erstes Kind verloren und war deshalb überängstlich und überbehütend. Letztlich berichtet Moon jedoch sehr wenig über ihre Kindheit, und noch weniger setzt sie sie in Beziehung zu ihren Träumen. Moons Verhältnis zum anderen Geschlecht gestaltete sich ihr ganzes Leben lang äußerst schwierig. Als sie als ganz junge Frau keinen Erfolg bei Männern hatte, entwickelte sie sich zur Karrierefrau, und zwar im Sinne der Qualitäten, die in einer männlich dominierten Gesellschaft gefordert waren.[61a] Sie heiratete nicht und hatte keine Kinder, aber sie setzte ihre Begabung als jungianische Analytikerin, Lehrerin und Autorin ein. Ihr Leben wird in ihrem Buch hauptsächlich durch ihre Träume lebendig.

Den ersten Traum, den sie erzählt, betitelte sie für sich als den «Schrecklichen Traum». Er tauchte auf, als sie sich während ihres Medizinstudiums auf das Physikum vorbereitete.

Der Traum beginnt damit, daß sie von der Spitze eines gerade im Bau befindlichen Wolkenkratzers hinabstürzt. Danach findet sie sich in einer düsteren mittelalterlichen Stadt wieder. Dort begegnet sie einem rotgesichtigen und hitzköpfigen Bekannten und sagt zu ihm: *«Ich bin tot und in der Hölle und gehöre dem Teufel. Er lacht. Ich frage ihn ärgerlich, ob er Streichhölzer dabeihabe. Er nickt und holt eine Handvoll Streichhölzer aus der Tasche. Ich blase sie an. Sie gehen in Flammen auf. Alle am Tisch flüchten, und ich bleibe völlig allein auf einem verlassenen Platz in einer verlassenen Stadt.»*

Sheila Moon schreckte angstvoll hoch. Später in derselben Nacht träumte sie: *«Ich liege im Bett, in einem zellenartigen Raum in einem oberen Stockwerk. Es ist Nacht. Plötzlich merke ich, daß ein Mann in einem schwarze Cape (oder mit Flügeln) im Fenster steht. Halb ängstlich, halb fasziniert stehe ich in meinem Nachthemd auf und gehe zur Fensterbank. Er streckt seine Arme in dem Cape (oder seine Schwingen) aus und umschließt mich. Zusammen treten wir hinaus in das Nichts des Nachthimmels und fliegen über die Erde.»*

Nach diesem Traum verfiel sie in eine Angstdepression, die sie jedoch mit Hilfe eines verständnisvollen anglikanischen Priesters überwinden konnte. Später sah sie in dem Traum die Enthüllung bestimmter Seiten ihrer Persönlichkeit, die «Lichtjahre von meinem Selbstbild» als geduldigem, anpassungsfähigem und besonnenem jungem Mädchen entfernt waren.[61a] In beiden Träumen ist sie praktisch mit dem Teufel im Bund, oder, psychologisch gesprochen, von einem Archetyp besessen. Die schwarze Farbe kann für das Unbewußte und für Depression stehen.

Die völlige Isolation im Traum entsprach einer tiefen Einsamkeit, in der sie viele Jahre leben sollte.

Die Träume spiegelten einen extremen Kontaktmangel und könnten eine drohende Psychose ankündigen.

Andererseits weisen sie aber auch eine bestimmte Symbolik auf, die auf besondere Fähigkeiten schließen läßt. Eine jungianische Deutung würde die darin auftauchenden magischen Fähigkeiten in den Vordergrund stellen. Der Atem der Träumerin kann ein Symbol des lebendigen geistigen Prinzips sein; das Feuer, das sie damit entzündet, kann Bewußtsein, Verwandlung und Begeisterung symbolisieren. Daß sie im zweiten Traum in der Lage ist, mit Hilfe ihres Animus zu fliegen, spricht auf der einen Seite für spirituelle Fähigkeiten, auf der anderen für einen Mangel an Erdverbundenheit. Für unseren Zusammenhang besonders interessant ist, daß Jung in *Psychologie und Alchemie* Vergleiche zwischen dem Teufel und dem Gott Merkur anstellt, der die bewegende Kraft im Individuationsprozeß ist.[49k] Trotz aller erschreckenden Momente können die beiden Träume also als Beleg für ein Streben nach Individuation verstanden werden – wenn die Träumerin die rechte Leitung auf diesem Weg findet.

Erst acht Jahre nach diesem Traum fand Sheila Moon den Mut, eine Therapie zu beginnen. Hier ihr erster Traum in der Therapie:

«Eine böse männliche Figur plante, eine zweite männliche Figur zu vernichten; eine böse männliche Figur versuchte mich in einem Geisterhaus aufzuspüren; eine böse Bruderfigur versuchte mich zu erschießen.»

Das größte Problem war immer noch «meine innere negative Männlichkeit, die mich zu vernichten suchte».[61b]

In dieser Zeit befand sie sich innerlich in einem angstvollen und chaotischen Zustand. Äußerlich bewältigte sie ihre Arbeit und ihre Prüfungen unter geradezu unmenschlichen Bedingungen. Dieser Situation entspricht die Lösung in ihrem Traum: Sie mußte auf der inneren Ebene eine Seite von sich töten, um zu überleben. Allmählich kamen dann jedoch Träume, die zeigten, daß sie imstande war, mit ihrem destruktiven Animus, der sie von innen bedrohte, fertigzuwerden. Zum Beispiel: *«Ich schlage mit einem riesigen Knüppel um mich. Einen jungen Mann schlage ich zu Boden ...»*[61c]

Angesichts der Rolle, die Männer ihres Alters in ihren Träumen spielten, ist es nicht verwunderlich, daß sie Schwierigkeiten hatte, eine Partnerschaft einzugehen, und daß ihre engste Bindung die Beziehung zu einem Mann war, der ihrer Ansicht nach zu alt zum Heiraten war.

Moons Träume aus dieser Zeit (im Alter zwischen dreißig und dreiunddreißig) waren weiterhin erfüllt von «Kriegen, Bomben, dem Sturz in Abgründe, dem Anblick schrecklicher Unfälle durch Maschinen, Verlorensein, Verwirrtsein, Geächtetsein. Die Träume schickten mir aber auch Helfer – Frösche, Seepferdchen, Teiche mit purpurnen Fischen und Grotten mit niedlichen Tieren darin, Hunde aller Arten und Farben und Größen, winzige Lämmer, winzige Feldmäuse in Bäumen, und dann war da noch ein faszinierender Traum mit einem schwarzen Jungen, einem schwarzen Fisch und einem schwarzen Kolibri, die alle meine Freunde waren.»[61n] Auch ihre Fähigkeit zu fliegen tauchte in den Träumen wieder auf. Einmal *«kommt ein freundliches männliches Rentier auf mich zu. Ich klettere auf seinen Rücken. Das Ren nimmt meine Hand (die rechte) in sein Maul, knabbert ganz sanft daran und lächelt mich an. Ich weiß, wenn ich meine Hand nicht dort lasse, können wir nicht fliegen. Dann erheben wir uns von der Straße in die Luft ...»*

Moon deutete das Rentier als ein Symbol «imaginativen und kreativen Denkens, dem ich meine bewußte Kontrolle, meine rechte Hand, ausliefern mußte».[61d]

Allmählich nahm die Auseinandersetzung mit ihrer weiblichen Seite, die sich ebenfalls problematisch gestaltete, breiteren Raum ein. Moon träumte davon, verkrüppelt zu werden, und von einer bösen Stiefmutter, die ihr empfahl, Selbstmord zu begehen.[61o]

Und doch werden in den fünfzig Jahren, in denen alles Düstere und Schreckliche ans Licht kommen darf und bestimmte negative Themen – besonders das destruktive Männliche – immer wiederkehren, die Träume Sheila Moons allmählich leichter. Mehr Tiere tauchen auf, Blumen, Musik, kosmische und religiöse Themen und auch Individuationssymbole. Das Thema des Kampfes wird manchmal von Trauer und Weinen abgelöst. Vor allem aber erscheinen immer mehr Frauen mit ganz unterschiedlichen Eigenschaften. Die Wandlung des Weiblichen in den Träumen scheint ihren Höhepunkt unter dem Einfluß von Jungs Frau, Emma Jung, zu erreichen, die Moon während eines längeren Aufenthalts in Zürich konsultierte. Ihren ersten Traum in dieser Zeit, sie war damals Mitte Vierzig, schilderte sie folgendermaßen:

«Ich wache nachts in meiner Hütte auf. Meine kleine schwarze Hündin schläft auf dem Boden; sie ist umhüllt von einem leuchtenden Licht. Ich fürchte mich etwas und bin zugleich voller Ehrfurcht; ich frage mich, was wohl die Quelle dieses geheimnisvollen Lichtes ist. Ich stehe auf und schaue aus dem Fenster meiner Hütte. Ein stark leuchtender Vollmond (größer als in der Wirklichkeit) steht am Nachthimmel, und sein Licht fällt auf den Hund. Auf der Vollmondscheibe ist das ehrfurchtgebietende Zeichen des Steinbocks zu sehen: klar umrissen, tiefschwarz.»[61e]

In den meisten Kulturen ist die Nacht ein weibliches Symbol. Zwar können das Selbst und der Mond sowohl weiblich als auch männlich wahrgenommen werden, doch geschieht dies in einer weiblichen Sphäre: der Mond wird als «Sohn der Nacht» bezeichnet.[63]

Der ehrfurchterweckende Mond wurde von Moon wie von Emma Jung als Symbol eines «matriarchalen Bewußtseins» gedeutet.[61c] Und der Traum scheint tatsächlich einen Wendepunkt zu markieren, da das geistig-schöpferische Prinzip in den Träumen Moons bis dahin primär männlich gewesen war. (Das Bild des Mondes ist natürlich zugleich auch eine Anspielung auf Sheila Moons Namen.)

Den Träumen nach zu urteilen brachte die Zeit in Zürich und besonders die Begegnung mit Emma Jung für Sheila Moon einen inneren Durchbruch. Die Träume erscheinen hier harmonischer als jemals sonst in ihrem Leben.[61p] Doch es war schwierig, die Erfahrungen und die Atmosphäre von Zürich in den amerikanischen Alltag zu übertragen.[61q]

Moons Analytiker in den Vereinigten Staaten, der prominente Jungianer Gerhard Adler, sah ihre Problematik darin, daß es ihr schwerfiel, ihren Gefühlen freien Lauf zu lassen. Dazu ein Traum aus dieser Zeit (zwischen dem neunundvierzigsten und dem zweiundfünfzigsten Lebensjahr):

«Eine Gebirgslandschaft mit vielen Frauen, darunter ich selbst und mehrere Freundinnen. Mühsam kämpfen wir uns einen Berghang hinauf, als auf einmal eine gigantische kosmische Hand, eine Quan-Yin-Hand, weiß und anmutig, von oben herabgreift und den Frauen, die

sich gebückt dahinschleppen, sanft die Haut vom Leib streift. Alle müs-
sen sie nun ihrem Schicksal allein und nackt entgegentreten.»

Nach jungianischem Verständnis ist die kosmische Hand im Traum ein
grenzüberschreitendes Symbol, die Häutung wiederum kann als Sinnbild psychischer Wandlung gedeutet werden.[61r] Aber wir können
Moon und ihre Freundinnen auch als geplagte Karrierefrauen im
Lebenskampf sehen – Moons altes Muster, um vor sich selbst zu fliehen. Zugleich erscheint sie im Innersten bloßgelegt, preisgegeben – im
wahrsten Sinne des Wortes ohne Haut –, ja der Traum schilderte den
Wandlungsprozeß sogar in noch drastischeren Bildern.

Doch Moon überwand auch diese Krise und erschloß sich neben
ihrer Karriere als Analytikerin, Lehrerin und Verfasserin von Büchern
über die jungianische Psychologie noch ein ganz neues schöpferisches
Gebiet: Sie schrieb eine Geschichte für Kinder, der bald weitere folgten.

Ihre Studien und ihre Selbstanalyse setzte sie fort. Im Alter von
vierundfünfzig Jahren träumte sie: «... *Harry und ich befinden uns in
unserem Schlafzimmer, und bald ergeben wir uns einem zärtlichen und
erregenden Liebesspiel. Er ist sanft und leidenschaftlich und erfinde-
risch, wie unsere Liebe.»*[61f]

Von zweihundertfünfunddreißig Träumen ist dies der einzige über
einen erfolgreich vollzogenen Liebesakt, auf den Moon direkt Bezug
nimmt. Harry war viele Jahre lang ihr engster Freund. Der Traum zeigt
zum ersten und letzten Mal ihre Bereitschaft, sich ganz und gar einem
anderen hinzugeben und zugleich vielleicht die männliche und weibliche Antithese ihres Innern zu vereinigen.

Im nächsten Traum heißt es: «*Ich bin der König. Ein junger Mann
bedroht mich mit seinem Schwert, und ich töte ihn mit einem Dolch...»*
Und wiederum im nächsten: «... *ich habe eine Begegnung mit einer
Nonne und führe ein Gespräch mit ihr...»*

Daß der König bedroht ist, sieht Moon als Ausdruck dafür, daß ihr
Selbst, ihr innerer König, aus dem Gleichgewicht geraten war. Die
Begegnung mit der Nonne vermittelt ihr die Erkenntnis, «daß ich im
Grunde eine Einzelgängerin bin – nicht in einem neurotischen, sondern
in einem kreativen Sinne».[61g]

In einem anderen Traum aus dieser Zeit, den sie als bedeutsam betrachtet, geht sie «*an einen Ort, wo Madame Farnetta, das internatio-*

nal bekannte Medium, die Hauptperson ist». Freunde mit Erfahrungen in Parapsychologie hatten ihr gesagt, daß sie übersinnliche Fähigkeiten besitze, vielleicht sogar hellsehen könne – meiner Ansicht nach deutet der Traum in diese Richtung. Moon verwarf die Parapsychologie zwar nicht völlig, hatte jedoch eine Abneigung dagegen, ihre eigenen Fähigkeiten in dieser Richtung zu erproben. Sie erblickte in der Gestalt der Madame Farnetta eine weibliche Seite ihrer selbst, die als Mittlerin zwischen dem Bewußten und dem Unbewußten fungieren konnte.[61h]

Es folgt wieder eine Zeit der Krise, und wieder gelingt es ihr, die dabei aufbrechenden Energien in kreative Bahnen zu lenken, so daß am Ende ein wunderschöner Traum ihr neuerrungenes inneres Gleichgewicht bezeugt.

«Ich sollte ein großes, achteckiges Mandala herstellen. Licht strömte strahlenförmig von ihm aus. Ich wußte, daß es etwas mit dem Verstehen der Geheimnisse des Sohar zu tun hatte.»[61i]

Moon ist mittlerweile siebenundfünfzig Jahre alt. Nach wie vor ist ihr Leben wie ihre Träume voller ungelöster Probleme. Die in den Träumen enthaltenen kreativen Potentiale sind jedoch noch vielfältiger geworden. Erst jetzt durchlebt sie im Traum die Erfahrung der Schwangerschaft, und erwartungsgemäß kommt es daraufhin zu einem erneuten Aufblühen ihrer schöpferischen Fähigkeiten und ihres spirituellen Wachstums.

Besonders bemerkenswert für sie selbst wie auch für den Leser ist ein Traum, den sie im Alter von sechzig Jahren hat. Er handelt von einer kranken Frau in den Zwanzigern, die eine brillante Malerin wird. Und Moon ist ihre Pflegerin. Dreißig Jahre zuvor hatte sie von einer jungen Frau geträumt, die ihr Leben lang verkrüppelt sein sollte.

Auch jetzt kommen immer noch viele schreckliche Träume, abstoßende Animusgestalten und Zeiten eines fast völligen Zusammenbruchs. Doch aus jeder dieser Krisen geht die Träumerin mit einem erweiterten Bewußtsein hervor, mit größerer Selbstannahme und einem beeindruckenden Mut, sich der Welt zu stellen, komme, was da wolle. Als Siebzigjährige erfährt sie ihr Leben als eine Reihe von Fragen und Problemen, die bei der Geburt gestellt worden waren. Sie spürt, daß es ihr gelungen ist, einige dieser Fragen zu beantworten, aber «manche der alten Geister schrecken mich noch immer». Doch daß sie das Schwere ertragen und in ihrer Selbstfindung Fortschritte gemacht hat, gibt ihr das Gefühl, der Welt auch ihrerseits etwas gegeben zu haben.[61j]

Auffallend an einer solchen ein ganzes Leben umspannenden Traumserie wie der von Sheila Moon ist die Kontinuität einiger Themen und die Beharrlichkeit, mit der die Träumerin an bestimmten ungelösten Konflikten festhält, während sich andere Problemkreise parallel zum Fortschreiten ihrer psychologischen Arbeit in eine positivere Richtung entwickeln. Man denke nur daran, wie sie zuerst von ihrer männlichen Seite überwältigt wurde, dann mit ihr kämpfte und schließlich – zumindest zeitweilig – zu einer erotischen Versöhnung mit ihr fand. Oder an die Verwandlung des dämonischen Mannes mit den Fledermausschwingen in ein fliegendes Rentier. Dem Mond-Traum gingen mythologische Träume, die die «weibliche Initiation» zum Thema hatten, voraus, und nach einer bestimmten Spanne von Jahren folgten wieder ganz ähnliche Träume.

Jung war der Überzeugung, daß die Erfahrung eines persönlichen Mythos einem Menschen trotz ungelöster Lebenskonflikte und innerer und äußerer Leiden ein Gefühl von Sinn und persönlicher Bedeutung verleihen kann, da dem Mythos nichts Egozentrisches anhaftet, sondern er im Gegenteil dem einzelnen Anteil gibt am allgemein menschlichen Schicksal.[51] Damit gewinnt die Jungsche Traumanalyse eine kollektive Dimension, die über das Glück des einzelnen hinausgeht. Und ebendies – daß die Probleme eines Menschen nicht einfach auf die Versuche eines psycho-infantilen Neurotikers, erwachsen zu werden, zu reduzieren sind, sondern daß in diesen Konflikten, wie es bei Moon der Fall war, das Geschick der ganzen Menschheit miterlebt und mitgetragen wird – kann dem menschlichen Leben mit all seinen Mühen eine Würde verleihen, die allein schon dem Ertragen dieses Lebens einen eigenen Sinn gibt.

Berufungsträume

Jungs Vorstellung vom individuellen Schicksal hat eine Parallele im Konzept der religiösen Berufung. Für Jung war es freilich schon eine Berufung, eine Persönlichkeit zu werden. Nur wer bewußt zu seiner inneren Stimme ja sagt, kann dieses Ziel erreichen. Jung fand unzählige Beispiele, wo im kritischen Augenblick ein rettender Gedanke, eine Vision, eine innere Stimme, mit unbedingter Überzeugungskraft auftrat und dem Leben eine neue Richtung gab.

Das Thema der Berufung wurde von zwei Jungianern aufgegriffen: Paul D. Huss[31] untersuchte die Symbolik biblischer Berufungserlebnisse, und John Romig Johnson spürte dem Zusammenhang zwischen Träumen und Berufung bei amerikanischen Geistlichen und Theologiestudenten nach.

Der Gedanke der Berufung ist mit der Wahl eines Berufes verknüpft. Johnsons Studie ging denn auch der Frage nach, ob die Wahl der geistlichen Profession sich als Ego-Trip erklären läßt oder ob sie in deutlichem Zusammenhang mit der ganzen Persönlichkeit steht. Er analysierte aktuelle und frühere Träume von acht Geistlichen in spe und zweiundfünfzig bereits ordinierten Geistlichen. Von diesen wiederum hatten einundzwanzig irgendeine Therapie hinter sich.[34a]

Johnson kam zu dem Ergebnis, daß die Träume seiner Probanden im allgemeinen eine Verbindung zwischen dem inneren psychischen Bedürfnis («dem inneren Mythos») und der äußeren Berufswahl aufwiesen. Die Träume ließen sich dabei in drei Gruppen aufteilen: Träume, die als schicksalhafte Fügung erlebt wurden, das heißt, die Berufung erfolgte nicht freiwillig und bewußt, sondern gleichsam aus einer inneren Aufforderung heraus. Träume von Krisen und Scheidewegen. Und Träume, die einen Konflikt zwischen dem inneren Bedürfnis und der sozialen Rolle widerspiegelten.[34b]

Johnson stellte fest, daß eine ganze Anzahl der Personen, von denen er sein Material bezog, Träume gehabt hatten, in denen eine innere Stimme sie dazu gedrängt hatte, den geistlichen Beruf zu ergreifen. Diese Träume waren besonders intensiv und archetypisch und hatten jeweils für das Leben des Betreffenden entscheidende Bedeutung gehabt.[34c]

Ein amerikanischer Bischof, der nicht in Therapie gewesen war, schickte Johnson eine ganze Reihe von Berufungsträumen. Ein Großvater und zwei der Söhne des Bischofs waren ebenfalls Geistliche. Die drei Träume müssen für den Träumer von besonderer Bedeutung gewesen sein, da er sich noch nach vielen Jahren an sie erinnerte.

Der erste Traum war ein Alptraum, den der Betreffende im Alter von sechs Jahren hatte. Der Träumer sah darin «*einen furchteinflößenden Priester auf der Kanzel stehen und predigen, wobei er wild gestikulierte. Man sagt zu ihm, daß er einmal dasselbe tun müßte. Er entgegnet, daß er das auf keinen Fall will.*»

Im selben Jahr überredeten ihn ein paar ältere Jungen dazu, Fensterscheiben in der Schule einzuwerfen, eine Tat, die er standhaft leugnete, auch als er eindringlichst dazu befragt wurde. In der Nacht träumte er:

«... *die Familie fuhr aufs Land, zu Besuch zu meinen Großeltern. Mitten auf der Hauptstraße des Dorfes, in dem sie lebten, stand ein hohes Denkmal, wie ein großer Triumphbogen, aber nicht so massiv und wuchtig. Von der Mitte des Bogens herab hing ein riesiger Leuchter, in dem ein loderndes, rauchendes Feuer brannte. Während ich dastand und hinaufblickte, erfüllte mich ein überwältigendes Gefühl – nicht Angst oder Schrecken, sondern etwas, das ich erst später im theologischen Seminar benennen konnte: das Gefühl des Numinosen. Es schien weniger ein Gegenstand als ein empfindungsfähiges, reagierendes Wesen, das sich meiner Gegenwart bewußt war. Ich fragte: ‹Was ist das?›, und irgend jemand, vielleicht mein Vater, sagte: ‹Es ist die Wahrheit.› Als wir weitergingen, schaute ich um mich und sah in einiger Entfernung weitere ähnliche Objekte. Am nächsten Tag gestand ich alles.*»

Als Erwachsener, in seinem letzten Semester am theologischen Seminar, träumte er:

«... *ich ging zwischen einer Menge von Menschen umher, die herumschlenderten wie Käufer in einem Basar. Dann sah ich etwas, das aussah wie eine große schwarze Kanonenkugel und auf den Gehwegen dahinrollte. Es verletzte niemanden und zerdrückte auch nicht die Blumen; es bewegte sich ganz einfach mit ungeheurer Kraft und war in der Mitte von allem. Da kam mir in den Sinn, daß diese Kugel nicht Christus war, aber das Bild von Christus. Ich folgte ihr eine Zeitlang, dann wurde ich abgelenkt und wandte mich einem kleinen Plattengeschäft zu. Sie hatten eine Menge Platten, die ich gerne besessen hätte: Bachkantaten, Orgelmusik usw. Plötzlich merkte ich, daß ich keine Zeit mehr hatte und auch kein Geld, um etwas zu kaufen, und erwachte.*»

Johnson führt aus, daß der zweite Traum an die Berufung des Propheten Jesaja erinnere,[34d] der den Herrn auf einem hohen Thron im Tempel erblickt, umgeben von Seraphim. Der Tempel ist erfüllt von Rauch, und Jesaja ruft aus: «Weh mir, ich vergehe! Denn ich bin unreiner Lippen … Da flog einer der Seraphim zu mir und hatte eine glühende Kohle in der Hand, die er mit der Zange vom Altar nahm, und rührte meinen Mund an und sprach: ‹Siehe, hiermit sind deine Lippen berührt, daß deine Schuld von dir genommen werde und deine Sünde gesühnt sei.›» Danach wurde Jesaja der Bote des Herrn, das Sprachrohr Gottes an die Sünder.[6]

Unter den Parallelen zwischen dem Traum des Probanden und der biblischen Geschichte scheinen mir die folgenden besonders bemerkenswert: «Großvater» heißt wörtlich «großer Vater», so wie Gott der «große Vater» ist; der Traum spielt auf der Hauptstraße, da, wo in der Regel die Kirche des «großen Vaters» (der Tempel) steht. Der Rest des Traumes spricht meines Erachtens für sich.

In dem Traum im Seminar begegnen wir dem Bild Christi in der Verkörperung der schwarzen Kanonenkugel. Der Träumer kann diese Vorstellung wohl kaum im Rahmen seiner theologischen Ausbildung vermittelt bekommen haben. Johnson weist auf die Bedeutung der schwarzen Sphäre als Symbol für das Selbst hin. Der Traum gab dem Träumer denn auch das Gefühl, daß er diesem machtvollen Christusbild ohne Abschweifung und Verzögerung folgen sollte.

Gerade dieser letztere Traum wird uns noch in anderem Zusammenhang beschäftigen (Kapitel 4).

Johnson führt in seiner Arbeit aber auch andere Träume an wie etwa den folgenden, in dem ein deutliches Mißverhältnis zwischen innerer Berufung und geistlichem Amt besteht:

«Ich komme zu meiner ersten Pfarrkirche zurück und finde sie völlig heruntergekommen. Auch der Kirchhof ist von Unkraut überwuchert. Ein junger Mann in Khakihosen und ausgetretenen Schuhen amtiert jetzt als Priester. Irgendein alter Methodistenpfarrer predigt. Der junge Priester verwendet Schokoladenkekse als Kommunionsbrot. Das Ganze macht mich tieftraurig.»[34e]

Es ist verständlich, daß der Geistliche angesichts dieser Szene Trauer empfindet, doch anders als Jesus jagt er die Händler nicht aus dem Tempel.

Johnson führt aus, daß es auch negative Seiten haben kann, wenn man von einem Archetyp besessen ist, wie es bei einer Berufung der Fall ist; ja diese Besessenheit kann im schlimmsten Fall sogar in eine Psychose, blinden Fanatismus oder eine Sucht führen.[34f] Das deckt sich völlig mit der Jungschen Auffassung: Man denke nur an bestimmte aus Besessenheit geführte Kriege in jüngster Zeit.

Eine andere Form der Berufungserfahrung findet ihren Ausdruck in sogenannten Schamanenträumen, zu denen es Parallelphänomene in den magisch-religiösen Traditionen primitiver Völker gibt. Eine umfassende Darstellung des Schamanismus findet sich im Werk des Religionsgeschichtlers Mircea Eliade.

Ein Schamane ist ein Medizinmann und Magier, der mit den heilenden Kräften in sich selbst, in anderen und in der Natur vertraut ist. Er ist in der Technik der Ekstase bewandert und kann auch andere in Trance versetzen.[14]

Die schamanistische Praxis fand erneutes Interesse in einer Zeit, in der die Parapsychologie blüht. Wie wir jedoch im Fall von Sheila Moon sahen, kann man paranormale Fähigkeiten in Träumen ohne weiteres auch symbolisch als Fähigkeit verstehen, eine Verbindung zwischen dem Bewußten und dem Unbewußten herzustellen.

Die Wahl des Schamanen erfolgt in Stammesgesellschaften häufig aufgrund von Träumen, Visionen und Trancezuständen. Jes Bertelsen, der sich wie auch andere Jungianer mit schamanistischen Elementen in den Träumen moderner Menschen auseinandersetzte, hat festgestellt, daß «Schamanenträume» auch heute noch vorkommen, und deutet sie als Hinweis auf eine Berufung zum Arzt oder Geistheiler.

Nach Bertelsen kommt es im Schamanentraum in der Regel zu einer Begegnung mit einem inneren Führer (einem Hilfsgeist). Außerdem werden Hinweise auf die Technik gegeben, die die Person anwenden muß, um in Kontakt mit ihren spirituellen Fähigkeiten zu kommen. Bertelsen nimmt derartige Träume wörtlicher als Johnson und begründet dies damit, daß sie bei sogenannten primitiven Völkern grundsätzlich umwälzende Auswirkungen haben. «In diesem Traum entscheidet sich das Leben des Mannes insofern, als er durch ihn zu den Erwählten gehört.»[4] Ganz ähnliche Traditionen findet man auch bei den indischen

Yogis, wenn sich ein verstorbener Guru im Traum einem Novizen offenbart.

Als Beispiele seien hier der Traum eines mongolischen Schamanen und der Initiationstraum des Verfassers als jungianischer Analytiker zitiert.

Der mongolische Schamane erlebte seine Initiation in einem Traum auf dem Krankenbett. In dem Traum erhielt er den Besuch einer kleinen, zarten Frau.

«Sie sagte zu mir: ‹Ich bin die ayami *(Hilfsgeist) deiner Ahnen, der Schamanen. Ich habe sie das Schamanisieren gelehrt, jetzt werde ich es dich lehren. Die alten Schamanen sind einer nach dem anderen gestorben, und es gibt niemand mehr, der die Kranken heilt. Du wirst Schamane werden.› Dann fuhr sie weiter: ‹Ich liebe dich. Du wirst mein Mann sein, denn ich habe keinen jetzt, und ich werde deine Frau sein. Ich werde dir Geister geben, die dir in der Heilkunst helfen werden; ich werde dich heilen lehren und dir selber dabei helfen. Die Leute werden uns zu essen bringen.› Ich war bestürzt und wollte Widerstand leisten. ‹Wenn du mir nicht gehorchen willst, um so schlimmer für dich. Ich werde dich töten.›*

Und nun kam sie immerfort zu mir; ich schlafe mit ihr wie mit meiner eigenen Frau, aber wir haben keine Kinder.»[14a]

Der Erwählung zum Schamanen geht häufig eine schwere Krankheit oder Krise voraus. Der Widerstand gegen den Ruf ist dabei ein typisches Motiv (vgl. Jona im Bauch des Walfisches). Der Ruf wird in dieser Situation als unausweichlicher innerer Zwang empfunden, ein «Nein» würde den Tod des Träumers bedeuten.

Ich selbst war mehrere Jahre in jungianischer Analyse. Ein paar Jahre nach ihrem Abschluß kam mir der Gedanke, selbst Therapeut zu werden. In dieser Zeit erlebte ich eine Krise, in der ich mich als Versager empfand. Im letzten Traum vor der ersten Analysestunde

«... stand ich vor einem Spiegel. Ich war im Begriff, mich zu kämmen. Ein Mädchen ließ mir den Vortritt. Hinter mir stehend schaute sie ebenfalls in den Spiegel. Sie fragte mich, ob ich ‹mit dem lebendigen Gott› in Kontakt treten wolle. Ein phantastisches Wesen wurde im Spiegel sicht-

bar wie in einem Nebel. Zuerst lehnte ich ab, weil das Ganze mir zu viel Angst machte, auch wenn es zugleich wunderbar war. Dann beschloß ich zu bleiben. Das Mädchen, das anfangs ziemlich gewöhnlich ausgesehen hatte, kam mir nun immer schöner vor. Sie bot mir irgendwelche Tabletten an, die angeblich einen ‹Entrückungseffekt› hatten. Ich sollte einen vierjährigen, äußerst sensiblen Jungen betreuen, der abwechselnd in einen Zustand furchterregender Einsamkeit (zum Beispiel Alleinsein in einem leeren Raum) und in das Erleben herrlicher Dinge versetzt werden sollte, wie im Schlaf durch Träume. Ich hielt ihn fest und redete ihm gut zu, und er ließ sich beruhigen. Dann lagen das Mädchen und ich auf dem Boden, und ich machte Yogaübungen und andere entspannende Dinge. Wir waren nackt …» (gekürzt)

Damals hatte ich noch kein großes theoretisches Wissen und wußte nichts von Berufungsträumen. Es war das erste Mal in meinen Tausenden von Träumen, daß ein «lebendiger Gott» auftauchte, und ich hatte auch noch nie zuvor einen Traum mit so detaillierten Anleitungen zu ekstatischen, das heißt schamanistischen Praktiken gehabt.

Ein Beispiel für den Berufungstraum eines berühmten Künstlers stammt von dem Maler Marc Chagall. Mit zwanzig Jahren reiste er von Vitebsk nach St. Petersburg, um Maler zu werden. Als Jude durfte er das Ghetto nicht ohne Sondererlaubnis verlassen, und da er die Prüfungen an der berühmten Kunstschule nicht bestand, verfiel seine Erlaubnis. Von der Polizei gesucht, lebte er versteckt in äußerster Armut; trotzdem machte er seinen Weg. In dieser Zeit hatte er einen Traum, der viel zu seiner Überzeugung beitrug, daß die Malerei seine Bestimmung war:

«Ich befinde mich in einem weiten Raum. In der Ecke steht ein einzelnes Bett, ich liege darin. Es wird dunkel. Auf einmal tut sich die Zimmerdecke auf, und ein geflügeltes Wesen steigt inmitten von Klängen und leuchtendem Glanz herab und erfüllt den Raum mit Bewegung und Wolken. Das Geräusch schlagender Flügel. Ich denke: ein Engel. Ich kann die Augen nicht öffnen. Es ist zu leicht, zu strahlend. Nachdem er alles berührt hat, steigt der Engel empor. Er verläßt den Raum durch den Riß in der Decke und nimmt alles Strahlende und Himmlische mit. Es wird wieder dunkel, und ich erwache.»[55]

Traum und Tod

Die Psychologie der Todeserfahrung hat in den letzten Jahren großes Interesse gefunden. Die wichtigsten Forschungen auf diesem Gebiet stammen von Elisabeth Kübler-Ross[53], Raymond Moody[60] und Stanislav Grof[21]. Sie alle fanden übereinstimmend, daß es für den Sterbenden von Bedeutung ist, sich mit dem bevorstehenden Tod auseinanderzusetzen und den Gedanken an das Sterben nicht zu unterdrücken, und daß sterbende Personen sowie Personen mit Nahtodeserfahrungen immer wieder über bestimmte typische Erlebnisse und Gedanken berichten.

Schon Jung hatte betont, daß die unbewußte Psyche wenig am Tod des Körpers interessiert zu sein scheint. Sie reagiert vielmehr so, als ob das psychische Leben und der Individuationsprozeß nach dem Tod weitergingen und als ob sie das Ich auf tiefgehende Wandlungsprozesse vorbereiten wollte.[93a] Und es sind vor allem die Jungianer, die sich mit der Frage beschäftigt haben, wie sich das Unbewußte über den Traum zum Todesprozeß verhält.

Wichtig sind hier die Studien von Jane Wheelwright[80], Barbara Hannah[26] und Edward Edinger[12], die fortlaufende Traumserien sterbender Patienten analysiert haben.

Die umfassendste Untersuchung lieferte Marie-Louise von Franz in ihrem Buch *Traum und Tod – Was uns die Träume Sterbender sagen*, das Jungs Vorstellungen stützt und erweitert. Nach von Franz bereiten die Träume des Sterbenden sein Bewußtsein auf die tiefgehenden kommenden Wandlungen und auf eine Fortsetzung des Lebensprozesses vor. Sie stellte fest, daß die Träume Sterbender archetypische Bilder in auffallend großer Zahl enthielten und daß sie thematische und strukturelle Ähnlichkeiten zu den Lehren verschiedener Religionen über das Leben nach dem Tod aufwiesen.[93b]

Von Franz fand diese Parallelen vor allem in der Alchemie und in den ägyptischen Totenritualen[93c], da die christliche Religion keine ausgeprägten Vorstellungen über den Sterbevorgang und das Leben nach dem Tod anbietet.

Gegen das jungianische Interesse an Todesträumen wurde vorgebracht, der Gedanke an ein Leben nach dem Tod laufe auf Wunscherfüllung hinaus. Doch die jungianische Theorie bestreitet, daß das wünschende Ich Träume manipulieren kann[93a], denn Träume können den bevorstehenden Tod in brutalster und unwünschenswertester Weise ankündigen, wie das Beispiel des Traumes eines zweiundfünfzigjährigen Mannes, der wegen Blasenkrebs operiert werden sollte, zeigt. *«Ein Krankenwagen kam, um ihn ins Krankenhaus zu fahren. Der Fahrer stieg aus, öffnete die hintere Tür, und da stand – ein weißer Sarg.»* Es stellte sich heraus, daß der Krebs sich bereits ausgebreitet hatte, und der Mann starb kurz darauf.[93d]

Während nach christlicher Lehre die Auferstehung und das Leben nach dem Tod ein Geschenk der göttlichen Gnade sind, wird nach von Franz in Träumen und in vergleichbaren Darstellungen aus der Alchemie und dem ägyptischen Totenkult eher deutlich, daß der einzelne, solange er am Leben ist, darauf hinarbeiten kann, einen unzerstörbaren Körper zu erlangen, der den Tod überdauert. In den östlichen Religionen ist die Meditation ein Weg zu diesem Ziel.[93e] Ein einundsechzigjähriger Schweizer Kavallerieoffizier träumte vier Wochen vor einem tödlichen Herzanfall:

«Er war wieder in der Offiziersschule. Dort nahm ihn ein alter Gefreiter namens Adam mit hinunter in den Keller der Baracken. (Adam) öffnete eine bleierne Tür, und der Träumer prallte entsetzt zurück. Vor ihm lag der Kadaver eines Pferdes auf dem Rücken, fast völlig verwest und einen widerlichen Leichengeruch ausströmend.» (gekürzt)

Von Franz interpretierte «Adam» als «sterblichen Adam». Der Pferdekadaver verkörperte die Vergänglichkeit des Leibes. Und schließlich spielten Blei und Bleisarkophage eine entscheidende Rolle in ägyptischen Totenriten.[93f] Im allgemeinen sind die Träume Sterbender jedoch tröstlicherer Natur.

Von Franz stellte fest, daß Todesträume stark archetypisch und sehr intensiv sind und daß ihre Symbolik im Prinzip ununterscheidbar von Individuationsträumen ist. Oft sind allerdings bestimmte Einzelheiten oder eine besondere Atmosphäre gegeben, die eine Differenzierung dann doch ermöglichen. Bei Individuationsträumen wird der Inhalt auf der Subjektstufe gedeutet. Todesträume dagegen werden auf der Objektstufe verstanden.[93g]

In den verschiedenen Religionen werden Tod und Auferstehung

häufig mit Symbolen aus der Pflanzenwelt in Verbindung gebracht – mit dem Korn, das aus dem «toten» Samenkorn erwächst, oder mit dem Bild des Baums.

Ein Mann in den Vierzigern träumte, nachdem er erfahren hatte, daß er Krebs im Endstadium hatte: *«Er sah ein grünes, halbhohes, noch unreifes Weizenfeld. Eine Herde Vieh war in das Feld eingebrochen und hatte alles niedergetrampelt. Da rief eine Stimme von oben: ‹Jetzt scheint alles zerstört, aber aus den Wurzeln unter der Erde wird der Weizen wieder sprossen.›»*

Neben zahlreichen anderen mythologischen Parallelen fällt vor allem auf, daß in der ägyptischen Mythologie das Korn «für etwas Psychisches steht, das über Leben und Tod hinaus existiert».[93i] Ein fünfundsiebzigjähriger Mann, der im Sterben lag, träumte:

«Ich sehe einen alten, knorrigen Baum hoch oben in einem steilen Gebirge. Er ist nur halb in der Erde verwurzelt, die übrigen Wurzeln ragen in die Luft ... Dann wird er ganz aus der Erde gelöst, verliert den Halt und fällt. Mein Herz setzt einen Schlag lang aus. Doch dann geschieht etwas Wunderbares: der Baum schwebt, er fällt nicht, er schwebt. Wohin? Ins Meer? Ich weiß es nicht.»

Von Franz sah den Traum als Bild für die Fortsetzung des Lebens und erinnerte in diesem Zusammenhang an deutsche Legenden, in denen Menschen aus Bäumen kommen und wieder Bäume werden.[93j]

Ein weiteres wichtiges Motiv ist die Todeshochzeit. Der folgende Traum stammt von einem zweiundfünfzigjährigen Arzt. Er war bei bester Gesundheit, als er mit dem Wunsch zu Marie-Louise von Franz kam, Analytiker zu werden. Folgender war sein Initialtraum:

«Er ging zum Begräbnis eines Mannes, der ihm gleichgültig gewesen war; er ging mit vielen Menschen in einem Leichenzug. Auf einem kleinen quadratischen Platz in der Stadt, auf dem grüner Rasen wuchs, blieb der Zug stehen. Auf dem Rasen war ein Scheiterhaufen aufgeschichtet, und die Träger stellten den Sarg darauf ab und setzten ihn in Brand. Der Träumer sah ohne besondere gefühlsmäßige Beteiligung zu. Als die Flammen emporschlugen, ging plötzlich der Sargdeckel auf und fiel herunter. Aus dem Sarg sprang eine wunderschöne Frau; sie breitete

die Arme aus und ging auf den Träumer zu. Auch er öffnete die Arme,
um sie zu umfassen, und erwachte mit einem Gefühl unbeschreiblicher
Glückseligkeit.»

Der Traum beunruhigte von Franz sehr, besonders das Gefühl der
Glückseligkeit am Schluß. Danach hatte der Mann allerdings ganz
normale Träume. Nach einem Jahr brach er die Analyse vorübergehend
ab, um nach Hause zu reisen. Dort erkrankte er an Influenza, die sich
rasch verschlimmerte, und er starb auf dem Weg ins Krankenhaus an
einem Herzanfall.

Von Franz sah den unbedeutenden Mann im Sarg als Bild des irdi-
schen Leibes des Träumers – ähnlich dem Pferdekadaver im Traum des
Kavallerieoffiziers – und den quadratischen Platz als ein Symbol des
Selbst. Das Gras könnte ein Auferstehungssymbol sein, das Feuer wiederum symbolisiert Wandlung. Die schöne Frau, die aus dem Sarg
kommt, ist die Anima des Mannes. In der Alchemie kann das «Läutern»
des Leichnams im Feuer zu einer *extractio animae* führen, bei der die
Seele den Körper verläßt. Insgesamt ließ sich der Traum so deuten, daß
hier ein höherer Aspekt der Anima des Mannes Mittlerin zum Jenseits
wurde.[93p]

Die Todesanima (und der Todesanimus) können im Mythos wie im
Traum auch dämonische Gestalt annehmen. Ein unglücklich verheira-
teter Mann träumte kurz vor seinem Tod, daß er in der Kirche war und
wieder mit seiner Frau getraut werden sollte. *«Plötzlich störte eine*
wunderschöne Zigeunerin die Zeremonie, fesselte den Geistlichen mit
Stricken und fing an, ihn fortzuzerren. Gleichzeitig sah sie den Träumer
mit flammenden Augen an und sagte: ‹Und mit dir werde ich bald die
Geduld verlieren.›»[93m]

Der Träumer starb kurz danach. Der Pfarrer im Traum war ein güti-
ger, aber depressiver, konventioneller Mensch. Von Franz war der
Überzeugung, der Traum drücke aus, daß die Anima des Träumers
darüber erzürnt war, wie er sein Gefühls- und Liebesleben in Konventionen erstickt hatte.

Todeserfahrungen scheinen also davon beeinflußt zu sein, wie ein
Mensch sein Leben gelebt hat. Von daher wäre es sicherlich interessant
gewesen zu sehen, welche weiteren Informationen die Träume neben
der Todesankündigung enthielten. Hatte der Mann, dessen Anima aus

dem Sarg stieg, diese Seite seines Selbst im Leben begraben? Und wenn das Pferd des Kavallerieoffiziers für seinen Leib stand, hatte er vielleicht während seiner Zeit an der Offiziersschule körperliche Bedürfnisse verleugnet?

Das würde mit der weitverbreiteten religiösen Vorstellung übereinstimmen, daß man im Tod sühnen muß, was man im Leben versäumt hat.

Von Franz stieß auch auf Träume, die auszudrücken schienen, daß es für den Träumer wichtig wäre, eine höhere Entwicklungsstufe zu erreichen, bevor er starb. Sie fand auffallend viele Entsprechungen zwischen Todesmotiven in Träumen und in Religionen. Häufig tauchten in den Träumen und Vorstellungen sterbender Personen Edelsteine und Diamanten auf; so im Traum einer jüngeren Frau, die kurz vor ihrem Tod träumte, *«daß sie einen schwarzen Vogel in einem See fand. Sein Auge war ein hell schimmernder Diamant».*[93n] In der Alchemie ist der Diamant ein Bild für das Selbst, den Persönlichkeitskern, der nicht zerstörbar ist – auch nicht durch den Tod. Von Franz sah den toten Vogel deshalb als Symbol für den vom Körper befreiten Lebensgeist.

Zu den archetypischen Todesmotiven gehören: die Trennung der Elemente, wie wir sie aus Schöpfungsmythen kennen; Durchgänge oder Reisen; die Überquerung von Wasser; die Überquerung einer Brücke mit einem oder mehreren Gefährten; die Wiederherstellung des Gestorbenen in Gestalt einer Seele oder eines Körpers nach dem Tod; das Wiegen der Seele; ein Gerichtshof; die Rückkehr in einer anderen Existenzform oder Reinkarnation.[93h]

Daneben kommt es vor, daß im Traum mit einem gespenstischen Eindringling gekämpft wird; daß der Träumer durch Feuer und Wasser geht; daß die Opferung und Überführung des alten Leibes in einer Weise erfolgt, die Parallelen in ägyptischen Mumifizierungsritualen hat.[93o]

Von Franz lehnte es ab, diese Träume als ausschließlich subjektive innere Erscheinungen zu interpretieren. Sie wurde in ihrer Ansicht von vielen parapsychologischen Phänomenen, die mit der Todeserfahrung verbunden sind, bestätigt (siehe «Traum und Parapsychologie»). Daher war dieser Typus des Traumes für sie «eine symbolische Aussage über eine andere Realität, von der wir durch eine geheimnisvolle und gefährliche Barriere getrennt sind».[93q]

Selbst wenn man die Möglichkeit eines Lebens nach dem Tod bestreitet, tut dies der klinischen Erfahrung keinen Abbruch, daß Personen, die sich mit ihrem Sterben und mit ihren unbewußten Bildern auseinandersetzen, eher imstande sind, sich mit dem Tod auszusöhnen und zu einem positiven Umgang mit dem Leben, das noch vor ihnen liegt, zu finden.[53.60.21.93]

Problemlösung und Kreativität im Traum

Nachdem er sich lange und intensiv damit beschäftigt hatte, die Formel für Benzol zu finden, träumte der deutsche Chemiker Kekulé von Stradonitz von

«... sechs im Kreis tanzenden Lichtfunken, die sich schlangenartig wendeten und drehten, wobei eine der Schlangen den eigenen Schwanz erfaßte.»

Kekulé «erwachte wie von einem Blitzstrahl getroffen» und verbrachte den Rest der Nacht damit, an seiner Formel zu arbeiten. Die Formel, auf die er schließlich stieß, zeigte sechs Moleküle, die ringförmig angeordnet waren. Seine Entdeckung wurde als größte chemische Errungenschaft des 19. Jahrhunderts gefeiert und markierte zugleich den Beginn der organischen Chemie.[8a]

Robert Louis Stevenson setzte Träume bewußt bei seiner schriftstellerischen Tätigkeit ein. Er pflegte einige Tage an einer Geschichte zu arbeiten und ließ sie dann liegen. Dann tauchten in seinen Träumen winzige Geschöpfe auf, die er «Brownies» nannte, und schrieben an der Geschichte weiter. So entstanden Figuren wie *Dr. Jekyll und Mr. Hyde*. In jungianischer Terminologie sind die «Brownies» nichts anderes als autonome Komplexe.[8]

Marie-Louise von Franz betont in ihrem Buch *Schöpfungsmythen*, daß Träume ein großes Interesse für Kreativität zeigen, was sich mit meinen eigenen Beobachtungen deckt. Gewöhnlich äußert sich dieses «Interesse» im Traum jedoch nicht so, daß sich das Problem praktisch von selbst löst, sondern in Form eines Kommentars zur Einstellung des Träumers zum schöpferischen Prozeß.[85]

In ihrem Buch berichtet von Franz von einem Traum, den Jung hatte, als er an einem seiner wichtigsten Werke arbeitete, den *Psychologischen Typen*. Jahrelang hatte er Stoff für dieses Buch zusammengetragen. Eigentlich schwebte ihm eine sachliche, hieb- und stichfeste theoretische Abhandlung vor, die seine Gegner überzeugen sollte, doch das äußerst umfangreiche Material widersetzte sich jeder Bearbeitung. Da hatte er folgenden Traum:

«Er sah in einem geschäftigen Hafen ein gewaltiges Schiff, das mit Waren beladen war und nun in den Hafen geschleppt werden sollte. Ein sehr elegantes weißes Pferd, das völlig unfähig war, das Schiff mit seiner schweren Ladung hereinzuziehen, war mit einem Seil am Bug des Schiffes festgebunden. In diesem Augenblick bahnte sich plötzlich ein gewaltiger rothaariger Riese den Weg durch die Menge, stieß alle beiseite, nahm eine Axt und schlug das weiße Pferd tot. Dann packte er das Seil und zog mit einem einzigen Ruck das Schiff in den Hafen.»

Nach diesem Traum stand Jung jeden Tag um drei Uhr morgens auf und schrieb das ganze Werk in einem einzigen Rausch der Begeisterung nieder. Das weiße Pferd im Traum symbolisierte nach von Franz Jungs Plan, eine durchdachte, formelle Abhandlung zu verfassen, während der Riese das leidenschaftliche emotionale Engagement verkörperte, das allein es ermöglichte, den komplexen Stoff in schlüssiger Form zusammenzuschmieden.[85a]

Andererseits können Träume, die sich scheinbar mit dem Thema Kreativität befassen, meiner Erfahrung nach auch ganz allgemeine Einstellungen zum Leben widerspiegeln. Wenn ein Schriftsteller zum Beispiel träumt, *«ich habe eine Idee für mein neues Buch. Es muß einfacher und zugleich eindringlicher sein als meine früheren Bücher»*, dann kann man nicht von vornherein sagen, ob in dem Traum tatsächlich von einem Buch die Rede ist, an dem er arbeiten wird, oder ob der Traum die Arbeit an dem Buch vielleicht als Sinnbild für das Arbeiten an der eigenen Persönlichkeit gebraucht.

Traum und Entwicklungspsychologie

Der Israeli Erich Neumann, der Brite Michael Fordham und der Deutsche Hans Dieckmann haben voneinander unabhängig Wesentliches zur jungianischen Psychologie und Entscheidendes zu unserem Wissen über Träume beigetragen.

Als Vertreter der entwicklungspsychologischen Schule fand Fordham, daß die klassischen Jungianer in Zürich sich allzu einseitig auf die mythologischen Aspekte im Material ihrer Klienten konzentrierten und zu sehr am bestehenden theoretischen Bezugsrahmen festhielten. In London galt das Forschungsinteresse in verstärktem Maße der emotional besetzten Beziehung des Klienten zum Therapeuten, das heißt der *Übertragung*, und man kam immer mehr zu der Überzeugung, daß Jungs Beitrag zum Verständnis der Kindheitsentwicklung lückenhaft sei. Ganz ähnliche Entwicklungen zeichneten sich in Deutschland ab.[70]

Fordham war der Ansicht, Jung habe bei der Darstellung des Klientenmaterials das Persönliche und die Beziehung des einzelnen zu seinem Umfeld vernachlässigt, obwohl «lebende Organismen im allgemeinen und der Mensch im besonderen nicht nur isoliert gesehen werden dürfen, sondern darauf angelegt sind, sich an die Gegebenheiten der äußeren Welt anzupassen».[18c]

Jung beschrieb vornehmlich die Individuation in der zweiten Lebenshälfte. Eine entsprechende Theorie vergleichbarer Prozesse in der ersten Hälfte des Lebens entwickelte Erich Neumann. Von ihm stammt ein Phasenmodell kindlicher Entwicklung ähnlich dem Freuds, doch auf der Grundlage der Archetypen.[97] Darüber hinaus legte Neumann eine Phasenbeschreibung der psychischen Entwicklung der Frau vor, die manche Lücken in der Theorie Jungs ausfüllt und die jungianische Konzeption des Individuationsprozesses ergänzt.

Traum und weibliche Entwicklung

Neumann arbeitete heraus, daß die Entwicklung des weiblichen Bewußtseins – auch in einer patriarchalen Gesellschaft – grundsätzlich verschieden von der des Mannes verläuft. Er beschrieb sieben typische Entwicklungsphasen. 1. Die Phase der Selbstbewahrung, 2. Der Einbruch des patriarchalen Uroboros, 3. Die Phase der Selbstaufgabe, 4. Gefangenschaft im Patriarchat, 5. Die Begegnung mit dem Mann, 6. Die Phase der Selbst-Hingabe, 7. Die Phase der Selbst-Findung.

Den empirischen Hintergrund für sein Modell bildeten Untersuchungen mit Stichproben «normaler» und neurotischer Frauen aus der westlichen Welt. In klassisch jungianischer Manier verglich er sein Material mit kulturübergreifenden Studien zur mythologischen und ethnologischen Symbolik.[64]

In ihrem Buch *Kvindelighed i vaekst* (Weiblichkeit im Wachstum) hat die dänische Jungianerin Pia Skogemann den einzelnen Phasen bei Neumann Altersstufen zugeordnet und sich außerdem mit der Symbolik in den Träumen dänischer Frauen von heute auseinandergesetzt. Die *Selbstbewahrungsphase* erstreckt sich nach Skogemann über die ersten drei Jahre im Leben des Mädchens. In diesen Jahren ist es in eine weibliche Erfahrungswelt eingehüllt. Die Mutter ist die wichtigste äußere Bezugsperson. Innerlich wird die Entwicklung ganz vom Archetyp der Mutter bestimmt. Selbst der Vater wird als eine Art Mutter erlebt.[73a]

Die erwachsene Frau, die in der Selbstbewahrungsphase stehengeblieben, auf sie «fixiert» ist, kann nur weibliche Werte anerkennen. Wenn sie eine Partnerbeziehung eingeht, wird diese ganz von der Vorstellung geprägt sein, es sei Aufgabe des Mannes, Kinder zu zeugen und für den Lebensunterhalt der Familie zu sorgen. Wer der Partner als Person und als Mann ist, interessiert sie nicht.[73b]

Im Alter zwischen drei und sechs Jahren kommt es zu einem Einbruch des Männlichen in die weibliche Erfahrungswelt, entsprechend der «weiblichen ödipalen Phase» bei Freud. Während es Freud jedoch um die äußere Faszination, Vernarrtheit in und Furcht vor dem wirklichen Vater ging, war Neumann an der im Innern des Mädchens selbst aufkeimenden Faszination und Furcht angesichts ihrer eigenen inneren Männlichkeit interessiert. Diese Phase bildet den Hintergrund für die Erfahrung des Spirituellen/Religiösen in Verbindung mit dem Sexuellen/Erotischen «in einer ekstatisch-orgiastischen Weise». Die Frau, die in dieser Phase stehenbleibt, kann den Mann später nicht als «ihr gleichen Partner annehmen. Was sie fasziniert, ist das Fremde, Unvertraute, Überwältigende in einer unpersönlichen, männlichen Form».[73f]

Skogemann führt den Traum eines Mädchens von eindreiviertel Jahren an: «*Hab' Angst vor dem Mann ... im Garten mit Oma (müt-*

terlicherseits) *Ball gespielt ... der Mann liegt im Gras und schläft ... Hab' so Angst, wenn der Mann aufwacht.*» Die Großmutter mütterlicherseits wird als Symbol der «Großen Mutter» gedeutet. Der Mann im Traum ist die männliche Seite des Mädchens, die noch nicht erwacht ist.[73a]

Im Traum einer noch relativ jungen Frau manifestierte sich der Einbruch des Männlichen in einer unpersönlichen und überwältigenden Form:

«*Ich liege in einem Zimmer in meinem Bett unter dem Fenster. Draußen tobt ein heftiger Sturm. Wir erleben nur seine Ausläufer mit, weiter weg aber hat er die Ausmaße eines Hurrikans. Später laufe ich hinaus in den Sturm und schaue zu, wie die Dächer der Häuser abgedeckt werden. Die Menschen machen sich Sorgen wegen des Schadens, den er anrichten kann. Aber ich habe aus irgendeinem Grund keine Angst vor dem Sturm.*»

Skogemann interpretiert: «Der Sturm ist ein archetypisches Symbol des männlichen Geistes. Im alten Griechenland wird der Wind als *pneuma* bezeichnet, was soviel bedeutet wie ‹Atem› oder ‹Geist›. Im biblischen Schöpfungsbericht haucht Gott dem Mann den Atem des Lebens ein. Die Kraft des Sturms in diesem Traum sagt etwas darüber, wie stark der männliche Geist hier aktiviert worden ist.»[73c]

Die *Phase der Selbstaufgabe* ordnet Skogemann den Jahren zu, in denen das wohlerzogene kleine Mädchen die ersten Klassen der patriarchalen Schule absolviert, während die *Gefangenschaft im Patriarchat* der Pubertät entspricht, in der sich das Mädchen mit den Weiblichkeitsidealen der männlichen Gesellschaft identifiziert und «sich darauf konzentriert, Eindruck auf die Jungen zu machen». Sie hat dabei zwangsläufig Schwierigkeiten, ihre eigene Männlichkeit zu verwirklichen. Neumann spricht von «Harem-Psychologie». Das Mädchen kann sich in dieser Phase aber auch mit ihrer männlichen Seite identifizieren und beginnt dann, mit dem Mann in einer männlichen Welt, zu männlichen Bedingungen, zu konkurrieren.[73d]

Skogemann demonstrierte das Durchleben der drei zuletzt besprochenen Phasen am folgenden Traum einer erwachsenen Frau in der Nacht nach einem Gespräch über weibliche Rollen:

«*Mit ein paar anderen Frauen zusammen mache ich eine Segeltour auf eine Insel. Kurz nachdem wir an Land gegangen sind, werden wir von einer Schar Männer überfallen und gefangengenommen. Ich werde in einen Raum gebracht, in dem sich der Anführer befindet, ein großer, schwarzhaariger, breitschultriger Mann. Er sitzt auf einem ausladenden Sofa, auf dem sich eine Frau provozierend räkelt. Sie hat rötliches Haar und trägt ein halbdurchsichtiges, negligéähnliches schwarzes Gewand. Ich muß mich irgendwo anders auf das Sofa setzen. Zwischen den beiden spielt sich etwas ab. Er hebt sie hoch, als wollte er sie umarmen, aber plötzlich legt er seinen Arm um ihren Hals und erwürgt sie. Ich schaue weg, halb und halb erwartend, daß mir ein ähnliches Schicksal beschieden sein wird …*»

In der nächsten Phase, der *Begegnung mit dem Mann*, «wird sie (die Frau) fähig, dem Mann erotisch und geistig gegenüberzutreten». In der Phase der *Selbst-Hingabe* «integriert sie ihren Animus»; und die *Selbst-Findung* schließlich ermöglicht ihr «die Begegnung mit dem Selbst» beziehungsweise «mit der weisen Frau» in ihr selbst.

Das oben zitierte Traumfragment endet damit, daß die Frau nicht vergewaltigt wird, sondern sich dem Mann mit der Versicherung hingibt, daß sie es genieße. Später wird die Frau, die bis dahin als Gefangene auf der Insel gelebt hat, freigelassen und beginnt eine gleichberechtigte Beziehung mit dem Mann, der sie ursprünglich vergewaltigen wollte.

Skogemann betrachtete den Traum als «ein Paradebeispiel für das Durchleben der verschiedenen Phasen der psychologischen Entwicklung».[73e]

Traum und männliche Entwicklung

Der typische männliche Klient Jungs suchte ihn im mittleren Lebensalter auf, wenn er alles erreicht hatte, was er beruflich und familiär erreichen konnte, und seine Entwicklung ihn nun mit seinem Schatten konfrontierte, dann aber auch mit seiner inneren Weiblichkeit und schließlich mit seinem Selbst. In meinem Buch *Det kvindelige i manden* (Das Weibliche im Mann) habe ich deutlich zu machen versucht, daß Jungs Beschreibung der männlichen Individuation sich nicht in allen Punkten auf die Situation des modernen Mannes übertragen läßt. Heute beginnen Männer häufig in jüngerem Alter eine Analyse und sind bei weitem nicht so in ihren sozialen und familiären Rollen festgefahren. Davon abgesehen läßt es unsere Gesellschaft gar nicht mehr zu, daß ein Mann sich erst im Alter von vierzig mit seiner weiblichen Seite und seinen Emotionen auseinandersetzt.

Das schlägt sich auch in den Träumen der Klienten nieder. Sie setzen sich heute häufig zunächst mit ihrer Beziehung zum Weiblichen auseinander, und erst dann tritt ihnen ihr Schatten gegenüber. Häufig wird das Weibliche sogar als dominierend erlebt. Ein Klient träumt etwa, er müsse *«Toiletten in einem von Frauen geführten Gefängnis schrubben»* oder *«er wird von einer Frauengruppe in die Enge getrieben»*, *«er ist Dienstbote bei einer abstoßend häßlichen Puffmutter»*, *«ist Schüler einer strengen Lehrerin»*, oder *«er lebt noch immer zu Hause bei seiner Mutter»* usw.

Ich habe das Entwicklungsstadium, das in solchen Träumen zum Ausdruck kommt, in Anlehnung an Neumanns Terminologie als «Gefangenschaft im Matriarchat» bezeichnet.[78c] Man könnte auch von einem «weiblichen Überich» sprechen im Gegensatz zur Zeit Freuds und Jungs, als diese Rolle gewöhnlich einer strengen väterlichen Autorität zufiel.

Der moderne Mann schützt sich häufig gegen diese Gefangenschaft, indem er ein steriles Universum ohne Bodenkontakt und Natürlichkeit bewohnt – ein Zustand, den ich als «patriarchalen Ausweg» umschrieben habe und der sich in einem Traum wie dem folgenden äußern kann:

«Ich befand mich an einem Ort, der mir unbekannt war, und kauerte im sechsten Stock außen auf einem Fenstersims, mit dem Rücken zum Fenster. Ich fror und hatte Angst zu fallen, oder eigentlich hatte ich noch mehr Angst davor, dem Drang, mich fallen zu lassen, nachzugeben. Unten vor dem Haus erschienen meine Schwester und meine Eltern. Ich rief meiner Schwester zu, heraufzukommen und das Fenster zu öffnen, damit ich hineinkonnte, was sie dann auch tat. Das Warten war äußerst unangenehm.»[78d]

Das Haus könnte ein Symbol für die Persönlichkeit sein; der Traum zeigt damit, daß der Träumer keinen Bezug zu sich selbst hat. Es ist typisch, daß die Schwester, das Weibliche in ihm, ihm helfen muß, aus seinem Dilemma herauszukommen. Ausgangspunkt des Entwicklungsprozesses ist also die Auseinandersetzung mit dem Weiblichen.

Da das Erleben des Weiblichen bei jedem Mann mit der Beziehung zur Mutter beginnt, kann die Auseinandersetzung, wenn sie tief genug geht, in die frühesten Phasen des Lebens zurückführen.

Als Orientierungshilfe bei diesem regressiven Prozeß haben sich Erich Neumanns Phasen kindlicher Entwicklung als äußerst hilfreich erwiesen. Nach Neumann durchlebt das Kind in seinen ersten drei oder vier Lebensjahren zunächst eine kosmisch-anonyme Phase und danach die folgenden Ich-Stufen: 1. Die phallisch-chthonische Stufe: a) vegetative Stufe, b) animale Stufe, 2. Die magisch-phallische Stufe, 3. Die magisch-kriegerische Stufe. Diese Stufen gelten sowohl für Jungen wie für Mädchen.

Die kosmisch-anonyme und die vegetative Stufe erstrecken sich vom fötalen Stadium bis ins zweite Lebensjahr. Eine positive kosmische Symbolik kann sich in Gefühlen des Einsseins mit allen Dingen, in ozeanischen Empfindungen des Schwimmens im Unendlichen, in Transzendenz von Raum und Zeit, kosmischen Dimensionen usw. niederschlagen. Umgekehrt manifestiert sich eine negative Symbolik in Bildern kosmischer Verzweiflung, dem Gefühl, in ein schwarzes Loch im Universum eingesaugt zu werden, usw.

Aus der späteren vegetativen Stufe kennen wir Bilder fruchtbarer Landschaften, saftiger Wiesen, schattenspendender Bäume und sprudelnder Quellen. Wenn dagegen dürre, verwüstete Landschaften, Ruinen und radioaktiv verseuchte oder umweltverschmutzte Gebiete in den Träumen vorherrschen, besteht die Wahrscheinlichkeit, daß es auf dieser Stufe zu Störungen kam.

Die darauffolgende animale Stufe entspricht dem Alter, in dem das Kind beginnt, sich als von der Mutter getrennt zu erleben, auch wenn es immer noch eng mit ihr verbunden ist und hauptsächlich instinktgeleitet lebt. Mit dem Einsetzen dieser Stufe tauchen vermehrt Tiere in den Träumen auf.

In den magischen Stufen ist das Realitätserleben des Kindes, wie die Bezeichnung schon aussagt, magisch gefärbt. Das Ich ist jedoch schon weiter entwickelt und bewegt sich von der mütterlichen Dominanz fort auf eine väterliche Führung zu. Neumann bezeichnet diesen Prozeß als «Übergang vom Matriarchat zum Patriarchat».[78e.97]

Die folgenden Traumfragmente eines jüngeren männlichen Klienten spiegeln die verschiedenen Stufen.

Die kosmisch-anonyme Phase: «... *Es war, als ob Raum und Zeit abgeschafft wären, und ich raste schwerelos mit unglaublicher Geschwindigkeit durch die herrlichsten Farb- und Musterformationen. Es erinnerte an den Teil* Jenseits des Unendlichen *in dem Film* 2001.»[78f]

Die vegetative Stufe: Er träumt, daß seine Mutter tot ist, und dann von «der vollkommenen Frau»: «... *ihr Leib war in den Linien einer blühenden Waldlichtung, einer üppigen Blumenwiese und einer geschwungenen Meeresbucht symbolisiert.*»[78g]

Die animale Stufe: «*Lise und ich gingen zusammen auf einen Hügel. Eine Herde Pferde graste dort. Plötzlich kam ein riesiger Hengst auf mich zugaloppiert.*»[78h]

In einem Traum der magischen Stufe begegnet er einer Zigeunerin, die «*mich mit hypnotischer Eindringlichkeit anstarrte. Mir wurde schwindlig. In einer Art Halluzination wurde ich hinauf in die Wohnung meines Freundes Leif gebracht. Dort mußte ich ein mühsames und schmerzhaftes Ritual über mich ergehen lassen. Ich kann mich nicht mehr an die Einzelheiten erinnern, aber unter anderem nahmen sie Maß an meinem erigierten Penis. Danach durfte ich mich ausruhen. Ein Mann zwischen fünfunddreißig und vierzig legte den Arm um mich. Er war gutaussehend, sehr männlich und trug eine kurze, sonnengelbe griechische Tunika.*»

Die magische Seite des Weiblichen führt den Mann hier vom Weiblichen und von der Mutterdominanz fort in die männliche Initiation.

Zum Schluß noch ein Beispiel für die magisch-kriegerische Stufe: «*Ich war auf einer Hochzeit in dem protzigen Stil, den meine Eltern so lieben. Plötzlich merkte ich, daß ich mit einem geladenen Revolver in der Tasche tanzte.*»[78a]

Bis dahin war der Träumer in seinen Träumen niemals bewaffnet gewesen.

Freud beschrieb das Ich als jenen Teil des Es, der durch die äußere Welt geformt worden ist. Es ist der Ort des logischen Denkens und der Vernunft.

Jung definierte das Ich als Zentrum des Bewußtseins, das heißt, als eine psychische Instanz, die mit allen Inhalten des Bewußtseins in Verbindung steht.

Die Nachfolger Freuds und Jungs haben die Aufmerksamkeit auf die konstante emotionale Energieentladung gelenkt, die mit der Erfahrung, eine bestimmte, einzigartige Person zu sein, ein bestimmter Geist in einem bestimmten Körper zu sein, gekoppelt ist: das Ich-Gefühl.[11a]

Während Jung und besonders Freud sich in ihrer Arbeit mit Träumen in erster Linie mit Inhalten beschäftigten, die im Gegensatz zum Ich und zum Bewußtsein stehen, ist der deutsche Traumtheoretiker Hans Dieckmann der Überzeugung, daß die Ich-Erfahrung im Übergang vom Wachzustand zum Traum geschieht. Zu dieser Annahme kam er, nachdem die Auswertung von fünfzigtausend Träumen seiner Klienten zuzüglich seiner eigenen Träume und die Ergebnisse einer Befragung unter Kollegen ergaben, daß das Ich sich im Traum offenbar nur verschwindend selten mit Tieren oder Dingen identifiziert. In seiner eigenen Praxis stieß er überhaupt nur auf zwei derartige Fälle: eine drogenabhängige Frau, die träumte, sie sei «*eine Blume, die gehen konnte*», und eine Psychotikerin, die träumte, sie sei «*eine Vase*».

Nach Dieckmann kann man prinzipiell davon ausgehen, daß das Traum-Ich sich grundsätzlich derselben Abwehrmechanismen bedient und dieselben Empfindungen und Gefühle hat wie das Wach-Ich. «Im Gegensatz zu dem, was immer behauptet wird, verfügt der Ich-Komplex über ein erheblich größeres Maß an Konstanz und Stabilität und hat keineswegs die Tendenz, sich im Traum weitgehend aufzulösen und zu dissoziieren, sondern es ist vielmehr so, daß er weitgehend bemüht ist, seine Funktionen auch im Traum-Ich aufrechtzuerhalten.»[9d]

Dabei schließt die Ähnlichkeit im Erlebnismodus des Wach-Ichs und des Traum-Ichs eine gewisse Auflockerung der Ich-Grenzen im Traum ebensowenig aus wie die Konfrontation mit unterdrückten Inhalten oder neuen psychischen Möglichkeiten.

Gerade auf der Basis des auch im Traum bewahrten Ich-Gefühls scheint das Traum-Ich dazu geeignet, eine Brücke zum Unbewußten herzustellen. Das ist dann der Teil des Traums, mit dem der Träumer sich unmittelbar identifizieren kann.[9c]

Dieckmann hat vorgeschlagen, sich zu Beginn einer Traumanalyse auf den Erlebnismodus des Traum-Ichs und seine Beziehung zum praktischen Leben (Objektstufe) zu konzentrieren. Betont man die Kontinuität zwischen Traum-Ich und Wach-Ich, so «gibt man damit dem Patienten ein größeres Ausmaß an Sicherheit, sich in der für ihn bis dato unverständlichen und unbekannten Innenwelt zu bewegen». Dies empfiehlt sich um so mehr, als die meisten Patienten kein besonders starkes Ich haben und im analytischen Prozeß zunächst einmal das Ich gestärkt werden müsse, bevor das Ich auf die Auseinandersetzung mit dem unbewußten Material hingeführt wird.[9a]

Traumserien ermöglichen es, über einen langen Zeitraum zu beobachten, wie sich das Ich zu bestimmten, immer wiederkehrenden Komplexen verhält. Dieckmann schildert in diesem Zusammenhang das Beispiel eines fünfunddreißigjährigen, stark aggressionsgehemmten Polizisten. Der Mann kam in Behandlung, nachdem er überfallen worden war. Obwohl er beim Überfall bewaffnet gewesen war, hatte er sich nicht verteidigt, und träumte nun fortwährend von gefährlichen, aggressiven Konfliktsituationen, die er dadurch bewältigte, daß er flüchtete.[9d]

Dann, nach fünfundvierzig Analysestunden, träumte er, daß er mit zwei anderen auf einen Baum kletterte. Drei junge Mädchen kamen vorbei, «*schauten hoch und sagten: ‹Da hängen drei Leichen.› Dann erschien der Teufel, berührte uns, und wir gingen in Flammen auf. Plötzlich befanden wir uns wieder auf dem Boden, gekleidet wie Dumas' Drei Musketiere, und gingen mit den Mädchen weg.*»[11b]

Nach diesem Traum «begann das Traum-Ich sich deutlich mit den aggressiven und sexuellen Impulsen zu identifizieren, die aus dem Unbewußten aufstiegen». Schon in der Schule und später als Polizist war der Mann ständig gehänselt und ausgelacht worden. Eine Änderung kündigte sich mit dem folgenden Traum an:

«*Ich traf auf der Straße einen Kollegen, der anfing, mich zu hänseln. Ich wurde so wütend, daß wir in eine Prügelei gerieten. Ein älterer Mann ging vorbei und sagte zu ihm: ‹Schämen Sie sich nicht, Sie, ein kräftiger*

Mann, einen Schwächeren anzugreifen?› Ich sagte zu dem Mann, er solle sich nicht einmischen, und wir kämpften weiter.»[11b]

Der Polizist, der auch zu Hause sehr unter dem Pantoffel stand, schaffte es, seine häusliche Situation zu ändern, was dazu führte, daß sich sein Sexualleben befriedigender gestaltete. Die Traumtheorie erklärt dieses Phänomen damit, daß die aggressiven und sexuellen Impulse aus dem Unbewußten durch Ich-Gefühle ersetzt wurden. In jungianischer Terminologie könnte man sagen, daß das Ich mehr Energie bekommt und mehr Raum gewinnt, indem es Teile des Schattens integriert.

In einem weiteren Beispiel von Dieckmann, das im ersten Kapitel bereits erwähnt wurde (S. 43), geht es um den Fall einer neunundzwanzigjährigen Hausfrau, deren orale Hemmung im Laufe der Analyse abgebaut wurde. Auch hier kam es zu einer klaren Einstellungsänderung im Wachleben.

Das Traum-Ich ist deshalb so wichtig, weil es vom Wach-Ich unterschieden ist und doch als mit ihm identisch erlebt wird.

Dieckmann erklärt dieses Phänomen in der Sprache Freuds und seines Kollegen Federn: Energie, die im Wachzustand im Körper eingesetzt und für äußere Tätigkeiten gebraucht wird, strömt während des Traumvorgangs dem Traum-Ich zu. Es ist (um beim Freudschen Bild zu bleiben) wie bei einem General, der nur noch einen kleineren Frontabschnitt halten muß und dadurch eine gestärkte Streitmacht für die Auseinandersetzung mit dem Unbewußten zur Verfügung hat. Dabei wird davon ausgegangen, daß gleichzeitig ein Teil der freiwerdenden Energie ins Unbewußte fließt und dort potentielle Wandlungsprozesse in Gang setzt. Das Traum-Ich wird dadurch zu einer schöpferischen Instanz, die die fremdartigen Traum-Ereignisse zum Wach-Ich in Beziehung setzt.[11c]

Dieckmann stellte die Faustregel auf, daß ein Problem in der Regel erst dann bewußtseinsfähig wird, wenn es vom Traum-Ich aufgenommen wurde.[9c] Und er warnt in diesem Zusammenhang vor jeder voreiligen therapeutischen Intervention mit dem Ziel, diesen Prozeß zu beschleunigen: «Der Analytiker, der dabei die Geduld verliert und durch ‹Verhaltensanweisungen› die Situation zu korrigieren versucht, erntet eine Symptomverschiebung, verstärkten Widerstand oder einen Analyseabbruch.»[9b]

Der Traum als eigene Welt

James Hillman, ein Vertreter der von Samuels als «archetypisch» be-zeichneten Schule, betrachtet Träume primär als eine Art (Unter-)Welt mit eigenen Zielen.[29a]

Im Gegensatz zum üblichen Deutungsverfahren, bei dem die Traumsprache in die Sprache des Bewußtseins übersetzt wird, schlägt Hillman vor, die Sprache des Bewußtseins in die Sprache des Traums zu übersetzen, «Traumarbeit am Ich» zu leisten, und die Dinge anhand der «Realität» des Traums zu betrachten.[29b]

Hillman bringt zwar methodologisch nichts Neues, sein Stand-punkt ist aber deshalb von Interesse, weil er mit Nachdruck betont, daß Träume etwas vom Bewußtsein radikal Verschiedenes enthalten, das grundsätzlich nicht in die Sprache des Bewußtseins übersetzbar ist.

Untersuchungen zur archetypischen Qualität von Träumen

Wie bereits erwähnt, unterschied Jung zwischen verschiedenen Traum-typen, von denen die einen Alltägliches wiedergeben, die anderen archetypische Merkmale aufweisen, je nachdem, ob sie mit dem per-sönlichen oder dem kollektiven Unbewußten in Beziehung stehen. Der israelische Analytiker Yehezkiel Kluger untersuchte Träume von zwei-hundertachtzehn Personen im Alter zwischen achtzehn und zweiund-sechzig Jahren, größtenteils Studenten. Die meisten Probanden hatten keine Analyse hinter sich. Es ging Kluger darum festzustellen, ob sich Jungs Traumtheorie auch statistisch untermauern läßt.

Nach Jung haben die Archetypen nicht nur eine bestimmte Struktur, sie weisen auch starke dynamische Eigenschaften auf.[52a] So bezeichnete er archetypische Träume mehrfach als «energiegeladener» als Alltags-träume. Wenn seine Theorien stimmen, dann lassen sich folgende Hypothesen formulieren:

Träume, die beim Träumer einen besonders lebendigen Eindruck hinterlassen, enthalten eine größere Quantität archetypischen Mate-rials als Alltagsträume.

Träume aus der frühen Kindheit sind archetypischer als Alltags-träume. Das hängt damit zusammen, daß das Kind noch kein festes Ich ausgebildet hat, auch lebt das kleine Kind noch stärker im kollektiven Unbewußten als der Erwachsene, der eine entsprechend größere Menge persönlicher unbewußter Erfahrungen sammeln konnte.

Menschen, die in tiefenpsychologischer Behandlung sind, haben mehr archetypische Träume als Menschen, die keine Analyse machen, denn man muß davon ausgehen, daß das kollektive Unbewußte im Laufe einer Analyse aktiviert wird.[52d]

Als Kriterien für die archetypische Qualität eines Traumes definierte Kluger in Anlehnung an Jung die folgenden Aspekte: a) mythologische Parallelen, b) erhöhte Affektivität, c) irrationale Vorstellungen oder Verhaltensweisen im Traumverlauf; d) Entfernung von der «Alltäglichkeit».

Diese Kriterien können wiederum jeweils in abgestufter Form auftauchen:

zu a) *Mythologische Parallelen:*
  Enge Parallele:
Traumbeispiel: «*In einem orientalischen Tempel erwachen riesenhafte Statuen auf einmal zum Leben. Eine der Statuen sagt: ‹Die Zeit für die Schlacht zwischen Gut und Böse, auf die ich von Ewigkeit her gewartet habe, ist gekommen.› Ein entsetzlicher Kampf beginnt.*» Parallelen zu diesem Bild finden sich im Zoroastrismus und im Buch der Offenbarung.[52b]

  Mittelstarke Parallele:
Beispiel: «*Die Träumerin steckt ihrem Ehemann etwas in die Tasche – seinen Penis, in Frischhaltefolie gewickelt. Sie hat gemischte Gefühle, weil sie einerseits ihren Auftrag erfüllt hat, sich andererseits aber fragt, ob der Penis jemals wieder benutzbar sein wird.*» Parallelen zu dieser Vorstellung liefern die Mythen von Isis und Osiris und von Attis und Kybele, in denen das Thema der Wiederherstellung eines abgetrennten Phallus und die Frage nach seiner anschließenden Gebrauchsfähigkeit behandelt wird.

  Entfernte Parallele:
Beispiel: «*Ich fliege, wohin ich will, höher und niedriger, ganz wie ich will.*» Parallele: der Ikarus-Mythos.

zu b) Die *Affekte* können positiv oder negativ sein und auf der positiven Seite von freudiger Ekstase bis hin zu lediglich angenehmen beziehungsweise zufriedenstellenden Empfindungen reichen, auf der negativen Seite von Panik und Entsetzen bis zu Langeweile. Affekte können aber auch ganz fehlen. Je größer jedoch die Affektintensität des Traums, desto höher die Wahrscheinlichkeit, daß der Traum archetypisch ist.

zu c) Im Hinblick auf die *Irrationalität* der Trauminhalte ergibt sich eine Abstufung, je nachdem, wie nahe das Traumgeschehen natürlichen Abläufen kommt und wie hoch die Wahrscheinlichkeit ist, daß der Träumer ähnliches in seinem Leben erlebt. Rational und nicht unwahrscheinlich sind: radfahren, gegen einen Stein fahren und stürzen. Rational-möglich: verfolgt, eingeholt und vergewaltigt werden.

Irrational: Ein Fisch mit Zähnen verjagt mich aus dem Schwimmbecken und verfolgt mich über die Wiese. Ein Mann mit einem Löwenkopf.

zu d) Der Grad der Abweichung des Traums von der Alltäglichkeit hängt eng mit der Entfernung vom Rationalen und der Annäherung an das Irrationale zusammen.[52b]

Der Einsatz statistischer Methoden in der Traumanalyse geht auf den Traumforscher Calvin Hall zurück, der im Mittelpunkt des folgenden Kapitels stehen wird. Kluger kam bei seiner Untersuchung zu dem Ergebnis, daß es mit relativ hoher statistischer Sicherheit möglich ist, zwei Traumtypen voneinander zu unterscheiden: archetypische Träume und Alltagsträume.

Die Kindheitsträume seiner Probanden waren zu sechsundfünfzig Prozent archetypisch; lang zurückliegende Träume, die noch immer lebhaft erinnert wurden, zu fünfundsechzig Prozent. Träume, die in die Untersuchung einbezogen worden waren, weil sie erst kurz zurücklagen, wiesen nur zu zwanzig Prozent archetypische Elemente auf. Dagegen zeigten achtunddreißig Prozent der unmittelbar zurückliegenden Träume von Analysanden archetypische Züge.[52c]

P. A. Faber, ein anderer jungianischer Analytiker, überprüfte mit Hilfe von Klugers Methode, ob sich der Anteil archetypischer Träume bei Menschen ändert, die im Laufe des Tages «veränderte Bewußtseinszuständes» erleben, sei es in Form über einen längeren Zeitraum hinweg praktizierter aktiver Imagination oder durch Meditation.[17]

Für das Imaginationsexperiment wurden sechsundzwanzig Psychologiestudenten im ersten Studienjahr ausgewählt, die bis dahin weder Meditation praktiziert noch aktives Interesse an Träumen hatten oder Psychopharmaka oder psychedelische Drogen nahmen. Die Teilnehmer wurden mit Hilfe einer psychologischen Testbatterie ausgewählt, die garantieren sollte, daß alle innerhalb der «psychologischen Norm» lagen. Daraufhin wurde die Stichprobe nach dem Zufallsprinzip einer Experimental- oder einer Kontrollgruppe zugeteilt.

Über drei einundzwanzigtägige Zeiträume hinweg schrieben die Probanden ihre Träume unmittelbar nach dem Erwachen auf. Auf diese Weise erhielt Faber Einblick in die Beschaffenheit von Träumen vor, während und nach der Arbeit mit Wachphantasien.[17a]

Während der «Induktionsphase», in der die Phantasieaktivität angeregt wurde, meldeten sich die Probanden zu sechs Sitzungen in einem Schlaflabor. Nachdem sie in einen Zustand der Entspannung versetzt worden waren, begannen sie eine Imagination mit einem neutralen, unstrukturierten Bild wie zum Beispiel einer Wiese. Schon nach wenigen Minuten fingen sie sämtlich an, Phänomene zu schildern, die von extremen, bizarren, irrationalen, affektgeladenen, traumartigen Bildern auf der einen bis zu relativ nüchternen, nichtssagenden, aber dennoch traumartigen Sequenzen, die eng mit Situationen ihres alltäglichen Lebens zusammenhingen, auf der anderen Seite reichten.

Die Bildsequenzen erfolgten nicht geleitet, sondern völlig spontan und wurden nach fünfzehn bis neunzig Minuten auf Wunsch der Teilnehmer selbst abgebrochen.

Die Teilnehmer der Kontrollgruppe erschienen in gleichen Zeitabständen zu Sitzungen, bei denen sie sich passiv standardisierte Tonbandaufzeichnungen mit Berichten von Phantasien anhörten. Um Verfälschungen der Ergebnisse zu vermeiden, wurden den Probanden die eigentlichen Hypothesen des Experiments nicht mitgeteilt.[17a]

Die Träume beider Gruppen wurden anhand von Klugers Skala ausgewertet. Vor den Sitzungen zeigten knapp vier Prozent der Träume der Teilnehmer beider Gruppen archetypische Züge. (Eine Zahl, die deutlich unter der liegt, die Kluger angibt, was darauf hinweisen könnte, daß die Kriterien bei Faber strenger gehandhabt wurden.) Die

Träume der Kontrollgruppe blieben während des ganzen Experiments auf diesem Level. Die Experimentalgruppe dagegen produzierte während der Phase der Phantasieproduktion nicht weniger als achtundvierzig Prozent archetypischer Träume und in den drei Wochen danach immer noch achtzehn Prozent.[17b]

Da gerade die archetypischen Träume nach Jung den inneren Wachstumsprozeß fördern, legen die Untersuchungen nahe, daß Jung mit seiner Annahme recht hat, imaginative Techniken könnten die Begegnung mit dem Unbewußten intensivieren und den Individuationsprozeß vorantreiben. Eine ebenfalls von Faber durchgeführte Studie über die Träume von Teilnehmern, die regelmäßig Yogameditation betrieben, deutet darauf hin, daß auch Meditation den Anteil archetypischer Träume erhöht.[96]

Kritiker der jungianischen Analyse haben den Jungianern oft vorgehalten, ihre Klienten träumten nur deshalb «jungianisch», das heißt archetypisch, weil sie auf der Ebene des Bewußtseins mit Jungs Theorien vertraut seien. Dieser Vorwurf kann unter Verweis auf die klinische Erfahrung der Jungianer selbst, hier repräsentativ zusammengefaßt in den Untersuchungsergebnissen Klugers und Fabers, zurückgewiesen werden, da im Rahmen der Studien jeweils ganz andere Faktoren der Hervorbringung archetypischer Träume förderlich waren. Natürlich ist es möglich, daß mythologisches Material auch auf dem Weg über Tagesreste, die ihren Ursprung in einer Vertrautheit mit dem Thema auf der Ebene des Bewußtseins haben, in Träume gelangt, doch würde dies einem erfahrenen jungianischen Traumanalytiker rasch auffallen.

Die Rolle des Traumdeuters

Jung verstand seine Methode phänomenologisch, das heißt, der Deuter muß seine Ergebnisse nicht auf Biegen oder Brechen in den Rahmen irgendeiner vorgefertigten Theorie pressen.[46] Der unbewußte Inhalt von Träumen läßt vielmehr in der Regel mehrere Deutungen zu, wobei die Zustimmung des Träumers zu einer Deutung eine der Voraussetzungen dafür ist, daß diese auch wirklich als gültig angesehen werden darf.

Jung selbst «lebte mit seinen Träumen, trug sie mit sich herum und stellte ihnen Fragen». Einmal bekam er die entscheidende Anregung zum Verständnis eines Kindheitstraumes fünfzig Jahre später![82b] Seine Interpretationen waren, wie die Freuds, kreativ und undogmatisch.

In der jungianischen Analyse wird der Traum gewöhnlich in geschriebener Form eingebracht. Dadurch reicht der Vorgang der Traumdeutung über den Rahmen der Therapiesituation hinaus, und der Analysand erwirbt allmählich selbst eine gewisse Fertigkeit darin, seine Träume zu deuten. Er kann außerdem in seinen Notizen zurückblättern, typische Motive und ihre Transformation erkennen und sich auf diese Weise eines Entwicklungsprozesses bewußt werden. Problematisch kann diese Vorgehensweise allerdings werden, wenn der Text theoretisierend, wie ein Stück Literatur, aufgefaßt wird.

In einem Buch über Traumdeutung *(Träume)* betont Marie-Louise von Franz die «Selbsterkenntnis» als entscheidendes Konzept in Jungs Traumtheorie. Damit ist «Verständnis» und «Einsicht» in einem Sinne gemeint, den spätere Jungianer als allzu einseitig-intellektuell kritisiert haben.[71] Dieckmann schildert zum Beispiel, wie Klienten Träume als Schutzschild benutzen können, um nicht mit den eigenen drängenden Problemen in Berührung zu kommen, indem die Therapie mit «interessanten» Kommentaren zur Deutung gleichsam überschwemmt wird.[8] Neben dieser eher theoretischen Debatte gibt es aber insbesondere auch Widerstand von seiten jüngerer Therapeuten, die von der Therapieform der «Alten» frustriert waren und damit begonnen haben, mehr körper- und erlebnisorientierte Techniken in ihre Therapie einzubeziehen.[5,51]

Genau wie Freuds Nachfolger haben sich auch die Neojungianer systematisch mit dem Aspekt der Gegenübertragung in der Traumdeutung auseinandergesetzt. Ende der sechziger Jahre untersuchten Dieckmann und eine kleine Gruppe Berliner Analytiker Gegenübertragungsprozesse bei der Analyse archetypischer Träume und stellten fest, daß eine innere Supervision beim Analytiker dessen Empathie für den Klienten (siehe «Traum und Parapsychologie») sowie die Wirksamkeit der Therapie steigerte.

Die Funktion des Traums bei Jung

Ist man erst einmal mit der Art, wie Jung und seine Anhänger mit Träumen gearbeitet haben, vertraut, so wird begreiflich, warum Jung es für die vielversprechendste und fruchtbarste Hypothese hielt, dem Traum eine kompensatorische Funktion im Sinne einer positiven Korrektur des Bewußtseins zuzuweisen.[42h]

Die Jungianer gehen davon aus, daß Träume den Geist auf die Lösung größerer und kleinerer Probleme vorbereiten. Es hat zum Beispiel den Anschein, daß die Merkmale eines «persönlichen Mythos» sich bereits in Träumen aus der frühen Kindheit ankündigen, und wenn man Traumserien über kürzere oder längere Zeiträume hinweg untersucht, so scheinen die Träume das Bewußtsein beständig mit übersehenen Informationen zu versorgen, die die innere Entwicklung des Individuums vorantreiben können. Viele jungianische Analytiker bestätigen denn auch, daß sie immer wieder archetypischen Themen in Träumen begegnen, über die die Klienten zuvor nicht Bescheid gewußt haben konnten, und daß solche Themen eine besondere Bedeutung für die innere Entwicklung haben. Klinische Erfahrung und statistische Untersuchungen zeigen gleichermaßen, daß die Anreicherung mit archetypischen Elementen im Traum nicht auf den Einfluß des Analytikers zurückzuführen ist. In diesem Fall aber besitzt das Unbewußte ein Wissen, das dem des Bewußten überlegen ist.

Die praktische Anwendung der Jungschen Kompensationstheorie wirft aber auch eine ganze Reihe von Problemen auf.

Während eine ältere Generation von Jungianern, unter ihnen Marie-Louise von Franz, Gerhard Adler, Jolande Jacobi und in Dänemark Eigil Nyborg, das Kompensationskonzept als relativ einfach und leicht verständlich dargestellt hat, empfanden neuere Vertreter der Jungschen Schule wie James A. Hall, Hans Dieckmann, C. A. Meier, James Hillman und Andrew Samuels es als eher unhandlich – ohne allerdings diese Auffassung für eine allgemeine Traumtheorie fruchtbar zu machen.

James A. Hall war der Ansicht, den Kompensationsansatz wegen seiner Komplexität in seinem Lehrbuch zur Traumanalyse nicht erschöpfend behandeln zu können.[23] C. A. Meier wiederum merkte kritisch an, daß bei dieser Vorstellung eine Instanz im Unbewußten postuliert wird, die genauestens darüber informiert ist, was gut für den Träumer ist, und schlug im Gegenzug vor, auch das Bewußtsein als kompensatorisch, und zwar im Verhältnis zum Unbewußten, zu definieren.[58b]

Doch bevor wir uns mit solch kritischen Einwänden auseinandersetzen, wollen wir den Kompensationsgedanken näher betrachten.

Traum und Bewußtsein als Kontrast

Es steht außer Frage, daß Träume, wenn sie nicht Dinge enthielten, die im Gegensatz zum Bewußten stehen, völlig uninteressant wären. Ebenso herrscht Übereinstimmung darüber, daß wir aus den meisten Träumen etwas über uns erfahren, das wir vorher nicht wußten. Die älteren Jungianer scheinen dieses kontrastierende Element im Traum jedoch über Gebühr herausgestellt zu haben.

C. A. Meier und Marie-Louise von Franz, beide enge Mitarbeiter Jungs, deuteten dessen Aussagen dahingehend, daß Träume zwei grundlegende Funktionen haben:

1. *Eine komplementäre Funktion:* Der Traum ergänzt zu eingeschränkte oder zu wenig berücksichtigte Bewußtseinsinhalte.

2. *Eine kompensatorische Funktion:* Der Trauminhalt gleicht gezielt eine Einseitigkeit im Bewußtsein aus.

Von Franz macht die *komplementäre Funktion* am folgenden Beispiel deutlich: «Jemand hat eine Person des anderen Geschlechts getroffen und nur flüchtige Sympathie empfunden, und träumt dann nachts von einer leidenschaftlichen Liebesszene mit der betreffenden Person.»[82f] Oder eine Person, die bei der Arbeit einen Tadel erhielt, rächt sich im Traum, indem sie ihren Chef abkanzelt.[65a]

Mit *Kompensation* ist nicht nur einfach das Füllen von Lücken im Bewußtsein gemeint, sondern eine sehr viel zweckgerichtetere, erkenntnisgenerierende Funktion. Der Traum zeigt gleichsam einen Weg auf – wir haben es hier also geradezu mit einem erzieherischen Aspekt des Unbewußten zu tun.[40b]

Jung berichtet zum Beispiel von einem Mann, der eine äußerst hohe Meinung von seiner eigenen moralischen Überlegenheit hatte und *«von einem betrunkenen Landstreicher, der sich im Straßengraben wälzt»*, träumte. *«Der Träumer sagt (im Traum): ‹Es ist furchtbar, wie tief ein Mensch sinken kann.›»*

Nach Ansicht Jungs war es der Zweck des Traums, der Selbstgerechtigkeit des Träumers einen Dämpfer aufzusetzen.[42h]

Von anderen Jungianern stammt das Beispiel von dem Mann, der träumt, *er verliere sämtliche Zähne*, was so gedeutet wurde, daß er seine Zähne in der Tat verlieren wird, allerdings in metaphorischem Sinne, weil er sich überaggressiv verhält.[77] Oder das Beispiel von dem Vierzigjährigen, der sich im Traum *im Spiegel seiner Freundin sehr viel älter als in Wirklichkeit sieht*. Hier ist es das pädagogische Ziel des Unbewußten, den Mann älter zu machen, weil seine Beziehung zu dem Mädchen durch eine im Blick auf sein Alter viel zu jugendliche Einstellung charakterisiert ist.[66]

Als allgemeine Regel für diesen Mechanismus formuliert Jung: «Je einseitiger und je weiter wegführend vom Optimum der Lebensmöglichkeit die bewußte Einstellung ist, desto eher ist die Möglichkeit vorhanden, daß lebhafte Träume von stark kontrastierendem, aber zweckmäßig kompensierendem Inhalt als Ausdruck der psychologischen Selbststeuerung des Individuums auftreten.»[40c]

Doch wie die neuere Forschung zeigt, ist der Kontrastaspekt bei Träumen nicht vorherrschend (siehe Kapitel 3). Der Traum wird im Gegenteil um so einseitiger sein, je einseitiger das Bewußtsein des Träumers ist. Wenn im Traum aber dennoch Inhalte auftauchen, die im Gegensatz zum Bewußten stehen, so zeigt das Traum-Ich im Umgang mit ihnen genau dieselben Abwehrmechanismen wie das Wach-Ich, oder wie Dieckmann es formuliert: «Der Traum des sexuell gehemmten Spießbürgers, der neben seiner langjährigen und wenig attraktiven Ehefrau im Bette liegend von Orgien mit anderen Mädchen träumt, existiert in der Realität nicht.»[9d]

Im Hinblick auf archetypische Träume aber, die sich der Theorie nach als besonders kontrastierend und kompensatorisch darstellen müßten, lehrt uns die Erfahrung, daß sie statistisch gesehen einen relativ kleinen Teil der Gesamtmasse des Traummaterials ausmachen und daß sie gerade nicht bei einer Einseitigkeit des Ichs auftreten, wie von Jungs Postulat her zu erwarten wäre, sondern im Gegenteil bei Zuständen wie der freien Imagination, bei der Entspannung des Ichs in der Analyse oder dann, wenn das Bewußtsein mehr oder weniger aus seiner gewohnten Bahn geworfen wird.

Angesichts dieser Befunde ist es meiner Ansicht nach nicht mehr besonders schwer, die oben erwähnten Komplementärträume aus moderner Sicht zu erklären. Nach Dieckmanns Theorie ist der Träumer aus von Franz' Beispiel, der von einer leidenschaftlichen Liebesszene träumt, kurz davor zu erkennen, daß er tatsächlich verliebt ist, und die Person, die ihrem Chef im Traum die Leviten liest, ist nahe daran zu spüren, daß sie tatsächlich äußerst ärgerlich ist.

Auch bei den kompensatorischen Träumen sehe ich keine Notwendigkeit, den Traum zum Schulmeister zu stilisieren. Wenn ein Traum-Ich über einen Landstreicher sagt, «schrecklich, wie tief ein Mensch sinken kann», spiegelt das einfach nur wider, daß der Mann im Wachzustand ein selbstgerechter Frömmler ist, der über andere urteilt, auf der Subjektstufe aber selbst einen Landstreicher als Schatten hat.

Das Kompensationskonzept ist in dem Sinn problematisch, als es theoretische Vorannahmen darüber macht, was letztlich gut oder richtig für den Träumer ist, es umgekehrt aber Träume gibt, aus denen sich kein wie auch immer gearteter kompensatorischer Nutzen für den Träumer herauslesen läßt. Freud hatte seine These von der Wunscherfüllung so elastisch formuliert, daß er einfach behaupten konnte, unangenehme Träume seien Manifestationen masochistischer Neigungen. Jung löste das Dilemma mit dem Hinweis, daß eine Kompensation, die sich nicht sofort aufdrängt, auf einer tieferen Ebene zu suchen sei. Bei Personen mit selbstzerstörerischen Tendenzen ist zum Beispiel keineswegs grundsätzlich zu beobachten, daß ihre Träume die Autoaggressivität zu bremsen versuchen. Im Gegenteil, die Träume können den Betreffenden noch weiter ins Extrem treiben. In einem solchen Fall kann die Kompensation nach Jung in der Erkenntnis bestehen, daß «es der Natur wichtiger erscheint, daß man sich des Problems bewußt wird und es versteht, als daß man Leiden vermeidet».[56d]

Ungeachtet der Tatsache, daß vielleicht in der Tat eine tiefe Weisheit in dieser Beobachtung liegt, wird das Kompensationskonzept damit so weit gefaßt, daß es unhandlich wird. Auf jeden Fall ist es so für die Praxis nicht brauchbar, es sei denn, besondere therapeutische Erfahrung, Lebenserfahrung und eine entsprechende weltanschauliche Haltung des Deuters rechtfertigen die Anwendung.

Jung selbst bemerkt in seinen Ausführungen in *Vom Wesen der Träume*, daß, wenn das Bewußtsein sich bis zum äußersten in der Arbeit an sich selbst abmüht und man meint, das Unbewußte wisse ja alles besser, man leicht verleitet wird, «nötige Entscheidungen und Entschlüsse den Träumen zuzuschieben», und dann entsprechend enttäuscht ist, «wenn die Träume immer nichtssagender werden».[41] Seine Nachfolger betonen deshalb immer wieder, daß Träume uns nicht sagen, was wir tun sollen.[56] Von Franz weist darauf hin, daß Träume anfangen, den Träumer zum Narren zu halten, oder unverständlich werden, wenn es in einer bestimmten Lebenssituation nicht gelingt, zu einer Entscheidung zu kommen, und die Verantwortlichkeit ganz auf die Träume projiziert wird.[87] So gesehen übt das Bewußtsein tatsächlich eine kompensatorische Funktion gegenüber dem Unbewußten aus.

Freuds und Jungs Traumtheorie – ein Vergleich

Auf den ersten Blick hat es den Anschein, als seien die Traumtheorien von Freud und Jung zwei parallel kreisende Welten, die sich nie berühren können. Was das Wesen des Traums, seine Funktion und seine Deutung angeht, sind die beiden Ansätze in der Tat von Grund auf inkompatibel. Sah Freud das Wesen des Traums in der Maskierung, so sah Jung den Traum als Enthüller. Freuds These von der Wunscherfüllung und vom «Hüter des Schlafes» setzte Jung das Konzept der Kompensation entgegen, und was die Deutung selbst betrifft, so scheinen sich Träume in den beiden Systemen mit ganz verschiedenen Dingen zu befassen.

Das Wesen des Traums

Die Freudsche These, daß Abwehrmechanismen entscheidend an der Traumbildung beteiligt sind, ist von Freuds Nachfolgern, aber auch durch Beobachtungen neojungianischer Analytiker gestützt worden.

In der jungianischen Theorie ist die ursprüngliche Psyche unbewußt: das kollektive Unbewußte und die Archetypen. Im Laufe der kindlichen Entwicklung werden diese tiefen Schichten vom persönlichen Unbewußten überlagert, das auch als «freudianische Schicht» bezeichnet wurde; in dieser Schicht sind die Abwehrmechanismen lokalisiert. Man würde daher erwarten, daß im Falle unentwickelter Abwehrmechanismen oder wenn die Abwehr gelockert oder zusammengebrochen ist, archetypische Träume und von primitiven Impulsen gesteuerte Träume vorherrschen. Dies scheint auch tatsächlich zuzutreffen: Psychotiker und Borderline-Persönlichkeiten haben mehr archetypische Träume und mehr Träume, in denen sich rohe, instinktgeleitete Triebe manifestieren, als Nicht-Psychotiker (siehe Kapitel 12). Auch Kindheitsträume sind häufiger archetypisch als Erwachsenenträume. Eine allgemeine Entspannung des Ichs im Zuge der freien Imagination erzeugt erwartungsgemäß ebenfalls archetypische Träume, und ebenso ist im Rahmen langdauernder Therapien, in denen die Abwehrmechanismen des Klienten bearbeitet werden, ein Vordringen durch das persönliche Unbewußte zu den archetypischen Schichten zu beobachten.

Es ist daher anzunehmen, daß Träume aus der Sphäre des persönlichen Unbewußten von Abwehrmechanismen beeinflußt werden und daß das Traum-Ich in allen Träumen einen Teil dieser Abwehrmechanismen mitbringt.

In seiner letzten Arbeit über Träume[42i] räumte Jung ein, daß das Unbewußte aufgrund von Verdrängungen verzerrt und voreingenommen sein kann, so daß die natürliche symbolbildende Funktion überlagert und verzerrt wird. Das Unbewußte kann in solchen Fällen keine positiven Wandlungs- und in die Zukunft weisenden Symbole produzieren. Jung vertiefte diesen Gedanken nicht weiter – wir werden dies allerdings tun.

Will man sowohl die schöpferische Symbolfunktion als auch die Abwehrmechanismen bei der Traumanalyse berücksichtigen, so wird die Arbeit mit dem einzelnen Traum komplizierter, weil man ständig überprüfen muß, ob der Trauminhalt oder Teile von ihm aus der «objektiven Psyche» stammen, um Jungs Bezeichnung zu gebrauchen, oder vom Ich und den Abwehrmechanismen ausgehen. Dennoch läßt sich auf diese Weise allmählich ein Überblick über den häufig relativ stereotypen Bestand des Träumers an Abwehrmechanismen und Affektverkehrungen gewinnen.

Das soll nicht heißen, daß man nicht auch hervorragende therapeutische Arbeit leisten kann, wenn man nur die eine Seite des Wesens der Träume kennt – das bestätigt die klinische Erfahrung. Es soll nur deutlich gemacht werden, daß der Traumdeuter der Freudschen Schule möglicherweise Entwicklungspotentiale übersieht, die auf diese Weise ungenutzt bleiben oder für die der Klient an anderer Stelle Unterstützung suchen muß, während umgekehrt dem Jungianer entgeht, daß bestimmte Abwehrmechanismen alle Entwicklungsstadien begleiten. Es sei denn, man bearbeite sie mit anderen Methoden als der Traumanalyse, verharre aber im Glauben, die sichtbar werdenden Veränderungen seien ausschließlich auf die Traumarbeit zurückzuführen. Ich habe oft erlebt, daß die Lösung für ein Projekt, eine kreative Tätigkeit, der Anfang einer Beziehung oder auch eine grundlegende Einstellungsänderung von einem konstruktiven und archetypischen Initialtraum begleitet wird. Doch kurz darauf, wenn die neue Initiative tatsächlich verwirklicht werden soll, häufen sich Straf- und Angstträume, die zu belegen scheinen, daß die Abwehrmechanismen die Freisetzung neuer Lebenspotentiale nicht ohne weiteres gestatten.

In einem solchen Fall würde die Betrachtung des Initialtraums aus Freudscher Sicht ihm den prospektiven Aspekt rauben, während ein jungianisches Verständnis der sich einstellenden Angstträume zu dem Ergebnis führen würde, daß das Projekt doch nicht verwirklicht werden kann.

Ein flexibler Umgang mit beiden Ansätzen wäre sicherlich auch für Sheila Moons Auseinandersetzung mit ihrer lebenslangen Traumserie hilfreich gewesen. Einer der Kulminationspunkte in ihrem Leben war ein Traum, in dem sie eine zärtliche, leidenschaftliche Liebesszene mit ihrem Freund Harry erlebte. Der Traum kann jungianisch als prospektiver Traum verstanden werden, als die Andeutung der Möglichkeit einer engen Liebesbeziehung auf der äußeren Ebene, aber auch als Hinweis auf ein neues inneres Gleichgewicht zwischen der männlichen und der weiblichen Seite ihrer Persönlichkeit.

Im nächsten Traum berichtet Moon: «*Ich bin der König. Ein junger Mann bedroht mich mit seinem Schwert, und ich töte ihn mit einem Dolch ...*» Und im darauffolgenden: «*... ich habe eine Begegnung mit einer Nonne und führe ein Gespräch mit ihr ...*» Wie schon zuvor erwähnt, sah Moon in der Bedrohung des Königs den Ausdruck dafür, daß ihr Selbst, der König, aus dem Gleichgewicht war. Die Begegnung mit der Nonne zeigte ihr, daß sie im Grunde «eine Einzelgängerin» war «nicht in einem neurotischen, sondern in einem kreativen Sinne».[61k]

Auch diese beiden Träume wurden prospektiv gedeutet, was von unserem jetzigen Wissensstand her durchaus angreifbar ist. Wenn das

Verhältnis zum Männlichen sich für Moon derart schwierig gestaltete, wie wir aus ihrer Biographie wissen, dann wäre aus der psychoanalytischen Erfahrung heraus zu erwarten, daß der Versuch, ihre Grenzen auf diesem Gebiet zu überschreiten, angsterregend wirkt und Abwehrmechanismen mobilisiert. In diesem Fall läge es nahe, die Träume freudianisch als Ausdruck der Verdrängung zu deuten (sie tötet einen Mann). Der Ursprung dieser Abwehrmechanismen wäre in der Kindheit der Träumerin zu suchen, und wenn Sheila Moon ihre ersten vier Lebensjahre im Rückblick als glückliche Zeit in ihrem Leben beschreibt, würde man das – zu Recht – ebenfalls als Abwehr deuten. Jemand mit einer harmonischen Kindheit hat nicht so schreckliche Träume wie Moon.

Das schließt keineswegs aus, daß Moon durch die jungianische Analyse zu einer in ihrer inneren Entwicklung sehr weit fortgeschrittenen, kreativen und verantwortlichen Persönlichkeit wurde und daß sie in Bereichen der Psyche Unterstützung und Förderung fand, die den Freudianern verschlossen sind.

Die Funktion des Traums

Wenn wir die kompensatorische Funktion des Traums als problemlösende Tendenz im Unbewußten auffassen, scheinen Freuds und Jungs Standpunkte wiederum zunächst unversöhnlich. Das wäre allerdings eine übervereinfachende Betrachtungsweise. Die Jungianer haben sich intensiv mit berühmten literarischen Beispielen von Problemlösung und Kreativität in Träumen auseinandergesetzt, die die jungianische Theorie untermauern. Und auch Freud fand so viele gut dokumentierte Fälle, daß er das Phänomen als solches für unbestreitbar hielt, zumal er der Überzeugung war, daß die Bedeutung des Bewußtseins für die künstlerische und geistige Tätigkeit geringer sei als gewöhnlich angenommen. Doch ist nach Freud nicht die eigentliche Traumarbeit – Verdichtung, Verschiebung usw. – für Problemlösungen im Traum verantwortlich, wichtig war die Arbeit des sogenannten «Vorbewußten», wobei die auf diesem Wege gefundene Problemlösung dann die Zensur des Schlafzustands überwindet (S. 27).

Da also sowohl Freud als auch Jung die Existenz einer nicht bewußten Kreativität anerkannten und beide glaubten, daß Problemlösungen durch Träume gefördert werden können, könnte man meinen, die Unterschiede seien größtenteils theoretischer Natur. Dabei zeigt sich gerade in der Praxis der Traumdeutung ein entscheidender Unterschied. Die Freudianer fassen den Traum des bekannten Chemikers Kekulé von der Schlange, die sich in den Schwanz beißt (S. 137), als Ausdruck infantiler instinktiver Wünsche auf, während die jungianische Deutung die Tatsache hervorhebt, daß der Traum *faktisch* große kreative Bedeutung hatte.

Die Neofreudianer haben indessen, wie bereits deutlich wurde, in wachsendem Maße betont, daß die Funktion des Traumes in der Lösung und Verarbeitung emotionaler Probleme besteht, daß Träume konstruktiv sind und darauf abzielen, die Anpassung des Individuums an seine Umwelt zu fördern.

Während die Jungianer also aufgrund der Ergebnisse neuerer Untersuchungen genötigt sind, die wichtige Rolle der Abwehrmechanismen bei der Traumbildung zu akzeptieren, müssen die Freudianer den Aspekt des Problemlösens und damit kompensatorische Tendenzen im Traum anerkennen.

In diesem Zusammenhang sollte nicht unerwähnt bleiben, daß man Kompensation durchaus als eine Variante der Wunscherfüllung betrachten kann, wobei Kompensation bedeutet, daß der Wunsch psychisch verwirklicht werden kann.[8]

Während das «Wesen» des Traums im Grunde ein Abstraktum bleibt, ein theoretisches Konstrukt, ist seine Funktion, wie Freud es formuliert hat, an die ganz praktische Frage gebunden, wozu das Träumen dient, wobei sich bei Freud und Jung herausgestellt hat, daß beide auf praktischem Gebiet weit mehr für die Traumdeutung geleistet haben, als von ihren Theorien her möglich war.

Freuds Vorstellung von der Nützlichkeit des Traumes war rationalistisch und materialistisch und fand schon früh Eingang in seine Theoriebildung.

Jung entwickelte seine Ansichten sein ganzes Leben lang weiter. In seinen frühen Werken verglich er das Kompensationskonzept mit der physiologischen Beobachtung, daß im Organismus das Versagen oder die eingeschränkte Funktionsfähigkeit eines Organs, etwa der Niere, durch verstärktes Arbeiten eines anderen Organs kompensiert wird.[50] In späteren Werken schildert er die Aktivität des Traumes stärker in psychologischen Begriffen, zuzeiten auch in einer metaphysischen

Sprache, wenn er zum Beispiel sagt: «Im Traum meditiert das Selbst über das irdische Ich.»[82g] Die Traumfunktion ist also nicht immer im Sinne der Individualpsychologie zu verstehen, sondern muß auch in einer weiteren, kollektiven oder religiösen Perspektive gesehen werden. Das heißt, daß Vorstellungen wie «individuelles Glück» oder psychische «Gesundheit» manchmal einem Sinn oder «Zweck», einem größeren, vielleicht kosmischen oder natürlichen (ökologischen) Kontext untergeordnet sind.

Dies wiederum hat große Bedeutung für die Theorien zur Trauminterpretation.

Die Interpretation des Traums

Wie ich schon in der Zusammenfassung des Kapitels über Freud erwähnt habe, hängt die Traumanalyse in hohem Maße von dem Bezugsrahmen ab, den das jeweilige Analysesystem bietet. So sahen wir, wie Erikson, der von einem weitergefaßten Konzept ausging als Freud, in Freuds «Irma-Traum» neue Bedeutungsschichten erschließen konnte, ohne damit Freuds ursprüngliche Deutung aufzuheben. Freud brachte den Traum mit seiner beruflichen Laufbahn in Verbindung und führte ihn auf infantile sexuelle Wünsche zurück; Erikson dagegen konnte darüber hinaus Zusammenhänge zu Freuds sozialen Beziehungen aufzeigen. Ein anderes Beispiel war Thorkild Vanggaards Analysand A., bei dessen Träumen die Elemente, die A. daran hinderten, angstfrei eine Professur anzustreben, deutlich herausgearbeitet wurden. Infolge seiner Bindung an die vaterdominierte klassische freudianische Theorie vermochte Vanggaard die Probleme des Analysanden mit seiner Mutter und dem Weiblichen aber nicht zu erkennen. Dies stellt allerdings die Gültigkeit der Traumanalyse keineswegs in Frage, ganz im Gegenteil, entsprachen doch die Aspekte in den Träumen, die Vanggaard nicht erkennen konnte, genau den Problemen bei A., die in der Therapie eben *nicht* gelöst wurden.

Im folgenden wird das Beispiel einer freudianischen Traumdeutung vorgestellt, die durch eine jungianische Analyse sicherlich gewonnen hätte. Danach werden wir uns jungianisch gedeutete Träume ansehen, die von einer Einbeziehung des freudianischen Ansatzes profitiert hätten. In der *Traumdeutung* analysiert Freud den Traum eines jungen Chemikers:

«Er soll Phenylmagnesiumbromid machen, sieht die Apparatur beson-
ders deutlich, hat aber sich selbst fürs Magnesium substituiert. Er ist nun
in eigentümlich schwankender Verfassung, sagt sich immer: Es ist das
Richtige, es geht, meine Füße lösen sich schon auf, meine Knie werden
weich. Dann greift er hin, fühlt an seine Füße, nimmt inzwischen (er
weiß nicht wie) seine Beine aus dem Kolben heraus, sagt sich wieder:
Das kann nicht sein ...»

Mit Hilfe der Assoziationsmethode kam Freud im Hinblick auf den
Trauminhalt zu dem Schluß: «Es handelt sich um das Gelingen der
Kur.»

Seiner Ansicht nach lag das Problem des Mannes in einer infantilen
sexuellen Fixierung. Er verharrte in seiner Sexualität auf der Stufe der
Masturbation, um echte Beziehungen mit Frauen zu vermeiden. Zu den
Beinen im Traum assoziierte der junge Chemiker, daß er am Tag zuvor
mit einer Frau getanzt hatte, an der er interessiert war, wobei er seine
Beine in sexueller Absicht gegen ihre gepreßt hatte. Die Assoziationen
enthüllten außerdem, daß er seiner Analyse gleichgültig gegenüberstand.

Freud sah die Frau als «das Magnesium in der Retorte» und folgerte:
«Geht es mit der Dame, so geht es auch mit der Kur.»[19]

Stützt man sich auf Jungs alchemistische Studien als Bezugsrahmen,
so kann die Arbeit mit der Retorte als Symbol für die analytische Arbeit verstanden werden. Die Persönlichkeit muß «in die Retorte gesteckt» und verwandelt werden. Die Verbindung zwischen dem Träumer und einem Metall, das mit weiblichen Assoziationen behaftet ist,
deutet auf symbolische Weise das harmonische Wechselspiel zwischen
dem Männlichen und dem Weiblichen an, das die Alchemisten als *coniunctio* bezeichneten. Aus ihrer Sicht vollzog sich die *coniunctio* auf
einer inneren Ebene. Da es sich bei dem Klienten um einen jungen
Mann handelte, hätte Jung ihm wahrscheinlich geraten, dieses innere
Geschehen nun auch auf der äußeren Ebene auszuleben, also auch hier:
«Geht es mit der Dame, so geht es auch mit der Kur.»

Wir sehen, daß zwei scheinbar einander entgegengesetzte Auffassungen in diesem Fall in der Praxis zum selben Resultat kommen.
Dennoch kann der Nutzen eines tiefergehenden Traumverständnisses
als des von Freud propagierten nicht geleugnet werden. Der Traum

könnte ohne weiteres das Vorspiel zu einem Prozeß sein, wie ihn Jung in *Psychologie und Alchemie* beschrieb, und würde damit sehr viel weitergehende Konsequenzen für die psychische Entwicklung des Mannes und seine Kreativität haben als nur das Ergebnis, daß es «mit der Dame geht».

Denkbar wäre aber auch, daß ein Analytiker das sexuelle Problem des Mannes vom Traum her bearbeitet, die eventuelle Kreativitätsproblematik dagegen ohne Bezugnahme auf den Traum, zum Beispiel anhand der eigenen Erfahrung mit Kreativität. In diesem Fall wäre die «Kur» erfolgreich, ohne daß unser Analytiker seinen Bezugsrahmen der infantilen Sexualtheorie im Traum aufgeben müßte.

Das ist ein reines Gedankenexperiment, doch aus meiner jahrelangen analytischen Praxis erscheint es mir durchaus realistisch und geradezu beispielhaft für die irrtümliche Bestätigung der Richtigkeit einer Traumanalyse.

Im Rahmen seiner berühmten «Visions-Seminare» von Oktober 1930 bis März 1934 besprach Jung die Traumserie einer dreißigjährigen Amerikanerin, Christina Morgan Drummond, die ein außergewöhnlich begabtes Medium für Material aus dem kollektiven Unbewußten war. Christina war nur einige Monate lang im Herbst 1924 in Analyse. Danach bestand der Kontakt zu Jung in einem immer wieder unterbrochenen Briefwechsel. Jung war sehr beeindruckt von ihr und fand, daß ihre Träume einen klaren Abstieg in das kollektive Unbewußte darstellten. Als er sich im Rahmen seiner Lehrtätigkeit jedoch intensiv mit dem Material auseinandersetzte , wurde ihm immer deutlicher bewußt, daß die junge Frau offensichtlich gar nicht tiefer von ihren inneren Erfahrungen berührt worden war. Jung vermutete, sie sei zu jung gewesen, um sich das intuitiv in den Visionen Erlebte nach ihrer Rückkehr in die Vereinigten Staaten zu bewahren.[62] Er hatte auf diese Weise zwar interessantes Material für seine Arbeit erhalten, die Analyse selbst war seiner Ansicht nach jedoch vergeblich gewesen.[37a]

Im Rückblick ist freilich anzunehmen, daß die Therapie zufriedenstellender verlaufen wäre, wenn Jung für den Übertragungsaspekt der Träume offener gewesen wäre.

Zu Beginn der Therapie bearbeitete Jung persönliches Material, verschiedene Formen geringen Widerstandes sowie falsche Einstellungen; aber als all dies in Ordnung gebracht war, kamen die Träume zum

Grundlegenden.[36b] Kurz darauf träumte Christina: «*Ich war unterwegs, um einen Arzt zu konsultieren, der in einem Haus am Meer wohnte. Ich verirrte mich und bat Leute verzweifelt darum, mich auf den richtigen Weg zu bringen, so daß ich zu ihm gelangen konnte.*»

Jung deutete den Arzt, der am See wohnte, als Animusgestalt. Obwohl er Christinas Arzt war und am Wasser wohnte, weigerte er sich, den Arzt als Stellvertreter seiner selbst zu sehen.[36c] Bald darauf hatte die Klientin folgenden Traum: «*Ich befand mich mit einem Mann in einem Boot. Er sagte: ‹Wir müssen zum Ende des Sees gehen, wo die vier Täler zusammenkommen, wo die Schafherden zum Wasser gebracht werden.› Als wir dorthin gelangten, fand er ein lahmes Schaf in der Herde, und ich fand ein kleines trächtiges Lamm. Das überraschte mich, denn es schien zu jung, um trächtig zu sein ...*» (gekürzt) Von da an versorgte der Mann das Schaf und Christina das Lamm.[36d]

Jung sah sofort, daß dies ein «großer» Traum war. Er hatte nichts mit dem alltäglichen Leben zu tun und war voller archetypischer Motive.

So finden sich eine ganze Reihe von Parallelen zu der Bootsfahrt in den archetypischen Heldenmythen. Die vier Täler, die ineinander münden, erinnern an die vier Flüsse, die vom Paradies ausgehen, und die Vierer-Symmetrie ist von Tempelbauten und Städtegrundrissen bekannt. Der Hirte wurde als spiritueller Führer gedeutet, und die Schafe, die zum Wasser kommen, um zu trinken, sind aus der christlichen Symbolik vertraut. In dem lahmen Schaf sah Jung ein kollektives Symbol für die christliche Religion, die nicht mehr lebensfähig war. Das trächtige Lamm brachte er mit Christina in Verbindung, die noch nicht reif genug war, ihren eigenen religiösen Weg zu finden.[36e]

Eine Deutung, die den Übertragungsgedanken einbezieht, würde die Schafe der Herde als Symbol für jenen Kreis von Menschen im Umfeld von Jung betrachten, deren «Hirte» er gleichsam war, und den Traum als Warnung an Jung deuten, daß die Klientin noch zu jung war, um von den Gedanken schwanger zu werden, die er ihr aufdrängte. Später hatte Christina eine Vision, in der ein alter Mann vorkam: «*Ich fragte den alten Mann: ‹Warum befreien Sie jene Sklaven nicht von ihren Ketten?› Und er antwortete: ‹Ich lese gerade das erleuchtete Buch, das den Weg zeigt.› Ich fragte: ‹Warum lesen Sie solch ein verstaubtes altes Buch?› Er antwortete: ‹Es ist das Buch der Erleuchtung.› Und später: ‹... sprach zu einem (blinden) alten Mann und fragte ihn, warum er*

*gefesselt sei. Er antwortete: ‹Ihre Welt hat uns abgelehnt. Daher sind wir
gefesselt. Aber durch unsere Weisheit wirst du herabsteigen. Ich ging
diese seltsamen Stufen hinunter.›»*[37c]

Die junge Frau war eigentlich in einer Herzensangelegenheit zu
Jung gekommen. Sie war verheiratet und hatte sich in einen anderen
Mann verliebt. Im dritten Jahr der Vorlesung über die Träume und
Visionen der Christina Drummond wagte ein mutiger Hörer, Jung auf
diese Tatsache aufmerksam zu machen, doch Jung beharrte darauf, daß
das erotische Problem von untergeordneter Bedeutung sei, und sprach
weiter über die Archetypen.[37d]

Meiner Auffassung nach repräsentierten die Sklaven, die nicht von
ihren Ketten losgemacht wurden, all das, was die leidenschaftliche
junge Frau in sich unterdrücken mußte. Daß sie statt dessen darauf
verwiesen wurde, diese seltsamen Stufen hinabzusteigen, paßt dazu,
daß Jung sie zu einer aktiven Imagination angeleitet hatte, die direkt ins
kollektive Unbewußte hinabführte. Und wie der alte Weise im Traum
fühlte sich auch der hochgebildete Jung häufig von der Welt mißverstanden.

Vor diesem Hintergrund ist es verständlich, daß die junge Frau im
ersten Traum verzweifelt nach einem Arzt suchte; das war ein Teil
dessen, was sie zunächst hätte leben sollen.

Eine neofreudianische Deutung hätte zweifellos Parallelen zur therapeutischen Übertragung im Verhältnis der Klientin zu ihrem Vater
gefunden und hätte sich dann mit dem Einfluß des Vaters auf ihre
unbefriedigte Sexualität auseinandergesetzt. Sowohl die Analyse als
auch ihre Jugend wären dann wohl weniger frustrierend verlaufen. Am
sinnvollsten wäre jedoch zweifellos eine Kombination beider Ansätze
gewesen, denn Christinas enorme Spiritualität wäre wahrscheinlich im
Rahmen einer freudianischen Analyse genauso zu kurz gekommen wie
ihre Sexualität in der Jungschen Analyse.

Die Nachwirkungen der Therapie sprechen dennoch bis zu einem
gewissen Grad zu Jungs Gunsten. Im Laufe der Analyse des Traumes
mit den vier Tälern, die ineinander münden, bemerkte Jung, daß nur
eine großangelegte Persönlichkeit solche Träume haben kann. Und in
der Tat bestätigte der jungianische Analytiker Henry A. Murray, der
Christina Drummond persönlich kennenlernte, daß sie eine hervorragende Psychotherapeutin und eine außergewöhnlich reife Persön-

lichkeit wurde.[62] Vielleicht wirkte die tiefgehende Erfahrung von Jungs Therapie also weit in die Zukunft hinein. Eine kurze Einführung in den religiösen Aspekt der Visionen Drummonds findet sich bei Pia Skogemann.[74]

Die Bezugsrahmen

Bisher wurden schon eine ganze Reihe von Modellen vorgestellt, die die Frage zu beantworten suchen, wovon Träume denn nun eigentlich handeln: Freuds psychosexuelle, Eriksons psychosoziale und Neumanns archetypische Entwicklungsstufen, Jungs Individuationsprozeß, seine religiöse und alchemistische Symbolik, die Animus- und Animastufen und daneben die neueren tiefenpsychologischen Modelle männlicher und weiblicher Entwicklung. Dazu Aggressionstrieb, Übertragung und Abwehrmechanismen auf freudianischer Seite, und bei den Jungianern Todessymbolik und Berufungserlebnisse. Jung arbeitete bei der Traumdeutung zusätzlich mit einer Theorie psychologischer Typen, und seine Schülerin Toni Wolff entwickelte eine speziell weibliche Typologie. Die Zahl der denkbaren Bezugsrahmen ließe sich noch weiter fortsetzen.

Möglich wäre, daß alle diese verschiedenen Modelle sich entweder 1) gegenseitig *ergänzen* (das heißt, man geht davon aus, daß jeder Traum verschiedene Bedeutungen hat), 2) sich gegenseitig *überlappen* (das heißt, daß sie in mancher Hinsicht dasselbe mit verschiedenen Worten sagen) oder 3) sich gegenseitig *ausschließen* (ein Modell ist richtig, das andere ist falsch).

Erikson hatte Freuds «Irma-Traum» zu seinem Modell psychosozialer Entwicklungsstufen in Beziehung gesetzt, ohne dabei Freuds ursprüngliche Deutung für ungültig zu erklären. Daß der Traum Freud nach Eriksons Traumverständnis darauf hinführen sollte, Verantwortung für die Menschheit als Ganzes zu übernehmen, kommt in der Praxis dem Konzept des Berufungstraums relativ nahe. Doch während sich Freuds und Eriksons Modelle ausschließlich auf die Außenwelt beziehen, kann eine jungianische Deutung bei dem Traum den Aspekt einer inneren, geistigen Befruchtung herausarbeiten, bei der Irma Freuds weibliche Seite, seine Anima, verkörperte. Erikson deutet diese Möglichkeit an, sein Modell ist in dieser Hinsicht jedoch nicht so nuanciert wie das der Jungianer. So können hier drei verschiedene

Bezugsrahmen gleichzeitig verwendet werden, ohne in Widerspruch zueinander zu geraten.[16]

Ähnlich sind auch die verschiedenen Modelle zur kindlichen Entwicklung ergänzend und zum Teil auch überschneidend. Erikson erweiterte Freuds Modell um den sozialen Aspekt. Neumanns Modelle berücksichtigen das Freudsche Zeitschema, decken jedoch meiner Ansicht nach eine ganze Reihe von Erlebniskategorien kreativer, spiritueller und sinnlicher Art ab, die in Freuds Universum keinen Platz hatten.[79]

Ich habe an anderer Stelle zwar den praktischen Wert der Übertragungsdeutungen der Freudianer hervorgehoben, ihr theoretischer Hintergrund ist jedoch zu eng gefaßt. Man denke etwa an Heinz Kohuts Beispiel von dem Mann, der träumt, er sei *«in einer Rakete und umkreist den Erdball …»*, bei dem Kohut den Globus mit dem Analytiker gleichsetzte und die Schwerkraft mit der Übertragung (S. 40).

Im jungianischen Denken verkörpert der Globus die Realität dieser Welt und symbolisiert das Mütterliche. Es ist nichts Merkwürdiges daran, die Beziehung zum Mütterlichen auf den Analytiker zu übertragen (im Gegenteil, in Kohuts Auffassung von Übertragung ist dies sogar mitgedacht), praktisch gesehen hat Kohut also durchaus recht. Man könnte jedoch einwenden, daß der Traum ein ganz allgemeines Muster spiegelt und ohne weiteres auch von jemandem stammen könnte, der nicht in analytischer Behandlung war. Die Schwäche der Übertragungstheorie liegt darin, daß sie die Therapie gleichsam zum Mittelpunkt der Welt macht und darüber vergißt, daß die Menschen schon vor der Psychoanalyse geträumt haben.

Viele andere Beispiele liessen sich aufzeigen, doch es ist wohl bereits deutlich geworden, wie komplex das Phänomen des Traumes im Lichte der verschiedenen Bezugsrahmen erscheint. Von daher kann es kaum überraschen, wenn die Neojungianer, genau wie die Neofreudianer, immer mehr betonen, daß mehrere Deutungen ein und desselben Traumes richtig sein können.

Die empirische Basis des Jungschen Modells

Die Klientel

Anders als Freud konnte Jung schon auf einer psychoanalytischen Tradition aufbauen, als er begann, seine Traumtheorien zu entwickeln, und als er seinen letzten Artikel schrieb, hatte er schätzungsweise an die achtzigtausend Träume analysiert.[25]

Von Freuds Patienten wissen wir, daß sie aus der Wiener Bourgeoisie der Jahrhundertwende kamen und zum größten Teil gutsituiert waren. Daß Freud in ihren Träumen so viel unterdrückte Sexualität fand, war nicht einfach nur eine Überinterpretation seinerseits, wuchsen doch seine Klienten in einer sexuell sehr verklemmten Gesellschaft auf.

Michael Fordham warf Jung vor, er präsentiere sein Material, als ob es von einer repräsentativen Stichprobe aus der gesamten Weltbevölkerung stamme, obwohl Jungs Klienten in Wirklichkeit Leute waren, die «sich aufgrund einer ganzen Reihe von Faktoren vom Durchschnitt abhoben». In der Regel handelte es sich um relativ reife Persönlichkeiten, oft in der Lebensmitte, die von Jungs Ruf angezogen wurden, zum Teil seine Bücher gelesen hatten oder durch Bekannte, die er ebenfalls behandelt hatte, zu ihm gekommen waren. Diese Klienten waren nicht ernstlich psychisch krank und kamen häufig aus den oberen Gesellschaftsschichten.[18b] Gerade hinter den Fällen, die Jung am ausführlichsten dokumentierte, standen oft außergewöhnliche, schöpferisch hoch begabte Menschen, die geistig und spirituell besonders aufgeschlossen waren.

Da es bislang keine systematischen Untersuchungen zum Klientenmaterial von Therapeuten gibt, muß ich mich an die verstreuten Informationen halten, die da und dort zu diesem Thema zu finden sind. Manches davon macht nachdenklich. Die Jungianerin Marie-Louise von Franz, eine Vertreterin der klassischen Schule, führt zum Beispiel an einer Stelle aus, daß die Klienten den Analytiker wählen, der ihrer Ansicht nach zu ihnen paßt. Und sie fügte durchaus selbstkritisch hinzu: «Ich habe über fünfundzwanzig Jahre keinen einzigen hysterischen Klienten in meiner Praxis gehabt.»[84] Das könnte daran liegen, daß Marie-Louise von Franz, die großes Gewicht auf die Einsicht des Klienten in die Therapie legte und nach Jungs psychologischer Theorie ein Denktyp ist, emotional weniger bieten konnte. Deutlich wird das am Beispiel des Mannes, der «ein einziges Bier» in der Kneipe trinken wollte (S. 74). Von Franz erklärte ihm, daß sie nicht sein Kindermädchen spielen wolle und er es ruhig ausprobieren solle, wenn er wolle. Es wäre hier jedoch auch möglich gewesen, die Affekte zu bearbeiten, die im Zusammenhang mit der Projektion des Bildes einer strengen, verbietenden Mutter auf die Therapeutin auftauchten. Der Berg im Traum, den der Mann hinunterschlittert, kann auch als ein Muttersymbol gedeutet werden. Ich selbst war einmal ein Produkt der von Franzschen Linie in der jungianischen Psychologie, bin jedoch ein «Fühlstyp». Meine eigene therapeutische Entwicklung zielte deshalb schon bald darauf ab, emotionale Aspekte zu integrieren, und meine Klienten gestatteten sich denn auch, mehr «hysterische» Züge zu zeigen, je mehr ich imstande war, mit ihnen daran zu arbeiten.

Dieckmanns Beispiele wiederum (S. 146 ff.) kreisen häufig um Patienten mit geringeren bildungsmäßigen und schöpferischen Ressourcen, als Jungs Patienten sie aufwiesen. Er war sich bewußt, daß der Polizist, der Briefträger, die Hausfrau und andere ganz normale Leute, die er beschreibt, nicht mit Wolfgang Paulis wundervollen archetypischen Träumen mithalten konnten (S. 104 ff.), daß sie aber dennoch auf ihre Weise in der Lage waren, ein psychisches Gleichgewicht zu erreichen.[10a]

Wollte ich Dieckmanns Klienten mit meinen eigenen vergleichen, so erscheinen seine Patienten von der Schilderung her stärker gehemmt. Die zitierten Arbeiten von Dieckmann entstanden in den fünfziger und sechziger Jahren in Berlin, mit Menschen, die unter harten Entbehrungen aufgewachsen waren und eine sehr viel strengere Auffassung von Selbstdisziplin hatten als spätere Generationen von Dänen. Dieckmanns Befund, daß nur in vier von fünfzigtausend Träumen bizarre Identifizierungen des Traum-Ichs auftraten, liegt deshalb etwas unter dem Prozentsatz, den ich in Dänemark, insbesondere bei Menschen, die die Möglichkeit hatten, «veränderte Bewußtseinszustände» kennenzulernen, beobachtet habe. So entwickelte Dieckmann wohl nicht zuletzt aufgrund einer gewissen Uniformität seines Klientenmaterials seine äußerst nützliche Theorie von der Kontinuität zwischen den Reaktionsweisen des Traum-Ichs und des Wach-Ichs.

In den letzten fünfundvierzig Jahren, in denen sich Jung-Institute in den meisten Ländern der westlichen Welt etablierten, konnten die

Theorien Jungs auf jeden Fall an einer sehr viel breiter gestreuten Klientel ausprobiert werden, als sie Jung zur Verfügung stand.

Eine jungianische Kinderanalyse hat sich herausgebildet, an Kliniken wird mit Klientengruppen gearbeitet, die niemals privat Hilfe gesucht hätten, und jungianische Ideen sind in andere therapeutische Richtungen eingegangen. Die neue Klientenbasis hat zu Modifikationen und Weiterentwicklungen innerhalb der Theorie geführt. Zugleich sind aber auch Grundzüge der Entdeckungen Jungs bestätigt worden.

Die objektive Psyche

Die empirische Grundlage für die Theorien Jungs besteht nicht nur aus den Träumen seiner Klienten, sondern auch aus dem umfassenden Studium symbolischen Materials aus den Bereichen der Mythologie, des Märchens und der Religion. Dahinter steht die Vorstellung von einer «objektiven Psyche», die nicht vom Bewußtsein manipuliert werden kann und archetypische Symbole produziert.

Es ist ebenso merkwürdig wie auffällig, daß bereits Freud mit einer universalen Symbolbildungsfähigkeit und mit universalen Komplexen, wie dem «Ödipuskomplex» und dem «Kastrationskomplex», arbeitete. Er hatte daher gar keine andere Wahl, als die Existenz eines über das Individuelle hinausgehenden phylogenetischen Erbes im Menschen vorauszusetzen. Doch beharrte er darauf, daß es ein methodischer Mißgriff sei, sich mit diesen Dingen zu befassen, bevor die Exploration auf der persönlichen Ebene völlig abgeschlossen war.[20]

Jungs Theorie spricht jedoch nur von Möglichkeiten, und der strukturalistische Psychologe Jean Piaget räumte ein, daß ein so formulierter Theoriegedanke universell akzeptiert werden könne.[67] Die Theorien neofreudianischer Traumtheoretiker wie Erik Erikson und Emil Gutheil setzen denn auch eine solche Sichtweise voraus, und wie Pia Skogemann in ihrem Buch *Arketyper* (Archetypen) ausgeführt hat, entspricht sie einem allgemeinen Trend in vielen Zweigen der modernen Wissenschaft.[75]

Jung bezeichnete das Studium von Traumbildern und ihren Parallelen in Religion, Mythologie, Folklore usw. als vergleichende psychische Anatomie. Wissenschaftlich besteht die Hauptschwierigkeit darin, daß hier Wissen über Symbole aus einem Kontext, etwa der Mythologie einer fernen Kultur, auf Träume in einem ganz anderen Kontext übertragen wird. Allerdings bietet Jung, wie bereits erwähnt, Methoden zur Überprüfung der Deutung an (S. 87 f.).

Es sollte nicht unerwähnt bleiben, daß Jung zu den ersten gehörte, die das besondere methodologische Problem der Psychologie erkannten, daß nämlich das beobachtende Subjekt das beobachtete Objekt beeinflußt.[76a] Seine Auffassung wurde später von dem humanistischen Psychologen Abraham Maslow bestätigt, der eine Wissenschaftstheorie entwickelt hat, die die Persönlichkeit des Forschers in den wissenschaftlichen Erkenntnisprozeß einbezieht.[57]

Das wissenschaftliche Umfeld zur Zeit Freuds und Jungs

Die Zeit vor und nach der Jahrhundertwende, als Freud und Jung ihre wichtigsten Gedanken formulierten, war ganz allgemein eine Zeit großer Entdeckungen in der psychologischen und psychiatrischen Forschung. Zahlreiche neue Ideen wurden diskutiert, und man experimentierte intensiv mit neuen psychiatrischen Behandlungsformen. Hinter diesem wissenschaftlichen Höhenflug standen allerdings zwei fundamental verschiedene Weltanschauungen.

Seit etwa 1850 hatte sich eine rationalistische und materialistische Philosophie Bahn gebrochen. Ihr Gegenpart – die Romantik – war in den Hintergrund gedrängt worden, scheint jedoch um die Jahrhundertwende eine Neubelebung erfahren zu haben.

In ihrer Sehnsucht nach Berührung mit den geheimnisvolleren und unbestimmbareren Seiten des menschlichen Lebens hatten sich die Romantiker mit Träumen, Parapsychologie, volkstümlichem Brauchtum, Märchen und dem Studium exotischer Kulturen befaßt. Sie betrachteten die Imaginationsfähigkeit als ein Hilfsmittel, um in Kontakt mit einer inneren, mystischen Welt zu treten, und die Persönlichkeitsentwicklung galt ihnen als eine Reihe innerer Verwandlungen.

Der positivistische wie der romantische Ansatz haben die damalige zeitgenössische Psychiatrie und das zeitgenössische Menschenbild geprägt, wobei der erstere offizielle Billigung genoß, während der letztere eher im geheimen wirkte, was bis zu einem gewissen Grad an unsere heutige Situation gemahnt.

Freud war ein erklärter Positivist, und positivistische Wissenschaftler und rationalistische Philosophen bildeten den wichtigsten Hintergrund für seine Theorien. Jung war von seiner Ausbildung her

Naturwissenschaftler, seine originellsten Ideen aber wurden von romantischen Dichtern und Philosophen inspiriert. Der Wissenschaftshistoriker Henry F. Ellenberger hat zum Beispiel herausgearbeitet, daß Jung den Gedanken, daß eine Person zusätzlich zu ihrem Ich Teilpersönlichkeiten (Komplexe) besitzt, die sich von ihrem Selbstbild unterscheiden, der romantischen Philosophie und Literatur entlehnte. Dort begegnet man häufig der Vorstellung von den Schattenseiten eines Menschen, die dieser zurückzudrängen sucht. Jung wurde, neben anderen, sehr stark von dem romantischen Philosophen Ignaz Troxler beeinflußt, der den Lebensprozeß als eine Reihe von Wandlungen betrachtete. Von Troxler stammt auch der Gedanke, daß der Kern der Persönlichkeit nicht im Ich besteht, sondern in dem, was er als das «Ichselbst» bezeichnete. Weitere wichtige Aspekte der Theorie Jungs, die von der Romantik inspiriert waren, sind das «lebendige Symbol», das dynamische Kräfte in der Psyche freisetzt, und der Gedanke, daß das Unbewußte unabhängig und schöpferisch ist und im Verhältnis zum Bewußtsein eine kompensatorische Funktion übernimmt, nicht zu vergessen die Vorstellung, daß die Arbeit mit den eigenen schöpferischen Kräften und Produkten der Vorstellungskraft die Persönlichkeitsentwicklung fördern kann.[15]

Die Unvereinbarkeiten zwischen Freud und Jung

Die theoretischen Gegensätze zwischen Freud und Jung lassen sich in die folgenden Begriffspaare fassen: Materie kontra Geist, Leib kontra Seele, Äußeres kontra Inneres, Umwelt kontra ererbte Fähigkeiten, Realismus kontra schöpferische Imagination, Objekt kontra Subjekt. Interessanterweise übernahmen Freud und Jung, die beide überzeugt waren, die ganze Wahrheit zu besitzen, damit jeweils einen Part in jenem uralten geistesgeschichtlichen Konflikt, der die westliche Philosophie gespalten hat und noch immer spaltet, nämlich in der Frage nach dem Vorrang der äußeren, materiellen, oder der inneren, geistigen, Welt.

Diese Dichotomie läßt sich durch unsere ganze Geschichte hindurch verfolgen. Sie taucht schon in der Antike auf, wo sie die beiden Hauptströmungen der griechischen Philosophie voneinander schied: Die Schule von Milet (mit Namen wie Thales und Anaximenes) hielt die Frage: «Woraus besteht die Welt?» für die grundlegende Frage überhaupt. Plato und Pythagoras auf der anderen Seite waren der Überzeugung, die entscheidenden Fragen gälten der Form, dem Muster und der Ordnung. Im Mittelalter dann beherrschte der religiöse Standpunkt das Denken völlig, während die Renaissance einen entscheidenden Wendepunkt hin zu einer eher materialistischen Einstellung markierte.[22]

Jungs Hypothese vom persönlichen und vom kollektiven Unbewußten versuchte, in dieser Frage gerecht zu sein. Sein Interesse konzentrierte sich jedoch hauptsächlich auf die Lehre von den Archetypen, die in der platonischen Vorstellung wurzelt, daß die Welt zuerst als reine Idee existierte und daß die physische Welt, die wir kennen, nur ein blasser Widerschein dieser Ideen ist. Später formulierte Jung dann eine Theorie von einer geeinten Welt *(unus mundus)*, die unserer Wahrnehmung von Psyche und Materie zugrunde liegt und beide zusammenfaßt. Doch im Alter von dreiundachtzig Jahren schrieb er in seiner Autobiographie: «Die Erinnerung an die äußeren Fakten meines Lebens ist mir zum größten Teil verblaßt oder entschwunden. Aber die Begegnungen mit der andren Wirklichkeit, der Zusammenprall mit dem Unbewußten haben sich meinem Gedächtnis unverlierbar eingegraben. Da war immer Fülle und Reichtum, und alles andere trat dahinter zurück.»[43c]

James Hillman merkte an, daß Jungs Konzept vom Selbst als höherem Faktor im Grunde unsere monotheistische Weltsicht spiegelt (es gibt nur einen Gott). Er selbst votierte für viele Götter, auch in der Welt der Träume, und steht damit der gegenwärtigen Betrachtungsweise wahrscheinlich näher als Jung.

3 Traumleben und Wachleben

Träume als Spiegel des Lebensstils – Calvin Halls «Inhaltsanalyse» –
Typische Traumthemen – Träume von Männern und Frauen – Kinder-
träume – Calvin Halls Symboltheorie – Die Einstellung des Deuters –
Zusammenfassung

Träume als Spiegel des Lebensstils

Während Freud Träume als eine Art Sicherheitsventil für primitive
Triebe betrachtete[5], sah Jung in ihnen eine Quelle der Offenbarung. In
einem anderen Punkt dagegen stimmten beide überein – darin, daß die
Herkunft der Träume im Unbewußten zu suchen sei. Der dritte große
Pionier der Tiefenpsychologie, Alfred Adler, vertrat die genau ent-
gegengesetzte Position. Für ihn haben Träume ihren Ursprung im
Wachleben und zeigen uns den Träumer in seiner Persönlichkeit genau
so, wie wir ihn auch im Alltag erleben.

Nach Adler hat der Traum die Funktion, Probleme zu lösen, die im
Laufe des Tages nicht zu Ende gebracht worden sind. Da wir unsere
Träume in der Regel nicht verstehen und aus diesem Grund auch das
meiste von ihnen vergessen, nahm Adler an, daß die *Gefühle* und *Emo-*
tionen, die Träume auslösen, das Wesentliche am Traum seien. Eigent-
licher Zweck des Traums ist es dabei, eine Stimmung im Träumer zu
wecken, die ihn befähigt, alltägliche Konfliktsituationen zu meistern.
Träumen wird darüber hinaus eine auf die Zukunft gerichtete Dimension bescheinigt.[3]

Adler, der das wichtige Konzept des Minderwertigkeitskomplexes
in die Psychologie eingeführt hat, war überzeugt: «Das oberste Gebot
für den Schlaf- wie für den Wachzustand ist, daß das Selbstwertgefühl

nicht herabgesetzt werden darf.»[4] Aus dieser Perspektive liegt zum Beispiel der Schlüssel zum Verständnis von Flugträumen darin, daß «sie von unten nach oben führen». Der Traum läßt Schwierigkeiten überwindbar erscheinen und schenkt dem Träumer ein Gefühl der Überlegenheit. Es ist deshalb durchaus legitim, aus Träumen zu schließen, daß der Mensch aktiv, zukunftsgerichtet und ehrgeizig ist und seine Ambitionen nicht einmal im Schlaf hinter sich läßt.[4] Ein anderes Beispiel: Eine Frau, die den Mann ihrer Schwester begehrte, träumte, sie *tanze mit Napoleon*. Mit diesem Traum demonstrierte sie, daß sie sich ihrer Schwester überlegen fühlte.[5]

Adlers Ausführungen zum Traum sind bei weitem nicht so detailliert und ausgereift wie die Traumtheorien Freuds oder Jungs,[10] und der Bezugsrahmen, den er für die Traumdeutung anbietet, erscheint recht eng. Doch ein guter Teil seines begrifflichen Apparates wurde von Autoren wie Montague Ullmann und Erich Fromm aufgegriffen, die wichtige Beiträge zur Traumforschungsliteratur lieferten.

In seinem Buch *Die vergessene Sprache* schreibt Erich Fromm: «Wir sind oft klüger im Schlaf als im Wachsein.»[11a] Man fühlt sich unwillkürlich an Jungsche Aussagen wie die folgende erinnert: «Dem Menschen wird nie geholfen durch das, was er selber denkt, sondern durch Offenbarungen einer Weisheit, die größer ist als die seinige.»[11b]

Fromm meinte jedoch etwas ganz anderes. Für ihn leiten sich Träume ganz und gar von Wacherlebnissen ab, und wenn sich in ihnen eine größere Klugheit offenbart als im Wachzustand, so liegt das an der Tatsache, «daß in unserem wachen Leben unsere intellektuelle und moralische Entwicklung in vieler Hinsicht einem verdummenden Einfluß unterworfen ist».[11b]

Calvin Halls «Inhaltsanalyse»

Die innovativste und einflußreichste Persönlichkeit dieser Richtung ist jedoch zweifellos Calvin Hall, ursprünglich in freudianischer Analyse ausgebildet, später Leiter eines eigenen Instituts für Traumforschung in Kalifornien.

Hall hielt es für einen Mangel, daß die bis dahin vorliegenden Traumtheorien hauptsächlich auf klinischen Erfahrungen mit Patienten, die sich in Analyse befanden, basierten. Er trug deshalb über fünfzigtausend Träume von Personen zusammen, von denen die meisten nicht in Therapie waren, erarbeitete ein ausgeklügeltes Klassifikationsschema zur Erfassung des gesammelten Materials und verglich seine Ergebnisse außerdem mit Daten zu Merkmalen seiner Probanden wie - Alter, Geschlecht, psychischer Befindlichkeit usw.[24a]

Halls Untersuchungen zeigten eindeutige Verbindungen zwischen dem manifesten Trauminhalt und der Wachpersönlichkeit des Träumers auf.

Zunächst allein, dann gemeinsam mit seinen Mitarbeitern Bill Domhoff, Robert van de Castle und Vernon Nordby, entwickelte Hall seine spezielle Arbeitsmethode, die sogenannte «Inhaltsanalyse». Der Traum wird dabei behandelt wie ein Text und in einzelne Segmente aufgeteilt. Dadurch wird es möglich, «die Häufigkeit des Vorkommens einer großen Zahl von Traumelementen aufzulisten».[24b] Nach Hall erwies sich diese Methode als «a) praktisches Werkzeug für die Arbeit mit Träumen von Einzelpersonen, b) ein Mittel, traumtheoretische Hypothesen statistisch verifizierbar zu machen, und c) eine soziologische Methode zur Erforschung von Traum und Lebensstil bei größeren Gruppen».

Inhaltsanalyse bei Einzelträumen

Hall war dagegen, Träume einzeln zu deuten. Es ist zwar möglich, auch aus einem einzelnen Traum etwas über einige wenige Charakterzüge des Träumers zu erfahren, dennoch sollte man, wenn man sich wirklich ein Bild von seiner Persönlichkeit machen möchte, unbedingt mit einer ganzen Traumserie arbeiten. Hall entdeckte, daß die Träume einer solchen Serie in der Regel zusammenpassen wie Teile eines Puzzles. So konnte er einen Traum benutzen, um einen anderen zu erhellen, und verglich die aus verschiedenen Träumen erhaltenen Informationen solange miteinander, bis sich schließlich ein vollständiges Bild der Persönlichkeit des Träumers herauskristallisierte. Wenn sich ein Traum nicht in das Gesamtbild einfügte, stellte das die ganze Deutung in Frage, und man mußte unter Umständen noch einmal von vorn beginnen.[16a]

In seinem Buch *The Meaning of Dreams* demonstrierte Hall seine «Traumserienmethode» am Beispiel der Träume zweier junger Amerikaner, William und Gene. Er schildert William als sensiblen jungen

Musiker, der in seinem Wachleben etwas schüchtern und nicht besonders dynamisch wirkt und eher Angst vor Mädchen hat. Gene dagegen ist ein pragmatischer, robuster junger Mann, der den sportlichen Wettkampf ebenso liebt wie die Jagd und das Fischen. Während William passiv und zurückgezogen ist und Schwierigkeiten hat, seine Energie umzusetzen, birst Gene fast vor Vitalität und bekommt alles, was er will.

Dieser Unterschied im Lebensstil spiegelt sich auch deutlich in den Träumen der beiden jungen Männer. Da ist William gewöhnlich Zuschauer, während Gene handelt. William träumt zum Beispiel:

«Ich ging mit meiner Mutter ins Schwimmbad ... Wir setzten uns an den Rand und sahen einigen Mädchen beim Schwimmen zu ... Ich erkannte einige der Mädchen, unter anderem auch eine, die sehr attraktiv war ... Aber sie kam nicht her.»

Dazu ein entsprechender Traum von Gene:

«Ich war mit einer Freundin schwimmen. Wir planschten im Wasser herum, tauchten einander unter und schwammen zusammen. Ich konnte ihren Körper an meinem spüren, als wir uns küßten.»[16b]

William fährt in sechs der Träume Auto, doch nur in einem ist er der Fahrer. In den anderen Fällen ist er nur Mitfahrer auf dem Rücksitz. In seinen Träumen tun andere Personen eine Menge, er selbst jedoch sitzt meist nur da und schaut zu. Warum er so passiv bleibt, erhellt sich aus den Träumen, die von Furcht zeugen. In einem Traum *«schläft er mit zwei Mädchen. Plötzlich erscheint ein kräftig gebauter, gutaussehender junger Mann und kommt drohend auf ihn zu. Später warnt ihn ein älterer Schaffner davor, sich nochmals auf ein solches Rencontre einzulassen.»*

Williams Erfahrung ist es, von Konkurrenten bestraft oder von väterlichen Gestalten ermahnt zu werden, wenn er seinem Begehren nachgibt, und seine Träume zeugen davon, daß er sich ständig selbst bestraft.

Gene dagegen, den Hall als «starkes junges Tier», dabei jedoch äußerst diszipliniert, beschreibt, ist in dreizehn seiner vierzehn Träume mit meist anstrengenden körperlichen Tätigkeiten beschäftigt. Er ringt, schießt, klettert Klippen empor, fährt Ski, malt, erbeutet eine Meeres-schildkröte und zertrampelt sie, reitet, greift einen anderen Mann an usw. Er umarmt seine Freunde, erschießt seine Feinde und geht mit Mädchen ins Bett – ganz und gar in Übereinstimmung mit seinem aus-gefüllten und kraftvollen Wachleben.

William verkörpert eher den Gelehrtentyp und kommt im College gut voran, während Gene lieber einen praktischen Beruf ausüben möchte.[16b]

Hall bezeichnet seine Methode als Persönlichkeitsdiagnose anhand von Träumen.[14] In seinem Buch *The Individual and his Dreams* schreibt er dazu:

«Ein Psychologe untersuchte einundsechzig Träume, die eine junge Frau im Laufe ihrer zweiunddreißig Monate dauernden Psychothera-pie erzählte. Er versuchte auf diese Weise, ihre grundlegenden Kon-flikte und Interessen offenzulegen. Da sein Deutungsansatz jedoch äußerst subjektiv und impressionistisch war, kam dabei nur ein allen-falls verzerrtes, konfuses und chaotisches Bild der Patientin heraus.» Eine Inhaltsanalyse ihrer Träume enthüllte dagegen folgendes: Ihre wichtigsten Interessen waren «Männer, Sex, Ehe und Scheidung, Schwangerschaft, Verhütung und Abtreibung, Obszönität, Unglück, Angst und Geld. Die Träume über Geld hatten mit längeren Diskus-sionen zwischen dem Psychotherapeuten und der Patientin über die Bezahlung des Honorars zu tun. Die anderen Punkte wiesen darauf hin, daß die Patientin sich im Grunde einen Mann und Kinder wünschte, gleichzeitig jedoch fürchtete, ihr Körper werde durch den Geschlechts-akt und die Schwangerschaft in Besitz genommen, beschmutzt und zerstört. Die Menstruation erinnerte sie jeden Monat wieder an die Unreinheit des Genitalbereichs. Hätte der Psychotherapeut sich auf ihre lähmenden Ängste im Zusammenhang mit ihrem Körper konzen-triert, hätte er die Dauer der Behandlung verkürzen und ihren Erfolg womöglich erhöhen können.»[24b]

Die Langzeitstudien, die Hall und seine Mitarbeiter in den sech-ziger und siebziger Jahren vorlegten, zeigten, daß die Träume eines Menschen auch über sehr lange Zeitspannen hinweg einen hohen Grad an Konsistenz und Kontinuität aufweisen. Wir sind dieser Konsistenz bereits bei Jung im Zusammenhang mit Kindheitsträumen begegnet, in denen sich das Schicksal einer Person schon Jahrzehnte zuvor abzuzeichnen schien, aber auch bei Sheila Moons Träumen und anderen Traumserien. Es handelt sich also um ein in der jungianischen Traumanalyse wohlbekanntes und allgemein akzeptiertes Phänomen. Mit Halls Methode wurde es nun jedoch möglich, es in einer objektiveren wissenschaftlichen Art und Weise zu erfassen.

Hall unterscheidet drei Konsistenzformen in Traumserien: absolute Konstanz, relative Konsistenz und entwicklungsmäßige Regelmäßigkeit.

Absolute Konstanz: Ein Mann berichtete über eine Zeitspanne von siebzehn Jahren sechshundert Träume. Die Proportionalität der darin auftretenden männlichen und weiblichen Personen stellte sich wie folgt dar:

Traum Nr.	1–100	101–200	201–300	301–400	401–500	501–600
% Männer	63	61	57	63	62	60
% Frauen	37	39	43	37	38	40

Relative Konsistenz: Bestimmte Traumelemente tauchen grundsätzlich häufiger auf als andere. In den oben aufgelisteten Träumen tauchten zum Beispiel Körperteile, Möbel, Kleidung und Druckerzeugnisse auf. Dabei kamen in den sechshundert Träumen durchgängig mehr Körperteile vor als Möbel, mehr Möbel als Kleider, mehr Kleider als Druckerzeugnisse – und das siebzehn Jahre lang.

Entwicklungsmäßige Regelmäßigkeit: Hier zeigt sich über die Zeit eine Veränderung, die jedoch konsistent ist.

So nahmen im Fall des erwähnten Mannes die Zahl aggressiver Interaktionen mit Familienmitgliedern in seinen Träumen kontinuierlich zu. Ihre Häufigkeit stieg in den siebzehn Jahren von siebzehn auf achtundsechzig Prozent. Hall schrieb diese eskalierende Feindseligkeit der Beziehung des Klienten zu seiner Ehefrau zu.

Die drei hier genannten Konsistenztypen ließen sich in sämtlichen Traumserien, die Hall und seine Mitarbeiter im Laufe der Jahre analysierten, nachweisen. Sie stießen immer wieder auf ein beträchtliches Ausmaß an absoluter Konstanz, noch stärker aber auf relative Konsistenz. Kontinuierliche Veränderungen waren dagegen weniger häufig. Hall kam zu dem Schluß: «Die Träume eines Menschen bleiben von einem Jahr zum anderen überraschend konsistent.» Er fand die vielen

Wiederholungen nach den ersten paar hundert Träumen recht ermü-
dend.[24c] Beizufügen ist, daß das von ihm untersuchte Material auch
größtenteils von Personen stammte, die sich weder in Therapie befanden noch gezielt an ihrer Persönlichkeitsentwicklung arbeiteten.

Der wissenschaftliche Aspekt der Inhaltsanalyse

Die statistischen Verfahren der Inhaltsanalyse sind nicht neu. Sie wurden bereits in Literaturwissenschaft, Politikwissenschaft, Soziologie
und Psychologie eingesetzt, doch Hall war der erste, der sie auf Träume
anwandte. In seinem Buch *The Content Analysis of Dreams* aus dem
Jahr 1966 erörtert er gemeinsam mit Robert van de Castle die methodologischen Probleme bei der Übertragung von Traummaterial in
«wissenschaftliche Daten». Er nennt dabei vier Charakteristika, die
wissenschaftliches Material auszeichnen: 1. Objektivität und Reprodu-
zierbarkeit, 2. Quantifizierbarkeit, 3. Signifikanz für eine systematische
Theorie, 4. Generalisierbarkeit.[22a]

Es galt zunächst festzulegen, was unter einem Traum zu verstehen
sei. Hall kam zu einer recht nüchternen Definition: «Das, was eine
Person berichtet, wenn sie gebeten wird, einen Traum zu erzählen,
Kommentare und Deutungen ausgeschlossen.»[22b]

Hall wußte natürlich, daß der Traum vor allem eine bildhafte Erfahrung ist und daß eine verbale Schilderung kein echtes Äquivalent
dazu darstellt, doch seine Definition ist operationalisierbar und entspricht auf jeden Fall dem Phänomen, mit dem Traumdeuter arbeiten.[22c]

Grundlage für Halls wissenschaftliches Vorgehen ist ein möglichst
umfassendes Klassifikationssystem, das wir bereits andernorts in
Teilen kennengelernt haben. So stellen die Kriterien für «Penisneid» in
dem Abschnitt über Traum und psychosexuelle Entwicklung im Kapitel über Freud eine vereinfachte Version des Hallschen Klassifikations-
schemas dar, ebenso die Kriterien für die archetypische Qualität von
Träumen des Jungianers Kluger (auch sie aus Platzgründen etwas
verkürzt dargestellt).

Mit Hilfe dieses methodologischen Handwerkszeugs war es möglich, verschiedene Hypothesen zum Traum zu überprüfen. Kluger etwa
untersuchte die Theorie der Archetypen (S. 149–153), und Calvin Hall
gelang es, verschiedene Thesen Freuds zu bestätigen, unter anderem,
daß Männer in Träumen häufiger Kastrationsangst zeigen als Frauen –

mangelnde körperliche Leistungsfähigkeit, gekoppelt mit der Beschädigung oder Zerstörung irgendwelcher Dinge, die dem Träumer gehörten, waren in den Träumen von Männern dreimal so häufig wie in den Träumen von Frauen.[21] Ebenso konnte er nachweisen, daß das Überich von Frauen sich von dem von Männern unterscheidet.[19]

Zu Halls Verdiensten gehört auch, Daten aus verschiedenen Bevölkerungsgruppen zusammengetragen zu haben, die in der Folge für Vergleiche mit anderen Gruppen herangezogen werden konnten. Als Kluger sich mit der archetypischen Qualität von Träumen auseinandersetzte, wandte er sich zum Beispiel an das Calvin Hall Institute und bat um «normale Kindheitsträume», um sie mit seinem Material zu vergleichen.[27]

Im Materialpool Halls befanden sich auch die Träume einer Frau, die diese im Alter zwischen zwanzig und dreißig niedergeschrieben hatte und dann noch einmal später mit über sechzig Jahren, und die ein Extrembeispiel für Konsistenz darstellten. Sämtliche Häufigkeiten in den beiden Traumserien waren so gut wie identisch: Es kamen dieselben Gegenstände vor sowie dieselbe Anzahl von Männern und Frauen. Auch die Proportionalität freundlicher und aggressiver Interaktionen verschiedenster Art war gleich geblieben. Ja, es tauchten sogar gleichviel Prominente und Schwarze in den beiden so weit auseinanderliegenden Traumreihen auf.[24d]

Hall stellte fest, daß solche individuellen Besonderheiten sich häufig psychologisch erklären lassen. Ein Geschäftsmann schickte hundert Träume an das Hall Institute. Die Träume enthielten zahlreiche Anspielungen auf Frauenkleidung, was Hall und seine Mitarbeiter auf die Vermutung brachte, daß der Mann Transvestit sei, eine Annahme, die sich in der Folge bestätigte. Ein Kinderschänder, der gefaßt und zu einer Gefängnisstrafe verurteilt worden war, schickte ein Tagebuch mit vierzehnhundert Träumen an Hall, in der Hoffnung, eine Erklärung für seine Abnormalität zu bekommen. Wie sich herausstellte, tauchte kein einziges Mal in den Träumen sein Vater auf. Nach Hall konnte es dafür nur zwei mögliche Erklärungen geben: Entweder war der Vater gestorben oder hatte die Familie verlassen, als der Junge noch ein Baby war, oder er hatte seinem Sohn etwas angetan, was diesen dazu veranlaßte, ihn radikal aus seinen Träumen zu verbannen. Er stieß schließlich auf einen Traum, in dem «*ein Stier, der menschliche Intelligenz zu besitzen schien, Geschlechtsverkehr mit mir haben wollte».* Hall interpretierte den Bullen freudianisch als Maskierung für den Vater und vermutete sexuellen Mißbrauch. Tatsächlich war der Kinderschänder seit seinem vierten Lebensjahr von seinem Vater zur Fellatio gezwungen worden.[24e]

Die längste Traumserie in Halls Archiv stammte von einer Psychologieprofessorin und umfaßte die Zeit von 1912 bis 1965, einige Tage vor dem Tod der Frau. Hall gab ihr den fiktiven Namen «Dorothea». Sie träumte fünfzig Jahre lang mit gleichbleibender Konsistenz von ihren Eltern und Geschwistern, obwohl sie ihren Vater früh verloren hatte und ihre Mutter erst starb, als die Träumerin einundsechzig war. Die vier wichtigsten Traumthemen «Dorotheas» waren: 1. Nahrung und Essen, wobei sie in jedem fünften Traum nicht genug bekam; 2. Verlust eines Gegenstandes in jedem sechsten Traum; 3. Die Mutter in jedem zehnten Traum; 4. In einem unordentlichen Raum sein beziehungsweise ein Eindringling in einem Raum in jedem zehnten Traum.

Hall diagnostizierte hier ein orales Problem (S.43). Dorothea war das zweite von acht Kindern und hatte oft Anlaß, sich neben den später geborenen Geschwistern in der Familie ignoriert oder überflüssig zu fühlen. Dieses Grundmuster schleppte sie ihr ganzes Leben lang mit sich.[24f]

Eine ältere Frau, die zweimal verheiratet gewesen war und deren beide Ehemänner schon viele Jahre tot waren, träumte den Rest ihres Lebens konstant weiter von beiden Männern. Obwohl ihre erste Ehe unglücklich gewesen war, träumte sie häufig von einem harmonischen, ja liebevollen Zusammensein mit ihrem ersten Mann. Die zweite Ehe hatte sie dagegen als durchaus glücklich erlebt. Trotzdem träumte sie von ihrem zweiten Ehemann immer wieder, daß er krank war oder starb oder sie für eine andere Frau verließ.

Im Alter von zweiundachtzig Jahren hatte sie einen Traum, der «das Dilemma, in dem sie fünfzig Jahre lang gelebt hatte», beispielhaft spiegelt:

«Zwei Männer waren in mich verliebt und baten um meine Hand. Der eine war ruhig und hochgesinnt und insgesamt ein sehr angenehmer und dabei bescheidener Mensch. Der andere war hübsch und extravagant und eroberte mich im Sturm. Meine Zustimmung setzte er einfach vor-

aus. Ich war eigentlich in keinen von beiden verliebt, aber der zweite faszinierte und überrumpelte mich durch seine Art. Ich sagte ja und heiratete ihn, obwohl ich schon da nicht sicher war, ob ich die richtige Wahl traf. Dann, als es zu spät war, merkte ich, was für einen Fehler ich gemacht hatte. Mein Mann war egozentrisch und arrogant, und nachdem er mich gewonnen hatte, behandelte er mich mit Gleichgültigkeit.»

Der stille, hochgesinnte Mann war wie ihr zweiter Ehemann, der extravagante Typ wie ihr erster. Ganz offensichtlich hatte die Träumerin noch immer eine Schwäche für diesen ersten Mann, obwohl sie deutlich spürte, daß sie damit wohl einen Fehler machte.[24g]

Hall kam zu dem Schluß, daß die Konsistenz in Träumen daher rührt, daß die Persönlichkeit ein relativ stabiles Gefüge aus persönlichen Charakterzügen, Einstellungen und Verhaltensmustern darstellt. Erbfaktoren, intrauterine Entwicklung und die Entwicklung in der frühen Kindheit können wichtige Einflußfaktoren sein. Daß bestimmte fundamentale Themen ein ganzes Leben lang in den Träumen eines Menschen wiederkehren, hat seinen Grund nach Halls Ansicht jedoch vor allem in den Ängsten des einzelnen.[24h]

Dann und wann beobachtete er allerdings auch systematische Veränderungen in einem Traummuster. Der Grund dafür war in der Regel in einer Psychotherapie, im Erreichen eines höheren Lebensalters, in körperlichen Veränderungen und manchmal auch in radikalen Veränderungen der Umwelt der Person zu suchen.[24i]

Typische Traumthemen

Im Rahmen der von ihm entwickelten Klassifikation zergliedert Hall den Traum zunächst in folgende Bestandteile: Schauplätze, auftretende Personen, Handlungen, Emotionen.[16c] Diesen verschiedenen Aspekten unterlegt er unterschiedliche symbolische Deutungen. Wir haben bereits gesehen, wie breit das Spektrum bevorzugter Traumthemen ist. Untersucht man jedoch die hier genannten Oberkategorien, so wird deutlich, daß es auch so etwas wie «typisches» Träumen gibt. So sind zum Beispiel die *Schauplätze* in Träumen gewöhnlich banal und vertraut: ein Wohnzimmer, ein Auto, eine Straße, ein Lebensmittelgeschäft, ein Strand oder ein Restaurant. Exotische und irgendwie ausgefallene Lokalitäten sind seltener.

In fünfzehn von hundert Träumen ist der Träumer auf die eine oder andere Weise unterwegs, das heißt in Bewegung.

Hall interpretiert Bewegung als «Ehrgeiz, Fortschritt und Leistung, Durchbrechen familiärer Bande, Flucht vor etwas oder Sterben». Die Art und Weise des Unterwegsseins sagt nach Hall etwas darüber aus, welcher dieser Aspekte im Traum gemeint ist. Wenn ich zum Beispiel das Auto meines Vaters fahre, kann das Unabhängigkeit von ihm (oder von dem, wofür er steht) bedeuten. Wenn ich die Kontrolle über das Fahrzeug verliere, habe ich keine Kontrolle über mein Leben. Handelt es sich bei dem Auto um eine auffällige Nobelkarosse, so kann das Ausdruck einer übertrieben hohen Selbsteinschätzung sein, usw.

Sehr häufig kommen in Träumen Schauplätze vor, die Entspannung bieten, zum Beispiel Lokale für Tanz und Geselligkeit, Gelegenheiten zum Schwimmen und zum Sport, während Arbeitsplätze nur selten auftauchen. Entsprechend handelt es sich auch bei den im Traum vorkommenden *Handlungen* häufiger um angenehme, unterhaltsame Aktivitäten und weniger um Arbeit oder Tätigkeiten des Alltags.[6c]

Die *auftretenden Personen* sind im allgemeinen vertraute Personen aus dem nächsten Umkreis des Träumers. Übereinstimmend mit Jungs Subjekt- und Objektstufe können die auftretenden Personen sowohl Aspekte des Träumers selbst als auch seine Beziehung zur äußeren Welt spiegeln.

Vier von zehn Personen in Träumen sind Fremde. Der Fremde kann für einen uns fremden Teil unser selbst stehen oder für eine unbekannte Seite an jemandem, den wir kennen. Kommen sehr viele Fremde in Träumen vor, kann das bedeuten, daß der Träumer sehr isoliert ist.[16c] Das war zum Beispiel im Fall des Kinderschänders so. In seinen vierzehnhundert Träumen tauchten, abgesehen von seiner Mutter und seiner Schwester, nur Fremde auf.

Träume von Männern und Frauen

Hall und seine Mitarbeiter beschäftigten sich intensiv mit Geschlechterunterschieden in Träumen. Sie fanden heraus, daß Frauen in ihren

Träumen passiver sind als Männer, wenn man «schauen, sitzen, reden, stehen usw.» als «passive» Verhaltensweisen auffaßt. Männer dagegen zeigen in ihren Träumen häufig «aktive» Verhaltensweisen wie «rennen, Auto fahren, schwimmen, tanzen, Ball spielen» und dergleichen. In einer Liste der anstrengendsten Tätigkeiten in Männerträumen tauchten folgende Tätigkeiten auf: *schwere Stahlschienen entladen, unter Tage arbeiten, an einem Heizkessel arbeiten, an einem Gebäude hochklettern, Faustkämpfe ausfechten und rudern;* die Tätigkeiten in Frauenträumen waren: *Betten machen, Teig kneten, Treppen wischen, Blumen anordnen, Wäsche abnehmen und Geschirr aufräumen.*[16f]

Die hier zitierten Studien wurden mit amerikanischen Probandinnen und Probanden durchgeführt, bestätigen jedoch insgesamt meine eigenen Erfahrungen. Ich habe allerdings bei dänischen Frauen gelegentlich durchaus auch Traummotive wie *«einen Löwen mit meinen bloßen Händen erdrosseln, Kohle in einen Heizkessel schaufeln, bis er kurz vor dem Explodieren ist, einen Tyrannen erstechen, einen Mann mit einer Pistole erschießen»* gesehen.

Ein weiterer interessanter und offenbar universaler (siehe «Traum und Gesellschaft», S. 415 ff.) Unterschied in den Träumen von Männern und Frauen, der sich schon bei Jungen und Mädchen im Alter von sechs Jahren findet,[12a] besteht darin, daß in Männerträumen durchschnittlich zwei Männer pro Frau auftauchen, das Verhältnis der Geschlechter in Frauenträumen dagegen ausgewogen eins zu eins ist.[18]

Hall deutet dieses Phänomen dahingehend, daß Männer stärker mit ihren Beziehungen zu Männern beschäftigt sind als mit ihren Beziehungen zu Frauen, während Frauen ihr Interesse gleichmäßig zwischen beiden Geschlechtern aufteilen.[18]

Andere Untersuchungen zeigten, daß in Männerträumen Aggressivität häufiger gegenüber anderen Männern als gegenüber Frauen ausgelebt wird, während in Frauenträumen mehr Aggression zwischen Männern und Frauen vorkommt.[17] Männer haben außerdem im Traum freundschaftlichere Kontakte zu Frauen als zu Männern, während Frauen in diesem Punkt keinen Unterschied machen.[20]

Man versuchte, diese Ergebnisse anhand von Freuds Theorie des männlichen und des weiblichen Ödipuskomplexes zu erklären. Der Junge verliebt sich in die Mutter und erlebt den Vater als Feind, während das Mädchen seinen Ärger gleichermaßen gegen Mutter und

Vater richtet. Dieser frühe Konflikt bestimt dann unbewußt das ganze Leben lang die Beziehung zum jeweils anderen Geschlecht.[18]

Männerträume sind außerdem häufiger sexuell gefärbt,[22d] und während die Rollen in den Träumen von Frauen oft von Müttern, Verwandten und Kindern gespielt werden, träumen Männer deutlich häufiger als Frauen von unbekannten Männern, die anhand ihres Berufs identifiziert werden: Bankangestellter, Büroangestellter, Metzger.[16e]

Kinderträume

Das Gebiet des Kindertraums wurde vor allem von Robert van de Castle, einem von Halls engsten Mitarbeitern, erforscht. Er verglich unter anderem Jungenträume mit Mädchenträumen und Kinderträume mit Erwachsenenträumen.

Mädchen wie auch erwachsene Frauen verhalten sich in ihren Träumen stärker sozial als Jungen und Männer. Mädchen schildern oft das Gesicht, das Haar und die Augen der Personen im Traum, während Jungen die Dinge meist nach Größe, Geschwindigkeit und Intensität beschreiben. Die Träume von Mädchen sind ganz allgemein «netter» als die Träume von Jungen, es herrscht in ihnen eine fröhlichere Stimmung, und es geht geselliger zu. In Träumen über Tiere haben Mädchen häufiger kleine Tiere und Haustiere, während Jungen eher von wilden Tieren träumen.

Ein wesentlicher Unterschied zwischen Kinder- und Erwachsenenträumen zeigt sich in der Anzahl der Tierträume. Kinder unter vier Jahren träumen in einundfünfzig Prozent ihrer Träume von Tieren. Im Alter von fünf bis sieben Jahren tauchen in siebenunddreißig Prozent Tiere auf. Bei Erwachsenen nur noch in siebeneinhalb Prozent.

Kinder über sieben Jahre, die weiterhin viele Tierträume haben, haben weniger soziale Erfahrung als Kinder, bei denen das nicht der Fall ist. Außerdem träumen Kinder häufiger von angsterregenden Tieren als Erwachsene. Löwen, Spinnen, Bären, Gorillas, Krokodile, Tiger und Wölfe stellen achtundzwanzig Prozent der Tiere in den Träumen von Kindern, jedoch nur sieben Prozent der Tiere in Erwachsenenträumen. Mit zunehmendem Alter des Kindes erscheinen in seinen Träumen immer mehr Tiere, die gezähmt und beherrscht werden können.[12b]

Die meisten Traumforscher sind der Ansicht, daß Tiere der symbolische Ausdruck instinktiver Impulse sind. Die zahlreich vorkommenden Tiere in Kinderträumen haben sicherlich etwas mit der größeren Spontaneität von Kindern, ihrem weniger stabilen Ich und ihrer Schwierigkeit, die eigenen Impulse in die gewünschte Bahn zu lenken, zu tun.

Viele Eltern sind beunruhigt, wenn ihre Kinder Angstträume haben, doch das ist völlig normal. Die amerikanische Autorin Patricia Garfield analysierte zweihundertsiebenundvierzig Kinderträume und stellt eine Häufigkeitstabelle der in ihnen vorkommenden Themen auf.[12c]

Schlechte Träume:

1. Verfolgt oder angegriffen werden	77
2. Etwas Erschreckendes erleben	28
3. Verletzung oder Tod	26
4. Beschädigung oder Verlust von Eigentum	9
5. Enttäuscht werden	5
6. Fallen	5
7. Sonstige	8
	158

Gute Träume:

1. Etwas Schönes machen	30
2. Wünschenswerter Besitz	15
3. Besondere Leistungen	9
4. Wichtig sein	7
5. Abenteuer	7
6. Medienheld (Superkind) sein	7
7. Etwas Leckeres essen	6
8. Ein Tier zum Freund haben	4
9. Geliebt sein	3
10. Fliegen	1
	89

Calvin Halls Symboltheorie

Hall entwickelte eine eigene kognitive Theorie zur Traumsymbolik. Seiner Ansicht ist der symbolische Prozeß Teil des kognitiven Systems des Ichs.[15]

Dazu ein Beispiel: Ein junger Mann träumte: *«Ich versuchte vergeblich, den Wasserhahn aufzudrehen. Schließlich beschloß ich, einen Klempner zu rufen. Zu meiner Überraschung war es eine Klempnerin. Sie drehte am Hahn, und sofort floß das Wasser. An dieser Stelle des Traums erwachte ich und hatte einen nächtlichen Samenerguß.»*

Da der Traum zu einem Samenerguß führte, drängt sich eine sexuelle Deutung förmlich auf. Daß das männliche Geschlechtsorgan im Traum als Wasserhahn dargestellt wurde, der von einer Klempnerin aufgedreht werden kann, läßt darauf schließen, daß der Träumer eine mechanistische Vorstellung von Sex hat.[16g]

Eine ganz andere, natürliche und sinnliche Einstellung zur Sexualität manifestiert sich dagegen im folgenden Traum:

«Ich lag im Bett. Es war ein kalter, grauer Morgen. Auf einmal ging die Sonne auf, und der Raum schien von Wärme erfüllt. Ich hatte eine Ejakulation.»[16h]

Für Hall sind Träume eine Art «Denken in Bildern». Die Symbole sind Vorstellungen und Begriffe, die in eine Bildersprache übersetzt sind. Eine Pistole steht niemals per se für das männliche Geschlechtsorgan. Das Bild der Pistole kann aber gegebenenfalls in drastischer Form deutlich machen, daß ein Mann eine aggressive Vorstellung von seiner eigenen Sexualität hat.

Ähnlich kann ein Mann von seiner Mutter als «Kuh» träumen, weil das Bild der Kuh auf die einfachste Art und Weise seine Vorstellung von der Mutter als nährender Person auf den Punkt bringt. Symbole sind für Hall also keine Verkleidungen, sondern «eine Art geistiger Kurzschrift: Meine Mutter ist eine ‹kuhartige› Person, also wird sie in meinem Traum als Kuh auftreten».

Freuds Theorie, Symbole seien Maskierungen, lehnte Hall – wie Jung – radikal ab. Wir haben allerdings immer wieder deutliche Hinweise auf eine Beteiligung von Abwehrmechanismen bei der

Traumbildung. Hall argumentierte ähnlich wie Jung, Freuds Maskierungstheorie erkläre nicht, warum ein Träumer in einer Nacht in maskierter Form von einer inzestuösen Beziehung träumt und in der nächsten völlig unverhüllt.[161] Die Erfahrung zeigt allerdings (siehe «Wach-Ich und Traum-Ich», S. 146 ff.), daß das äußerst selten vorkommt, belegen doch Halls eigene Untersuchungen, daß die Traumthemen einer Person sich insgesamt eher gleichförmig gestalten und keine plötzlichen Veränderungen aufweisen.

Was Halls Theorie fehlt, ist die für Jungs Auffassung so wichtige Dimension des Symbols als Energietransformator, der seelische Wachstumsprozesse in Gang setzen kann, und die Erkenntnis, daß nicht das intellektuelle Verstehen des Symbols entscheidend ist, sondern seine gefühlsmäßige Besetztheit.

Andererseits kann Hall durchaus Überzeugendes für seine Theorie anführen, und ich selbst habe die Erfahrung gemacht, daß sie auch und gerade in Kombination mit den Ansätzen Freuds und Jungs äußerst wertvoll für die Praxis ist. Ich möchte das an einigen unserer früheren Beispiele aufzeigen.

In Kapitel 2 (S. 125 ff.) war die Rede von den Berufungsträumen eines amerikanischen Bischofs. Wenden wir Halls Methode auf diese Träume an, so gewinnen unsere Beobachtungen eine neue, zusätzliche Dimension. Im ersten Traum wurde ein «heftig gestikulierender Priester» mit dem Berufungsthema in Verbindung gebracht. Im zweiten Traum erfolgte die Berufung von einem «Triumphbogen» aus, also von einem Siegesdenkmal, und im dritten Traum schließlich war Jesus als «Kanonenkugel» präsent. Wenn dies die typische Bildwelt der Träume des Bischofs war, so können wir unsere frühere Deutung dahingehend ergänzen, daß er seine Berufung als eine relativ kriegerische, fanatische Angelegenheit empfunden haben muß. Natürlich wissen wir nichts über das Wachleben des Bischofs, doch meine eigene Erfahrung mit Tausenden von Träumen läßt mich vermuten, daß Halls Methode im Prinzip tauglich ist.

In der alchemistischen Traumserie von Wolfgang Pauli spiegelt sich unübersehbar seine technisch-wissenschaftliche Lebens- und Erlebensweise. Nur wenige Menschen würden vom Individuationsprozeß als *«Quadratur des Kreises»* träumen oder das Selbst symbolisch in Gestalt einer überaus komplizierten technischen Konstruktion, als kosmische Weltuhr, darstellen. Jemand anders hätte die große Harmonie vielleicht in der Begegnung mit einem sprechenden weisen Tier erfahren, als kosmischen Raum voller vibrierender Farben, in einer ekstatischen sexuellen Vereinigung oder ähnlichem.

In dem Abschnitt über die jungianische Deutung auf der inneren und der äußeren Ebene (S. 84ff.) habe ich den Traum einer meiner Klientinnen erwähnt, die von einer Bergpartie zu einer hochgelegenen, schönen alten Burg träumte. Auf dem letzten Wegstück mußte sie einen schmalen schwierigen Pfad mit vielen Stufen erklimmen. Ich deutete ihr Problem beim Aufstieg freudianisch als Orgasmusproblem.

Man könnte den Traum aber ohne weiteres auch jungianisch als archetypischen Traum interpretieren. Der Berggipfel war für Jung ein Bild des Individuationsprozesses. Das schöne alte Schloß könnte ein Symbol des weiblichen Selbst sein. Meiner Ansicht nach beschreiben die freudianische und die jungianische Deutung hier jeweils eine bestimmte Seite der Wirklichkeit der Frau. Mit Hilfe von Halls Methode läßt sich ein weiterer Aspekt herausarbeiten, daß nämlich beide Seiten bis zu einem gewissen Grad als Mischung aus Vergnügen (Urlaub) und Leistung (der steile Anstieg) erlebt werden. Und auch diese Beobachtung ist sicherlich richtig.

Die Einstellung des Deuters

Während die Freudianer davon ausgehen, daß Träume nicht ohne das Medium der Übertragung auf einen Analytiker gedeutet werden können, und die Jungianer das Erlernen der Traumdeutung als sehr schwierig erachten, ist Hall «überzeugt, daß jeder, der imstande ist, einige wenige Grundregeln zu befolgen, Träume deuten kann». Der Deuter sollte dabei von folgenden Vorannahmen ausgehen:

1. Der Traum wird vom Geist des Träumers erzeugt. Mit «Geist» meint Hall vor allem das Ich und seine Abwehrmechanismen. Der Träumer ist Drehbuchautor, Regisseur und Schauspieler. Der Traum ist ein vollkommen subjektives Produkt und liefert ein genaues Abbild davon, wie der Träumer die Realität wahrnimmt, das heißt, wie er a) sich selbst, b) andere, c) die Welt und d) die eigenen Impulse und Konflikte sieht.

2. Um etwas zu träumen, muß man es zuvor (im Wachzustand) gedacht haben.

3. Der Traum kann mehr als *ein* Bild des Träumers von sich selbst oder von der Welt offenbaren.

4. Der Traum ist ein organisches Ganzes. Das heißt, die einzelnen Elemente des Traums sind nur im Kontext des ganzen Traums verständlich. Deshalb muß auch die Bedeutung der einzelnen Symbole vom Kontext des Traumes her betrachtet werden.

Eine solche grundsätzlich auf Traumserien gestützte Deutung kann nach Hall «sehr präzise und objektiv sein, wenn man auf wissenschaftliche Weise an die Aufgabe herangeht».[16j]

In seinem Buch *The Individual and His Dreams* liefert Hall eine Methode zur Traumdeutung für jedermann. Er listet eine große Zahl von Gefühlen auf und erfaßt tabellarisch verschiedene Formen des Verhaltens sich selbst und anderen gegenüber. Der interessierte Leser, der sich an seine Richtlinien hält, kann in der Tat ganz erstaunliche Aufschlüsse über den eigenen Lebensstil und die eigene Weltauffassung erhalten. Halls Methode hat damit dazu beigetragen, Träume aus der engen Welt des Konsultationszimmers herauszuholen und auch für den Laien zugänglich zu machen. Gleichzeitig ist sie aber auch ein nützliches Werkzeug für den professionellen Traumdeuter, der mit ihrer Hilfe eigene Interpretationen kritisch überprüfen kann.[24k] Allerdings ist Halls Einstellung den Emotionen und der Psyche gegenüber sehr rationalistisch. Er vernachlässigt damit die Erkenntnisse Freuds und Jungs, daß analytisches Zergliedern und intellektuelles Begreifen allein nur selten zu Veränderung und Wandlung führen.

Die Kontingenzanalyse

In seinem letzten Buch griff Hall einen Kritikpunkt auf, der sich gegen die von ihm entwickelte Inhaltsanalyse richtete: Diese «teile den Traum in Elemente auf und zerstöre dadurch seine Einheit und Kohärenz».

Die Methode, dieser Gefahr entgegenzutreten, bezeichnet Hall als «Kontingenzanalyse». Dabei versucht man nicht nur die einzelnen Bestandteile des Traums zu sehen, sondern forscht zusätzlich auch nach typischen «Konstellationen» zwischen verschiedenen Elementen. Man geht zum Beispiel der Frage nach, ob Tiere in den Träumen eines Kindes häufiger mit Angst oder Aggression gekoppelt auftauchen als normal.

Ein Mann wurde im Traum häufig beim Geschlechtsverkehr gestört, und zwar meist von einer älteren Frau.

In vierundachtzig Träumen eines jungen Mannes tauchten Traumelemente wie Tunnel, Röhren, Hintern, Druck oder Verengung, Schmutz, Gestank, die Farbe Braun usw. ungewöhnlich häufig in Verbindung miteinander auf. Sie ließen sich sämtlich auf den Vorgang der Defäkation beziehen.

Die meisten Psychoanalytiker weisen im Zusammenhang mit Traumserien auf gewisse typische Züge und Verbindungen hin. Halls Methode ermöglicht es, diese Eindrücke zu überprüfen und sich selbst im Hinblick auf die Gegenübertragung zu kontrollieren.[24m]

Zusammenfassung

Es kann kein Zweifel daran bestehen, daß die von Calvin Hall entwickelte Inhaltsanalyse als dritter Zweig der modernen Traumanalyse eine Lücke füllt. Außerdem belegen Halls Untersuchungen einen Zusammenhang zwischen Traum und Lebensstil im Wachleben.

Die von Hall initiierte Richtung hatte zwar nicht die Breitenwirkung wie die Ansätze Freuds und Jungs, erfuhr aber andererseits in vielen Bereichen durch die Arbeit der Nachfolger Freuds und Jungs eine Bestätigung.

So ist etwa Erik Erikson der Auffassung, daß Träume neben all ihren anderen Facetten den Lebensstil des Träumers abbilden.[7] Und auch die These des Jungianers Hans Dieckmann von der Kontinuität zwischen Traum-Ich und Wach-Ich steht im Einklang mit Adler und Hall. Dabei muß betont werden, daß der «Lebensstil im Wachleben» nicht mit Bewußtsein verwechselt werden darf. Gemeint ist vielmehr, wie jemand sich tatsächlich verhält und die Welt erlebt. Ein Mensch kann zum Beispiel aggressiv sein, selbst aber das Empfinden haben, er verteidige sich lediglich gegen die Feindseligkeit anderer.

Das Wesen des Traums

Alfred Adler, Erich Fromm, Calvin Hall und Montague Ullman, die bedeutendsten Vertreter dieser Richtung, gehen übereinstimmend davon aus, daß Träume ausschließlich Dinge zum Inhalt haben, die im Wachzustand erlebt wurden. Keiner von ihnen war allerdings in seiner Theoriebildung so konsequent wie Freud und Jung. Hall, der am systematischsten arbeitete, nahm sogar ganz bewußt davon Abstand, eine einheitliche Theorie zu formulieren, zum Teil, weil er der Auffassung war, daß wir angesichts der Komplexität des Phänomens überhaupt noch zuwenig über Träume wissen, zum Teil, weil voreilig festgeschriebene Theorien in seinen Augen nur Barrieren aufrichten und die Gewinnung neuer Erkenntnisse behindern. Trotzdem glaubt auch Hall, daß Theorien bei Bedarf nützliche Orientierungsrahmen liefern können.[24p] Die Entdeckung, daß der Kinderschänder (S. 184f.) inzestuöse Erfahrungen mit seinem Vater verdrängt hatte, war zum Beispiel nur möglich, weil Hall den in einem der Träume vorkommenden Stier ganz im Sinne Freuds als Vatersymbol deutete.

Hall hielt Freuds und Jungs Theorien für die nützlichsten.[24q] Seine eigene Vorstellung vom Wesen des Traums wird vor allem in seiner Auffassung des Symbols deutlich. Hier befürworteten Hall[15] und Fromm[11] wie Freud und Jung das Vorhandensein universaler Symbole, während Adler[13a] und Montague Ullman Symbole ganz dem persönlichen Bereich zuordnen.

Bei Adler erfolgt die Symboldeutung durch Assoziationen, orientiert am spezifischen Bezugsrahmen der Adlerschen Theorie (S. 177f.). Bei Ullman kann jeweils nur der Träumer selbst sagen, was das Symbol bedeutet.[34a]

Hall legt als einziger das Hauptgewicht auf den intellektuellen Aspekt der Bedeutung des Symbols, während Fromm wie Adler die gefühls- und stimmungsauslösende Funktion des Symbols betont.

Nach Hall haben Symbole für den Träumer eine bestimmte Bedeutung,[24s] Fromm dagegen nimmt an, daß sie gleichzeitig verschiedene mögliche Bedeutungen haben.[11] Nach Adler werden Träume nicht nur von einem einzigen Ereignis bestimmt, sondern von vielen. Deshalb müssen sie gleichzeitig auf verschiedenen Ebenen verstanden werden.[13]

Ungeachtet seiner Symbolauffassung operiert Hall sehr stark mit Abwehrmechanismen, und zwar sowohl bei der Formulierung seines

Ansatzes als auch in der praktischen Traumdeutung. Von Freuds Konzept des Straftraums ausgehend kommt er zu dem Schluß, daß die Ängste des Ichs zur Monotonie der Träume beitragen. Dieser Position nähert sich auch Fromms Ansatz an.[11] Ullman wiederum machte deutlich, daß selbst Adler mit freudianischen Begriffen wie Verdichtung, Verschiebung und bildlicher Darstellung arbeitete, wenn dies auch nicht mit seiner Theorie in Einklang stand.[33]

Von Adler kommt auch der wichtige Hinweis, nicht nur darauf zu achten, welche Symbole in einem Traum auftauchen, sondern auch, welche *nicht* erscheinen, da daran deutlich wird, was der Träumer aus seinem Leben ausschließt.[13b] Diese These wird durch die auffällige Einseitigkeit der lebenslangen Traumserien, die Hall auswertete, gestützt.

Die Funktion des Traums

Während die Aussagen zum Wesen des Traums innerhalb der in diesem Kapitel vorgestellten Richtung etwas diffus und widersprüchlich erscheinen, herrscht im Blick auf die Funktion des Traums große Übereinstimmung.

Hall sah sich durch seine Untersuchungen zu dem Schluß veranlaßt, daß Träume ein relativ gleichförmiges, wenig aufregendes Bild von der Persönlichkeit des Träumers vermitteln und stärker von ihren Ängsten und Problemen handeln als von ihren Freuden und Erfolgen. Das liegt daran, daß Träume grundsätzlich auf Problemlösung ausgerichtet sind. Sie sind das Ergebnis effektiver, harter und kreativer geistiger Arbeit im Schlafzustand.[18.16k] Wenn wir häufig von uns nahestehenden Menschen träumen, hat das damit zu tun, daß wir gefühlsmäßig an diese Personen gebunden sind, es handle sich dabei um positive Emotionen wie Liebe, um Furcht oder Ärger oder auch um eine Mischung aus allen dreien. Eine wichtige Faustregel besagt allerdings, daß wir selten von Menschen träumen, zu denen wir eine stabile und zufriedenstellende Beziehung haben.[16m] Nur solange unsere Empfindungen der einen oder anderen Person gegenüber problematisch sind, kommt sie in unseren Träumen vor.

Nach Hall träumen wir deshalb nicht von unseren Erfolgen, weil Erfolge keine geistige Spannung auslösen, Spannung aber eine Vorbedingung für Denk- und Traumaktivität ist.

Ullman erklärt, daß Träume «unsere Gefühlstemperatur annehmen und auf Ursachen und Zusammenhänge hinweisen».[34a] Auch Fromm und Adler gehen davon aus, daß Träume mit der Lösung ungelöster Probleme zu tun haben. Hier zeigt sich eine Annäherung an die Jungianer und einige Neofreudianer. Freud selbst sah zwar keine unmittelbare Verbindung zwischen Traum und Problemlösung, nutzte Träume aber für die psychoanalytische Problemlösung. Auf der praktischen Ebene gibt es also trotz aller Gegensätze etwas, das die bisher geschilderten, verschiedenen Theorieansätze eint, wenngleich eingeräumt werden muß, daß hinsichtlich der Art und Weise, *wie* Träume letztlich als problemlösend empfunden werden, wesentliche Unterschiede bestehen – was sich dann auch in der jeweiligen Traumdeutung niederschlägt.

Die Traumanalyse

Nach Auffassung Halls gibt es eine Reihe von Grundkonflikten, die sich im Leben und in den Träumen der Menschen manifestieren, zum Beispiel der Konflikt zwischen Liebe und Haß in der Eltern-Kind-Beziehung, zwischen Freiheit und Sicherheit, Richtig und Falsch, Männlich und Weiblich, Leben und Tod.[16]

Bei näherer Betrachtung lehnt sich Halls System in diesem Aspekt eng an Freuds Ansatz an, auch wenn es nicht dessen Format erreicht. Dennoch liefert Hall zahlreiche wichtige Beobachtungen. Der Existentialist Medard Boss hat gegen Halls mit statistischen Methoden gewonnene Ergebnisse eingewandt, sie seien für die Arbeit mit den Träumen von Einzelpersonen unbrauchbar. Darin bin ich anderer Ansicht. Die statistische Klassifikation liefert einen genauso nützlichen Bezugsrahmen wie die anderen Theorien und kann sowohl für die Psychotherapie als auch für das Traumverständnis des Laien sehr sinnvoll sein.

Das Wissen, daß im Durchschnitt jeder dritte Traum, an den sich ein Kind erinnern kann, davon handelt, daß es verfolgt oder angegriffen wird, ist sicher für viele Eltern eine Beruhigung, auch wenn damit natürlich noch nichts darüber gesagt ist, wie sie mit dem Kind umgehen sollen.

Und wenn die Träume einer Person in den Vierzigern mehr Schauplätze aus der Kindheit enthalten als die eines Zwanzig- oder Dreißigjährigen, so kann es sinnvoll sein zu wissen, daß dies ein natürlicher Aspekt der Lebensphase ist, in der sich die Person gerade befindet.

Denn nach Halls Ergebnissen werden regressive Träume dieser Art bei Personen in den Vierziger- und Fünfzigerjahren viel häufiger.

Wie bereits erwähnt, berichtet Hall, mit dem ich gelegentlich Material vergleiche, daß in Männerträumen normalerweise zwei Männer pro Frau auftauchen. Was also hat es zu bedeuten, wenn diese Proportionalität nicht mehr gewahrt ist?

Aus jungianischer Sicht wird das Weibliche im Mann gewöhnlich angesichts bevorstehender psychischer Wandlungsprozesse aktiviert, und häufig sind diese Prozesse von radikalen Gefühls- und Stimmungsschwankungen begleitet.

In den über einen Zeitraum von zwei Wochen niedergeschriebenen Träumen eines neununddreißigjährigen Mannes tauchten neun Frauen neben vier Männern auf, das weibliche Element war also deutlich stärker vertreten. Während dieser Zeit war der Mann depressiv, fühlte sich müde und klagte darüber, daß er nahezu unfähig sei, seinen Körper zu spüren. Einen Monat später, als wieder im Durchschnitt zwei Männer pro Frau in seinen Träumen auftraten, begannen seine Körperwahrnehmung, seine Energie und sein Lebenswille zurückzukehren. Eine Überzahl von Frauen in den Träumen eines Mannes scheint also als inneres Ungleichgewicht und Ich-Verlust erlebt zu werden, kann aber notweniger Bestandteil eines Entwicklungsprozesses sein.

Hall war nicht der Ansicht, daß an Träumen irgend etwas «Esoterisches oder Mystisches» sei.[16] Er belegte seine Auffassung, daß der weitaus größere Teil des Traummaterials relativ alltäglicher Natur ist, während das Fremdartige oder Bizarre (das Archetypische) nur relativ selten auftaucht. Andererseits macht das archetypische Material seine Seltenheit qualitativ schon allein durch seine Bedeutsamkeit und seine energetische Aufladung wett, was Hall leider übersieht.

Ich führe hier als Beispiel einige Träume an, die Hall im Zusammenhang mit dem Grundkonflikt zwischen Leben und Tod behandelt. Er zitiert die Traumserie eines Achtundsechzigjährigen, der ein sehr aktives, nach außen gewandtes Leben geführt hatte. Nun war er ernsthaft erkrankt und hatte seine Arbeit aufgeben müssen, konnte sich aber nur schwer mit seinem neuen Leben abfinden. Er träumte:

«... ich war wieder in Jugoslawien, wo ich aufgewachsen bin. Ich warte auf einen Zug. Ich versuche, ihn zu erreichen, aber der Zug fährt wieder

fort. Ich gehe weiter und wate durch Wasser, bis ich zu einer Mühle komme. Ich sehe große Fische und denke, daß man hier wahrscheinlich gut angeln kann.»

Hall sah im Verpassen des Zuges die Erfahrung des Mannes kristallisiert, daß das Leben an ihm vorbeiging, weil er nicht mehr die Kraft hatte, es zu packen und festzuhalten – angesichts der Lebenssituation des Träumers eine durchaus plausible Deutung. Das Wasser, die Mühle und den Gedanken an einen möglichen guten Fischzug interpretierte Hall entsprechend als Symbole der jugendlichen Vitalität, die der Mann vergeblich wiederzuerlangen suchte.

Ein Jungianer dagegen würde im Wasser einen Ausdruck des kollektiven Unbewußten erkennen. Das Bild des Fischens ist uns schon einmal, im Traum des depressiven amerikanischen Geschäftsmannes, begegnet. In einem anderen Traum *«schwamm der Achtundsechzigjährige wie ein Fisch in einem Fluß und dachte dabei: Andere sind jünger und kräftiger als ich, aber ich schwimme trotzdem besser als sie».* Hall deutete dies als Bestreben, mit jüngeren Männern zu konkurrieren. Das ist zweifellos ein Aspekt der Symbolik des Traums. Hält man sich an die jungianische Terminologie, so «schwimmt» der ältere Mann besser im Unbewußten (im Wasser) als der jüngere – er hat jetzt die Möglichkeit, innerlich mehr in die Tiefe zu gehen als in jüngeren Jahren. Das Eintauchen in Wasser enthält zudem Anspielungen auf Taufe und geistige Wiedergeburt.

In einem dritten Traum *«ist der Mann in einer Kirche, und drei Damen servieren ihm Whisky».* Hall erklärt, daß das Wort «Whisky» «Wasser des Lebens» bedeutet, und sieht in dem Traum wiederum einen Ausdruck für den Wunsch des Mannes nach Verjüngung.[16p] Nach jungianischem Verständnis dagegen entspricht das «Wasser des Lebens» dem *aqua permanens* der Alchemisten (siehe S. 110) und symbolisiert das Selbst und das Ziel der Individuation. Das gerichtete «geistige» Getränk unterstreicht den geistig-spirituellen Aspekt des Traumes, ebenso der Schauplatz, die Kirche, und die drei aufwartenden Damen. Der Traum steht insgesamt für Verjüngung und Verwandlung, wobei die «weibliche Dreifaltigkeit» häufig mit unheilschwangeren Archetypen wie den drei Parzen in Verbindung gebracht wird, die Gewalt über Leben und Tod haben.

Das eher nüchterne und recht negative Bild, das Hall von unseren Träumen zeichnet, läßt sich so mit tiefergehenden, konstruktiven Aspekten verbinden, die Hall vom engeren Standpunkt seiner Theorie aus nicht sehen kann. Das ändert freilich nichts an der Folgerichtigkeit und Brauchbarkeit seines Modells. Viele Träume erscheinen tatsächlich auf den ersten Blick negativ – jedoch nur aus dem Blickwinkel eines Bewußtseins, das Angst vor der Wandlung zum Positiveren hat.

Alfred Adler lehnte, obwohl er von seiner Theorie her am Minderwertigkeitskomplex als zentralem Traumthema festhielt, in der Praxis eine Traumdeutung nach festgelegten Regeln ab. Er betrachtete Träume vielmehr als Manifestationen der kreativen Fähigkeiten des Träumers, die es ihm ermöglichen, Alltagsprobleme aus einer neuen, unorthodoxen Perspektive zu sehen. Die Deutung des Geträumten erfordert seiner Ansicht nach Intuition und großes Feingefühl.[13c]

Erich Fromms Symbolverständnis erinnert an die Existentialisten, deren Ansatz im Mittelpunkt des folgenden Kapitels steht, während Montague Ullman die Position vertritt, daß nur der Träumer selbst entscheiden kann, was ein Traum für ihn bedeutet.

Alle drei stimmen allerdings darin überein, daß Ereignisse vom Vortag von entscheidender Bedeutung für jeden Traum sind,[11c.34.10a] ganz im Gegensatz zu Calvin Hall, der sich überhaupt nicht mit diesem Punkt befaßte, und zu den beiden Großen der Traumdeutung, Freud und Jung. Freud ließ Tagesreste allenfalls als Projektionswand für infantile Triebe gelten, und nach Auffassung der Jungianer sind Alltagsträume zwar am häufigsten, jedoch nicht am wichtigsten.

Montague Ullman vertrat, wie gesagt, den Standpunkt, daß niemand die Träume eines anderen deuten kann. Wegweisend für jede Deutung ist vielmehr das persönliche Verständnis des Träumers. Ullman entwickelte im Rahmen seiner Arbeit eine Technik zur Traumdeutung in Selbsthilfegruppen, in denen der Leiter/Therapeut weniger autoritativ auftritt als in der Psychoanalyse.

Wie Hall hat auch er dazu beigetragen, Träume der Allgemeinheit zugänglich zu machen. Daß diese Bemühungen von Analytikern kommen, die eher die Parallelen zwischen Traum- und Wachleben in den Mittelpunkt stellen, als sich in den gefährlichen Tiefen des Unbewußten zu verlieren, erscheint nur natürlich und zeigt zugleich, daß die Traumanalyse auf ganz verschiedenen Ebenen hilfreich sein kann.

Empirische Grundlagen

Alphonse Maeder,[28] ein Anhänger Freuds, formulierte schon 1913 die These, daß Träume prospektive und problemlösende Eigenschaften haben. Der Gedanke wurde bald von Jung, später von Adler und seinen Nachfolgern wie auch von den Neofreudianern aufgegriffen. Melanie Klein[8] und eine Reihe von Traumforschern, die im Schlaflabor arbeiteten, gingen ebenfalls von dieser Auffassung aus, die damit eine breite klinische Tradition hat.

Die größte Veränderung im Hinblick auf die empirische Basis der Traumforschung kam jedoch mit Calvin Halls analytischer Methode.

Um 1970 hatten Hall und seine Mitarbeiter fünfzigtausend Träume ausgewertet.[24a] Anfangs konzentrierte sich Hall dabei vor allem auf Personen, die sich nicht in Therapie befanden.[16k] Dadurch konnte das Datenmaterial der Traumforschung über den klinischen Bereich hinaus erweitert werden – interessanterweise ohne daß deshalb grundlegende Annahmen über den Traum modifiziert werden mußten. Ein Blick auf die Beispiele im vorliegenden Kapitel und auf Halls Material ganz allgemein macht deutlich, daß die inneren Konflikte «normaler» Menschen sich nicht wesentlich von denen von Neurotikern unterscheiden. Vielleicht sind «Normale» ein bißchen erfolgreicher darin, diese Konflikte auszuklammern und äußerlich weiterzufunktionieren.

Hall dehnte seine Studien auf ganz unterschiedliche soziale Gruppen in völlig verschiedenen Gesellschaften, Kulturen und Subkulturen aus.[24a] Seine einseitige Auffassung vom Traum blieb dabei allerdings nicht ohne Einfluß auf seine statistischen Methoden. Er untersucht vor allem die Handlungen des Traum-Ichs, und zwar im allgemeinen ohne freudianische Assoziationen oder jungianische Amplifikationen. Der symbolische Aspekt des Traums geht dabei leicht unter. Zum Beispiel kommt Hall zu dem Ergebnis, das männliche Traum-Ich habe mehr sexuelle Erlebnisse als das der Frau.[22d] Symbolisch ausgedrückte Sexualität wird in diese Betrachtung nicht miteinbezogen, doch wie wir gesehen haben, können Sonnenaufgänge und Klempner in Träumen durchaus eine sexuelle Bedeutung haben, und es wäre vorstellbar, daß Frauen das Erotische generell stärker in Bildern erleben. Einige der Fehlerquellen in Halls Arbeit wurden von dem dänischen Psychologen Erik Schultz untersucht.[30]

Philosophischer Hintergrund

Philosophisch gesehen ist die hier vorgestellte Richtung der Traumdeutung in erster Linie rationalistisch und materialistisch geprägt. Adler maß dem «gesunden Menschenverstand» großes Gewicht bei, Fromm ist marxistisch orientiert, und Ullman konzentriert sich fast ausschließlich auf den alltäglichen Aspekt in Träumen. Hall, der sich als Anhänger der aristotelischen Traumtheorie betrachtet,[24m] ist der Überzeugung, daß Träumen nichts Esoterisches oder Mystisches anhaftet. Daß er hauptsächlich negative Themen in Träumen aufdeckt, erinnert an Freud, der es für möglich und realistisch hielt, in der Therapie neurotisches Elend in allgemeines Elend zu verwandeln.

Alles in allem ist die hier vorgestellte Bewegung jedoch humanistischer als Freud und vertraut auf die kreativen Potentiale des Traums.

4 Daseinsanalytische und phänomenologische Traumdeutung

*Einführung – Philosophie und Theorie von Medard Boss – Die phäno-
menologische Methode – Die Rolle des Deuters und der Traum –
Traumserien und Persönlichkeitsentwicklung – Vergleich der phänomenologischen mit anderen Methoden – Versteckte Deutungen – Die empirische Basis – Ein ideengeschichtlicher Rückblick auf Freud, Jung und
Boss*

Einführung

Die daseinsanalytische Traumdeutung fußt auf der Philosophie Martin
Heideggers.

Heidegger war der Ansicht, die Wissenschaft habe, «obwohl sie alle
Dinge und Verhältnisse, die sind, das heißt das Seiende, erforscht, vergessen, das Sein zu erklären». Heideggers philosophisches Anliegen
war es, die Trennung zwischen Ich und Welt, Subjekt und Objekt,
Innen und Außen zu überwinden, weil sie uns seiner Meinung nach der
Zusammengehörigkeit, die zwischen diesen scheinbar voneinander
getrennten Welten besteht, entfremdet.[15]

Die Existenzphilosophie ist eng mit der «phänomenologischen»
Methode verbunden, die der österreichische Philosoph Edmund Husserl zu Beginn dieses Jahrhunderts begründete. Einer der Grundgedanken dieser Methode ist es, den Phänomenen, so, wie sie unmittelbar
erscheinen, offen zu begegnen und theoretische Abstraktionen zu
vermeiden.[14] Das ist kein neues Ideal für die Traumdeutung. Auch Jung
bezeichnete seine wissenschaftliche Methode als phänomenologisch[11]
und wies öfters darauf hin, daß man in der praktischen Arbeit mit
Träumen alle Technik und Theorie vergessen und das Dargebotene

immer wieder als etwas völlig Neues und Unbekanntes betrachten sollte. Calvin Hall und Vernon Nordby betonen, daß sie mit ihren Untersuchungen von Trauminhalten ohne irgendwelche Vorannahmen darüber, was sie finden würden, begannen.[10] Und als Freud seine Methode der freien Assoziation einführte, ging es ihm genau darum, willkürliche Symbolübertragungen und Theoretisierungen zu vermeiden. Wir haben aber auch gesehen, daß alle diese Deuter ebenfalls Theorien und Bezugsrahmen entwickelten, die gleichermaßen als bereichernd und einengend empfunden werden können.

Der Traumforscher, dessen Versuch, die Existenzphilosophie und die phänomenologische Methode für die Traumanalyse fruchtbar zu machen, am meisten Beachtung fand, ist der Schweizer Psychiater Medard Boss.

In den Vereinigten Staaten haben zwei Schüler der «abtrünnigen» Freudianerin Karen Horney, Harold Kelman und David Shainberg, mit der phänomenologischen Methode gearbeitet.[12] Ein anderer wichtiger Name in diesem Zusammenhang ist der des humanistischen Psychologen Rollo May.[6] Häufig trifft man auch bei den Jungianern auf phänomenologische Deutungen, ebenso bei Erich Fromm[8] und anderen, ohne daß die Methode ausdrücklich in den jeweiligen theoretischen Bezugsrahmen integriert wird. Der Existentialismus und die Phänomenologie waren außerdem bedeutsam für die erlebnisorientierten Methoden, die im nächsten Kapitel im Mittelpunkt stehen sollen.

Wir werden uns im folgenden auf Boss' Theorie und Arbeitsmethode konzentrieren.

Philosophie und Theorie von Medard Boss

Martin Heidegger entwickelte eine besondere Sprache, die dazu dienen sollte, die künstlichen Trennungen, die die Menschen in der Welt aufgerichtet haben, zu überwinden. Diese Sprache wurde von Medard Boss, der seine Methode als «Daseinsanalyse» bezeichnet, übernommen. Nach den Worten des norwegischen Philosophiehistorikers Arne Naess kann «Dasein» fast mit «Person» übersetzt werden. Hinter dem Begriff steht jedoch der Gedanke, daß die Person nicht als ein vollendetes, abgeschlossenes Etwas zu betrachten ist, sondern auf dem

Hintergrund ihrer besonderen *Seinsweise,* ihres *Daseins,* gesehen werden soll.[15] Heideggers Begrifflichkeit ist allerdings dermaßen abgehoben, daß selbst Philosophen sie gewöhnlich in normale Sprache übersetzen, auch wenn dadurch natürlich manches verlorengeht. Wir werden hier in derselben Weise verfahren.

Der Heidegger- und Boss-Kenner Walter James Lowe hat betont, daß Heideggers Vorstellung vom «In-der-Welt-Sein» für Boss zentral ist. Der Zustand des «In-der-Welt-Seins» läßt sich am besten mit Formulierungen wie «vertraut sein mit dem» oder «zu Hause sein im» Leben (im Gegensatz zum Entfremdetsein) umschreiben. Boss ist der Überzeugung, daß der Mensch «ursprünglich offen» ist, diese Offenheit jedoch beeinträchtigt wird. Hauptanliegen seiner Therapie ist es deshalb, die ursprüngliche Offenheit wiederherzustellen und das Gefühl positiven Daseins in der Welt wiederzuerlangen.[13a]

Nach Lowe gebraucht Boss die Vorstellung vom In-der-Welt-Sein in dreifacher Weise. «*Fundamental*» vereint sie die Sphären des Lebens, die normalerweise voneinander geschieden erscheinen, «*diagnostisch*» sagt sie etwas über das Welterleben des Klienten aus, und «*normativ*» ermöglicht sie es festzustellen, ob eine Person «die Möglichkeiten ihres Daseins in ihrer ganzen Fülle», die «tatsächliche Bedeutung und das wirkliche Ziel ihres Daseins» verwirklicht.[13b]

Die phänomenologische Methode

Medard Boss' Vorgehensweise wirkt nicht umsonst wie eine Reaktion auf die Überinterpretation und das klischeehafte Theoretisieren in manchen Bereichen der Traumanalyse. Boss möchte die Traumdeuter aufrütteln, er möchte, «daß sich die Traumphänomene entfalten und ihre eigene Geschichte erzählen dürfen», statt daß «alles etwas anderes sein soll, als es ist».[17a] Die Gefahr bei der Deutung besteht ganz generell darin, daß der poetischen Wirkung, die der Traum möglicherweise in sich trägt, Gewalt angetan wird. «Genetische Erklärungen erfassen niemals (nicht nur nicht vollständig, sondern überhaupt nicht) den erfahrenen Gehalt einer Sache.»[3a]

Die Methode selbst erscheint einfach. Träumt eine Person beispielsweise von einem Hund, dann sollte dies nicht schlankerhand als sexuelles Symbol oder als Ausdruck für die diesem Tier ähnlichen Charakterzüge des Träumers gedeutet werden. Der Deuter soll den Hund vielmehr einfach einen Hund sein lassen und das Phänomen als geistige Anregung nutzen. So unterscheidet sich der Hund etwa von einem Stein oder einer Pflanze, weil er ein warmblütiges Tier ist. Er ist das am stärksten domestizierte Tier, das wir kennen. Aufgrund seiner Instinktgeleitetheit ist er weniger frei als ein Mensch, usw. Ein *erster Schritt in der Deutung* besteht nun darin, dem Träumer die Augen dafür zu öffnen, daß einige der erwähnten Aspekte Möglichkeiten sind, die in irgendeiner Beziehung zu seinem eigenen Wachleben stehen könnten. *Der zweite Schritt* fordert vom Träumer, so genau und detailliert wie möglich zu schildern, wie er auf das fragliche Traumphänomen reagiert und was er ihm gegenüber empfindet. Nähert er sich dem Hund freundlich, bleibt er gleichgültig oder flieht er entsetzt? Wurden diese beiden Dinge gründlich und umfassend geklärt, dann ist nach Auffassung von Boss «alles begriffen, was zu begreifen ist».[3b]

Wichtige Termini bei Boss sind die *ungelebten Möglichkeiten*, die der Traum spiegelt, und der *Weltoffenheitsbereich* (die Haltung gegenüber Welt und Leben) des Träumers.[9a]

Boss führt das folgende Traumbeispiel an, das zunächst freudianisch und dann nach seiner Methode interpretiert wird. Ein vierundzwanzigjähriger Psychologiestudent träumte,

«... *daß die Verlobte meines Freundes, der sich seit seiner Verlobung von mir praktisch zurückgezogen hat, kürzlich an Krebs gestorben ist. Ich bin von diesem Ereignis wie alle anderen Anwesenden sehr betroffen und empfinde herzliches Mitleid für meinen Freund. Nach der Beerdigung bin ich mit der Trauergemeinde in einer Art Selbstbedienungsrestaurant. Alle stehen in einer Reihe vor dem Buffet, fassen ihr Essen. Bevor ich dran komme, schaue ich mich nach einem Dessert um, sehe aber keine Süßspeisen. Ich dränge mich zwischen Leuten nach vorne, um zu sehen, ob weiter vorn etwas von einem Dessert zu sehen sei, aber auch da ist nichts.*»[3n]

Ein zu Rate gezogener freudianischer Psychoanalytiker hatte den ersten Teil des Traumes als unbewußten Todeswunsch gegenüber der jungen Frau interpretiert, ausgelöst durch die Verlobung des Freundes.

Der zweite Teil wurde als Regression in die orale Phase gedeutet. Wie Boss berichtet, konnte der Träumer offenbar nichts mit der Deutung anfangen, und sie hatte auch keinen therapeutischen Effekt. Der junge Mann suchte sich daraufhin einen anderen Analytiker.

Boss legt in seiner Deutung das Hauptgewicht auf die «innere Haltung» des jungen Mannes im Traum. Er empfand echten Kummer, was nicht auf einen Todeswunsch hinwies, sondern eher darauf, daß die Verlobung des Freundes ihm «die Möglichkeit einer dauerhaften Liebesbeziehung zwischen zwei gegengeschlechtlichen Partnern vor Augen» führte. Obwohl er selbst nicht zu einer solchen Liebesbeziehung bereit war, erlebte er sie durch den Freund mit. Der Verlust dieser Möglichkeit ließ die Welt des Träumers auf ein Selbstbedienungsrestaurant zusammenschrumpfen. Die Süße der Liebe einer Frau wurde hier durch Süßspeisen ersetzt, doch selbst sie kamen im Traum nur als etwas Erwünschtes, aber nicht Vorhandenes vor.[3c]

Boss lenkt die Aufmerksamkeit auf das Positive in der «Gestimmtheit» des Träumers: Er empfindet echten Kummer und trägt die Möglichkeit in sich, sich einem anderen Menschen in Liebe zuzuwenden. Meiner Erfahrung nach kann ein solches Hinführen auf einen sonst vielleicht übersehenen Aspekt im Traum wesentlich dazu beitragen, daß der Träumer sich wertvoll und anerkannt fühlen kann.

Boss erwähnt auch einen Traum von einem zwanzigjährigen Rekruten der Schweizer Armee. Der Traum wurde nicht von Boss selbst aufgezeichnet:

«Ich bin durch die Straßen geschlichen und habe eine Frau gekillt, indem ich sie mit einer Schnur erwürgte. Der Mord war in dieser Nacht nicht der einzige. Ich beging gleich drei Morde, so ganz einfach aus lauter Freude. Die beiden andern Frauen erwürgte ich nicht, sondern erstach sie. Nach langer Zeit wurde ich gefaßt und trotz meines hartnäckigen Leugnens zum Tode durch Erhängen verurteilt. In dem Moment, als man mir bereits das Seil um den Hals legte, erwachte ich in Panik.»

Der Träumer befand sich nicht in Therapie. Er zeigte keine neurotischen oder psychosomatischen Symptome, noch war irgend etwas Auffälliges an seinem Charakter, notiert Boss. Er hatte Frauenbekanntschaften, und es kam ihm im Wachzustand nicht in den Sinn, die betreffenden Damen zu ermorden.

Dennoch ist der Traum nach Ansicht von Boss und auch nach meiner eigenen Auffassung äußerst alarmierend. Von allen denkbaren Verhaltensweisen gegenüber Frauen war dieser Mann in seinem Traum lediglich imstande, sie zu töten. Und das auch noch zum Spaß! Boss macht deutlich, inwiefern dieses eingleisige Verhalten in diametralem Gegensatz zu einer normalen, reifen Liebe steht, die die Gesamtheit aller Lebensmöglichkeiten im Partner akzeptiert und respektiert.

Methodologisch gesehen beschreibt Boss hier «normativ», was zu einer reifen Liebe gehört. Dabei interpretiert er den Traum ausgehend von dem, was dieser eben nicht enthält. Im vorigen Kapitel wurde darauf hingewiesen, daß auch Adler und Hall den Elementen, die in Träumen fehlten, Bedeutung beimaßen.

Der erste therapeutische Schritt besteht für Boss darin, den Träumer zu fragen, ob er im Wachzustand irgend etwas gegen Frauen habe. Nach Boss' Erfahrung wird sich der Träumer allmählich und in wachsender Zahl an konkrete Situationen in seinem bisherigen Leben erinnern, die zu einer derartigen Verengung seiner Empfindungsfähigkeit Frauen gegenüber geführt haben. Er wird erkennen, daß erwachsene Frauen seiner Möglichkeit, sich zu einem normalen, selbstsicheren, erwachsenen Mann zu entwickeln, immer im Wege gestanden haben, und daß er sie deshalb am liebsten beseitigen würde. Dies wird zwangsläufig auf die Erkenntnis zurückführen, daß irgend etwas an der Beziehung des Rekruten zu seiner Mutter nicht stimmte. Entweder hat sie seine Entwicklung auf die eine oder andere Weise gehemmt, oder seine eigene infantile Fixierung auf die Mutter hat dazu beigetragen. In jedem Fall wurde sein psychologisches Sehfeld dadurch von Kindheit an eingeschränkt, so daß er Frauen schließlich nur noch als gefährliche, bösartige Geschöpfe sehen konnte, die den Tod verdienen.[3d] Die Kausalerklärung zum Dilemma des Mannes ist hier also völlig freudianisch. Boss wendet allerdings gegen die Reduzierung eines Traumes auf traumatische Ereignisse in der Kindheit ein, daß sie den Träumer unter Umständen von der Erkenntnis abhalten kann, daß hier und jetzt etwas in ihm geschieht und er es nicht nur mit einem vergangenen Ereignis zu tun hat, für das er nicht verantwortlich ist.

Die Rolle des Deuters und der Traum

Bei Boss ist die Distanz zwischen dem «Experten» und dem Laien wieder bewußt gewahrt. Es werden verschiedene Deutungsebenen unterschieden, je nachdem, was der Klient nach Auffassung des Therapeuten ertragen kann. Letztlich, schreibt Boss, laufe seine therapeutische Auswertung von Träumen in der Praxis auf das hinaus, was Freud als «Widerstandsanalyse» bezeichnete.

Boss folgte Wilhelm Reich darin, daß er besonderes Gewicht auf die Bearbeitung der Abwehrmechanismen des Ichs legte. Nach Reich können nur so die Es-Inhalte, die unbewußten Inhalte, in einer geordneten und natürlichen Weise an die Oberfläche steigen. Steuert man dagegen «direkt auf die verdrängten Es-Inhalte los, gerät die Analyse stets in einen chaotischen Wirbel hinein».[3e] Boss' Methode ist daher äußerst sanft. Er benutzt den Traum dazu zu erkennen, wo der Klient verwundbar ist und er als Therapeut es deshalb vermeiden sollte, das analytische Messer in diese Wunden zu stoßen. Als zum Beispiel eine angstneurotische Frau träumte, irgendeine Kraft zerreiße ihre geliebte Schildkröte, was der Frau unbeschreiblichen Schmerz verursachte, sah Boss darin eine Mahnung an den Therapeuten, seine magische analytische Kraft nicht dazu einzusetzen, ihren Traum zu zerreißen und ihr dabei schwerstes Leiden zuzufügen. Boss ging sehr ausführlich darauf ein, wie ein Analytiker dem Träumer seine Analyse darbieten sollte.[3f]

Ein dreißigjähriger unverheirateter Mann, der an depressiver Verstimmung und Beziehungslosigkeit seinen Mitmenschen gegenüber litt, träumte eines Nachts:

«Ich stehe an einem Würstchenstand und habe mir soeben ein heißes Würstchen gekauft. Dabei plaudere ich vergnügt mit dem jovialen Verkäufer. Da plötzlich stellt sich eine junge Frau neben mich und fängt an, sich an mich anzuschmiegen. Ich bekomme eine saumäßige Angst vor ihr, renne davon, so schnell ich kann, und vergesse in der Angst und Eile sogar, mein Würstchen mitzunehmen.»

Nichts wäre einfacher, als das Würstchen zu einem Penissymbol oder einem Pseudopenis zu machen, doch würde man sich damit nach Ansicht von Boss «die wichtigste Einsicht versperren», daß nämlich die

Therapie den Klienten offensichtlich bereits dazu befähigt hat, an einem öffentlichen Ort zu essen, auch wenn er noch unfähig ist, eine erotische Beziehung zu einer Frau aufzunehmen. Natürlich kann das Symbol des Würstchens viele Bedeutungen haben, die dem Patienten durchaus zugänglich gemacht werden sollten. Man sollte dabei jedoch nach der Ansicht von Boss unbedingt von dem Gespräch mit dem «jovialen Verkäufer» ausgehen und davon, daß der Träumer im Traum aß, also zum «Sich-Einverleiben von etwas schmackhaft Fleischlichem, Animalem» imstande war. Boss plädierte dafür, den Träumer zunächst in Frageform anzusprechen, und schlug die folgenden Fragen zur Einleitung des Gesprächs vor:

a) «Ich finde es großartig, daß Sie sich zumindest träumend bereits den leckeren, wenn auch recht einsamen Sinnengenuß eines saftigen Würstchens zu gönnen vermögen und, in aller Öffentlichkeit, an einem Stand auf einem verkehrsreichen Platz, auch zu diesem Genuß zu stehen wagen.»

b) «Fällt Ihnen andererseits nicht selber auf, daß Sie dann aber eine Frau, die sich Ihnen erotisch betont nähert, nur als ein erschreckendes, angsteinflößendes Wesen erfahren können?»

c) «Beachten Sie, wie übermächtig Ihre Angst in der Nähe der jungen Frau über Sie hereinbricht, so daß Sie nur davonrennen konnten und sich dabei sogar den sinnlichen Genuß des Würstchenessens verderben lassen mußten?»

d) «Was befürchten Sie im wirklichen Leben von der sinnenhaft erotischen Nähe einer Frau her?»[3g]

Eine dreißigjährige Frau, die wegen ihrer Frigidität eine Analyse begonnen hatte, erzählte den folgenden Traum:

«Ich sollte ein lateinisches Wort, das weiblichen Geschlechts ist, das man aber zufolge seiner männlichen Wortendung nicht ohne weiteres als solches erkennen kann, zusammen mit einem Adjektiv deklinieren, so daß man dann an der weiblichen Endung des Adjektives das weibliche Geschlecht des Substantives trotz seiner männlichen Endung erkennen kann. Es fiel mir aber außerordentlich schwer, dieser Aufgabe nachzukommen; das heißt, ich brachte sie überhaupt nicht zustande. Um welches Wort es sich dabei handelte, war mir schon träumend nicht recht gegenwärtig.»[3h]

Der Therapeut verstand das lateinische weibliche Substantiv, das sich hinter einer männlichen Endung verbarg, als Parallele zu der Frau, die ihre Weiblichkeit hinter einer männlichen Fassade versteckte. Andere Details im Traum machten ihm allerdings deutlich, daß die Frau noch gar nicht begreifen konnte, was das für sie bedeutete. Zunächst einmal wurde ihr das Problem in einer «toten Sprache» dargeboten. Sodann schimmerte ihre Weiblichkeit nur in dem angehängten «Ad-jektiv» durch. Drittens war ihr überhaupt nicht klar, woher die Forderung «zum Sichtbarmachen des weiblichen Geschlechts» kam. Sie verhielt sich wie ein Schulmädchen, das gehorsam den Weisungen eines «gestrengen unbekannten Lehrers» folgt. Viertens war sie der Aufgabe nicht gewachsen.

Die Frau hätte eine traditionelle symbolische Deutung wahrscheinlich «sehr interessant» gefunden und angekündigt, sie werde «darüber nachdenken». Doch es war gerade ihr Problem, daß Intellektualisieren sie daran hinderte, emotional mit sich selbst in Kontakt zu treten.

Boss empfahl hier ein einfaches Nacherzählen des Traums durch den Analytiker, der dabei das Problem Weiblichkeit/Männlichkeit leicht betonen sollte. Daneben war wichtig, den positivsten Inhalt des Traumes herauszufinden und in unverhohlener Wertschätzung zum Ausdruck zu bringen.

a) «Könnte es für Sie, die Sie doch wachend kaum mehr wissen, wozu Sie überhaupt weiterleben sollen, nicht bereits einen ersten Schritt auf ein freieres und sinnvolleres Existieren hin bedeuten, daß Sie träumend wieder eine Aufgabe vor sich sehen?»

Und dann:

b) «Fällt Ihnen aber an Ihren Träumen nicht selbst auf, von welch ferner, gar nicht Ihnen selbst angehörender Sache, bloß vom Wort einer toten Fremdsprache her, Ihnen in Ihrer Traumverfassung eine Aufgabe zugesprochen wird, und in welch abstrakter und rein intellektueller Arbeit, in einer grammatikalischen Deklination nämlich, diese Aufgabe besteht?»[3h]

Als der Patientin ihr distanziertes Traumverhältnis zu dem lateinischen Wort aufgegangen war, erinnerte sie sich spontan an viele Dinge in ihrer frühen Kindheit, denen sie ähnlich distanziert gegenübergestanden war, und sie begann zu begreifen, wie ihre Eltern sie zu diesem unnatürlichen Verhalten gebracht hatten.[3h]

Die Beispiele zeigen, daß Boss wie die Freudianer mit Abwehrmechanismen und mit verschiedenen Graden der Integrationsfähigkeit des Ichs arbeitet. Neu ist bei ihm jedoch die Einführung einer Methode, dem Klienten die Einsichten des Deuters auf die für ihn angemessenste, erträglichste Weise zu vermitteln. Seine Technik erinnert hier an die therapeutische Methode des «Reframing».[1]

Dahinter steht der Gedanke, daß der Wert jedes Attributes oder jeder Haltung grundsätzlich von dem Bezugsrahmen abhängt, in dem sie gebraucht werden. Stellt man einen scheinbar negativen Inhalt in einen neuen Rahmen, so erweist er sich plötzlich als positiv. Meiner Erfahrung nach kann dieses Verfahren sehr hilfreich sein, wenn man Menschen dazu motivieren möchte, mit negativen Trauminhalten zu arbeiten.

Ein Therapeut kann eigentlich gar nicht genug darüber wissen, wie man eine Botschaft so vermitteln kann, daß sie auch angenommen wird. Der behutsame Ansatz, den Boss empfiehlt, wird dabei um so mehr zum Gebot, je schwerwiegender die psychische Diagnose ist, die ein Traum nahelegt.

Ein Beispiel für eine solche taktvolle Deutung des Traumes eines Schizophrenen findet sich in dem Kapitel über Traum und Psychose (S. 392).

Da die Phänomenologie sich ganz unmittelbar mit dem Erleben auseinandersetzt, ist schon der Begriff «Deutung» ein Stein des Anstoßes. Jüngere phänomenologische Traumtheoretiker umschreiben die Rolle des Therapeuten denn auch als die eines Menschen, der das Traumgeschehen «erhellt», der dem Träumer dabei hilft zu sehen, was tatsächlich im Traum geschieht, indem er Licht auf übersehene Nuancen wirft, Vermutungen ausspricht, die Aufmerksamkeit auf bestimmte Punkte lenkt.

Die Betonung liegt dabei auf dem «Spontanen und Kreativen im Gegensatz zum zwanghaften Intellektualisieren des Erlebens», das als typisch neurotischer Wesenszug gesehen wird.[12a] Es geht darum, einen Aspekt des Traumes «herauszuheben» und zu schauen, was er bewirkt, und sich davon im nächsten Schritt der Deutung bestimmen zu lassen. In mancher Hinsicht kommt dieses Vorgehen der jungianischen Methode nahe, bei der sich Klient und Therapeut gegenübersitzen und einen Dialog führen.[9c]

Traumserien und Persönlichkeitsentwicklung

Wie die Jungianer, Calvin Hall und viele Neofreudianer zog auch Boss fortlaufende Traumserien heran, um zu überprüfen, ob seine Patienten Fortschritte in der Therapie und in der Persönlichkeitsentwicklung machen.

So behandelte er über eine Zeitspanne von drei Jahren einen dreißigjährigen depressiven, impotenten Ingenieur. Dessen achthundertdreiundzwanzig Träume gliederten sich sozusagen von selbst in verschiedene, klar abgrenzbare Phasen, in denen bestimmte Themen vorherrschten und andere fast vollständig ausgeschlossen waren, wobei Boss von Phase zu Phase einen deutlichen Entwicklungsfortschritt verfolgen konnte.

In den ersten sechs Monaten träumte der Mann ausschließlich von Turbinen, Zyklotronen, Autos, Flugzeugen und anderen Maschinen. Dann begann er von Pflanzen, Bäumen, Gemüse und Blumen zu träumen. Auf diese botanische Phase folgten nach einem langen traumlosen Intervall Träume, in denen es von Tieren geradezu wimmelte – am Anfang von schädlichen Insekten. So hatte er im Verlauf von sechs Monaten über einhundert Insektenträume, dann kam eine lange Periode, in der Kröten, Frösche und Schlangen dominierten. Das erste warmblütige Tier, das den Weg in seine Träume fand, war eine Maus, die in ein Mauseloch huschte. Nach zwei Jahren Therapie tauchte der erste Mensch in den Träumen des Patienten auf: Eine bewußtlose, riesige Frau in einem langen, roten Gewand, die in einem großen Teich unter einer durchsichtigen Eisschicht schwamm. Ein halbes Jahr später träumte der Mann, daß er auf einem Fest mit einer Frau tanzte, die ebenfalls ein rotes Gewand trug, jedoch im Gegensatz zur ersten Traumgestalt hellwach und lebenssprühend war.

Das erste Anzeichen von Besserung im Wachleben des Mannes war zu bemerken, als er anfing, von Pflanzen zu träumen. Von diesem Zeitpunkt an begann sein Gefühl, daß das Leben völlig ohne Sinn sei, zu verschwinden. Seine Impotenz besserte sich von dem Augenblick an, als Löwen und Pferde in seinen Träumen erschienen.[17c.2]

An einem ganz anderen Traumthema machte Boss die Therapiefortschritte einer sechsundzwanzigjährigen Medizinstudentin fest.

Drei Monate nach Analysebeginn träumte sie, daß ihre «*Zähne plötzlich morsch geworden und abgebrochen waren».* Achtzehn Monate später träumte sie erneut, *«daß mir alle Schneidezähne fehlen».* Siebenundzwanzig Monate nach Beginn der Therapie und vier Monate nach ihrer erfolgreichen Beendigung träumte sie: *«Ich schaue mich im Spiegel an, um meine Zähne zu kontrollieren ... mit Freude sehe ich ... wie in vielen Zahnlücken schon deutlich die Spitzen neuerer, größerer und stärkerer Zähne zum Vorschein kommen.»*[3j]

Wesen und Funktion des Traums bei Boss

Freud zitiert folgendes Experiment eines Analytikers namens Schrötter: Er hypnotisierte eine Reihe von Personen und wies sie an, von sexuellen Vorgängen zu träumen. Einer hypnotisierten Frau wurde aufgegeben, vom Geschlechtsverkehr mit einer Freundin zu träumen: *«In ihrem Traum erscheint diese Freundin mit einer Reisetasche, die mit einem Zettel beklebt ist: Nur für Damen.»* Für Schrötter und Freud war offensichtlich, daß die Reisetasche die Genitalien der Freundin symbolisierte.[18a]

Boss griff diese Experimente auf und «hypnotisierte» fünf Frauen – drei von ihnen psychisch gesund, zwei neurotisch – und forderte sie auf, von einem bestimmten Freund zu träumen, der in sie verliebt war und nackt, sexuell erregt und mit klarer sexueller Absicht auf sie zukam. Die drei gesunden Frauen hatten Träume, die in allen Einzelheiten der Suggestion von Boss entsprachen. Nach dem Erwachen erzählten sie ihre sexuellen Traumerlebnisse ohne Verlegenheit, ja sogar mit sichtlichem Genuß. Anders die beiden neurotischen Frauen. Bei ihnen löste Boss' Suggestion Angstträume mit deutlich verändertem Inhalt aus. Eine der Frauen träumte, *«daß ein uniformierter Soldat, ihr völlig fremd, eine Handfeuerwaffe in der Hand, auf sie zukam; während er mit seiner Waffe herumspielte, traf er sie beinahe; sie hatte solche Angst, daß sie aufwachte».*

Boss nahm das als Signal dafür, daß die Erlebniswelt der Frau so «infantil, eng und furchtgetränkt» war, daß nicht einmal in ihren Träumen «Platz für einen sexuell erregten Liebhaber war».[17e]

Natürlich beweist diese Anekdote nichts, doch sie vermittelt ein Bild von Boss' Konzeption vom Traum, die in manchem der von Calvin Hall verwandt ist (man denke an den Kinderschänder, der nicht von seinem Vater träumte, S. 184), und macht deutlich, warum Boss Träume auch von dem her beurteilte, was *nicht* in ihnen vorkam.

Am radikalsten unterscheidet Boss von Freud und Jung, daß er die Existenz des Unbewußten leugnet. Er hält es für abwegig, ein inner-psychisches System zu postulieren, das den Traum «macht». Genauso lehnt er eine Traumzensur oder ein kollektives Unbewußtes ab. Beide Vorstellungen setzen eine Art von Intelligenz im Unbewußten voraus, die dieses dem Bewußten in bestimmten Punkten überlegen erscheinen läßt. Für Boss dagegen ist der Wachzustand dem Traum an geistiger Beweglichkeit und Entscheidungsspielraum überlegen. Der große therapeutische Wert von Träumen liegt ganz einfach darin, daß die Traumereignisse den Träumer unter einen gewissen wahrnehmungs-mäßigen und emotionalen Druck setzen, folgt doch in rascher Folge ein intensiver Eindruck auf den anderen. Deshalb ist man in Träumen sehr viel stärker mit den eigenen Problemen konfrontiert. Der erfahrene Therapeut kann, orientiert am Traum, entsprechende, bisher noch nicht erkannte Möglichkeiten im Wachleben des Träumers aufzeigen.[3k]

Boss sagt nichts darüber, in welchem Ausmaß Träume eine natür-liche Funktion haben. Er stellt einfach fest, daß sie in der Therapie genutzt werden können.

Er geht von einer Kontinuität zwischen Traum-Ich und Wach-Ich aus, ganz ähnlich wie Hans Dieckmann und wie die Ergebnisse von Calvin Halls Untersuchungen belegen. Selbst bei extremen Wandlun-gen des Ichs, zum Beispiel in einen Teppich oder in eine viele Jahre jün-gere oder ältere Person, wird die Ich-Wahrnehmung – das Gefühl, Ich zu sein – bewahrt. In seiner langen Laufbahn als Traumanalytiker er-lebte Boss nur eine Ausnahme von dieser Regel, und zwar bei schwerer Geisteskrankheit (Schizophrenie). Selbst da war er jedoch der Auffas-sung, daß die Person im Wachzustand einen ganz ähnlichen Verlust ihrer selbst erlebte.[3m]

Boss betrachtet Träume als Ereignisse einer anderen Ordnung, die jedoch denselben Wirklichkeitscharakter haben wie Erlebnisse im Wachzustand. Hintergrund für diese Annahme ist die philosophische Aussage von der Unmöglichkeit, die Erfahrung des Dings vom Ding selbst zu trennen. Realität ist das, was wir als real erleben, und im Traum erleben wir die Ereignisse als genauso real wie im Wachzustand. Erst später, aus dem Blickwinkel der Wacherfahrung, wird der Traum als weniger real bezeichnet. Auch Boss ist der Ansicht, daß der Traum einen in die Zukunft weisenden, prospektiven Aspekt hat und daß er sich mit unverwirklichten Möglichkeiten auseinandersetzen kann.[4]

Vergleich der phänomenologischen mit anderen Methoden

Zweifellos füllt die phänomenologische Methode eine Lücke in der analytischen Tradition. Für jemanden, der bisher eng an eine bestimmte Schule gebunden war, kann ihre Entdeckung einen geradezu befreienden Effekt haben. Die Kritik von Boss an Freud und Jung macht sich vor allem an der Tatsache fest, daß ihre Deutungsansätze das unmittelbare Erleben des Traums übergehen. So war Boss zum Beispiel der Ansicht, daß ein von Freud in seinem Werk *Die Traumdeutung* unter der Bezeichnung «Ein schöner Traum» zitierter Traum durch die Freudsche Deutung verwässert und nur unvollständig erfaßt wurde.[17a] Die Frau hatte geträumt: *«Sie befindet sich im Meer, steigt empor und stürzt hinab mit riesigen, bedrohlich wirkenden Wellen. Schließlich nehmen die Wellen die Gestalt einer wunderschönen Orchidee an und werden ruhig. Ihre Angst verschwindet.»* Die Träumerin dürfte mit Recht das Gefühl gehabt haben, daß das unmittelbare Erleben ihres Traums zu kurz kam, wenn ihr neofreudianischer Analytiker darin nicht mehr erblickte als die «Leugnung von Angst» mit Hilfe einer Phantasie von «hoher ästhetischer Qualität» (S. 36).

Ein phänomenologisches Verständnis des Traums würde ihr zunächst einmal vor Augen führen, daß sie fähig war, so gewaltige Naturkräfte (in sich) zu spüren und daß in ihrer Traumwelt Raum für eine kostbare und seltene Blume entstanden war. Ein solcher Erklärungsansatz hätte die Frau sicherlich stärker dazu motiviert, an sich zu arbeiten, als der erhobene freudianische Zeigefinger.

Meines Erachtens geht es insgesamt gar nicht so sehr um die «richtige» oder «falsche» Deutung, sondern darum, daß dasselbe Phänomen aus verschiedenen Perspektiven betrachtet werden kann. Eine jungianische Deutung hätte den Traum der Frau als archetypischen Traum mit deutlich sich abzeichnenden Entwicklungspotentialen interpretiert. Erst eine genauere Kenntnis des Kontexts kann dann erweisen, welche Deutung die angemessenste ist.

Im Fall des vierundzwanzigjährigen Psychologiestudenten, der vom Krebstod der Verlobten seines Freundes träumte, verwarf Boss eine freudianische Deutung, die dem Träumer ein orales Problem unterstellt hätte. Daß der Träumer eine freudianische Analyse abgebrochen hatte, zeigt, daß der Analytiker den Widerstand des Klienten nicht in Rechnung gestellt hatte; trotzdem kann seine Deutung richtig sein. Auch eine jungianische Analyse wäre durchaus passend gewesen. Die Verlobte des Freundes könnte zum Beispiel die weibliche Seite des Träumers selbst verkörpern, die mit dem Freund «verlobt» gewesen war. Dann drückt der Traum aus, daß die weibliche Seite der Beziehung zu dem Freund nun tot ist, was wiederum als positive Entwicklungsmöglichkeit gewertet werden könnte. Oder es handelt sich bei der weiblichen Figur um die Anima des Freundes (die Freundin), in die der Träumer verliebt war. Geht man von dieser Auslegung aus, so läßt sich ein genaueres Bild vom Wesen der Beziehung der beiden Männer zueinander zeichnen, wie ich es in meinem Buch *Det kvindelige i manden* (Das Weibliche im Mann) beschrieben habe.

Die langsame, zunächst in seinen Träumen sichtbar werdende Besserung des depressiven, impotenten Ingenieurs ähnelt bemerkenswerterweise den Behandlungsfortschritten, die ich, ohne mit Boss' Traumserien[16] vertraut zu sein, in *Det kvindelige i manden* geschildert habe.

Wie jener Ingenieur weisen auch die Männer in den von mir zitierten Fällen am Anfang ein relativ enges, mechanistisches Bewußtsein auf. In der Folge durchlaufen sie sozusagen die gesamte «phylogenetische» Skala von der vegetativen und animalen Phase bis zu einer neuen Menschlichkeit. Der von Boss behandelte Fall scheint allerdings sehr viel ernster gewesen zu sein als meine Beispiele, wie auch die Träume seines Klienten sehr viel extremer sind.

Das beste Argument für die von der phänomenologischen Richtung angesprochene Forderung, den Traum in seiner eigenen poetischen Aura zu lassen, hat meiner Ansicht nach Erich Fromm in seinem Buch *Märchen, Mythen und Träume* formuliert, in dem er die Wirkung des Symbols beschreibt. Jemand träumt zum Beispiel, er befinde sich in einer verlassenen, heruntergekommenen Gegend in den Außenbezirken einer Stadt, kurz vor der Morgendämmerung, und beim Erwachen wird ihm klar, «daß die Stimmung, die man in diesem Traum hatte, die gleiche von Verlorenheit und Grau war, die man dem Freunde tags zuvor zu beschreiben versuchte. Es ist nur ein Bild, zu dessen Wahrnehmung man weniger als eine Sekunde benötigte. Und doch ist dieses Bild eine lebendigere und genauere Beschreibung, als ein ausführliches Reden *darüber* hätte vermitteln können».[8] Es ist, als ob man jemandem den Unterschied zwischen Rotwein und Weißwein erklären müßte. Am besten ist es, man läßt ihn kosten.

Dennoch wurden einige der wichtigsten psychologischen Erkenntnisse in diesem Jahrhundert – insbesondere die Sigmund Freuds und Carl Gustav Jungs – nicht aus dem bloßen Erleben des Traums, sondern durch seine Deutung gewonnen.

Die besondere, von Boss empfohlene Gesprächstechnik, die ich mit dem «Re-framing» verglichen habe, bei dem ein Inhalt einen anderen Rahmen bekommt, legt eine Dimension des Traums nahe, die in keiner der früheren Methoden berücksichtigt ist. Wenn wir diese Methode akzeptieren, müßten wir (entgegen Boss' eigener Forderung) den Trauminhalt aus dem Rahmen herausnehmen, in den ihn die Traumstruktur gleichsam einsperrt, und Informationen über den Träumer gewinnen können, die sonst unzugänglich sind. Wir könnten dann sogar – auch wenn das bisher niemand getan hat – das Verhältnis zwischen «Rahmen» und «Inhalt» zur Grundlage der Erforschung der Persönlichkeit des Träumers machen.

Versteckte Deutungen

Der Grundgedanke der phänomenologischen Traumtheorie ist, Traumdeutungen nicht auf irgendwelche abstrakten Theorien zu stützen, sondern die Träume in ihrer eigenen Sprache sprechen zu lassen. Gerade bei Boss wird aber auch das Problematische an diesem Vorgehen deutlich. Boss lehnte Freuds und Jungs symbolische Konstrukte ab, doch er selbst philosophierte unbekümmert drauflos, zum Beispiel über den Hund als Geschöpf und seine Bedeutung in Träumen: Er ist Warmblüter und kein Kaltblüter, domestiziert und gehorsam usw. Das Würstchen im Traum des Dreißigjährigen hat die Qualität von etwas «Fleischlichem, Animalen. Es zeigt nicht bloß in die Richtung von rein Vegetarischem, Blutlosen.»[38]

Das ist gar nicht so weit von der Jungschen Methode entfernt, nur überließ Jung es nicht dem einzelnen Analytiker, die Charakteristika eines Hundes zu definieren, sondern versuchte, eine empirische Basis für die Symbolkonstruktion zu schaffen, indem er eine große Menge an Material über das Bild des Hundes in Mythos und volkstümlichem Brauchtum zusammentrug. Dieses Verfahren verhindert zum einen, daß der Analytiker seine eigenen Vorurteile und Komplexe auf den Hund projiziert, und erschließt zugleich ein breiteres Spektrum an Bedeutungsmöglichkeiten, als es die Phantasie eines einzelnen vermag. Freud wiederum versuchte, der Willkür des Analytikers zuvorzukommen und die Analyse zu einem objektiveren Instrument zu machen, indem er sich der freien Assoziationen des Träumers bediente.

Es erscheint merkwürdig, daß Boss sich so heftig dagegen sträubt, Tieren eine sexuelle Symbolbedeutung zuzuordnen, wenn man bedenkt, daß die Impotenz des depressiven Ingenieurs verschwand, als Pferde und Löwen in seinen Träumen aufzutauchen begannen. Boss ging bei der Charakterisierung einzelner Traumelemente offensichtlich höchst selektiv vor.

An vielen Stellen deutet er Träume von seiner persönlichen Auffassung und Philosophie her. Im Zusammenhang mit der Deutung des Frauenmördertraums formuliert er zum Beispiel die Aussage: «Auf Freude aber ist ein menschliches Dasein in sich und als Ganzes immer dann gestimmt, wenn es sich auf wesentliche Beziehungen gegenüber dem ihm Begegnenden einlassen und dadurch der Erfüllung seiner selbst näher kommen kann.»[3d] Das aber ist genau Freuds ursprüngliches Postulat, dem er später den Zusatz hinzufügte, daß der Mensch daneben auch von einem destruktiven Todestrieb geleitet wird. Darüber läßt sich natürlich streiten, und es ist denn auch Freuds Stärke, daß er seine Position erörtert und seine Vorannahmen darlegt und damit der Kritik zugänglich macht. Boss dagegen spricht diese Erkenntnis als eine unumstößliche phänomenologische Wahrheit über das menschliche Dasein aus, während er doch zugleich behauptet, daß seine Aussage sich auf kein besonderes Wertsystem stütze.

Der amerikanische Psychologe Eugene Gendlin, der eine Reihe von Büchern über Psychologie und Phänomenologie verfaßt hat, setzte sich unter anderem auch mit einem von Boss' Deutungsbeispielen auseinander.

In einem von einem jungianischen Analytiker (H. K. Fierz) veröffentlichten Patiententraum träumt der Patient,

«… der Analytiker führe eine Operation an ihm durch. Plötzlich erscheint ein unbekannter weißhaariger Mann, schneidet zwei Stücke seines eigenen Fleisches heraus und transplantiert sie in den Bauch des Träumers. Dadurch wird das Leben des Träumers gerettet.»

Der jungianische Deuter sah den weißhaarigen Mann als Symbol für den Archetyp des «alten Weisen».[9b]

Boss, der diese Deutung verwarf, interpretierte den alten Mann als «Daseinsmöglichkeit» im Träumer, ein «männlicher, reifer, selbstloser und hilfsbereiter Mitmensch» zu werden.

Boss bezeichnet die Haltung des Patienten (sich der Operation zu unterziehen) als «rein passiv», während der Jungianer darin, daß er die Hilfe von etwas annimmt, das größer ist als sein Ich, ein positives Signal sieht.

Zur Charakterisierung des alten Mannes wählt Boss Begriffe wie «selbstlos» und «männlich», nach Gendlin hätte er aber auch «tapfer, schmerzunempfindlich» usw. sagen können, ebenso wie die Operation als «schmerzhaft, blutig, ungewöhnlich, aufwendig, gefährlich, gewöhnlich von Männern durchgeführt, Notfallsituation» usw. hätte dargestellt werden können.[9c]

Mit am schwierigsten bei Deutungen ist es, nicht voreilig Schlüsse zu ziehen und dem Material nicht die eigenen Wahrnehmungsfehler überzustülpen. Bei Traumdeutungen wird diese Tendenz durch zwei Dinge noch verschärft: 1. Der Deuter gerät oft in die Gegenübertragung. 2. Das Symbol spricht Gefühle an, eigene unbewußte Bilder, die wir dann in die zu deutenden Träume hineinprojizieren. Immer wieder in Übungssituationen, in Gruppen, bei Vorlesungen und bei meiner eigenen analytischen Arbeit bin ich auf zu früh abgeschlossene Deutungen gestoßen.

Die Phänomenologie kann hier zur Selbstkritik und zur größeren Aufmerksamkeit gegenüber dem «gegebenen» Erleben anregen. Auf der anderen Seite führt der antiautoritäre Deutungsstil der phänomenologischen Methode leicht dazu, daß der Deuter unbewußt sein eigenes Wertsystem in die Träume projiziert. Wenn man keine klare

Vorstellung von den Bezugsrahmen hat, an denen man sich orientiert, dann tauchen sie unbewußt als Menschenbild, als Lebensphilosophie, als Wahrnehmungsfehler, als Gegenübertragung wieder auf.

Die empirische Basis

Die daseinsanalytische, phänomenologische Methode hat weniger Anhänger als die davor vorgestellten Verfahren, und es gibt auch nicht so viel Literatur darüber. Dementsprechend ist auch ihre empirische Basis schmaler. Da Boss die Gültigkeit naturwissenschaftlicher Methoden für das In-der-Welt-Sein und auf Menschen und Dinge Bezogensein des Menschen prinzipiell bestreitet und nicht der Auffassung ist, daß Untersuchungen wie die Calvin Halls irgendeine echte Erkenntnis über das Phänomen des Traums erbracht haben, das seiner Ansicht nach nur qualitativ begriffen werden kann, wird es besonders schwierig, seine eigenen Traumdeutungen zu überprüfen.

Boss gibt seine empirische Basis mit nahezu einhunderttausend analysierten Träumen an,[3] und es besteht kein Zweifel daran, daß er ein begnadeter Traumdeuter ist. Betrachtet man – ausgehend von den Beispielen in seinen wichtigsten Werken über Träume – seine Klientel, so steht außer Frage, daß es sich um die schwerwiegendsten und bedauernswertesten Fälle in diesem Buch handelt, wie im Kapitel über «Traum und Psychose» noch deutlicher werden wird. Das zutiefst geschwächte Ich seiner Klienten zwang Boss wahrscheinlich geradezu, eine so sanfte Befragungstechnik zu entwickeln – eine Befragungstechnik, die im übrigen bei Träumern mit schwachem Ich oder wenn wir uns «wunden Punkten» nähern, ungeheuer nützlich sein kann.

Unter den vielen erfahrenen Traumdeutern, die ich kenne, war nicht einer, der sich nicht Gedanken darüber machte, wieviel ein Klient «ertragen» kann. Boss war immerhin der erste, der mit diesen Überlegungen seine Methode untermauert hat.

Ein ideengeschichtlicher Rückblick auf Freud, Jung und Boss

Die amerikanische Religionshistorikerin Christine Downing hat den geistesgeschichtlichen Hintergrund der Theorien von Freud, Jung und Boss in einer vergleichenden Studie untersucht. Sie stieß dabei auf ein wesentliches, allen dreien gemeinsames Bemühen: um die Überwindung einer egozentrischen und übermäßig kontrollierenden Haltung zum Leben.

Bei Freud zeigte sich das unter anderem in seinem Konzept des Narzißmus, den er als eine Form des Todes betrachtete. Das gleiche gilt für Jung mit seiner Vorstellung vom Selbst als natürlicher Instanz, die über das Ich zu stellen ist.

Freud hatte Kontakt mit einem Vorläufer von Boss, Ludwig Binswanger, und Jung korrespondierte mit Boss selbst. Beide standen dem phänomenologischen Bestreben grundsätzlich positiv gegenüber, doch Jung schrieb später an Boss: «Trotz aller Existenzphilosophie läßt sich der Gegensatz zwischen Ich und Welt, Subjekt und Objekt nicht annullieren, das wäre zu einfach.»[7] Daß ich selbst Boss' Terminologie nicht eingeführt habe, hängt damit zusammen, daß Wörter wie «Ich und Du», «Innen und Außen», die aus unserem alltäglichen Sprachgebrauch stammen, meiner Ansicht nach lebensfähiger und griffiger sind als Begriffe, die ein philosophischer Geist hervorgebracht hat. Ich bin den Weg vieler anderer gegangen, die ursprünglich in einer bestimmten Richtung der Traumanalyse ausgebildet wurden. Zunächst wirkten Boss' Theorien auf mich wie eine Befreiung aus der Zwangsjacke der Systeme. Später allerdings stellte ich fest, daß Boss und ich Freud und Jung viel wörtlicher genommen hatten als sie sich selbst.

5 Erlebnisorientierte Traumarbeit

Einführung – Die Gestalttherapie und Perls – Perls und der Traum – Jeans Traum: Ein praktisches Beispiel – Traum und Psychodrama – Vergleich zwischen der gestalttherapeutischen Traumarbeit und anderen Methoden – Die Rolle des Deuters in der erlebnisorientierten Therapie – Die empirischen Grundlagen und die Philosophie der erlebnisorientierten Methoden – Versuch einer vorläufigen Zusammenfassung der bisher zusammengetragenen Erkenntnisse zum Wesen von Träumen, Assoziationen und Symbolen

Einführung

Auch wenn die Traumtheoretiker in den vorangegangenen Kapiteln das Hauptgewicht ihrer therapeutischen Intervention auf Verstehen, Einsicht und Deutung legten, waren sie doch alle zugleich auch am emotionalen Erleben bei der Traumarbeit interessiert.

In Freuds Therapie kam die emotionale Komponente durch Erinnerungen an Kindheitserlebnisse ins Spiel, zu denen die Klienten Zugang fanden, wenn sie entspannt auf der Couch lagen und frei assoziierten. Freud gebrauchte dafür einen Ausdruck aus der griechischen Tragödie, «Katharsis», was soviel bedeutet wie «Reinigung durch Leiden». Der Vorgang der Übertragung gewann für Freud später immer größere Bedeutung, weil der Klient durch sie bisher Unterdrücktes als aktuelles Geschehen in der Gegenwart noch einmal durchleben sollte (siehe S. 39). Bei Jung hat das Erlebnismäßige Platz in der «aktiven Imagination» und in der Verknüpfung von Träumen mit Alltagserlebnissen. Außerdem war Jung der Ansicht, daß archetypische Symbole stark mit emotionaler Energie aufgeladen sind. Eine Falle bei der freien Assoziation ist jedoch, daß die Assoziationen oft ohne tatsächliche emotionale Beteiligung produziert werden, während bei der aktiven Imagination Jungs die Phantasien manchmal nur Gegenstand neuer interessanter Deutungen werden, die ebenfalls aus dem Kopf heraus, ohne gefühlsmäßiges Engagement oder gar einen emotionalen Durchbruch des Klienten erfolgen.

Das phänomenologische Traumverständnis stellte im Grunde eine Reaktion auf Interpretationen und Überinterpretationen dar. Boss plädierte dafür, den Traum so zu erleben, wie er sich darstellt. In der Praxis wurde daraus jedoch häufig, ganz ähnlich wie bei Freud und Jung, eine etwas einseitige, intellektualisierende Deutung.

Die älteren Traumdeuter waren sich der Wichtigkeit emotionaler Erfahrungen in der Therapie zweifellos bewußt, müssen sich von einer jüngeren Therapeutengeneration jedoch vorwerfen lassen, bei ihrer Arbeit in dieser Hinsicht nicht weit genug gegangen zu sein. Diese Lücke wurde von den sogenannten erlebnisorientierten Therapien geschlossen. Wir werden uns in diesem Zusammenhang zunächst mit der Gestalttherapie und dem Psychodrama auseinandersetzen. Auch viele Körpertherapien und «esoterische» Methoden, einschließlich der Arbeit mit Geburtserfahrungen und bewußtseinserweiternden Techniken, die in späteren Kapiteln diskutiert werden sollen, legen ein größeres Gewicht auf das Erleben als auf das intellektuelle Verstehen.

Die Gestalttherapie und Perls

Die einflußreichste der erlebnisorientierten Therapien ist die Gestalttherapie, bei der Träume sehr stark in die Arbeit einbezogen werden.

Die Gestalttherapie wurde von dem Deutschamerikaner Fritz Perls begründet. Er hatte eine psychoanalytische Ausbildung bei dem großen Pionier der Körpertherapie, Wilhelm Reich, dem klassischen Freudianer Otto Fenichel und der stärker existentiell orientierten Karen Horney durchlaufen. Später sympathisierte er mit einer neueren Strömung, die sich selbst als «humanistische Psychologie» bezeichnete.[5a]

Perls' Hauptwerk ist das Buch *Gestalttherapie* aus dem Jahr 1951, in dem er gemeinsam mit seinen Mitarbeitern Ralph Hefferline und Paul

Goodman eine neue Persönlichkeitstheorie und eine therapeutische Methode entwickelte.[7] Einen umfassenden Überblick über den gestalttherapeutischen Ansatz geben die amerikanischen Gestalttherapeuten Erving und Miriam Polster. Sehr präzise ist auch die Darstellung des dänischen Psychologen und Gestalttherapeuten Ville Laursen. Besonders interessant für uns sind die wortgetreuen Aufzeichnungen zu einer Reihe von Traumseminaren, die Perls zwischen 1966 und 1968 in Kalifornien abhielt und in denen er gruppentherapeutisch arbeitete. Zugleich entwickelte er seine Theorien zur Psychologie und Therapie im allgemeinen und zu Träumen im besonderen ständig weiter. Eine neuere Einführung in die gestalttherapeutische Traumarbeit gibt der amerikanische Gestalttherapeut Jack Downing in Dreams and Nightmares.[4]

Perls entlehnte die Bezeichnung für seine Therapie von der Gestaltpsychologie, die entdeckt hatte, daß Menschen Dinge nicht in Teilen, sondern als Ganzes, als «Gestalten», erleben. Betrachtet man zum Beispiel ein Bild, so sieht man es nicht in einzelne Flächen zerlegt, sondern auf einmal, als Gesamteindruck. Ähnlich konzentrieren wir uns in der Musik auf die Melodie und nicht auf den einzelnen Ton.

Perls definiert die Persönlichkeit als «selbstregulierenden Organismus». Natürlich steht der Organismus im Wechselspiel mit der ihn umgebenden Welt, doch er selbst wählt und gestaltet seine Erfahrungen und Handlungen. Der Organismus funktioniert immer als Ganzes durch Koordination der einzelnen Komponenten. Störungen im organismischen Gleichgewicht schaffen «unvollendete Gestalten».

Da der Organismus spontan kreativ sein kann, ist er fähig, Gestalten nachträglich zu vollenden und so das Gleichgewicht wiederherzustellen. Werden Gestalten aufgrund von äußerem Druck oder aufgrund exzessiver Selbstkontrolle nicht vollendet, entstehen Spannungszustände, die chronisch werden und das Persönlichkeitswachstum stören können.

Ziel der Gestalttherapie ist es daher, den Klienten darin zu unterstützen, seine unvollendeten Gestalten zu Ende zu bringen. Dieser Prozeß setzt Energie frei, so daß die Selbstregulation des Organismus und der natürliche Entwicklungsprozeß wieder in Gang kommen.[5a.8a]

In der Praxis ist die Freisetzung einer Gestalt immer von starken emotionalen «Entladungen» begleitet.[5b] Sie sind der entscheidende

Aspekt der Gestalttherapie, während Intellektualisierungen und Abstraktionen vehement abgelehnt werden.

Für Perls besteht Reife darin, von der Unterstützung durch die umgebende Welt zur Selbstunterstützung zu gelangen. Bevor ein Mensch eine «echte, authentische» Person werden kann, müssen verschiedene Persönlichkeitsschichten durchgearbeitet werden:

1. Die Schicht der Klischees. Die gesamte Kommunikation verläuft auf dieser Ebene oberflächlich, bedeutungslos, ohne echten Kontakt. Es werden nur leere Phrasen ausgetauscht.

2. Die Schicht des Rollenspiels. In dieser Schicht gibt man vor, jemand anders zu sein, als man ist, wichtiger, höflicher, cleverer, das «nette Mädchen», der «gute Junge» usw.

3. Die Kein-Ausweg- oder neurotische Schicht. Normale Abwehrmechanismen und Rollenspiele verfangen nicht länger. Man versucht statt dessen, sich in eine Art Anti-Existenz zu begeben. Gefühle echten Ärgers, echter Liebe, echten Kummers und echten Glücks werden nach Kräften vermieden. Auf dieser Ebene steht man sich selbst als Mensch, wenn auch als sehr gespaltene Wesenheit, gegenüber und weiß keinen Ausweg mehr aus der inneren Zwickmühle.

4. Die Schicht des Todes oder die Implosionsphase. Nun ist man ganz zum Kern der Neurose vorgedrungen. Alle Lebensenergie, alle Emotionen und Bedürfnisse, die so lange verleugnet wurden, können plötzlich wieder empfunden werden. Es ist, als ob die Energie einen gewaltsam zusammenpreßt. Man steht unter extremem Druck und implodiert schließlich in einen Zustand der Leblosigkeit.

5. Die Schicht des Lebens oder Explosionsphase. Die Energie kommt in Bewegung, explodiert in Trauer, Wut, in einen Orgasmus oder in Lebensfreude. Nun ist man frei zu fühlen, zu erleben, Verantwortung zu übernehmen.[8b]

Entscheidend ist es, den Klienten dazu zu bringen, im Hier und Jetzt zu sein, sich permanent bewußt zu sein, was jetzt in ihm abläuft. Schon das Bewußtmachen dessen, was man gerade erlebt, das Fühlen und Spüren an sich, ist heilsam. Perls spricht von der Schaffung eines *Bewußtheitskontinuums,* das die Vorbedingung für die Selbstregulation des Organismus ist.[8c]

Bei den meisten Menschen ist dieses Kontinuum durch «Lücken in der Persönlichkeit» unterbrochen, Lücken, die um so gravierender sind, je neurotischer wir sind. Diese Lücken oder Löcher sind immer sichtbar, auf jeden Fall für die, die sie nicht haben. Sie manifestieren sich zum Beispiel als phobische Haltung oder als Vermeidung.[8d]

Alles, was wir aus unserer Erlebnissphäre ausgeschlossen haben, erleben wir sowohl bei anderen als auch bei uns selbst als erschreckend, und wir tun alles, um die Konfrontation damit zu vermeiden. Das aber führt zu Entfremdung und Selbstverarmung.[8e] Das wichtigste Mittel der Therapie ist es deshalb, die Person immer wieder zu frustrieren, so lange, bis sie ihren eigenen Blockaden, ihren Hemmungen, ihren Vermeidungsstrategien frontal gegenübersteht.[8f]

Perls glaubte nicht, daß man irgendein Bedürfnis unterdrücken kann. Unterdrücken kann man allenfalls seinen *Ausdruck*. «Alles Unausgedrückte, das ausgedrückt werden will, kann machen, daß du dich unwohl fühlst.»[8g]

Er befürwortete Gruppentherapie und hielt Einzeltherapie für altmodisch. Zwei wichtige Accessoires seiner Therapie sind der «heiße Stuhl» für den Teilnehmer, der mit dem Therapeuten arbeiten will, und der «leere Stuhl», auf den der Klient in seiner Vorstellung die Person setzen kann, mit der er in Dialog treten will.[8h]

Da bei seinen Sitzungen viel geweint wurde, war Perls der erste, der Kleenex-Tücher für obligatorisch in der Psychotherapie erklärte. Die Technik des «leeren Stuhls» stammte ursprünglich von Jakob L. Moreno, dem Begründer des Psychodramas. Doch während Moreno andere Gruppenmitglieder die Rollen übernehmen ließ, mit denen eine Person ihre inneren Komplexe darstellte, spielte bei Perls der auf dem «heißen Stuhl» Sitzende alle Rollen selbst.[9a]

Perls und der Traum

Während Freud den Traum als *via regia* zum Unbewußten bezeichnete, sah Perls in ihm die *via regia* zur Integration der Persönlichkeit. Der Traum ist «der spontanste Ausdruck menschlicher Existenz», ja eine «Spiegelung» dieser Existenz. Er verkörpert eine «existentielle Botschaft» an den Träumer, wie er mit seinem Leben umgehen soll.[8i]

Jeder Traum, der erinnert werden kann, enthält eine unvollendete Situation und kann damit zum Gegenstand gestalttherapeutischer

Arbeit gemacht werden. Dabei sind alle Bestandteile des Traums als Bruchstücke der Persönlichkeit zu betrachten, die vom Ich fort in verschiedene Traumelemente hineinprojiziert wurden, wobei Konflikte zwischen Traumelementen Konflikte in der Persönlichkeit spiegeln. Aufgrund unserer phobischen Haltung versuchen wir, den Kontakt mit diesen Elementen zu vermeiden, und werden so uns selbst entfremdet. «Einen Traum verstehen» heißt also erkennen, was man zu vermeiden versucht.

In Kontakt mit den projizierten Teilen des eigenen Selbst kommt man, indem man sich mit ihnen identifiziert, «sie wird», sich wirklich als der scheußliche Frosch, der kleine Teufel, die Stimmung, die einzelnen Gegenstände, die Personen und Tiere im Traum fühlt. Das wiederum geschieht über das Rollenspiel.[8j]

Perls' Lieblingsbeispiel für Identifikation war ein Klient, der träumte: *«Er verläßt mein (Perls') Büro und geht in den Central Park. Und er geht über den Reitweg in den Park.»* Perls forderte den Mann auf, den Reitweg zu spielen. Dieser antwortete empört: *«Was, und jeden auf mich draufscheißen lassen?»*

Es ist in der Gestalttherapie aber auch möglich, sich mit einem Traumelement von dessen Bedeutungszusammenhang her auseinanderzusetzen. Der Reitweg kann dann ein Ausdruck für Zielgerichtetheit, Freizeitvergnügen, Schönheit usw. sein, so daß der Klient nicht in der negativen Projektion, mit Fäkalien beschmutzt zu werden, gefangen bleiben muß.[9b]

Perls' Ideal ist es, «durch Entdeckung zu lernen». Er lehnte Deutungen, Analysen, Erklärungen ab,[8k] da der Klient bei bloßem Verbalkontakt aus der Ganzheit des Erlebens seiner selbst und der Welt herausgerissen wird. Der Verbalkontakt kann niemals dem Erleben gleichgesetzt werden. Zur Ganzheit gehören auch Körperhaltungen, Bewegungen, Körperempfindungen. «Ein guter Therapeut hört nicht auf den Inhalt von dem Geschwätz, das der Patient hervorbringt, sondern auf den Klang, die Musik, das Zögern.»[8t]

Statt zu interpretieren, gibt der Therapeut *Feedback,* aber nicht nur auf die Sätze des Klienten, sondern auf alles, was er an ihm sieht und erspürt.[8m]

Jeans Traum: Ein praktisches Beispiel

Als praktisches Beispiel für Fritz Perls' Arbeit mit Träumen habe ich die wichtigsten Abschnitte der Gruppensitzung mit der einunddreißigjährigen Jean ausgewählt.[8n] Dabei habe ich Perls' Technik jeweils kurz kommentiert. Die drei letzten Anmerkungen stammen von Erving und Miriam Polster.[9c] In der Sitzung spielt Jean sich selbst, einen Karton und ihre Mutter.

Der Traum beginnt damit, daß Jean und ihre Mutter sich in einer U-Bahn in New York – oder etwas Ähnlichem – befinden. Sie stehen vor einer Art Rutsche:

«... *sie war irgendwie schlammig, irgendwie schlüpfrig, und ich dachte, oh! Wir können da hinabgehen! Und na ja, irgendwie hob ich von der Seite einen alten Karton auf – vielleicht war er einfach flach gedrückt. Jedenfalls sagte ich: ‹Setzen wir uns da drauf.› Ich setzte mich am Rand nieder, machte eine Art Rodelschlitten daraus und sagte: ‹Mama, du sitzt hinter mir›, und wir fingen an hinabzufahren. Und irgendwie ging's im Kreis herum, es drehte sich (schnell), und da waren andere Leute, schien es, die in einer Reihe warteten, dann aber irgendwie verschwanden, und wir (glücklich) fuhren einfach hinab und im Kreis herum, und es ging immerzu abwärts und hinunter und hinunter, und ich erkannte irgendwie, daß ich hinunter in den – oh – Bauch der Erde fuhr.*

Und hier und da drehte ich mich und sagte: ‹Ist das nicht lustig?› – es scheint so, obwohl ich vielleicht entdecke, daß ich diese Einstellung nicht hatte. Aber es schien Spaß zu machen. Und doch fragte ich mich, was unten am Grund von alledem sein würde – fahren, drehen und wieder drehen, und schließlich wurde es wieder flach, und wir standen auf, und ich war einfach verblüfft, denn hier dachte ich: ‹Oh, mein Gott, der Bauch der Erde!› Und doch war es, anstatt dunkel zu sein, als ob da von irgendwoher ein Sonnenlicht käme, und ein wunderschönes ... oh, eine Art ... ich war nie in Florida, aber es schien wie sumpfige Landstriche in Florida, mit Lagunen und hohem Schilfrohr und schönen langbeinigen Vögeln – Reihern und solcherlei Dingen. Und ich erinnere mich nicht, irgend etwas Besonderes gesagt zu haben, außer so etwas wie: ‹Hättest du das jemals erwartet›, oder sonst etwas.»

Nachdem Jean den Traum erzählt hat, spricht «Fritz» drei oder vier Minuten lang allgemein über Traumtheorie, Lebensphilosophie und Moral. Dann geht die Arbeit am Traum weiter.

F: Jetzt bist du auf der Rutschbahn. Hast du Angst hinunterzu-rutschen?
J: (lacht) Ich glaube, ja, ich fürchte mich ein bißchen hinunterzu-rutschen. Aber dann scheint es, als ob ...
F: Der existentielle Sinn lautet also: «Du mußt hinunterrutschen.»
J: Ich glaube, ich habe Angst, herauszufinden, was da unten ist.
F: Das weist auf phobischen Ehrgeiz hin, daß du zu hoch droben bist.
J: Das stimmt.
F:. Die existentielle Botschaft lautet also: «Rutsch hinab.» Unsere Mentalität sagt wiederum: «Hoch droben ist besser sein als unten.» Du mußt immer irgendwo höher sein.
J: Auf jeden Fall scheine ich mich ein wenig vor dem Hinabrutschen zu fürchten.

Die Rutschbahn wird als Projektion betrachtet und ein Dialog eingeleitet.

F: Rede mit der Rutschbahn.
J: Warum bist du schlammig? Du bist schlüpfrig und glitschig, und ich könnte auf dir fallen und rutschen.
F: Spiel jetzt die Rutschbahn: «Ich bin schlüpfrig und ...»
J: Ich bin schlüpfrig und schlammig, um so besser kann man auf mir rutschen und um so schneller hinabkommen. (lacht)
F: Aha, nun, was ist so lustig?
J: (lacht weiter) Ich lache einfach.
F: Kannst du dich selbst als schlüpfrig annehmen?

Jean kommt in Berührung mit ihrer eigenen schlüpfrigen Seite.

J: Hm. Ich glaube schon. Ja. Ich kann anscheinend nie ... Ja, weißt du, immer dann, wenn ich gerade denke, daß ich soweit bin zu sagen: «Aha! Hab' ich dich jetzt!», entschlüpft es mir – weißt du, die Rationalisierung. Ich bin schlüpfrig und glitschig ...

Kurz darauf denkt Jean auf einmal an den Karton, auf dem sie sitzt. Eine neue Projektion wird aufgenommen.

F: Kannst du diesen Pappendeckel spielen? Wenn du dieser Pappendeckel wärst ... was für eine Funktion hättest du?
J: Ich kann nützlich sein. Ich bin nicht bloß übriggeblieben und liege einfach irgendwie herum, ich habe eine Verwendung.

Fritz bringt die arglose Jean dazu, einen Blick auf ihre eigene unterdrückte Seite zu werfen.

F: Oh – du kannst nützlich sein?
J: Ich kann nützlich sein. Ich bin nicht bloß übriggeblieben und liege herum, und wir können es uns leichter machen hinabzukommen.
F: Ist es für dich wichtig, nützlich zu sein?
J: (leise) Ja. Ich will für jemand ein Vorteil sein ... Ist das genug, um ein Pappendeckel zu sein? ... Vielleicht will ich auch, daß man sich auf mich draufsetzt. (Lachen)
F: Oh!
J: Welcher Teil in dem Buch handelt davon, wer wem einen Fußtritt geben will? Ich möchte bemitleidet werden, ich möchte zusammengedrückt werden.

Indem er sie veranlaßt, ihre Aussage zu wiederholen, und die Gruppe einbezieht, intensiviert Fritz Jeans Gewahrsein der neuen Erfahrung. Er geht auf Jeans Körpersprache ein. Jean kehrt den Ärger gegen sich selbst. Fritz liefert die eigentliche psychologische Intention.

F: Sag das zur Gruppe.
J: Nun, das ist schwer für mich. (laut) Ich will, daß man sich auf mich draufsetzt und mich zusammendrückt ... Hm. (laut) Ich will, daß man sich auf mich draufsetzt und mich zusammendrückt. (schlägt sich mit der Faust auf die Oberschenkel)
F: Wen schlägst du?
J: Mich.
F: Außer dir?

J: Ich glaube, meine Mutter, die sich umdreht, die hinter mir ist, und ich schaue mich um und sehe sie.

F: Gut. Schlag jetzt sie.

J: (laut) Mutter, ich drücke dich (schlägt sich auf die Schenkel), autsch! – nieder und werde dich auf eine Fahrt mitnehmen, (Lachen) anstatt daß du mir sagst, wohin ich fahren soll und mich mitnimmst, wohin auch immer du willst. Ich nehme dich auf eine Fahrt mit mir mit.

F: Fiel dir irgend etwas in deinem Verhalten gegenüber deiner Mutter auf?

J: Eben jetzt? (lacht)

Fritz vermittelt seinen Eindruck der Situation, damit Jean klar wird, daß sie noch immer Angst vor ihrer Mutter hat.

F: Ich hatte den Eindruck, es war zuviel, um überzeugend zu sein ... Es war mit Wut gesagt, aber nicht mit Festigkeit.

J: Mm. Ich glaube, ich fürchte mich immer noch ein wenig vor ihr.

Fritz erweitert das, was Jean blitzartig klar wird.

F: Das ist es. Sag ihr das.

J: Ma, ich fürchte mich immer noch vor dir ... aber ich werde dich auf jeden Fall zu einer Fahrt mitnehmen.

F: Okay. Setzen wir Mama auf den Schlitten. (Lachen)

Jean stellt sich vor, daß sie und ihre Mutter die Rutsche hinunterschlittern. Fritz beginnt einen Dialog.

Es wird deutlich, daß Jean ihr ausweichendes Verhalten von ihrer Mutter hat. Jean hat Angst. Fritz packt sie bei ihrer Körpersprache.

J («Mama»): Mach dir keine Sorgen. Ich habe mich um alles gekümmert. (entschieden) Es macht uns Spaß. Ich weiß nicht, wohin es geht, aber wir werden es herausfinden.

J: Ich fürchte mich!

J («Mama»): Ich glaube – hab' keine Angst. Es geht immerzu abwärts und hinunter und hinunter und hinunter ... (sanft) Ich frage mich, was da unten sein wird. Es wird einfach schwarz sein ...

F: *Was tut deine Linke?*
J: *In diesem Moment?*
F: *Ja. Immer in diesem Moment.*
J.: *Sie hält meinen Kopf. Ich bin –*
F: *Als ob? ...*
J: *Um nichts zu sehen?*
F: *Aha. Du willst nicht sehen, wohin du fährst. Du willst die Gefahr nicht sehen.*

Jean nähert sich der Schicht des Todes.

J: *Mmhm. (weich) In Wirklichkeit habe ich Angst davor, was da unten sein wird ... Es könnte schrecklich sein oder einfach Schwärze oder vielleicht sogar einfach Vergessenheit.*

Fritz arbeitet mit dem Widerstand weiter. Er ermutigt Jean, das Erleben der Schicht des Todes zu explorieren.

Es sieht so aus, als ob Jean dem Negativen in der Erfahrung ausweicht, als ob es ihr zuviel angst macht. Das löst wohl Fritz' nächste Bemerkung aus.

F: *Ich möchte, daß du jetzt in diese Schwärze hineingehst. Das ist dein Nichts, das Wesenlose, die sterile Leere. Wie fühlt sich das an, in diesem Nichts zu sein?*
J: *Plötzlich ist das Nichts, daß ich vorwärts fahre, jetzt ... Ich habe also immer noch ein Gefühl, daß ich abwärts fahre, und so ist es irgendwie aufregend und erheiternd ... weil ich mich bewege, und ich bin sehr lebendig ... Ich habe nicht wirklich Angst. Es ist mehr ... irgendwie ist es schrecklich aufregend und ... die Erwartung, was ich am Ende von all dem entdecken werde. Es ist nicht wirklich schwarz – es ist, irgendwie geht es abwärts, irgendwo ist Licht, woher es kommt, weiß ich nicht –*

Wieder weist Fritz Jean auf eine «Vermeidung» hin.

F: *Ja. Ich möchte jetzt den Weg etwas abkürzen. Bist du dir im klaren darüber, was du in diesem Traum vermeidest?*

J: Bin ich mir im klaren darüber, was ich vermeide? ...

F: Beine zu haben.

J: Beine zu haben?

F: Ja.

J: Beine, um mich irgendwohin zu tragen.

F: Ja. Anstatt auf deinen Beinen zu stehen, verläßt du dich auf die Unterstützung des Pappendeckels, und du verläßt dich darauf, daß dich die Schwerkraft weiterbringt.

Fritz regt eine weitere Begegnung zwischen Jean und ihrer Mutter an, was dann geschieht. Die Mutter sagt, Jean könne nicht selbst auf sich aufpassen.

F: ... Steh jetzt auf deinen Beinen und tritt deiner Mutter gegenüber und schau, ob du mit ihr reden kannst.

J: (weich) Ich habe Angst, sie anzuschauen.

F: Sag ihr das.

J: (laut) Ich habe Angst, dich anzuschauen, Mutter! (atmet aus)

F: Was würdest du sehen?

J: Was ich sehe? Ich sehe, daß ich sie hasse. (laut) Ich hasse dich, weil du mich jedesmal zurückgehalten hast, wenn ich bloß über den Seiten-gang in dem verdammten Kaufhaus gehen wollte.

J («Mama»): (mit hoher Stimme) Komm hierher zurück! Geh nicht auf die andere Seite des Gangs.

J: Ich kann nicht einmal den verdammten Gang überqueren. Ich kann nicht nach Flushing gehen, wenn ich mit dem Bus fahren will. Ich kann nicht nach New York fahren – bis ich aufs College gehe. Hol dich der Teufel! ...

F: Wie alt bist du, wenn du das jetzt spielst?

J: Nun, ich bin ... im Kaufhaus. Ich bin irgendwo zwischen sechs und zehn oder zwölf –

F: Wie alt bist du wirklich?

J: Wirklich? Einunddreißig.

F: Einunddreißig.

J: Sie ist sogar schon tot.

F: Okay. Kannst du als Einunddreißigjährige mit deiner Mutter reden? Kannst du dich deinem Alter gemäß verhalten?

J: (standhaft und gelassen) Mutter, ich bin einunddreißig Jahre alt. Ich bin einigermaßen in der Lage, meinen eigenen Weg zu gehen.

F: Bemerkst du den Unterschied? Viel weniger Lärm und viel mehr Substanz.

J: Ich kann auf meinen eigenen Beinen stehen. Ich kann alles tun, was ich tun will, und ich kann wissen, was ich tun will. Ich brauche dich nicht. In der Tat, du wärst nicht einmal hier, selbst wenn ich dich brauchen würde. Warum hängst du also noch 'rum?

«Perls bringt sie dazu, die unerledigte Situation mit ihrer Mutter zu vollenden, und dieser Kontakt bewirkt, daß sie weinen kann, denn nur im Kontakt kann die wirkliche Stimulation auftreten.»[9g]

F: Ja. Kannst du ihr Lebwohl sagen? Kannst du sie begraben?

J: Nun, ich kann es jetzt, weil ich am Grund des Abhangs bin, und wenn ich zum Grund komme, stehe ich auf. Ich stehe auf und gehe umher, und es ist ein wunderschöner Ort.

F: Kannst du zu deiner Mutter sagen: «Leb wohl, Mutter, ruhe in Frieden ...?»

J: Ich glaube, ich habe es ihr schon gesagt ... Leb wohl, Mutter. (wie ein Weinen) Leb wohl! ...

F: (sanft) Rede mit ihr. Geh zu ihrem Grab, und rede mit ihr darüber.

J. (weinend) Leb wohl, Mama. Du konntest nichts für das, was du getan hast. Es war nicht deine Schuld, daß du zuerst drei Buben hattest, und dann dachtest du, es würde wieder ein Bub werden, und du wolltest mich nicht, und du hattest ein so schlechtes Gefühl, nachdem du herausgefunden hattest, daß ich ein Mädchen war. (weint immer noch) Du hast einfach versucht, dich mit mir auszusöhnen, das ist alles. Du brauchtest mich nicht mit allem Möglichen zu überhäufen ... Ich vergebe dir, Mama ... Du hast schrecklich hart gearbeitet. Ich kann jetzt gehen ... Ich bin sicher, ich kann gehen.

«Es ist wichtig, auf den Körper der Träumerin zu achten. Wenn sie den Atem anhält, braucht sie nicht zu fühlen und mit ihrer Körpersprache mit der Situation mitzugehen.»[9h]

F: Du hältst immer noch die Luft an, Jean …
J: (zu sich selbst) Bist du wirklich sicher, Jean? … (weich) Mama, laß
mich gehen.
F: Was würde sie sagen?
J: Ich kann dich nicht gehen lassen.
F: Sag du das jetzt zu deiner Mutter.

Fritz versucht hier, Jean zu helfen, sich von der Projektion zu befreien und sie dazu zu bringen, sich mit dem Fixierungsprozeß zu identifizieren, statt ihn einseitig der Mutter zuzuschieben.

J: Ich kann dich nicht gehen lassen.
F: Ja. Du hältst sie. Du hältst dich an ihr fest.
J: Mama, ich kann dich nicht gehen lassen. Ich brauche dich. Mama,
ich brauch dich nicht.
F: Aber sie fehlt dir immer noch … nicht wahr?
J: (sehr weich) Ein bißchen. Nur, daß jemand da ist … was wäre,
wenn niemand da wäre? … wenn alles finster und leer wäre. Es ist nicht
alles finster und leer – es ist wunderschön … Ich werde dich gehen lassen,
Mama …
F: Ich bin sehr froh um diese letzte Erfahrung – wir können so viel
davon lernen. Ihr seht, das waren keine Spielchen. Das war kein Weinen, um Sympathien zu erheischen, das war kein Weinen, um die Situation in die Hand zu bekommen, das war eine der vier Explosionen, von denen ich sprach – die Fähigkeit, in Trauer auszubrechen –, und diese Trauerarbeit, wie Freud sie nannte, ist notwendig, um erwachsen zu werden, um der Vorstellung des Kindes Lebwohl zu sagen.

Die Bearbeitung von Jeans Traum enthält die wichtigsten Elemente des therapeutischen Programms der Gestalttherapie: Die Arbeit mit Projektion und Dialogen, ein aufmerksames Achten auf die Körpersprache, Feedback-Technik, Durcharbeiten der Persönlichkeitsschichten, die Perls in seiner Theorie nennt, die Vollendung wichtiger Gestalten usw. Besonders deutlich wird, wie Perls Jean, ganz seiner Theorie entsprechend, wieder und wieder dazu bringt, ihren eigenen Blockaden ins Gesicht zu sehen, auch ihrer Vermeidungstaktik. Spezielle Vermeidungstaktiken sind hier das Lachen (nach Freudscher Terminologie könnte man das Lachen als Reaktionsbildung bezeichnen) und die «Ist das nicht lustig?»-Haltung. Mit dem Fortschreiten des Rollenspiels brechen sich dann allmählich Angst, Wut und Kummer Bahn.

Perls setzt an, indem er Jean dazu bringt, die schlüpfrige Rutschbahn zu spielen, und dann die Schlüpfrigkeit mit dem Lachen in Zusammenhang bringt.

F: Aha, nun, was ist so lustig?

J: (lacht weiter) Ich lache einfach.

F: Kannst du dich selbst als schlüpfrig annehmen?

Das nächste Traumelement, der Karton, führt Jean in tiefere Schichten hinab, nämlich zu der plötzlichen Erkenntnis, daß sie bereit ist, auf sich herumtrampeln zu lassen, wenn sie nur das Gefühl hat, dadurch für irgend etwas gut zu sein. Perls gibt ihr Rückmeldung zu ihrer Körpersprache, die enthüllt, daß sie ihre Aggressionen nach innen lenkt (sie schlägt sich selbst). Er arbeitet heraus, daß einige dieser Aggressionen in Wirklichkeit der Mutter gelten, und bekommt Jean schließlich soweit, diese Aggressionen noch zu verstärken. Jean erlebt in diesem Augenblick Wut und Angst im Hinblick auf die Mutter. Jedesmal, wenn sie wieder zurück in die Schicht des Rollenspiels schlüpfen will, stoppt Perls sie und führt sie auf ihre Blockade zurück: die neurotische Schicht.

Als Jean sich auf die Rutsche setzt, gleitet sie direkt in die Kein-Ausweg-Schicht. Während dieses Prozesses wird deutlich, daß ihre Mutter für die oberflächliche «Ist es nicht lustig?»-Haltung steht, wohingegen Jean selbst Angst hat, und daß die Mutter der kontrollierende Teil von Jean ist: *«Mama»: Mach dir keine Sorgen. Ich habe mich um alles gekümmert (entschieden). Es macht uns Spaß.*

Diese Erfahrung führt weiter zur Schicht des Todes und schließlich zur emotionalen Explosion von Wut und Trauer: zur authentischen Lebensschicht.

Traum und Psychodrama

Perls' persönlicher Stil wurde als eine Art Einzeltherapie in der Gruppe angesehen. In unserem Beispiel stehen Fritz und Jean total im Mittelpunkt, während die Gruppe einfach durch ihre Gegenwart die Erfahrung vertieft.

Im Psychodrama dagegen, einer Therapieform, die von dem rumänisch-amerikanischen Psychiater Jakob Levy Moreno entwickelt wurde und bei der die Arbeit mit Träumen ebenfalls eine wichtige Rolle spielt, greifen andere Gruppenmitglieder aktiv in das Geschehen ein. Morenos Methode wurde von seinen Mitarbeitern Dean und Doreen Elefthery weiterentwickelt.[1]

Wie Medard Boss und Fritz Perls neigte auch Moreno zur humanistischen Psychologie hin und wurde von der Existenzphilosophie beeinflußt. Moreno war wahrscheinlich der erste überhaupt, der Begriffe wie «Gruppentherapie» und «Encounter-Gruppen» verwendete. Viele andere Techniken, die auch Perls verwendete, wie Rollenspiel, der «leere Stuhl» und andere, stammen ursprünglich von ihm.[10]

Daß Perls' Ansatz in diesem Buch ausführlicher behandelt wird als Morenos, liegt nicht etwa daran, daß ich Perls für den bedeutenderen von den beiden oder für die größere Persönlichkeit halte, sondern daran, daß seine Methode flexibler ist. Er hat mit seiner Arbeit demonstriert, wie sich Techniken des Psychodramas in andere Therapieformen integrieren lassen.

Ein Psychodrama ist immer ein Gruppengeschehen, das nach Morenos und Eleftherys Anweisungen in einem langsamen und methodischen Vorgehen aufgebaut wird.

Zunächst wird in der Gruppe diskutiert, wer der Protagonist sein soll. Darauf folgt eine Gesprächsphase, in der das Thema ausgewählt wird, und dann eine Aufwärmphase (warming up). Erst jetzt kann das Drama selbst beginnen.

Zu den wichtigsten Basistechniken gehören das Rollenspiel, der Doppelgänger, das Selbstgespräch und der Rollentausch. Diese technischen Elemente sind wiederum in ein Geflecht genau vorgeschriebener Abläufe eingebettet, durch die die Person in die Rolle hinein- und wieder aus ihr herausgeführt wird.

Nach der Darstellung berichten die einzelnen Personen, wie sie ihre Rollen empfunden haben. Danach erfolgt ein «sharing», das heißt, alle Teilnehmer können, von ihrem eigenen Leben ausgehend, von Erfahrungen erzählen, die sie an das Psychodrama erinnern. Während dieser Phase ist keinerlei Interpretation oder Deutung erlaubt.

Soll ein Traum zum Gegenstand eines Psychodramas gemacht werden, so kann man entweder ein einzelnes Element des Traums auswählen oder mit dem ganzen Traum arbeiten. Wenn der ganze Traum Thema sein soll, spielt der Protagonist zunächst, wie er daliegt und träumt. Er versucht sich dabei so genau wie möglich die Befindlichkeit kurz vor dem Einschlafen ins Gedächtnis zu rufen, den Raum, in dem er schläft, was er vorher gegessen hat – all das kann dazu beitragen, die Erinnerung zu aktivieren.[10a]

Der Träumer kann sich dann mit verschiedenen Figuren im Traum identifizieren, indem er sie darstellt. Auf Bitten des Protagonisten fungieren ausgewählte Personen aus der Gruppe als «Hilfs-Ich» und spielen zum Beispiel den Vater oder die Mutter oder eine dritte Traumfigur. Teilnehmer, die keine bestimmten Rollen haben, können in das Stück eingreifen und ihre Auffassung der verschiedenen Rollen vortragen. Außerdem wird der Protagonist permanent von einem «Doppelgänger» unterstützt, der für ihn einspringt. Das folgende Beispiel stammt von der norwegischen Psychotherapeutin Eva Røine.[10b] Eine Frau, deren Mann Selbstmord begangen hatte, träumte:

«*Sie befand sich in einem Raum voller kummervoller Menschen in Trauerkleidung. Besonders in Erinnerung blieb ihr die Erscheinung ihrer Schwestern. Sie trugen weiße Capes und erinnerten an ‹große, aufgeregt mit den Flügeln schlagende Vögel›. Ein Trauermarsch erklang. Der Raum war groß und prunkvoll in Rot und Gold ausgeschmückt, ‹fast wie bei einer Gala-Vorstellung›. Auf einmal sah sie ihren verstorbenen Mann in einem Sarg unter einem großen Baldachin. Neben dem Sarg lag eine goldene Krone, die schimmerte wie im Märchen. Doch als sie hinging, sah sie, daß die Krone aus Pappmaché war.*»

«Wir müssen uns nun vorstellen, daß der Traum unter Einbeziehung von Hilfs-Ichen, Doppelgängern, Rollenwechseln und allen vom Inhalt geforderten Techniken dargestellt wurde. Die Schwestern und Verwandten wurden in der Gruppe aufgerufen. Ein Mann verkörperte den verstorbenen Ehemann im ‹Sarg›. Da die Frau nach dem Selbstmord des Mannes eine Affäre mit einem anderen Mann begonnen hatte, wurde ein Hilfs-Ich aufgefordert, sich auf einen Stuhl außerhalb der Traumbühne zu setzen.

Im Selbstgespräch reflektiert die Frau die Situation: ‹Merkwürdig, daß ich mich kein bißchen wie eine Hinterbliebene fühle. Es ist doch das Begräbnis meines Mannes, und ich war damals völlig gelähmt vor Verzweiflung. Jetzt fühle ich gar nichts.› An dieser Stelle nahm sie Kontakt zu den ‹Schwestern› auf. Sie wurden angewiesen ‹herumzuflattern›, wie sie sie im Traum wahrgenommen hatte. Die Reaktion der Träumerin ließ nicht auf sich warten: ‹Ich vermute, ihr wollt jetzt, daß ich weine. Ihr seht buchstäblich wie Racheengel aus. Aber es ist alles nur Schwindel, sage ich euch (aggressiv). Alles nur Schwindel. Schaut nur, wie er das Ganze genießt!› (Hier deutete die Frau auf den ‹Leichnam›, mit dem sie daraufhin die Rolle tauschen sollte.)

Die Frau (als ihr toter Ehemann): ‹Ich freue mich wirklich, euch alle hier zu sehen. Es ist alles genau, wie ich es mir vorgestellt hatte. Sehr hübsch, diese tiefe Trauer. Eine perfekte Show.›

Die Frau (als sie selbst): ‹Komisch, daß ich erst jetzt, wo du tot bist, erkenne, was für ein Schauspieler du warst. Da habe ich mir Tag und Nacht das Hirn zermartert, um dich zu verstehen, und du gingst mit dieser lächerlichen Pappkrone herum. Glaub ja nicht, daß du das nochmal mit mir machen kannst!›

Eine Frau aus der Gruppe beginnt zu ‹doppeln›: ‹Ich habe schon einen neuen Mann.›

Die Frau: ‹Genau, ich habe einen neuen Mann. Naja, eigentlich nur einen Geliebten. Wenn ihr das gewußt hättet, meine keuschen Schwestern!›

Die Doppelgängerin: ‹Was mich quält, ist, ich fürchte, daß diese neue Beziehung nicht von Dauer sein wird …›

Die Frau: ‹Du (zu dem Leichnam) bist noch immer ein schrecklicher Alptraum.›

Die Doppelgängerin: ‹Ich übertrage eine Menge irrationaler Reaktionen auf meinen Geliebten …›

Die Frau: ‹Nein, das ist es nicht. In Wirklichkeit glaube ich, daß er tatsächlich in vielem dieselben Züge zeigt. Nicht, daß er ein Schauspieler ist, aber auch er hat Depressionen, und das macht mir immer solche Angst. Ich fürchte, daß sich das Ganze noch einmal wiederholt.›

Die Doppelgängerin: ‹Und das halte ich nicht noch einmal aus.›

Die Frau: ‹Ich will es nicht noch einmal aushalten.›

Im Laufe eines längeren Psychodramas, das viele Erinnerungen aus ihrer Kindheit und aus der Zeit ihrer Ehe einschloß, Erinnerungen, die erklärten, warum sie jetzt Patientin war, mündete die Geschichte am Ende in eine Szene, in der die Frau dem neuen Mann in ihrem Leben den Rücken zukehrte und ihn aufforderte, später wiederzukommen, wenn sie besser mit sich selbst zurechtkomme. In der letzten Phase des Psychodramas zeigte die Patientin sehr viel Einsicht in das, was sie erlebt hatte, obwohl sie nie zuvor im Traum ihren Mann als Schauspieler und König der Narren gesehen hatte.»[10b]

Das Beispiel zeigt, wie die Protagonistin ihren Traum auf sinnvolle Weise deutet und wie durch die Darstellung des Traums wichtige Gefühle und Gedanken an die Oberfläche kommen. Auch die Funktion der Doppelgängerin wird deutlich, die die Protagonistin dann entweder annehmen oder zurückweisen kann.

Der Traum wird hier völlig auf der Objektstufe erlebt. Im Psychodrama können Traumelemente aber auch auf der Subjektstufe verstanden werden.[1]

Natürlich kommt es oft vor, daß die Gruppenteilnehmer sich nicht mit den ihnen zugewiesenen Rollen identifizieren können, sondern «ihre eigene emotionale Position auf sie projizieren», oder daß sie die Rollen dazu nutzen, Einsicht in ihre eigenen Probleme zu bekommen (acting in). Im allgemeinen macht man jedoch die Erfahrung, daß gerade diese Personen oder auch der Situation ganz unangemessene Projektionen die Effektivität des Geschehens steigern, sofern sie nicht zu sehr in den Vordergrund treten, da die so entstehenden Übertragungsprozesse eventuell noch tiefer liegende Konflikte des Protagonisten und der Mitspielenden aufdecken können. Außerdem sollen die Mitspielenden im Rahmen des Gruppenprozesses durchaus auch für sich selbst profitieren.[10c]

In Kapitel 14 werden wir uns noch einmal intensiver mit Traumarbeit in Gruppen auseinandersetzen.

Vergleich zwischen der gestalttherapeutischen Traumarbeit und anderen Methoden

Perls' Annahmen zum Wesen und zur Funktion des Traums als existentieller Botschaft und «Lückenfüller» ergeben sich unmittelbar aus seiner psychologischen Theorie und seiner therapeutischen Technik. Er hat die entsprechenden theoretischen und methodologischen Grundaussagen in seinem Werk *Gestalttherapie* als Axiome niedergelegt und überläßt es dann dem Leser zu entscheiden, ob sie sich in der Praxis bewähren werden.

Die Gestalttherapie schöpft aus vielen Quellen. Die Vorstellung, daß der Organismus ein selbstregulierendes System ist, der Glaube an seine Weisheit und die Überzeugung, daß Träume bedeutsame Mitteilungen an den Träumer sind, stehen der jungianischen Auffassung nahe. Die Traumfiguren als Aspekte der Persönlichkeit des Träumers selbst zu betrachten, liegt völlig auf der jungianischen Linie, und wenn der Klient diese Aspekte in der Gestalttherapie im Rollenspiel darstellt und in einen Dialog verwickelt, so ist dies im Grunde eine Erweiterung der Jungschen Methode der aktiven Imagination, allerdings durch Techniken, die das emotionale Spektrum beträchtlich erweitern. Perls' Methode weicht aber auch insofern von der Jungs ab, als der Träumer sich mit sämtlichen Traumelementen identifizieren kann, während Jung dem Ich im Traum eine besondere Position einräumte.

Die Arbeit mit Abwehrmechanismen stammt aus der freudianischen Ecke, Perls reduzierte in seinem Traumseminar Freuds komplexes System allerdings auf einen einzigen Abwehrmechanismus: die Vermeidung.

Erving und Miriam Polster definieren Traumsymbole aus der Sicht der Gestalttherapie als «kreativen Ausdruck des Selbst und nicht als unbewußte Verkleidungen schwieriger Lebenserfahrungen».[9d] In dieser Hinsicht ist die Gestalttherapie nicht einseitig auf die Vergangenheit bezogen, wenngleich Perls sich in der Praxis nicht scheut, auf traumatische Kindheitserlebnisse einzugehen, wenn dies der Hintergrund des Traumgeschehens zu sein scheint.

Perls' Theorien stellen trotz seiner Anleihen bei vielen Richtungen nicht eine kreative Synthese der Erfahrungen seiner Vorgänger dar. Die Erfolge der Gestalttherapie liegen vor allem auf dem Gebiet der

Freisetzung von Emotionen und der Bearbeitung von Widerständen. Zahlreiche andere fruchtbare Aspekte der zuvor beschriebenen Methoden werden jedoch nicht genutzt.

So sprach Perls sich gegen freie Assoziationen aus, weil sie «wie eine Heuschrecke von einer Erfahrung zur anderen springen, und keine einzige dieser Erfahrungen wird je *erfahren*, ist bloß eine Art Blitz, der all das verfügbare Material unassimiliert und ungenutzt läßt».[8p] In der Tat brachte Perls gerade durch die intensive Arbeit mit diesem bisher übergangenen Material eine neue Dimension in die Therapie und in die Traumdeutung ein. Das schließt, wie wir gesehen haben, keineswegs aus, zusätzlich auch in Freudscher Manier mit Assoziationstechniken zu arbeiten oder wie bei Jung einfach nur ein oder zwei Glieder der Assoziationskette aufzugreifen und den Traum von diesen beiden Kettengliedern her zu erhellen.

Moreno war der Überzeugung, er habe da angesetzt, wo Freud aufhörte. In dem einzigen Meinungsaustausch, den er mit Freud hatte, drückte er den Unterschied so aus: «Sie (Freud) analysieren die Träume der Leute. Ich gebe ihnen den Mut, wieder zu träumen.» Diese kleine Anekdote macht beispielhaft das Kreative an Morenos Sicht des Traums deutlich.[10d]

Ob man sich dafür entscheidet, einen Traum von einer erlebnisorientierten Methode her aufzurollen, hängt von vielen Faktoren ab. Der Jungianer Edward Whitmont berichtet von einer jüngeren Analysandin, die folgendes träumte: *«Eine Landschaft, beherrscht von einem schimmernden, würfelförmigen Quarzkristall im Zentrum. Eine Stimme sagt: ‹Es ist die Vier in Rot.›»* Danach träumte sie, *«daß sie überlegte, ob sie frühstücken sollte oder nicht».*

Nach klassischem jungianischem Verständnis handelte es sich hier um einen Individuationstraum, und die Klientin hatte denn auch eine «korrekte» jungianische Deutung parat, auf die sie ziemlich stolz war: Das Motiv der Mitte und der Kristall, der als *lapis* den Stein der Weisen verkörperte. Die Vier wiederum steht für Ganzheit (vgl. S. 107ff.), die Farbe Rot entspricht einer bestimmten Phase im alchemistischen Prozeß (*rubedo*) usw.

Whitmont, der die Patientin als stark intellektualisierend erlebte, ließ sie den Kristall spielen. Als Kristall sagte sie: «Ich fühle mich hart, unbeweglich, steif und angespannt. Ich kann mich nicht bewegen, und ich lasse mich nicht von anderen Leuten herumschubsen.» Als sie den Kristall fragte, was er wollte, entgegnete er: «Ich möchte aus dem Kasten befreit werden, in den ich gesteckt worden bin. Ich fühle mich eingesperrt und habe Angst.» Als sie daraufhin aufgefordert wurde, bei diesen Reaktionen zu «bleiben», kam ein ganzer Strom von Assoziationen. Der Quarzkristall erinnerte sie an die Mineraliensammlung ihres Vaters, um die er ein großes Wesens gemacht hatte, und daran, daß er durch seine überkritische, pedantische Art ihre eigenen künstlerischen Neigungen erstickt hatte. Die Zahl Vier wurde mit dem Notensystem der Grundschule in Verbindung gebracht, wo ein Lehrer, der sie an ihren Vater erinnerte, diese Note mit roter Tinte eingetragen hatte. Und das Frühstück machte ihr bewußt, daß sie oft solche Angst vor der Schule gehabt hatte, daß sie nicht frühstücken konnte. Die erlebnisorientierte Arbeit und die freien Assoziationen der Klientin wiesen deutlich auf eine Leistungsangst als zentrales Problem hin. Und ihr ausgeklügelter erster Deutungsversuch ließ darauf schließen, daß die Träumerin immer noch versuchte, den Anforderungen des Vaters und des Lehrers zu entsprechen, statt sich von ihnen zu befreien.[14b]

Whitmont schloß dabei die Gültigkeit der Individuationssymbolik gar nicht aus. Er war nur überzeugt, daß das unbewußte Material, das anhand des Traums assoziiert wurde, auf der Stufe des Hier und Jetzt erlebt werden mußte, bevor man in einem nächsten Schritt zur «Verständnisebene» übergehen konnte.[14a]

Eine Stärke der gestalttherapeutischen Methode liegt darin, daß sie den Träumer nicht nur mit seinen Gefühlen in Kontakt bringt, sondern zugleich seine kreativen Potentiale im Wachzustand anregt. Die gestalttherapeutische Literatur enthält viele Beispiele von Träumen, die im Rahmen einer psychoanalytischen Deutung eher wenig hergeben, aber dennoch zum Ausgangspunkt einer ermutigenden Arbeit des Klienten an sich selbst werden.

Erving und Miriam Polster erwähnen eine Träumerin, die *«von einem hohen Sprungbrett in ein Schwimmbecken springt, welches sich entleert, während sie darauf zustürzt»*. Wir kennen den Kontext, aus dem dieser Traum entstand, nicht, wollen aber annehmen, es wäre ein isoliert dastehender Initialtraum. Dann könnte man ihn so deuten, daß die Träumerin sich in das Unbewußte (das Wasser) stürzen will, das Becken sich jedoch leert, so daß die Träumerin zerschmettern wird.

Es könnte sein, daß hinter dem Traum eine schwerwiegende Diagnose steht und die Prognose für die Therapie schlecht ist. Natürlich ist es für den Therapeuten wichtig, dies zu wissen. Der Träumerin aber könnte es jede Hoffnung auf Besserung und damit auch jede Motivation, etwas wegen dieses Problems zu unternehmen, rauben.

Im vorliegenden Fall ließ der Therapeut die Frau «mit dem tückischen Schwimmbecken» reden, «sie spielte das verschwindende Wasser, sie sprang vom Brett, sie wurde das Becken, wieder mit schimmerndem Wasser gefüllt; schließlich wurde sie eine einsame Schwimmerin, die sich nachts hinausstahl, um im menschenleeren Becken zu schwimmen. Durch diese vielen Gestalten erfuhr sie mehr über ihre eigene Sexualität, die flüchtig, unzuverlässig und verborgen, aber auch voll und leuchtend war.»[9e]

Die erlebnisorientierte Arbeit setzte hier im Wachzustand eine Kreativität frei, die der Frau im Traum fehlte. Auf diese Weise kompensiert das Bewußtsein das Unbewußte. Doch die gestalttherapeutische Methode gibt auch Anlaß zu einer ganzen Reihe kritischer Anfragen traumtheoretischer und therapeutischer Art.

So wird der gesamte Kontext des Traums in jungianischem Sinn mit allem, was er an Einsichten und Ansatzpunkten für eine konstruktive Weiterarbeit enthält, nicht in Betracht gezogen: Wie steht es zum Beispiel mit der Objekt- und der Subjektstufe und dem Geschehen am Vortag? Können irgendwelche praktischen Konsequenzen aus dem Traum für das Umfeld hier und jetzt gezogen werden, also nicht nur in bezug auf innerpsychische Konflikte und die innere Haltung des Träumers?

Wenn Perls sich mit Bemerkungen wie «Du kannst deine Kindheitserinnerungen bis zum Jüngsten Tag zurückverfolgen, aber ändern wird sich nichts»[8p] über die Freudianer lustig macht, so sollte man das nicht allzu wörtlich nehmen. Es gibt kaum eine Therapie, in der der Klient so massiv in seine Kindheit zurückversetzt und dazu ermutigt wird, Affekte in bezug auf die Eltern abzuarbeiten, wie in der Gestalttherapie (man denke an Jean und ihre Mutter).

Mit der These, alle Traumelemente seien (gleichwertige) Projektionen des Ichs des Träumers, bringt sich Perls um die wichtige Information, die gerade in der Unterschiedenheit des Traum-Ichs von allen anderen Elementen im Traum steckt, zumal wir gesehen haben, daß das

Traum-Ich dazu herangezogen werden kann festzustellen, welche Konflikte das Wach-Ich bearbeiten sollte.

Das führt direkt zu der Frage, inwiefern es sinnvoll ist, den Klienten in der Form, wie Perls es tut, mit seinen Abwehrmechanismen zu konfrontieren. Meiner Ansicht nach steckt darin die Gefahr, daß die verdrängten Inhalte zwar an die Oberfläche des Bewußtseins dringen (im Gestaltjargon: «Eine unvollendete Gestalt erscheint an den Grenzen des Ichs»), dabei jedoch zu stark emotional aufgeladen werden, um in einem Schritt integriert zu werden. Das Ergebnis könnte, wie wir von Freud gelernt haben, eine Affektverschiebung sein. Ein typisches Beispiel dafür wäre ein Mann, der seine Mutter anbrüllt, die im «leeren Stuhl» sitzt. Sein Bewußtsein ist jedoch noch nicht in der Lage, diese Wut aufzunehmen. Sobald er den Therapieraum verlassen hat, wird er denken, daß dieser uneinfühlsame Therapeut ihm Gefühle übergestülpt hat, die er überhaupt nicht empfindet. Der Ärger wird auf den Therapeuten verlagert, und der Mann bricht die Therapie ab. Der Ärger kann sich aber auch auf die Ehefrau, die Kinder oder andere schuldlose Personen richten.[13]

Perls andererseits war überzeugt, daß der langwierige Verlauf einer Psychoanalyse den Leuten nur beibringe, wie sie noch bessere Neurotiker werden könnten. Seine Traumseminare waren häufig eine einmalige Angelegenheit, und er machte von vornherein unmißverständlich deutlich, daß er keinerlei Verantwortung dafür übernahm, was die Teilnehmer hinterher mit ihren Erlebnissen anfingen.[8]

Ich selbst habe mit Workshops gearbeitet, bei denen die Traumarbeit mit Gestalttherapie und Psychodrama kombiniert wurde, und dieses Verfahren äußerst sinnvoll gefunden. Meiner Erfahrung nach ist die Wirkung jedoch dann am größten, wenn die emotionale Befreiung mit längerdauernden Therapieprozessen gekoppelt wird, und viele Therapeuten teilen heute diese Auffassung.

Bei intensiven Seminaren ist es durchaus möglich, schon innerhalb einer Woche Fortschritte bei den Träumen der Teilnehmer zu sehen, die sonst sehr viel länger dauern würden.

Bei einem solchen Seminar, bei dem ich als Therapeut mitwirkte, hatte ein Mann am Anfang Träume, in denen er *verschiedene Tiere auf brutale Weise tötete*. In späteren Träumen im selben Seminar fing er an, sich Tieren freundlich zu nähern, ließ sie aus ihren Käfigen usw., und *allmählich begannen die Tiere, sich zu paaren.* Parallel dazu veränderten sich in den Träumen seine Kontakte zu Frauen. Hatten am Anfang immer andere die Mädchen bekommen, so ging er später selbst mit ihnen ins Bett. Diese Veränderungen entsprachen äußerst starken und befreienden Affekterlebnissen im Lauf des Seminars.

Als der Mann jedoch einige Jahre später zu einer Einzeltherapie zu mir kam, zeigten seine Träume wiederum dasselbe Muster wie am Anfang des Seminars. Das Problem bestand darin, daß er in seiner unmittelbaren Umgebung keinerlei Unterstützung für die emotionale Befreiung, die er erlebt hatte, spürte. Der Widerstand seines Umfeldes und seine eigenen Abwehrmechanismen drängten die freigesetzten Inhalte wieder ins Unbewußte zurück, sobald er ohne therapeutische Begleitung war.

Eine Kombination von Gestalttherapie und Psychodrama mit einer längerdauernden Einzeltherapie dagegen hat meines Erachtens viele Vorteile.

Sie kann dazu dienen, klischeeartige künstliche Assoziationen und voreilige Deutungen zu unterlaufen, und spontanes Material zutage fördern, das der Realität des Traums näher kommt. Dies wiederum kann zusammen mit anderem, assoziativem Material in eine Traumdeutung integriert werden, die sich der Methoden bedient, die wir in den Anfangskapiteln kennengelernt haben. Wenn man die Fortschritte eines Klienten über die Aufzeichnung seiner Träume festhält, über die Auflösung seiner Abwehrmechanismen Buch führt und mit Übertragung arbeitet, hat man gute Chancen, genau in dem Augenblick eine emotional befreiende Therapieeinheit anbieten zu können, in dem der Träumer reif dafür ist. Ich habe das an anderer Stelle im Zusammenhang mit der Arbeit eines Klienten an seinem Mutterkomplex deutlich gemacht.[12] Hier möchte ich auf das Beispiel einer Frau mit extrem defensiver Grundhaltung eingehen, die bei mir in Therapie war. Ihre Abwehrhaltung gegenüber Männern spiegelte sich auch in ihren Träumen. Am Anfang waren die im Traum auftauchenden Beziehungen zu Männern sehr formell. Häufig traten besonders korrekte Personen auf: Priester, Beamte, Männer in untadeligen grauen Anzügen usw. Sobald erotisch attraktive Männer ins Spiel kamen, schnappten andere Frauen sie ihr weg. Zum Beispiel: *«Peter, in den ich verliebt bin, fährt mit einer anderen Frau weg.»*

Langsam näherte sie sich dem Erotischen: «*Ich liege mit einem Mann im Bett. Wir sind angekleidet.*» Darauf folgten Traummotive, in denen männliche Therapeuten sexuelle Annäherungsversuche bei ihr machten. Dadurch kam eine Episode, die einige Jahre zurücklag, ans Licht. Ein Therapeut hatte ihr gegenüber geäußert, daß er sexuell an ihr interessiert sei und es deshalb für am besten halte, die Therapie abzubrechen. Beim Durcharbeiten der Affekte, die mit diesem Geschehen verbunden waren, kam heraus, daß sie unbewußt Angst hatte, ich würde die analytische Situation ebenfalls mißbrauchen. Nach einer gewissen Zeit hatte sie Träume, die versteckt oder direkt von Inzestsituationen handelten. In einem der expliziten Träume «*lag sie in ihrem (jetzigen) Bett. Ihr Vater lag neben ihr. Die Situation war irgendwie sexuell aufgeladen.*»

An dieser Stelle konnte die unterdrückte weibliche ödipale Situation (in Freudscher Terminologie die Verliebtheit in den Vater) mit dem Traum-Ich konfrontiert werden. Die Übertragung hatte den Punkt erreicht, an dem ich sie in den Arm nehmen und trösten konnte, ohne daß sie Angst vor einem «versuchten Inzest» meinerseits hatte. Ich betrachtete das als eine gute Gelegenheit für sie, ihre Gefühle für den Vater noch einmal zu durchleben, indem sie ein Gespräch mit ihm im «leeren Stuhl» führte.

Die Rolle des Deuters in der erlebnisorientierten Therapie

Im vorhergehenden Kapitel wurde die Frage gestellt, ob Traumexperten wirklich «interpretieren», also als eine Art Übersetzer von einer Sprache in eine andere fungieren sollten, oder ob es einfach ihre Aufgabe ist, das Erleben des Träumers zu unterstützen. Wir kamen zu dem Schluß, daß auch die phänomenologischen «Interpreten» sich in der Praxis auf Bezugsrahmen stützen und daß diese eine unterschwellige Wirkung entfalten können. Dasselbe Problem stellt sich verschärft bei der erlebnisorientierten Therapie, bei der es oberstes therapeutisches Gebot ist, den Klienten Rückmeldung zu geben, bei der es jedoch, nach Perls' Worten, ebenso wichtig ist, «niemals, niemals zu interpretieren».[9i]

Perls' ablehnende Einstellung war durchaus begründet. Er wußte sehr wohl, daß psychoanalytische Deutungen mechanisch und steril und entgegen ihrer ursprünglichen Intention zu einer Abwehr gegen authentisches Erleben werden können. Seine eigene Methode ist denn auch in der Tat, wenn sie richtig angewandt wird, ein hervorragendes Mittel, um Intellektualisierungen zu vermeiden.

Trotzdem zeigt sich sowohl bei Perls als auch in der gestalttherapeutischen Literatur, daß hier mindestens genausoviel interpretiert wird wie in der Psychoanalyse, nur erfolgen die Deutungen versteckter, was die Gefahr der Manipulation um so größer macht.

Wenn wir Perls' Arbeit mit Jean anschauen, die keineswegs untypisch ist, so springen uns die Deutungen geradezu ins Auge:

Zunächst einmal ist das ganze Traumseminar Teil einer theoretischen Vorlesung. Zwischen Jeans Traum und seiner Bearbeitung in der Gruppensituation sind jeweils drei- bis vierminütige traumtheoretische Exkurse von Perls sowie moralisch-philosophische Betrachtungen darüber, daß es wünschenswert ist, unerreichbare Ziele aufzugeben, eingestreut. Im Anschluß daran äußert er, als sei es eine göttliche Offenbarung, daß der Traum eine «existentielle Botschaft» sei, die auf falsche Ambitionen hinweise.

Die Bemerkung, Jean verlasse sich nicht auf ihre eigenen Beine, sondern auf ein Stück Pappe, manipuliert den Trauminhalt – wenn Jean auf einer schlüpfrigen Rutschbahn versuchen würde zu stehen, würde sie in Gefahr kommen zu stürzen.

Überhaupt ist das ganze Seminar vollgestopft mit Verhaltens- und Traumdeutungen, die die Trauminhalte deutlich mit Perls' therapeutischen Lieblingspostulaten in Verbindung bringen, wenn es etwa bei einer anderen Teilnehmerin heißt: «Hier könnt ihr schon das Loch in ihrer Persönlichkeit bemerken», «hier haben wir nun die typische Topdog/Underdog-Situation», «das ist nun ein Punkt, den wir eine Sackgasse nennen würden», usw.[8q]

Ich würde an dieser Stelle gern eine neue Definition des Interpretationsbegriffs einführen, die vom Sprachgebrauch des Deutens als «Übersetzen von einer Sprache in eine andere» abweicht. In seinem Buch *Dichter und Dämonen* umschreibt der dänische Dichter-Philosoph Villy Sørensen Deutung als «unbewußtes Ordnen des Gefühlslebens um bestimmte zentrale Werte und Symbole herum». Dieser sehr weit gefaßten Definition zufolge hat Deuten etwas mit unserer Auffassung vom Leben zu tun.[11] Wir sind förmlich dazu gezwungen, zu deuten und Deutungen zur Grundlage unseres Handelns und unseres Wahrnehmens zu machen.

«Einen Traum verstehen heißt erkennen, wo wir das Offensichtliche vermeiden», sagte Perls in seinem Traumseminar. Er meinte damit, daß die wichtigsten Blockaden des Analysanden jedermann außer dem Betroffenen sehr rasch ins Auge springen.[8r] Nach Perls' Theorie zeichnet sich außerdem grundsätzlich eine Gestalt stärker ab als die anderen.[5] Die Annahme scheint plausibel, daß es wichtig ist, eine bestimmte Erfahrung im richtigen Augenblick in den Mittelpunkt der Bearbeitung zu stellen. Deshalb muß der Therapeut den Signalen des Klienten nicht nur möglichst offen und einfühlsam begegnen, er muß auch nach einer therapeutischen Strategie verfahren.

Die Methode von Perls gibt uns in der Tat bessere Möglichkeiten an die Hand festzustellen, was hier und jetzt im Klienten vorgeht, als die einfache verbale Analyse, und das spontan an die Oberfläche dringende Material ermöglicht es uns wiederum, unsere Strategie jeweils angemessen zu korrigieren. Doch gerade weil der Klient ständig versucht zu «vermeiden», und weil die Rolle des Therapeuten zu einem großen Teil darin besteht, ihn aufs Glatteis zu locken, erhält der Therapeut andererseits auch kein so direktes Feedback vom Klienten, wie es etwa geschieht, wenn eine Deutung zur Diskussion gestellt wird.

Auch das Psychodrama liefert uns einzigartige Möglichkeiten zur Exploration des Erlebens verschiedener Elemente im Traum. Besonders das «Doppeln» läßt sich hervorragend in der Traumdeutung anwenden. «Doppelgänger» oder «Hilfs-Iche», die für den Protagonisten einspringen, werden besonders wichtig, wenn der Protagonist gemeinsam mit der Gruppe versucht herauszufinden, was er in einer bestimmten Situation tatsächlich empfand, hinter seinem «unmittelbaren», oft von Klischees und Abwehrmechanismen bestimmten Erleben. Durch die Mitspieler kommt es im optimalen Fall zu einem Vordringen in das «echte» Erleben des Träumers, dadurch aber auch im weitesten Sinn des Wortes schon zu einer Deutung. Da alle Gruppenmitglieder bei dieser Gelegenheit etwas einbringen können, hat der Protagonist Gelegenheit, alle möglichen Aspekte anzuschauen, die ihm andernfalls vielleicht verschlossen geblieben wären. Zugleich lernt er die Grenzen seiner eigenen Interpretationsfähigkeit kennen.

Doch auch hier haben wir keinerlei Garantie für die «Objektivität» einer Traumdeutung. Da das Psychodrama bewußt langsam und systematisch aufgebaut wird, ist es aus Zeitgründen wie auch um den Protagonisten nicht mit zuviel Material zu überschwemmen, notwendig, sich jeweils auf recht einfache Träume oder Traumszenen zu beschränken. Wenn das Ganze nicht aus den Fugen geraten soll, muß der Therapeut auch hier den Gesamtüberblick über die Situation behalten und eine klare Strategie haben.

Wir kommen also zu dem Schluß, daß die erlebnisorientierten Therapien Einblicke in bis dahin unzugängliche Aspekte des Traummaterials eröffnen. Wenn erlebnisorientiert arbeitende Therapeuten jedoch nicht bereit sind, sich ihre Strategien, Theorien und Deutungen bewußtzumachen, setzen sie sich und ihre Klienten damit einer Manipulation und Willkür aus.

Wie die anderen Traumdeuter dürfen wir auch Perls nicht zu wörtlich nehmen. Selbst erfahrene Gestalttherapeuten distanzieren sich von der antitheoretischen Haltung, die das therapeutische Vorgehen auf Übervereinfachungen und smarte Tricks und primitive «action» reduziert.[2]

Die empirischen Grundlagen und die Philosophie der erlebnisorientierten Methoden

Perls wurde als Wegbereiter der populären Psychotherapie bezeichnet.[9f] Gestalttherapie und Psychodrama haben unbestreitbar dazu beigetragen, die Auseinandersetzung mit Träumen einem breiteren Publikum nahezubringen, als es die tiefenpsychologischen Ansätze vermochten. Die kurzen, überschaubaren Gruppensitzungen sind weniger verbindlich und stellen keine so große finanzielle Belastung dar. Daß die Gruppenmitglieder dem Therapeuten in Aktion praktisch über die Schulter schauen können, hat der traumtherapeutischen Arbeit außerdem eine demokratische Dimension verliehen.

Die Träume der gestalttherapeutisch behandelten Personen weisen nicht weniger Blockaden oder erschließbare Ressourcen auf als die von in Analyse befindlichen Klienten, und nichts deutet darauf hin, daß die Gesetze, die ihre Traumaktivität beherrschen, grundlegend anders sind.

Perls behauptete – ohne allerdings Beispiele dafür vorlegen zu können –, daß die existentiellen Botschaften in Träumen deutlicher würden, wenn man imstande sei, sich mit den Teilen von sich selbst, die in den Traum projiziert werden, zu identifizieren.[8r] Das stimmt mit Jungs Vorstellung überein, daß eine Traumanalyse den Menschen seinem Selbst näherbringen kann, und bestätigt, was auch alle anderen Traumtheoretiker fanden: daß nämlich Träume Entwicklungstendenzen in der Persönlichkeit widerspiegeln.

Erlebnisorientiert arbeitende Therapeuten neigten größtenteils der humanistischen Psychologie zu, deren Wissenschaftstheorie sich am besten mit den Worten ihres Begründers Abraham Maslow wiedergeben läßt. Maslow betont die Wichtigkeit der persönlichen Erfahrungen der Wissenschaftler als Basis für ihre Theorien. In seinem Hauptwerk über *Motivation und Persönlichkeit* schreibt er: «Die Wissenschaft (ist) eine menschliche Schöpfung und nicht ein autonomes, nicht-menschliches ‹Ding› per se mit eigenen grundsätzlich gegebenen Regeln … Ihre Gesetze, ihre Organisation und Formulierungen beruhen nicht nur auf der Natur der Wirklichkeit, die sie aufdeckt, sondern auch auf der Natur des menschlichen Wesens, das die Entdeckung betreibt.»[6a]

Die Wissenschaft kann so durch Neugier und schöpferischen Drang vorangetrieben, aber umgekehrt auch durch eine in erster Linie auf Sicherheit bedachte, defensive, dogmatische Einstellung des Forschers in ihrer Weiterentwicklung behindert werden.[6b] Nicht wenige der Widersprüche, denen wir in der Traumforschung begegnet sind, sind auf diese Faktoren zurückzuführen.

Der von der humanistischen Psychologie herausgearbeitete Einblick in die Motive von Wissenschaftlern hat das wissenschaftliche Klima ohne Zweifel toleranter gemacht und dazu beigetragen, daß die verschiedenen Schulen sich nicht mehr nur bekämpfen, sondern auch zusammenarbeiten.

Philosophisch gesehen sind Perls und Moreno vom Existentialismus geprägt. Sie tendieren zur romantischen Richtung, die Träume letztlich als Offenbarungen einer höheren Weisheit und Anreger von Wachstumsprozessen betrachtet. Die Betonung des Hier und Jetzt bei Perls ist auch vom japanischen Zen-Buddhismus beeinflußt.

Versuch einer vorläufigen Zusammenfassung der bisher zusammengetragenen Erkenntnisse zum Wesen von Träumen, Assoziationen und Symbolen

Ich habe nun fünf wichtige Strömungen der modernen Traumforschung skizziert und vorgestellt und kam dabei zu dem Ergebnis, daß sie alle Entscheidendes zum Verständnis des Phänomens «Traum» beitragen, ohne daß eine von ihnen Anspruch darauf erheben könnte, im Besitz der ganzen Wahrheit zu sein.

Wenn wir das Beispiel von der Frau herausgreifen, die von einer Landschaft mit einem schimmernden Quarzkristall in der Mitte träumte (S. 244), so würde ein klassischer Jungianer die Individuationssymbolik als die eigentliche Botschaft des Traumes betrachten. Jungs Ansicht nach führen freie Assoziationen nicht zur Bedeutung des Traums, sondern zu Komplexen, auf die man genausogut kommen könnte, «wenn man Assoziationen zu einer Zugabfahrtstafel in russischer Sprache produziert» (S. 81). Darin steckt zweifellos ein Körnchen Wahrheit. Meiner Erfahrung nach kommt es jedoch genausooft vor, daß in die Tiefe gehende, erlebnisorientierte Arbeit über weitverzweigte Phantasien, Assoziationen und Affektentladungen Material zutage fördert, das ganz offensichtlich besser in die Traumlogik paßt als das erste oder zweite Glied einer Assoziationskette. Diese ersten Glieder können im Gegenteil oberflächlich erscheinen, auch wenn sie natürlich nicht ohne Bedeutung für das Verständnis des Traums sind.

Das impliziert aber die theoretische und praktische Konsequenz, daß der Traum komplexer zusammengesetzt ist, als nach dem klassischen jungianischen System angenommen wird, demzufolge er sich auf eine Entwicklungstendenz bezieht oder einen didaktischen Hinweis gibt.

Genausowenig läßt sich das Wesen des Traums in den mehr oder weniger vereinfachenden Bezugsrahmen der Freudianer, in Halls kognitives Traumverständnis, in Adlers Emotionstheorie, Fromms Vorstellung, daß der Traum für sich selbst spreche, oder Medard Boss' normativen Existentialismus fassen, der kein assoziatives Material einbezieht. Und auch Perls, für den der Traum eine Gestalt schließt, wenn die fünf Schichten der Persönlichkeit durchgearbeitet sind, liefert uns kein angemessenes und umfassendes Verständnis.

Für alle Traumdeuter, mit denen wir uns bisher beschäftigt haben, gilt, daß sie das Symbol als komplexe Einheit betrachten, auch wenn sie nicht unbedingt dasselbe darunter verstehen. Betrachtete Freud das Symbol als «überdeterminierte» Maske, so sah Jung es als Energietransformator, während Hall es als eine Art komprimierter Sprache bezeichnete. Bei Medard Boss wurde deutlich, daß die Bedeutung von Symbolen auch losgelöst vom Aufbau des Traums betrachtet werden kann, und bei den erlebnisorientierten Therapien schließlich werden die Symbole zum Kanal, der die Exploration von Affekten im Hier und Jetzt auf einer viel tieferen Ebene ermöglicht als die anderen Methoden.

Von unserem momentanen Wissensstand her können wir nur davon ausgehen, daß in Träumen möglicherweise sämtliche Informationsarten komprimiert enthalten sind, die die verschiedenen Theorien herauskristallisieren konnten, und daß der Traum als ein Ganzes mit einer dramatischen, symbolischen, kognitiven und verhüllten Struktur betrachtet werden kann und sich zugleich auf ein sehr viel weiter verzweigtes Geflecht von Assoziationen und Zusammenhängen bezieht als bis jetzt angenommen.

Wie eine Definition vom Wesen und von der Funktion des Traums in diesem Fall aussehen müßte, wird uns später beschäftigen. Zuvor müssen wir uns noch mit einer ganzen Reihe anderer Bezugsrahmen und Ansätzen auseinandersetzen, zunächst mit den neuesten Ergebnissen der Schlaf- und Traumforschung im Labor.

6 Laboruntersuchungen zu Schlaf und Traum

REM-Schlaf und NREM-Schlaf – Träume und äußere Reize – Gibt es den Traum überhaupt? – Ablauf der Traumphasen – Die psychologische Bedeutung der Traummenge – Biologie und Physiologie des Traums – Lernen und Verlernen im Traum – Laborexperimente und Traumdeutung – Eine ergänzende Perspektive

REM-Schlaf und NREM-Schlaf

1953 entdeckte der amerikanische Arzt Eugene Aserinsky gemeinsam mit dem Schlafforscher Nathaniel Kleitman, daß Kleinkinder im Schlaf in regelmäßigen Zeitabständen schnelle Augenbewegungen zeigen; dasselbe Phänomen war in Folgeuntersuchungen an erwachsenen Probanden zu beobachten. Wurden die Versuchspersonen in einem solchen Augenblick geweckt, konnten sie sich gewöhnlich an einen Traum erinnern. Man bezeichnete diese besonderen Phasen während des Schlafes als REM(rapid *eye movement*)-Schlaf.[34]

Mißt man mit Hilfe des Schlaf-Elektroenzephalogramms (EEG) die Gehirnwellenaktivität, so findet man während der REM-Phasen niedrigere Amplituden und höhere Entladungsfrequenzen als während der anderen Schlafphasen. Die Hirnaktivität ist in dieser Zeit sehr hoch und kommt nahezu dem Wachzustand in Alarmbereitschaft oder Angst gleich. Der REM-Schlaf ist begleitet von einem charakteristischen neurophysiologischen Muster. Herzrhythmus, Puls, Blutdruck und Atemfrequenz sind unregelmäßig. Die Körpermuskeln sind entspannter als in anderen Schlafstadien, insbesondere die Kopf- und Nackenmuskeln verlieren nahezu alle Spannung, während kleine Muskeln im Gesicht und in den Fingern ab und zu zucken. Männer haben während des

REM-Schlafes eine vollständige oder teilweise Erektion.[19] Bis jetzt war es technisch nicht möglich, einen entsprechenden Zustand sexueller Erregung bei Frauen nachzuweisen; man kann aber wohl davon ausgehen, daß er gegeben ist. Selbst im Tiefschlaf kann der Schläfer noch auf bestimmte Laute reagieren. So hört die Mutter zum Beispiel, wenn das Kleinkind sich meldet, während andere Geräusche im Tiefschlaf völlig ausgefiltert werden.[4a] Aserinskys und Kleitmans Entdeckung wurde zum Ausgangspunkt einer experimentellen Ära in der Geschichte der Traumforschung, die relativ rasch eine ganze Reihe neuer Daten zum Phänomen des Traumes zeitigte (siehe Tabelle 8). So kann man sagen, daß der REM-Schlaf unter normalen Bedingungen dem Zustand des Träumens entspricht.

Allem Anschein nach werden die Mechanismen zur Regulation von Schlaf- und Wachzustand bereits zwischen dem sechsten und siebten Monat der Schwangerschaft ausgebildet. Beim Neugeborenen macht der REM-Schlaf fünfzig Prozent des Gesamtschlafes aus, bei Frühgeburten sogar noch mehr.[10] Bei jungen Menschen liegt der Anteil im Durchschnitt nur noch bei fünfundzwanzig Prozent und bleibt bis ins mittlere Lebensalter unverändert. Danach geht er weiter zurück. Bei normalen Erwachsenen variiert der REM-Schlaf-Anteil zwischen achtzehn und dreiunddreißig Prozent, bleibt beim Individuum aber auffallend stabil, ganz gleich, was die Person im Laufe des Tages erlebt hat (nimmt man Krankheit und die Einnahme bestimmter Medikamente aus). Die meisten unserer Träume sind farbig.[4b]

Insgesamt konnten vier verschiedene Formen von Gehirnwellenaktivität während des Schlafs gemessen werden. Sie entsprechen vier Stadien der Schlaftiefe, die zunächst in der Abfolge von eins bis vier bis zum Erreichen des Tiefschlafstadiums und dann wieder in umgekehrter Reihenfolge durchlaufen werden. Der REM-Schlaf ist grundsätzlich dem Schlafstadium eins zuzuordnen und steht damit dem Übergang zwischen Schlafen und Wachen nahe. Insgesamt werden die verschiedenen Stadien vier- bis sechsmal pro Nacht in Zyklen von etwa neunzig Minuten Dauer durchlaufen. Das Einschlafen ist in der Regel von einem fünf- bis zehnminütigen Traum begleitet. Der nächste Traum, der etwa neunzig Minuten später auftritt, ist etwas länger, usw. bis zum letzten Traum der Nacht, der dreißig bis vierzig Minuten dauern kann.[4c]

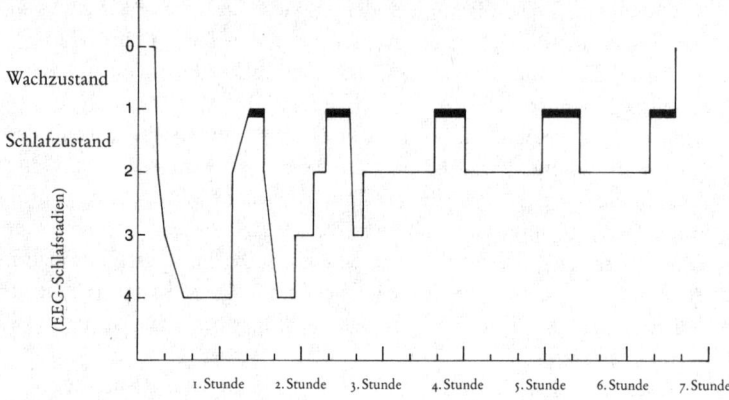

Charakteristisches Muster der Abfolge der Schlafstadien im Laufe einer Nacht.
Die dunklen Plateaus sind Traumphasen. Sie werden im Laufe der Nacht länger.

Zu Beginn der Untersuchungen im Schlaflabor glaubte man, daß die mentale Aktivität auf die REM-Phasen beschränkt sei. Später wurde deutlich, daß sie sich auch während der NREM-Phasen zeigt. Die NREM-Gehirnaktivität entspricht jedoch nicht so sehr dem Träumen als vielmehr einem entspannten begrifflichen Denken. Sie ist nicht so bilderreich, emotional und unlogisch wie Träume, und die Themen stammen häufig aus der Alltagsroutine des Schläfers.[16]

Beim Übergang zum REM-Schlaf werden dann in wachsendem Maße Prozesse, die Träumen ihre besondere Qualität verleihen, aktiv. Allmählich, wenn der Schläfer tiefer in die REM-Phase gleitet, werden seine Träume lebendiger, emotionaler, bizarrer, dramatischer, angstauslösender, gewalttätiger und «verzerrter» – Eigenschaften, die im Laufe des Traums immer prononcierter zutage treten.[15a]

Es zeigte sich, daß auch Tiere Schlafmuster zeigen, die denen von Menschen ähneln, und, daß die Traumaktivität eine Errungenschaft der Evolution ist. So kennen wir NREM-Aktivität von primitiven Säugetierspezies, die sich vor zweihundert Millionen Jahren entwickelt haben, während der REM-Schlaf etwas höher entwickelten Tieren vorbehalten ist, deren Geschichte etwa einhundertfünfzig Millionen Jahre zurückreicht.[1]

Träume und äußere Reize

Einer der beliebtesten Einwände aus den Reihen der Kritiker der psychologischen Traumdeutung läuft darauf hinaus, daß der Traum «in Wirklichkeit» nichts anderes sei als eine Reaktion auf äußere oder somatische Reize, zum Beispiel auf Verdauungsstörungen oder das Klingeln des Weckers. Die Traumtheoretiker, deren Ansätze wir bisher kennengelernt haben, wiesen diesen Einwand zurück. Die Ergebnisse der Schlaflaborforschung geben ihnen hierin recht. Das folgende Beispiel stammt von Calvin Hall:

Der Traum wurde berichtet, nachdem der Versuchsperson im Schlaf das Wort «Hilfe» ins Ohr gesagt worden war:

«Ich fuhr auf der Autobahn nach Hause, hörte Schreie, und wir hielten an. Ein Auto lag umgestürzt neben der Straße. Ein Mann kroch heraus. Er sagte, er sei nicht verletzt, es sei aber noch jemand unter dem Auto. Ich half, das Auto umzudrehen. Da war eine schwerverletzte Frau. Wir brachten sie in die Klinik.»

Der Traum scheint auf den ersten Blick ganz um das suggerierte Wort «Hilfe» gruppiert. Die eigentliche Geschichte jedoch, die Übertragung des Wortes «Hilfe» auf das Bild des «Hilfeschreis» sowie sämtliche Details – das Fahren auf der Autobahn, das umgekippte Auto, der unverletzte Mann, die schwerverletzte Frau und die Fahrt in die Klinik –, sind Ergänzungen des Träumers.

Zudem konnte wiederholt demonstriert werden, daß der Stimulus, ganz gleich, ob es sich nun um einen klingelnden Wecker, ein Auto mit Fehlzündung, einen kalten Luftzug oder einen taub gewordenen Arm handelte, im Traum nicht in seiner tatsächlichen Gestalt erlebt wird, sondern in irgendeiner Weise verzerrt. Das Weckerklingeln wird zum Läuten von Kirchenglocken oder zum Heulen der Sirene eines Feuerwehrautos, die Fehlzündung zum Pistolenschuß oder zum Erdbeben, das Liegen im kalten Wind zur Fahrt mit dem Hundeschlitten durch den eisigen Norden und der taube Arm zur Schlange, die sich um die Brust des Träumers windet. Außerdem löst derselbe Stimulus bei verschiedenen Träumern, aber auch bei ein und demselben Träumer in verschiedenen Träumen, ganz unterschiedliche Bilder aus. In einem

Experiment wurde der schlafenden Versuchsperson zu zwei verschiedenen Zeitpunkten eine Kerze in die Hand gesteckt. Das erste Mal träumte sie, sie spiele Golf, das zweite Mal, sie hebe ein Gewicht.[20a]

Gibt es den Traum überhaupt?

Die Experimente im Schlaflabor konnten endlich auch die Antwort auf eine Frage liefern, die in unserem Zusammenhang vielleicht merkwürdig anmutet, von Skeptikern aber immer wieder gestellt wurde: Gibt es den Traum überhaupt? Oder ist der Traum möglicherweise ein Phänomen, das erst im Augenblick des Erwachens stattfindet, oder vielleicht gar eine Phantasie, die sich nach dem Erwachen einstellt und irrigerweise der REM-Phase zugeordnet wird?

Im folgenden wollen wir uns mit einer Reihe von Experimenten befassen, die belegen, daß es Träume wirklich gibt. Der Amerikaner William Dement, ein Pionier auf diesem Forschungsgebiet, setzte im Verlauf eines Traumes mehrere verschiedene äußere Stimuli ein. Wie erwartet erschienen diese Stimuli im Traum in verfremdeter, verwandelter Form. Die Zeitspanne zwischen der jeweiligen Darbietung der äußeren Stimuli entsprach allerdings exakt der Länge der entsprechenden Traumsequenzen.[8] (Das schließt phantastische Zeitsprünge zwischen den einzelnen Traumsequenzen nicht aus.) Bei einem anderen Experiment wurden die Versuchspersonen durch Hypnose dazu veranlaßt, ihre Träume zu erzählen, während sie abliefen. In siebenundachtzig Prozent der Fälle entsprach der im Schlafzustand berichtete Traum genau dem, an was sich der Träumer nach dem Aufwachen erinnern konnte.[2]

Das steht im Gegensatz zu der Auffassung, die Freud in der *Traumdeutung* vertritt. Ich möchte allerdings hinzufügen, daß Menschen im Schockzustand, im Sterben oder bei mystischen Erfahrungen so viele und so intensive Erlebnisse innerhalb einer kurzen Zeitspanne haben können, daß diese Fülle alle normalen Grenzen sprengt. Das psychische Potential zu zeitlicher Verdichtung scheint also durchaus vorhanden und kann deshalb vermutlich auch bei Träumen ins Spiel kommen, wenngleich dies sicherlich eher ungewöhnlich ist.

Ablauf der Traumphasen

Es gibt nicht viele Untersuchungen darüber, wie sich die Traumthemen im Laufe einer einzigen Nacht vom Einschlafen bis zum Erwachen entwickeln. Die wenigen vorliegenden Studien weisen jedoch auf ein bestimmtes Muster.

So zeigte sich, daß die Träume der ersten Hälfte der Nacht von aktuellen Erlebnissen handeln und die der zweiten Hälfte in die individuelle Vergangenheit des Träumers zurückreichen, um gegen Morgen wieder auf aktuelle Probleme zurückzukommen. Häufig wird nur ein Thema in einer Nacht entfaltet, und abwechselnd in unangenehmen, spannungsverstärkenden und entspannenden Träumen, die eine Reaktion auf die unangenehmen darstellen, behandelt.[37.28] Rosalind Cartwright, eine der bedeutendsten jüngeren Forscherinnen, bestätigte diese Ergebnisse und fügte ergänzend hinzu, daß Morgenträume häufig eine problemlösende Tendenz aufweisen.[4d]

Cartwright beschreibt den Traumverlauf während einer Nacht bei zwei Versuchspersonen, Medizinstudenten Anfang Zwanzig, beide «bei guter physischer und psychischer Gesundheit». Keiner von ihnen hatte irgendein besonderes Interesse an Träumen, und beide erinnerten sich allenfalls an einen Traum pro Woche. Das Vorgehen im Schlaflabor brachte jedoch beide Probanden dazu, daß sie sich an fünf Träume in einer einzigen Nacht erinnern konnten. Im folgenden werden diese Träume auszugsweise zitiert.

Der erste Proband, Jerry, wird als «großer, schlaksiger Farmerjunge» beschrieben, «Typ junger James Stewart, eher schüchtern und nicht besonders intellektuell».

Jerrys erster Traum war *«nicht besonders traumartig. Er wollte unbedingt herausfinden, an welchen Punkten die EEG-Elektroden angelegt werden müssen. Er versuchte auf alle möglichen Arten, sie miteinander zu verbinden, doch es gelang ihm nicht.»*

Traum Nummer zwei kam der äußeren Realität immer noch ziemlich nahe: *«Er fuhr zusammen mit Don, der anderen Versuchsperson, im Auto des Laborassistenten Mr. H. An einer Kreuzung gab es einige Verwirrung über das Anhalten, weil das Stop-Signal falsch herum stand.»*

Diesen beiden ersten Träumen gemeinsam ist «das Bemühen darum, etwas richtig zu machen, und das Fehlen einer Autoritätsperson, die

‹Bescheid weiß›». In Traum Nummer drei «*geht Jerry in eine Bibliothek, um ein Buch zurückzugeben, hat aber große Schwierigkeiten
herauszufinden, wo er es abgeben soll*».

An dieser Stelle sah Cartwright die erste Symbolverdichtung. Die
Bibliothek erinnerte Jerry an seine Anfangsjahre im Studium, zugleich
aber auch an das Krankenhaus, in dem er seine medizinische Ausbildung fortsetzen wollte. Sie wurde deshalb als Symbol für seine Ausbil-
dungsinstitution gedeutet.[4n] Wieder handelt der Traum von Verwirrung
und vom Fehlen einer Autoritätsperson – in diesem Fall des Biblio-
thekars –, die ihm in dieser Situation weiterhelfen konnte. In Traum
Nummer vier sitzt Jerry im Sandkasten und «*bäckt Sandkuchen. Es ist
ein schöner Tag, warm und sonnig. Ein Mädchen hilft ihm, den Sand mit
Wasser zu mischen, und er füllt ihn in kleine runde Förmchen und
drückt ihn fest.*»

Dieser Traum wurde als extreme Regression und Wunscherfüllung
interpretiert: «Könnte man doch wieder Kind sein, in der Sonne sitzen,
nichts Komplizierteres zu tun oder zu lernen, als zusammen mit einem
kleinen Mädchen im Sandkasten zu spielen.» In Traum Nummer fünf
«*befindet sich der vierjährige Jerry in dem Haus, in dem er seine Kindheit verbrachte, und wird von seiner Mutter gebadet. Sie zieht ihn am
Ohrläppchen und wäscht ihm das Ohr.*»[40]

Er erinnerte sich daran, daß er beim letzten Mal, als Cartwright ihn
geweckt hatte, den Arm unter den Nacken gelegt und dabei ein paar
Pickel gespürt hatte. Er hatte sich selbst ermahnt, sich häufiger zu wa-
schen, so wie seine Mutter es getan hätte. Im Traum erlebte er sich dann
als passiv, aber wütend.

Cartwright hatte Jerrys Ohrläppchen routinemäßig mit Alkohol
gereinigt, bevor sie die Elektroden befestigte. Deshalb wurde die Mutter im Traum als symbolische Verdichtung des Komplexes «Helferin-
Mutter-Autorität» verstanden.

Jerry erzählte später, er setze sich ständig unter Druck, alles selbst
zu können und zu machen. Im Labor hatte er zum Beispiel fieberhaft
versucht, die Elektroden in die richtige Buchse zu stecken, bevor Cartwright kam. Cartwright schloß daraus, daß die ersten drei Träume sich
mit einem Gefühl der Wut befaßten, weil sein ohnehin leicht erschüt-
terbares Selbstvertrauen durch die komplizierte Laboranordnung, die
ihn an frühere Gelegenheiten erinnerte, in denen er sich ebenfalls nicht

selbst zu helfen gewußt hatte, ins Wanken geraten war. Einige Wochen später wurde Jerry gebeten, aus seinem Traumtagebuch vorzulesen und es zu kommentieren. Er war der Ansicht, daß die Träume ihre Ursache in seinem Bemühen hätten, selbst mit allem zurechtzukommen, während er es sich andererseits nicht zutraute – ein im Augenblick durchaus reales Problem, weil er zum ersten Mal allein in einer großen Stadt (Chicago) lebte. Jerry meinte jedoch, er sei schon immer so gewesen. Er erinnerte sich, wie sein Vater ihn gezwungen hatte, ein altes Auto für ihn funktionsfähig zu halten. Er mußte ständig hinterhersein, auf Schrottplätzen Autoteile klauen, aber er konnte den von vornherein aussichtslosen Wettlauf nie endgültig gewinnen.[4e]

Die andere Versuchsperson, Don, stammte «im Gegensatz zu Jerry aus einer Großstadt. Er war sensibel, intellektuell und hatte Humor, ein Woody-Allen-Typ». Dons erster Traum spielte

«... in einer Pension. In den Böden und Wänden waren überall kleine Gitter angebracht, so daß jeder den anderen beobachten konnte. Einer der Bewohner war den anderen besonders verhaßt, und ein cleverer, dominanter Mitbewohner, der alle anderen einschüchterte, brachte ihn schließlich um. Er nahm Papier, um die Leiche einzuwickeln. Seine Freundin, mit langen schwarzen Haaren, stämmig und überhaupt nicht hübsch, brachte irgendeine merkwürdige Flüssigkeit. Der Mann zwang nun die anderen Bewohner mitzuhelfen. Sie mußten die Flüssigkeit in das Papier reiben, das er dann aufrollte.»[4p]

Dieser Traumbericht war komplexer, als es für die erste REM-Phase üblich ist. Cartwright war der Ansicht, daß der Traum zwei angstauslösende Realitätssituationen miteinander kombinierte. Die erste war das Schlaflabor selbst, verkörpert durch die Pension, in der jeder jeden beobachten konnte. Die penetrante, dominante Gestalt war der Laborassistent Herr H., und seine schwarzhaarige Freundin war Rosalind Cartwright selbst. Das Papier war das EEG-Papier und die klebrige Flüssigkeit das Leitgel für die Befestigung der Elektroden. Die andere angstauslösende Situation hatte Don bei der Vorbereitung auf das Experiment erwähnt. In seinem Anatomieseminar war die Leiche eines Mannes, eingewickelt in braunes Packpapier, zur Autopsie hereingebracht worden. Hier zeigte sich eine Parallele zwischen ihm, Don, der im Schlaflabor gleichsam geistig seziert werden sollte, und der Leiche im Anatomielabor. Die Pension, die den Schauplatz des Traums bildete, erkannte er als das Haus, in dem er wohnte – was Cartwright dazu veranlaßte, darüber nachzudenken, was an seiner aktuellen Situation den Probanden wohl dazu veranlassen könnte, Angst vor dem Schlaf oder dem Tod zu empfinden. Im nächsten Traum war Don mit jemand zusammen,

«... mit dem er in der Highschool gewesen war. In einem üblen schwarzen Viertel werden sie von ein paar schwarzen Drogenabhängigen mittleren Alters verfolgt. Sie gehen in einen Drugstore, um Dons Vater anzurufen, aber die Vermittlung versteht Don nicht. Er versucht es wieder und wieder, kommt aber nicht durch. Don wird nervös, und das färbt auf seinen Freund ab. Die beiden Junkies sind heruntergekommene Typen, angetrunken und äußerst widerlich.»[49]

In seinem weiteren Verlauf wurde der Traum noch bedrohlicher und endete schließlich damit, daß Don und sein Freund von den Junkies gestellt wurden. Das dritte Mal, als Don geweckt wurde, hatte er geträumt,

«... er sitze in einem Straßencafé in Paris ... Ein riesiges Café mit zahllosen Tischen. Alles sehr teuer. Der ‹Herzog von Soundso› ist anwesend. Ich schaue über die Straße, nippe an meinem Bordeaux.»

Cartwright deutete diesen Traum als «Lösung» im Sinne einer Wunscherfüllung nach der Bedrohung des vorangegangenen Traums, also ganz ähnlich wie Jerrys Traum vom Spielen im Sandkasten. Im vierten Traum saß Don

«... mit einem anderen Jungen in einer Erdgeschoßwohnung auf einem Pferd. Das Pferd geht in die Küche, öffnet den Kühlschrank und nimmt zwei Eiswürfel ins Maul. Dann reiten sie hinaus in den Park, und jeder gabelt ein äußerst hübsches Mädchen auf. Dons Mädchen treibt das Pferd zu einer schnelleren Gangart an, indem sie ihm die Spitze eines Füllfederhalters in die Flanke rammt.»

Und im fünften Traum schließlich

«... gehe ich mit einem Mädchen aus meiner Klasse hier an der Schule in ein Barbara-Streisand-Konzert. Das Mädchen ist nicht besonders hübsch und auch nicht besonders nett. Ich habe sie nur deshalb ins Konzert eingeladen, weil sie ein Auto hat. Wir sind zu spät dran, und es gibt keine Parkplätze mehr. So fahren wir zurück und geraten in einen Unfall. Zum Teil liegt das daran, daß da auf einmal eine Menge hoher Häuser mit mindestens hundertfünfzig Stockwerken sind. Ich habe sie vorher nie gesehen und bin so perplex, daß ich statt abzubiegen gegen eine Mauer fahre.»

Als Don morgens aufwachte, konnte er sich nicht an den ersten Traum erinnern, bis ihm ins Gedächtnis gerufen wurde, daß er in der Pension spielte. Er erzählte, daß er selbst gerade in eine Pension eingezogen sei. Es war das erste Mal, daß er von zu Hause fort war, und das Haus steckte seiner Ansicht nach «voller Homosexueller». Er fand, er sollte dort nicht bleiben, und hatte sogar schon überlegt, wieder zurück zu seinem Vater zu ziehen.

Cartwrights Gesamtdeutung konzentrierte sich auf das Homosexuellenmotiv. Der erste und zweite Traum spiegelten ihrer Ansicht nach Dons Angst vor Homosexualität. Traum Nummer drei verkörperte eine Flucht vor dem Problem. In Traum Nummer vier reitet Don mit einem Jungen in eine Wohnung, was wieder als homosexuelles Motiv interpretiert wurde. Das Pferd wird mit Eiswürfeln «abgekühlt», danach treffen die beiden zwei Mädchen im Park. Dons Mädchen ist zwar hübsch, «verhält sich jedoch eher im Sinne der männlichen Geschlechterrolle, indem sie dem Pferd einen spitzen Gegenstand in die Flanke rammt, um es anzutreiben». Und im letzten Traum schließlich «fühlt Don sich von riesigen phallischen Figuren umringt und verliert die Kontrolle».[41]

Die Gesetzmäßigkeit im Ablauf beider Traumserien besteht für Cartwright darin, daß die Angst sich im ersten Traum anbahnte und im zweiten einen Höhepunkt erreichte. Traum Nummer drei wurde als Fluchttraum verstanden, Traum vier als neutraler Traum und Traum fünf als unangenehm.

Nach Cartwrights Erkenntnissen wäre es eine allzu vereinfachende

Sichtweise, wollte man Träume entweder als komplementär zum Wachleben oder aber als Fortsetzung des Wachlebens betrachten. Bei Dons Traumreihe zum Beispiel entsprachen die Angstträume dem Wachleben, der Traum vom Pariser Straßencafé dagegen war komplementär. Doch auch dieser Traum hatte mittelbar etwas mit der Realität zu tun, da Don gerade für eine Reise nach Frankreich sparte. Cartwright schloß daraus, daß Träume genau wie das Wachbewußtsein zeitlich sowohl in die Zukunft vorgreifen als auch Anleihen aus der Vergangenheit enthalten können.

Ihrer Ansicht nach befassen sich die ersten Träume der Nacht relativ unmittelbar mit aktuellen Problemen. Die daran anschließenden Träume zeigen die Tendenz, Situationen aus der Vergangenheit zu thematisieren, und die letzten Träume vor dem morgendlichen Erwachen zielen häufig auf Lösungsversuche ab.[4f]

Jerry und Don unterzogen sich in der Folge weder einer Therapie noch arbeiteten sie sonst weiter mit ihren Träumen. Ein Jahr später nahmen sie im Rahmen einer Nachuntersuchung noch einmal an einem Schlaflaborexperiment teil.

Jerry war diesmal in seinem ersten Traum acht oder neun Jahre alt und schlug sich mit einem Algebraproblem herum, das er nicht lösen konnte. Dons erster Traum handelte von seinem «Zwiespalt im Blick auf seine Sexualität, seiner passiven Haltung, wenn er ausgenutzt wurde, und seiner Suche nach Autoritäten, von denen er sich Hilfe versprach, um immer wieder festzustellen, daß sie ihm nicht helfen konnten».[48]

Dieser Befund deckt sich mit Calvin Halls Langzeitstudien zu Traumserien. Träume ändern sich nicht, wenn wir nicht energische Schritte unternehmen, an den psychischen Konflikten zu arbeiten, die sie widerspiegeln.

Die psychologische Bedeutung der Traummenge

Weckt man eine Versuchsperson jedesmal, wenn eine REM-Phase einsetzt, kann man die Menge des Traumschlafes reduzieren, ohne dadurch die normale Schlafzeit zu verkürzen.

Ernest Hartmann, der einen der ehrgeizigsten Versuche unternahm, die enorme Datenmenge, die seit den Anfängen der REM-Forschung gewonnen worden war, in einen Zusammenhang zu bringen, fand folgende negative Effekte bei REM-Schlaf-Entzug: Reizbarkeit, Konzentrationsschwierigkeiten, Lücken und Verzerrungen in den normalen Abwehrmechanismen des Ichs, Probleme im zwischenmenschlichen Kontakt und das zeitweilige Aufbrechen unterdrückter Impulse und Konflikte im Bewußtsein. Keiner dieser Effekte war allerdings besonders stark, und REM-Schlaf-Entzug führte in der Regel auch nicht zu chaotischen oder psychotischen Zuständen am Tage, wie viele glauben.[21a] Nur eine der Versuchspersonen Cartwrights zeigte als Folge des Experiments paranoide Züge, und eine andere betrog, ganz im Gegensatz zu ihrem sonstigen Verhalten, eine Kellnerin. Daneben gab es aber auch Personen, die sich während der Experimentalphase gut fühlten und kreativer als sonst waren.[4h]

Aus ethischen Gründen wurden Untersuchungen zum REM-Schlaf-Entzug immer nur über kurze Zeiträume und in erster Linie mit psychisch gesunden Probanden durchgeführt. Bei einer Untersuchung mit dreiundvierzig chronisch depressiven Patienten stellte sich heraus, daß die Hälfte von ihnen nach sieben Wochen REM-Schlaf-Entzug eine deutliche Besserung ihres Zustands zeigten.[39]

Der erste meßbare Effekt von REM-Schlaf-Entzug bestand darin, daß die Probanden den Verlust an REM-Schlaf-Zeit durch eine Verkürzung der Intervalle zwischen den einzelnen REM-Phasen auszugleichen versuchten. Setzte man den Entzug nach fünf oder mehr Nächten aus, stieg der Anteil an REM-Schlaf bei den Probanden über das Normalmaß. Diese Ergebnisse wurden als Beleg für ein biologisches Bedürfnis nach REM-Schlaf interpretiert.[7]

Cartwright entdeckte später, daß eine Reihe von Versuchspersonen, statt den verlorenen REM-Schlaf *nachzuholen*, imstande waren, ihn durch traumähnliche Sequenzen unmittelbar vor Beginn einer REM-Phase zu *ersetzen*. Während der Dauer des REM-Schlaf-Entzugs funktionierten die «Ersetzer» genau wie sonst auch, abgesehen von einem leicht gestiegenen Aktivitätspegel, der es ihnen ermöglichte, ein umfangreicheres Arbeitspensum zu bewältigen. Die «Nachholer» dagegen hatten eher Schwierigkeiten, ihren Tagesablauf zu koordinieren. Psychologische Tests zeigten, daß es sich hier um Personen mit unterschiedlicher Persönlichkeitsstruktur handelte. Die «Nachholer» waren nach außen orientiert, realitätsnah und ziemlich phantasielos. Die «Ersetzer» achteten gleich stark auf Signale von innen und aus der Außenwelt und zeigten keine Veränderungen in den Testen vor und nach dem REM-Schlaf-Entzug. Überraschenderweise hatten die «Nachholer» bessere Testergebnisse nach dem REM-Schlaf-Entzug. Sie kamen stärker mit ihren Gefühlen und Phantasieressourcen in Kontakt und entwickelten eine ausgeglichenere Persönlichkeit.[4j]

Hartmann verglich Kurzschläfer und Langschläfer. Er stellte fest, daß die ersteren im allgemeinen «ruhige, gutorganisierte Personen mit der Neigung sind, Streß durch Aktivität oder Leugnung zu begegnen». Die «Schlafmützen» sind dagegen problematische Charaktere, leicht chronisch depressiv oder ängstlich. In dieser Gruppe finden sich häufig schöpferische Personen.[22a]

Ein großes Schlafbedürfnis ist typisch für den «gequälten Genius», wohingegen gut funktionierende, praktische Personen – zum Beispiel Beamte oder Politiker – zu einem geringen Schlafbedürfnis tendieren.[21a] Angesichts dieser Resultate drängt sich der Gedanke auf, daß Träume eine kreative Funktion haben.

Personen, die sich gut an ihre Träume erinnern können, ähneln den Langschläfern, während diejenigen mit wenig Erinnerung an ihre Träume Personen mit geringem Schlafbedürfnis gleichkommen. Im Traumleben der Langschläfer spielen Sexualität und Aggression eine wichtigere Rolle, in ihrem Wachleben dagegen eine unbedeutendere. Da der REM-Phasen-Anteil des Schlafes im Laufe der Nacht immer mehr zunimmt, bekommen diese Personen überverhältnismäßig viel REM-Schlaf, und da dieser den Schläfer anstrengt, kann es möglicherweise zu Erschöpfung kommen. Viele von uns kennen dieses Phänomen von Wochenenden, wenn sie einmal ausschlafen können.[4j]

Einige Experimente deuten darauf hin, daß REM-Schlaf eine positive Wirkung auf den Umgang mit Streß und Angst hat. Personen mit REM-Schlaf-Entzug reagieren zum Beispiel mit größerer Angst auf einen Horrorfilm, den sie zum zweiten Mal sehen, als Personen, die die Möglichkeit haben, dazwischen zu schlafen. Auch wird Traummaterial von persönlicher und emotionaler Relevanz nach REM-Schlaf-Entzug schlechter erinnert.

Die Erinnerung an Träume und die Auseinandersetzung mit ihren Inhalten hat offenbar Auswirkungen auf die soziale und psychische

Situation des Träumers. Eine Gruppe von Versuchspersonen wurde in allen REM-Phasen geweckt, um ihre Träume zu erzählen, und sollte sie dann am nächsten Morgen in einem Gespräch mit dem Versuchsleiter noch einmal wiederholen. Eine andere Gruppe wurde während der NREM-Phasen geweckt. Sie bekam genausoviel therapeutische Begleitung wie die erste Gruppe, doch ihre Träume wurden nicht besprochen. Dabei machten die Personen, die sich an ihre Träume erinnerten, eindeutig größere Fortschritte in der Therapie, belegt sowohl durch psychologische Tests als auch durch eine unabhängige klinische Beurteilung. Auch auf der zwischenmenschlichen Ebene kamen sie besser zurecht.[11a]

Biologie und Physiologie des Traums

Eine Reihe neuer wissenschaftlicher Verfahren hat neue Erkenntnisse über die biochemische Aktivität des Gehirns im Schlaf erbracht. Eine hervorragende Übersicht über die schier unübersehbare Literaturflut zu diesem Thema stammt von dem amerikanischen Psychiatrieprofessor Harry Fiss. Tierexperimente ermöglichten die Lokalisation von zwei Zentren im Hirnstamm, die besonders wichtig für den REM-Schlaf (Locus coeruleus) und den NREM-Schlaf (Raphé-Nuclei) sind. Von der Funktionsfähigkeit dieser Zentren sind wiederum andere Hirnstrukturen abhängig.[11] Die Schädigung des Locus coeruleus zum Beispiel läßt den REM-Schlaf bei Tieren verschwinden. Das Tier kann unter Umständen trotzdem den Eindruck erwecken, als träume es, als greife es etwa einen imaginären Feind an. Eine Zerstörung der Raphé-Nuclei dagegen führt zu völliger Schlaflosigkeit. Im Locus coeruleus finden sich in hoher Konzentration biochemische Substanzen, die traumauslösend wirken, während in den Raphé-Nuclei Substanzen vorhanden sind, die den Schlaf unterbinden.

Anfangs glaubte man, daß Traum und Schlaf durch relativ einfache biochemische Systeme kontrolliert würden, doch der Regulationsvorgang stellt sich mittlerweile immer komplexer dar.

Die Traumforscher Robert McCarley und Allan Hobson haben auf der Grundlage neurophysiologischer Untersuchungen eine Theorie der Traumbildung vorgestellt, die sie als Aktivierungs-Synthese-Modell bezeichnen. Während des REM-Schlafes sind die sensorischen Eindrücke aus der Umwelt extrem eingeschränkt. Die Hirnaktivität bleibt jedoch trotzdem gleich hoch, und zwar auf einen inneren Aktivitäts-Stimulus hin, der keine spezifische «Motivation» hat. Die Aktivierung umfaßt dabei sowohl das sensorische System als auch den motorischen Apparat, sobald die «Befehlssignale» von Wachaktivität auf Traumaktivität umschalten.

Der Erlebnisintensität im Traum entspricht eine intensive Aktivierung der betreffenden Gehirnareale und Nervenbahnen. So ist zum Beispiel die Vorliebe des Traums für visuelle Eindrücke und Bilder mit einer massiven Aktivierung des visuellen Systems und der Augenmotorik verknüpft.

Möglicherweise ist die Information über Körperbewegungen im Traum (wenn das Traum-Ich zum Beispiel geht, läuft oder tanzt) von einer Aktivierung des Systems, das Körperbewegungen auch im Wachzustand steuert, begleitet. Auch höhere Hirnregionen, die instinktive Reaktionen kontrollieren, sind während des Traums aktiv, darunter Systeme, die mit Wut oder Verteidigungsreaktionen in Verbindung gebracht werden. Hirnareale, die mit Erinnerung und Gedächtnis verknüpft sind, können genauso arbeiten wie im Wachzustand oder auch in einem anderen Modus.

Die vom Wachzustand so verschiedene Ausdrucksform des Traums scheint damit zusammenzuhängen, daß während des Traums mehr Hirnsysteme gleichzeitig aktiv sein können als im Wachzustand.[30] Die viel zahlreicheren neurophysiologischen Verknüpfungen, die in diesem Zustand möglich sind, erklären die mannigfaltigen, unsinnigen Verknüpfungen in Träumen.

Der Biologe Frederick Snyder deutete den Tatbestand, daß Menschen und andere Säugetiere einen Schlafzyklus haben, der den Schläfer mehrmals in der Nacht in einen dem Wachzustand entsprechenden Zustand bringt, als Ausdruck einer «Wachpostenfunktion» dieser Schlafphase.[33] Der Biologe Lyall Watson fand Snyders Hypothese durch die Beobachtung gestützt, daß Versuchspersonen, die während des REM-Schlafs abrupt geweckt werden, sofort hellwach sind und sich rasch orientieren können, wohingegen Versuchspersonen, die in einer NREM-Phase geweckt werden, «ein verwirrtes und perseverierendes Denken zeigen bis hin zu einem gewissen Grad von Amnesie.[36a]

Die Wissenschaftler vermuten, daß die «langen Perioden intern stimulierter Aktivität» beim Fötus «für das rasche Wachstum und die Ausreifung des zerebralen und zentralen Nervensystems der höheren Säugetiere verantwortlich sind». Der REM-Schlaf, der nach dem sechsten Monat über acht Stunden am Tag das Leben des Kindes bestimmt, bewirkt einen «förmlichen Ansturm» von Stimuli. Schon im achten Monat zeigt der Fötus Cortexaktivierungen in Gebieten, denen später Denkprozesse, räumliche Wahrnehmung und die Lösung verschiedener komplexer Aufgaben zugeordnet sind.[32] Nach Snyder hat der REM-Schlaf eine wichtige Funktion in der Evolution der Spezies und ist mitbestimmend für die Überlegenheit des Menschen.

Montague Ullman war der Ansicht, daß die Wachsamkeit bei der menschlichen Spezies «eine verfeinertere und ausgeklügeltere soziale Natur» habe. Im Traumprozeß bewertet der Organismus die Auswirkung kurz zurückliegender störender Ereignisse. Der Traum tastet die Gedächtnisschichten des Gehirns ab in dem Versuch, die aktuelle Erfahrung mit vergangenen Erfahrungen zu verknüpfen. Der Wachsamkeitsprozeß ist anfangs exploratorischer Art insofern, als versucht wird, die Konsequenzen des in Frage stehenden Materials abzuschätzen. Sodann werden Ressourcen mobilisiert, um mit dem Ereignis umzugehen. In diesem Sinn ist der Traum auf die unmittelbare Zukunft ausgerichtet. «Der Träumer kann die notwendigen Ressourcen für eine kreative Lösung besitzen oder Zuflucht bei seinen gewohnten Abwehrmechanismen suchen.»[35a]

Lernen und Verlernen im Traum

Zahlreiche Forscher haben in verschiedenen Experimenten einen Zusammenhang zwischen REM-Schlaf-Menge und der Fähigkeit, neue und schwierige Aufgaben zu erlernen, sowohl beim Menschen als auch beim Tier nachgewiesen. Um nur einige Beispiele zu nennen: Patienten mit Sprachstörungen (Aphasie) zeigen einen größeren Anteil an REM-Schlaf, wenn sich ihre Sprachfunktion bessert. Schwierige, frustrierende Probleme und traumatische Erfahrungen führen beim Menschen zu einem Ansteigen des REM-Schlafes, und eine ganze Reihe von

Untersuchungen haben gezeigt, daß dies ebenso für Tiere gilt, wenn sie etwas Neues lernen.[11b]

Harry Fiss kam aufgrund der Literatur zu dem Schluß, daß der REM-Schlaf wichtige Ich-Funktionen wie Lernen, Situationsbewältigung, Erinnern und Problemlösen festigt (Anpassungshypothese).[11c]

Ein neuerer Forschungsansatz zur Funktion von Träumen verbindet neurophysiologische Beobachtungen der Gehirnfunktionen mit der Computertheorie. Er ging von zwei amerikanischen Molekularbiologen aus, dem Nobelpreisträger Francis Crick und Graeme Mitchison, die Theorien zu den verschiedenen Gedächtnisfunktionen mit dem Traum verknüpfen.[5]

Nach Crick und Mitchison sind «Träume notwendig, um das Gedächtnis zu stabilisieren, was durch einen umgekehrten Lernprozeß, der passenderweise als ‹Verlernen› bezeichnet werden könnte, geschieht. In der Traumphase unterbricht das Gehirn die Verbindungen zwischen den normalen Reizaufnahmekanälen und dem Bewußtsein und erzeugt Erinnerungen mit Hilfe von zufällig geschaffenen Aktivitätsmustern. Wenn ein Muster – eine Erinnerung – auf diese Weise erzeugt wurde, wird der Lernprozeß in einen Verlernprozeß verkehrt und die elektrochemische Stärke der Erinnerung geschwächt. Der Traum wird allmählich vergessen, vielleicht, nachdem man denselben Traum oder Teile davon mehrmals geträumt hat.»[3b] Für die Auffassung, daß Träume uns helfen, überflüssiges Gedächtnismaterial zu vergessen, spricht die Tatsache, daß wir uns nur an einen unbedeutenden Bruchteil unserer gesamten Traummenge erinnern.

Die Theorie von Crick und Mitchison wurde durch die Untersuchungen des amerikanischen Forschers John Hopfield bestätigt, der die Gedächtnisstruktur des Gehirns und den Vorgang des Verlernens mit dem Mittel der Computersimulation erforschte. Hopfield stellte fest, daß ein Computer, der auf die gleiche Weise lernt wie das Gehirn, gelegentlich «falsche Erinnerungen» produziert, «die als unlogische, halluzinationsähnliche Konglomerate der korrekten Gedächtnisinhalte erscheinen». Wenn diese «falschen Erinnerungen» nicht herausgefiltert werden, wird die Gedächtniskapazität des Netzwerks allmählich überschritten. Etwas Ähnliches würde im Hirn geschehen, wenn «falsche» und falsch verknüpfte Gedächtnisinhalte nicht aussortiert würden.

Hopfields Thesen sind hochinteressant, weisen aber auch einige

Schwächen auf. So führte er seine Simulationen an einem Computer durch, dessen Kapazität um das Zehntausendfache unter der des menschlichen Gehirns liegt und der dem Gehirn auch in Hinsicht auf eine ganze Reihe qualitativer Merkmale weit unterlegen ist.[3c] Ist es aber überhaupt möglich – wissenschaftlich und auch sonst –, die Struktur eines überlegenen Systems anhand eines unterlegenen zu überprüfen?

Die Behauptung, Traummaterial werde vergessen, wird auch dadurch zweifelhaft, daß in den Träumen von Personen, die nicht psychodynamisch mit ihren Träumen arbeiten, erwiesenermaßen im großen und ganzen immer wieder dieselben Motive auftauchen. Diese «halluzinationsähnlichen Konglomerate» verschwinden erst, wenn sich grundlegende Persönlichkeitsveränderungen bei den Betreffenden anbahnen.

Falls es im Traum also tatsächlich zu Verlernprozessen kommt, müssen diese Vorgänge zusätzlich und gleichzeitig und nicht etwa anstelle von anderen psychologischen Funktionen, die dem Traum zugeschrieben wurden, ablaufen.

Laborexperimente und Traumdeutung

Die Experimente im Schlaflabor sowie ausgefeiltere technische Verfahren haben zum einen zu ergänzenden Erkenntnissen über das Wesen von Träumen geführt und zum anderen dazu beigetragen, daß alte traumtheoretische Aussagen bestätigt oder verworfen werden konnten.

Ein Argument, das die Annahme unterstützt, wonach Träume eine Funktion haben, ist die einfache Tatsache, daß «eine so verbreitete, regelmäßig auftretende, unwillkürliche Aktivität, die unter normalen Umständen mehr Zeit in Anspruch nimmt als zum Beispiel Sex, von entscheidender Wichtigkeit für das Funktionieren des Gehirns sein muß»,[3a] ja daß diese Aktivität für den Menschen möglicherweise lebenswichtig ist. Weitere Träumen zugeschriebene Funktionen sind die Wachpostenfunktion, Informationsverarbeitungsfunktionen sowie das Verlernen von Gedächtnisinhalten. Nach Hartmann hat der Traum außerdem eine mental rekreierende Funktion nach den Anstrengungen des Tages.[11d]

In den Anfängen der Laborexperimente neigten die Forscher noch dazu, Träume als Begleitphänomene physiologischer Prozesse zu sehen, eine These, die sich mittlerweile als unhaltbar erwiesen hat. Der heute unter den Forschern vorherrschende Tenor findet seinen Ausdruck in Formulierungen wie: «Niemand, der Erfahrung im Sammeln, Erforschen und Deuten von Träumen hat, kann daran zweifeln, daß Träume häufig die Grundbefindlichkeit einer Person ausdrücken und ihre Probleme sichtbar machen.»[15b] Die besonders Enthusiastischen vergleichen den Traumprozeß (ohne Deutung) gar mit einer effektiven Psychotherapie.

Die Laborforschung wurzelt in ihren Annahmen weitgehend in der klinischen und psychologischen Praxis. Ihre wichtigsten Ergebnisse betreffen die Erhellung der hier vorgestellten Hauptströmungen zur Traumdeutung.

Schon Freud wies sowohl in der *Traumdeutung* als auch in einer Abhandlung über *Traum und Okkultismus* auf das Phänomen hin, daß im Schlaf unveränderte Wiederholungen aktueller Tagesereignisse auftreten können, und bezeichnete solche Träume als «Nachtphantasien». Dieser spezielle Traumtyp erhielt zwar keinen eigenen Platz in seiner Theorie, es handelte sich dabei jedoch vermutlich um NREM-Anteile.[15c] Die These, Träume seien die «Hüter des Schlafes» und träten auf, wenn ein gefährlicher Wunsch aus dem Unbewußten aufsteigt, wird freilich durch die Beobachtung entkräftet, daß es sich hier um ein völlig regelmäßiges Geschehen handelt, das unabhängig von der Gefährlichkeit des unbewußten Inhalts einsetzt.[23a] Freud stellte sich allerdings vor, daß einem Traum eine lange Vorbereitungszeit – möglicherweise mehrere Stunden – unbewußten Denkens vorangehe, das dann plötzlich wie ein Feuerwerk ins Bewußtsein durchbreche.

Doch die Experimentalforschung konnte auch einige wichtige Gedanken Freuds stützen. So bestätigen die meisten Laborforscher die Wichtigkeit der Abwehrmechanismen für die Traumbildung. Am Beispiel von Don und Jerry konnten wir beobachten, daß diese Abwehrmechanismen möglicherweise im Laufe der Nacht schwächer werden, jedoch an Stärke gewinnen, sobald allzu problematische Inhalte an die Oberfläche kommen.

Die Tatsache, daß die meisten Träume während der REM-Schlaf-Phasen auftreten, in denen der Körper Zeichen sexueller Erregung zeigt, macht verständlich, warum Freud zu den meisten Träumen sexuelle Assoziationen finden konnte.

Wenn Erinnerung und Gedächtnis, wie wir gesehen haben, im Traum neurophysiologisch auf eine Weise funktionieren, die von den Mustern des Wachlebens unabhängig ist, und wenn ihnen im Traum zudem mehr Energie zur Verfügung steht, so ist das zugleich ein Beleg für die These, daß Träume unterdrücktes Gedächtnismaterial aus der Kindheit enthalten, das sonst nicht zugänglich ist. Die neurophysiologischen Untersuchungen zeigten allerdings auch, daß im Traum noch zahlreiche andere Gehirnfunktionen aktiv sind.[30a] Freuds Theorie, alles Traummaterial trage das Gepräge infantiler Sexualität, greift hier also offensichtlich zu kurz.

Aus Tierexperimenten, aber auch aus Beobachtungen an Unfallopfern mit Hirnverletzungen und Kindern, die nur mit Stammhirn geboren wurden, wissen wir, daß primitive Teile des Gehirns, die zu den phylogenetisch ältesten Hirnteilen gehören, für den REM-Schlaf verantwortlich sind, während der NREM-Schlaf mit dem Funktionieren höherer zerebraler Regionen verknüpft ist.[27a,30b]

Der französische Hirnforscher M. Jouvet stellte deshalb die These auf, daß der REM-Schlaf die Funktion hat, instinktives Verhalten zu steuern, und daß komplexe genetisch angelegte Verhaltensmuster die Grundlage für die Traumbildung darstellen.

Man könnte darin eine Parallele zu Jungs Theorie sehen, daß Träume ihr Material aus dem kollektiven Unbewußten beziehen, in dem die Vergangenheit der Menschheit und ihre Evolutionsgeschichte repräsentiert sind.[27a] Die intensive Traumaktivität bei Kleinkindern und Föten wiederum erinnert an Jungs Aussage, daß das Kind am Anfang in die Welt der Archetypen eingebettet sei, und stützt seine Theorie von den ererbten psychischen Strukturen.[27]

McCarleys und Hobsons These von einer physiologischen Hirnaktivität ohne spezielle Zielrichtung als Auslöser von Träumen weist ebenfalls eine Analogie zu Jung auf, für den psychische Energie nicht an eine bestimmte Struktur gebunden, sondern freie Energie ist.

Da das Gehirn während des Schlafes nicht so viele sensorische Daten und externe Stimuli verarbeiten muß und die Hirnaktivität während des REM-Schlafes stark ansteigt, kann die Aufmerksamkeit ganz auf innere Signale gerichtet werden.[4e] Das deckt sich mit der Theorie des Jungianers Hans Dieckmann vom schöpferischen Traum-Ich, dem mehr Energie zur Verfügung steht als dem Wach-Ich, um kontrastierende Inhalte zu verarbeiten (S. 148). Ähnlich dem Jungianer Yehezkel Kluger, der die archetypische Qualität von Träumen gemessen hat, entwickelten die Laborforscher Meßskalen für die Lebhaftigkeit, emotionale Aufgeladenheit, Andersartigkeit und Dramatik wie auch für die angstauslösende, verstörende Qualität von Träumen.[14.15a] Damit haben sie ganz nebenbei die jungianische Vorstellung vom Archetypischen in Träumen bestätigt, ja sie konnten sogar zeigen, daß der Traum, je länger er dauert, um so archetypischer wird. Daß Träume auch ohne nachfolgende Deutung die Psyche im Gleichgewicht halten, kann als Beleg für Jungs Theorie der autonomen Prozesse und für sein Kompensationskonzept betrachtet werden. Daß wir unter REM-Schlaf-Entzug jedoch reizbarer und weniger umgänglich werden, könnte ebenso ein Hinweis auf die Sicherheitsventilfunktion des Traums im Freudschen Sinne oder auf Perls' Theorie von der Beendigung unvollendeter Situationen im Traum sein. Vielleicht gelten ja auch alle drei Erklärungen gleichermaßen.

In den meisten Zweigen der Traumanalyse besteht unter der jüngeren Generation die Tendenz zu größerer Toleranz, und auch die Laborforscher sind mittlerweile in der Regel aufgeschlossener für die Anwendung verschiedener Interpretationsmodelle auf einen einzigen Traum.

Empirische Basis und philosophischer Hintergrund

Die Laborforschung hat gravierende Veränderungen im Hinblick auf die empirischen Grundlagen der Traumforschung mit sich gebracht. Träumer, die mitten in der Nacht geweckt werden, müßten theoretisch weniger in der Lage sein, an ihren Träumen «herumzubasteln», indem sie sie rationalisieren oder nach dem Vorbild der sozialen Erwünschtheit umformen und so akzeptierbarer machen, als Leute, die bis zum nächsten Termin bei ihrem Therapeuten tagelang Zeit haben. Trotzdem hat sich in Untersuchungen gezeigt, daß Träume im Labor gemäßigter sind und einen geringeren Anteil an aggressiven und sexuellen Inhalten aufweisen, die normalerweise gern unterdrückt werden, als Träume im heimischen Bett, die später einem Therapeuten erzählt werden.[9] Das liegt vermutlich daran, daß die Therapie dem Träumer mehr Sicherheit vermittelt als das Schlaflabor. Der Klient lernt allmählich, daß er sich öffnen kann, ohne zurückgewiesen oder moralisch verurteilt zu werden. Er muß sich nicht mehr so heftig gegen die unbewußten Inhalte wehren, wenn er sich in der therapeutischen Situation geborgen fühlt. Umgekehrt zeigen die oben zitierten Ergebnisse, daß der in Therapie befindliche Klient offenbar weniger mit seinen Traumberichten mogelt, als Skeptiker ihm manchmal vorwerfen. Auf jeden Fall müssen wir wohl davon ausgehen, daß die im Schlaflabor produzierten Träume uns primär mit den obersten Schichten des Unbewußten konfrontieren.

Besondere Aufmerksamkeit fanden in der Laborforschung jene Aspekte des Traums, die wir bei Adler und Hall kennengelernt haben. Die jungianische Analytikerin Jane Dallet hat mit Recht darauf hingewiesen, daß die Theorien dieser beiden dem Traum in erster Linie die Funktion zuweisen, dem Träumer bei der Beherrschung und Anpassung an seine Umwelt zu helfen. Dabei wird der Traum in einer relativ oberflächlichen Weise mit problemlösenden, informationsverarbeitenden und ichstärkenden Eigenschaften ausgestattet.[6a] Es ging Dallet darum, den Zusammenhang zwischen den neueren amerikanischen Traumtheorien und den materialistisch-utilitaristischen Werten, die sie als typisch für die amerikanische Gesellschaft betrachtet und auf denen ihrer Ansicht nach die ganze amerikanische Psychologie fußt, aufzuzeigen.[6b]

Eine ergänzende Perspektive

Die Kluft zwischen den tiefenpsychologischen Schulen mehrerer Generationen wurde vor allem durch die Frage vertieft, ob der Traum denn nun einen Gegensatz oder die Fortsetzung des Wachlebens darstelle.

Rosalind Cartwright zeigte anhand der Träume von Don und Jerry, daß die Träume ein und derselben Person einmal stärker und einmal weniger stark im Gegensatz zum Bewußtsein stehen können. Bei Hartmanns Untersuchungen von Personen mit geringem und großem Schlafbedürfnis stellte sich heraus, daß die Langschläfer im Hinblick auf Sexualität und Aggression einen größeren Kontrast zwischen Traum und Lebensstil aufwiesen als Personen mit geringem Schlafbedürfnis. Wir müssen jedoch annehmen, daß die Langschläfer in ihren

Träumen wie in ihrem Wachleben mehr Phantasie haben als andere Menschen.

Auch das freudianische Konzept verschiedener Grade der Integrationsfähigkeit beim Wach-Ich und die jungianischen Forschungsergebnisse zur unterschiedlich ausgeprägten archetypischen Qualität von Träumen sprechen dafür, daß die Gegensatz-/Fortsetzungs-Debatte gemessen an der tatsächlichen Komplexität des Traumphänomens zu simpel ist. Außerdem müssen wir uns fragen, inwieweit nicht auch die unterschiedliche Kreativität der professionellen Traumdeuter im Hinblick auf die Integration von Trauminhalten – im Gegensatz zu erstarrten Bezugsrahmen – eine Rolle dabei spielt, was denn nun in der Interpretation als kontrastierend zum Wachbewußtsein und Wachleben ausgelegt wird.

Cartwright erklärte die Phänomene, die im Zusammenhang mit REM-Schlaf-Entzug auftreten, mit einer These, die schon Jung aufgestellt hatte: «Es handelt sich beim Traum um einen mentalen Prozeß, der auf einer niedrigen Stufe immer abläuft»,[26a] den wir aber nur registrieren können, wenn die richtigen Bedingungen gegeben sind, das heißt, wenn unsere Aufmerksamkeit nicht durch externe Stimuli überflutet wird. REM-Schlaf-Entzug jedoch steigert die Hirnaktivität so sehr, daß der Traum die Schwelle zum Bewußtsein auch zu anderen Zeiten durchbricht: im NREM-Schlaf oder im Wachzustand. Cartwright postulierte deshalb – ganz im Sinne von Jungs Kompensationskonzept – eine Gleichgewichts-(homöostatische)Funktion in der Psyche, die dafür sorgt, daß wir auf jeden Fall genügend träumen.[4h] David Foulkes, ein amerikanischer Schlafforscher, der auf der Basis umfassenden Datenmaterials eine Skala zur Einschätzung der phantastischen Qualität psychischer Inhalte entwickelt hat,[14] behauptete, daß etwa fünfundzwanzig Prozent des Wachzustandes traumähnlichen (regressiven und/oder halluzinatorischen) Charakter haben.[12a] Andere Forscher gehen von einem inneren Regulationsmechanismus aus, der in Intervallen von zweiundsiebzig bis hundertundzwanzig Minuten inmitten des realistischen Denkens Phantasieschübe auslöst. Außerdem nehmen sie an, daß im Wachzustand regelmäßig Funktionen aktiviert werden, die denen des REM-Schlafs entsprechen.[29a]

Tritt ebendiese traumähnliche Aktivität zutage, wenn eher phantasielose Personen, denen man ihre Träume in der Nacht entzieht, am

Tage kreativer werden? Ist diese Aktivität am Werk, wenn Analytiker, wie Freud empfahl, mit «freifließender Aufmerksamkeit» zuhören? Und kommen wir mit ihr in Berührung, wenn wir mit einer guten Deutung den Kern der Sache treffen oder wenn uns das erlebnisorientierte Arbeiten ein Gefühl der Befreiung verschafft? Möglicherweise wird durch das Begriffspaar des Bewußtseins und des Unbewußten ein zu starrer Gegensatz konstruiert, der den fließenden Übergängen zwischen traumähnlicher und rationaler psychischer Aktivität nicht gerecht werden kann.

Auf jeden Fall scheint Kreativität eines der entscheidensten Konzepte zu sein – sowohl für den Traum als auch für das Bewußtsein, das sich mit ihm befaßt. Dafür spricht auch die Tatsache, daß Freuds und Jungs Theorien, die zu einem großen Teil aus der Arbeit mit Träumen entstanden, die Psychologie und die kulturelle Entwicklung dieses Jahrhunderts entscheidend beeinflußt haben.

Im folgenden wollen wir uns einer Reihe alternativer Bezugsrahmen und Traumtheorien zuwenden.

7 Traum und Körper

Trauminhalt und körperliches Befinden – Traum und Körper bei Freud und Jung – Traum und organische Krankheit – Traum und «Amplifikation» von Körpersymptomen – Lokalisierung von Traumelementen im Körper – Körperform und Traumsymbolik – Traum und kinästhetische Empfindungen – Traum und Körpersprache – Traum und Berührung – Traum und Körpertherapie – Zusammenfassung

Trauminhalt und körperliches Befinden

Untersuchungen zum Zusammenhang von Trauminhalt und körperlicher Befindlichkeit werden noch immer zur Alternativwissenschaft gerechnet, deshalb gibt es nur sehr wenig Material zu diesem Thema in den internationalen psychologischen und medizinischen Veröffentlichungen.[25] Mittlerweile ist dennoch einiges über den REM-Schlaf und die physiologischen und biochemischen Prozesse, die ihn begleiten, bekannt. Für das Verständnis von Trauminhalten sind diese Informationen jedoch weniger nutzbar.

Allerdings konnten statistische Korrelationen zwischen bestimmten somatischen Symptomen und Trauminhalten nachgewiesen werden. So besteht zum Beispiel ein signifikanter Zusammenhang zwischen Hypertonie und dem Ausdruck unterdrückter Feindseligkeit in Träumen.[20] Bei einer kleinen Stichprobe von Frauen berichteten die Probandinnen während der Menstruation über mehr erotische Aktivität in den Träumen, aber auch über größere Unzufriedenheit und mehr offene Feindseligkeit.[22] Untersuchungen dieser Art sind jedoch äußerst selten.

In den erwähnten Forschungsberichten geht es um statistische Wahrscheinlichkeiten. Wenn wir es jedoch mit dem Traum einer Einzelperson zu tun haben, können wir kaum auf sichere Ergebnisse zurückgreifen, sondern sind darauf angewiesen, unsere Deutung aus dem Traumkontext heraus zu erarbeiten. Eine sechsundzwanzigjährige Frau träumte:

«Ich bin zusammen mit meiner Mutter in einem exotischen Holzhaus. Um zu dem Haus hinauszukommen, müssen wir von Insel zu Insel springen. Es gibt Gezeiten: Tagsüber liegen die Inseln über der Wasseroberfläche, nachts sind sie fast ganz vom Wasser bedeckt. Als wir ankommen, ist Flut.»

Sie hatte diesen Traum eine Nacht vor dem Eisprung, in einer Zeit, in der sie zum ersten Mal den Wunsch verspürte, schwanger zu werden. Bis dahin hatte sie im Verlauf ihrer dreijährigen Analyse niemals Ähnliches geträumt. Die Mutter im Traum verkörpert möglicherweise ihre eigene Mütterlichkeit, die vom Mond kontrollierten Gezeiten den weiblichen Menstruationszyklus und die Flut die Befruchtung. Denkbar wäre auch, daß der Körper der Frau sie mit dem Traum an die Möglichkeit einer Befruchtung erinnern wollte. Es gibt in der Literatur Beispiele dafür, daß der Beginn einer Schwangerschaft durch einen entsprechenden Traum angekündigt wurde, bevor der medizinische Nachweis erfolgt war.[16]

Auch körperliche Reaktionen auf Medikamente spiegeln sich gelegentlich in Träumen. Eine Fünfzigjährige träumte: *«Meine Mutter war im Krankenhaus. Auf einmal erbrach sie Blut. Ein großer Klumpen geronnenes Blut mit Gewebeteilchen darin schwamm in dem Erbrochenen auf dem Fußboden ...»*

Die Träumerin litt zu diesem Zeitpunkt stark unter Müdigkeit, Kopfschmerzen und emotionaler Unausgeglichenheit. Am nächsten Tag setzte die Menstruation ein, und ihr wurde plötzlich bewußt, daß sie vergessen hatte, ihre Hormonpräparate einzunehmen. Der makabre Charakter des Traums unterschied sich stark von ihren sonstigen Träumen. Sie bekam eine Hormonbehandlung und träumte drei Tage später: *«Eine junge Frau rief mich an. Sie sollte in ein paar Tagen ein Baby bekommen. Auch ich war schwanger. Ich hängte draußen im Hof Wäsche auf und dachte voll Freude daran, wie phantastisch es doch ist zu wissen, daß man in ein paar Tagen ein Kind haben wird. ‹Das Licht war warm und rosig-golden.›»*

Passend zu dem Traum war sie nun in sehr viel besserer psychischer Verfassung und voller Optimismus. Das Auftauchen der jüngeren, schwangeren Frau könnte damit zu tun haben, daß die Hormonbehandlung eine künstliche Verjüngungskur darstellte.

Träume wie diese zeigen in eindrucksvoller Weise, wie wichtig es ist, sich bewußt zu sein, daß auch andere als psychische Faktoren den Trauminhalt beeinflussen. Man sollte sich also nach Möglichkeit vor voreiligen psychologischen Überinterpretationen hüten. Allerdings kann die Symbolsprache in Körperträumen äußerst komplex und schwer übersetzbar sein, und es gibt leider auch keine Tradition, die uns einen breiteren Vergleich klinischen Materials mit den dazugehörigen Deutungen ermöglicht. Vor diese Schwierigkeit sieht sich jedoch jede neue Forschungsrichtung gestellt.

Traum und Körper bei Freud und Jung

FREUD: Seinem materialistischen philosophischen Standpunkt entsprechend betrachtete Freud Körper und Sexualität als die eigentliche Quelle aller psychischen Energie. Damit handelte für ihn im Grunde jeder Traum letztlich von körperlichen Bedürfnissen. Den dem Ganzen zugrundeliegenden Mechanismus stellt er sich folgendermaßen vor: Im Schlaf ist die Möglichkeit, körperliche Bedürfnisse durch Aktivität und Bewegung auszuleben, blockiert. Die motorische Energie kehrt sich nach innen und wird durch den «psychischen Apparat» in wunscherfüllende Traumphantasien umgewandelt, die eine Art Sicherheitsventilfunktion übernehmen.[3]

Auch Freuds Theorie, daß die Entwicklung des Bewußtseins in den ersten Lebensjahren mit bestimmten Körperzonen verknüpft sei – Mund (orales Stadium), Anus (anales Stadium), Genitalien (phallisches Stadium) –, spiegelt die Vorstellung, daß die Psyche sich aus dem Körper entwickelt und das Ich aus einem «Körperbild» hervorgeht.

Freud konnte in der Praxis allerdings keine direkte Verbindung zwischen Träumen und somatischen Zuständen feststellen und sah sich gezwungen, bei einer psychologischen Theorie zu bleiben. Um Träume zu verstehen, mußte man so tun, als ob sie rein psychischer Natur seien und von psychischen Problemen handelten.[5.27]

JUNG: Mit seiner Synchronizitätstheorie postulierte Jung das Vorhandensein einer universalen Ganzheit hinter Geist und Materie, das diese auf fundamentale Weise eint (siehe «Traum und Parapsychologie», S. 307 ff.). Er wandte diese Hypothese jedoch vor allem in seinen Arbeiten zur Parapsychologie an, in denen er die merkwürdige Kluft zwischen Geist und Körper herausarbeitete. Anders als Freud betrachtete Jung diese Kluft von der Seite des Geistes her und staunte darüber, daß wir «so unglaublich wenig direkte Informationen über den Körper von innen erhalten und daß sich ... das Unbewußte ... nur äußerst selten auf den Körper bezieht, und wenn, dann nur auf absolut indirektem Wege». Jung dachte hier besonders an den Fall, daß ein Mensch eine tödliche Krankheit in fortgeschrittenem Stadium in irgendeinem Teil seines Körpers haben kann, ohne es durch Träume zu ahnen. Es gibt allerdings auch Fälle, in denen es einem erfahrenen Arzt oder Therapeuten tatsächlich gelang, auf der Basis von Träumen eine körperliche Krankheit zu diagnostizieren.[4]

Traum und organische Krankheit

Der Arzt T. M. Davie überließ Jung den folgenden Traum eines seiner Patienten:

«Jemand neben mir fragte mich ständig nach etwas, um eine Maschine zu ölen. Milch wurde als bestes Schmiermittel vorgeschlagen. Ich meinte anscheinend, daß irgendein Schlamm oder Schlick besser geeignet wäre. Ein Teich wurde trockengelegt, und inmitten des Schlicks lagen zwei ausgestorbene Tiere. Eins war ein winziges Mastodon. Was das andere war, habe ich vergessen.»

Jung zögerte nicht, diesen Traum trotz zahlreicher aus dem psychologischen Bereich kommender Anspielungen in erster Linie als Hinweis auf eine organische Störung zu deuten. Er interpretierte den trocken-gelegten Teich als Eindämmung der Zerebrospinalliquorzirkulation.

Jungs Deutung war eine überraschend präzise Beschreibung eines Krankheitsbildes, das später als periventrikuläre Epilepsie diagnosti-ziert wurde.[1] In einem anderen Fall träumte ein siebzehnjähriges Mäd-chen, es *«komme nachts nach Hause. Alles ist totenstill. Die Türe zum Salon steht halb offen, und ich sehe meine Mutter am Kronleuchter aufgehängt im kalten Winde, der durch die offenen Fenster dringt, schwingen.* Und dann träumte ich, *daß nachts ein furchtbarer Lärm im Haus losgehe. Ich sehe nach und entdecke, daß ein scheues Pferd in der Wohnung herumrast. Endlich findet es die Türe auf dem Korridor und springt nun durch das Korridorfenster aus dem vierten Stock auf die Straße hinunter. Ich sah mit Schrecken, wie es unten zerschmettert liegenblieb.»*

Ganz abgesehen von dem schreckerregenden Grundcharakter der Träume glaubte Jung, in ihnen Merkmale zu entdecken, die auf eine schwere organische Erkrankung mit tödlichem Ausgang hinwiesen. Die Mutter kann als Symbol für das natürliche, erdgebundene Leben des Körpers verstanden werden. In dem Bild der Mutter, die am Kron-leuchter hängt, drückt der Traum aus, daß der Körper sich selbst zer-stört. Aber auch das Pferd kann ein Sinnbild für den Körper und das biologische Leben sein, so daß der zweite Traum des Mädchens nahezu dasselbe zum Ausdruck bringt wie der erste, nur in einem anderen Bild. Jungs Deutung bestätigte sich kurz darauf.[9]

Auch andere Traumtheoretiker haben Träume beschrieben, die eine organische Krankheit ankündigten. Eine Patientin von Medard Boss träumte drei Nächte hintereinander, ihr erscheine *«ein balinesischer Krankheitsdämon und zwinge sie, auf einer überhitzten Leitungsröhre der Zentralheizung zu sitzen. Dabei verspüre sie einen unterträglich brennenden Schmerz zwischen den Beinen».* In der dritten Nacht er-wachte sie mit Fieber und einer akuten Blasenentzündung.[2]

Neofreudianer, die sich mit psychosomatischen Erkrankungen befaßten, sind der Auffassung, daß Schmerzen im Traum Kompro-mißlösungen zwischen eindringendem, unterdrücktem Material aus dem Unbewußten und selbstbestrafenden, unterdrückten Kräften in der Psyche sind. Von Emil Gutheil stammt das Beispiel eines vierzig-jährigen Mannes, der an Migräne litt:

«Ich rede mit einer meiner Nachbarinnen, die einen Ausflug vorschlägt. Ich denke, wie unpassend es wäre, mit zwei Frauen einen Ausflug zu machen. Plötzlich überkommt mich eine große Zuneigung zu meiner Frau, und ich laufe zu ihr und nehme sie in den Arm. Ich erwache mit schlimmen Kopfschmerzen.»

Die «Kopfschmerzen» des Patienten wurden dahingehend gedeutet, daß er eigentlich ganz gerne mit zwei Frauen ausgegangen wäre, und sein Gefühl der Zuneigung für seine Ehefrau als Wunsch, diese zu beschwichtigen.[7a]

Hier haben wir ein weiteres Beispiel für das Freudsche Konzept der Abwehrmechanismen und den Vorgang der Affektumkehrung (Reaktionsbildung) in Träumen.

Gutheil stellte außerdem fest, daß Themen wie Kannibalismus und das Verspeisen von Leichen oder lebendigen Tieren im Traum vor allem bei Patienten vorkommen, deren Migräne von starker Übelkeit begleitet ist: *«Ich verspeise meine Mutter ... Ich wache mit Übelkeit und Kopfschmerzen auf.»* Oder: *«Ich esse eine lebendige weiße Ratte.»*

French und Shapiro, zwei andere neofreudianische Psychoanalytiker, befaßten sich mit psychischen Ursachen rheumatischer Krankheiten. Aus ihrem Material stammt der folgende Traum einer jungen Frau mit rheumatischem Fieber und akuter Arthritis:

«Ich wurde von meiner Mutter in einer großen Wohnung gefangengehalten. Meine Arme waren mir fest an den Körper gebunden, wie in einer Zwangsjacke. Ich durfte frei in der Wohnung herumgehen, aber ich durfte nicht hinaus. Zu essen bekam ich nur Zuckerwürfel. Es hatte den Anschein, als sei es meine Mutter, die mich gefangenhielt.»

Der Traum tauchte kurz vor einem akuten Krankheitsschub auf, bei dem die Arme der Patientin sehr schmerzten und steif wurden. Die Frau assoziierte zu dem Traum, daß ihre Mutter «sie nicht vom Schürzenzipfel ließ».

In meinem Buch *Det kvindelige i manden* habe ich einen allgemeineren, nicht unbedingt auf Krankheitszustände abzielenden Zusammenhang zwischen Körper und Traumsymbolik beschrieben. Da das Verhältnis eines Menschen zu seinem Körper stark durch die frühen

Lebensphasen bestimmt ist, deren Symbolik sich häufig im Traum offenbart, ist es möglich, über den Traum Hinweise auf das körperliche Befinden zu erhalten. Die Symbolik dieser frühen Phasen wird im Abschnitt über Traum und männliche Entwicklung behandelt.

Wenn in Träumen die negative Symbolik der kosmischen oder vegetativen Phase ein Übergewicht hat, finden sich häufig Phobien in bezug auf den Körper, Allergien, bizarre körperliche Symptome, eine herabgesetzte Widerstandsfähigkeit gegen Krankheiten, schlechter körperlicher Allgemeinzustand usw.[23] Oder aber das diametrale Gegenteil tritt auf, die völlige Unempfindlichkeit für kleinere körperliche Beschwerden (z. B. Erkältungen), weil die Psyche vom Körper abgespalten ist, der von selbst, wie eine gefühllose Maschine, funktioniert. In Lebenssituationen mit starker psychischer Belastung, bei schwerer Krankheit und angesichts des bevorstehenden Todes können solche Symbole ebenfalls auftauchen.

Steht dagegen die positive Symbolik im Vordergrund, ist die Wahrscheinlichkeit groß, daß der Träumer sich eines guten Gesundheitszustandes und eines allgemein positiven Verhältnisses zum eigenen Körper erfreut.

Allerdings kann das Auftreten kosmischer Symbole, auch wenn sie positiver Natur sind, unter Umständen darauf hindeuten, daß eine Person sozusagen nicht wirklich in ihren Körper hineingeboren ist. Das wird anschaulich am folgenden Traum einer achtundzwanzigjährigen Frau: *«Es ist Nacht. Ich schwebe zusammen mit einem mir unbekannten jungen Mädchen namens Margueritta im Raum. Sie sagt zu mir, daß wir auf die Erde hinabgehen und alle materiellen Dinge durchleben müssen, bevor wir uns von ihnen befreien können.»*

Die Aktivierung unterdrückter Inhalte der animalen Individuationsstufe wiederum, die in Träumen eine mehr oder weniger üppige Fauna produzieren kann, bildet oft den Auftakt zu einer inneren Öffnung für körperliche Spontaneität und körperlichen Selbstausdruck.

Traum und «Amplifikation» von Körpersymptomen

Der Jungianer Arnold Mindell, der jahrelang selbst schwer krank war, hat eine spezielle Methode entwickelt, in der mit somatischen Symptomen und Träumen gearbeitet wird.[14a] Aus vieljähriger Erfahrung kommt er zu der bedeutsamen Aussage, daß ihm nie ein Fall begegnet sei, in dem sich der «Prozeß» eines Symptoms nicht in einem Traum spiegelte.

Nach Mindells Ansicht ist eine Krankheit häufig Teil des Individuationsprozesses eines Menschen: «Die Seele drückt durch die Krankheit eine wichtige Botschaft aus.»[14b]

Ausgangspunkt seiner Technik ist die Erfahrung, daß Menschen gegen alle Vernunft dazu neigen, körperliche Symptome zu verschlimmern. Wenn uns ein Insektenstich juckt, kratzen wir ihn auf und verletzen damit die Haut. Wenn uns ein Auge weh tut, drücken wir fest den Handballen darauf, und wenn wir einen steifen Nacken haben, legen wir den Kopf zurück, wodurch wir den Schmerz noch viel stärker spüren. Mindell schließt daraus, daß der Körper dazu tendiert, Schmerz zu verstärken, und nutzt dieses Phänomen für seine therapeutische Methode.[14c]

Dieser Methode haftet an sich nichts Revolutionäres an. Die Technik selbst stammt ursprünglich von Wilhelm Reich. Alexander Lowen bediente sich ihrer bei seinen bioenergetischen Übungen, und auch Perls ließ seine Klienten häufig eine Körperempfindung bewußt vertiefen, um sie dadurch in Kontakt mit ihren Emotionen zu bringen. So bat er zum Beispiel manchmal einen Gruppenteilnehmer, ein Spannungsgefühl hinter den Augen zu verstärken, mit dem Resultat, daß die Person in Tränen ausbrach.[17]

Neu ist bei Mindell, daß er diese Technik in Verbindung mit Träumen anwendet. Einer seiner Patienten, der Magenkrebs hatte, lag im Sterben. Er hatte starke Schmerzen im Unterleib. Mindell veranlaßte ihn, die Schmerzen zu «amplifizieren». Plötzlich, als die Schmerzen einen Höhepunkt erreichten, schrie der Mann auf: «O Arny, ich möchte am liebsten explodieren. Ich habe nie richtig explodieren können!»

Und er erklärte: «Mein Problem ist, daß ich mich nie genügend ausgedrückt habe, und selbst wenn ich es einmal tue, ist es nicht genug.»

Mindell ließ ihn daraufhin relativ lange am Thema «explodieren» arbeiten: Der Mann sollte aus eigenem Antrieb heraus Krach machen, weinen, schreien und stöhnen. Das Ergebnis dieser Arbeit war, daß seine Schmerzen verschwanden und er drei Jahre länger als erwartet lebte. Kurz bevor er in die Klinik gekommen war, hatte er geträumt, «*er habe eine unheilbare Krankheit, und die Arznei dafür sei wie eine Bombe».*[14d]

Ein anderer Fall war ein kleines Mädchen, das mit einem rasch wachsenden Tumor im Rücken zu Mindell kam. Sie lag eigentlich schon im Sterben, und ihre Familie war darauf vorbereitet, sich von ihr zu verabschieden. Das Mädchen erzählte Mindell von einem Traum, in dem sie *«den Schutzzaun um einen sehr gefährlichen See herum losließ».*

Danach legte sie sich auf den Boden und sagte, sie würde gern fliegen. In Gedanken an den Traum nahm ihr Mindell mit Erlaubnis des Arztes das Stützkorsett (den Schutzzaun) ab. Dann spielten sie beide, daß sie fliegen könnten. An einer Stelle des Spiels wollte das Mädchen «wegfliegen, in eine andere Welt, eine schöne Welt, in der es fremde Planeten gibt», doch dann änderte sie ihre Meinung und wollte lieber wieder herunterkommen und mit Mindell spielen. Mindell deutete die «andere Welt» als Tod und begriff den Traum und ihre Phantasie als Hinweis, daß man ihr erlauben sollte, zu spielen und sich frei zu bewegen. Das kleine Mädchen erholte sich rasch, und der Tumor verschwand.[14a]

Die norwegische Psychodramatherapeutin Eva Røine berichtet von einem Fall, der zu den Beobachtungen Mindells paßt. Eine Frau träumte *«von einer Art Garten oder Hof für Patienten. Sie waren alle sehr krank und saßen in Badewannen, an denen die Vorderseite fehlte».* Die Frau versuchte, die Badewanne zu spielen. Sie beugte sich mit ausgestreckten Armen nach vorn, als ob ihre Arme die Seitenwände der Badewanne wären. Der Abstand zwischen den Händen stellte das fehlende Vorderteil dar. In dem Augenblick, in dem die Frau die Badewanne *war,* hatte sie das Gefühl, all ihre Kraft verlasse sie. Nach ihren Worten fühlte es sich an, als ob eine Flüssigkeit (Wasser, Blut, Kraft) aus ihr herausströme.

Es wurde ihr daraufhin dringend geraten, Urlaub zu nehmen. Die Frau schlug den Rat in den Wind und erlitt kurz darauf einen körperlichen und seelischen Zusammenbruch, dem eine lange Krankheit folgte.[1]

Mindells Ausgangspunkt ist die aktive Imagination nach Jung. Doch während Jung fast ausschließlich mit Phantasien, Visualisierungen und inneren Dialogen arbeitete, baut Mindell zusätzlich Körperempfindungen und Bewegungen in seine Methode ein.

Die Arbeit verläuft in vier Stufen:

Phase eins: Selbstexploration. Die Person liegt völlig still. Sie spürt das Symptom, vergisst alle diesbezüglichen Gedanken, fühlt nur. Wenn ein leichtes Zittern auftritt, konzentriert sie sich auf die Schmerzen in Zusammenhang mit diesem Zittern, wo sie herkommen, ob sie sich heiß oder kalt anfühlen, ob sie ausstrahlen, eine bestimmte geometrische Form haben, in Druck oder Intensität variieren, wandern usw.

Phase zwei: Amplifikation. Nachdem das Symptom ohne vorgefaßte Gedanken und Etikettierungen erlebt und registriert wurde, liegt die Person ganz still und versucht, es zu amplifizieren. Sie darf dabei nicht das Geringste tun, um die unangenehme Empfindung zu mildern.

Phase drei: Kanalwechsel. Wenn die vorigen Instruktionen genau befolgt werden, ist an irgendeinem Punkt die Grenze der Belastbarkeit erreicht. Nach Mindell kommt es dann zu einem Umschalten vom propriozeptiven auf den visuellen Kanal. Die Person sieht *eine Messerklinge im Zentrum des Schmerzes, Feuer in der Halsentzündung, eine Eisenklammer im Magen, eine Bombe im Tumor, einen Trommler im Kopfschmerz* usw.

Nun wird die Empfindung auf diesem Kanal amplifiziert, zum Beispiel, indem das Bild durch aktive Imagination oder gestalttherapeutische Mittel in einen dramatischen Plot eingebaut wird.

Phase vier: Abschluß der Arbeit. An einem bestimmten Punkt wird die Person das Gefühl haben, daß die Arbeit beendet ist (entsprechend Perls' «vollendeten Gestalten»). Es handelt sich dabei um eine subjektive Einschätzung. Häufig fühlt sich der Betreffende besser oder hat eine bestimmte Einsicht gewonnen. Diese Änderung des Zustands kann dann zu einem allgemeineren Verständnis der Lebenssituation der Person ausgeweitet und in die Traumdeutung eingearbeitet werden.[14f]

Mindells Klientel war breiter gestreut als die der meisten Psychotherapeuten. Seine Erfahrungen stammten aus seiner eigenen Praxis, aus Seminaren mit professionellen Therapeuten, aus der Arbeit in psychiatrischen Einrichtungen und in Kliniken, wo er mit psychotischen, physisch kranken und sterbenden Patienten in Berührung kam.

Die Klienten in den erwähnten Beispielen wären niemals zu ihm gekommen oder hätten sich für Psychologie interessiert, wenn sie nicht an einer schweren körperlichen Krankheit gelitten hätten.[148] Das

erklärt vielleicht die sehr wenigen, sehr kurzen, aber auch sehr inhalts-
reichen Träume, die eine so einfache Diagnose ermöglichen.

Lokalisierung von Traumelementen im Körper

Ich bin wie Mindell[14d] und der dänische Traumtheoretiker Jes Bertelsen[1] der Ansicht, daß sich im Prinzip in jedem Traum eine Verbindung
zu einem bestimmten Körperbereich finden läßt. Meiner Ansicht nach
kann ein ganzer Traum mit einem Körperareal zu tun haben, häufig sind
aber auch bestimmte Traumelemente in höherem oder geringerem
Maße mit bestimmten Körperbereichen verknüpft.

Manche Träume, besonders Angstträume, sind beim Aufwachen
von genau lokalisierbaren Körperempfindungen begleitet: Die Kehle
wird vor Angst eng, der Träumer spürt einen dumpfen Schmerz im
Magen, eine Spannung im Nacken oder Kopfschmerzen. Daneben gibt
es aber auch positive Körperempfindungen wie orgasmische Gefühle,
Entspannung, Ruhe und Wohlbefinden.

Auch wenn ein Träumer sich nicht unmittelbar an den Traum erinnern kann, kann die Verbindung zwischen Traum und Körper manchmal nach dem Erwachen wahrgenommen werden: Läßt er die Gedanken durch seinen Körper wandern und konzentriert er sich auf ein
bestimmtes Areal, so steigt vielleicht plötzlich ein Traumbild auf, dem
dann die Erinnerung an einen längeren Traum folgt. Ebenso kann ein
vergessener Traum gleichsam aus dem Gefängnis des Körpers befreit
werden, wenn man Entspannungsübungen macht oder über bestimmte
Körperbereiche meditiert. Eines Morgens wachte ich zum Beispiel mit
einem Spannungsgefühl im Nacken auf, ohne mich an irgendeinen
Traum erinnern zu können. Ich stand auf und machte eine Übung, bei
der die Schulter- und Nackenmuskeln ungefähr dreißig Sekunden lang
angespannt werden. Im Anschluß an diese extreme Anspannung stellte
sich eine momentane Entspannung ein, und ein Traum, dessen Nieder-
schrift mehrere Seiten gefüllt hätte, stieg in mein Bewußtsein auf. Ein
anderes Mal brachte eine sexuelle Berührung die Erinnerung an einen
erotischen Traum. Wieder andere Träume wurden durch Chakrenmeditation (Kapitel 9) vor dem Vergessen gerettet. Man kann auch später

am Tag noch eine Körperempfindung induzieren, die dann zum Kanal für die Wiedererinnerung eines Traums wird.

Ein Beispiel für die Arbeit mit der Lokalisierung eines Traumelements im Körper stammt von einer jungen Klientin:

«Ich sollte irgendeinen Mann besuchen, und der hatte eine Menge Schäferhunde, die knurrten und bellten. Ich hatte Angst vor ihnen. Sie waren in einen Holzkäfig gesperrt, aber es sah so aus, als könnten sie jederzeit herauskommen.»

Der Traum handelt eindeutig von Angst. Die Hunde könnten den männlichen Geschlechtstrieb und die männliche Sexualität verkörpern, sie könnten aber auch eine unterdrückte Aggressivität in der Frau selbst symbolisieren, über die sie die Kontrolle zu verlieren fürchtet. Im Zuge der Deutung war es nicht möglich, das Traumproblem mit den Erlebnissen des Vortages in Zusammenhang zu bringen.

Waren die Ängste der Frau aufgetreten, weil sie mit einem aufdringlichen Kerl getanzt hatte? Hatte der Trauminhalt vielleicht mit einem aktuellen Konflikt zu tun, möglicherweise mit ihrem Freund? Oder handelte es sich um das spontane Aufbrechen eines unbewußten Inhalts?

Schließlich bat ich sie, sich vorzustellen, sie stehe wieder vor dem Hundezwinger, und dabei zu versuchen festzustellen, in welchem Teil ihres Körpers sie die Angst spürte. Es gelang ihr, die Empfindung in der Bauchregion, etwas unterhalb des Nabels, zu lokalisieren. Auf einmal konnte sie sich daran erinnern, daß sie genau dasselbe Gefühl bei einer Szene mit ihrem Freund gehabt hatte. Sie war damals wütend gewesen, hatte ihren Ärger aber bezwungen aus Angst, ihn zu verlieren. Dieselbe Körperempfindung trat manchmal auch bei Konflikten an ihrer Arbeitsstelle auf, aber nicht so stark. Nach dieser Erkenntnis spielte die Frau einen wütenden Schäferhund. Es kostete sie einige Überwindung, die Rolle des netten Mädchens abzustreifen, doch die neue Rolle des wütenden Schäferhundes gab ihr ein ganz neues Gefühl der Lebendigkeit, und der Schmerz im Bauch verschwand.

Durch die Arbeit mit diesem Bild und der dazugehörigen Körperempfindung gelang es ihr leichter, den Traum für ihren Alltag nutzbar zu machen.

Körperform und Traumsymbolik

Symbolische Träume und Phantasien können manchmal so bedeutsam sein, daß sie den gesamten Organismus und das gesamte Körperbild eines Menschen widerspiegeln.

Alexander Lowen, der Begründer der bioenergetischen Therapie, die auf Kretschmers Theorie vom Zusammenhang zwischen Körpertyp und Charakter basiert, gibt dazu in seinem Buch *Der Verrat am Körper* folgendes Beispiel:

Eine seiner Klientinnen erzählte, daß sie im Alter von elf Jahren ihren Körper und ihre Sexualität entdeckte und ein Jahr später unter starken Schuldgefühlen anfing, häufig zu onanieren. In dieser ganzen Zeit hatte sie immer wieder einen Tagtraum: *«Sie ritt auf einem Pferd, das besser war als die Pferde ihrer Freundinnen.»*

Lowen interpretierte das Pferd in ihrer Phantasie als Symbol für ihren Körper, vor allem die untere Körperhälfte. Wegen ihrer massiven Schuldgefühle hatte das Mädchen versucht, ihre wachsenden körperlichen Bedürfnisse von sich abzuspalten, was auch in ihrem physischen Erscheinungsbild deutlich zum Ausdruck kam. «Von der Taille abwärts war ihr Körper schwer, behaart und relativ dunkel getönt; sie hatte ausladende Hüften und üppige Schenkel, und ihr Muskeltonus war schlecht. Von der Taille aufwärts wirkte Jane zierlich ... die untere Körperhälfte ließ auf sexuelle, frauliche Reife ... schließen. Die obere Körperhälfte wirkte dagegen irgendwie unschuldig, kindlich.»[12a]

Ganz ähnlich träumte eine meiner Patientinnen, *«sie reite auf einem steifbeinigen Pferd mit dem Namen Viktoria».*

Abgesehen davon, daß sie tatsächlich eine viktorianische Einstellung zur Sexualität hatte, wirkte ihre untere Körperhälfte steif, und sie hatte das Gefühl, ihre Beine seien hölzerne Stelzen.

Man darf dabei allerdings nicht aus den Augen verlieren, daß das Pferd ein Symbol mit zahlreichen Bedeutungen ist und im Traum keineswegs immer für den Körper steht. Außerdem muß die Bedeutung eines Symbols grundsätzlich vor dem Kontext, in dem es erscheint, gesehen werden. Bei Lowens Klientin tauchte das Pferd in einer Phantasie auf, die in einer der wichtigsten Lebensphasen – im Übergang zur Adoleszenz – immer wiederkehrte, was die Wichtigkeit des Bildes unterstrich.

Traum und kinästhetische Empfindungen

Die amerikanische Psychologin Barbara Lerner schreibt dem Traum unter anderem eine wichtige Funktion bei der Stabilisierung des Körperbildes und des Bewegungssinnes, des kinästhetischen Sinnes, zu.

Lerner zitiert unter anderem Untersuchungen, die mit hoher statistischer Sicherheit belegen, daß REM-Schlaf-Entzug zu falschen Sinneswahrnehmungen und zu einer Auflösung des normalen Körperbildes führt. Eine unter «Traumentzug» leidende Person hatte folgende Empfindungen: «Sein Gesicht und seine Hände waren mit Spinnweben überzogen. Er konnte es sehen und spüren. Er versuchte, es wegzuwaschen, aber es ging nicht, und schließlich rief er um Hilfe.»[11a]

Wenn wir träumen, bleiben die größeren Muskeln bewegungslos. Eine zusätzliche Fixierung des Schläfers (wenn er zum Beispiel im Bett festgebunden wird) scheint zu verstärkter körperlicher Aktivität im Traum zu führen. Umgekehrt träumen wir in den Schlafstadien, in denen Muskelbewegungen auftreten – zum Beispiel beim Schlafwandeln – *nicht*.[11a]

Lerners Thesen sind von Hermann Rorschach beeinflußt. In Experimenten mit dem Rorschach-Test führte REM-Schlaf-Entzug zu einem Ansteigen kinästhetischer Phantasien, was bedeuten könnte, daß die fehlende Bewegungsmöglichkeit im Traum im Wachleben durch entsprechende Bilder kompensiert wird.[11c] Ebenso führt ein Unterbinden von Bewegungen zu einer höheren Zahl kinästhetischer Phantasien. In Übereinstimmung mit diesen Ergebnissen stellte Thomas French fest, daß Muskeln und Gelenke, die im Wachzustand in ihrer Bewegung eingeschränkt sind, häufig in Träumen bewegt werden.[7c]

Mit den Worten Lerners und Rorschachs: «Der Körper lebt die Phantasien, die er sich im Wachleben nicht gestattet, in Träumen aus; eine der Funktionen des Traums besteht darin, die kinästhetische Empfindung und das Körperbild aufrechtzuerhalten.»[11d]

Andere Laborforscher ließen ihre Probanden jedesmal, wenn sie vor einer REM-Phase geweckt wurden, im Schlaflabor umhergehen. Die Bewegung konnte jedoch den REM-Schlaf nicht ersetzen.[24] Bewegungstraining und die Aufrechterhaltung des Körperbildes können also nicht die einzigen Funktionen des Traumes sein.

Nicht unerwähnt sollte bleiben, daß die Traumerinnerung an die

Körperposition beim Erwachen gekoppelt zu sein scheint, so daß ein Traum leichter vergessen wird, wenn der Träumer beim oder nach dem Aufwachen seine Position verändert.

Zusammengenommen tragen all diese Einzelbeobachtungen zu einem besseren Verständnis der vielfältigen Verbindungen zwischen Traum und Körpersprache, denen wir in der Praxis begegnen, bei.[6.26]

Traum und Körpersprache

Eines der Probleme in Zusammenhang mit Traumassoziationen besteht, wie schon angedeutet, darin, daß die Klienten in der Regel rasch lernen, Assoziationen zu produzieren, die relativ unverfänglich sind und gleichzeitig gut in den Bezugsrahmen «ihres» Traumdeuters passen.

Eine gute Möglichkeit, trotz dieser Schwierigkeit Assoziationen zu erhalten, die nicht zuerst den zensierenden Filter des Ichs passiert haben, bietet die Beobachtung der Körpersprache des Klienten, während er den Traum erzählt. Beschreibungen dieser Methode finden sich verstreut in der gestalttherapeutischen Literatur und bei Mindell. Ich will im folgenden einige Beispiele aus meiner eigenen Praxis anführen:

Traumsequenz eines Fünfzigjährigen: *«Ich reiße ein hohes Gerüst ein, das mein Vater gebaut hat.»*

Niederzureißen, was der Vater aufgebaut hat, ist ein Ausdruck der Rebellion gegen den Vater. Dessenungeachtet beharrte der Träumer darauf, er habe das Stadium der Rebellion gegen seinen Vater längst hinter sich, dieser Punkt sei für ihn «völlig geklärt».

Während er die Sequenz erzählte, saß er mit gefalteten Händen da, den Blick nach oben zur Decke gerichtet. Das brachte mich auf den Gedanken, ihn auf die Mitgliedschaft seines Vaters in einer religiösen Sekte anzusprechen, und er gab zu, daß er in seiner Kindheit nicht nur mit viel falscher Frömmigkeit in Berührung gekommen sei, sondern bis heute eine starke Aversion gegen Leute habe, die sich päpstlicher als der Papst gebärden. Damit waren wir beim emotionalen Hintergrund der Vater-Rebellion des Träumers, wobei seine Körpersprache zu enthüllen schien, daß auch er selbst eine gehörige Portion Selbstgerechtigkeit besaß.

Eine vierzigjährige Frau träumte, *«sie sei mit ihrem Vater verheiratet. Es gibt eine ganze Reihe von Komplikationen, und der Traum endet damit, daß sie ein so entsetzliches Gefühl der Leere verspürt, daß sie Selbstmord begehen will.»*

Während die Frau das Ende des Traums schilderte, machte sie zweimal eine Geste mit der Hand, als ob sie sich selbst ein Messer ins Sonnengeflecht steche.

Im Zuge der Bearbeitung des Traums kamen wir auch auf den Tod ihres Vaters zu sprechen, den sie nach eigener Aussage «praktisch als eine Erlösung empfunden» hatte.

Ich fragte sie: «Sind Sie ganz sicher?»

N: «Ja. Er starb in den Armen seiner Geliebten, und ich war so froh, daß sie mir diese Last abnahm.»

OV: «Aber wenn der Traum sagt, daß Sie mit ihm verheiratet sind, waren Sie dann nicht verrückt vor Eifersucht?»

N: «Nein, im Gegenteil, ich fand es schön so.»

Im weiteren Verlauf gelang es ihr, den Zorn, den sie zuvor in Form von Selbstmordgedanken nach innen gerichtet hatte, endlich als Wut gegen den Vater und dessen Geliebte zu äußern. Die weitere Auseinandersetzung mit dem Traum führte sie zu ihrem Zorn auf den Vater hin, einen Zorn, den sie bisher gegen sich selbst gerichtet hatte (der Dolch, mit dem sie sich ins Sonnengeflecht stechen wollte). Wichtig war hier für sie auch das Gespräch über die symbolische Bedeutung des Dolches in Zusammenhang mit den Gefühlen, die mit dem Solarplexus verbunden sind.

Beispiel drei: Traumsequenz eines achtunddreißigjährigen Mannes: *«Ich treffe Ida.»*

Zu Ida «assoziierte» der Träumer, daß sie ein Mädchen sei, mit dem er ohne sexuelle Hintergedanken auf der persönlichen Ebene verkehren könne. Ida wurde dreimal im Laufe des Gesprächs erwähnt. Alle drei Male – und nur dann – kratzte sich der Mann, ohne es zu merken, am Schritt.

Der Griff an den Magen, ans Herz oder an andere Körperteile oder auch das Daraufdeuten, das Ballen der Hand zur Faust, das Zupfen am Ohrläppchen, Reiben der Nase, Massieren der Lippe, all die vielen

Gesten des Sich-Öffnens oder -Verschließens, das Anhalten des Atems oder das beschleunigte Atmen, der Blick in eine ganz bestimmte Richtung – oft erfolgen solche Signale fast unmerklich. Eine leichte Veränderung im Blick, das Entspannen eines Körperbereichs, besonders der Augenpartie, des Kinns, des Mundes, eine undefinierbare Veränderung in der Körperhaltung, sie alle können ein spontaner, unverfälschter Ausdruck für Emotionen und Erfahrungen sein, die eng mit der Bedeutung des Traums verknüpft sind. Man kann die Traumdeutung deshalb fast mit jedem beliebigen System zur Entschlüsselung von Körpersignalen kombinieren.

Die Informationen, die die Körpersprache zu den Träumen liefert, werden vom Träumer selbst nicht immer wahrgenommen, verraten aber dennoch oder gerade deswegen sehr viel. Der Traumdeuter sollte daher höchst behutsam auf sie eingehen, enthüllen sie doch häufig Dinge, auf deren Bearbeitung der Träumer nicht gefaßt ist, so daß es zu unangemessenen Abwehrreaktionen kommen kann, wenn man die Aufmerksamkeit auf sie lenkt. Daher ist es oft besser, den Träumer die Aussagen seines Körpers selbst entdecken zu lassen.

Ebenso kann eine Vertiefung oder Verstärkung der Bewegungen oder Körperhaltungen, die ein bestimmtes Element der Traumerzählung begleiten, Assoziationen hervorrufen, zu denen wir sonst keinen Zugang finden würden. Ein Beispiel: Vor einiger Zeit arbeitete ich in einer Traumgruppe mit einer Schwangeren. Sie war im neunten Monat und wünschte sich eine Hausgeburt, doch der Kopf des Kindes lag falsch.

In einem längeren Traum der Frau tauchte die folgende Sequenz auf: «*Mein Vater und meine Mutter hatten mein Kind entführt* (das erwartete Baby, das, wie sie wußte, ein Junge war). *Sie hatten sich gegen mich verschworen, so daß ich nicht in Kontakt mit ihm treten konnte!*»

Die Frau konnte keinerlei Assoziationen zu diesem Traum produzieren. Es schien völlig absurd, daß ihre Eltern oder ihr Verhältnis zu ihnen ihr irgendwelche Probleme bereiten sollten.

Als sie die Sequenz erzählte, saß sie mit weit aufgerissenen Augen da, eine Hand in einer Geste des Schreckens vor das Gesicht haltend. Ich bat sie, dieselbe Position noch einmal einzunehmen und sich auf das zu konzentrieren, was sie empfunden hatte. Nun brachen verschiedene Assoziationen auf. Ihre Großmutter mütterlicherseits hatte nie akzeptiert, daß ihre Mutter mit ihr unehelich schwanger geworden war. Sie selbst dagegen hatte ihre Mutter ganz bewußt eingeladen, sie und das Kind gleich nach der Geburt zu besuchen, damit sie von Anfang an eine positive Beziehung zu dem Kind entwickle. Im weiteren Verlauf tauchten Gefühle der Angst, der Unzulänglichkeit und der Ablehnung auf. Die Körperhaltung brachte ihr verschiedene Körperempfindungen zu Bewußtsein, die ich sie genau zu erspüren und zu amplifizieren bat. Nun veränderte sich ihr Ausdruck fast unmerklich. Als sie den Traum erzählt hatte, hatte ihr Gesicht im Wechsel ein maskenhaftes Lächeln und einen Ausdruck der Angst getragen. Jetzt wurden die Züge weicher, Augen und Mund wirkten traurig, die Kinn-, Nacken- und Schultermuskeln lockerten sich, und sie durchlebte in rascher Folge Gefühle des Zurückgewiesenwerdens, der Trauer und der Unzulänglichkeit. Als ich danach die Gruppe darauf hinwies, wie wichtig es ist, solchen inneren Vorgängen Raum zu geben und ihnen ihren Lauf zu lassen, stellte sich heraus, daß keiner mitbekommen hatte, was geschehen war. Einige der Teilnehmer hatten eine wachsende Ungeduld verspürt und waren schon versucht gewesen, mit Interpretationen in die Therapie einzugreifen, die an sich gar nicht übel waren, an dieser Stelle jedoch die Aufmerksamkeit der Träumerin von der inneren, emotionalen und körperlichen Kontinuität abgelenkt hätten. Solche Prozesse können also nach außen sehr unauffällig ablaufen. Es bedarf der Zeit und des einfühlenden Verständnisses, ihre Bewußtwerdung zu fördern, während Worte hier oft das wirkliche In-Kontakt-Kommen mit dem eigenen Selbst verhindern.

In derselben Nacht drehte sich das ungeborene Kind in die normale Position, und die Frau träumte, *«sie hatte Kontakt mit dem Jungen in ihrem Leib. Sie redete ihm sanft zu und fragte, ob er nicht ‹niederkommen› (geboren werden) wolle. Und er sagte ja.»*

Traum und Berührung

Meiner Erfahrung nach kann der taktile Kontakt ein äußerst wertvoller Bestandteil der Therapie sein, wenn man die individuellen Bedürfnisse des Klienten und seine eventuellen Berührungsängste respektiert. Eine leichte Berührung, eine Umarmung, ein stützender Arm um die

Schultern, eine Massage, ein Streicheln usw. können, zum richtigen Zeitpunkt eingesetzt, kleine Wunder bewirken. In Gestalttherapiekreisen ist dies denn auch unbestritten, während in der klassischen Psychoanalyse immer noch mehrtägige Seminare dem Thema gewidmet sein können, ob es opportun sei, dem Klienten auch nur die Hand zu schütteln.

Eine Berührung im Traum ist häufig als *emotionales* Berührtwerden zu verstehen, im Gegensatz zu bloßem intellektuellem Begreifen. Wenn eine Frau im Traum von einem Mann berührt wird, kann das heißen, daß sie in engeren emotionalen Kontakt mit ihrem Animus oder mit dem männlichen Element in ihrer Umgebung tritt. Das gleiche gilt für andere Figuren und Komplexe im Traum.

Eine solche Deutung schält sich häufig im Laufe der Auseinandersetzung mit dem Traum heraus. Es kann aber auch nützlich sein, die Berührungsmuster in Träumen konkreter zu verstehen.

Eine Frau in einer Traumgruppe erzählte: «... *meine Mutter hält mich fest. Es ist erstickend. Ich empfinde Abscheu.*»

Es war das erste Mal, daß in ihren Träumen negative Seiten ihres Verhältnisses zur Mutter so offen zum Ausdruck kamen. Das tiefere Eindringen in den Traum setzte sie stark unter Druck, und sie brach in Tränen aus. Der Traum wurde in einer Gruppe erzählt, und ich fragte, ob sie wolle, daß jemand sie in den Arm nahm. Sie bejahte, und eine Teilnehmerin legte die Arme um sie. Die Träumerin (D) ließ sich zunächst schlaff in die Umarmung fallen, doch dann zeigte sich eine leichte Spannung im Schulter-, Nacken- und Kinnbereich und ein Anflug von Ekel um den Mund. Ich stellte mir vor, daß wohl folgendes in ihr ablief: Nun erstickt Mutter mich wieder. Es ist widerlich. Ich schäme mich, daß ich so empfinde.

OV: Fühlst du Abscheu?

D: Ja.

OV: Möchtest du, daß sie dich losläßt?

D: (seufzt erleichtert) Ja.

Da Männer in D.s Träumen weniger negativ besetzt schienen, trat ich hinter sie und bat sie, sich darauf zu konzentrieren, wie nahe ich ihr kommen konnte, bis es ihr unangenehm wurde. Dabei empfand sie es als angenehm, daß ich ihr ermutigend die Hände auf die Schultern legte. Doch ich versuchte nicht, sie zu umfassen. Im Prinzip war das «acting in» der anderen Teilnehmerin durchaus hilfreich gewesen, ihr Eingreifen hatte der Träumerin die Möglichkeit gegeben, ganz konkret Emotionen und Empfindungen in sich zu spüren, von deren Vorhandensein sie bis dahin nichts gewußt hatte.

Aufgrund meiner eigenen Erfahrungen würde ich deshalb die Hypothese wagen, daß das Verhältnis des Traum-Ichs zu körperlicher Berührung oft entweder direkt oder symbolisch die Einstellung des Wach-Ichs zu Berührung widerspiegelt.

Sanfte Berührungen und leichter Körperkontakt in einer Liebesbeziehung, im Rahmen einer Therapie und im Zusammenhang mit Übungen, die die sinnliche Empfindungsfähigkeit fördern, können Träume hervorrufen, die der positiven Symbolik der ersten Lebensphasen entsprechen (kosmische und vegetative Symbolik und Symbolik der Nahrungsaufnahme).

Traum und Körpertherapie

Nachdem er jahrelang mit der Technik der Amplifikation körperlicher Symptome gearbeitet hatte, kam Arnold Mindell zu dem Schluß, daß «alle Träume auf die eine oder andere Weise von der körperlichen Befindlichkeit reden ... von physischen Krankheiten ... von sämtlichen körperlichen Ausdrucksweisen (Mimik, Stimmlage, Tempo usw.) ... von der gesamten Kommunikation mit anderen», und er wies darauf hin, daß es Probleme gibt, die, wenn der Körper nicht einbezogen wird, selbst in der gründlichsten Psychotherapie unbearbeitet bleiben.[148] Nach meiner eigenen Erfahrung kann qualifizierte Körperarbeit wie Rolfing, Kinesiologie, Bioenergetik oder Rebirthing psychische Wachstumsprozesse beschleunigen und sich auch in den Träumen des Klienten niederschlagen. Man muß dabei jedoch ständig darauf achten, wie weit es dem Bewußtsein gelingt, die in der Körpertherapie freigesetzten Inhalte zu integrieren, und ob die Beschleunigung des Prozesses möglicherweise unerwünschte Nebenwirkungen hat.

Rolfing
Rolfing ist eine Tiefenmassage der Muskeln und des sie umgebenden Gewebes mit dem Ziel, die Körperhaltung zu harmonisieren. Die

Methode hat bekanntermaßen starke körperliche und psychische Auswirkungen.[21]

Der amerikanische Rolfinganhänger und Psychotherapeut Karl Krackhauer fand, daß Träume die Rolfingerfahrung verarbeiten und weiterspinnen und dadurch den therapeutischen Prozeß beschleunigen. Nach Ansicht Krackhauers sind Veränderungen der Körpererfahrung im Wachzustand von Veränderungen der Körpererfahrung in Träumen begleitet. Er weist aber auch darauf hin, daß neue Körpererfahrungen in Träumen eine symbolische Bedeutung haben können, in der sich psychische Wachstumsprozesse widerspiegeln.

Krackhauer versteht den Traum als einen weniger stark kontrollierten Zustand als den Wachzustand. Der Träumer kann mit traumatischen Körpererfahrungen in seiner Kindheit in Berührung kommen, die Körpererfahrung im Traum kann eine Spiegelung des Wachzustandes sein, oder der Traum kann dem «Wachkörper» gleichsam ein «Vorspiel» von Erlebnissen und Aktivitäten bieten, die auf ihn zukommen.[10a]

Krackhauer berichtet in diesem Zusammenhang über die Therapie einer jungen Frau (Lilith). Im ersten Jahr arbeiteten sie psychotherapeutisch, ohne Rolfing, wobei auffällig ist, daß der Körper der Klientin in dieser Zeit – in der insgesamt dreißig ihrer Träume analysiert wurden – eine sehr geringe und meist indirekte Rolle in ihren Träumen spielte.

Einige wenige Träume handelten von Schwangerschaft, Lähmung oder Tod, Befindlichkeiten, die jedoch nur als Zustände erwähnt wurden, ohne daß genauer auf die Körpererfahrung Bezug genommen wurde. In einem einzigen Traum sechs Monate nach Beginn der Therapie, als die Frau angefangen hatte, sich mit ihrer Sexualität auseinanderzusetzen, hatte sie ein spezifischeres Körpererlebnis. Sie träumte, sie menstruierte und «*entdeckte, daß meine Klitoris in Wirklichkeit eine kleine, durchsichtige Pyramide ist. Sie glüht in einem inneren Licht. Ich bin so glücklich, daß ich meine eigene Pyramide habe – eine Quelle der Macht und der Magie ...*»

Die junge Frau hatte nicht viele wirklich erfreuliche oder orgasmische sexuelle Erlebnisse gehabt und schützte sich selbst vor sexuellen Annäherungen durch vierzig Pfund Übergewicht.

Im zweiten Jahr der Therapie wurde Rolfing in die Behandlung miteinbezogen. In dieser Zeit tauchte der Körper in mehr als zwanzig

Träumen in bedeutsamer Weise auf. Die Arbeit mit dem Körper brachte die Frau mit Kindheitserfahrungen in Kontakt, die ihre Spuren an ihrem Körper hinterlassen hatten. In einem der Träume führt Ida Rolf, die Begründerin der Methode, vorbereitendes Rolfing an ihr durch. Das Ganze findet in einer Badewanne statt.

«Ida Rolf sagt: ‹Ich kann an der Art, wie du deine Schultern und deinen Oberkörper hältst, sehen, daß du eine sehr unglückliche Kindheit hattest.› Ihre Worte regen mich sehr auf, und ich fange an zu weinen. ‹Ich wußte damals aber nicht, daß ich unglücklich bin.› Ich bin richtig aufgebracht und protestiere gegen das, was sie sagt ... (Später im selben Traum fährt Ida Rolf fort): *‹Karl (Krackhauer) hat dich gerolft, und Fritz Perls hat dich gerolft, und beide sagten das Gleiche über deine Schultern.›»*

Die Schultern der Frau waren in einer hängenden Position gleichsam erstarrt. Zu dieser Zeit gelang es ihr durch die Rolfingarbeit, erstmals ihren Oberkörper und ihre Schultern spürbar zu entspannen. Das Rolfing half ihr außerdem, etwas von ihrer Verteidigungshaltung aufzugeben. Sie durchlebte noch einmal traumatische Kindheitsszenen, in denen ihr chronisch depressiver Vater den Kopf auf ihre Schulter gelegt und ihr anvertraut hatte, daß er die Familie am liebsten verlassen oder sich das Leben nehmen würde. Sie hatte sich gegen die «schmerzhafte Berührung» gewehrt, indem sie ihre Schultern in einen Holzblock verwandelte.[100]

Nach zehn Monaten Rolfing träumte Lilith:

«Ich gehe über einen exotischen, ägyptisch wirkenden Marktplatz ... Ich bewege meinen Körper im wiegenden Rhythmus zu den Trommeln und Flöten, die aus dem Basar erklingen ... Ich spüre, wie meine Hüften mit meinen Beinen und meine Beine mit meinen Füßen verbunden sind. Ich spüre die Strahlen, die von dem Ort tief in meinem Bauch ausgehen, wo der obere Teil meines Körpers mit dem unteren Teil verbunden ist. Ich habe das Gefühl, daß dieser Ort mein ‹Zentrum› ist. – Für mich ist er die ‹Verbindung zwischen zwei Welten›. Ich bin voller Ehrfurcht vor der Vielfalt der Bewegungen meines Körpers als eines integrierenden Teils dessen, der ich bin ... Ich spüre, wie mein ganzer

Körper sich von meinem tiefen Bauchmuskel aus streckt ... Ich fühle mich sehr ganz und sehr stark und spüre Energiestöße tief aus meinem Becken.»

Krackhauer verstand «die Verbindung zwischen den zwei Welten» als einsetzende Integration von Körper und Emotion auf der einen und Intellekt und Beherrschung auf der anderen Seite.

Fraglos nimmt der Traum Ausdrücke aus dem Rolfingjargon wie etwa das Wort «integrieren» als Tagesrest in seinen Wortschatz auf (der Untertitel des Handbuchs zum Rolfing von Ida Rolf lautet *The Integration of Human Structures*). Doch davon abgesehen werden Körperempfindungen und Körperbewußtsein auf eine Art und Weise in den Traum eingearbeitet, wie ich es in Tausenden von Träumen nur in Verbindung mit Körpertherapie gesehen habe.

Die Symbolik in Liliths Traum war nicht rein körperbezogen, sondern zugleich sehr spirituell. Als Liliths Schultern im Traum gerolft werden, erscheint ihr Ida Rolf als *«große, imposante Frau ... magisch und einschüchternd. Sie ist wie eine Zauberin; ihre Fußknöchel verschmelzen in einem Punkt, als sei sie ein Flaschengeist, der gerade aus einer Wunderlampe aufgestiegen ist.»* Später im Traum fliegt Ida Rolf *«wie ein Wirbelsturm durch einen arabischen Markt in Kairo. Sie sucht nach einem Zaubertrank, den sie für mich zubereiten will ... und gleitet durch die Luft.»* Lilith wird mitgerissen. Unter großen Schwierigkeiten findet Ida Rolf die entscheidende Ingredienz für den Trank: *«Vogelschwingen ... mit schwarzen und goldenen Federn.»* Dann wird Lilith wieder in die Badewanne verfrachtet, bekommt gegen ihren Willen den Trank eingeflößt und wird von Perls gerolft, der *«sehr dick ist und ebenfalls aussieht wie ein Flaschengeist».*[od] Die Vorstellung eines Lampen- oder Flaschengeistes ist archetypisch. Arnold Mindell hat sie in dem Buch *Dreambody* als Körpererfahrung beschrieben, die in die Körperorgane eingeschlossen ist und zu der man in Kontakt treten kann – in fernöstlichen Kulturen häufig auf dem Wege der Meditation.[13]

Die Traumserie Liliths deutet, wie viele andere der Körperarbeit, darauf hin, daß wir, je tiefer wir uns auf die Körpererfahrung einlassen, desto tiefer in die spirituellen Dimensionen des Daseins eintauchen, ja daß wir auf diese Weise die traditionelle westliche Dichotomie von Körper und Geist aufheben können.

Um Begriffsverwirrungen zu vermeiden, muß darauf hingewiesen werden, daß der Begriff «Traumkörper» bei verschiedenen Autoren nicht exakt dieselbe Bedeutung hat. Bei Mindell bezieht er sich auf eine Art feinstofflichen Energiekörper (siehe S. 338), der eine Brücke zwischen Geist und Körper bildet. Krackhauer gebraucht das Wort dagegen eher als Synonym für den Körper des Traum-Ichs.

Ich selbst hatte in Verbindung mit einer Rolfingbehandlung Träume, die sich auf die Aufhebung von Blockaden sowohl psychischer als auch physischer Natur bezogen. Ein Beispiel: «*Ich war mit einem kräftigen Burschen zusammen, der gerolft wurde. Einige ‹wasserdichte Schutzwände zwischen Teilen seiner Persönlichkeit verschwanden›. Es war wie bei einem Wasserbecken, in dem das Wasser frei durch verschiedene Bereiche fließen kann.*»

Ich erwachte mit dem angenehmen, entspannten Empfinden freier Energie, die ungehindert durch meinen Körper strömte und gleichzeitig bis in psychische Regionen vordrang, die mir bis dahin verschlossen gewesen waren.

Kinesiologie

Kinesiologie ist eine Körpertherapie, die mit einem System von Energiebahnen im Körper arbeitet (siehe auch «Traum und Chakrensymbole»). Nach kinesiologischer Auffassung sollte die Energie möglichst frei durch diese Bahnen strömen. Die Behandlung selbst besteht in der Auflösung von Blockaden durch die Bearbeitung bestimmter Punkte am Körper.

Es gibt keine Literatur zum Thema Traum und Kinesiologie, doch ich hatte Gelegenheit, Traumserien bei zwölf Klienten zu verfolgen, die in kinesiologischer Behandlung waren.

Ein höchst anschauliches Beispiel ist der Fall eines Einundzwanzigjährigen, der eine doppelte Blockade zwischen der rechten und der linken Seite hatte, die die Energiezirkulation grundlegend störte. Die Träume, die er in die ersten fünf oder sechs Behandlungen mitbrachte, hatten alle ein gemeinsames Thema: «*Seen, die ausgetrocknet waren, verschmutzt, ohne jedes Leben oder unter Glas.*»

Mit der allmählichen Auflösung der Blockaden änderte sich auch der Charakter der Träume. Nun träumte er, er «*finde leicht zugängli-*

ches, reines Wasser und komme an Seen und Ströme, in denen er hoffen konnte, Fische zu fangen».

Nach vier Monaten und der zwölften kinesiologischen Sitzung träumte er:

«Meine Freundin und ich stehen an einem See. Es ist üppig grün um uns herum. Ich fische. Ich fange zwei Aale und freue mich sehr. Ein Aal schlüpft in den Stiefel meiner Freundin. Ich habe Angst und versuche, ihn wieder herauszubekommen.»

In jungianischem Sinne waren in den anfänglichen Träumen alle Lebensprozesse im Unbewußten, dem Wasser, erstorben. Die Beschaffung frischen Wassers ist offensichtlich ein Bild des therapeutischen Prozesses.

Aus psychoanalytischer Sicht ist die Veränderung der Symbole im Verlauf der vier Monate radikal. Der Aal im Stiefel des Mädchens könnte durchaus ein sexuelles Symbol sein, was bedeuten könnte, daß der Träumer möglicherweise vom Regen in die Traufe gerät.

Ein anderer Traum stammt von einer siebenundzwanzigjährigen Frau, die eine Blockade in der linken Gehirnhälfte hatte und in kinesiologischer Behandlung war. Sie träumte, daß sie *«viele Male mit dem Zug zwischen Ostdeutschland und Westdeutschland hin- und herfuhr. Der Waggon hatte auf der rechten Seite drei Sitze, auf der linken Seite fehlten die Sitze ganz».*

Zum Schluß noch der Traum eines Mannes, der in bioenergetischer Therapie war:

«Es ist Nacht, und ich befinde mich in einer Gruppe von Menschen um ein Feuer. Wir sind nackt, nur ich trage Socken und Schuhe ... (später) Es wird kälter ... (später) Ich nehme eine warme Dusche und ziehe die Schuhe und Socken aus.»

Natürlich hätte man sich mit der Symbolik der Schuhe und Socken auch aus freudianischer, jungianischer oder phänomenologischer Sicht befassen können. Der Kommentar des Träumers selbst lautete jedoch, daß er zu diesem Zeitpunkt seinen gesamten Körper bioenergetisch durchgearbeitet hatte. Er war nun bei Spannungsgefühlen in seinen Knöcheln angelangt und arbeitete daran, seine Füße abwechselnd kalt und warm werden zu lassen.

Zusammenfassung

Der allgemein immer stärker akzeptierte Zusammenhang zwischen der Psychologie des Traums und Körperprozessen macht einmal mehr deutlich, daß Träume von vielen Dimensionen her begriffen werden können, zumal neue Ergebnisse unterstreichen, daß der Horizont des deutenden Bewußtseins bestimmend dafür ist, welche Informationen aus dem Traum zugänglich und nutzbar gemacht werden können. Nicht umsonst habe ich schon im Kapitel über Traum und Schlaflaborforschung darauf hingewiesen, wie problematisch die Verwendung von Begriffen wie «Bewußtsein» und «Unbewußtes» geworden ist, nachdem die Grenzen zwischen beiden allem Anschein nach fließender sind, als die alten Traumtheoretiker annahmen.

Diese Erkenntnis setzt sich in wachsendem Maße durch. In dem Augenblick, in dem ein Mensch eine Körperempfindung registriert, wird ihm sein Körper bewußt. Kann das Körpersignal jedoch nicht in eine bereits existierende Deutung der Welt integriert werden, sinkt es wirkungslos ins Unbewußte zurück. Als die Psychoanalyse noch in den Kinderschuhen steckte, mußte ein Körpersignal, um Eingang in das Bewußtsein des Psychoanalytikers und damit auch in das Bewußtsein und Selbstverständnis des Träumers zu finden, so stark sein, daß es eine Erkrankung hervorrief. Heute dagegen wird ein sehr viel breiteres Spektrum von Körpersignalen beachtet und in die Therapie miteinbezogen.

Wie auf den meisten Gebieten, in denen eine jüngere Therapeutengeneration in die Arbeit mit Träumen hineinwächst, sind auch die Körpertherapeuten sehr viel offener in ihren Interpretationen als die alten Theoretiker. So konstruiert Krackhauer zwar keinen ausdrücklichen Theorierahmen, kommt jedoch zu Deutungen, in die er Vorannahmen von Freud, Jung, den Existentialisten und Perls einbezieht. Auch in meiner eigenen Arbeit kommen sämtliche oben erwähnten Methoden zur Anwendung, je nachdem, was im Augenblick am fruchtbarsten erscheint. Die kreative Synthese aus verschiedenen Ansätzen muß deshalb zu einem wichtigen Gesichtspunkt der Theoriebildung werden.

Der durch die Einbeziehung körpertherapeutischer Elemente vermittelte Dialog zwischen dem Bewußtsein und dem Unbewußten im Traum kommt im wesentlichen auf drei Arten zustande:

1. Die Arbeit mit dem Körper setzt Prozesse in Gang, die automatisch in den Träumen reflektiert werden.

2. Ein erhöhtes Körperbewußtsein und ein stärkeres Interesse am Körper schärfen den Blick für das Ganze und für Details in Träumen, die etwas über den Körperzustand aussagen.

3. Die Arbeit mit dem Körper stellt dem Traum auf dem Weg der Tagesreste eine «Sprache» zur Verfügung, so daß er dem Bewußtsein auf leicht verständliche Weise Informationen über den Körperzustand vermitteln kann.

Außerdem weisen in neuerer Zeit gewonnene Erkenntnisse auf folgende Traumfunktionen:

I. Registrierung organischer Krankheit und Information über eventuelle Heilungsmöglichkeiten.

II. Aufrechterhaltung des Körperbilds während des Schlafs und Kompensation unterbundener Bewegung.

II. Konfrontation des Träumers mit traumatischen Körpererfahrungen aus der Kindheit und Antizipation neuer Körperereignisse.

IV. Spiegelung der Einstellung des Träumers zu körperlicher Berührung.

8 Traum und Parapsychologie

Beispiele für Präkognition im Traum – Parapsychologie und die Wissenschaft – Psychologische Theorien zu parapsychologischen Phänomenen – Zustände, die Psi-Phänomene begünstigen – Symbol und Verkleidung in parapsychologischen Phänomenen – Traum und Parapsychologie in der therapeutischen Situation – Einflußnahme auf die Zukunft durch Träume – Zusammenfassung

Beispiele für Präkognition im Traum

Der amerikanische Präsident Abraham Lincoln, der sich sehr für parapsychologische Phänomene und Träume interessierte, unterhielt sich eines Abends mit Ward Hill Lamon, seinem Biographen, über Träume und Vorahnungen. Es waren noch weitere Personen anwesend, darunter auch Lincolns Frau, die eine Bemerkung darüber machte, wie ernst ihr Mann Träume nehme. Lincoln entgegnete: «Ich hatte kürzlich einen Traum, der mir seither keine Ruhe mehr läßt … Irgendwie hat er Besitz von mir ergriffen, und wie Banquos Geist will er nicht weichen.» Lamon hat damals den unerfreulichen Traum, den Lincoln erzählte, sofort niedergeschrieben:

«Um mich herum schien eine todesähnliche Stille zu herrschen. Plötzlich hörte ich unterdrücktes Schluchzen, wie von einer weinenden Menschenmenge. Ich glaube, ich stieg aus dem Bett und ging die Treppe hinunter. Dort wurde die Stille von demselben jämmerlichen Weinen unterbrochen, aber nirgendwo waren Trauernde zu erblicken. Ich ging von Zimmer zu Zimmer; kein Mensch war zu sehen, doch überall hörte

ich im Vorbeigehen die Laute des Kummers. Alle Zimmer waren hell erleuchtet; jeder Gegenstand war mir vertraut; aber wo waren all die Menschen, die klagten, als bräche ihnen das Herz? Ich war verwirrt, bestürzt. Was konnte das zu bedeuten haben? Fest entschlossen, die Ursache dieses schrecklichen Geheimnisses herauszufinden, ging ich weiter, bis ich zum Ostzimmer kam. Ich trat ein. Dort erwartete mich eine entsetzliche Überraschung. Vor mir stand ein Katafalk, auf dem ein verhüllter Leichnam lag. Um ihn herum waren Soldaten als Wachen postiert, und um diese drängte sich eine große Menschenmenge. Manche blickten voller Trauer auf den Leichnam, dessen Gesicht zugedeckt war, andere weinten hemmungslos. ‹Wer ist gestorben im Weißen Haus?› fragte ich die Soldaten. ‹Der Präsident›, lautete die Antwort. ‹Er wurde von einem Attentäter ermordet!› In diesem Augenblick brach die gesamte Menge in laute Trauerbezeugungen aus, und ich erwachte. In dieser Nacht fand ich keinen Schlaf mehr.»

Wenige Tage später wurde Lincoln ermordet.[15]

Ein Traum, der ein zukünftiges Ereignis vorhersagt, wird als präkognitiver Traum bezeichnet. Wenn derartige Episoden und Phänomene in der parapsychologischen Literatur zitiert werden, stammen die Zeugnisse in der Regel aus erster Hand, von Zeugen, deren Glaubwürdigkeit normalerweise nie in Zweifel gezogen würde – wenn es sich eben nicht um das Thema Parapsychologie handelte. Andererseits sind die beschriebenen Ereignisse tatsächlich schwer oder gar nicht zu verifizieren.

Am 21. Oktober 1966 kam in dem walisischen Bergarbeiterdorf Aberfan ein riesiger Berg Kohlenschlacke ins Rutschen und begrub die Dorfschule unter sich. Einhundertvierundvierzig Menschen kamen dabei ums Leben. In der folgenden Woche forderte der englische Psychiater J. C. Barker in einer überregionalen Zeitung alle Personen, die der Ansicht waren, auf parapsychologischem Wege eine Vorinformation über die Tragödie erhalten zu haben, auf, sich bei ihm zu melden. Er erhielt eine Unmenge von Zuschriften. Nach sorgfältigem Sieben blieben fünfunddreißig Berichte übrig, die Barker für zuverlässig hielt. In vierundzwanzig Fällen hatten die Betreffenden *vor* dem Ereignis einer anderen Person von ihrer Präkognition erzählt. Bei fünfundzwanzig Personen hatte sich die Präkognition in Träumen manifestiert.

Eine Telefonistin aus Brighton hatte im Traum mitansehen müssen, wie ein Kind auf sie zugelaufen kam, verfolgt von einer *«schwarzen, hoch sich auftürmenden, wogenden Masse».*[1]

Ein kleines Mädchen namens Eryl Mai hatte ihrer Mutter folgenden Traum erzählt: *«Ich träumte, ich ging zur Schule, und da war keine Schule mehr. Etwas Schwarzes war heruntergekommen und hatte sich darübergelegt.»*

Sie sagte zu ihrer Mutter: «Mami, ich habe keine Angst zu sterben, denn ich werde bei Peter und June sein.» Als der Kohleberg zwei Tage später die Schule unter sich begrub, gehörten Eryl Mai, Peter und June zu den einhundertsechzehn Kindern, die dabei erschlagen oder lebendig begraben wurden.[1a]

Außer dem Vorherwissen gibt es noch eine ganze Reihe anderer parapsychologischer Phänomene (Psi-Phänomene) im Zusammenhang mit Träumen. Die entsprechenden Begriffe, die sich zum Teil überlappen, sind: außerkörperliche Erfahrungen in Träumen (luzide Träume), Gedankenübertragung (Telepathie), chronologische Übereinstimmung physischer und psychischer Ereignisse (Synchronizität), außersinnliche Wahrnehmung (ASW).

Parapsychologie und die Wissenschaft

Die Anerkennung der Existenz parapsychologischer Phänomene war und ist in unserer Kultur problematisch, vor allem im wissenschaftlichen Kontext. Wer sich auch nur im entferntesten mit Parapsychologie befaßt, setzt sich der Gefahr von Verleumdungen aller Art bis hin zum Ausschluß aus den Reihen der «respektablen» Wissenschaftler aus.

So war nicht zuletzt die Angst, die psychoanalytische Bewegung in Mißkredit zu bringen, ausschlaggebend für Freuds ablehnende Haltung gegenüber okkulten Phänomenen.[9,18] C. G. Jung sah sich wegen seiner Akzeptanz parapsychologischen Phänomenen gegenüber in die Isolation gedrängt und mußte sich den Vorwurf der Unwissenschaftlichkeit gefallen lassen.

Der Einsatz statistischer Methoden durch J. B. Rhine und seine sorgfältig kontrollierten Laborexperimente in den dreißiger Jahren bedeuteten einen wichtigen Durchbruch in der parapsychologischen

Forschung. In seinen Experimenten bewies er die Existenz von ASW-Phänomenen. Hier einige Beispiele:

Fünfundzwanzig Karten wurden in Einheiten zu je fünf Karten aufgeteilt. Jede Fünfereinheit wurde mit einem Zeichen versehen: Stern, Quadrat, Kreis, Kreuz oder zwei Wellenlinien. Das Experiment selbst sah dann folgendermaßen aus:

In jeder Versuchsreihe wurden die Karten achthundertmal aufgedeckt, ohne daß die Versuchsperson, die raten sollte, welches Zeichen die aufgedeckte Karte trug, sie sehen konnte. Die Chancen für eine richtige Antwort standen 5:25. Das Ergebnis, gewonnen aus einer sehr großen Stichprobe, ergab jedoch im Durchschnitt 6,5:25 richtige Antworten. Die Wahrscheinlichkeit einer Zufallsabweichung von 1,5 lag bei 1:250 000. Manche Probanden gaben mehr als doppelt so viele richtige Antworten, wie zu erwarten war. Eine einzige Versuchsperson konnte sogar alle fünfundzwanzig Karten richtig benennen; die Wahrscheinlichkeit dafür ist 1:298 023 223 876 953 125 (sic!). Bei weiteren Experimenten wurde die räumliche Distanz zwischen Versuchsleiter und Versuchsperson von wenigen Metern bis auf sechstausendfünfhundert Kilometer ausgedehnt, ohne daß sich etwas am Ergebnis geändert hätte (es wurden synchron gestellte Uhren benutzt).

Bei einem anderen Experiment wurde der Proband aufgefordert, eine Reihe von Karten zu benennen, die nach kurzer oder auch längerer Zeit aufgedeckt werden sollten. Die Zeit zwischen der Prognose und dem Aufdecken der Karten wurde dabei allmählich von wenigen Minuten auf zwei Wochen verlängert. Das Resultat dieser Experimente ergab eine Wahrscheinlichkeit von 1:400 000.[16a]

Besonders interessant bei diesen Versuchen ist, daß offenbar ein gewisser Enthusiasmus der Teilnehmer die Vorbedingung für ihr Gelingen war. So nahm die Häufigkeit von ASW-Phänomenen bei Versuchswiederholungen ab, weil das Interesse der Probanden abnahm.[16b]

Nach diesen ersten Experimenten wurden noch unzählige andere durchgeführt, alle von Wissenschaftlern, die auf anderen Gebieten als der Parapsychologie anerkannt waren und sind.

Der amerikanische Traumtheoretiker Montague Ullman kam nach einer sorgfältigen Sichtung der Literatur zu dem Schluß, daß es heute eine überwältigende Zahl von Belegen für die Existenz parapsychologischer Phänomene gibt.[25a]

Da die meisten dieser Phänomene ihrem Wesen nach beinahe immer einzigartig und unvorhersagbar sind, besteht die größte Schwierigkeit für eine wissenschaftliche Beweisführung darin, wiederholbare experimentelle Bedingungen zu schaffen.

Einer der Anlässe, die zur Krise und zum darauffolgenden Bruch zwischen Freud und Jung in den Jahren 1910–1914 führten, war Freuds negative Haltung gegenüber parapsychologischen Phänomenen.[18] Freud befürchtete damals, daß das Interesse an derartigen Phänomenen die Anerkennung der Psychoanalyse als wissenschaftlicher Disziplin gefährden könnte. Doch schon knapp zwei Jahre später kam er aufgrund von Erfahrungen mit seinen eigenen Klienten zu dem Schluß, daß die Existenz okkulter Phänomene wie zum Beispiel Telepathie nicht ganz auszuschließen sei, und betrachtete es als wünschenswert, daß sich die Psychoanalyse der wissenschaftlichen Herausforderung stellte. Er schrieb:

«Wenn es eine Telepathie als realen Vorgang gibt, so kann man trotz ihrer schweren Erweisbarkeit vermuten, daß sie ein recht häufiges Phänomen ist.»[9a]

Kulturvergleichende Untersuchungen haben gezeigt, daß der Glaube an parapsychologische Phänomene in fast allen Kulturen zu finden ist, was als Beleg dafür gewertet wurde, daß es sich dabei um faktische Erfahrungen handelt.[24] Dasselbe gilt für die zahllosen Berichte von Präkognition in Träumen, die an amerikanische und englische Zeitschriften für Parapsychologie eingesandt wurden und werden. Eine Studie mit vierhundertdreiunddreißig amerikanischen Collegestudenten zeigte, daß einhundertelf von ihnen Träume gehabt hatten, die sie für präkognitiv hielten.[31]

Der deutsche Parapsychologe Hans Bender führte mehrere systematische Untersuchungen zu präkognitiven Träumen durch. In diesem Zusammenhang schickte ihm eine Schauspielerin ihre über zwanzig Jahre hinweg gesammelten Traumprotokolle zu. Zu den möglicherweise präkognitiven Träumen gehörte der folgende vom 5. Mai 1966:

«Sie träumte von einem Kostüm, das sie für eine bestimmte Rolle bekommen sollte, und machte eine Zeichnung davon. Das auffallendste Merkmal des Kleidungsstücks war, daß es keinen Kragen hatte.»

Am 4. Mai 1967 erhielt die Schauspielerin ein Kostüm ausgehändigt, das genau so aussah, wie sie es geträumt hatte. Ein andermal träumte sie:

«Sie war in einem Warenhaus, um eine Wolljacke zu kaufen. Sie fand eine beigefarbene, und die Verkäuferin brachte ihr nacheinander drei Exemplare, die alle zu klein waren.»

Ein Jahr später bekam sie eine beige Jacke geschenkt, die ihr zu klein war. Sie gab sie zurück, und die Jacke wurde zweimal durch eine ebenfalls zu kleine ersetzt.[20]

Dem allgemeinen Konsens zufolge treten präkognitive und telepathische Träume gewöhnlich innerhalb von vierundzwanzig Stunden vor dem Ereignis auf, auf das sie hindeuten, doch es gibt Ausnahmen. Bei der Schauspielerin zum Beispiel bestand das mysteriöse Zusammentreffen darin, daß die fraglichen Ereignisse jeweils fast auf den Tag genau ein Jahr nach dem Traum stattfanden.

Der Tenor der riesigen Zahl von Berichten über präkognitive Träume geht dahin, daß sie als isolierte Phänomene anzusehen seien. Entsprechende Beispiele werden nicht nur in der parapsychologischen Literatur angeführt, sondern immer wieder auch von Psychiatern, Psychoanalytikern und Therapeuten der verschiedensten Schulen; es hat den Anschein, als fördere die therapeutische Situation das Auftreten parapsychologischer Phänomene.

Im Zusammenhang mit Naturkatastrophen und schweren Unglücksfällen (zum Beispiel die Tragödie in Aberfan oder der Untergang der Titanic) war es möglich, etwas mehr Material als sonst zur Auswertung zu erhalten.

Von besonderem Interesse für die wissenschaftliche Erhärtung des Zusammenhangs zwischen Traum und Psi-Phänomenen sind eine Reihe von Laborexperimenten, die Montague Ullman durchführte. Der Versuchsaufbau und die statistischen Ergebnisse hat Ullman selbst genau beschrieben. Die Prozedur sah, etwas verkürzt dargestellt, folgendermaßen aus:

Die Versuchspersonen schliefen im Schlaflabor, an ein EEG-Gerät angeschlossen. Alle ihre Träume und die Assoziationen wurden auf Band aufgezeichnet. Das «Zielobjekt» waren zwölf Drucke berühmter Gemälde. In einer bestimmten, zuvor festgelegten Nacht wurde eines der Gemälde nach dem Zufallsprinzip ausgesucht und von einer «Sender»-Versuchsperson in einem Zimmer in einer gewissen Entfernung von der schlafenden Versuchsperson betrachtet. Später wurden die Traumniederschriften und die zwölf möglichen Gemälde drei unabhängigen Juroren vorgelegt, die sie danach ordnen sollten, welches Gemälde welchen Träumen am nächsten kam.[25b]

In einer Voruntersuchung stellte sich heraus, daß einer der Sender mit hoher statistischer Wahrscheinlichkeit sehr viel mehr telepathisches Material in die Träume der Empfänger übermitteln konnte als die anderen. Aus diesem Grund wurden der Träumer und der Sender ausgesucht, die zusammen die höchste Übermittlung an piktographischem Material im Traum zustande gebracht hatten, um festzustellen, ob der Erfolg wiederholbar war. Wenn diese beiden zusammenarbeiteten, standen die Chancen für eine gelungene telepathische Beeinflussung des Traums 1:1000.

Einige Beispiele:

Das durch das Zufallsprinzip ausgewählte Gemälde war Dalis *Abendmahl*. Es zeigt in der Mitte Christus, an einem Tisch sitzend, umgeben von seinen zwölf Jüngern. Auf dem Tisch befinden sich ein Glas Wein und zwei Brote, im Hintergrund sind eine Wasserfläche und ein Fischerboot zu erkennen.

Auszug aus S.s erstem Traumprotokoll: *«Da war eine Szene mit einem Meer … es war von einer sehr merkwürdigen Schönheit und Anordnung.»* Auszug aus S.s zweitem Traumprotokoll: *«Es gibt keinen genauen Grund, warum ich dies sage, aber irgendwie kommen mir Boote in den Sinn. Fischerboote, relativ klein … Während ich das beschreibe, erinnere ich mich an ein Bild im Sea Fare Restaurant. Es ist ein sehr großes Gemälde. Riesengroß. Es zeigt etwa ein Dutzend Männer, die vom Fang zurückkommen und ein Fischerboot ans Ufer ziehen.»* Auszug aus S.s drittem Traumprotokoll: *«Ich sah mir einen Katalog an … es war ein Weihnachtskatalog. Weihnachtszeit.»*[25c]

Eine Reihe ähnlicher Experimente, die Calvin Halls Mitarbeiter Robert van de Castle und Stanley Krippner gemeinsam mit Ullman durchführten, scheint die Möglichkeit telepathischer Übermittlungen in Träumen zu bestätigen.[26,27]

Psychologische Theorien zu parapsychologischen Phänomenen

Freud erklärte das Phänomen der Telepathie anhand des Vergleichs mit Insektenstaaten: Wir wissen nichts darüber, wie in solchen Gemeinwesen der «Gesamtwille» übermittelt wird; denkbar wäre jedoch eine «direkte psychische Übertragung». Telepathie könnte dann als eine primitive (archaische) Verständigungsweise zwischen Einzelwesen verstanden werden, die aus den Anfangsstadien der Evolution stammt, im Unbewußten des einzelnen und in leidenschaftlich erregten Menschenmassen aber noch immer wirkt.[9a]

Jung sah in Rhines Experimenten und in seinen eigenen Erfahrungen einen Ausdruck der Fähigkeit der Psyche, die allgemeingültigen Grenzen von Raum und Zeit zu überschreiten. Als Sammelbezeichnung für parapsychologische Phänomene führte er den Begriff der Synchronizität ein. Darunter verstand er das Zusammentreffen eines psychologisch bedeutsamen inneren Begebnisses und eines äußeren Ereignisses, zwischen denen keine rational erklärbare Kausalbeziehung besteht.[16c]

Jung führt das Beispiel einer jungen Frau an, die bei ihm in Behandlung war. Sie erzählte ihm einen Traum, «*in welchem sie einen goldenen Skarabäus zum Geschenk erhielt*». (Der Skarabäus ist eine Käferart, der im alten Ägypten magische Kräfte und große symbolische Bedeutung zugeschrieben wurde. Er wurde häufig in Edelstein nachgebildet.)

Während die Frau den Traum erzählte, hörte Jung plötzlich ein leises Pochen am Fenster. Er hatte das sichere Gefühl, daß hier etwas Außergewöhnliches am Werk war, drehte sich um und sah einen Käfer, der gegen die Scheibe flog. Jung öffnete das Fenster und fing den Käfer. Es war ein Rosenkäfer (cetonia aurata), der von allen in der Schweiz heimischen Käferarten dem goldenen Skarabäus am nächsten kommt. Er zeigte ihn der Frau mit den Worten: «Hier haben Sie Ihren Skarabäus.»[16d]

Synchronizität kann in der Gleichzeitigkeit zweier Ereignisse bestehen, die nicht durch eine äußere Ursache, sondern durch ihre gemeinsame Bedeutung miteinander verbunden sind.[10] Das bedeutsame Zusammentreffen kann auch über große Entfernungen hinweg stattfinden. Der schwedische Mystiker Emmanuel Swedenborg hatte zum Beispiel eine Vision von einem großen Brand in Stockholm, während er selbst sich weit weg befand. Später stellte sich heraus, daß das Feuer tatsächlich zur selben Zeit wütete, als Swedenborg seine Vision hatte.[16e]

Die Synchronizität kann aber auch antizipatorischen Charakter haben, wenn der psychische Zustand sich auf ein zukünftiges Ereignis bezieht, wie zum Beispiel in präkognitiven Träumen.

Das schwer zu Verstehende und zugleich Innovative an Jungs Theorie zu parapsychologischen Phänomenen besteht darin, daß er sie nicht als Resultat von Ursache und Wirkung betrachtet. Vielmehr liegt nach seiner Vorstellung hinter unserer Wahrnehmung von Psyche und Materie als voneinander getrennten Phänomenen eine unbestimmte Welt der Einheit *(unus mundus)*, wo die Psyche «wie eine Qualität der Materie oder die Materie wie ein konkreter Aspekt der Psyche» erscheint.[29]

Gemäß Jungs Theorie kommt es zum Beispiel zu telepathischen Erfahrungen nicht dadurch, daß ich irgend jemandem einen Gedanken «sende», sondern dadurch, daß das kollektive Unbewußte nahezu gleichzeitig dieselbe Erfahrung in mir und in dem anderen erzeugt. Wir sind nur, je nachdem, wie stark unsere Verbindung zu den Archetypen ist, mehr oder weniger dazu in der Lage, diese Erfahrung wahrzunehmen.

Jungs Gedanke einer Einheitswelt *(unus mundus)* stammt aus der mittelalterlichen Philosophie. Die Idee bedeutsamer chronologischer Zusammentreffen hat dagegen zahlreiche Parallelen in den neueren Ansätzen der Biologie und der Quantenphysik.

Angeregt durch die alchemistische Vorstellung einer «Weltseele» *(anima mundi)*, die alles in sich einschließt, was in der Welt schon geschehen ist und noch geschehen wird, spricht Jung von einem «absoluten Wissen» im kollektiven Unbewußten. Mit diesem Wissen war Swedenborg seiner Ansicht nach in einem veränderten Bewußtseinszustand in Berührung gekommen.

In der esoterischen Tradition, die im Mittelpunkt des folgenden Kapitels stehen soll, werden parapsychologische Phänomene als Ausdruck eines «höheren Bewußtseins» erklärt,[32] einer Art kosmischen Geistes oder Weltseele von unbegrenzter Intelligenz, deren Wissen «angezapft» werden kann.

Für Jung kann es grundsätzlich nur dann zu synchronistischen Phänomenen kommen, wenn ein Archetyp aktiviert wurde. Synchronistische Phänomene setzen einen affektiven Zustand und eine niedrigere Bewußtseinsschwelle voraus. Das ist die Vorbedingung für die Aktivierung archetypischen Materials. Daß Rhines Experimente nicht wiederholbar waren, lag daran, daß durch die Wiederholung der Enthusiasmus der Probanden und damit die emotionale Intensität der Situation schwand. Prophetische Gaben sind besonders deshalb so wirkungsvoll, weil sie mit Gefühlen spielen: Indem sie unbewußte Neigungen berühren, lösen sie Interesse, Neugier, Erwartung, Hoffnung und Angst aus.[16b]

Auch Stanislav Grof hat sich intensiv mit parapsychologischen Phänomenen auseinandergesetzt, die sich bei der Arbeit mit psychedelischen Substanzen und Techniken sehr häufig einstellen. Er bedient sich dabei der Jungschen Terminologie, ist jedoch der Ansicht, daß Jung in seinen Überlegungen nicht weit genug ging.

Synchronistische Phänomene überschreiten die Grenzen statistischer Wahrscheinlichkeit, so Grof, jedoch ohne daß dabei die traditionellen (auf Newton und Descartes zurückgehenden) Naturgesetze verletzt werden. Grof bezeichnet synchronistische Phänomene deshalb als psychoide Erfahrungen ersten Grades. Zu psychoiden Erfahrungen zweiten Grades gehören Poltergeistphänomene, Geister und spiritistische Erfahrungen. Erfahrungen des dritten Grades werden vor allem in der Yoga-Tradition beschrieben: Menschen, die ohne Nahrung, Wasser oder Sauerstoff leben, die fliegen oder sich plötzlich entmaterialisieren beziehungsweise materialisieren können, die sich durch die Zeit bewegen usw.[13] All diese Phänomene stellen unseren Realitätsbegriff radikal in Frage.

Zustände, die Psi-Phänomene begünstigen

Nach Auffassung Jungs sind parapsychologische Erfahrungen mit dem kollektiven Unbewußten verbunden. Aus diesem Grund tauchen sie am häufigsten in archetypischen Situationen auf, das heißt, in wichtigen Übergangsphasen des Lebens wie Geburt, Pubertät, in Zusammenhang mit dem Eingehen partnerschaftlicher Beziehungen, in der Midlife-crisis und vor dem Tod, bei schöpferischen Prozessen und bei wichtigen kollektiven Ereignissen kultureller oder gemeinschaftlicher Art.

René Spitz, der sich mit den frühen Objektbeziehungen des Kindes auseinandergesetzt hat, ist wie Freud der Ansicht, daß parapsychologische Wahrnehmungen über das von der Evolutionsgeschichte her ältere autonome Nervensystem erfolgen und daß die Fähigkeit zur Registrierung solcher Wahrnehmungen parallel zur Entwicklung und Stabilisierung des Ichs verlorengeht.[33] Das wird durch die Beobachtung von Marie-Louise von Franz bestätigt, daß die Empfänglichkeit für parapsychologische Botschaften im Verlaufe einer Ich-stabilisierenden Analyse verschwindet.[34] Damit ist jedoch nichts darüber ausgesagt, daß die Ich-Struktur möglicherweise in einem späteren Entwicklungsstadium, in dem die Persönlichkeit bereits gefestigt ist, erneut durchlässig werden kann, so daß die parapsychologische Sensibilität auf einer höheren Stufe in die Persönlichkeit integriert und von dieser kontrolliert werden kann – ein, wie man sich denken kann, äußerst schwieriger Balanceakt.

Bekanntermaßen ist die Fähigkeit, übernatürliche Phänomene aller Art wahrzunehmen und als solche zu akzeptieren, am stärksten ausgeprägt bei Menschen, die in engem Kontakt mit der Natur leben, und am geringsten bei intellektuellen Städtern. Von Franz hat darauf hingewiesen, daß es unter natürlichen Bedingungen sehr viel wichtiger ist, sich auf die Intuition zu verlassen, insbesondere in Jäger-Gesellschaften, in denen Träume dazu verwendet werden, den Weg zum Wild zu weisen.[35] Nach Auffassung Ullmans hat die Empfänglichkeit für präkognitive und telepathische Träume unter primitiven Bedingungen eine Wachpostenfunktion.[25d]

Die psychoanalytischen Forscher stimmen im großen und ganzen darin überein, daß parapsychologische Phänomene besonders zwischen Menschen mit intensiver emotionaler Bindung auftreten, daß die Botschaften stark bedeutungsbefrachtet sind und daß Übergangsphasen und andere intensiv erlebte Lebenssituationen begünstigend für das Auftreten solcher Phänomene wirken. Das gilt auch für die Situation der Analyse mit ihrem intensiven Durchleben von Emotionen und psychischen Grenzüberschreitungen.[30]

Ullman stellte fest, daß telepathische Phänomene besonders in Krisensituationen auftreten, in denen die emotionale Belastung unerträglich groß wird.[25]

Von daher wird die Schwierigkeit, Experimente mit Psi-Phänomenen zu wiederholen, bis zu einem gewissen Grad verständlich, da diese Phänomene in der Regel als Folge spontan erlebter Lebenskrisen auftreten, die im Labor nicht nachgestellt werden können.

Vor allem die Neofreudianer haben sich auch mit der pathologischen Seite von Telepathie und ASW-Phänomenen auseinandergesetzt. Fast alle Autoren unterstreichen die Bedeutung dieser Phänomene für den Prozeß der Übertragung und Gegenübertragung, in dessen Verlauf die Klienten häufig versuchen, die wunden Stellen ihres Therapeuten zu treffen.

Häufig handelt es sich nach Ullman in solchen Fällen um gehemmte Zwangsneurotiker, die ein starkes Bedürfnis nach Kontakt, zugleich aber auch den Wunsch nach Distanz haben. Mit dem «telepathischen Manöver» zeigen sie dem Therapeuten, ohne die Verantwortung für ihre Äußerung zu übernehmen, daß sie alle seine Geheimnisse kennen.[25e]

Ich selbst und mehrere meiner Kollegen haben gelegentlich Klienten mit Borderline-Symptomen erlebt, die über ihre Träume Konflikte ihrer Therapeuten errieten, von denen sie sonst nichts wissen konnten, und die dieses Wissen dann dazu nutzten, das Bollwerk ihres Widerstands gegen die Therapie zu verstärken.

Eine Frau, die seit vielen Jahren mit schizophrenen Kindern arbeitete, erzählte mir einmal, daß die Kinder, wenn sie ihre Eltern auf anderem Weg nicht erreichen konnten, häufig auf telepathischem Weg mit ihnen kommunizierten. Mit parapsychologischen Phänomenen in Psychosen hat sich der Neofreudianer Jan Ehrenwald intensiv beschäftigt.[6]

Konsens besteht darüber, daß veränderte Bewußtseinszustände Psi-Phänomene fördern. Der Freudianer Emilio Servadio stellte fest, daß telepathische Träume und Halluzinationen neunzig Prozent aller Fälle von Telepathie ausmachen. Bei Untersuchungen zur Präkognition zeigte sich auch hier das verläßlichste Material in Verbindung mit Träumen, Meditation, Hypnose, Trance, Einwirkung psychedelischer Substanzen und psychotischen Zuständen.[21] Von daher ist das besondere Interesse von Traumdeutern und Therapeuten im allgemeinen an Parapsychologie nicht verwunderlich.

Symbol und Verkleidung in parapsychologischen Phänomenen

Auf einer Reise mit ihrer Mutter übernachtete die sechzehnjährige Louisa Rhine in einer Stadt in Arizona. Gegen Morgen hatte sie den folgenden Traum, den sie nach dem Aufwachen ihrer Mutter erzählte:

«Ich war wieder in Los Angeles. Ich sah unseren Nachbarn in seinem Vorgarten an einem offenen Grab stehen. Ich ging zu ihm hinüber und fragte, was passiert sei. Er erzählte mir, daß Elaine, seine kleine Tochter, von einem Auto erfaßt und getötet worden war. Er streckte den Arm aus – Handfläche nach oben –, krümmte die Finger in einer quetschenden Bewegung nach innen und sagte: ‹Ihr Kopf wurde zerdrückt wie ein Ei.›»

Etwas später am selben Morgen, als Louisa und ihre Mutter vor einem Schalter am Postamt warteten, erzählte ein Mexikaner dem Postbeamten von einem Unfall, der kurz zuvor vor der Stadt passiert war und bei dem ein anderer Mexikaner von einem Zug erfaßt und getötet worden war. Indem er genau dieselbe Handbewegung machte wie der Nachbar in Louisa Rhines Traum, sagte er zu dem Beamten: «Sein Kopf wurde zerdrückt wie ein Ei.»[19]

Betrachtet man diesen und andere parapsychologische Träume, so fällt als gemeinsames Merkmal auf, daß manche Details des Traums ganz realistisch dem aktuellen Ereignis entsprechen, über das er etwas aussagt, während andere davon abweichen. Im Fall des Traumes von Louisa Rhine stimmten die Handbewegung und der Satz über den zerdrückten Kopf mit dem tatsächlichen Geschehen überein, nicht aber die Personen und der Ort.

Diese Abweichungen erklären sich daraus, daß parapsychologische Phänomene gewöhnlich in Verbindung mit veränderten Bewußtseinszuständen auftreten. Sie sind nicht logisch und rational, sondern geprägt von der Denkweise des Unbewußten.

In der jungianischen Psychologie werden solche Abweichungen symbolisch gedeutet, wobei die Symbole wiederum als Ausdruck kompensatorischer Prozesse betrachtet werden, die interpretiert und bearbeitet werden sollten.

Für Freud waren okkulte Phänomene genauso zu behandeln wie

Träume und anderes unbewußtes Material. Er betrachtete die in solchen Träumen vorkommenden Abweichungen von der Realität als Verschiebungen, Verdichtungen usw., mit anderen Worten, als Ausdruck einer Art «Traumarbeit».[9]

Außerdem wurde die Hypothese aufgestellt, daß Träume, so wie sie vergangene Erfahrungen und Tagesreste verarbeiten, auch künftige Ereignisse als Bausteine im Rahmen ihrer individuellen Botschaften an den Träumer verwenden.[20]

Traum und Parapsychologie in der therapeutischen Situation

Freud glaubte nicht nur, daß telepathische Phänomene denselben Gesetzen gehorchen wie andere unbewußte Prozesse, er schlug auch vor, sie im Rahmen der Traumanalyse genauso einzusetzen wie Assoziationen. Freuds «Telepathiehypothese» war von einiger Bedeutung für seine Nachfolger und kann in der Praxis äußerst hilfreich sein, ganz gleich, ob man Telepathie als etwas Reales oder als stark energiebesetzte Phantasie betrachtet.

In *Traum und Okkultismus* hat Freud Beispiele für die analytische Anwendung der Telepathiehypothese vorgelegt.

Ein Mann, der laut Freud keinerlei «okkulte» Neigungen hatte, träumte in der Nacht vom 16. zum 17. November, daß *«seine Frau* (nach einer neuen Eheschließung) *Zwillinge gebar»*. Am nächsten Tag bekam er ein Telegramm, das ihn davon unterrichtete, daß seine Tochter etwa um die Zeit seines Traums Zwillinge zur Welt gebracht hatte.

Zunächst erschien dieser Traum nicht besonders telepathisch, da es sich bei der Ersetzung der Tochter durch seine frühere Frau im Traum einfach um eine Verschiebung hätte handeln können. Tatsächlich war der Träumer nicht besonders glücklich in seiner gegenwärtigen Ehe. Er wollte keine Kinder mit seiner zweiten Frau, weil er bezweifelte, daß sie sie vernünftig erziehen würde, und hatte schon lange keinen Geschlechtsverkehr mehr mit ihr gehabt. Der Tochter dagegen stand er sehr nahe und wußte, daß sie ihn innig liebte. Von daher war es gar nicht so abwegig, daß er den unbewußten Wunsch hatte, seine Tochter zu heiraten und mit ihr Kinder zu haben statt mit seiner Ehefrau.

Was dennoch für ein telepathisches Phänomen sprach, war die Tatsache, daß die Tochter während der Geburt wahrscheinlich sehr an ihn dachte. Außerdem wurde die Niederkunft erst einen Monat später erwartet, und als der Mann seine Tochter das letzte Mal gesehen hatte, war mit keinem Wort die Rede von Zwillingen gewesen.

Nach Ansicht Freuds bemächtigte sich die Traumarbeit der telepathischen Botschaft und bemäntelte so den unbewußten Wunsch des Träumers, die Tochter an die Stelle der Ehefrau zu setzen. Hier gelang es also, mit dem Mittel der Psychoanalyse ein telepathisches Phänomen aufzudecken, das andernfalls wohl unbeachtet geblieben wäre.

Freud selbst bezog nicht eindeutig Stellung, ob es sich bei diesem Traum nun um Telepathie gehandelt hatte oder nicht. Für ihn zählte in erster Linie, daß das Phänomen sich in die Traumdeutung integrieren ließ.[9b]

Jule Eisenbud, ein Neofreudianer, der mit Freuds Telepathiehypothese arbeitete, führt die folgenden Beispiele an:

«Eine junge, verheiratete Frau fällt in Ohnmacht, während sie Gäste hat, und erwacht mit tetraplegischer Paralyse. Im selben Augenblick, um zweiundzwanzig Uhr dreißig, stirbt einer ihrer früheren Liebhaber an einem Herzanfall.»

Die Frau hatte damit gerechnet, daß ihr Liebhaber, ein wohlhabender älterer Mann, ihr ein beträchtliches Vermögen hinterlassen würde. Sein Testament zeigte jedoch, wie unrealistisch diese Vorstellung gewesen war. Wenn sein Tod die gewaltsame psychische Regression der Frau verursacht hatte, dann sagte das etwas über die Ansprüche aus, die sie an Menschen und besonders an Männer stellte. Das unheimliche Zusammentreffen konnte auch als heftige Aggression auf seiten der Frau interpretiert werden, und erst, als dieser Aspekt ans Licht kam, konnte sie erfolgreich therapiert werden.

Und: «Ein junger Mann ist wegen einer unglücklichen Liebesgeschichte tief deprimiert. Als die Frau, die er nicht bekommen kann, ohne sein Wissen heiratet, löst sich die Depression wie durch einen Zauber zum selben Zeitpunkt, an dem die Eheschließung stattfindet. Als er später erfährt, was geschehen ist, kehrt die Depression zurück.»

Der telepathisch verursachte Stimmungswandel schien darauf hinzudeuten, daß der Mann sich unbewußt wünschte, von der Beziehung frei zu sein, während er bewußt in seiner unerfüllten Liebe verharren wollte.[6a]

In der jungianischen Analyse wird parapsychologischen Phänomenen große praktische Bedeutung zugeschrieben. Jung selbst und viele seiner Nachfolger haben Fälle geschildert, in denen synchronistische Faktoren eine entscheidende Rolle bei der Heilung eines Klienten spielten.[10]

Ende der sechziger Jahre untersuchte eine hochgeachtete Gruppe jungianischer Psychoanalytiker Gegenübertragungsprozesse bei der Analyse archetypischer Träume und stieß dabei überraschenderweise auf zahlreiche parapsychologische Aspekte.

Die Analytiker führten über einen Zeitraum von zwei Jahren genau über ihre eigenen Assoziationen, Emotionen und Körperempfindungen während der Arbeit mit den Träumen ihrer Klienten Buch, ganz gleich, wie irrelevant oder gar störend sie auch scheinen mochten.

Dabei stellte sich heraus, daß sich nicht nur im Unbewußten der Klienten, sondern auch in dem der Analytiker archetypische Prozesse abspielten, die dem Analytiker dabei halfen, Blockaden und «blinde Flecke» zu überwinden, die ihm die Einfühlung in den Klienten erschwerten. Besonders auffällig war dies bei der Arbeit mit archetypischem Material und in emotional angespannten Situationen.

Häufig brauchte der Analytiker die Emotion, den Gedanken oder die Phantasie, die er gerade hatte, nur zu erwähnen, ja sich ihrer nur bewußt zu werden, schon brachte der Klient spontan eine vergleichbare Phantasie zum Ausdruck. Diese Erfahrungen wurden als synchronistisch, als ASW beziehungsweise als Telepathie betrachtet.[4]

Eine Klientin mit einer schweren Neurose träumte (gekürzt):

«Ich zog in ein Haus. Da war noch eine andere Frau ... ein Mann erzwang sich den Zutritt und wollte mich vergewaltigen. Ich rannte weg, um Hilfe zu holen. Als ich zum Haus zurückkam, waren der Mann und die Frau verschwunden. Ich hatte im Traum große Angst und wachte völlig erschöpft auf.»

Der Traum trat nach hundertsiebenundvierzig Stunden Analyse auf, in denen die Frau vor jeder Konfrontation mit ihren Problemen, insbesondere auf sexuellem Gebiet, davongelaufen war. Der Analytiker sah in dem Traum einen weiteren Fluchtversuch. Er fühlte eine leichte Verärgerung und dachte: «Man sollte es machen wie Hades, sie einfach packen und festhalten.» (Hades ist der griechische Gott der Unterwelt, der die unschuldige junge Kore, die Tochter der Muttergottheit Demeter, raubte und in die Unterwelt entführte.) Das nächste innere Bild des Analytikers war ein wichtiger Traum, den er während seiner Ausbildung gehabt hatte:

«... Er befand sich in einer Grotte. Hinter einem Gitter führten lebende Menschen jede nur vorstellbare Art des Geschlechtsverkehrs vor.» (gekürzt)

Genau in diesem Augenblick platzte die Klientin heraus: «In dem Haus war eine Glaswand. Ich erlebe fast alles wie hinter einer Glaswand.» (Glaswand und Gitter sind in ihrer Symbolik eng verwandt.) Jetzt erinnerte sich der Analytiker, daß ihm zur Zeit jenes Traumes die Wertschätzung einer Analytikerin sehr geholfen hatte. Daraufhin nahm er für den Rest der Stunde eine Haltung mütterlicher Besorgtheit ein, ohne etwas über seine Assoziationen zu sagen. Am nächsten Tag rief ihn die Klientin an und sagte: «Die Glaswand ist zersprungen. Nach der letzten Stunde hatte ich eine ganze Flut sexueller Phantasien ... Sie kamen übrigens auch darin vor.» Das archetypische Muster, dessen Aktivierung hier vermutet wurde, war der Mythos von Demeter, Kore und Hades. Der Hintergrund sowohl des Analytikers als auch der Klientin war eine streng puritanische Erziehung, in der alle sexuellen Impulse unterdrückt wurden.[4a]

Vielen Jungianern ist das – am leichtesten durch Parapsychologie erklärbare – Phänomen vertraut, daß der Traum eines Klienten beim Analytiker eine Phantasie oder Gedankenkette auslöst, deren Inhalte dann im nächsten Traum des Klienten auftauchen – als hätte der Analytiker mit dem Klienten weitergeträumt.

Das folgende Beispiel stammt aus meiner eigenen Praxis. Ein achtunddreißigjähriger Mann träumt: *«Vater hat mich sexuell belästigt. Es ist widerlich ...»* Der Träumer fragte mich, warum dieses Thema erst jetzt, nach drei Jahren Analyse, bei ihm auftauche. Ich sprach seine Vorliebe für junge Mädchen an. Kurz zuvor hatte er eine Affäre mit einer beträchtlich jüngeren Frau gehabt, sich jetzt aber zum ersten Mal mit einer Partnerin seines eigenen Alters eingelassen. Mußte er vielleicht seine Wut über den (symbolischen) Inzest seines Vaters an ihm unterdrücken, solange er selbst erotische Beziehungen hatte, die von seinen jeweiligen Partnerinnen als Vaterinzest erlebt werden konnten?

Und tatsächlich sagte der Mann in diesem Augenblick: «Der nächste Traum warnte mich davor, mit E. (der jüngeren Frau) ins Bett zu gehen» – und zufällig wußte ich, daß E. in einer Inzesttherapiegruppe war.

Die Schlußfolgerung, die die Gruppe jungianischer Analytiker aus ihrem Experiment zog, fiel ganz im Sinne Jungs aus: Um einem Klienten helfen zu können, muß der Analytiker immer auch seine eigenen unbewußten Prozesse im Blick haben.[4] Wenn irgendein Gedanke, so unlogisch und unvernünftig er auch erscheinen mag, immer wieder auftaucht und zudem emotional besetzt ist, ist darin grundsätzlich die Manifestation einer starken Energie zu sehen, die ernstgenommen werden muß.

Jungs Erfahrung mit dem Rosenkäfer, der gegen die Scheibe flog, als seine Klientin ihm einen Traum über einen goldenen Skarabäus erzählte, ist ein Beispiel für ein synchronistisches Phänomen, das sehr wichtig für die Analyse war. Die Frau hatte eine überrationalistische, intellektualisierende Grundhaltung, die es ihr sehr schwer machte, sich zu öffnen, doch der besagte Zwischenfall half ihr, sich zu ändern.

Derartige Phänomene sind in Analysesitzungen gar nicht so selten. Ich erinnere mich noch an einen Traum, der mich ausrufen ließ, «… aber das könnte man ja geradezu als psychische Defloration bezeichnen!», als plötzlich eine rosa Azaleenblüte auf meinen Tisch fiel. Oder an einen Klienten, der mir einen Traum von einem Autounfall erzählte, und im gleichen Augenblick hörten wir, wie es unten auf der Straße krachte.

Einflußnahme auf die Zukunft durch Träume

Wenn Träume tatsächlich etwas über die Zukunft aussagen, dann ist es verlockend, sie auch dazu einzusetzen, die Zukunft in der gewünschten Weise zu verändern. Dieses Thema wurde denn auch in der parapsychologischen Literatur häufig behandelt.

Der folgende Fall wurde von der Society for Psychical Research veröffentlicht. Eine Frau träumte,

«...daß ihr Kind verletzt wurde, als es an den Eisenbahnschienen spielte.»

Sie verbot dem Kind, dort zu spielen, und später passierte an genau der Stelle, die sie im Traum gesehen hatte, ein Unfall.[20]

Der holländisch-jüdische Psychiater H. D. de Zoete hat Träume beschrieben, die er vor und während des Zweiten Weltkriegs hatte. Sie warnten ihn vor dem Ausbruch des Krieges, der Bombardierung Rotterdams und dem schrecklichen Leiden, das auf die Juden zukam. In einigen Träumen sah er SS-Razzien in der Gegend, in der er sich verborgen hielt. Diese Vorahnungen im Traum veranlaßten ihn, mit seiner Familie zu fliehen.[3]

Robert van de Castle hat eine große Zahl von Beispielen für Träume gesammelt, die zu einem höheren Einkommen führten. Das folgende stammt von einem hochrangigen britischen Beamten in Kuwait, Lieutenant Colonel H. R. P. Dickson, aus dem Jahr 1937:

Eines Tages wütete ein heftiger Sandsturm, der neben einer Palme, die auf Dicksons Grundstück in Kuwait wuchs, ein Loch aushob. In dieser Nacht träumte er:

«Er geht zu dem Loch und findet einen Sarkophag. Als er ihn öffnet, sieht er ein Leichentuch. Er berührt es, und daraufhin erwacht ein schönes Mädchen zum Leben. In diesem Augenblick hört er in der Wüste Geschrei. Eine Horde Fremder kommt näher, sie packen das weinende Mädchen und versuchen, sie lebendig zu begraben. Er jagt die Männer fort.»

Dickson konsultierte eine als Prophetin und Traumdeuterin bekannte Beduinin. Sie sagte ihm, das Mädchen symbolisiere Reichtümer unter dem Sand Kuwaits und die Fremden seien «Männer von jenseits des Meeres», die ihn daran hindern wollten, diese Schätze zu heben. Sie gab ihm den Rat, eine britische Bohrmannschaft, die zwei Jahre lang vergeblich nach Wasser gebohrt hatte, neben einer einzelstehenden Palme in der Burgan-Wüste bohren zu lassen. Zuerst lachten ihn die Männer aus, aber Dickson beharrte auf seinem Vorhaben. Im Mai 1938 stieß die Bohrmannschaft dann tatsächlich neben einer einsamen Palme in Burgan auf den sagenhaften Reichtum, den Dicksons schönes Traummädchen symbolisiert hatte – Erdöl. Es handelte sich um einen Fund von solcher Größenordnung, daß er internationale Konsequenzen hatte.

Van de Castle berichtet auch von Personen, die ihre Träume systematisch bei Pferdewetten und Börsenpekulationen einsetzten – erfolgreich, wohlgemerkt. Unter den vielen Beispielen findet sich auch der folgende Traum eines begeisterten Börsenspekulanten und Universitätslehrers. 1963 träumte er: «*Ich erzähle einer Frau, daß Freeport Sulphur die nächsten fünf Jahre steigen wird.*»

In der Zeit zwischen 1963 und 1968 kaufte er *Freeport Sulphur,* soviel er sich leisten konnte. Die Aktie stieg stetig, und er verkaufte mit Profit. Später kaufte er auf Anraten eines Vizepräsidenten der Gesellschaft erneut Anteile, aber diesmal verlor er Geld.[28a]

Die bewußte Nutzung von Träumen für Pferdewetten und Börsenspekulationen hat nun freilich gar nichts mehr mit dem jungianischen Standpunkt zu tun. Man fühlt sich allenfalls an jene Alchemisten erinnert, die «gewöhnliches» Gold herstellen wollten, und an die andere Gruppe, die das «wahre» Gold suchte, geistigen Reichtum. Ich muß zugeben, daß ich der Versuchung, eine Million Dollar in «gewöhnlichem» Gold auszugraben, wohl kaum widerstehen könnte. Doch wenn wir das Unbewußte manipulieren, besteht immer die Gefahr, genau die Information zu verlieren, die die Sichtweise des Bewußtseins kompensieren und uns helfen könnte, eine Einseitigkeit unserer Persönlichkeit zu überwinden, die auf lange Sicht ungünstig ist.

Es gibt parapsychologische Studien, die darauf hinweisen, daß Träumer nicht immer in der Lage sind, das im Traum vorhergesehene Ereignis abzuwenden, auch wenn sie es versuchen. Im Gegenteil, manchmal scheint die Prophezeiung des Traums gerade durch den Versuch, ihr Eintreffen abzuwenden, Wirklichkeit zu werden. Louisa Rhine fand in hunderteinundneunzig Fällen nur drei, in denen eine solche Intervention gegen das im Traum angekündigte Ereignis erfolgreich war.[20]

In der psychoanalytischen Praxis begegnen wir häufig Träumen, deren scheinbar antizipatorischer Charakter in der Realität keine Bestätigung findet, handeln doch viele Träume in der Analyse vom Tod nahestehender Personen, ohne daß diese in Wirklichkeit sterben. Bei Menschen, die normalerweise nicht mit ihren Träumen arbeiten, wäre es denkbar, daß sie sich vor allem an besonders archetypische Träume erinnern, die nach Jungs Theorie häufig die Grenzen von Zeit und Raum übersteigen. Oft sind Träume, die als präkognitiv erfahren werden, ja tatsächlich besonders intensiv und plastisch. Wenn prophetische Träume sich verwirklichen, liegt dies wohl nicht zuletzt daran, daß die Träumer diese Träume zu wörtlich nehmen und nicht in der Lage sind, sie als symbolisch-psychologische Phänomene zu sehen und mit ihnen zu arbeiten.

Nach den psychologischen Theorien, die ich vorgestellt habe, treten spontane parapsychologische Phänomene hauptsächlich dann auf, wenn das Ich zuviel Energie im Unbewußten beläßt oder die Kommunikation auf der bewußten Ebene blockiert ist. Meiner Ansicht nach kann man grundsätzlich davon ausgehen, daß parapsychologische Phänomene Manifestationen von Energien sind, die außerhalb der Kontrolle des Ichs liegen, daß sie psychologische und entwicklungsbezogene Informationen enthalten und daß sie häufig verschwinden, wenn die Bedeutung dieser Informationen in die Persönlichkeit integriert wird.

Zur Veranschaulichung möchte ich einige vermutlich synchronistische Phänomene im Zusammenhang mit einem Traum schildern, den ich 1982 hatte, als ich mit der Arbeit an meinem Buch *Det kvindelige i manden* (Das Weibliche im Mann) begann.

Eines Tages Mitte September 1982 stand ich in der Küche meines Büros, als plötzlich Wasser aus einem Leck im Heißwasserboiler zu spritzen begann. Es stellte sich heraus, daß ein Verbindungsstück zwischen zwei Rohren durchgerostet war. Einige Tage später entdeckte ich einen feuchten Fleck an der Decke. Diesmal war die Waschmaschine der Obermieter defekt. Noch ein paar Tage später lief die Spülmaschine über. Dann war der Abfluß der Spüle in der Küche verstopft und kurz darauf der Abfluß im Bad. Und schließlich blieb aus Versehen ein Hahn in der Spülküche aufgedreht, und es kam zu einer Überschwemmung.

All diesen Zwischenfällen gemein war, daß sie relativ früh entdeckt wurden, so daß der Wasserschaden minimal blieb. Ich kann mich nicht erinnern, in den Jahren davor jemals so gehäuft mit Klempnerproblemen zu tun gehabt zu haben.

Gleichzeitig begannen Birnen kaputtzugehen, es gab Kurzschlüsse, Sicherungen brannten durch usw. – Phänomene, die sich häufig einstellen, wenn ich ein kreatives Projekt in Angriff nehme.

Merkwürdig war, daß mir jedesmal, wenn ich wieder eine Überflutung entdeckt hatte, in den Sinn kam, ob ich nicht vielleicht ein Buch über die Psychologie des modernen Mannes schreiben sollte. Am 3. Oktober 1982 träumte ich:

«Ich war mit einer Gruppe jüngerer Männer schwimmen. Der Ort erinnerte an die französische Atlantikküste. Wir waren ein Stück hinausgeschwommen und hatten keinen Grund mehr unter den Füßen. Hinter uns lag ein herrlicher breiter Sandstrand. Die Sonne schien, und wir tummelten uns um die Wette.

Plötzlich sah ich eine riesige Welle, vielleicht zwanzig, dreißig Meter hoch. Sie trug eine weiße Schaumkrone und würde sich demnächst am Ufer brechen. Es war ein herrlicher Anblick, wie die Sonne im Gischt glitzerte. Einen Augenblick lang war ich fasziniert, doch dann erkannte ich die Gefahr und warnte den jungen Mann neben mir, daß die Flut kam. Unsere einzige Chance war es, unter der Welle wegzutauchen, wenn wir nicht von der starken Strömung aufs offene Meer hinausgerissen werden wollten.»

Danach ging es im Traum auf dem Meeresgrund weiter, wo wir zusammen mit einem älteren Ausbilder darauf warteten, daß die Welle sich zurückzog. Meiner Ansicht nach entsprach dieser Traum der gewaltigen Flut von Ideen für das Buch, die über mir zusammenschlug. Und tatsächlich, sobald ich anfing, meine Gedanken zu Papier zu bringen, hörten die synchronistischen Phänomene auf.

Es ist zwar höchst ungewöhnlich, siebenmal in zwei Wochen den Klempner zu brauchen, nachdem dergleichen jahrelang nicht vorgekommen war, aber als Beweis für die Existenz parapsychologischer Phänomene reicht mein Erlebnis dennoch nicht aus. Doch gilt hier wie in allen anderen Fragen des praktischen Lebens, daß, wer stets mit statistischen Tabellen in der Hosentasche herumläuft, am Leben vorbeilebt. Die individuelle Situation ist immer einzigartig.

In meinem Fall schien der Traum die synchronistischen Phänomene zu erklären. Wie aber soll man mit Träumen umgehen, die von einem Unglück oder dem Tod nahestehender Personen handeln?

Im Rahmen einer Psychoanalyse, bei der es ja meist in erster Linie darum geht, eine Person in ihrem Ablösungsprozeß von den Eltern zu unterstützen, damit sie erwachsen und unabhängig sein kann, ist der innere Entwicklungsprozeß des Klienten häufig von Träumen begleitet, die vom Tod der Eltern handeln, ohne daß diese in Wirklichkeit sterben. Hier empfiehlt sich eine Deutung des Traums auf der Subjektstufe.

Wenn eine Mutter träumt, ihr Kind falle aus dem Fenster oder werde von einem Zug erfaßt – um zwei besonders erschreckende Beispiele herauszugreifen –, würde ich ebenfalls dazu raten, zunächst einmal auf der inneren Ebene mit dem Traum zu arbeiten.

Das Motiv des Kindes kann im übrigen ganz allgemein entweder als Symbol für die kreativen Seiten der Person (sie verkörpern ungenutzte Entwicklungspotentiale) oder für kindische Neigungen verstanden werden.[18] Wenn also *«der kleine Jens»* im Traum seiner Mutter *«von einem Schnellzug überfahren wird»*, sollte die Mutter herauszufinden versuchen, welche ungenutzten Entwicklungspotentiale in ihr selbst Jens symbolisiert. Erlebt sie ihn als besonders sensiblen Jungen, ist er unabhängig und spontan, kreativ oder praktisch, ist er besonders lieb, kann er seine Gedanken gut ausdrücken usw.?

In einem nächsten Schritt sollte sie dann darüber nachdenken, ob irgend etwas in ihr selbst die Entwicklungspotentiale, die Jens repräsentiert, «überfährt». Wenn sie auf diese Weise intensiv mit dem Traum arbeitet, wird er meiner Erfahrung nach nicht Wirklichkeit werden. Umgibt sie Jens statt dessen mit hysterischen Sicherheitsvorkehrungen, kann das Ausdruck des zwanghaften Versuchs sein, das Kind zu beherrschen, eines Versuches, der seinerseits bei Jens eine Gegenreaktion auslösen kann, die dann möglicherweise tatsächlich zu einem Unglück führt. Auf der Objektstufe könnte der Schnellzug also die Tendenz der Mutter symbolisieren, ihr Kind zu unterdrücken.

Das Problematische an dieser ganzen Diskussion ist, daß wir, solange das im Traum angekündigte Ereignis nicht eingetreten ist, nicht mit Sicherheit sagen können, ob der Traum präkognitiv war, so daß im Einzelfall nicht nachgewiesen werden kann, ob das Eintreten abgewendet wurde.

Ein Mann, der bei mir eine Analyse begonnen hatte, wurde am 9. September 1983, nach vier Monaten Therapie, in einen Verkehrsunfall verwickelt. Nach dem Unfall mußte er an den folgenden Traum denken, den er erstaunlicherweise auf den Tag genau ein Jahr zuvor, am 9. September 1982, gehabt hatte:

«... bei dem Versuch, eine Kurve zu nehmen, stießen zwei Autos frontal zusammen. Das eine blieb umgekippt auf einem Acker liegen. Es ging in Flammen auf, und die ganze Umgebung war versengt. Ich gehe außen herum und suche nach Spuren der Insassen. Sind sie noch rechtzeitig aus dem Wagen herausgekommen oder verbrannt? Zuerst finde ich nichts. Die Flammen haben besonders auf der Fahrerseite gewütet – plötzlich ist da etwas auf dem Fahrersitz, eine amorphe Masse, rötlich gelb, wie ein geschmolzener Käse mit einem Kopf. Der Kopf ist normal, der eines gutaussehenden jungen Mannes. Langsam kommt er zu sich und schaut an seinem zerschmetterten, versengten Körper hinunter, wie um herauszufinden, wieviel noch von ihm übrig ist. Er kann noch eine Hand gebrauchen und fährt mit ihr über seinen Körper, auch zwischen die Beine, um zu sehen, ob noch etwas da ist. Es ist noch etwas von ihm da, genug, daß eines Tages etwas daraus werden kann. Ich nehme an, er konnte nicht sofort aus dem Wagen geborgen werden, weil er zu schwer verletzt war. Ich schaue auf eines seiner Knie, ob Einstichlöcher von subkutanen Injektionen zu erkennen sind, um festzustellen, ob er vom Notarzt Betäubungsspritzen bekommen hat. Am Anfang des Traums stehe ich noch außen und schaue den Mann an, aber allmählich werde ich er.»

Der Träumer fand viele Parallelen zwischen dem Traum und dem tatsächlichen Unfall:

– Das Datum des Traums.

– Sein eigener Verkehrsunfall war ein Frontalzusammenstoß, bei dem er selbst hinter dem Steuer seines Autos saß.

– Auch sein Erwachen aus der Bewußtlosigkeit erinnerte ihn an den Traum. Zunächst befand er sich gleichsam völlig außerhalb seines Körpers und fühlte sich wie ein Zuschauer des Geschehens. Dann allmählich kehrte er in seinen Körper zurück – ein Vorgang, den er ähnlich empfand wie die Traumsequenz, in der die seltsame, an geschmolzenen Käse erinnernde Substanz zu einem realen Körper wurde. Die Zuschauerrolle fiel weg, und genau wie im Traum wurde er zum Unfallteilnehmer.

– Er konnte nur eine Hand gebrauchen, die andere war schwer verletzt (dieselbe wie im Traum). Er hatte einen kleinen Riß in einem Knie seiner Jeans – im Traum schaute er nach Einstichlöchern einer subkutanen Injektion.

Daß der Unfall genau ein Jahr nach dem Traum erfolgte und es sich um einen Frontalzusammenstoß handelte, ist nicht unbedingt ein parapsychologisches Phänomen. Man könnte es sich auch als unbewußtes Abkommen erklären, das heißt als unbewußte selbstzerstörerische Neigung, die sich zunächst im Traum spiegelte und später ausgelebt wurde.

Die anderen Details sind dagegen nicht so leicht rational zu erklären. Aus psychologischer Sicht ist das Auto ein Ich-Symbol. Der Traum kann so gedeutet werden, daß das Ich des Mannes ohne Rücksicht auf andere oder auf andere Teile seines Selbst losfährt, was auf lange Sicht zu einer gewaltsamen Konfrontation führen wird und im schlimmsten Fall zu einer manischen Psychose.

Auf jeden Fall wäre es nach einem solchen Traum ratsam, die eigenen Verhaltensweisen und den Umgang mit sich selbst zu überdenken, was nicht heißen soll, daß man nicht zugleich auch vorsichtig fahren sollte.

Für ein parapsychologisches Verständnis des Traumes spricht am stärksten die detaillierte und überraschend realistische Darstellung des Hauptereignisses ohne die Zugabe irgendwelcher anderer psychologischer symbolischer Details. Vielleicht besteht in diesem Punkt eine Parallele zu Todesträumen, Geburtsträumen, psychedelischen und psychotischen Träumen. Warum hatte der Mann bloß einen so erhellenden Traum nicht während der Therapie bei mir gehabt?

Tatsächlich gaben das Schockerlebnis und der lange Krankenhausaufenthalt ihm soviel zu denken, daß diese Erfahrung zu einem Wendepunkt in seinem Leben wurde.

Zusammenfassung

Eine der Hauptschwierigkeiten bei der Erlangung wissenschaftlicher Anerkennung für die Existenz parapsychologischer Phänomene besteht darin, daß die emotionalen Zustände und Befindlichkeiten, die eine Vorbedingung für das Auftreten solcher Phänomene sind, nicht ohne weiteres in Laborexperimenten hervorgerufen werden können.

Freudianer wie Jungianer vertreten die Auffassung, daß parapsy-

chologische Phänomene in besonderer Weise mit intensiven, emotions-
besetzten Lebenssituationen verbunden sind. Dazu paßt, daß J. B.
Rhines Experimente zeigten, daß die statistische Wahrscheinlichkeit
parapsychologischer Phänomene mit dem Nachlassen der Begeisterung
der Versuchspersonen sinkt. Nach Krippners Ergebnissen sind positive
Erwartungen eine Voraussetzung für den erfolgreichen Einsatz von
Telepathie. Die Wiederholung der entsprechenden Experimente mit
Skeptikern bringt denn auch häufig weniger günstige Ergebnisse.[8]
Angesichts dieser Tatsache aber vertieft sich die Kluft zwischen den
gläubigen Anhängern und den Skeptikern, da die Experimente für die
ersteren einen Erfolg und für die letzteren ein Fiasko darstellen.

Im täglichen Leben ist eine skeptische Einstellung gegenüber parapsychologischen Phänomenen durchaus am Platze und oft auch begründet.

Ihr bizarrer Charakter läßt ihre praktische Bedeutung für den einzelnen im Hier und Jetzt leicht in den Hintergrund treten, ist es ja ein
durchaus gebräuchlicher Abwehrmechanismus, konkreten Problemen
dadurch auszuweichen, daß man über interessante okkulte Phänomene
spricht. Freud wußte darum, daß Hellseher eine so hoch entwickelte
Fertigkeit darin besitzen, ihren Klienten die Wünsche «von den Augen
abzulesen», daß ihnen mehr als bereitwillig geglaubt wird.

Eine ganze Reihe parapsychologischer Phänomene stellen sich bei
näherer Betrachtung als unbewußte Wahrnehmungen heraus. Eine andere Falle ist das «Deuten im nachhinein». Dabei handelt es sich um
eine Art verkehrter Schlußfolgerung: Man geht von einem bereits ge-
schehenen Ereignis aus, das Ähnlichkeiten mit etwas aufweist, das man
geträumt hat, und je mehr man darüber nachdenkt, desto mehr ist man
überzeugt, daß der Traum präkognitiv war.

Oder es kommt vor, daß bestimmte Gedanken, die längst vergessen
wurden, plötzlich in einem Traum wieder auftauchen und dann irr-
tümlich als parapsychologische Botschaft aufgefaßt werden. Im Falle
des Mannes, dessen Tochter Zwillinge zur Welt brachte, war Freud der
Ansicht, daß er schon bei einem früheren Besuch bei der Tochter gedacht haben könnte, sie sehe so aus, als könnte sie Zwillinge bekommen, oder daß er einen Monat früher mit der Geburt gerechnet und das
Datum dann wieder vergessen hatte.

Aus der Psychologie wissen wir auch, daß man ein Phänomen, das man bis dahin überhaupt nie bemerkt hatte, wenn man besonders darauf achtet, plötzlich überall wahrnimmt.

In Zusammenhang mit den zahlreichen Wasserleitungsunfällen und Wasserschäden, mit denen ich während einer bestimmten Zeit konfrontiert war, könnten Skeptiker behaupten, durch diese Vorfälle sei ein Überschwemmungskomplex im Unbewußten aktiviert worden, der sich in meinem Traum von der Gezeitenwelle manifestierte.

Diese und noch viele andere Erklärungen mögen auf den Einzelfall durchaus zutreffen. Der häufigste Einwand gegen parapsychologische Phänomene lautet jedoch, daß es sich dabei einfach um Humbug handle. In diesem Fall müßte man allerdings, wie Ullman anmerkt, darüber nachdenken, wie vernünftig die Annahme ist, daß eine lange Reihe von Forschern mit dem hervorragendsten Wissen und von untadeligem Ruf auch auf anderen wissenschaftlichen Gebieten, nicht nur in der Parapsychologie, sich zur Veranstaltung eines gigantischen Betrugs verschworen hat oder aber einer massiven Selbsttäuschung erlegen ist.[26d] Oder sind derartige Anschuldigungen vielleicht ein Ausdruck dafür, daß den Skeptikern die wissenschaftlichen Argumente gegen die Existenz parapsychologischer Phänomene ausgehen?

Die Anerkennung parapsychologischer Phänomene in Träumen erfordert eine erhöhte Sensibilität beim Deuter. Derartige Phänomene können uns einen weiteren, ganz anderen Bezugsrahmen vermitteln und den Zugang zu einer neuen Dimension des assoziativen Materials eröffnen. Davon abgesehen stellen sie nach wie vor eine Herausforderung für das Weltbild der westlichen Wissenschaft dar.

9 Esoterisches Traumverständnis

Einführung – Traum und Meditation – Traum und Chakrensymbole –
Luzide Träume – Andere esoterische Bezugsrahmen – Zusammenfas-
sung

Einführung

«Esoterisch» bedeutet soviel wie «für Eingeweihte». Hinter dem Begriff steht ein außerordentlich breites Spektrum mystisch-religiöser
und okkulter Richtungen und Meditationsformen, mit deren Realitäts-
verständnis unsere Kultur sich in der Regel schwer tut.

Ging es im vorigen Kapitel über Traum und Parapsychologie um
spontane Überschreitungen jener Grenzen des Bewußtseins, wie sie in
der westlichen Wissenschaft festgeschrieben sind, so soll in diesem Kapitel die bewußte Erzeugung parapsychologischer Phänomene mittels
eigens dafür entwickelter Techniken wie zum Beispiel Meditation, En-
ergiekörper-Theorien, luzider (Astral-)Träume, Geistheilungen, pro-
phetischer Techniken usw. im Mittelpunkt stehen. Daß das Träumen
gewisse Parallelen zu «esoterischen» Zuständen aufweist, liegt auf der
Hand, kann doch auch der Traum als veränderter Bewußtseinszustand
verstanden werden.

Traum und Meditation

Einfach ausgedrückt ist Meditation eine Art doppelten Bewußtseins.[35.6a] Normalerweise strömen Gedanken, Gefühle und Pläne ganz

automatisch durch unser Bewußtsein, ohne daß wir darüber nachdenken. In der Meditation dagegen schauen wir dem inneren Vorgang gleichsam von außen zu. Die Meditation kann mit der Konzentration auf ein bestimmtes Thema, Gefühl oder Symbol verbunden werden; in diesem Fall beobachtet man sowohl den Gegenstand als auch die Reaktion des Bewußtseins darauf.

Die neuen Möglichkeiten des Schlaflabors haben etliche Forscher zur experimentellen Überprüfung der Hypothese angeregt, die Meditation (Yoga und transzendentale Meditation) sei ein eigenständiger neurophysiologischer Zustand zwischen Schlafen und Wachen. Für die meisten bestätigte sich die Richtigkeit dieser Annahme. Das Muster der Gehirnwellen beim Meditieren erinnert stark an die Einschlafphase. Im Augenblick wird an der Entwicklung von Techniken gearbeitet, die eine klarere Unterscheidung zwischen den beiden Zuständen ermöglichen sollen.[2,32] Es gibt allerdings auch eine von Skeptikern durchgeführte Studie, die die oben erwähnten Ergebnisse nicht bestätigte.[34]

Als ziemlich gesichert gilt, daß Meditation die Zahl und Länge erinnerter Träume erhöht. Der Jungianer P. A. Faber stellte bei einer kleinen Gruppe von Personen, die regelmäßig meditierten, fest, daß sie mehr archetypische Träume hatten als Menschen, die nicht meditieren.[15] Dieser Befund entspricht meinen eigenen Beobachtungen sowohl bei mir selbst als auch bei Klienten. Besonders eindrücklich zeigt sich dies, wenn eine Person normalerweise nur einmal täglich kurz meditiert, dann aber einen bestimmten, begrenzten Zeitraum – zum Beispiel im Rahmen eines Meditationskurses – intensiv rund um die Uhr.

Es gibt viele verschiedene Formen der Meditation. Ich möchte hier nur auf das sogenannte Chakrensystem des Tantra-Yoga näher eingehen, das in letzter Zeit eine recht große Verbreitung in der westlichen Welt gefunden hat. Außerdem wird im Tantra-Yoga mit Symbolen und psychischen Entwicklungsstufen gearbeitet, die auch in Träumen zu finden sind.

Traum und Chakrensymbole

In den späten zwanziger Jahren übernahm Jung die Behandlung einer Klientin mit befremdlichen physischen und psychischen Symptomen.

Nach einigen anfänglichen Mißverständnissen zwischen ihm und der Klientin präsentierte ihm die junge Frau mehrere höchst ausgefallene Träume und Zeichnungen. Parallel dazu zeigte sie eine Reihe ebenso außergewöhnlicher, wechselnder Körpersymptome. Im ersten Traum sah sie *«einen weißen Elefanten aus ihren Genitalien hervorkommen».* Der Traum machte so starken Eindruck auf sie, daß sie einen Elefanten aus Elfenbein schnitzte.

Kurz darauf bekam sie eine Entzündung der Gebärmutterschleimhaut, die auf keine Behandlung ansprach. Dann verschwand das Symptom so plötzlich, wie es gekommen war, und an seine Stelle trat eine Blasenreizung. In diesem Stadium malte die Klientin eine Reihe bunter, symmetrischer Blumen, die an Mandalas erinnerten. Danach griffen die Symptome auf das Kolon über, um dann allmählich in die oberen Bereiche des Verdauungstraktes aufzusteigen. Schließlich verschwanden sie wieder, doch in der Folge trat eine merkwürdige Empfindlichkeit des Kopfes auf. Die Frau hatte das Gefühl, ihr Schädel würde an der Oberseite weicher und weicher und öffne sich, und ein Vogel mit einem langen, spitzen Schnabel dringe durch die Fontanelle ein und arbeite sich durch ihren Körper hindurch bis hinunter zum Zwerchfell vor. Nun stellten sich heftige Emotionen ein, die signalisierten, daß die Frau sich nicht etwa zurückzog, sondern im Gegenteil anfing, sich ins pralle Leben zu stürzen.

Zunächst wußte Jung nicht, wie er diese Phänomene einordnen sollte, doch die Patientin versicherte ihm wiederholt, daß es ihr trotz ihrer Symptome immer besser ginge. Irgendwann während der Behandlung fiel Jung dann ein Buch in die Hand, das ihm Aufschluß über den Zusammenhang zwischen den körperlichen Symptomen der Frau und den Symbolen in ihren Zeichnungen, Phantasien und Träumen gab.[23] Es war John Woodroffes Buch *Die Schlangenkraft,* ein Werk über die Symbolik des Tantra-Yoga.

Das tantrische Yoga geht von der Vorstellung eines feinstofflichen Energiekörpers des Menschen aus, der weder Geist noch Materie ist, sondern eine Art Zwischenzustand. Vorstellungen wie diese sind weltweit verbreitet, werden in den verschiedenen Kulturen allerdings unterschiedlich beschrieben. In der okkulten Tradition des Westens ist der hier gemeinte Zustand unter der Bezeichnung «Ätherleib» und «Aura» bekannt. Im Osten denkt man sich den Energiekörper als Energiebahnen, die durch Akupunktur und Fußreflexzonenmassage beeinflußt werden können. Bei den Schamanen manifestiert er sich als Seele oder Doppelgänger des Menschen, der den Körper verlassen und auf Reisen gehen kann; bei den christlichen Heiligen als Heiligenschein; und im Alltag sprechen wir von der «Ausstrahlung» einer Person. Der Energiekörper kommt als Ursache von Körpersymptomen und Quelle von Traumbildern in Frage. Im Tantra-Yoga und auch in anderen Formen der Meditation wird er als aufeinander aufbauendes System innerer Zentren oder Energiewirbel wahrgenommen, die als Chakren bezeichnet werden.[29a]

Das Chakrensystem wird in den verschiedenen Traditionen unterschiedlich beschrieben. Übereinstimmend ist jedoch die Vorstellung von einer Reihe übereinander angeordneter Energiezentren entlang der Wirbelsäule. In der westlichen okkulten Tradition ging man früher von fünf Chakren aus,[29b] in der hinduistischen und der lamaistischen Überlieferung, die heute großen Einfluß bei uns haben, geht man von sieben (manchmal auch acht) Chakren aus. Ihre exakte Lage variiert, vermutlich je nach den Erfahrungen, die eine bestimmte religiöse Schule während der Meditation erzeugen will. Neben den sieben Hauptchakren gibt es noch eine große Zahl mehr oder weniger wichtiger Nebenchakren, in alten tantrischen Texten ist die Rede von bis zu achtundachtzigtausend.[45]

Für Jes Bertelsen stehen zwei Aspekte der Chakren im Vordergrund, die zwei Funktionen des Traums entsprechen. Er versteht die Chakren zum einen als unverzichtbare Hilfe bei der Erhaltung des schwierigen Gleichgewichts zwischen körperlichen und psychischen Energien und zum anderen als Ausdruck verschiedener Entwicklungsstufen.[5a] In der Literatur werden sie vor allem unter dem letzteren Gesichtspunkt behandelt – als Spiegel der körperlichen, psychischen und spirituellen Entwicklung. Meist wird beschrieben, wie die Energie in den untersten Chakren geweckt wird und in die höheren aufsteigt. Der irische Meditationslehrer Bob Moore und andere haben jedoch darauf hingewiesen, daß alle Chakren von Geburt an funktionieren und daß die psychische Entwicklung auch mit dem Energiegleichgewicht zwischen den einzelnen Chakren zusammenhängt.

Die folgende Beschreibung der Chakren stützt sich auf mehrere Quellen, darunter in erster Linie Jung,[22,27] Bob Moore,[30,31] den von Jung inspirierten Jes Bertelsen und Rudolf Steiner. Aber auch Sir John Woodroffe, Mircea Eliade[13] und andere haben viel zur Begriffsklärung beigetragen. Arnold Mindell hat das Chakrensystem im Zusammenhang mit Krankheiten beschrieben.[29c] Die Beispiele stammen größtenteils aus meinen Klientenakten, manche der Träume waren meine eigenen.

Jung, Moore und Bertelsen lokalisieren die einzelnen Chakren wie folgt: das Wurzelchakra, *Muladhara,* im untersten Teil der Wirbelsäule, etwa auf der Höhe des Steißbeins. Das Bauchchakra, *Svadhistana* (oder japanisch *Hara*), vier Finger breit unter dem Bauchnabel. Das Solarplexuschakra, *Manipura,* direkt unter dem Brustbein. Das Herzchakra, *Anahata,* in der Höhe des Herzens in der Mitte des Brustbeins. Das Kehlchakra, *Vishudda,* bei der Schilddrüse. Das Stirnchakra, *Ajña,* bei der Zirbeldrüse zwischen den Augenbrauen. Das Kronenchakra, *Sahashara,* am höchsten Punkt des Kopfes oder auch ein paar Zentimeter darüber.

Der Keim der psychischen Entwicklung und Individuation schlummert im untersten Chakra und ist symbolisiert durch die zusammengerollte «Kundalini»-Schlange, die zugleich das Symbol der Göttin Shakti ist. Diese schlafende Energie wird zu Beginn des Individuationsprozesses geweckt: «Die Kundalinischlange erhebt sich» und steigt in die höheren Zentren auf. Jedes Chakra symbolisiert eine Reihe bestimmter menschlicher Eigenschaften, Gefühle, Einstellungen, Vorlieben und Entwicklungspotentiale; die sieben Chakren zusammen bilden gleichsam die menschliche Ganzheit. Die Beschreibung der einzelnen Chakren und der mit ihnen assoziierten Symbole kann deshalb unendlich verzweigt sein. Die Chakren werden durch unterschiedliche Tiere, durch Lotusblüten mit unterschiedlich vielen Blütenblättern, durch die vier Elemente usw. symbolisiert. Besonders wichtig ist, daß die Spektralfarben die «Energieschwingung» der Chakren verkörpern; so stehen das warme, «träge» Rot für das unterste, das kalte, «rasche» Violet für das oberste Chakra.

Jes Bertelsen hat Meditationen entwickelt, durch die wichtige Traumsymbole in Verbindung mit bestimmten Körperarealen erlebt werden können. Dabei stellte er fest, daß die Träume gleichmäßig auf sechs Körperbereiche verteilt waren, die weitgehend Wilhelm Reichs Klassifikation des sogenannten Muskelpanzers entsprechen. Der Muskelpanzer besteht aus sechs Hauptbereichen, deren Verteilung grob gesehen der Lokalisierung der sechs unteren Chakren entspricht: Augenbrauenregion, Mund–Hals–Nacken-Gürtel, Brust–Herz–Schulter–Arme, Zwerchfell–Solarplexus, Bauchmitte und Becken–Genitalien–Beine.

Unter dem Aspekt der psychischen Entwicklung findet man laut Bertelsen die wenigsten Träume in Verbindung mit den oberen Chakren, in Zusammenhang mit Körperarealen hingegen sind die Träume gleichmäßiger auf die obere und die untere Körperhälfte verteilt.

Das Zusammenfallen von Körpersymptomen und psychischen Phänomenen bei der erwähnten Klientin brachte Jung auf die Spur der Chakren:

In ihrem ersten Traum ging es um einen weißen Elefanten, der aus den Genitalien der Patientin hervorkam. Kurz darauf erkrankte sie an einer Gebärmutterschleimhautentzündung. Dann wanderten die Symptome zur Blase und griffen auf dem Weg über den Verdauungstrakt auf den Bereich des Solarplexus über.

Jung deutete diese Erscheinungen im Einklang mit der tantrischen Tradition als Erwachen der Kundalini-Schlange oder der Göttin Shakti, die vom Wurzelchakra über das Bauchchakra zum Solarplexus aufstieg.

Danach hatte die Frau das Gefühl, ihr Schädel öffne sich und ein Vogel dringe mit seinem Schnabel ein bis hinunter ins Zwerchfell. Das deutete Jung als Eindringen des Gottes Shiva durch das Kronenchakra und sein Hinabsteigen durch Stirn-, Kehl- und Herzchakra bis zur Vereinigung mit der Göttin und ihrer Befruchtung. Gleichzeitig hatte die Klientin eine Reihe von Träumen, die nur von den Chakrensymbolen her gedeutet werden konnten.[23]

Das Wurzelchakra

Das *Wurzelchakra* verkörpert den materiellen Aspekt des Seins, die Anziehungskraft äußerer Dinge wie Nahrung, Kleidung, Geld, Karriere und Macht; die Sicherheit in Haus und Heim; Vater und Mutter; die Verwandten der Mutter; gesellschaftliche Konventionen; das Äußere und das Äußerliche im Leben; Erfolg und Mißerfolg; den Körper schlechthin; die Genitalien und die Füße. Es entspricht der Analregion in der Freudschen Psychologie. Das Psychische und das Spirituelle spielen hier eine untergeordnete Rolle. Da das Wurzelchakra die lebenswichtige Beziehung zur Erde verkörpert, den «festen Boden», auf dem eine Person steht, ist es sehr wichtig für das Gleichgewicht der übrigen Chakren. Es wird auch als ein Ausdrucks-Chakra bezeichnet. Das mit dem Element Erde assoziierte Wurzelchakra wird symbolisiert durch den vierblättrigen Lotus und die Farbe Rot. Sein wichtigstes Tiersymbol ist in Indien der Elefant, im Westen das Pferd. Diese Tiere stehen für die Energie, die in die praktischen Ziele des Alltagslebens investiert wird. Dasselbe kann sich auch in anderen Bildern ausdrücken wie Fahrrad, Auto, Bus, Zug usw. Weitere dem Wurzelchakra zugeordnete Tiersymbole sind Schlangen, Insekten und Reptilien, die primitive, zutiefst unbewußte, instinktive Impulse verkörpern. Bei Personen, deren Alltag in Routine und Monotonie erstarrt ist, tauchen in Träumen verstärkt Abfall, Leichen und tote Dinge, Gefängnisse, Uniformen, Reglementierungen, Beton oder Zement und Wüsten auf. Veränderungsprozesse in diesem Chakra können durch Träume von Erdbeben, einstürzenden Gebäuden, dem Tod der Eltern, Fäkalien, umgepflügten Feldern usw. angekündigt werden.[5] Physiologisch gesehen entspricht das Wurzelchakra den Genitalien und dem unteren Teil des Verdauungstrakts; zu den Krankheiten, die mit diesem Chakra in Verbindung gebracht werden, gehören Blasen- und Prostatabeschwerden, Nierenleiden und Arthritis.[29c]

In den vorangehenden Kapiteln sind zahlreiche Träume beschrieben worden, in denen Symbole und Motive aus dem Bereich des Wurzelchakras auftauchen: die Abrechnung mit Mutter und Vater, das Symbol des Pferdes, der physische Tod usw. Im vorliegenden Kapitel werden wir hauptsächlich Träumen begegnen, die mit den höheren Chakren verbunden sind und sich dadurch in manchem von unseren bisherigen Traumbeispielen unterscheiden.

Das Harachakra

Das *Harachakra* wird mit dem Symbol des Elementes Wasser, in der jungianischen Psychologie folglich mit der Begegnung mit dem Unbewußten in Verbindung gebracht[25a] (im Yoga-Nidra symbolisiert durch «einen Zustand der Bewußtlosigkeit»[21]). In der Yogatradition heißt es, die schlafende Göttin im Wurzelchakra werde durch den Guru, den spirituellen Lehrer, erweckt. Auf der Stufe des Wurzelchakras hat sich die Person noch an Konventionen orientiert und die Einstellungen der

Eltern übernommen. Im Harachakra wird der Kontakt zu Menschen, Meinungen und Standpunkten sowie der Kontakt zum eigenen Selbst weniger starr, weniger festgelegt.

Ein wichtiges Symbol des Elementes Wasser ist das alles verschlingende Seeungeheuer Makara. Das entspricht dem Unbewußten, das ebenfalls als alles verschlingend erfahren wird: Verliert, wer die Kontrolle verliert, auch seine Maske, seine soziale Identität? Wird er psychotisch? Positiv erfahren kann dieses Chakra durch Fisch und Spiel symbolisiert werden. Es kann ein Gefäß mit Wasser oder ein See sein, der das Unbewußte verkörpert. Es kann in Becken oder Badewannen gestaut oder in eine alchemistische Retorte eingeschlossen dargestellt werden. In all diesen Bildern spiegelt sich das Verhältnis der Person zum Harachakra.[5c] Das Harachakra kann reinigend wirken oder es kann ein befruchtender Regen sein. Jung wies darauf hin, daß die erste spirituelle Initiation in vielen Religionen durch die «Wassertaufe» erfolgt.[25a]

Mit dem Wurzelchakra verbundene Sexualität wird als rein instinktiver und automatischer Impuls erfahren. Im Harachakra dagegen kann sie gefährlich, unersättlich, dämonisch auf der einen und verschmelzend, ozeanisch auf der anderen Seite sein.

Weitere Symbole des Harachakras sind der sechsblättrige Lotus und die Farbe Orange, die intensiver und leuchtender ist als das Rot des Wurzelchakras.[44]

Wir haben bereits eine ganze Reihe von Wasserträumen gesehen, die auf unterschiedliche Art von der Begegnung des Bewußtseins mit dem Unbewußten handelten: Jungs Beispiel aus seinem Buch über Alchemie (S. 105), der Traum von der Flutwelle (S. 328), der Traum von den wasserdichten Schutzwänden, die sich öffneten (S. 303), und der Traum vom unverhofften Anglerglück. Jedesmal ging es um unbewußte Prozesse – die psychische Entwicklung, Kreativität oder den Körper betreffend –, die ins Bewußtsein einströmten und ihm neues Leben gaben. Bei Personen, die östlichen Traditionen gegenüber aufgeschlossen sind, können diese Träume ohne weiteres durch Meditation und körpertherapeutische Arbeit mit dem Harachakra ergänzt werden.

Ich möchte an dieser Stelle einen Traum anführen, in dem die Chakrensymbolik konkret mit der Meditationsarbeit verknüpft war:

«Ich gehe vom Erdgeschoß in den zweiten Stock eines Hauses. Ich komme in ein völlig orangefarbenes Zimmer, in dem ein ungemachtes Doppelbett steht.»

Der Traum stammt von einer achtunddreißigjährigen Frau, die im Zusammenhang mit einem Partnerwechsel ein intensives Aufflammen ihrer Sexualität erlebte. Als sie über den Traum meditierte, wurde sie sexuell stark erregt.

Das Solarplexuschakra

Das *Solarplexuschakra* wird mit dem Element Feuer assoziiert. Feuer symbolisiert vor allem Gefühle und Leidenschaften. Es kann benutzt werden, um die Nacht hell zu machen, Werkzeuge zu schmieden, feste Materialien zu schmelzen, Naturerzeugnisse in eßbare Speisen zu verwandeln usw. Symbolisch drückt es das menschliche Potential zur Weiterentwicklung und Verwandlung des eigenen psychischen Rohmaterials aus.

Bei der Arbeit mit dem Solarplexuschakra steht man häufig vor der Aufgabe, starke Gefühle mit allen damit verbundenen Komplikationen zunächst einmal freizusetzen und dann zu bändigen und zu Werkzeugen für die psychische und spirituelle Wandlung zu machen. Jung war der Ansicht, daß nur die wenigsten Menschen den Mut dazu haben.[25b] Die Symbolik dieses Vorgangs ist bekannt aus dem alchemistischen Prozeß, in dem die Retorte ständig über einer niedrig brennenden Flamme gehalten wird. Ähnliches geschieht in der Therapie, wenn mit Gefühlen gearbeitet wird. Die Auslieferung an Wandlungsprozesse im Solarplexuschakra kann unter anderem durch das Motiv des Opfers und durch Opfertiere symbolisiert werden.[5d]

Feuer taucht in Träumen häufig dann auf, wenn das Traum-Ich in Panik gerät. Ein brennendes Kino, Haar oder Kleider, die Feuer fangen, oder der verzweifelte Versuch, die Flammen zu ersticken, können ein Ausdruck dafür sein, daß jemand noch nicht bereit ist, sich zu wandeln, und in solchen Träumen versucht, seine Emotionen zu kontrollieren oder vor ihnen zu fliehen. Sobald die Person jedoch gelernt hat, mit der neuen inneren Situation angemessen umzugehen, kann das Feuer im Traum unter Kontrolle gebracht und genutzt werden.

Andere mit dem Solarplexuschakra assoziierte Symbole sind der zehnblättrige Lotus und die Farbe Gelb, außerdem wilde Tiere wie Löwen und Tiger usw., die starke Emotionen verkörpern können.[5]

Ich denke hier an eine ganze Reihe von Feuerträumen einer einundfünfzigjährigen Frau, die weder mit Meditation noch mit der Chakrensymbolik vertraut war, deren Hände jedoch bei der Beschreibung ihrer Träume jeweils zum entsprechenden Chakra hinwanderten:

«... sie befand sich in einem Swimmingpool in einem Haus. Ein großer Elefant war ins Wasser gefallen, und sie sollte ihn zusammen mit ein paar Jungen wieder herausziehen. Die Tür zum Umkleideraum der Jungen ging auf, und eine ganze Horde junger Männer und Jungen strömte heraus. Die jungen Männer hatten Harpunen in den Händen. Plötzlich kam es zu einer schrecklichen Explosion mit einer gewaltigen Stichflamme. Stahl- und Eisenteile flogen durch die Luft. Es war ein rettungsloses Chaos. Alle stürzten und stolperten übereinander, manche wälzten sich am Boden, alles war mit Blut bespritzt.»

Der Traum endete damit, daß die Jungen gerettet wurden und die Frau zusammen mit einer Gruppe von Männern und Frauen dabei half, die Ordnung wiederherzustellen und aufzuräumen. Einer der Männer sagte, halb staunend, halb tröstlich: «Die Überlebenden lächeln schon wieder – so ist das Leben.»

Der Traum ist voller starker Gefühle. Der Elefant, der Swimmingpool und die Explosion können als Symbole des Wurzelchakras, des Harachakras und des Solarplexuschakras gesehen werden. Auch viele phallische Symbole lassen sich ausmachen: der Rüssel des Elefanten, die Harpunen der jungen Männer. Die Explosion könnte einer heftigen Aggression gegenüber Männern entsprechen, die die Frau zu dieser Zeit empfand. Sieben Tage später träumte sie:

«Ich liege mit ausgebreiteten Armen auf dem Rücken, wie ein Kreuz. Von einem Stern am Himmel gehen Strahlen aus und treffen direkt in das ‹Kreuz› meiner Brust ...» (Solarplexus)

Die Frau erlebte den Traum als Hingabetraum. Die gewaltige Kehrtwendung ist charakteristisch für das Solarplexuschakra. Bob Moore verknüpft dieses Chakra denn auch mit den Schlüsselworten Furcht und Liebe. Krankheiten, die von Mindell mit dem Solarplexuschakra in Beziehung gesetzt werden, sind unter anderen Bauchkrämpfe und Geschwüre, Diabetes und bestimmte Krebsarten. Interessanterweise bedeutet der Terminus «Hypochondrie» soviel wie «unter dem Brustbein».[29c]

Das Herzchakra

Das *Herzchakra* wird mit dem Element Luft, mit Vögeln, Flugzeugen und Atmen assoziiert.

Jung wies nach, daß Luft und Wind in den verschiedenen Kulturen ein Symbol für den Atem und zugleich für das Spirituelle sind.[46] Der Wind kann in Träumen auch ein befruchtendes Element sein, wie er es bei der Bestäubung von Blumen und Pflanzen ja tatsächlich ist. Das spirituelle Prinzip kann sich aber auch als Sturm manifestieren, der alles über den Haufen wirft. Wenn das Spirituelle sehr wenig ausgeprägt ist, kann die Luft im Traum als so «dick» erlebt werden, daß man kaum mehr gehen oder die Arme bewegen kann.

Träume vom Fliegen können von phantastischen, schöpferischen oder intuitiven Erlebnissen und Erfahrungen handeln. Beförderungsmittel können Flugzeuge oder Fabeltiere sein. Träume, in denen man selbst, aus eigener Kraft, fliegt, können Manifestationen der «Transzendenz» sein, der Fähigkeit, die Vorstellungskraft des Bewußtseins auf der spirituellen Ebene zu überschreiten. Aber das Motiv des Fliegens kann auch auf einen Mangel an Erdverbundenheit, unrealistische Träumereien und Selbstüberschätzung deuten.

Weitere Symbole für das Herzchakra sind der zwölfblättrige Lotus[44] und leichtfüßige Tiere wie Gazellen oder Rehe oder auch Einhörner, wobei die Hörner oder Geweihe spirituelle Antennen symbolisieren.[5]

Vor mehreren Jahren hatte ich den folgenden Traum:

«Ein heißer Sommertag. Ich fuhr mit dem Rad einen Waldweg entlang. Der Weg führte zu einem See, den ich für flach genug hielt, um durchzuwaten. Er stellte sich jedoch als tiefer als erwartet heraus, und plötzlich konnte ich nicht mehr ans Ufer gelangen. Ein junger Hirsch mit einem Geweihansatz erschien vor mir. Er fing an, sich in großen Sprüngen aufs Land zuzubewegen, als wolle er mir den Weg weisen. Offenbar kannte er eine Furt. Ich folgte ihm, und inzwischen war er

zum ausgewachsenen Hirsch mit einem riesigen Geweih geworden, der
dastand und mich ansah. Zuerst hatte ich Angst, doch bei näherem Hin-
sehen merkte ich, daß wir miteinander reden oder doch auf irgendeine
Weise vernünftig kommunizieren konnten. Er machte mir Zeichen, ihm
zu folgen.»

Ich hatte vor dem Traum eine Zeitlang eine so starke «gerechte Empörung» empfunden, wie ich sie mir noch nie zuvor gestattet hatte. Mein Zorn nahm immer größere Dimensionen an, bis er schließlich in einem Traum über *«eine Stadt, die von einer Atombombe ausradiert wird»*, kulminierte. Da merkte ich, daß die Gefühle, die an einem bestimmten Punkt meines Lebens fruchtbar gewesen waren und eine Reihe notwendiger Veränderungen in Gang gesetzt hatten, sich allmählich in etwas Selbstzerstörerisches verkehrt hatten. Ich hatte also an meiner Wut gearbeitet, und der Hirschtraum stellte die Einleitung einer Phase dar, in der ich meinen Frieden wiederfand. Die beiden Träume zeugten für eine Verschiebung der Energie vom Hara- und vom Solarplexuschakra zum Herzchakra.

Die Schlüsselbegriffe des Herzchakras sind nach Bob Moore Freude und Leid. Hier wird das Ich befreit. Das Herzchakra wird auch als Selbstentwicklungschakra bezeichnet, und die Farbe Grün als Farbe des Wachstums wird mit ihm assoziiert.

Eine achtunddreißigjährige Frau, die mit Chakrenmeditationen arbeitete, träumte: *«Ich bin zusammen mit Karsten in einem lieblichen grünen Tal voller Klee. Es stellt sich heraus, daß die Kleeblätter alle vierblättrig sind. Wir beschließen hierzubleiben.»*

Zu dem vierblättrigen Klee assoziierte die Frau – außer «Glück» – das vierte Chakra. Sie träumte von der Nacht, in der jener Karsten ihr einen Heiratsantrag gemacht und sie ja gesagt hatte. Sie hatten miteinander geschlafen, und sie war sehr glücklich gewesen und hatte sich stärker als je zuvor geöffnet und hingegeben. In dieser Zeit hatte sie besonders guten Kontakt zu ihrem Herzchakra gehabt.

Das Herzchakra verkörpert das psychische Potential, sich über die eigenen Gefühle und Leidenschaften zu erheben und sie unpersönlich wahrzunehmen, wie von einer höheren spirituellen Warte aus. Jung hat diese Fähigkeit mit den Worten des Paulus beschrieben: «Nicht ich lebe, sondern Christus lebt in mir.»

Das Herzchakra verweist auf den Moment im Individuationsprozeß, in dem das Ich die erste dunkle Ahnung vom Selbst erfährt. In der Yogatradition neigt sich hier das Göttliche herab und berührt den Jünger.[11a]

Eine sechsundfünfzigjährige Frau träumte, sie sei in einem Zimmer:

«Im angrenzenden Zimmer war ein Mann, der mich heilen konnte. Ich wandte mich zu einer halboffenen Tür neben einem Bücherregal und fragte: ‹Warum stehst du hinter der Tür? Ist deine Ausstrahlung so mächtig, daß du mich durch die Tür hindurch heilen kannst, oder könnte ich es nicht ertragen, wenn du hereinkommst? – Versuch doch hereinzukommen.›

Er antwortete: ‹Willst du es wirklich wagen, daß ich hereinkomme?› – ‹Ja.›

Er trat ein und stand vor mir. Ich spürte seine machtvolle Ausstrahlung in meinen Händen. ‹Darf ich dich berühren?› Ich streckte die Hände aus, ihm entgegen, und fühlte seine Ausstrahlung noch stärker, wie eine zwingende Kraft. ‹Was geschieht, wenn ich dich berühre? Werde ich mich dann in dir auflösen? – ‹Nein, du kannst mich gerne berühren›, sagte er. Als ich ihn berührt hatte, breiteten sich das Magnetfeld und die Kraft über meinen ganzen Körper aus. Das Bild verschwand.»

Die Frau, eine praktizierende Christin, hatte sich seit fast anderthalb Jahren mit Offenbarung 3,20 auseinandergesetzt: «Siehe, ich stehe vor der Tür und klopfe an. Wenn jemand meine Stimme hören wird und die Tür auftun, zu dem werde ich hineingehen und das Abendmahl mit ihm halten und er mit mir.»

Das Berührtwerden im Traum ist ein Symbol dafür, sich von etwas wirklich «angerührt» zu fühlen. Daß die Tür sich neben einem Bücherregal befand, konnte bedeuten, daß es im Leben der Frau nun zu einer Wendung von theologischem Bücherwissen zu konkreter Erfahrung kam.

Nach diesem Traum fühlte die Frau sich so gut, daß sie eine schon drei Jahre dauernde Therapie kurz darauf mit Erfolg abschließen konnte.

Das Herzchakra ist auch mit der Fähigkeit, die unsichtbare energetische Ausstrahlung anderer wahrzunehmen, und mit außerkörperlichen Erfahrungen verknüpft.[5f]

Im Blick auf die über dem Herzchakra liegenden energetischen Zentren gehen die Auffassungen Jungs und der Esoteriker auseinander. Jung war der Ansicht, daß Herzchakraerfahrungen – die Aufnahmefähigkeit für Impulse aus dem Selbst – das Höchste sind, was der westliche Mensch erreichen kann und sollte.[26a]

Aber Jung meditierte nicht selbst, und es gibt genügend erfahrene Meditierende, die es nicht nur für möglich, sondern für unschädlich halten, wenn der moderne westliche Mensch nach Erfahrungen strebt, die den höchsten Chakren entsprechen.

Ich möchte diese Grundsatzdiskussion auf die Zusammenfassung des Kapitels verschieben und mich zunächst auf die Phänomenologie der höheren Chakren konzentrieren, das heißt darauf, ob und wie es möglich ist, die Symbole, geistigen Zustände und körperlichen Empfindungen zu erfahren, die in östlichen Traditionen beschrieben werden. Die Entscheidung, ob Energieemanationen, Aurasehen und außerkörperliche Erfahrungen «reale» oder nur psychische Phänomene sind, überlasse ich dem Leser.

Das Kehlchakra

Das *Kehlchakra* wird mit dem Element Klang und mit dem Kosmos assoziiert; es wird auch Ätherzentrum oder «das völlig Gereinigte» genannt.[44] Auf dieser Stufe beginnt man, Klänge zu hören, die als Widerhall kosmischer Schwingungen wahrgenommen werden: zarten Glockenklang, gleichsam ein Singen in den Ohren, «Sphärenmusik». Man kann aber auch wegweisende Stimmen hören oder «Berufungsträume» haben (siehe S. 125f.). Allgemein spielen das Ohr und das Hören eine wichtige Rolle.

Die Aufforderung, auf das zu hören, was das eigene Innere sagt, kann in Träumen zum Beispiel durch eine Perle im Ohr oder einen kostbaren Ohrring versinnbilblicht werden. Ebenso besteht ein Zusammenhang zwischen kosmischen Träumen oder unirdischen Träumen, von ätherischer Struktur und dem Kehlchakra.

Der Elefant oder das Pferd, vielleicht auch das Auto, das wir mit dem Wurzelchakra in Verbindung brachten, kehrt hier als Symbol wieder, aber in weißer Farbe – Ausdruck dafür, daß der Trieb gereinigt und gewandelt ist. Wieder geht es um eine mächtige, motivierende Kraft, aber nicht um etwas Materielles, sondern um spirituelle Eingebungen, innere Notwendigkeiten, die alle rationalen und materialistischen Einwände hinwegfegen. Das Psychische wird hier als ebenso real erfahren wie das Materielle im Wurzelchakra. Oder, psychologisch ausgedrückt: «Alle Projektionen sind zurückgenommen worden.»[26b]

Mit dem Kehlchakra werden die Farbe Blau und das spirituelle Weibliche assoziiert, in Indien symbolisiert durch die Göttin Kali, in der christlichen Religion durch die Jungfrau Maria, die einen blauen Schleier trägt.[5g]

Zu den körperlichen Krankheiten, die mit dieser Region in Verbindung gebracht werden, gehören Sprachstörungen, Heiserkeit und Halsentzündungen.[29c]

Ich selbst hatte Träume mit Kehlchakrasymbolik bei der endgültigen Fertigstellung eines Manuskripts, wenn das Material gesammelt und überarbeitet war und es darum ging, alle privaten Gefühle herauszufiltern. Am Ende der Arbeit am vorliegenden Buch zum Beispiel träumte ich:

«Unten auf der Straße vor ‹meinem› Haus, in dem ich lebe und arbeite. Zu meinem Erstaunen sehe ich, daß die Nachbarhäuser völlig erneuert wurden – eine bestechende und ansprechende Mischung aus luftigen, hellblauen Konstruktionen aus Glas und farbigem Stahl und sorgfältig restaurierter alter Bausubstanz. Alles leuchtet vor Farben. Auf der Straße herrscht buntes Treiben, das Wetter ist herrlich. Ich blicke zurück zu ‹meinem› Haus. Es erscheint als ätherisch-schwingendes Gebilde; mal sehe ich es, mal ist es unsichtbar. Eine jungianische Analytikerin und eine Frau, die Meditation praktiziert, warten in einem neuen weißen Sportwagen auf mich.»

In meinen Assoziationen nehme ich den Traum als «überdeterminiert» mit Kehlchakrasymbolen wahr. Die schöpferische Synthese der vielen Baustile könnte ein Hinweis auf mein Buch sein wie auch die Tatsache, daß das Kehlchakra mit dem Sprechen – dem Ausdrücken in Worten – verbunden ist. Wenn man das Haus als Symbol für die Persönlichkeit auffaßt, dann deutet die ätherische Struktur meines Wohnhauses im Traum auf eine Ausweitung meines Erfahrungsspektrums in einer

Weise, wie sie der Phänomenologie des Kehlchakras entspricht. Das spirituelle Weibliche wiederum ist verkörpert in der jungianischen Analytikerin und mehr noch in der Frau, die Erfahrung mit Meditation und dadurch Zugang zu Erfahrungsbereichen hat, die über die Grenzen hinausgehen, die Jung für Europäer akzeptierte. Der weiße Sportwagen und die Helligkeit und Schnelligkeit, die er symbolisiert, stellen meiner Ansicht nach eine Parallele zum weißen Elefanten des Kehlchakras dar. Ich hatte vor dem Traum zwei Wochen lang viel meditiert, und es waren Reaktionen im Halsbereich aufgetreten.

Das Stirnchakra

Das *Stirnchakra* (Zirbeldrüse) wird mit dem Element Licht und auch mit seinem Gegenteil, der Dunkelheit und der Farbe Schwarz, assoziiert. Das Licht symbolisiert Erleuchtung, eine höhere Bewußtseinsstufe und Klarheit des Blickes, während die Dunkelheit für das kosmische Urdunkel und die Erfahrung der Einheit steht.[5h]

Das Stirnchakra entspricht Bewußtseinsstufen, auf denen das Spirituelle dem Materiellen nicht mehr nur gleichwertig gegenübersteht, sondern als realer erlebt wird.[11b] Im Yoga-Nidra stellt sich der Meditierende ein kleines goldenes Ei in der Mitte seiner Stirn vor und hypnotisiert sich selbst mit den Worten: «Ich bin Bewußtsein im Gleichgewicht, ich bin nicht Körper, ich bin nicht Gedanken, ich bin nicht Gefühl, ich bin nicht sinnliche Eindrücke, ich bin nicht Wille, ich bin nicht Name, ich bin nicht Karma, ich bin Bewußtsein, das in all dem lebt.»[21]

Das Stirnchakra wird auch das «Guruchakra» und das «Dritte Auge» genannt. In der Berührung mit diesem Chakra kann man lernen, den Strom innerer Bilder zum Stillstand zu bringen und den Geist leer zu machen, so daß ganz andere Erfahrungskategorien in das Bewußtsein vordringen können.[29d]

Die Grenze von Raum und Zeit kann überschritten werden, so daß es für Augenblicke zu Ewigkeitsgefühlen und Empfindungen der Entrückung in andere Dimensionen kommt. Verbunden damit ist die Erfahrung eines Lebens nach dem Leben, die mit Nahtodeserfahrungen und bewußtseinserweiternden Techniken in Zusammenhang gebracht werden kann.

Die wichtigsten Symbole des Stirnchakras sind nach der indischen Tradition die zweiblättrige Lotusblüte, «weiß wie der Mond, schimmernd in einem Leuchten vollkommener Meditation», sowie die Farben Gold und Indigo.[44] Ein Mann, der über das Stirnchakra meditiert hatte, träumte zum Beispiel: *«Er sah seinen Schwager eingehüllt in eine weiße Fahne mit Streifen in Gold und Indigo.»* Der Mann war nicht mit der Chakrensymbolik vertraut.

Jes Bertelsen hat in einem alchemistischen Text eine ganze Reihe von Symbolen gefunden, die den Chakraerfahrungen entsprechen, darunter die kreisenden Himmelssphären und die Uhr, die im Stirnchakra den Widerspruch zwischen Ewigkeit und Zeitlichkeit verkörpern.[51]

Taucht in Träumen, die mit dem sechsten Chakra verbunden sind, Licht auf, so hat es eine ganz besondere Qualität und Intensität. Natürlich kann Licht auch in gewöhnlichen Träumen erscheinen. Ein Kriterium dafür, ob es sich um einen Kehl- oder Stirnchakra-Traum handelt, ist nach Jes Bertelsen, daß das Erwachen als eine Verengung des Bewußtseins empfunden wird. Das deckt sich mit Nahtoderfahrungen, bei denen im Zusammenhang mit der Rückkehr ins normale Bewußtsein Gefühle der Aversion auftauchen können. Ein Beispiel von Marie-Louise von Franz vermittelt etwas von der Intensität eines solchen Lichttraums. Der Träumer war ein protestantischer Geistlicher, der einige Tage vor seinem Tod träumte:

«Das Uhrpendel, das sich eben noch bewegt hat, steht plötzlich still. Hinter der Uhr öffnet sich ein Fenster, und weißes Licht strömt herein. Das offene Fenster wird zu einer Tür und das Licht zu einem leuchtenden Pfad. Ich betrete diesen Pfad aus reinem Licht und verschwinde.»[41a]

Hier sehen wir den Gegensatz zwischen der Uhr als Symbol der Zeitlichkeit und der Ewigkeit hinter ihr. Das intensive Licht wiederum ist eines der häufigsten Elemente in Nahtoderfahrungen, «ein unbeschreibliches Strahlen, das die Augen dennoch nicht blendet».[47] Die Parallele zum Stirnchakra besteht darin, daß auch auf dieser Stufe der eigene Tod oder, psychologisch gesprochen, die Zerstörung des Ichs akzeptiert werden kann.[11c]

Obwohl Jung Stirnchakraerfahrungen im allgemeinen skeptisch gegenüberstand, schrieb er in seinem Kommentar zu einem chinesischen Alchemisten, daß mystische Lichtvisionen die größte nur vorstellbare Energiemenge mit tiefster Bedeutung verbinden, und berichtet, daß er selbst zwei Klienten gehabt habe, deren «Lichterfahrungen» ihr Leben grundlegend verändert hatten.[24]

Nach Bertelsen kann ein normaler Traum über die Sonne in einen Lichttraum vom Stirnchakra verwandelt werden, indem der Träumer in die Sonne schaut und damit zu lichterfülltem Bewußtsein wird.[5j]

Ein aus der alchemistischen Symbolik stammendes Bild, das nach Bertelsen mit dem Stirnchakra verbunden ist, ist ein blauer Vogel, der aus einem Kristallbrunnen voll Blut trinkt. Der Vogel ist dem Stirnchakra zugeordnet, das Blut und die Kristallquelle dem Wurzel- beziehungsweise dem Harachakra. Das Stirnchakra muß also mit den unteren Chakren verbunden sein, um funktionsfähig zu sein.[5h] Das erinnert an Jungs Klientin, durch deren Fontanelle ein Vogel mit einem langen, spitzen Schnabel bis hinunter zum Zwerchfell vordrang.

Ein Totenschädel kann sowohl die Todeserfahrung als auch die Essenz, das Wesen des Kopfes verkörpern. Bertelsen erwähnt einen Traum mit einer *«Treppe, über die Blut hinunterfloß. Oben auf der Treppe lag ein Schädel, dessen Augenhöhlen Spiegel waren, in denen sich eine fremde Dimension spiegelte.»*

Kurz nach diesem Traum erkrankte die betreffende Person an einer Infektion, die eine Hirnhautentzündung nach sich zog, an der sie beinahe gestorben wäre.[5k]

Augen und Sehsinn sind wichtige Symbole für das Stirnchakra. Ein Schlüsselbegriff ist das «klare Sehen», die Fähigkeit, mit Hilfe eines «höheren» Bewußtseins, das aller persönlichen Illusion entkleidet ist, mental wahrzunehmen, oder – im Okkultismus – das Auralesen. Häufig gehen dem Übergang in solche Wahrnehmungszustände visuelle Störungen voraus.[5m]

Eines Nachts träumte ich:

«Ich war Zeuge einer totalen Sonnenfinsternis. Es erstaunte mich, daß meine Augen beim In-die-Sonne-Schauen keinen Schaden nahmen. Genau in dem Augenblick, in dem die Sonne strahlend hell wiederaufzutauchen begann, hatte ich eine Vision: Vier Männer in grün schimmernden, phosphoreszierenden Gewändern kamen vom Freihafen her durch die Straße, in der ich meine Kindheit verbracht hatte. Sie trugen

große brennende Kerzen. Einer von ihnen war Jesus. Die Männer waren von einem Licht umgeben, das in verschiedenen Farben strahlte. Mein Vater, der neben mir stand, konnte nichts sehen.»

Hier wird mit dem Gegensatz von Licht und Finsternis gespielt, das strahlende Licht taucht auf, das den Augen nicht weh tut, dazu Aurasehen – Elemente, die den Traum mit dem Stirnchakra in Zusammenhang bringen. Er trat nach Abschluß eines zweijährigen Meditationsprogramms auf, das mit intensiver Meditation über das Stirnchakra abschloß. An einem bestimmten Punkt hatte ich starke Sehstörungen gehabt. Nach diesem Traum konnte es vorkommen, daß ein Klient, bei dem ich besonders starke Empathie verspürte, sich vor meinen Augen in vibrierende, strahlende Farben auflöste – etwas, was ich nie zuvor erlebt hatte.

Das Kronenchakra

Das *Kronenchakra* repräsentiert die äußersten Potentiale spiritueller Entwicklung im Menschen, der in diesem Zustand alle Gegensätze überwunden hat. Es entspricht einer Erfahrung des Einsseins mit dem Göttlichen und ist mit Zuständen mystischer Einheit oder ständiger Erleuchtung gekoppelt, wie sie Jesus, Buddha und anderen großen Eingeweihten zugeschrieben werden.

Gewöhnliche Sterbliche können blitzartige Ahnungen solcher Erfahrungen haben oder von ihnen träumen; in der Regel haben wir es in solchen Fällen jedoch mit der Manifestation pathologischer Zustände oder der Auswirkung bewußtseinserweiternder Substanzen zu tun, und es ist äußerst schwierig, solche Erfahrungen in die Persönlichkeit zu integrieren. Erfahrungen mit dem Kronenchakra lassen sich im Grunde nicht mit Worten beschreiben. Das Chakra selbst wird entwickelt durch die Arbeit mit den anderen sechs Chakren.

Wichtige Symbole sind die tausendblättrige Lotusblüte und die Farbe Hellviolett. Die Einheit aller Gegensätze wird dargestellt im Bild der Hochzeit der Gottheiten Shiva und Shakti oder in der alchemistischen Terminologie durch den Tod und die Wiedergeburt des königlichen Paares in ihrer «chymischen Hochzeit». Die spirituelle Erleuchtung kann auch durch einen diamantenen Körper symbolisiert werden.[51]

Interessanterweise hatte Jung 1944, während einer schweren Krankheit und auch danach, Visionen, die in ihrer Symbolwelt den obersten Chakren zuzuordnen sind, ohne daß er selbst diesen Zusammenhang erwähnt. «Es schien mir, als befände ich mich hoch oben im Weltraum. Weit unter mir sah ich die Erdkugel in herrlich blaues Licht getaucht», schreibt er in seinen Memoiren.

Im Weltraum erblickte er einen riesigen dunklen Granitblock, er sah einen schwarzen Hindu im Lotussitz und ein Tor zu einem Tempel, umgeben von einem Kranz heller Flämmchen, die aus unzähligen winzigen Nischen züngelten. Als nächstes hatte er die Empfindung, daß seine ganze irdische Existenz von ihm abgestreift wurde.

In anderen Visionen verspürte er ewige Seligkeit und war Zeuge der heiligen Hochzeit von Hera und Zeus. Alle diese Träume waren von einer übernatürlichen Intensität und Kraft. Beim Erwachen hatte er das charakteristische Gefühl der Verengung, das Empfinden, daß die materielle Welt ungefüge, schwerfällig, zu konkret sei. Die Pflegerin erzählte ihm später, es habe ausgesehen, als sei er von einem hellen Glanz umgeben.[27]

Es scheint mehr als ein zufälliges Zusammentreffen, daß Jung, der die psychische Entwicklung mit dem Herzchakra abschließen wollte, diese höheren Bewußtseinszustände ausgerechnet in Zusammenhang mit einem Herzanfall erlebte.

Luzide Träume

Der luzide Traum des Oliver Fox

In seinem Buch *Astral Projection* aus dem Jahr 1938 schreibt der englische Autor und begeisterte Parapsychologe Oliver Fox: «Ich hatte einen Traum, der den eigentlichen Beginn meiner Forschungsarbeit markierte.

‹Ich träumte, ich stünde vor meinem Haus. Als mein Blick zufällig über die Pflastersteine schweifte, merkte ich, daß sie ihre Lage verändert hatten und daß die Längsseiten nun parallel zum Randstein verliefen statt wie zuvor im rechten Winkel zu ihm. Plötzlich hatte ich eine Erleuchtung: Auch wenn dieser herrliche Sommermorgen völlig real* *schien – ich träumte. Sofort vertausendfachte sich die Intensität des Lebens. Niemals waren das Meer und der Himmel und die Bäume so strahlend schön. Niemals hatte ich mich so absolut wohl gefühlt, so klar im Kopf, so göttlich stark, so unaussprechlich frei! Die Empfindung läßt sich gar nicht mit Worten beschreiben; doch sie dauerte nur einige wenige Augenblicke, dann wachte ich auf.›* (gekürzt)

Später erkannte ich, daß meine mentale Kontrolle in diesem Augenblick von meinen Emotionen überwältigt worden war.»[16a]

Ein Traum, in dem der Träumer die Empfindung hat, zugleich wach zu sein und zu träumen, wird als luzider Traum bezeichnet. Oliver Fox' Traum enthält eine ganze Reihe von Merkmalen, die typisch für diese Traumart sind.

Definition und Literatur

Der Terminus «luzider Traum» wurde im Jahr 1968 von der englischen Parapsychologin Celia Green, Verfasserin des Buches *Träume bewußt steuern*, eingeführt, das Phänomen selbst jedoch ist alt und weltweit bekannt. Andere Bezeichnungen dafür sind Weisheitsträume, Astralprojektion und außerkörperliche Erfahrungen. Beschreibungen finden sich bei dem französischen Orientalisten Hervey Saint-Denys,[18] dem russischen Philosophen P. D. Ouspensky,[33] dem amerikanischen Hellseher Edgar Cayce[10] und dem Mystiker Carlos Castañeda[9]. Im Rahmen der spirituellen Unterweisung im tibetanischen Yoga markiert der luzide Traum eine bestimmte Stufe.[14] Auch eine ganze Reihe von Psychologen und Parapsychologen haben sich mit dem Thema beschäftigt.[1,39]

Man kann gegen luzide Träume einwenden, es handle sich dabei möglicherweise gar nicht um Träume, sondern um während der Phase des Erwachens ablaufende Phantasien oder einfach um normale Träume, in denen der Träumer sich für wach hält. Dies wird jedoch von Personen, die luzide Träume erlebt haben, wegen des ganz besonderen Charakters dieser Traumart bestritten. Das einzige Beurteilungskriterium ist also rein subjektiv.

Der luzide Traum vermittelt nicht nur eine einzigartige Empfindung von Intensität, Schönheit und Freiheit, wie Oliver Fox es beschrieb, er kann auch Ausgangspunkt für parapsychologische, bewußtseinserweiternde und religiöse Erfahrungen sein. Möglicherweise birgt er bisher noch nicht ausgeschöpfte therapeutische Potentiale. Als ein Grenzphänomen enthüllt er auf jeden Fall neue Facetten des Wesens und der Funktion des Traums.

Techniken zur Aufrechterhaltung des luziden Traumzustands

Wer sich für die Möglichkeiten, die im luziden Traum schlummern, interessiert, der kann sich an bestimmte Techniken halten, mit deren Hilfe dieser Zustand hervorgerufen und aufrechterhalten werden kann. Über die Anwendung dieser Techniken herrscht bei den verschiedenen Autoren große Übereinstimmung.

Die meisten Menschen erleben irgendwann einmal Anfangsstadien des luziden Traums. Celia Green nennt vier Indizien, anhand deren sogenannte präluzide Träume erkannt werden können:

1. Emotionale Spannung, besonders bei sich wiederholenden Angstträumen. Beispiel: «... *ich soll von einer Klippe gestürzt werden ... und plötzlich sagt etwas in mir: ‹Du brauchst keine Angst zu haben, es ist bloß ein Traum.›*»

2. Inkongruenz im Traum, wie bei Oliver Fox, wo sich die Pflastersteine gedreht hatten.

3. Analytisches Denken im Traum, wenn dem Träumer zum Beispiel das Unnatürliche an einem Echo auffällt, das nur bestimmte Wörter von etwas Gesprochenem zurückwirft, und zwar mehrmals.

4. Plötzlich auftretende Luzidität. Der Traum wird als genauso real empfunden wie der Wachzustand, doch plötzlich wird man sich bewußt, daß man träumt.[18a]

Wenn man seine Träume nach dem Erwachen auf Inkongruenzen hin analysiert, so weitet sich diese kritische Haltung erwiesenermaßen in die präluziden Träume aus, die sich daraufhin in luzide Träume verwandeln. Ist es gelungen, einen luziden Traum hervorzurufen, so läßt sich dieser Zustand allerdings nur sehr schwer aufrechterhalten. Entweder fällt man zurück in den normalen Traumschlaf, oder die distanzierte Betrachtung des Traumgeschehens führt zum Erwachen. Wie wir an Fox' erstem luzidem Traum gesehen haben, kann es auch geschehen, daß der Träumer von der Intensität des Traums so überwältigt wird, daß er davon erwacht. Es geht also darum, diese Intensität unter Kontrolle zu halten.

Ein anderes Hindernis bei der Verlängerung des luziden Zustands ist das sogenannte «falsche Erwachen». Dieses Phänomen scheint in Verbindung mit luziden Träumen häufiger aufzutreten als bei normalen Träumen. Der Träumer meint gewissermaßen auf ein Traumerlebnis zurückzublicken und denkt, er sei wach.[17a] Patricia Garfield, die viel Erfahrung mit luziden Träumen hat, berichtet das folgende Beispiel:

«Ich träumte, ich machte das Licht neben meinem Bett an. Ich schaute auf den Nachttisch neben mir, sah das Rot des Lampenschirms, den Schimmer des Lichts auf der ledernen Nachttischplatte – alles wie im Wachzustand. Trotzdem hatte ich ein merkwürdiges Gefühl. Ich streckte die Hand aus und klopfte kräftig auf die Tischplatte. Fest. Ich kam zu der Überzeugung, daß das, was ich gerade erlebte, wirklich war, weil ich es spüren konnte. Nachdem ich zu diesem Schluß gekommen war, träumte ich normal weiter.»[17b]

Begünstigend für die Aufrechterhaltung luzider Zustände wirkt es auch, wenn man im Traum einen bestimmten Körperteil, etwa die Hände, anschaut.[9] Dieser Effekt hängt möglicherweise damit zusammen, daß der Körper des Träumers zu den stabilsten Elementen in einem Traum gehört. Verspürt man im Traum Angst, so soll man zu sich selbst sagen: «Es ist nur ein Traum, es kann gar nichts passieren.» Dadurch wird die emotionale Spannung, die zum Aufwachen führen könnte, gemindert. Manchen Autoren zufolge kann man Autosuggestion nutzen, um luzide Träume hervorzurufen.

Am ehesten stellen sich luzide Träume offenbar in der Phase des Erwachens nach dem letzten Traum der Nacht ein.[17a] Im tibetanischen Yoga dagegen versucht man, direkt aus dem Wachzustand in den Traum hinüberzuwechseln und dabei die Kontinuität des Bewußtseins zu wahren.

Arbeit mit luziden Träumen

Luzide Träume werden von vielen Autoren mit außerkörperlichen Erfahrungen verglichen und häufig als parapsychologische Reisen in Zeit und Raum beschrieben.

Oliver Fox berichtet zum Beispiel von «Elsie», einer Jugendfreundin mit einer natürlichen Begabung für «Astralprojektion», die ihn besuchte, während er einen luziden Traum hatte: «*Plötzlich tauchte eine große, eiförmige Wolke in einem intensiven, strahlend bläulich-weißen Licht auf. In ihrer Mitte war Elsie, mit gelöstem Haar ...*»

Laut Fox erzählte Elsie ihm am nächsten Tag, daß sie zu ihm ins Zimmer gekommen sei, während er von ihr träumte. Obwohl sie niemals dort gewesen war, konnte sie jede Einzelheit des Raums genau beschreiben.[16b]

Eine andere Form luzider Träume gleicht mystischen Erfahrungen. Der amerikanische Psychologe George Scott Sparrow beschäftigte sich mit der Frage, ob luzide Träume dazu benutzt werden können, Erfahrungen des «klaren Lichts» wie die im tibetanischen Yoga beschriebenen, die Ausdruck höchster Erleuchtung sind, hervorzurufen. Sparrow hält sich mit Spekulationen darüber, ob das Bewußtsein den Körper während luzider Träume tatsächlich verlassen kann, zurück. Seiner Auffassung nach kann die Erfahrung, eine andere religiöse Bewußtseinsebene zu erreichen, ebensogut in jungianischem Sinne als «Projektion in das Selbst des Träumers» verstanden werden.[37a]

In einem luziden Traum sah Sparrow Licht aus dem Weltall auf die Erde fallen und auf sich zukommen:

«*Ich warte, bis das Licht direkt über mir ist. Dann weiß ich, daß es Zeit ist, die Augen zu schließen und zu meditieren. Plötzlich wallt eine ungeheure Energie in meinem Körper auf. Ich versuche, mich ihr zu überlassen. Als ich dies tue, wird meine Vision von Licht erfüllt. Es ist ein intensives Gefühl der Wärme und Liebe, das eine ganze Weile anhält.*»

Sparrow empfiehlt, dem luziden Traum mit einem «Ideal» zu begegnen, das heißt in einer bestimmten religiösen oder ethischen Haltung zum unbewußten Inhalt. Es geht nicht darum, wie schön die Erfahrung war, sondern darum, wie sie sich zu dem Ideal verhält, das für Sparrow ein christliches ist.

Im Gegensatz dazu steht die Selbstbedienungsmentalität, wie sie zum Beispiel Patricia Garfield vertritt, bei der luzide Träume in recht unkritischer Weise für die Jagd nach aufregenden Erlebnissen eingesetzt werden.

Sparrow zieht interessante Vergleiche zwischen luziden Träumen und Meditation.[37b] So können luzide Träume in gewissem Grad Erfahrungen vermitteln, wie man sie normalerweise im Zuge tiefer Meditation erlebt. Sie können aber auch als Manifestationen eines doppelten Bewußtseins betrachtet werden, da der Träumer die Erfahrungen zugleich macht und beobachtet. Die «Hingabe an eine höhere Erfahrung» ist nach Ansicht Sparrows für die Entwicklung luzider Träume genauso wichtig wie für die Meditation.

Schließlich können luzide Träume als eine Art intensivierte aktive Imagination eingesetzt werden. Ich selbst hatte meinen ersten Stirnchakratraum, nachdem mir dieser Gedanke gekommen war. Ich hatte geträumt:

«Ich bin in einem Raum eingeschlossen, in dem ein Mann mich überfallen und foltern will. Ich wache mit Magenschmerzen auf.»

Unmittelbar nach dem Erwachen arbeitete ich mit dem Traumkontext und den begleitenden Körperempfindungen, doch die Magenschmerzen hielten an. Dann gelang es mir, weiterzuträumen und Einfluß auf den Traum zu nehmen:

«Ich wußte nicht, wie ich ein Gespräch in Gang bringen sollte, aber dann dachte ich, der Kerl ist ja schließlich nur ein Teil von mir, also muß ich auch in ihn hineingehen können. Es funktionierte. Jetzt erlebte ich mich im Traum als beide Personen, und ich wollte mich auf keinen Fall selbst überfallen.»

Der Traum ging weiter:

«Ich bin auf einer Party in einer weitläufigen Zimmerflucht. Es scheint alles zugleich trivial und absurd. Eine schöne Orientalin in schwarzer Seide umfängt mich sanft von hinten. Sie führt mich in einer tänzerischen Bewegung, in der unsere Körper gleichsam verschmelzen, zum Ausgang. Draußen ist ein wunderbarer Frühlingsmorgen, Felder, auf denen das Korn gerade zu sprießen beginnt, Saatwetter, eine geradezu überirdische Stimmung von Schönheit und Intensität. Plötzlich wird mir bewußt, daß es ein Traum sein muß, weil in Wirklichkeit Winter ist, und ich merke, daß ich damit arbeiten kann. Jetzt sehe ich die Sonne

aufgehen, unmittelbar über einer Allee mit knospenden Bäumen. Ich
konzentriere mich auf die Sonne und werde selbst in Licht verwandelt.»

In dieser Zeit hatte ich über den Zustand der inneren Leere und das
Stirnchakra meditiert. (Meine Bemühungen haben die Magenschmerzen übrigens zum Verschwinden gebracht.)

Andere esoterische Bezugsrahmen

Der Bereich der Esoterik umfaßt noch eine Vielzahl anderer für die
Arbeit mit Träumen relevanter Ansätze: Astrologie, Tarot, Heilungen,
Auralesen, Hellsehen.

An dieser Stelle möchte ich auf die Arbeit mit Träumen in Verbindung mit dem chinesischen Orakelbuch *I Ging* eingehen, das bei Jung
und seinen Mitarbeitern sehr populär war.

Das *I Ging* enthält vierundsechzig Prophezeiungen in symbolischer
Sprache sowie Anleitungen, welche Handlungen zu welchem Zeitpunkt ratsam sind.

Die passende Prophezeiung erhält man, indem man fünf Stäbchen
oder – häufiger – drei Münzen gemäß bestimmten Anweisungen wirft.
Jung erklärt den Zusammenhang zwischen dem Werfen der Münzen
und der Prophezeiung anhand seiner Theorie des zeitlichen Zusam-
mentreffens, der Synchronizität: Es kommt in diesem Fall zu einem
bedeutsamen Zusammentreffen zwischen der Person, die das Orakel
befragt, und der entsprechenden Prophezeiung. Ausführlichere Erklärungen haben unter anderem Marie-Louise von Franz und Jolande
Jakobi vorgelegt.[42.20]

Wer im *I Ging* Erläuterungen zu einem Traum sucht, sollte die Stäbchen oder Münzen an dem Tag werfen, an dem er den Traum hatte,
damit das zeitliche Zusammentreffen gewahrt bleibt. (Zum Thema
«Synchronizität» siehe S. 314 ff.)

Zusammenfassung

Esoterische Traumtheorie

Ein Schlüsselbegriff in der esoterischen Traumtheorie ist das «höhere Bewußtsein». Darunter versteht man ein kosmisches oder göttliches Bewußtsein, das im Besitz unvorstellbar umfassenden Wissens ist. Die Vorstellung von einem «höheren Bewußtsein» erinnert an Jungs «absolutes Wissen im Unbewußten» und an die allwissende Weltseele der Alchemisten. Jes Bertelsen geht jedoch davon aus, daß die Begegnung mit dem höheren Bewußtsein sehr viel mehr Luzidität, Licht und Präzision vermittelt[6b] als die Begegnung mit dem kollektiven Unbewußten; und er hält es für möglich, in dauerhafteren Kontakt oder gar zu einer direkten Identifikation mit dem, was er die «Weisheit des Unbewußten» nennt, zu gelangen, als Jung annahm.[5p]

Jung und seine Nachfolger verwiesen stärker auf die Gefahr der Selbstüberschätzung,[11d] die in der Überzeugung steckt, ich als Person könne identisch mit der Weisheit werden, und distanzierten sich deshalb von dem Begriff des «höheren Bewußtseins». Für die Esoteriker aber ist der Begriff unverzichtbar für die Beschreibung von Erfahrungskategorien, die sich vom kollektiven Unbewußten bei Jung unterscheiden. Er blieb denn auch nicht ohne Auswirkung auf das esoterische Verständnis des Wesens und der Funktion von Träumen und auf die Symbolbildung und Symboldarstellung des Chakrensystems.

Nach Jes Bertelsen ist der «Traummechanismus» in mancher Hinsicht einer Art Radar vergleichbar, der die Persönlichkeit sowohl psychologisch als auch körperlich abtastet und in dem Versuch, einen unangemessenen Zustand zu korrigieren und zu regulieren, Unausgewogenheiten und Einseitigkeiten offenbart.[5q] In dem Buch *Psychology of Western Meditation* beschreibt Bertelsen Symbole als entstellte Informationen des höheren Bewußtsein. Die Entstellung ist darauf zurückzuführen, daß die im höheren Bewußtsein enthaltene enorme Informationsmenge nicht auf geradem Wege auf eine niedrigere Ebene des Bewußtseins überführt werden kann.

Mehr noch als bei Jung gewinnt man bei Bertelsen den Eindruck, Träume seien pädagogische Botschaften an den Träumer.[3] Zugleich begegnet man bei ihm weniger Verbindlichkeit, was die menschliche Deutungsinstanz betrifft, die entscheidet, welche Elemente des Traums didaktisch zu verstehen sind. Entscheidend bei Bertelsen ist, daß die korrekte Deutung, das heißt das richtige Verständnis des Traums, nicht automatisch zu einem höheren Bewußtsein führt. Wenn man dem Tempo des Wachstumsprozesses im Traum folgt, geht das Ganze zu langsam. Bertelsen schlägt deshalb vor, «die sehr viel höhere Geschwindigkeit und den Rhythmus des Bewußtseins auf das Unbewußte zu übertragen», und zwar mit Hilfe von Meditation.[5]

Er unterscheidet zwischen einer «allgemeinen Offenheit» für das Unbewußte, wie bei Jung, wo das Unbewußte die Führung übernimmt, und einer «spezifischeren Offenheit», die eine spezifische, gewünschte Entwicklung fördern kann.[4]

Die Traumdeutung

«Studieren Sie den Yoga. Sie werden unendlich viel daraus lernen, aber wenden Sie ihn nicht an …» Diesen Satz richtete Jung an seine europäischen Zeitgenossen. «Ein indischer Guru kann Ihnen alles erklären, und Sie können alles nachmachen. Aber wissen Sie, *wer* den Yoga anwendet? Mit anderen Worten: wissen Sie, wer Sie sind und wie Sie beschaffen sind?»[22]

Auch ich habe die Erfahrung gemacht, daß Menschen durch Yoga oder Meditation gleichsam schwebend über einem schweren Konflikt verharren können und wichtige Teile der eigenen Persönlichkeit abspalten, die dann später in einer Analyse wieder hochkommen. Wer sich so verhält, hat möglicherweise keinen anderen Ausweg aus einem Konflikt gesehen, und die psychoanalytische Methode erschien ihm vielleicht zu exklusiv, zu beängstigend oder zu einseitig. Das Interesse an der östlichen Meditation kann deshalb meines Erachtens als Ausdruck eines Mangels in unserer eigenen Kultur gewertet werden.

Nachdem mittlerweile viele Tausende von Menschen die eine oder andere Meditationsform praktizieren, haben wir mehr Erfahrung mit solchen Techniken als zur Zeit Jungs, und es gibt auch Bestrebungen, dem westlichen Leben angepaßte Meditationssysteme zu entwickeln. In Bob Moores System zum Beispiel geht es zuallererst und vor allem um ein Gleichgewicht der Chakren und nicht um rasche Ergebnisse. Die meisten seiner Meditationen enthalten sowohl eine spezifische als auch eine allgemeine Offenheit für das Unbewußte. Jes Bertelsen hat Meditationen entwickelt, die mit der Jungschen Vorstellung von Schatten und Anima/Animus arbeiten; George Scott Sparrow hat seine Klares-Licht-Erfahrungen in die christliche Ethik integriert; und wir haben gesehen, daß luzide Träume in der aktiven Imagination eingesetzt werden können.

Noch steckt die Vereinigung von östlicher Meditation und westlicher Psychologie in den Kinderschuhen, und bei der Arbeit mit Chakrensymbolen und Meditation gibt es Fallgruben.

Aus dem veröffentlichten Material lassen sich aber keine Anhaltspunkte dafür ableiten, daß luzide Träume beziehungsweise die mit den höheren Chakren verbundenen Bewußtseinszustände aus unseren Traumtheorien ausgeschlossen werden sollten. Ganz im Gegenteil, wir brauchen Beschreibungen, wann diese Phänomene relevant sind und wann nicht. Ich habe im folgenden versucht, einige Richtlinien zu formulieren.

Chakrensymbolik und Traumkontext

Wie bei allen anderen Bezugsrahmen, die in diesem Buch dargestellt werden, geht es darum, den entsprechenden Bezugsrahmen vor dem Hintergrund des Traumkontextes zu sehen.

Chakrensymbole sind archetypisch, das heißt, sie tauchen nur in einem relativ geringen Prozentsatz von Träumen auf. Wie wir im Kapitel über Jung gesehen haben, können Assoziationen zu Symbolen aus verschiedenen Schichten der Persönlichkeit stammen. Sie können archetypisch, kulturell geprägt oder persönlich sein. Und sie können viele Bedeutungen haben: Ein gelbes Auto steht zwar möglicherweise in irgendeiner Beziehung zum Solarplexuschakra, doch wenn der Vater des Träumers in der Realität von einem gelben Auto überfahren wurde, ist die Wahrscheinlichkeit größer, daß wir es hier mit einem traumatischen Kindheitserlebnis zu tun haben.

Das Bild eines Papageien wiederum muß nicht unbedingt als Symbol des Herzchakras gedeutet werden, schon gar nicht, wenn der Träumer assoziiert, daß ein Papagei ständig dieselben Wörter wiederholt.

Außerdem muß überprüft werden, ob die Symbole Kommentare zu Ereignissen des vorangegangenen Tages darstellen, ob der Träumer zum Beispiel in einem gelben Taxi nach Hause gefahren ist, nachdem seine Geliebte mit ihm gebrochen hatte, usw.

Wenn jede Sardine im Traum als «Harasymbol» gedeutet und jeder zerzauste Spatz zu einem «Herz»-Erlebnis in Beziehung gesetzt wird, raubt man den Träumen ihre kreative Vielfalt, beschneidet ihre Spontaneität und reduziert das Chakrensystem auf sieben Schubladen, in die sämtliche Manifestationen des Lebens hineingestopft werden können.

Es ist wichtig zu erkennen, welche Facette des Symbols vom Träumer bearbeitet werden sollte. Im Traum durch eine Wand zu gehen, kann nach esoterischem Verständnis für die Entwicklung «astralen Bewußtseins» stehen, es kann aber auch sehr viel praktischer als Durchbruch zu einem anderen Aspekt der eigenen Persönlichkeit gedeutet werden.[30]

Ferner muß darauf geachtet werden, ob sich parallel zum Traum Körpererfahrungen einstellen, die auf ein bestimmtes Chakra verweisen, ob dem Traum irgendwelche Meditationsübungen vorangingen und ob der Traum zu anderen Träumen in einer Traumserie in Beziehung steht. Es hat den Anschein, als könnten Einstellungsänderungen im Hinblick auf unser Alltagsleben zum Auslöser für eine bestimmte Chakrensymbolik werden, sogar in Träumen, die mit den obersten Chakren verbunden sind.

Als ich zum Beispiel von Jesus und vom Aurasehen träumte, hatte ich eine Zeitlang sehr intensiv über die Kopfchakren meditiert. Der Traum trat jedoch erst auf, als ich meine früher eher mißtrauische Grundhaltung in eine vertrauensvollere und menschenfreundlichere Einstellung verwandelt hatte. Einen Menschen wie in Farben getaucht zu sehen, kann ein symbolischer Ausdruck dafür sein, daß man ein gutes Gespür für emotionale Nuancen hat.

Luzide Träume

In der Literatur zu luziden Träumen werden die möglichen negativen Nebenwirkungen dieser Form der Arbeit mit Träumen nur sehr selten diskutiert. Sparrow klagt, in der populären Literatur werde allzusehr betont, daß Träume manipuliert werden können, und Fox ist der Ansicht, daß eine exzessive und unreife Konzentration auf luzide Träume in die Psychose und zu körperlicher Erschöpfung führen kann. Man könnte hinzufügen, daß die ichbezogene Einflußnahme auf den Trauminhalt die Zerstörung möglicher kompensatorischer Elemente zur Folge haben kann, so daß im Rahmen dieser Technik psychotherapeutisch relevantes Material und positive Wachstumspotentiale vermehrt abgespalten werden. So wäre es ja zum Beispiel denkbar, daß die Angst, die man auf Garfields Rat mit dem tröstlichen Hinweis «es ist ja nur ein Traum» beschwichtigen soll, ein wichtiger Wegweiser zur Arbeit mit bestimmten Problembereichen in der Psyche ist.

Das doppelte Bewußtsein in luziden Träumen kann in der Tat eine Art Meditationserfahrung sein, meiner Ansicht nach aber auch das Symptom einer gravierenden Spaltung, einer schizoiden Tendenz der Psyche. Gerade in solchen Fällen ist es besonders wichtig, mit der Symbolik des luziden Traums zu arbeiten.

Eine Interpretation, die eine Verbindung zwischen luzidem Traum, Tagesresten und psychischen Entwicklungsprozessen im Träumer aufzeigt, gibt Garfield für den Traum, in dem sie auf die Nachttischplatte klopft, um festzustellen, ob sie real ist (S. 356). Garfield hatte sich gefragt, ob die Zuneigung eines Freundes zu ihr echt sei, und dieses Thema griff der Traum dann auf: *«Sie muß echt sein, weil ich sie spüren kann.»* Wenn wir Oliver Fox' Traum von Elsie (S. 357) betrachten, so können wir eingedenk der Telepathieträume der Neofreudianer fragen, ob zwischen den beiden eine emotionale Barriere bestand, die sie auf unerlaubtem Weg zu übersteigen versucht hatten.

Meiner Erfahrung nach haben häufig Menschen mit großen kreativen und spirituellen Potentialen luzide Träume. Oft haben aber gerade diese Menschen auch Probleme damit, auf dem Boden der Tatsachen zu bleiben und das Alltagsleben zu meistern. Wenn eine Person zum Beispiel luzide träumt, *«ich schwebe aus meinem Körper heraus und sehe mich von oben»*, handelt es sich dabei nicht einfach nur um eine interessante außerkörperliche Erfahrung. Man sollte nachfragen, ob der Betreffende auch im Wachzustand vergleichbare Erlebnisse kennt, ob er in der Realität des Alltags wirklich präsent ist, oder ob er Absencen hat – wobei ihm im letzteren Fall unbedingt davon abgeraten werden sollte, Auto zu fahren!

In den meisten Fällen läßt sich meiner Ansicht nach der esoterische Aspekt gut mit den traditionellen Regeln der Traumdeutung, die wir in anderen Kapiteln des Buches kennengelernt haben, verbinden.

In der tantrischen Philosophie beginnt die Entwicklung im Kronenchakra. Am Beginn der Welt steht die Vereinigung des Gottes Shiva mit der Göttin Shakti, was der Mensch auf der Bewußtseinsebene des Kronenchakras erleben kann. Auf der kosmischen Ebene kann die

Erschaffung der Welt sozusagen als Fall durch die verschiedenen Bewußtseinsebenen der Chakren von der geistigen Welt bis hinunter in die materielle Welt der Dinge, der das Wurzelchakra entspricht, versinnbildlicht werden.[48] Der Yogi muß diese Entwicklung nun in umgekehrter Reihenfolge durchlaufen, um in den ursprünglichen Zustand mystischer Einheit zurückzufinden. Bleibt man in dieser Analogie, so steht das Kind im Anfangsstadium seiner Entwicklung auf der Ebene der oberen Chakren und wird langsam durch die Ichbildung in seinen Körper und in die Welt «hineingeboren». Anpassungsschwierigkeiten, traumatische Erfahrungen, Angst, Krankheit und Nahtoderfahrungen können jedoch dazu führen, daß die Ichbildung und der Kontakt zur äußeren Realität gestört werden, so daß das Bewußtsein des Kindes in einer archetypischen Phantasiewelt gefangen bleibt und es zu einer Spaltung kommt. In diesem Fall können Erfahrungen aus den höheren Chakren auftauchen, die sich schlecht in das Bewußtsein integrieren lassen. Eine vierzigjährige Klientin erzählte mir den folgenden Traum, der voller Klänge und Stimmen ist:

«Ich war fünf Jahre alt und saß vor einem großen Musikinstrument (es erinnerte an eine Orgel), das alle Töne und Stimmen der ganzen Welt in sich barg. Ich drückte einige der Knöpfe, und die allerlieblichste Musik ertönte. Rechts war ein rechteckiger schwarzer Hebel. Ich drückte ihn, doch sogleich ertönte rechts hinter mir die warnende Stimme einer Frau, die mir dies verbot. Daraufhin erklang ebenfalls von der rechten Seite die Stimme eines Mannes, die der Frau ins Wort fiel und sagte: ‹Laß sie doch den Hebel drücken, sie ist groß genug.› – ‹Nein›, antwortete die Stimme der Frau, ‹das führt direkt ins Fegefeuer.› – ‹Aber ich kenne das Fegefeuer doch schon›, wandte ich ein. Und ich fing an, den gefährlichen Hebel auf und nieder zu drücken, und das Instrument spielte immer schöner und schöner – die Töne bildeten ein herrliches, unglaublich harmonisches Zusammenspiel, am ehesten mit Sphärenmusik zu vergleichen.»

Eine Zeitlang hatte ich (der Analytiker) jede Sitzung mit einer zehnminütigen geleiteten Phantasiereise durch die Farben des Regenbogens abgeschlossen, jedesmal eine, von Rot zu Violett und wieder zurück. Am Tag vor dem Traum hatte ich die Frau über die Farben der entsprechenden Körperbereiche, in denen die Chakren lokalisiert sind, meditieren lassen, ohne jedoch die Chakrensymbolik zu erwähnen, die ihr daher völlig unvertraut war. Der Traum offenbart eine ganz außergewöhnliche Begabung zur Kontaktaufnahme mit dem kollektiven Unbewußten, doch das Traum-Ich ist fünf Jahre alt. Ein Großteil des Gefühlslebens der Frau war aufgrund schwerer traumatischer Ereignisse in der frühen Kindheit auf der Stufe von fünf Jahren stehengeblieben. Ihr Traum war ein ungewöhnlich schöner Kehlchakratraum, aber er bringt keine Reife zum Ausdruck.

Ein höchst kreativer und auf der zwischenmenschlichen Ebene sehr gewandter Mann mittleren Alters träumte, er «*war Gott und kämpfte mit einem teuflischen Kind*». Gott zu sein, ist eigentlich ein Kronenchakratraum, das Problem hier bestand darin, daß der Mann in diesem Zustand mit einem teuflischen Kind kämpfte. Kurz darauf erkrankte er an Gehirnentzündung, die er jedoch ohne Schaden überstand.

In diesem Fall war es sinnvoll, den Traum gleichzeitig aus einem Freudschen Blickwinkel als Regression in magische Allmachtsphantasien aufzufassen, die typisch für die Zeit sind, bevor sich das Überich gefestigt hat. Wenn der Mann früher unartig gewesen war, pflegte seine Mutter zu sagen, er sei «böse». Der Traum führte ihn also wahrscheinlich auf den Kampf mit seinem eigenen inneren bösen Kind zurück. Drei Dinge konnten bei diesem Klienten dafür verantwortlich sein, daß gerade er einen Kronenchakratraum hatte: Er hatte als Kind Nahtodeserfahrungen gehabt, als Jugendlicher hatte er zehn bis fünfzehn LSD-Trips erlebt, und er meditierte.

In einigen wenigen Fällen habe ich es auch erlebt, daß wunderschöne Lichtträume den Beginn einer Schizophrenie bezeichneten.

Jung war sich völlig darüber im klaren, welche ungeheure Kraft zur Förderung spiritueller Entwicklung den verschiedenen östlichen Meditationsformen innewohnt. In seiner Methode führte das Unbewußte seine Klienten jedoch ganz allmählich in einen Entwicklungsprozeß hinein, bei dem jeder Traum einen Fortschritt enthüllte. Die östlichen Menschen hingegen hatten jahrhundertelang an ihren Meditationstechniken gearbeitet und «dabei sehr viel mehr Symbole angehäuft, als Angehörige der westlichen Kultur verdauen können».[11d]

Träume können hilfreiche Hinweise übermitteln, wie das Ich mit unbewußten Inhalten umgeht und welche Abwehrmechanismen es mobilisiert, wenn Chakrenmeditation zu einer verfrühten Öffnung für unbewußte Inhalte führt, die angstauslösend sind und nicht verarbeitet werden können. Während eines Meditationskurses, der besonders die unteren Chakren aktivierte, träumte eine Frau:

«Ich bin in einer mir unbekannten Stadt. Zu meinem Entsetzen entdecke ich, daß überall in den Straßen Schlangen herumkriechen. Ich weiß nicht, wohin ich gehen soll. Da taucht ein Straßenreinigungstrupp auf und schwemmt die Schlangen fort.»

Die Schlangen sind hier Ausdruck einer stark unterdrückten Sexualität, und die Straßenkehrer stehen für einen heftigen Abwehrmechanismus, der augenblicklich mobilisiert wurde.

Bei solchen Erfahrungen besteht das Risiko, daß der Betreffende, der sich vielleicht bei einer langsamen und behutsamen Anleitung in einen Entwicklungsprozeß hineinbegeben hätte, diesen Prozeß blockiert.

Ich habe in diesem Kapitel einige Dimensionen des Wesens, der Funktion und der Deutung von Träumen skizziert. Das esoterische Traumverständnis fügt dem bisher zusammengetragenen Wissen einige wichtige neue Perspektiven hinzu. Seine Schwäche besteht jedoch darin, daß es Träume zu einseitig behandelt. Häufig werden persönliche Assoziationen und der Traumkontext übersehen und andere Bezugsrahmen vernachlässigt. Dagegen scheint es durchaus möglich, esoterische Träume von anderen Ansätzen her zu betrachten; auf diese Weise können wir sie in die in diesem Buch dargelegte Fülle an Wissen integrieren.

Empirische Grundlage und philosophischer Hintergrund

Es ist schwer zu bestimmen, inwiefern sich die psychoanalytische Klientel von Menschen unterscheidet, die mit Meditation arbeiten. Natürlich spielt es eine Rolle, daß Meditation billiger und daß es weniger verbindlich ist, an Meditationskursen teilzunehmen, als sich in Analyse zu begeben.

Wenn man Träume größtenteils im Rahmen intensiver Meditationsübungen interpretiert, wird das empirische Material wahrscheinlich verzerrt, da in dieser Zeit sehr viel mehr archetypisches Material auftauchen wird als normalerweise, und dafür weniger Träume, die das Wachleben spiegeln. Auch eine Bestätigung der Traumdeutungen ist schwierig, da die Abwehrmechanismen häufig erst greifen, wenn man nach Hause kommt und sich den neugewonnenen ekstatischen Einsichten ganz allein, in einer Umgebung, die sich nach dem Kurs nicht im geringsten verändert hat, stellen muß.

Jes Bertelsen hat die Hypothese aufgestellt, daß Träume die Energiefluktuation der Psyche im Gleichgewicht halten (wenn das Wachleben in ein Extrem verfallen ist, wird das Traumleben das entgegengesetzte Extrem betonen). Diese Annahme steht allerdings in direktem Gegensatz zu der Gleichförmigkeit, die Hall unter Einsatz statistischer Methoden bei normalen Traumreihen feststellte. Möglicherweise spiegelt Bertelsens Hypothese eine Erfahrung aus intensiven Traum- und Meditationskursen – die Erfahrung, daß unter diesen besonderen Bedingungen die Psyche tatsächlich zwischen den Extremen der Öffnung und des Widerstands hin- und herpendelt.[7] Die große Menge archetypischen Materials, die unter diesen Bedingungen zu erwarten ist, könnte mit dazu beitragen, daß das Interesse für andere Aspekte der Traumanalyse in bedenklicher Weise zurückgeht.

Die östlichen Meditationstechniken gingen aus zwei philosophischen Hauptströmungen hervor. Die eine stützt sich auf die taoistische Philosophie, die andere auf die Yogatradition. Im Taoismus wird besonderes Gewicht auf die Beobachtung sich selbst regulierender und unabhängiger Vorgänge in der Natur gelegt, während die Yogatradition Disziplin, Übungen und rigide Methoden in den Vordergrund stellt. Jung und stärker noch Mindell fühlen sich am ehesten dem Taoismus verpflichtet, während Jes Bertelsen nach eigener Aussage einen Mittelweg zwischen Taoismus und Yoga anstrebt.[5]

10 Traum und Geburtserfahrung

*Traum und Geburt bei den Freudianern – Geburt und Wiedergeburt in
der jungianischen Literatur – Otto Rank und das Geburtstrauma –
Traum und Rebirthing – Zusammenfassung*

Traum und Geburt bei den Freudianern

Nach Freud liegen «einer großen Anzahl von Träumen, die häufig
angsterfüllt sind, oft das Passieren von engen Räumen oder den Auf-
enthalt im Wasser zum Inhalt haben, … Phantasien über das Intraute-
rinleben, das Verweilen im Mutterleibe und den Geburtsakt zugrunde».
In der *Traumdeutung* führt er folgendes Beispiel eines jungen Mannes
an:

*«Er befindet sich in einem tiefen Schacht, in dem ein Fenster ist wie im
Semmeringtunnel. Durch diesen sieht er zuerst leere Landschaft, und
dann komponiert er ein Bild hinein, welches dann auch sofort da ist und
die Leere ausfüllt. Das Bild stellt einen Acker dar, der vom Instrument
tief aufgewühlt wird …»*

Nach Freud bedeutete der Traum, daß der junge Mann in seiner
Phantasie vom Mutterleib aus den Geschlechtsverkehr zwischen seinen
Eltern beobachtete (das Feld, das gepflügt wird).

Auch den Traum einer Klientin, in dem sie in einem mondbeschienenen See badete, interpretierte Freud als Geburtstraum.

Die Patientin bestätigte das Geburtsmotiv, indem sie unmittelbar im
Anschluß an die Beschreibung des Traums meinte: «Bin ich nicht durch
die Kur wie neugeboren?»[1]

In der freudianischen Literatur wird die Geburtssymbolik in der Regel mit dem Stichwort «intrauterine Phantasie» in Verbindung gebracht. Die Freudianer interessiert dabei weniger die tatsächliche Geburtserfahrung, auf die sich die Träume beziehen, als die psychischen Folgen des Themas.

Emil Gutheil hat eine Reihe von Träumen über die pränatale Phase und die Geburt beschrieben. Ein Dreiundzwanzigjähriger träumte:

«Ich bin an dem Ort, an dem ich geboren wurde. Ich sitze in einem überheizten Zimmer. Ich bin froh, in Sicherheit zu sein, denn draußen wütet ein Schneesturm, das Wetter ist furchtbar. Ich denke: ‹So ganz allein für sich zu leben wie hier ist doch herrlich und sicher nicht ohne Auswirkungen auf die eigene innere Entwicklung.›»

Gutheil konzentrierte sich vor allem auf die Wendung, «an dem Ort, an dem ich geboren wurde», und auf den Gegensatz zwischen dem warmen «Drinnen» und dem kalten «Draußen». Er deutete den Traum als «ein schönes Bild für die Neigung des Patienten, vor allen Kämpfen und Auseinandersetzungen die Segel zu streichen und sich vor den Stürmen des Lebens in die Wärme und Sicherheit des Mutterleibs zu flüchten». Normalerweise sind solche Träume nach Gutheil mit Atemschwierigkeiten und Angstzuständen verbunden – Symptome, die seiner Ansicht nach durch die Vorstellung verursacht werden, man sei noch nicht geboren und befinde sich an einem unangenehmen Ort, an dem man keine Luft bekommt. Das zeigt sich in einem anderen Beispiel:

«Ich krieche durch eine lange, enge, schmutzige dunkle Röhre mit vielen Biegungen. Immer, wenn ich glaube, mich dem Ende zu nähern, merke ich, daß das, was ich für den Ausgang hielt, in Wirklichkeit eine weitere Biegung war. Es ist sehr unbequem, und ich habe Angst. Nach vielen Mühen gelange ich an eine enge Öffnung im oberen Teil der Röhre und bin frei. Ich fühle mich erlöst und atme tief ein. Ich habe diesen Traum immer wieder.»

Auch Calvin Hall ist der Ansicht, daß Träume sich auf die pränatale und die Geburtsphase beziehen können.[4]

Geburt und Wiedergeburt in der jungianischen Literatur

In der jungianischen Literatur werden Geburtsmotive in erster Linie symbolisch als psychische Wiedergeburt gedeutet.

Erich Neumann wendet sich in seinem Buch *Die Große Mutter* dagegen, dem biologischen Geburtstrauma eine so überragende Bedeutung beizumessen, wie es in manchen Theorien geschieht. In der Sprache des Unbewußten werden die Entwicklung des Ichs und des Selbst als Geburt beschrieben: Das Bewußtsein, das in einer vertrauten sicheren Umgebung gut aufgehoben war, erlebt das Ende dieser Situation als «Zurückweisung durch die Mutter». Jeder wichtige Übergang im Leben bringt deshalb ein symbolisches Geburtstrauma mit sich. Nach Neumann ist es unvernünftig, diese archetypische Symbolik auf eine persönliche Erfahrung zu reduzieren.[9]

Jung hat sich in zahlreichen Veröffentlichungen mit psychischen Wiedergeburtssymbolen auseinandergesetzt. In einer Abhandlung über Reinkarnation stellte er die Wiedergeburtstheorien verschiedener Kulturen dar, ohne dabei in der Frage der Reinkarnation eindeutig Position zu beziehen. Ihn interessierte vor allem der psychologische Aspekt.[6]

Die Symbolik der Geburt ist sehr weit verbreitet. In der Mythologie finden sich vor allem die Geburt aus einem Baum und die Geburt durch Wasser, wobei letztere uns auch aus der Vorstellung von der Taufe als spirituelle Wiedergeburt vertraut ist.[7a] Weitere Geburtssymbole werden unten in diesem Kapitel beschrieben.

Otto Rank und das Geburtstrauma

Der Psychoanalytiker Otto Rank war der erste, der sich intensiv mit dem Trauma, dem der Mensch bei der Geburt ausgesetzt ist, befaßt und die Aufarbeitung dieses Traumas zur therapeutischen Aufgabe erklärt hat. Nach Rank ist das Geburtstrauma von größter Bedeutung für die psychische Entwicklung einer Person. Es ist gleichsam der Prototyp für alle Ängste und bietet zugleich eine universal gültige Erklärung für die kulturelle Entwicklung.

Ursache dieses Traumas ist für Rank nicht etwa die physiologische

Bedrängnis bei der Geburt, sondern die Tatsache, daß wir bei der Geburt aus einem für uns günstigeren und angenehmeren in einen weniger günstigen Zustand versetzt werden. Im Gegensatz zu seiner Existenz im Mutterleib muß das Kind jetzt mit unregelmäßigem Nahrungsangebot, der Abwesenheit der Mutter, Temperaturschwankungen, lauten Geräuschen, Atmung, Defäkation usw. zurechtkommen.

Freud und später der tschechisch-amerikanische Psychiater Stanislav Grof hingegen führten die Bedeutsamkeit der Geburt für die psychische Entwicklung auf die physiologische Anstrengung beim Geburtsvorgang selbst zurück.[2]

Leider enthält Ranks Buch *Das Trauma der Geburt* weder Traummaterial noch Beschreibungen von einschlägigen Symptomen. Einige Beispiele finden sich allerdings bei seiner geistigen Erbin, Esther Menaker. Stanislav Grof, auf den wir im folgenden Kapitel näher eingehen werden, und der Erfinder des Rebirthing, Leonard Orr, haben Ranks Vorstellung von der alles entscheidenden Bedeutsamkeit der Geburtserfahrung aufgegriffen.

Traum und Rebirthing

In der Rebirthingtherapie gilt das Geburtstrauma als wichtigster Faktor der Persönlichkeitsentwicklung. Während und unmittelbar nach der Geburt wird die Grundhaltung der Person zum Leben, ihre «persönlichen Gesetze», festgeschrieben, die die spätere Reaktionsweise des Betreffenden auf negative Kindheitserfahrungen, auf Unglück, Ablehnung usw. bedingen.[5]

In der Therapie wird versucht, die Geburtserfahrung noch einmal zu durchleben. Dies geschieht mit Hilfe einer bestimmten Atemtechnik, der Hyperventilation, die der Amerikaner Leonard Orr Mitte der siebziger Jahre entwickelte. Auf diese Weise soll es möglich sein, sich von den negativen «persönlichen Gesetzen» freizumachen und ein positiveres, energieerfüllteres Leben zu führen. Die Therapie des Rebirthing ist eindeutig regressionsfördernd und sehr einseitig erfahrungsorientiert.

In der Reinform des Rebirthing geht es nicht um die Verarbeitung der negativen und traumatischen Inhalte, die bei der Therapie an die

Oberfläche dringen können. Statt dessen wird versucht, diese Inhalte mit Hilfe suggestiver Techniken «loszulassen», vorübergehen zu lassen, und zu transzendentalen Erfahrungen durchzustoßen.[5]

Ich habe in der Rebirthingliteratur keine Beispiele für Traumserien gefunden, kann jedoch einen Fall aus meiner eigenen Praxis zitieren. Es handelt sich um eine Serie von drei Träumen eines vierzigjährigen Mannes, die dieser etwa vier bis sieben Wochen nach seiner Rebirthingerfahrung hatte. Die Traumreihe zeigte, verglichen mit anderen Träumen des Klienten, daß es bei ihm zu einer starken Regression gekommen war. Zwar traten die Träume zeitlich etwas versetzt zu dem Workshop auf, an dem er teilgenommen hatte, doch wir kamen gemeinsam zu dem Schluß, daß der Kurs der Auslöser für die massive Reaktion gewesen sein mußte.

Als Technik war bei ihm nicht Hyperventilation, sondern unter anderem die Stimulierung bestimmter Körperbereiche angewandt worden, die bei der Geburt in Mitleidenschaft gezogen werden.

Fünf Wochen nach dem Rebirthing träumte er:

«Eine Schlange, mit der ich auf gutem Fuß stehe, rollt vor mir her wie ein Rad, während ich auf dem Weg zu meinen Eltern bin. Als wir dort sind, nehme ich die Schlange in die Hände. Es ist als freundliche Geste gedacht, aber plötzlich wird sie feindselig, entrollt sich, läßt sich fallen und beißt mich in die Ferse. Aus der kreisförmigen Bißstelle sickert Blut hervor. Ich bekomme Angst und bitte meine Eltern um Hilfe.»

Der Traum zeugt für eine starke Regression. Das zeigt sich auf der persönlichen Ebene an der Tatsache, daß der Träumer wie ein kleines Kind wird, das seine Eltern um Hilfe bittet. Gleichzeitig sehen wir jedoch eine reiche archetypische Symbolik, mit der der Mann nicht vertraut war. Der Uroboros, die Schlange, die sich selbst in den Schwanz beißt, ist ein uraltes Symbol für die Große Mutter und den intrauterinen Zustand. Der Mann spielt mit der Schlange, aber sie stellt sich als gefährlicher heraus, als er dachte. Das Bild des Helden, der von einer Schlange in die Ferse gebissen wird, ist ebenfalls aus der Mythologie bekannt, wo die Schlange sich mit der Großen Mutter verbündet und ihr Biß zu Regression führt (der ägyptische Sonnengott Ra, Philoktet in der griechischen Mythologie).[7b.10]

Sieben Tage später befindet sich der Mann im Traum

«... *draußen auf dem Meer, auf einem Segeltörn mit der Königin. Das Schiff kentert. Es gelingt ihm, sich auf eine Insel zu retten. Dort trifft er auf Überlebende einer Katastrophe, die über die ganze Welt hereingebrochen ist. Sie reden darüber, wie eine neue Gesellschaft errichtet werden kann.*»

Hier hat sich die Regression auf die Zerstörung der Person des Träumers, ja der ganzen Welt ausgeweitet. Die Königin ist eine Mutterfigur (die Landesmutter). Das Kentern und Untergehen kann in der Freudschen Theorie als Geburtssymbolik verstanden werden. Im jungianischen Bezugsrahmen wäre der Traum mit der Traumserie Jungs aus dem Buch *Psychologie und Alchemie* vergleichbar (S. 103 ff.). Drei Wochen später träumte der Mann, daß er

«... *mit einem Boot in einem See in der Nähe des Wohnorts seiner Kindheit untergeht. Es gelingt ihm jedoch, wieder an Land zu kommen, und nach mehreren Verwicklungen, in denen er einem Bauern und einem Hengst begegnet, gelangt er auf eine verkehrsreiche Straße voller Menschen.*»

Hier ist das Zerstörungsthema in den Hintergrund getreten. Die weiblichen Figuren wurden durch männliche Symbole ersetzt, und der Mann ist auf dem Weg zurück in Zivilisation (Bewußtsein) und Aktivität.

Körperlich hatte der Mann sich seit der Rebirthingerfahrung sehr müde gefühlt. Zwei Wochen war er nicht imstande gewesen, zur Arbeit zu gehen, und er hatte jedes Interesse an seiner Partnerin verloren. Meistens lag er im Bett und «träumte und träumte, als müsse ich etwas loswerden». Danach nahm er die Arbeit und auch sein Liebesleben wieder auf.

Natürlich gibt es viele unterschiedliche Reaktionsformen auf eine Rebirthingerfahrung, aber nach dem Fall zu schließen, mit dem ich es zu tun hatte, handelt es sich dabei um eine Technik, die sehr viel im Klienten auslösen kann.

Zusammenfassung

Rank schrieb dem Geburtstrauma die allergrößte Bedeutung gleichsam als Prototyp für jede kulturelle Entwicklung zu. Seine Theorie führte ihn zu einem völlig eigenständigen Verständnis vom Wesen und von der Funktion des Traums. Er sah Träume als Versuch, das Geburtstrauma ein zweites Mal zu durchleben und in den pränatalen Zustand zurückzukehren. Die Traumanalyse war für ihn zugleich das stärkste Indiz für die psychologische Bedeutsamkeit des Geburtstraumas.

Auch für Stanislav Grof und Leonard Orr ist die Geburtserfahrung ein entscheidender psychischer Faktor. Wie wir jedoch gesehen haben, kann die Geburtserfahrung in Träumen ganz unterschiedlich gedeutet werden.

Der empirische Hintergrund für einen Zusammenhang zwischen Traum und Geburt ist höchst spärlich, wird jedoch gestützt durch die Beobachtungen Grofs, die Thema des nächsten Kapitels sind.

Meine Einwände gegen Orrs Rebirthingtechnik sind dieselben wie gegen andere erlebnisorientierte Therapien, bei denen die oft sehr eindrucksvollen Erfahrungen nicht in eine längerdauernde und umfassendere Psychotherapie eingebettet werden (S. 243 ff.).

Hinter dem Rebirthing steht eine Philosophie, die sich auf Elemente aus dem Yoga, der hinduistischen Philosophie und Reinkarnationstheorien stützt, nach denen eine Person selbst die Verantwortung dafür trägt und wählt, in welches Leben sie hineingeboren wird, weil es darin bestimmte Dinge gibt, die sie lernen muß.[5]

11 Traum und bewußtseinserweiternde Techniken

Einführung – Kategorien von LSD-Erfahrungen – Traum und LSD – Traumserien unter LSD-Einfluß – Grofs therapeutische Methode – Zusammenfassung

Einführung

In zahlreichen Kulturen haben die Menschen Ekstasetechniken eingesetzt, um veränderte Bewußtseinszustände zu erreichen. Unter den vielen Ekstase induzierenden Praktiken sind Orgien und Tänze, Trommeln, Geißelung, Isolation oder das Ausgesetztsein an einsamen Orten, Hyperventilation und Trance zu nennen.

Auch verschiedene rauscherzeugende Substanzen und Gifte wurden benutzt, um die Grenzen des Bewußtseins zu überschreiten. Die Griechen bedienten sich bei ihren Orgien des Weins, die Eskimos aßen verdorbenes Seehundfleisch, die Indianer nahmen Peyote,[3.10] Dichter haben, um sich inspirieren zu lassen, zum Opium gegriffen.[16] Menschen, die aus einer Anästhesie erwachten, berichteten von kosmischen Erfahrungen[4.11] – eine Beobachtung, die zu Experimenten mit dem Anästhetikum Ketalar führte.[9]

Die umfassendste wissenschaftliche Beschreibung der Wirkung bewußtseinserweiternder Substanzen auf die Psyche findet sich in Stanislav Grofs Werk *Topographie des Unbewußten*. Die Grundlage für Grofs Forschungen bildet die Arbeit mit LSD-25 (Lysergsäuredimethylamid), einer Substanz, die im Jahr 1938 von den Schweizer Biochemikern Stoll und Hoffmann erstmals künstlich hergestellt wurde.

LSD ist ein Halluzinogen – eine Halluzinationen erzeugende Substanz – und gilt als eine der wirksamsten psychoaktiven Substanzen, die wir kennen. Es führt zu drastischen sensorischen, emotionalen, geistigen und die Motorik betreffenden Bewußtseinsveränderungen und ruft häufig bizarre künstlerische, religiöse oder mystische Erfahrungen hervor und – was in unserem Zusammenhang besonders interessant ist – Erfahrungen, die von Tod, Wiedergeburt und der biologischen Geburt handeln.[5a]

Grof betont, daß nicht das LSD als solches diese Erfahrungen provoziert, sondern daß die Droge als Katalysator für Material wirkt, das bereits in der Psyche vorhanden ist und ebensogut durch Verfahren an die Oberfläche geholt werden könnte, wie wir sie aus schamanistischen Praktiken, aus den Übergangsriten primitiver Völker und verschiedenen Heilungsritualen kennen. LSD hat dabei allerdings den Vorzug, daß die Erfahrungen, die es induziert, in engem Zusammenhang mit der Persönlichkeit des Konsumenten stehen.[7]

Kategorien von LSD-Erfahrungen

Grof unterscheidet zwischen vier Kategorien von LSD-Erfahrungen: abstrakten und ästhetischen, psychodynamischen (ähnlich denen in der traditionellen Psychotherapie), perinatalen (die Geburt betreffenden) und transpersonalen (die normalen Grenzen des Ichs übersteigenden).[5b]

Zu den abstrakten und ästhetischen Erfahrungen gehören das intensive Erleben von Musik, Malerei und architektonischen Formen, aber auch farbige Visionen von Naturszenen und abstrakten Mustern und manchmal fließende und diffuse Phantasiebilder. Auch faszinierende Klanghalluzinationen sind möglich.[5c]

Die psychodynamischen Erfahrungen enthalten Material, wie es auch in traditionellen Psychotherapien aufbricht.[5d]

Geburtserfahrungen

Grof stimmt mit den Jungianern darin überein, daß Geburtserfahrungen als psychische Todes-/Wiedergeburtsmotive verstanden werden können, das heißt als Symbole für die Wandlung der Persönlichkeit. Ähnlich wie Rank ist er der Ansicht, daß die Trennung von der Mutter bei der Geburt eines der entscheidendsten Ereignisse im Leben des Individuums darstellt. Von allergrößter Tragweite sind für Grof jedoch die Spuren, die die «extreme körperliche Bedrängnis bei der Geburt» in der Persönlichkeit des einzelnen hinterläßt.

Grof hat ein eigenes Modell für die verschiedenen Erlebnisstufen im Zusammenhang mit der Geburt aufgestellt: die «perinatalen Erfahrungen».

Er unterteilt die *Geburtserfahrungen* in vier «perinatale Grundmatrizen» (Basal Perinatal Matrices BPM I–II–III–IV), die die späteren Erfahrungen im Leben prägen: «Jedes Stadium der biologischen Geburt scheint ein spirituelles Gegenstück zu haben.» Für die Entwicklungsspanne in der Sicherheit des Mutterleibs (BPM I) ist dies die Erfahrung der kosmischen Einheit. Der Beginn der Geburt entspricht Gefühlen des «universalen Verschlungenwerdens». Die Wehen bringen Gefühle der «Ausweglosigkeit», des «In-der-Hölle-Seins» mit sich, und die Austreibungsphase durch den Geburtskanal entspricht dem Kampf bei Tod und Wiedergeburt.

Grof stützt sein perinatales Modell auf die Beobachtung, daß Patienten bei LSD-Sitzungen häufig körperliche Symptome zeigen, die am ehesten an die biologische Geburt erinnern: Muskelzittern, extrem schwankende Atemrhythmen sowie Stellungen und Bewegungen, die den verschiedenen Stadien der Geburt entsprechen. Hinzu kommt, daß viele über Visionen von Embryonen oder Föten, mit denen sie zum Teil verschmelzen, sowie über Gefühle des Neugeborenseins berichten und dabei das Verhalten Neugeborener zeigen.[5e]

Transpersonale Erfahrungen werden definiert als «Gefühl der Person, daß ihr Bewußtsein sich über die normalen Grenzen von Ich, Raum und Zeit hinaus ausweitet». Das Körperbild unterliegt nicht mehr den normalen, festen physiologischen Grenzen. Die eigene Identität kann in einer anderen Person, einer anderen Form, in einem Tier, einer Pflanze oder einem Stein erfahren werden, man kann übernatürlichen Geistwesen begegnen, selbst ein solches Geistwesen sein, zeitliche Grenzen überschreiten und alle Arten von archetypischen, parapsychologischen und mystischen Erfahrungen machen.[5f]

Jung hat ganz ähnliche Phänomene beschrieben. Er brachte sie mit entscheidenden Phasen des psychischen Verwandlungsprozesses in Verbindung.[12]

Grof geht von einem organischen Zusammenhang zwischen dem Traumleben und psychedelischen (LSD-)Erfahrungen aus. Seiner Ansicht nach sollte die Arbeit mit Träumen ein integrierender Teil der psychedelischen Therapie sein.[7c] «Wenn LSD-Patienten den Bereich der perinatalen Erfahrungen betreten, verändert sich die Qualität ihrer Träume dergestalt, daß der Freudsche Deutungsansatz nicht mehr greift», schreibt Grof in dem Buch *LSD-Psychotherapie*. Die Träume unterscheiden sich vor allem in ihrer ungeheuren Intensität von normalen Träumen.[7c] Folgende Themen aus den perinatalen Matrizen tauchen in Träumen auf:

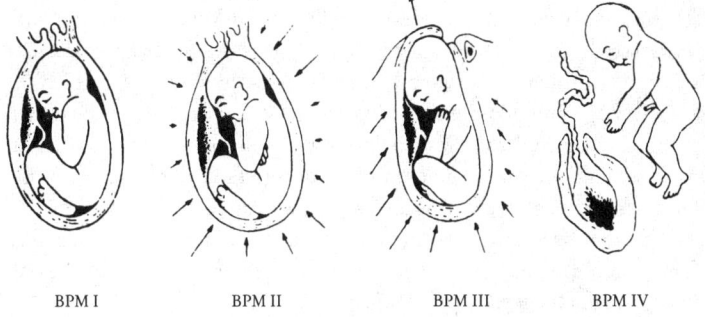

BPM I   BPM II   BPM III   BPM IV

BPM I (entspricht der intrauterinen Existenz): Visionen «himmlischer Reiche mit paradiesischer Atmosphäre, wunderschöner Naturszenerien und ozeanischer Zustände».[7c]

BPM II (entspricht dem ersten klinischen Stadium der Geburt mit Wehen): «Passive Erfahrungen der Folter in Gefängnis, Konzentrationslager, Gaskammer; beängstigende klaustrophobische Erfahrungen in Höhlen, Unterwassertunneln oder sich zunehmend verengenden Korridoren, Tunneln und Pipelines und ausweglose Situationen ohne Hoffnung».[7c]

BPM III wird mit dem dritten klinischen Stadium der Geburt assoziiert. Der Fötus erlebt «einen wilden Überlebenskampf gegen einen zermalmenden mechanischen Druck, häufig verbunden mit starken Erstickungsgefühlen»; allerdings ist jetzt ein Ende «der unerträglichen

Situation» in Sicht. Die Interessen der Mutter und des Kindes sind die gleichen. Während der Schlußphase dieses Stadiums kann das Kind mit Blut, Schleim, Urin und Fäkalien in Berührung kommen.[5h]

«Aspekte von BPM III erzeugen Träume von Titanenschlachten und Naturkatastrophen ungeheueren Ausmaßes; Mord, Unfälle, blutige Massaker, Vergewaltigungen und sado-masochistische Orgien; pornographische Szenen voller abscheulicher sexueller Perversionen; und eine Atmosphäre der Verwesung und unvorstellbaren Schmutzes. Die letzten Phasen dieser Matrix werden mit Träumen von aufregenden Abenteuern bei militärischen Expeditionen, auf Jagden, in Erlebnisparks und besonders bunten Karnevalsszenen assoziiert.»

Nach Grof verändern sich die Träume, sobald die Person in das transpersonale Stadium des LSD-Prozesses eingetreten ist. «Diese Träume zeigen nicht mehr die Entstellung und Verdichtung, die charakteristisch für biographisch geprägte Träume ist. Sie haben die Qualität von vor-inkarnatorischen Erinnerungen, phylogenetischen Erfahrungen, Begegnungen mit archetypischen Wesenheiten, verschiedenen Formen außersinnlicher Wahrnehmung oder Seelenreisen.»[7c] Auch im Hinblick auf ihre Intensität und Erlebnisqualität sind diese Träume völlig anders als normale Träume. Man kann zum Beispiel träumen, daß man in einer bestimmten Stadt war, und danach überzeugt sein, daß es sich dabei um eine Reinkarnationserfahrung handelte, das heißt, daß man tatsächlich einmal dort war.[17]

Traumserien unter LSD-Einfluß

Angesichts der großen Bedeutung, die Grof Träumen beimißt, ist es erstaunlich, daß er dem Thema «Traum und LSD» in seinem Buch LSD Psychotherapie nur drei Seiten widmet[7c] und zudem nur sehr wenige Traumbeispiele anführt. Auch an anderer Stelle konnte ich keine Untersuchungen über den Zusammenhang von LSD und Trauminhalt finden. Ich muß mich daher, was konkrete Beispiele betrifft, weitgehend an mein eigenes, in diesem Fall recht spärliches Material halten.

Ein einunddreißigjähriger Mann konnte nach einem einzigen LSD-Trip sieben Wochen lang überhaupt keine Träume erinnern. Der erste

Traum nach dieser Zeit handelte vom «*Aufgehen im Kosmos*», und von den folgenden sechs Träumen trugen drei Science-Fiction-artige Züge. So waren zum Beispiel die normalen Grenzen von Zeit und Raum aufgehoben. Zu diesen vier transpersonalen Träumen gab es in den schätzungsweise sechshundert vorhergehenden und nachfolgenden Träumen des Mannes keine Entsprechung.

Gutes Anschauungsmaterial liefert eine Serie von fünfundfünfzig Träumen, die ein fünfunddreißigjähriger Mann über einen Zeitraum von vierzehn bis fünfzehn Monaten hatte. Er hatte fünfzehn Jahre vor Beginn der Therapie ohne nachfolgende psychotherapeutische Behandlung LSD genommen und etwa fünfzig LSD-Trips hinter sich. Zum Zeitpunkt der Therapie nahm er seit fünf Jahren kein LSD mehr. Der Mann war hochgebildet und sozial gut angepaßt, hatte sich jedoch wegen eines schmerzhaften Zwiespalts in seinem Gefühlsleben in Therapie begeben. Er verehrte seine schöne Frau, fühlte sich aber seit zwei Jahren sexuell nicht mehr von ihr angezogen. Er war nur fähig zu kurzen, intensiven Affären, die ihm jedoch immer «rasch über wurden».

In den ersten fünf Wochen der Therapie hatte er neun Träume. Außer dem Initialtraum zeigten alle ganz eindeutig transpersonale und/oder perinatale Züge. Normalerweise sind solche Träume extrem selten. In diesen Träumen tauchte nur eine einzige ihm bekannte, jedoch nicht sehr nahestehende Person auf. (Nach Calvin Halls Inhaltsanalyse erscheinen in Träumen vorwiegend dem Träumer bekannte Personen.)

Die Träume zeigten die ungewöhnlich starke emotionale Intensität, die Grof beschreibt. In den folgenden einunddreißig Träumen tauchten in zwölf Fällen bekannte Personen auf. Die Hälfte der Träume waren normale Träume mit psychodynamischem Charakter, der Rest konnte nach Grofs System als perinatal oder transpersonal klassifiziert werden. Alles in allem unterschied sich die Traumserie deutlich von dem, was ich sonst aus meiner Praxis kannte. Der Klient selbst sagte, daß seine Träume sich radikal verändert hätten, seit er angefangen hatte, LSD zu nehmen.

Ein Traum aus der Zeit vor der Therapie, an den er sich erinnerte, war ungewöhnlich schön: «... *er reitet mit einem Jungen über den Himmel und verschwindet in einem Meer von Licht.*» In der Anfangszeit der Therapie hatte er einen Traum, der seit seiner Einnahme von LSD immer wiedergekehrt war:

«Er fliegt aus eigener Kraft, was ihm ein ekstatisches Gefühl verleiht. Eine Menge Zuschauer, Presse und Fernsehen sind anwesend. Unter den Zuschauern ist jedoch niemand, den er kennt. Er fliegt höher als je zuvor, könnte weiterfliegen, hinaus ins Universum, nichts hält ihn mehr, im Gegenteil, er wird immer schneller. Aber plötzlich ist es ihm zu schnell, er bremst und kehrt um.»

Der Traum entspricht den transpersonalen Kategorien von Grof. Jung hätte ihn als kosmisch bezeichnet, und in der esoterischen Traumtheorie wäre es ein Traum der höheren Chakren gewesen. Oliver Fox beschreibt das Motiv des Hinausschießens ins All mit unvorstellbarer Geschwindigkeit fast gleichlautend im Zusammenhang mit luziden Träumen. Und schließlich begegneten wir einem verwandten Motiv bei einem von Kohuts präpsychotischen Klienten (S. 40).

Es folgten ein luzider Traum und ein Traum, in dem *«die Musik aus ‹Also sprach Zarathustra› aus dem Weltraum hereindringt»*. Der nächste Traum war ein *«surrealistischer Alptraum»*. Dann kam ein Traum *«voller ekstatischer Seligkeit, in dem ein strahlendes Raumschiff auf die Erde herabschwebt und er hinläuft, um es zu begrüßen»*. Dann wieder ein surrealistischer Traum: *«Er sieht sich selbst im Spiegel, und sein Gesicht verzerrt sich auf groteske Weise»* (echte surrealistische Träume sind sehr selten und in der Regel Ausdruck extremer Angst und fast psychotischer Zustände). Bald darauf träumte er:

«Ich laufe hinaus in irgendwelche großen Dünen und spiele mit jemandem, den ich nicht kenne. Plötzlich merke ich, daß es eine Frau ist. Sie ist unglaublich schön. Wir stehen in einiger Entfernung voneinander und laufen in einer langsamen, fließenden Bewegung aufeinander zu (wie in einem romantischen Film, in dem die Liebenden lange Zeit voneinander getrennt waren). Als wir uns umarmen, verschmelzen wir miteinander in einem Gefühl unbeschreiblicher Seligkeit und werden zu Licht – ein weißes, wunderschönes, strahlendes Licht.»

Nach etwa vier Monaten Therapie träumte er:

«Ich versuche, aus einem beklemmend engen Schacht herauszukommen. Ich spüre, wie der Druck zunimmt, kann kaum atmen. Ich wache

mit demselben unangenehmen Gefühl auf. Ich fühle mich in meinem Körper gefangen. Ich habe das Gefühl, eingeschlossen, begraben zu sein. Es ist ein sehr unangenehmes Gefühl (auch im Kopf), als sei plötzlich für nichts mehr Raum.»

Der Traum erinnert stärker als irgendein anderer aus meinem Material an einen perinatalen Traum aus BPM II oder III, und zwar nicht nur wegen des Motivs des engen Schachts und der körperlichen Symptome – den Atemschwierigkeiten und dem Druck im Kopf. Auch das Motiv von Tod und Begräbnis ist typisch für die perinatale Symbolik. Bemerkenswert ist vor allem, daß dieser Traum (wie die meisten am Anfang der Traumreihe) jeder persönlichen Einzelheit entbehrt.

Am Schluß träumte der Klient, er sei *«ein starker Löwe ...»* Hier geht es um die Identifikation mit einem Tier, die Grof zu den transpersonalen Erfahrungen zählt. Auch dieses Motiv ist in Träumen sehr selten (siehe S. 146, Dieckmann).

Keiner dieser Träume ist für sich genommen ein Beleg dafür, daß der Klient LSD-Erfahrungen hinter sich hatte. Auffallend ist vielmehr die absolute Menge transpersonalen Materials in seinen Träumen.

Grof betont, daß der Therapeut unbedingt ein gewisses Verständnis für derartiges Material mitbringen sollte, und ich stimme ihm darin zu.

Archetypische und transpersonale Erfahrungen sind in der Regel äußerst wertvoll für den, der sie macht. Mangelnde Achtung vor der Echtheit und Intensität dieser Erfahrungen kann das Vertrauensverhältnis zwischen Therapeut und Klient empfindlich stören und es damit erschweren, dem Klienten zu helfen. Wie ich immer wieder deutlich zu machen versuche, schließen sich die verschiedenen Deutungen keineswegs gegenseitig aus. Wenn ein Klient wie der fünfunddreißigjährige Mann, der LSD nahm, in Träumen vorherrschend transpersonales Material zeigt (Träume, die sich seit fünfzehn Jahren wiederholen, ohne daß sein innerer Zwiespalt behoben wird), dann kann man die Symbolik sicherlich auch auf die persönliche Sphäre des Träumers beziehen.

Wie ich schon in Zusammenhang mit den Chakrensymbolen unterstrichen habe, bin ich dafür, bei einer Person, die träumt, sie sei Gott (S. 366), nicht einfach in Ehrfurcht zu zerfließen, sondern statt dessen lieber danach zu fragen, auf welche Weise sie Gott ist, und dies dann vor dem Hintergrund ihrer ganzen Persönlichkeit zu sehen.

Ein Beispiel dafür, wie sinnvoll es sein kann, Träume in unterschiedlichen Bezugsrahmen zu sehen, ist Traum Nummer acht aus der oben erwähnten Traumserie:

«Ich stehe in einer Wohnung. Plötzlich sehe ich, daß die Leute unten auf der Straße in Panik geraten – sie rennen nach allen Seiten auseinander. In diesem Augenblick merke ich, daß eine Atombombe explodiert ist. Ich gerate selbst in Panik. Soll ich mich im Keller verstecken oder hinauslaufen? Beides ist gleich tödlich.» In derselben Nacht träume ich – nachdem ich zwischendrin aufgewacht bin, *«daß eine Neutronenbombe explodiert. Ich spüre den Druck und die Hitze – und ich fühle mich vollkommen machtlos.»*

Nach Grofs System wäre dies ein Traum des Übergangs von BPM III zu BPM IV. Insbesondere der starke Druck könnte eine Erinnerung an die Geburtserfahrung sein, und ich möchte diese Möglichkeit auch nicht ausschließen. Doch therapeutisch gesehen führt sie in diesem Moment nicht weiter. Ich skizziere im folgenden eine Reihe anderer, möglicherweise fruchtbarerer Deutungsansätze, zunächst den jungianischen:

Am Tag vor dem Traum (ein Aspekt, den Grof grundsätzlich nicht berücksichtigt) hatte der Träumer sich zum ersten Mal seit vielen Monaten eine «höchst erfreuliche» sexuelle Erfahrung mit einer weiblichen Zufallsbekanntschaft gestattet. Wie ich in «Traum und Berührung» (S. 297) geschrieben habe, kommt es vor, daß Personen, die ein Sinnlichkeitstraining absolvieren, in dem der Austausch körperlicher Zärtlichkeiten Vorrang vor dem Vollzug des Geschlechtsverkehrs hat, Träume von Atombombenexplosionen haben. Auch nach Calvin Halls Erklärungsmodell kann Geschlechtsverkehr durch eine Bombe versinnbildlicht werden, das würde allerdings bedeuten, daß der Träumer Geschlechtsverkehr mit starken Aggressionen verbindet. In der Traumserie folgten denn auch auf besagten Traum Motive der Aggression gegenüber Frauen, einschließlich der Mutter. Ein Freudscher Abstecher in die Kindheit des Klienten zeigte, daß der Mann mehr als genug Grund zur Aggressivität gegenüber der Frau hatte, die ihm als erste Zärtlichkeit und Körperkontakt hätte geben sollen. Die Beziehung zur Mutter war sehr reserviert gewesen. Sie war gekennzeichnet von einem

Mangel an Fürsorge und emotionaler Zuwendung auf seiten der Mutter und von Gefühlen des Ausgeliefertseins und der Angst auf seiten des Jungen – Erfahrungen, die jetzt bei engem, intimem Kontakt auf andere Frauen übertragen wurden.

In Zusammenhang mit dem Traum waren Magenschmerzen und starke Spannungen im Solarplexus aufgetreten. In der Chakrensymbolik wird Angst häufig mit dem Solarplexus und Wut mit dem Harachakra assoziiert.

Der Träumer bestritt, solche Aggressionen zu haben, doch kurz darauf träumte er: *«Ein Mann mit einem Messer verfolgt mich. Er will mich erstechen ...»* Das war seine erste Begegnung mit seinem männlichen aggressiven Schatten. Zugleich war der Traum mit einer Kindheitserfahrung verbunden, in der seine emotional stark gestörte Mutter mit einem Messer hinter ihm herlief. Danach folgte der Traum von der Begegnung mit *«einer unglaublich schönen Frau, mit der er verschmilzt und zu Licht wird».*

Nach Grofs Auffassung wäre dieser letzte Traum ein transpersonaler Traum. Im jungianischen Bezugsrahmen handelt er von der Begegnung mit der spirituellen Anima, einem inneren Komplex, der hier in ein mit starker Energie aufgeladenes Bild gekleidet ist. Im tantrischen Yoga entspräche die Erfahrung dem sechsten Chakra, was den Traum in der Tat zu einem sehr außergewöhnlichen machen würde. Wenn die Erfahrung der Anima im Mann jedoch undifferenziert ist, symbolisiert sie häufig ganz einfach das Unbewußte. In diesem Fall würde der Traum also bedeuten, daß der Träumer vom Unbewußten in hohem Maße fasziniert ist – was wohl der Fall sein mußte, da er sich insgesamt auf fünfzig LSD-Trips eingelassen hatte.

Aus neofreudianischer Sicht könnte der Traum als «Reaktionsbildung» verstanden werden, das heißt, als Abwehr der im Rahmen der Therapie aufgebrochenen Aggressionen – eine Deutung, die, vom Rest des Traumes her zu urteilen, sicherlich einen wichtigen Aspekt trifft.

Die Therapie dauerte insgesamt vierzehn oder fünfzehn Monate. Die Sitzungen waren seltener, als ich mir gewünscht hätte, aber ich wollte den Klienten nicht verscheuchen, da es um eine Kontaktproblematik ging.

In seinen Träumen tauchte zunehmend persönliches (nicht-transpersonales) Material auf, das wir zu seinem Alltagsleben in Beziehung setzten. Das steht in Gegensatz zum Therapieverlauf bei Grof, wo das persönliche Material allmählich ganz zu verschwinden pflegt.

Eines Tages vermeldete der Klient ganz glücklich, daß er zu seiner eigenen großen Überraschung wieder imstande war, seine Frau zu lieben – auch sexuell –, und ich hörte nichts mehr von ihm, bis auf ein paar Dankespostkarten (für den Therapeuten nicht allzu befriedigend, aber bezeichnend für diesen Fall).

Erwähnenswert ist vielleicht noch, daß der Klient als Kind mehrere Nahtodeserfahrungen gehabt hatte und daß er meditierte.

Grof selbst bringt nur ein einziges «Beispiel für einen Traum, dessen Inhalt eine perinatale Dynamik spiegelt. Die betreffende Person kam von selbst auf den Zusammenhang mit dem Geburtsvorgang».[7c]

«Es war Sonntagnachmittag, und meine ganze Familie war im großen Wohnzimmer eines Hauses hoch oben auf einer Klippe über dem Pazifik versammelt. Alle genossen es, wie immer, wenn die ganze Familie zusammen Urlaub machte. Da bemerkte ich, daß sich draußen offenbar ein Sturm zusammenbraute. Auf einmal hatten Wind und Regen solche Kraft, daß sie die Fenster eindrückten. In diesem Moment sagte mein Vater in bedeutsamem Ton: ‹*Es ist der fünfte Wind.*› *Und dann begann das ganze Haus sich um seine eigene Achse zu drehen. Es neigte sich über die Klippe und stürzte in einem endlosen Fall in den Pazifik – noch jetzt im Rückblick stehe ich ganz unter diesem Eindruck. In den wenigen Sekunden zwischen Absturz und Aufprall wurde mir bewußt, daß meine ganze Familie und ich selbst jetzt sterben mußten. Und in dem Augenblick, in dem ich meinen eigenen Tod und den Tod der Menschen, die ich liebte, akzeptiert hatte, wachte ich auf, unmittelbar bevor das Haus in den Ozean eintauchte.»*[7c]

«Auch nach dem Aufwachen war ich ungewöhnlich erregt, und dann fiel mir ein, daß der Traum mich an bestimmte Gefühle erinnerte, die ich kürzlich bei LSD-Sitzungen empfunden hatte. Bei diesen Sitzungen schien ich meine Geburt, das Akzeptieren meines Todes, das Ende der Welt, schreckliche Elementargewalten und eine ungeheure Explosion wiederzuerleben …»[7c]

Ich bestreite nicht, daß dieser Traum ungewöhnlich ist und sich auf den Übergang von BPM III auf BPM IV beziehen läßt. Die eigentliche

Aussage des Traums aber ist meiner Meinung nach, daß das Traum-Ich hier sich selbst vorsagt, daß es den Tod akzeptiere, daß dieses Akzeptieren jedoch nicht psychische Realität wird (es gelingt dem Traum-Ich ja eben nicht zu sterben), oder der Traum ist ein Zeichen dafür, daß die Erfahrung aus der LSD-Sitzung durch «Ungeschehenmachen», wie einer von Anna Freuds Abwehrmechanismen bezeichnet wird, bereits wieder ins Unbewußte zurückgleitet.

Ich möchte diesen Abschnitt mit einem Beispiel von Grof selbst schließen, an dem er deutlich macht, warum es so wichtig ist, daß der Therapeut ein gewisses Verständnis für transpersonale Erfahrungen mitbringt:

Ein Patient wurde nach fünfundzwanzig LSD-Trips ohne therapeutische Überwachung mit einem psychotischen Zusammenbruch in die Klinik eingeliefert. Die Behandlung geriet in eine Sackgasse, weil der Patient und sein freudianischer Therapeut sich nicht über eine frühere LSD-Erfahrung einigen konnten. Der Patient hatte unter dem Einfluß von LSD eine Szene erlebt, in der er «den kosmischen Phallus» anbetete. Der Analytiker versuchte ihn zu überzeugen, daß die Vision «ganz eindeutig auf den traumatischen Anblick des Penis eines erwachsenen Mannes zu irgendeinem Zeitpunkt in seiner Kindheit» zurückgehe. Als der Klient diese Deutung nicht akzeptieren wollte, interpretierte der Therapeut seine Reaktion als Widerstand. Viele Stunden waren der Arbeit an dem angeblichen Widerstand gewidmet. Grof, der als Berater hinzugezogen wurde, erkannte, daß der «kosmische Phallus offenbar in typisch jungianischem Bezugsrahmen mit einer Reihe archetypischer Erfahrungen verknüpft war und ganz eindeutig religiösen und mystischen Charakter hatte». Die Szene erinnerte zum Beispiel an die Anbetung des Phallus des Gottes Shiva in Indien. Durch diese Deutung gewann Grof das Vertrauen des Patienten, und nach einer kurzen Therapie bei Grof konnte der Mann entlassen werden.[51]

Grofs therapeutische Methode

Grofs theoretischer Ausgangspunkt war die Arbeit mit LSD, doch in jüngerer Zeit konzentrierte er sich wegen politischer und gesetzlicher Probleme zunehmend auf erlebnisorientierte Techniken ohne Drogeneinsatz, bei denen Hyperventilation, stimulierende Musik, Körperarbeit und Gruppendynamik eine wichtige Rolle spielen.[8a]

Vor allem in zwei Therapieformen sieht Grof Parallelen zu seiner eigenen Arbeitsmethode: in der von Fritz Perls entwickelten Gestalttherapie und in der Primärtherapie von Arthur Janov. Perls legt den «Schwerpunkt mehr auf das Erleben im Hier-und-Jetzt mit der ganzen Vielfalt begleitender Körperprozesse, Wahrnehmungen, Emotionen und Vorstellungen als auf Erinnerungen und die intellektuelle Analyse». Das entscheidende Moment von Janovs Methode ist die ungehinderte therapeutische Freisetzung früher traumatischer Erfahrungen, unter anderem des Geburtstraumas. Allerdings bleiben nach Ansicht Grofs beide, Perls und Janov, an der Oberfläche, weil sie die archetypischen und transpersonalen Dimensionen der Psyche nicht anerkennen.[8b]

Der freudianischen Theorie und Praxis gesteht Grof nur beschränkte Gültigkeit zu, da er sie für unzulänglich hält. Und die daseinsanalytischen Methoden kritisiert er als zu intellektuell.[8c] Dagegen stützt er sich in großen Teilen auf Jung, zum einen, weil dieser seiner Ansicht nach der erste war, der erkannte, daß der Prozeß der Selbstfindung eine Reise ins Unbekannte ist und einen ständigen Lernprozeß impliziert, und zum andern, weil die Jungsche Theorie am ehesten eine Erklärung für das Vorhandensein archetypischer und transpersonaler Phänomene gibt.[8d] (Man könnte beinahe sagen, daß Grofs Theorie undenkbar ist ohne Jung.) Gleichzeitig kritisiert er an den Jungianern, daß diese den Wert des «direkten Erlebens tieferer psychischer Bereiche» und den Zusammenhang zwischen den perinatalen Matrizen und transpersonalen Phänomenen nicht angemessen würdigen.[8e]

Grofs eigene Methode zielt auf eine unspezifische Aktivierung des Unbewußten im Vertrauen auf das spontane Aufbrechen des Materials, das die autonome Dynamik in der Psyche des Patienten spiegelt, sowie auf die innere Weisheit und das Selbstheilungspotential der Psyche. Dahinter steht die Philosophie, daß man die «unvollendeten Gestalten» los ist, sobald man sich ihrer bewußt wird.[8f] Mit «tiefen, unmittelbaren Erfahrungen» meint Grof Erfahrungen von einer Intensität, die «alles, was gewöhnlich als Erfahrungsgrenze des Individuums» betrachtet wird, überschreiten und seiner Auffassung nach nur mit seinen, Grofs, Techniken erreicht werden können.[5j]

Zusammenfassung

Wir haben gesehen, wie unterschiedliche Traumtheorien und therapeutische Methoden in eine Gesamtkonzeption von Traum und Traumdeutung integriert werden können, in der das Wissen des Deutenden, die therapeutische Situation und der schöpferische Dialog zwischen Träumer und Deutendem bestimmend dafür ist, welche Interpretationen am vielversprechendsten für die weitere Arbeit sind. Und wir haben anhand eines ständig sich erweiternden Materialpools gesehen, daß Träume viele Dimensionen haben.

In einer Reihe von Punkten steht Grofs Auffassung meiner eigenen nahe, zumindest was die Theorie betrifft. Grof anerkennt die Wirksamkeit zahlreicher Therapieformen und betrachtet Träume und LSD-Erfahrungen als «vielschichtige» Phänomene. Seine Ergebnisse stützen diese Sichtweise. Sein wichtigster Beitrag zu unserem gegenwärtigen Traumverständnis besteht jedoch in der Beschreibung der perinatalen Schichten. Und da weist er meiner Ansicht nach perinatalen und transpersonalen Erfahrungen zu große Bedeutung zu.

Empirische Grundlagen

Keines der Themen, die in den psychedelischen Träumen auftauchten, war uns vollständig unvertraut. Sie können bei intensiver Meditation, ekstatischen religiösen Praktiken, in Nahtoderfahrungen, starken Angstzuständen und Psychosen (s. Kap. 12) auftreten oder in entscheidenden Übergangsphasen im Leben, in denen die Psyche bis zum äußersten belastet ist. Doch unter normalen Umständen würden sie nur sehr selten spontan durchbrechen.

Das bestätigt die Beobachtung, daß die Psyche das Bewußtsein im allgemeinen – also auch in Träumen – vor bestimmten extremen Erfahrungen schützt. Dann müssen wir uns allerdings fragen, wie ratsam und sinnvoll es ist, die psychische Abwehr in dem Maße zu zerstören, wie es eine LSD-Therapie oder verwandte Techniken tun.

Nach Grof arbeitet man sich bei einer LSD-Therapie zunächst durch die persönlichen (freudianischen) Schichten und beschäftigt sich dann mit den perinatalen Erfahrungen, die zur «finalen Erfahrung des Ichtodes und der Wiedergeburt» führen, nach der wiederum «transpersonale Elemente die folgenden LSD-Sitzungen dominieren».[5m]

Eine negative Nebenwirkung der massiven Aktivierung unbewußten Materials könnte darin bestehen, daß das Unbewußte nicht mehr die persönliche und soziale Seite des Lebens der Person kompensiert und deshalb große Mengen unpersönlichen Materials nutzlos im Unbewußten treiben. Wie im Fall meines Klienten ist es, als ob die Person auf einen fremden Planeten geschossen würde und nicht mehr zurückkommen könnte. Das steht in Gegensatz zur Arbeitsweise der Chakrenmeditation, in der man nicht nur nach höheren Erfahrungen strebt, sondern sich darum bemüht, offen für die höheren Chakren zu werden und zugleich den Kontakt zu den unteren Chakren zu bewahren.

Ich weise nicht von der Hand, daß gewisse therapeutische Möglichkeiten im LSD und in den psychedelischen Techniken stecken. So glaube ich, daß der Einunddreißigjährige, der sieben Wochen nach einem einzigen LSD-Trip einen kosmischen Traum hatte, zweifellos einen wichtigen Impuls für seine Entwicklung empfing. Es wäre jedoch auf jeden Fall sinnvoll, das Phänomen in Langzeitstudien genauer zu untersuchen, und zwar unter der Ägide von Forschern, die nicht so einseitig nur die positiven Seiten sehen wie Grof. Außerdem scheinen mir die Erfahrungen, die ein einziger LSD-Trip auslöst, Stoff für ungezählte Therapiesitzungen ohne jeden Einsatz von Drogen zu geben.

Meines Wissens existieren bis jetzt keine systematischen Untersuchungen darüber, wie sich die psychedelische Klientel zusammensetzt.

Nach meiner Erfahrung ist das Interesse an psychedelischen Substanzen bei Männern größer als bei Frauen. Das wirft die Frage auf, ob dies möglicherweise damit zusammenhängt, daß die Vorstellung von einer bestimmten «Arznei», die eingenommen wird und den Patienten einige genau definierte Stadien durchlaufen läßt, an deren Ende er symptomfrei ist, dem konventionellen männlichen Bewußtsein entspricht.

Manchen der Illustrationen in Grofs Büchern haftet etwas Schizoides und Zwangsneurotisches an. Und auch wenn LSD viele psychische Grenzen sprengt, muß man sich doch fragen, ob der furchtbare Druck und die zuzeiten entsetzlichen Qualen, die ein LSD-Trip für den Klienten mit sich bringt,[7b] vielleicht Anteil an der Auswahl der Klienten hat.

Philosophischer Hintergrund

Grof beruft sich häufig auf Physiker und auf den Wissenschaftshistoriker Thomas Kuhn. Kuhn hat ausgeführt, daß die Akzeptanz neuer wissenschaftlicher Theorien in der Geschichte nicht nur vom Forschungsstand, sondern immer auch von dem System von Dogmen, Werten und Techniken, dem sogenannten «Paradigma», abhängt, das die jeweilige wissenschaftliche Gesellschaft bestimmt.[18] Grof sieht darin einen Grund dafür, daß seine Arbeit auf so großen Widerstand stößt.

Daß er sich so bedingungslos der Heilkraft unabhängiger psychischer Prozesse verschreibt, macht ihn zu einem der extremsten Vertreter des romantischen Zweiges der Traumdeutung. Grof selbst bekennt seine Verbundenheit mit der Platonischen Philosophie, in der größeres Gewicht auf Form, Muster und Ordnung der Welt gelegt wird als auf die Materie, aus der sie besteht.[8g]

Es ist sicherlich nicht ohne eine gewisse Ironie, daß Grof, der Spiritualist, sein Seelenheil ausgerechnet in einer materiellen Substanz, dem LSD, sucht.

12 Traum und Psychose

Einführung – Traum und Schizophrenie – Traum und Depression – Träume in anderen psychotischen Zuständen – Traum und Borderline-Zustände – Traumtherapie und Psychose – Traum, Psychopharmaka, Drogen usw. – Zusammenfassung

Einführung

Zu den Psychosen werden eine Reihe schwerer Geisteskrankheiten gerechnet. Anders als bei den Neurosen liegen dabei umfassende Störungen der Realitätswahrnehmung bis hin zu massiver Bewußtseinstrübung und allgemeiner Desorientiertheit vor. Die wichtigsten Obergruppen innerhalb der Psychosen sind Schizophrenie, affektive Psychose (zum Beispiel manisch-depressive Psychosen) und Paranoia.[1]

Nach Freud gehen Psychosen auf Störungen in der frühesten Kindheit zurück, eine Auffassung, die von späteren psychoanalytischen Theoretikern in der Regel bestätigt wurde.

Eines der größten Probleme bei einer Psychose besteht darin, daß bei dieser Krankheit die Abwehrmechanismen des Ichs nicht richtig funktionieren, so daß das Bewußtsein von unbewußten Inhalten gleichsam überschwemmt wird. Freud war ursprünglich der Ansicht, daß der «Kernkomplex» bei der Neurose vom Ödipuskomplex, bei der Psychose dagegen narzißtisch geprägt ist. Spätere Untersuchungen zeigten jedoch, daß sich bei einer Psychose Inhalte aus beiden Phasen überlappen können.[2,5a]

Jung widersprach Freud zwar nicht in der Annahme, daß Psychosen auf die frühe Kindheit zurückgeführt werden können, aber seiner

Ansicht nach war diese These keine ausreichende Erklärung für den «geradezu erdrückenden Reichtum an phantastischer Symbolbildung».[16]

So entdeckten Jung und seine Nachfolger, daß bei Psychosen häufig ein Übergewicht an Inhalten aus dem kollektiven Unbewußten vorliegt und daß das Auftreten einer ungewöhnlich großen Menge archetypischen Materials in den ersten Träumen zu Beginn einer Traumanalyse auf den bevorstehenden Ausbruch einer Psychose hindeuten kann.[9] Jungs intensive Beschäftigung mit der Mythologie ging denn auch nicht zuletzt auf den Wunsch zurück, die Symbolik der Psychose besser zu verstehen.[17a]

Die Literatur über den Zusammenhang zwischen Traum und Psychose ist nicht gerade reichhaltig – ein Umstand, der wohl mit der lange Zeit verbreiteten Vorstellung zu tun hat, die traumtherapeutische Arbeit sei für derartige Zustände ungeeignet. Heute ist man dagegen eher der Auffassung, daß nicht die Traumtherapie selbst, sondern die Art und Weise ihrer Anwendung über ihre Nützlichkeit entscheidet.

Traum und Schizophrenie

Eine auf dem Trauminhalt basierende Klassifizierung von Psychosen wurde bereits in den dreißiger Jahren von Medard Boss vorgenommen. Boss analysierte über achthundert Träume von an Schizophrenie und organischer Psychose erkrankten Personen und verglich sie mit dreitausend Träumen gesunder Individuen.

Die Beispiele von Boss sind sehr eindrucksvoll. Ein Mann in den Zwanzigern, völlig gesund und mit Freude bei seinen Studien, hatte den folgenden immer wiederkehrenden Traum:

«Ich baue ein großes, schönes Haus. Es hat zwei Balkons, die mit schönen Blumen geschmückt sind. Da kommt ein wohlhabender Herr und möchte mein Haus kaufen. Ich überlasse es ihm erst, als er mir eine Million Dollar bezahlt.»

Ein Jahr nach dem Ausbruch einer schweren Katatonie (Schizophrenie verbunden mit psychomotorischen Störungen), als sein Zustand sich bereits wieder besserte, träumte er, «*daß er wieder dasselbe Haus baue. Diesmal aber drang nachts jemand ins Erdgeschoß des Hauses ein und setzte es in Brand, so daß er fliehen mußte.*» Er erwachte in einem Zustand großer Angst. Zwei Jahre später, nach einem weiteren katatonen Schub, träumte er von einem «*Krieg, in dem er allein gegen viele Feinde stand. Er verschanzte sich hinter seinem vertrauten Traumhaus und erschoß alle seine Feinde in einem entsetzlichen Blutbad.*» Noch ein Jahr später – der Mann war inzwischen sehr viel kränker geworden – träumte er zweimal hintereinander:

«*Ich liege mit einer schönen Frau in ihrem Bett. Der Ehemann der Frau kommt herein und will mich umbringen. Ich erwürge ihn und werfe ihn aus dem Fenster. Dasselbe mache ich mit mehreren Polizisten, die mich ergreifen wollen. Schließlich gehe ich hinaus vors Haus und schneide den Leichen die Köpfe ab. Ich gerate in einen richtigen Rausch.*»

Boss zeichnete nach, wie das im ersten Traum noch relativ intakte Ich «die unbewußten Wünsche in eine korrekte Form» kleidet. «Das schöne Haus ist das Haus der Mutter. Der Patient verkauft es bereitwillig an die Vaterfigur, den großen wohlhabenden Mann, und gibt sich mit einem hohen Geldbetrag zufrieden. In den späteren Träumen ist die Konfrontation mit dem anderen Mann dagegen alles andere als friedlich. Der Patient muß fliehen und erwacht mit starken Angstgefühlen, so gefährlich ist das Feuer im Haus für ihn geworden. In einer noch späteren Phase ist er nicht mehr in der Lage, eine Verständigungsmöglichkeit mit seinen Rivalen zu finden. Er flieht aber auch nicht, sondern wird furchtlos und äußerst aggressiv, zunehmend blutdurstig und zerstörerisch.»[5a]

Die Träume illustrieren damit das Freudsche Psychoseverständnis, daß primitive, chaotische, instinktive Inhalte bei dieser Erkrankung die Abwehrmechanismen des Ichs durchbrechen. (1938 war Boss noch Freudianer.)

In der Terminologie der jungianischen Psychologie und der Gestalttherapie könnten die eindringenden Figuren als verschiedene Seiten des Träumers selbst betrachtet werden, denen er keinen Raum geben will. Der Überfall auf sie ist dann gleichbedeutend mit der völligen Selbstzerstörung. Eine daseinsanalytische Deutung wiederum würde die absolute Unfähigkeit des Träumers zu zwischenmenschlichen Kontakten betonen.

Völlig anders sind die Träumes eines achtunddreißigjährigen, paranoid-schizophrenen Mannes. Während eines psychotischen Schubs träumte er, *«daß er mit großem Pomp als Seelenbruder Christi in die himmlischen Heerscharen aufgenommen wird».*

Ein Jahr später sah er in einem Traum

«... den Herrn selbst mit einem schimmernden Schwert vor sich stehen. Er sollte dieses Schwert mit der Hand berühren, und als er es getan hatte, spürte er, wie seine Lenden sich öffneten und ein neuer Gottessohn aus ihm geboren wurde. Viele Engel standen um ihn herum und sangen: ‹Du bist der Allmächtige und die Mutter Gottes.›»

Ein dreiundzwanzigjähriger, an Schizophrenie erkrankter Mann träumte kurz vor dem Ausbruch der Krankheit, *«daß er fliegen und im Meer leben konnte und auf einmal bisher ungeahnte Kräfte besaß. Er konnte mit Leichtigkeit durch die ganze Welt wandern, wobei er ständig durch wunderschöne Landschaften kam.»*

Ein andermal besaß er im Traum *«eine außerordentliche sexuelle Potenz. Sein Körper wurde größer und größer, bis er mit unserem Planeten spielen konnte, als sei es ein Gummiball.»*

Diese Männer hatten durchgehend vor dem Ausbruch ihrer Krankheit Träume gehabt, in denen sie von großen unbekannten Männern oder von einem Bären, der sie verschlingen wollte, bedroht wurden. Nachdem jedoch die Angst in den Träumen verschwunden war, kam es zu einer Überflutung des Bewußtseins mit archetypischen Inhalten. Die Träume des ersten Mannes erinnern an eine Traumserie, die im Traumbuch des schwedischen Mystikers Emanuel Swedenborg beschrieben ist[5b] und offenbar Elemente aus den höheren Chakren enthält.

Nach Jung können im Rahmen einer Analyse Phantasie- und Traumbilder ähnlich denen im Traum des dreiundzwanzigjährigen Mannes aufsteigen, wenn das Verdrängte ins Bewußtsein gelangt. Man träumt zum Beispiel, man *«fliege durch den Weltraum wie ein Komet, man sei die Erde, die Sonne oder ein Stern, oder man sei von außer-*

ordentlicher Größe oder außerordentlich klein ... sich selber fremd, verwirrt oder verrückt usw.». Jung schildert, wie sich diese Phänomene im Laufe des Individuationsprozesses entfalten, und fügt hinzu, ein solcher Gleichgewichtsverlust unterscheide sich «nur dadurch vom Anfangsstadium einer Geisteskrankheit, als er im weiteren Verlauf zu einer größeren Gesundheit, während letzterer zu einer größeren Zerstörung führt». Entscheidend ist dabei jedoch in jedem Fall die Fähigkeit und Möglichkeit des Ichs, die archetypischen Inhalte zu integrieren.[15]

Boss konnte eine Reihe von Merkmalen bestimmen, die Trauminhalte vor dem Ausbruch einer Schizophrenie kennzeichnen. Zum einen waren die Träume ganz klar von den Träumen eines Neurotikers zu unterscheiden. So offenbarten sich in ihnen sehr viel stärkere zerstörerische Tendenzen, unmaskierte sexuelle Perversionen, Morde, Überfälle, brutale Rücksichtslosigkeit und sadistisches Verhalten. Dabei war es weniger der einzelne Inhalt (jeder Mensch kann extrem grausame Träume haben), als vielmehr die Quantität dieser Inhalte, die den Ausschlag gab.[5c]

Aber auch andere Träume waren typisch. Boss trug dreiundzwanzig Träume von schwer schizophrenen Personen zusammen, in denen Bilder von konkreten Alltagsbegebenheiten mit rasender Geschwindigkeit durch das «Traumbewußtsein» des Patienten gleiten, ohne daß er sie festhalten kann. Eine Träumerin erzählte, daß ihr die folgenden zwanzig Bilder und mehr in «einer halben Sekunde» durch den Kopf geschossen seien:

«Der Gärtner harkt den Kies; der Arzt mit einem Buch unter dem Arm; ein Päckchen Briefe mit Umschlägen; eine Herde Kühe; ein fliehender Hirsch; ein Häufchen glühender Kohle; die Silhouette eines Waldes; ein Milchwagen; zwei Busse; eine Kakteensammlung; eine leere Teetasse; ein großer Stapel Feuerholz; Notenblätter; ein Teller Brotsuppe; ein Polizist; Forellen im Fluß; eine angeknipste Flurlampe; ein Aquarium; ein bestimmtes Kreuz in einem Kirchhof; ein Kaninchenstall.»

All dies waren Dinge, die die Patientin an den beiden Tagen vor dem Traum tatsächlich gesehen hatte.

Die Patienten selbst empfanden die Träume als so erschreckend, daß sie sie normalerweise niemandem erzählten. Boss nahm an, daß sie sich dem Behandlungsteam überhaupt nur deshalb anvertraut hatten, weil die Betreuer schon jahrelang mit ihnen zusammenwohnten. Er sah in den Träumen den Ausdruck des verzweifelten Versuchs der Patienten, die Realität noch einmal zu fassen zu bekommen.[5d]

Einen anderen Traumtyp, der vor einer Psychose auftreten kann, bezeichnete Boss als «endoskopischen (selbstbeobachtenden) Traum». Boss fand heraus, daß bei Schizophrenen die Tendenz des Ichs, sich im Traum zu spalten und selbst zu beobachten, sehr ausgeprägt ist, wobei die beobachtende Instanz oft eine schärfere Wahrnehmung besitzt als das Wachbewußtsein.[5e]

Eine Patientin, die an schwerer chronischer Schizophrenie mit Halluzinationen litt und daher nur begrenzt einer normalen Arbeit nachgehen konnte, hatte jahrelang den folgenden, immer wiederkehrenden Traum:

«... ich sehe ein hirschähnliches Tier mit aufgeschlitztem Leib. Es läuft durch viele Hallen, kommt aber immer wieder an mir vorbei. Jedesmal, wenn es wieder an mir vorüberläuft, ist es dünner geworden. Mit einer ungeheuren Anstrengung versucht es hochzuspringen. Zum Schluß ist es nur noch ein Skelett, aber noch immer bäumt es sich auf.»

Die Patientin «war sich bewußt, daß dieses Tier ihr eigenes gejagtes, krankes Ich war».

Häufig beobachtet der Schizophrene die Zerstörung seiner selbst oder der ganzen Welt *(Weltuntergangserlebnis)* bis in makabre, grausame Einzelheiten hinein.[5f]

Boss führt auch Beispiele von Träumen an, die auf den ersten Blick gesehen den Träumen Schizophrener ähneln, jedoch einen völlig anderen psychischen Hintergrund haben, so zum Beispiel den Traum eines leicht hysterischen, unglücklich verliebten Mädchens:

«Ich wollte mir das Leben nehmen. Ich hatte eine Pistole und preßte den Lauf gegen meine Schläfe, hatte aber nicht den Mut, den Abzug zu drücken. Dann kam mein Freund, und ich bat ihn, mich zu erschießen. Er legte seine Hand um meine, die noch die Pistole hielt, und drückte langsam den Abzug. Nach dem Schuß fiel ich tot um, mit einem wun-

derbaren Gefühl in der Brust. Obwohl ich tot dalag, konnte ich sehen,
wie mein Freund mich auf eine Bahre legte und schöne Blumen über
mich streute.»

Einzelheiten im Traum brachten die Patientin, die keine konkrete
Vorstellung von der Psychoanalyse hatte, rasch auf die Spur erotischer
Erinnerungen und Wünsche.[58]

Marie-Louise von Franz hat den Zusammenhang zwischen Träumen und der schizophrenen Tendenz, psychische Inhalte abzuspalten,
untersucht. Zu diesem Abspalten kann es auch bei Neurosen kommen,
doch dort behält der Inhalt nach von Franz eine normale emotionale Intensität. Bei Schizophrenen dagegen löst sich der Inhalt so stark auf, daß
der Betreffende nicht spürt, was mit ihm geschieht. In einer Analysesitzung zum Beispiel gebrauchte von Franz unabsichtlich eine Wendung, die mitten in einen der Komplexe eines schizophrenen Mannes
traf. Der Klient verließ sie noch guten Mutes und ganz vernünftig, doch
ein paar Stunden später ergriff die Zwangsvorstellung von ihm Besitz,
ein Lastwagenfahrer wolle ihn erschießen, und er bekam einen entsetzlichen Wutanfall. Kurz danach träumte er, daß *«jemand umgebracht*
und in ein Erdloch geworfen worden war. Aber schon bald verschwand
der Körper. Nur ein paar Kleidungsstücke blieben zurück.»

Von Franz deutete den Ermordeten, der verschwand, als den abge-
spaltenen und nicht integrierten Inhalt. Auch nach dem Traum war der
Mann nicht imstande, einen Zusammenhang zwischen seiner Wut und
dem, was während der Sitzung vorgefallen war, zu erkennen.[35]

In dem von Medard Boss zusammengetragenen Material tauchen
auch einige Träume auf, in denen das Ich des Träumers sich mit äußeren, vorzugsweise leblosen Objekten identifiziert.

So träumte ein schizophrener Mann, daß *«er ein großes Messer war,*
das in der Wand steckte». Ein anderer träumte, daß *«seine Seele von dem*
Schreibtisch, an dem er schreibend saß, wegkroch, in einen Pferdehuf
hinein. Schließlich wurde die ganze Person der Pferdehuf.» Ein dritter
war *«ein Stift, zwischen Büchern steckend, die dicht nebeneinander auf*
einem Regal standen». Obwohl diese Gegenstände die Träumer selbst
verkörperten, standen sie ihnen emotional völlig indifferent gegenüber.[5f]

Ich möchte auf diesem heiklen Gebiet keine eigenen Klientenbeispiele anführen. Doch ich stimme mit der gegenwärtigen Auffassung der Jungianer, Boss' und der Gestalttherapeuten überein, daß Träume wie diese als wichtiger Ausdruck der Persönlichkeit des Träumers interpretiert werden können.

Ein weiterer Traumtyp, der im Zusammenhang mit psychotischen Zuständen auftreten kann, handelt von ganz gewöhnlichen Ereignissen. Eine Frau träumte zum Beispiel, «sie sei in einem Krankenhaus. Eine Schwester kam und schüttelte ihr Kissen auf. Sie bekam große Angst, wachte zitternd auf und schrie um Hilfe.»

Daß die Frau etwas so Alltägliches als bedrohlich empfand, lag daran, daß sie im Wachzustand völlig autistisch war, also jeden Kontakt mit der sie umgebenden Realität abblockte.[5h]

Nach Boss ist es möglich, allein anhand von Träumen eine gewisse Unterscheidung zwischen den drei Schizophrenieformen vorzunehmen, die noch heute einen wichtigen Platz in der diagnostischen Nomenklatur einnehmen: die hebephrene Schizophrenie mit ihrer sexuellen Fixierung, die katatone Schizophrenie mit ihren aggressiven Impulsen und die paranoide Schizophrenie mit ihren vorherrschend homosexuellen und narzißtischen Trauminhalten.[5i]

Statistisch untermauerte Untersuchungen zeigen, daß es in der Tat möglich ist, eine Schizophrenie ausschließlich auf der Grundlage manifesten Traummaterials zu diagnostizieren. Wie zu erwarten ist die Trefferquote am größten bei den Therapeuten, die Erfahrung sowohl mit der Arbeit mit Träumen als auch mit Schizophrenen haben.[37]

Während des akuten Schubs leiden die Patienten meistens an Schlaflosigkeit. Wenn dann eine Besserung einsetzt, werden die Träume oft «flach und ausdruckslos» und kreisen um ein einziges Objekt wie zum Beispiel «ein Stück Wäsche, ein verfallenes Haus oder ein abgeerntetes Feld». Damit liefern sie möglicherweise ein ziemlich treffendes Abbild des psychischen Zustandes nach dem Abklingen eines akuten Schubes.[8]

In einer Reihe neuerer Studien, bei denen Calvin Halls statistische Inhaltsanalyse zur Anwendung kam, konnte durchgängig festgestellt werden, daß die Zahl der Träume bei Schizophrenen ganz allmählich zunimmt, je mehr sich der Realitätsbezug der Patienten im Laufe der Therapie wieder einstellt, und daß die Träume um so mehr Ressourcen aufweisen, je besser das Ich funktioniert.[7]

In der neueren Literatur werden die Trauminhalte psychotischer

Patienten in der Regel als weniger bizarr, einfacher und ihrem Inhalt nach alltäglicher beschrieben als die «normaler» Kontrollgruppen.[3,30] Das steht im Gegensatz zu der Auffassung von Freud, Jung und Boss, daß es in der Psychose zur Entladung unkontrollierter, primitiver, instinktiver Impulse und einer Überschwemmung des Bewußtseins mit archetypischen Inhalten kommt. Dieser abweichende Befund läßt sich möglicherweise damit erklären, daß heute häufig antipsychotische und angstdämpfende Medikamente eingesetzt werden, die eben jene Inhalte, die die älteren Analytiker beschrieben, zudecken.

Traum und Depression

Die Träume depressiver Patienten unterscheiden sich oft radikal von denen Schizophrener. In der älteren Literatur ist von «Kontrastträumen» die Rede, deren angenehmer Inhalt in schroffem Gegensatz zur aktuellen Stimmungslage der Patienten steht.[5,31] Neuere Untersuchungen im Schlaflabor und mit Hilfe statistischer Methoden bestätigen diese Beobachtungen.

Eine Untersuchung der amerikanischen Psychiaterin Jean B. Miller gibt, obwohl sie sich nur auf eine kleine Stichprobe stützt, einen repräsentativen Einblick in die Träume depressiver Patienten.

Miller verglich Träume von Patienten mit unterschiedlichen Ausprägungen depressiver Psychosen mit den Träumen von Probanden aus mehreren Kontrollgruppen (Gesunde, Neurotiker, Schizophrene) und fand signifikante Unterschiede. Während einer stark depressiven Phase zeigte sich in den Träumen der Patienten in der Regel eine angenehme oder gleichgültige Stimmung. Wenn sich ihr Zustand jedoch besserte, wurden im Traum Anzeichen für Konflikte sichtbar.[24a]

Sechzehn stark depressive Patienten erzählten zweiundzwanzig Träume; in siebzehn Träumen kamen keinerlei äußere Konflikte, Bedrohungen oder Gewaltsamkeiten und auch keine inneren Konflikte, Gefahren oder Sorgen vor. Zwei Beispiele:

«Ich war mit zwei schönen Mädchen in Venedig in einem Café. Man tanzte dort. Für Unterhaltung war gesorgt. Da kam plötzlich der Mann

von den Gondeln herein und sagte: ‹Jetzt können wir in der Gondel durch die Stadt fahren.› Ein schönes Mädchen kam mit mir.»

«*Ich hatte einen sehr angenehmen Traum letzte Nacht. Ich schenkte irgend jemandem etwas, ich weiß nicht mehr, wem. Dann fuhren wir im Auto hinaus. Wir mußten warten, bis wir uns in den Verkehr einfädeln konnten – wie auf einer großen Hauptverkehrstraße. Ich war glücklich.*»

Sobald sich der Zustand der Patienten besserte, tauchte in fast allen ihren Träumen irgendwelcher Kummer oder Ärger auf. Doch während die Probanden der Kontrollgruppe im Traum oft physische Unbill erlitten, nahm diese Seite in den Träumen der Depressiven meist die Form irgendeines Zwangs an. Zum Beispiel:

«*Mein Mann wollte mit dem Boot zum Angeln hinausfahren. Der Außenbordmotor lief. Ich wollte auch ins Boot steigen, aber er bestand darauf, daß ich am Ufer blieb und wartete, solange er angelte. Ich kam zu dem Schluß, daß meine Angellizenz sowieso abgelaufen war, so daß ich ohnehin nicht hätte angeln dürfen und es sicherer für mich war, wenn ich am Ufer blieb.*»

Drei von dreizehn Träumen depressiver Patienten handelten vom Tod des Träumers, in der Kontrollgruppe waren es null von hundert. Das folgende kurze Beispiel ist typisch: «*Ich träumte, ich war auf meiner eigenen Beerdigung. Es war ein schwarzer Sarg, sehr schlicht. Er war geschlossen.*» Das entspricht dem Befund, daß die Gefahr eines Suizids bei depressiven Patienten am größten ist, wenn sie erste Zeichen der Besserung zeigen.

Eine andere Untersuchung deutete darauf hin, daß die depressiven Patienten in einer späteren Phase (mindestens ein halbes Jahr nach ihrer Entlassung aus der Klinik und ohne Einnahme von Psychopharmaka) in ihren Träumen mehr Masochismus und stärkere Feindseligkeit von seiten ihrer Umwelt erlebten als die Probanden der Kontrollgruppe.[12]

Träume in anderen psychotischen Zuständen

In der neofreudianischen Psychologie, etwa bei Melanie Klein, wird der Depressive als wehrloses Opfer eines sadistischen Überich betrachtet. Im manischen Stadium nimmt das Ich dann Rache an dem unterdrückenden Überich, indem es sich hemmungslos auf alle möglichen Projekte stürzt.[25b]

Der folgende Traum stammt von einer fünfunddreißigjährigen manisch-depressiven Frau zu Beginn einer manischen Phase:

«Ich ging auf einer Straße. Plötzlich fing ich an, auf die Köpfe der Leute zu hüpfen und mit den Köpfen Fußball und Kegelschieben zu spielen. Ich rammte meine Schuhspitzen in ihre Zähne. Im Traum wunderte ich mich ein wenig darüber, was ich tat.»[6a]

Die Manie kann aber auch durch eine Überflutung des Ichs mit einem Archetyp ausgelöst werden, wie bei dem Mann, der träumte, er sei die Mutter Gottes, oder durch die Überflutung mit Inhalten aus den höheren Chakren, kosmischen Träumen, Lichterfahrungen usw., Erfahrungen also, die normalerweise eine positive Wirkung hätten.

Eine Reihe anderer typischer Motive tauchen in Zusammenhang mit organischen Psychosen, Demenz, Senilität usw. auf. Ich erwähne hier nur einen Traum von einem depressiven, senilen Patienten mit Arteriosklerose: Er *«spürte im Traum, wie ihm die Füße zusammengebunden und er in die Toilette hinuntergesogen wurde. Dann wurde er, umhüllt von zähflüssigem Fäkalienschlamm, durch die Kloaken der Stadt gespült.»* Was den Traum so erstaunlich macht, ist die nüchterne und klare Widerspiegelung nicht nur der psychischen, sondern auch der sozialen Situation des Mannes. Sind die Träume psychotischer Patienten möglicherweise oft ein dem Wachbewußtsein überlegener Hinweis auf Ressourcen, an die wir bei unserem heutigen Kenntnisstand noch nicht herankommen können?

Boss konnte 1938 nachweisen, daß Patienten, die nach einer Insulinschockkur wieder «völlig gesund» geworden waren, fast genauso anormale Träume hatten wie zuvor.[5c] Selbst bei diesen psychisch eingeschränkten Personen konnten die Träume also noch etwas vermitteln, was bis zur Psychiatriedebatte der sechziger Jahre nicht an die

Öffentlichkeit drang: daß nämlich Schocktherapien und Medikation zwar Symptome zum Abklingen zu bringen, die dahinterstehende Krankheit jedoch nicht zu heilen vermögen.

Traum und Borderline-Zustände

Zu einer Klientenkategorie, die relativ häufig psychoanalytische Hilfe sucht, gehört die Gruppe der Patienten mit sogenannter Borderline-Persönlichkeit.[36] Die Träume dieser Klientengruppe zu beschreiben ist relativ schwierig, weil die Diagnose bei verschiedenen Autoren zu unterschiedlichen Zeitpunkten erfolgt und weil es den Rahmen dieses Buches sprengen würde, die verschiedenen Konzeptionen hier ausführlicher zu erörtern.

Borderline-Patienten stehen auf der Grenze zwischen Neurose und Psychose. Es geht ihnen schlechter als Neurotikern und besser als Psychotikern. Nach Auffassung des englischen Borderline-Experten Otto F. Kernberg sind sie nicht stärker gefährdet, an einer Psychose zu erkranken, als Neurotiker, haben jedoch eine ganz eigene Persönlichkeitsstruktur, die gekennzeichnet ist durch primitive Abwehrmechanismen und fehlende Verdrängungsfähigkeit.[36] Häufig handelt es sich um äußerst intelligente Menschen, die jedoch wegen ihrer Krankheit nicht imstande sind, auf dem intellektuellen Niveau zu leben, zu dem sie von ihren Begabungen her prädestiniert wären.

Aufgrund ihrer mangelhaften Fähigkeit zur Verdrängung können sie sich, wenn sie sich in der therapeutischen Beziehung wohlfühlen, häufig an sehr viele Träume erinnern, bis zu fünf oder sechs pro Nacht. Die Träume selbst zeigen nicht dieselben regelmäßigen Wachstumsprozesse wie normale Träume. In einem Augenblick tauchen positive, archetypische Träume auf, die in der normalen Traumpsychologie sehr selten sind und dort einen wichtigen Entwicklungsfortschritt markieren würden, im nächsten Augenblick nähern sie sich schizophrenen Horrorszenarien. Oft sind die Träume sehr lang, vom Aufbau her jedoch labyrinthisch verzweigt, so daß man das Gefühl hat, im Grunde nicht vom Fleck zu kommen. Außerdem können sie einen künstlichen, unnatürlichen, surrealistischen Charakter haben, der uns in normalen

Träumen nicht begegnet: Die Sonne ist blau, ein Baum trägt Blüten und Früchte zur gleichen Zeit, ein Garten aus Plastik und Zuckerwerk usw.

Zugleich erscheinen rasche Transformationen des Traum-Ichs, das zum Beispiel ganz plötzlich die Identität anderer, möglicherweise gegengeschlechtlicher Traumfiguren annimmt.[10]

Der Jungianer H. G. Baynes hat die Therapie zweier männlicher Borderline-Patienten beschrieben. Der eine, ein dreißigjähriger Arzt, hatte den folgenden Initialtraum:

«*Die Szene spielt am Fluß Mersey. Da sind viele Boote, eins ist ein Kriegsschiff. Es liegt hoch im Wasser, und obwohl es riesig ist, wirkt es wie ein Spielzeugschiff. Es dümpelt herum, neigt sich mal auf die eine, mal auf die andere Seite und ist ständig in Gefahr, mit anderen Schiffen zu kollidieren. Schließlich dockt es an einen Schlepper an, der Anker wirft. Es ist erst unsicher, ob der Anker halten wird, aber er hält.*

Wir gehen an Land. Ich habe eine Zeitung in der Hand, sie zeigt ein Bild des Präsidenten oder vielleicht des Premierministers von England, wie er mit dem König scherzt. Ich gehe zu diesem Mann hin, der etwas an Disraeli erinnert, mit einem Hauch MacDonald. Er poliert ständig sein Monokel. Es fällt zu Boden, und ich hebe es auf und poliere es für ihn. Das passiert mehrere Male hintereinander. Dann verwandelt sich das Monokel in den Objektträger eines Mikroskops. Ich lege ihn auf den abgeflachten Holm einer in der Nähe stehenden Leiter.

Szenenwechsel. Wir fahren in einer Kutsche zu einem Palast. Der Palast ist modern und liegt inmitten von Bäumen: Das Ganze erinnert an ein Gemälde von Monet. Als wir zum Portal kommen, entdecke ich einige herrliche Blumen und laufe hin, um an ihnen zu riechen, wobei ich sie in die hohle Hand nehme. Der Duft ist wundervoll.

Dann gehen wir hinein, und Portwein und Bier werden herumgereicht. Meine Frau scheint das veranlaßt zu haben, was mich zu dem verächtlichen Ausruf provoziert: ‹Ausgerechnet Portwein und Bier!›

Dann gehen wir weg und kommen später zu Fuß zurück. Wir sind zu spät zum Abendessen. Als wir die Straße hinuntergehen, fährt der König vorbei. Er sitzt allein in einer kleinen Kutsche, ein schneidiger Mann. Seine Kutsche passiert uns. Zu meiner Freude scheint er uns zu erkennen und winkt uns im Vorbeifahren zu.

Meine Frau und ich sind nun im Palast. Prinzessen Mary ist an-

wesend und reicht Fruchtsalat herum – was für eine gräßliche Verkösti-
gung, denke ich. Drei Frauen und ich selbst sind da. Ich reiche zweien
von ihnen den Fruchtsalat und nehme selbst die dritte Portion. Die
dritte Frau geht leer aus. Ich habe einen Fauxpas begangen.

Ich unterhalte mich mit einer Dame. Dabei stütze ich mein Knie auf
das eine Ende einer Bank, deren anderes Ende sich daraufhin vom
Boden hebt und beim Zurückfallen ein Geräusch macht. Die Konversa-
tion bricht jäh ab. Wieder ein gesellschaftlicher Schnitzer.

Nun weist uns Prinzession Mary unsere Plätze zum Dinner an. Als
wir hineingehen sollen, stelle ich fest, daß ich meine Schuhe ausgezogen
habe, und schlüpfe hastig wieder hinein. Auf dem Weg zum Essen kom-
men wir durch ein vollständig ausgestattetes Kinderzimmer, allerdings
ohne Kinder.

Der Speisesaal erinnert an einen Seminarraum. Die Tische sind zu
einem umgekehrten U zusammengestellt, dessen Enden zum Eingang
blicken. Ich gehe an der rechten Seite entlang und versuche, mich auf
einen falschen Platz zu setzen. Prinzessin Mary weist mir den richtigen
Platz zu, und ich wandere um die Tische herum an meinen eigentlichen
Platz auf der anderen, der linken Seite. Am Ende des Tisches sitzt ein
distinguierter Herr, der sich in der Nase bohrt. Das könnte abstoßend
aussehen, aber er entledigt sich der Aufgabe mit Aplomb. Neben
meinem Platz auf dem Tisch liegt eine zerbrochene Zahnbürste mit
Drahtborsten. Die Borsten laufen ganz um die Bürste herum. Ich
erfahre, daß es sich um eine ‹Asthmazahnbürste› handelt.

Die Frage taucht auf, warum ich hier bin, und es stellt sich heraus,
daß ich ein bekannter Arzt bin.»[4a]

Ich möchte mich hier nicht auf eine Deutung des ganzen Traumes einlassen, sondern lediglich einige Details herausgreifen, die als Hinweise
darauf verstanden werden können, daß es sich hier um einen Border-
line-Fall handelt:

Der lange, verwickelte Plot des Traums, der keinen Ausgang hat,
die surrealistischen Details – das Spielzeugschiff, das Monokel, das
zum Objektträger wird, die seltsame Asthmazahnbürste. Die protzige
Darstellerriege: der Premierminister, der mit dem König scherzt, die
Vertraulichkeit des Träumers mit einem Mann, der wie Disraeli aussieht, später die königlichen Hoheiten. Seine merkwürdigen Gefühle:

Verachtung und Abscheu angesichts der einfachen Speisen und Getränke, Bier und Fruchtsalat. Daneben seine Akzeptanz des Mannes, der in der Nase bohrt, usw. Auch das voll eingerichtete Kinderzimmer ohne Kinder ist ein merkwürdiges Symbol. Jedes einzelne dieser Motive könnte auch in einem normalen Traum vorkommen. Auf eine Borderline-Erkrankung weist lediglich der gesamte Kontext hin. Die Diagnose in einem solchen Fall sollte daher unbedingt nur von einem Therapeuten mit großer Erfahrung in Traumtherapie gestellt werden.

Und hier noch ein Beispiel von Baynes' zweitem Patienten, einem vierzigjährigen Illustrator:

«Ich bin in einem großen Garten, und es ist Nacht. Der Garten ist eigentlich gar kein Garten, denn die Hecken sind gigantische Geburtstagstorten mit Kerzen darauf. (Ich erinnere mich nicht, irgendwelche echten Pflanzen gesehen zu haben.) Ich schaue zum Mond und sehe, daß es ein Halbmond ist, in pinkfarbenen Umrissen an den Himmel gemalt. Ich denke, das ist mal eine hübsche Idee, das muß ich mir merken und eines Tages für eine Zeichnung verwenden. Alles ist sehr dunkel, trotz der Kerzen.

Ich habe einen Ledermantel umgehängt. Damit schlage ich nach den Kerzen und drücke sie nacheinander aus, bis alle gelöscht sind. Dann gehe ich auf eine breite Marmortreppe zu, die sich zu einer Burg in der Ferne, nur schwach im Mondlicht zu erkennen, hinaufschwingt. Ich laufe die Stufen hinauf und – wie ich so mit meinem Mantel schlage, fliege ich auf einmal. Halb zum Spaß stoße ich einen Schrei aus wie eine Fledermaus, und sofort ertönen ringsum schrille, pfeifende Geräusche. Ich merke zu meinem Entsetzen, daß ich eine Fledermaus bin und daß die anderen mich als einen Artgenossen akzeptieren.»

Hier haben wir es wieder mit dem Aspekt des Spielzeugartigen, Künstlichen zu tun. Der Träumer fühlte sich dadurch an das Haus seiner Großmutter erinnert, wo er von einer Schar überbehütender Frauen umgeben war, die sich im Grunde gar nichts aus dem Jungen machten. Den Ledermantel hatte er, obwohl er ihn nie gemocht hatte, von seiner Frau übernommen, die fand, daß er ihr nicht stand. Und dann ist da noch die Identifikation mit einer Fledermaus, gewöhnlich wird diese mit Vampiren und dem Teuflischen in Verbindung gebracht.

Nach Auffassung der Jungianer weisen die surrealistischen Details des Traums auf eine «Tricksterqualität» im Unbewußten hin, die herumspielt und den Träumer narrt, ohne eine kompensatorische Funktion zu übernehmen.[27]

Traumtherapie und Psychose

Am Anfang seiner Tätigkeit als Psychiater sah Jung in den Vorgängen bei einer Psychose größtenteils Prozesse, die die Psyche zu heilen versuchen. Die Beschäftigung mit den in diesen Prozessen freiwerdenden Inhalten zeigte ihm, daß Psychosen nicht nur um die «tragische Zerstörung» kreisen, die nach außen sichtbar wird, sondern daß sie gleichsam eine «Innenseite» haben können, die trotz allem bedeutsam ist.[17b] In seinem epochemachenden Werk *Symbole der Wandlung* setzt er sich mit den mythologischen Elementen in den Phantasien einer schizophrenen Amerikanerin auseinander[39].

In seiner Autobiographie schildert er seine Begegnung mit einer achtzehnjährigen Patientin, die ihm zum ersten Mal vor Augen führte, wie wichtig es ist, auf den Inhalt einer Psychose zu achten.

Die junge Frau war mit fünfzehn von ihrem Bruder verführt und von einem Schulkameraden mißbraucht worden. Danach zog sie sich mehr und mehr in sich zurück, verhielt sich immer seltsamer und wurde schließlich mit der Diagnose (katatone) Schizophrenie in eine Nervenklinik eingewiesen. Ganz allmählich, über einen Zeitraum von vielen Wochen, gelang es Jung, sie zum Sprechen zu bringen. Sie erzählte ihm, daß sie

«... auf dem Mond gelebt hätte. Dieser sei bewohnt, aber zuerst hätte sie nur Männer gesehen. Die hätten sie sofort mit sich genommen und in eine ‹untermondliche› Behausung gebracht, wo sich ihre Kinder und Frauen aufhielten. Auf den hohen Mondbergen hauste nämlich ein Vampyr, der Weiber und Kinder raubte und tötete ... Meine Patientin beschloß nun, etwas für das Mondvolk zu tun, und nahm sich vor, den Vampyr zu vernichten.» (gekürzt)

Der Vampir entpuppte sich als ein überirdisch schöner Mann. *«Er hob sie vom Boden auf und flog mit ihr davon.*» Jung deutete ihre Phantasie so: «Durch den Inzest, den sie als junges Mädchen erlitten hatte, fühlte sie sich in den Augen der Welt erniedrigt, im Reiche der Phantasie aber erhöht: sie wurde sozusagen in ein mythisches Reich versetzt; denn der Inzest ist traditionsgemäß eine Prärogative des Königs und der Götter. Dadurch trat aber eine völlige Entfremdung von der Welt ein, der Zustand der Psychose.»

Nach eigenen Angaben konnte er die Patientin in relativ kurzer Zeit heilen, indem er sie dazu brachte, einzusehen, daß sie nicht zum Mond zurückkehren konnte, wenn sie gesund werden wollte.[17b]

Die dänische Jungianerin Pia Skogemann stieß in den Zeichnungen und Phantasien einer Schizophrenen aus der Zeit der Jahrhundertwende auf eine ganz ähnliche Mann-im-Mond-Symbolik.

Auch das Motiv der Empfängnis ist archetypisch: der Glaube, der Mond könne als Mann auf die Erde herabsteigen und Frauen schwängern, ist in der religiösen Vorstellungswelt vieler Völker verbreitet. Es handelt sich dabei um eine matriarchale Idee. Skogemann sieht deshalb in den Zeichnungen und Phantasien der Frau, ungeachtet der traumatischen Kindheitserfahrungen, für die Skogemann keineswegs blind ist, auch einen Niederschlag der Tatsache, daß sie zwischen zwei Weltanschauungen gefangen war, der matriarchalen und der patriarchalen.[29]

Der Neofreudianer Heinz Kohut stützte sich bei der Diagnose einer latenten Psychose (S. 40) und der Einschätzung von Möglichkeiten, die den Ausbruch der Krankheit verhindern könnten, auf einen Traum, in dem der Patient in Gefahr war, in den Weltraum geschossen zu werden. Und auch der bereits zitierte H. G. Baynes arbeitete bei der Behandlung von Psychosen mit Träumen.

Medard Boss bezog ebenfalls Träume in die Therapie psychotischer Patienten mit ein. Wie die Jungianer Dieckmann und von Franz schlug er jedoch eine Deutung dieser Träume auf einer anderen Ebene vor als bei normalen Träumen und betonte, wie wichtig es ist, daß sich nur erfahrene Fachleute an diese Arbeitsform wagen. Er führt das folgende Traumbeispiel an:

«Ich gehe mit einem Freund in den Krieg gegen Italien. Zuerst sehr vergnügt. Es hieß, dies werde kein gefährlicher Krieg sein. Als wir dann aber nahe der italienischen Grenze zu einem Bahnhof kommen, sehe ich

einen Krüppel dastehen mit nur einem Bein. Das andere Bein ist nur
noch ein Stumpf, der dick verbunden ist und der stark blutet. Ein Zug
fährt ab. Der Krüppel humpelt ihm nach. Er grinst zuerst dabei, wird
aber immer magerer, nimmt meine Figur an, wird noch magerer. Nun
bin ich wirklich und ganz dieser Krüppel selber. Ich bin zu einem rich-
tigen Skelett geworden. Auch mein Kopf verwandelt sich in einen grin-
senden Totenschädel. Mir graust. Dann lösen sich dieser Schädel, aber
auch die Bahnstation in blauen Dunst auf. Gerate in Panik und wache
schweißgebadet auf.»[6b]

Der Traum stammt von einem dreißigjährigen schizophrenen Patienten
aus der Schweiz, der seit zwei Jahren aus der Klinik entlassen war. Drei
Monate nach dem Traum mußte er wegen eines psychotischen Schubes
erneut stationär aufgenommen werden.

Dem Träumer war nicht im entferntesten der Gedanke gekommen,
der Traum könnte auf einen möglicherweise drohenden Krankheitsschub verweisen. Im Gegenteil, er fühlte sich völlig gesund. Boss dagegen las aus der radikalen Zerstörung der Welt des Patienten im Traum
heraus, was diesem bevorstand.

Er schrieb zum Thema des Traumes, daß es allgemein bekannt sei,
daß die Italiener eine emotional viel offenere und warmherzigere
Beziehung zu ihren Mitmenschen hätten als das Schweizervolk. Im
Grunde sei der Patient gegen sich selbst im Krieg, «weil er das of-
fenherzige, sensuell-leibhaft betonte Sich-Verausgaben an anderen
nur als etwas Feindliches, Gefährliches, ja Sündiges zu sehen gelernt
hat».

Bei einem neurotischen Patienten hätte Boss die Kontaktschwierig-
keiten des Mannes herausgearbeitet und ihn darin unterstützt, sie zu
überwinden. Da der Patient jedoch an Schizophrenie litt, legte Boss
den Traum ganz im Gegenteil als Hinweis aus, überfordernde zwi-
schenmenschliche Beziehungen zu meiden. Dem Mann wurde dringend nahegelegt, sich nicht tiefer auf eine Liebesbeziehung mit einer
bestimmten Frau einzulassen. Dagegen ermunterte Boss ihn, eine stabile Freundschaft zu einem Mann zu pflegen.

«Nur unter den selten sich einstellenden Umständen, daß ein Analytiker sich hätte bereit finden können, vielleicht auf Jahre hinaus recht
eigentlich die Rolle eines wahrhaften Leibarztes des Kranken auf sich

zu nehmen und den Kranken auch durch alle folgenden akuten Ausbrüche der Psychose hindurchzutragen, wäre es erlaubt gewesen, das phänomenologische Traumverständnis in derselben Weise wie bei einem psychoneurotisch Kranken anzuwenden.»[6b]

Der jungianische Psychiater Harry S. Wilmer hat mit Gruppen chronisch schizophrener Patienten traumtherapeutisch gearbeitet. Er behandelte über einen Zeitraum von fünf Jahren eine Gruppe von chronisch Schizophrenen und Vietnamveteranen mit Kriegstraumata. Patienten und Therapeutenteam kamen einmal die Woche zu einem sogenannten «Traumseminar» zusammen. Wilmer fiel dabei auf, daß die Träume der Vietnamveteranen nicht nur von individuellen Problemen handelten, sondern auch von Themen, die die Gemeinschaft betrafen, ja, daß sie in gewissem Sinne das amerikanische Epos vom Vietnamkrieg erzählten.

Eine der Übungen des Traumseminars war an das Navahoritual am Ende eines Kampfes angelehnt: Das Nacherzählen der Mythen des Kriegsgottes führt dabei die Männer, die im Krieg waren, langsam und systematisch in ein friedlicheres, nicht-aggressives Leben innerhalb der Gemeinschaft zurück.[34a]

Die wöchentlichen Seminare waren mit Einzelanalysen verbunden und Teil eines umfassenden psychiatrischen Behandlungsprogramms. Während der Sitzungen durfte jeder etwas zu den vorgestellten Träumen sagen. Die Therapeuten legten dabei Wert auf die Betonung der prospektiven Aspekte der Träume und ließen keine freien Assoziationen zu. Statt dessen wurden Techniken aus der Gestalttherapie und aus dem Psychodrama für die Traumarbeit herangezogen.

Nach Wilmer erwies sich die Methode als therapeutisch fruchtbar und führte bei vielen Patienten zu einer deutlichen Besserung ihres Zustands gerade auch im Hinblick auf Schlaflosigkeit und nächtliche Angstzustände – eines der Therapieziele.

Schon Freud schrieb darüber, daß traumatische Träume nach Kriegserfahrungen häufig sind. Sie zeigen ein Muster stereotyper Wiederholungen und sind normalerweise nicht therapierbar. Wilmer berichtet dagegen, daß es mit der von ihm eingesetzten Methode gelang, traumatische Träume mit stereotypem Inhalt in Traumserien zu überführen, die manchmal einen narrativen Charakter hatten.[34b]

Ein sechsunddreißigjähriger amerikanischer Vietnamveteran litt an einer paranoiden Schizophrenie und an posttraumatischen Störungen. Er war bei einem Massaker dabeigewesen, bei dem alle seine Kameraden getötet wurden, während er selbst den Feind mit Handgranaten getötet hatte. Später setzte sich die zwanghafte Überzeugung in ihm fest, seine Kameraden dächten, er habe sie im Stich gelassen, und er wurde ins Audie Murphy VA Hospital überstellt. Zwölf Jahre lang hatte er jede Nacht, genau zum Zeitpunkt des Angriffs, den folgenden Traum:

«Der ganze Trupp ist hinter mir her. Alle Männer, die in der Schlucht umkamen, sind um mich herum. Ich kann ihre Gesichter erkennen. Sie packen mich, fesseln mir die Hände auf den Rücken und zwingen mich niederzuknien. Dann schlägt mir jemand mit einem großen Schwert den Kopf ab. Es ist mein Sergeant. Mein Kopf rollt einen sandigen Hügel hinunter zum Meer, und ich laufe hinter ihm her und versuche, ihn zu fassen zu bekommen. Ich erwache schreckgelähmt und vor Angst schwitzend. Ich konnte meinen Kopf einfach nicht einholen.»[33a]

Im Laufe der Behandlung konnte der Traum erfolgreich verändert werden, so daß er manchmal wenigstens andere Formen annahm:

«Du steckst in der Schlucht, Harry (der Therapeut), *deine Arme sind gefesselt, und du rufst mir zu, ich soll dir helfen. Ich schleiche mich hinein und hole dich heraus. Als ich nach diesem Traum aufwachte, hatte ich Tränen in den Augen. Wenn du es bist, der in Not ist, kann ich weinen. Vorher war ich beim Aufwachen immer von kaltem Angstschweiß bedeckt, aber ich habe nie geweint.»*[33b]

Ich selbst teile die Auffassung der Analytiker, die glauben, daß Träume, mit allen angedeuteten Vorbehalten, eingesetzt werden können, um psychotischen und vor dem Ausbruch einer Psychose stehenden Patienten zu helfen. Diese Klientengruppe ist in besonders hohem Maße von der Therapie und vom Therapeuten abhängig – und hier können die Träume eine wichtige Rückmeldung geben. Bin ich als Therapeut zu aktiv? Zu passiv? Wieviel kann der Klient aufnehmen? usw. Dabei achte ich vor allem auf den ersten Traum nach der letzten Therapiesitzung. Häufig kann man anhand des Traumes sagen, wie die Stunde verlaufen ist. Umgekehrt erfahre ich aus dem letzten Traum vor der nächsten Sitzung eventuell etwas über die Erwartungen des Klienten und mögliche Aspekte für unsere gemeinsame Arbeit.

Wie das von Boss angeführte Beispiel (S. 408 f.) deutlich macht, kündigt sich eine Psychose oft lange vor ihrem Ausbruch in einem Traum an, so daß Vorkehrungen getroffen werden könnten, wenn die Anzeichen richtig erkannt werden. In manchen Fällen kann man die Faktoren, die die Psychose hervorrufen können, durch Nachfragen nach dem, was am Tag vor einem «endoskopischen» Traum geschah, aufspüren und dem Klienten damit helfen, sich zu schützen.

Vor allem anderen versuche ich, Träume unter pragmatischen Gesichtspunkten, zugunsten einer sofortigen besseren Realitätsanpassung des Klienten zu nutzen. Wenn dann jedoch im Laufe einiger Jahre eine gute Übertragungsbeziehung aufgebaut wurde, können auch tiefergehende psychotherapeutische Aspekte in Angriff genommen werden.

Traum, Psychopharmaka, Drogen usw.

Es gibt eine Reihe von Studien zum Einfluß von Psychopharmaka, bewußtseinserweiternden Substanzen, Alkohol usw. auf die Traumerinnerung und die absolute Dauer des REM-Schlafs.[19a.21]

Beruhigungsmittel reduzieren im allgemeinen die Traumerinnerung.[19b] Unter LSD, Opium und bei regelmäßigem Heroingenuß nimmt die REM-Schlaf-Zeit zu, während sie unter Alkohol abnimmt. Im Delirium tremens, unter Alkoholentzug, steigt der REM-Schlaf-Anteil allerdings auf vierzig Prozent der Gesamtschlafdauer (im Vergleich zu 20 bis 25 Prozent unter normalen Bedingungen).

Barbiturate reduzieren die REM-Schlaf-Zeit ebenfalls. Im Rahmen einer psychiatrischen Studie wurde sogar festgestellt, daß Patienten, die Barbiturate bekamen, häufiger Selbstmordversuche unternahmen als diejenigen, die keine derartige Medikation erhielten.[19c]

Abgesehen von der Arbeit von Stanislav Grof gibt es wenig Literatur über den Zusammenhang zwischen Traum*inhalt* und Psychopharmaka.[11.12]

Zusammenfassung

Das uns zugängliche Material über Traum und Psychose bestätigt die Auffassung, daß Träume von vielen, ganz verschiedenen Ebenen her verstanden und gedeutet werden können. Jung und seine Nachfolger betonen die kompensatorischen und prospektiven Aspekte in Träumen. Die Freudsche Theorie der Abwehrmechanismen erfährt wiederum eine eindrucksvolle Bestätigung, wenn man beobachtet, wie ebendiese Mechanismen bei Schizophrenen nicht mehr greifen. Außerdem sahen wir in den Träumen Schizophrener häufig unverhüllte Triebkonflikte. Untersuchungen von Träumen schizophrener Patienten mit Hilfe der Methode Calvin Halls weisen außerdem Parallelen zwischen Traum und Lebensstil auf. Die Träume Schizophrener können auf dem Hintergrund der meisten hier vorgestellten Bezugsrahmen betrachtet und verstanden werden, diese Bezugsrahmen müssen jedoch behutsamer und selbstkritischer eingesetzt werden als sonst. Die Träume depressiver Patienten zeigen, daß Träume einen gewaltigen Gegensatz zum Wachzustand darstellen können, ein Phänomen, das wir bis jetzt noch nicht erklären können. In gewisser Weise kann man die Psychosen als einen ganz eigenständigen Bezugsrahmen betrachten.

Die Untersuchungen zu Traum und Psychose haben keinen neuen philosophischen oder wissenschaftlichen Ansatz nötig gemacht.

Die *empirische Basis* bildet in diesem Fall eine Gruppe, die sich deutlich von den anderen Klientengruppen, die wir kennengelernt haben, unterscheidet. Das ändert nichts an der grundsätzlichen Einschätzung von Träumen, unterstreicht jedoch auf neue und unerwartete Weise die Bedeutung der Traumaktivität für die geistige Gesundheit.

In dem Kapitel über Traum und Schlaflaborforschung (S. 256ff.) habe ich die Möglichkeit angedeutet, daß Träume einen Prozeß verkörpern, der immer abläuft und auch im Wachen ins Bewußtsein durchbricht, und zwar in Gestalt von Phantasieaktivität, die in regelmäßigen, an den nächtlichen Wechsel zwischen REM-Schlaf und NREM-Schlaf erinnernden Intervallen auftritt.

Laboruntersuchungen aus den sechziger und siebziger Jahren führten zu der Annahme, daß Schizophrene die beiden Formen des Denkens, das Bewußtsein und das Unbewußte, miteinander vermischen, nicht nur im Wachzustand, sondern auch im Traum.

Rosalind Cartwright stellte fest, daß Personen, die bei Tests auf Schizophrenie hohe Werte aufwiesen, auch wenn sie normal schienen, NREM-Träume hatten, die mehr «bizarre, halluzinatorische Phantasien» enthielten als die Träume «normaler» Testpersonen. Andererseits war der bizarre Charakter der Träume in den REM-Phasen weniger stark ausgeprägt, je ernsthafter die psychologischen Störungen waren, auf die die Testergebnisse hinwiesen.[8]

Alle diese Untersuchungen deuten darauf hin, daß wir nicht nur von einem rhythmischen Zyklus zweier Formen geistiger Aktivität ausgehen müssen – der traumartigen Phantasieaktivität und der rationalen, realitätsorientierten Bewußtseinsaktivität –, sondern auch, daß wir sie unter normalen Umständen nicht allzusehr miteinander vermischen dürfen. Mit den kreativen Prozessen der therapeutischen Traumarbeit und beispielsweise der Technik der Meditation streben wir natürlich an, diese beiden Welten miteinander zu vereinen. Doch das ist ein Ideal, das nur zeitweise erreicht wird. Im täglichen Leben ist es wichtig, die beiden Bereiche voneinander trennen zu können.

13 Traum und Gesellschaft

Historische Traumliteratur – Anthropologische Untersuchungen zum Phänomen Traum – Das Traumleben der Senoi – Kulturübergreifende Studien zum Trauminhalt – Träume unter totalitären Regimes – Zusammenfassung

Historische Traumliteratur

Es gibt kaum eine Gesellschaft, die sich nicht für Träumer interessierte, wobei diesen in fast allen Kulturen eine wichtige Bedeutung beigemessen wird.

Das älteste uns heute bekannte Werk über Träume mit dem Titel *Buch der Träume* wird Pharao Merikera zugeschrieben und entstand um das Jahr 2070 v. Chr. Träume werden darin ganz einfach als gute oder böse Omen ohne jede persönliche Bedeutung verstanden. Die Symboldeutung im *Buch der Träume* orientiert sich am Kontrastprinzip; so kann zum Beispiel ein glücklicher Zufall im Traum ein schlechtes Vorzeichen sein.

Auch die Assyrer verfaßten bereits Traumbücher. In assyrischen Texten aus der Zeit um 600 v. Chr. wurden Träume auf Kummer und Sorgen zurückgeführt; die Sorgen verschwinden angeblich, wenn der Traum richtig gedeutet wird.

Die ersten Traumdeutungen, die Traumsymbole ganz konkret mit Wacherfahrungen oder zukünftigen Ereignissen in Verbindung bringen, kommen vermutlich aus Indien. In der alten hinduistischen Tradition war man nicht nur an den göttlichen, sondern auch an den menschliches Aspekten des Traums interessiert.

Die Chinesen arbeiteten mit ausgefeilten Deutungssystemen, die astrologische Daten und das Orakelbuch des *I Ging* (siehe S. 359) in die Deutung miteinbezogen. Zugleich wurde aber immer auch der Traumkontext, das heißt wichtige Ereignisse im Leben des Träumers, in den Blick genommen.[29a]

Die griechischen Philosophen Plato und Aristoteles hatten ihre je eigene Traumtheorie entwickelt. So ging es Plato in erster Linie um die spirituelle und göttliche Grundlage von Träumen, wohingegen der rationalistischere Aristoteles den Ursprung von Träumen in körperlichen Vorgängen suchte.[22]

Berühmt ist der Traumdeuter Artemidoros von Daldis, der im 2. Jahrhundert v. Chr. lebte und eine «Traumdeutung» in fünf Bänden, die *Oneiocritica,* veröffentlichte. Das «Moderne» an Artemidors Auffassung ist, daß er bestimmte Kenntnisse über den sozialen Hintergrund des Träumers – zum Beispiel Geschlecht, Alter, Status, Beruf – als unerläßlich für ein angemessenes Traumverständnis erachtete.[3]

Auf Artemidor gehen die meisten Traumbücher des Mittelalters zurück, allerdings stellen sie oft bestenfalls verwässerte Versionen des ursprünglichen Werkes dar. Die *Oneiocritica* wurden 1644 erstmals in England publiziert, und im folgenden Jahrhundert gab es immerhin vierundzwanzig Neuauflagen.[31]

Die Einstellung der Juden zum Traum war komplex. Das große Interesse des jüdischen Volkes an allem, was mit Träumen zu tun hat, war stark von der Kultur des Nahen Ostens beeinflußt, wo Träume als Botschaften vieler verschiedener Götter und Dämonen galten. Dieses «polytheistische» Traumverständnis widersprach dem jüdischen Glauben an den einen Gott. Aus diesem Grund wurde die Beschäftigung mit Träumen von offizieller Seite nicht gern gesehen.

Diese zwiespältige Haltung vererbte sich fort auf Christentum und Islam. Die frühen Kirchenväter wie Tertullian, Kyrill und Cyprian wollten zwar die Übermittlung göttlicher Offenbarungen in Träumen nicht ausschließen, warnten zugleich aber vor den Gefahren, die Träume ihrer Ansicht nach darstellten. Augustinus und Ambrosius verfaßten sogar Gebete, die Träume verhindern sollten.[29a]

Im antiken Griechenland und in Rom gab es öffentliche Einrichtungen für sogenannte «Inkubationsträume». Am bekanntesten war wohl der Asklepiostempel, der Tempel des Gottes der Heilkunst, in Epidauros, einem Wallfahrtsort für Kranke. Wer zum Asklepiostempel pilgerte, mußte sich zunächst verschiedenen Reinigungszeremonien unterziehen und danach eine Nacht im Tempel verbringen, wo sich ihm der Gott der Heilung in einem Traum offenbaren sollte. Auf der Grundlage dieses Traums verschrieben ihm dann die Ärzte eine Kur für seine Krankheit.[40] Man fühlt sich an Initialträume und an zeitgenössische Workshops erinnert, bei denen ich oft Träumen mit Initialtraumqualität begegnet bin.

Diese Tradition hielt sich auch in bedeutenden christlichen Klöstern und Kirchen, offiziell wurde sie allerdings zunehmend verurteilt. Nach Thomas von Aquin sind Träume, auch wenn sie die Wahrheit offenbaren, ein Werk des Teufels, und ihr häufig sexueller und aggressiver Inhalt machte Träume zum vielbenutzten Beweismittel bei Hexenprozessen. Martin Luther hielt es für möglich, in Träumen zu Selbsterkenntnis zu gelangen; er glaubte, die Menschen könnten sich im Traum bestimmter Sünden bewußt werden und dann Buße tun. Auch er hielt Träume jedoch für gefährlich und betete darum, daß Gott nicht auf diesem Wege zu ihm reden möge. Auch Johannes Calvin stand Träumen skeptisch gegenüber.[29a]

Das 18. Jahrhundert, das Jahrhundert der Aufklärung, war naturgemäß von tiefer Skepsis gegenüber Träumen geprägt, und erst im 19. Jahrhundert setzte sich dann wieder eine größere Offenheit durch. Allmählich bildeten sich dabei zwei große Hauptströmungen heraus: die romantisch-spirituelle und die rationalistisch-materialistische Auffassung, eine Antithese, die sich in eindrucksvoller Weise in den Ansätzen von Freud und Jung niederschlug,[12] die aber auch noch in späteren Traumtheorien erkennbar ist.

Anthropologische Untersuchungen zum Phänomen Traum

Vergleichende Studien zu kulturübergreifendem Symbolmaterial waren schon seit den Anfängen der Psychoanalyse ein wichtiges Arbeitsgebiet der Traumforschung, doch erst seit den sechziger Jahren, mit dem Einzug der Methoden von Calvin Hall, wurden großangelegte, kulturübergreifende soziologische und ethnologische Untersuchungen möglich.

In seinem Buch *Dreams, Culture and the Individual*, das einen Überblick über die wichtigsten Arbeiten auf dem Gebiet des Kulturvergleichs gibt,[29b] stellt Carl O'Nell die Haltung verschiedener sogenannter primitiver Kulturen zum Traum dar. So messen zum Beispiel zwei Indianerstämme aus dem Coloradobecken, die Mohave und die Yuma, Träumen große Bedeutung bei. Für die Mohave spielen vor allem die Träume eine Rolle, die auf Veränderungen des kulturellen Umfelds weisen, während die Yuma glauben, daß Träume das ganze Spektrum menschlichen Erlebens umfassen. Beide Stämme machen einen Unterschied zwischen «wichtigen» und «gewöhnlichen» Träumen. Wichtige Träume haben dem ganzen Volk etwas zu sagen. Träume können dazu dienen, religiöse Überzeugungen zu legitimieren, sie können den Anstoß zur Einführung neuer ritueller Tänze und Lieder geben, und sie können die Verleihung schamanistischer Kräfte und der Gabe der Heilung bestätigen. In der Regel werden «große» Träume von den Traumspezialisten des Stammes – Priestern oder Heilern – geträumt.

Für diese Menschen sind Träume realer als die Realität des Wachzustandes, oder, um es etwas weniger provokant zu formulieren, Träume repräsentieren für sie eine höhere und wahrere Realität.[29c]

Bei den Irokesen wurden die «großen» Träume als Botschaften an den ganzen Stamm verstanden. Dieser besondere Traumtyp kam vorwiegend bei Häuptlingen oder berühmten Kriegern vor, gelegentlich aber auch bei gewöhnlichen Stammesmitgliedern, denen die übrigen daraufhin mit großer Ehrfurcht und Achtung begegneten, auch wenn sie dadurch keinen höheren Rang erhielten.[37]

Auch für die Mae Enga in Neuguinea haben Träume große Bedeutung. Ihrer Auffassung nach spielen die Träume sich nicht in der Person des Träumers ab, sondern die Person tritt in den Traum ein.[27] Der berühmte strukturalistische Psychologe Jean Piaget beobachtete ähnliche Vorstellungen bei kleinen Kindern.[41] In dieselbe Richtung weisen auch die mystischen und tiefenpsychologischen Erfahrungen, die unter anderen Jung und sein Schüler James Hillman sowie der chinesische Philosoph Chuang Tse beschreiben.[33] Bei den Mae Enga hängt es vom Status einer Person ab, ob ihr Traum für bedeutsam erachtet wird. Nur jeweils fünf bis zehn Personen von insgesamt dreihundertfünfzig Stammesmitgliedern sind «große Männer». Ihre Träume werden vor allem auf das Gemeinwesen bezogen und finden häufig bei wichtigen, den ganzen Stamm betreffenden Entscheidungen Beachtung. Bei Träumen, deren Deutung sich schwieriger gestaltet, werden Traumexperten um Rat gefragt. Diese «Männer des Wissens» versuchen – wie Freud – hinter den manifesten Trauminhalt zu dringen. Sie arbeiten in der Hauptsache die Aspekte des Traums heraus, die mit den Werten der Gemeinschaft in Einklang stehen, und scheuen sich nicht, Trauminhalte entsprechend abzuändern, wenn sie dadurch einen Bezug zur Realität im Wachzustand herstellen können.[27]

Viele nordamerikanische Indianer schenken Träumen besondere Beachtung, in denen Schutzgeister auftreten, die zum lebenslangen spirituellen Führer des Träumers werden. Entsprechende Berichte stammen von Anthropologen wie Ruth Benedict und George Devereux sowie von Robert Lowe. Bei den Crow zum Beispiel konnte ein Traum, in dem der Träumer mit der Geisterwelt in Berührung kam, so wertvoll sein, daß er an Personen, die solche Erfahrungen nicht kannten, weiterverkauft werden konnte. Die Trobriand aus Melanesien, deren Zusammenleben der Anthropologe Bronislav Malinowsky beschrieben hat, unterscheiden zwischen «freien Träumen», die als unwichtig gelten (und für die sie auch kein Deutungssystem haben), und «offiziellen», für den ganzen Stamm bedeutsamen Träumen.[29d]

Der amerikanische Anthropologe Roy D'Andrade hat dreiundsechzig Gesellschaften im Hinblick auf ihre Haltung zu Träumen untersucht. Er fand heraus, daß Träume vor allem in Kulturen eine Rolle spielen, in denen Jugendliche im Rahmen einer angstauslösenden Situation lernen müssen, auf sich allein gestellt zu überleben. Besonders wichtig sind Träume in Gesellschaften, in denen die jungen Männer bei der Heirat ihr Dorf verlassen müssen, und in Gesellschaften, deren Lebensgrundlage die Jagd oder der Fischfang ist, im Gegensatz zu den stabileren Ackerbaugesellschaften. In der ungesicherten Existenz des Jägers oder des Fischers verleihen Träume Selbstvertrauen und das Gefühl, das Leben im Griff zu haben.

D'Andrade fand vier konsistente Merkmale im Umgang mit Träumen in Gesellschaften, in denen versucht wird, die Kontrolle über übernatürliche Kräfte zu erlangen:

– Im Traum erscheinen übernatürliche Wesen und verleihen dem Träumer Kraft, sagen ihm ihre Hilfe zu, führen ihn in neue Rituale ein und verleihen ihm besonderes Wissen.

– Religiöse Experten (Priester und Schamanen) nutzen ihre Träume im Rahmen ihrer Arbeit.

– Träume, die mit dem kulturellen Muster der jeweiligen Gesellschaft übereinstimmen, sind Voraussetzung für die Übertragung bestimmter wichtiger Aufgaben und Ämter.

– Träume werden durch bestimmte Techniken induziert (Fasten, Drogen, Isolation).[42]

Das Traumleben der Senoi

Der Stamm der Senoi in Malaysia zog in neuerer Zeit die Aufmerksamkeit von Traumforschern auf sich. Der Ethnologe Richard Noone entdeckte als erster das ganz besondere Verhältnis der Senoi zu Träumen, das der Psychoanalytiker Kilton Stewart dann später untersuchte.[28,34]

Vor allem zwei Dinge machen die Senoi so interessant für uns: Zunächst scheinen sie aktiver an ihren Träumen zu arbeiten als jedes andere Volk. Und zweitens werden sie in den Studien als einzigartig harmonische Gemeinschaft beschrieben. Bei den Senoi gehört die Traumdeutung bereits zur Kindererziehung und ist ein Teil der Allgemeinbildung der Erwachsenen. Die höchste Autorität in den Senoigemeinschaften (die etwa zwölftausend Mitglieder zählen), sind die «Traumpsychologen», die sogenannten *tohats*.[34a]

Nach Stewart gleicht das Frühstück der Senoifamilien einer traumtherapeutischen Sitzung, bei der die Väter und älteren Brüder sich die Träume der Kinder anhören und sie analysieren. Danach versammeln sich die männlichen Familienangehörigen, um die Träume der älteren Kinder und der männlichen Mitglieder des Stammes zu erzählen, zu diskutieren und zu deuten.

Die Senoi halten es für möglich, Träume aktiv und kreativ zu beeinflussen. Eine wichtige Voraussetzung ist dabei, daß man sich den bedrohlichen Elementen in Träumen stellen und sie überwinden muß. Gelingt es dem Träumer, eine feindliche Gestalt zu überwinden und zu töten, so wird deren Geist zu seinem Diener oder Bundesgenossen.

Wenn ein Kind einen Angsttraum, zum Beispiel einen Falltraum, erzählt, reagiert der Erwachsene höchst positiv: «Das ist ein wunderbarer Traum. Fallträume sind die besten Träume, die man überhaupt haben kann!» Wenn das Kind daraufhin einwendet, daß es das ganz anders erlebt hat, wird ihm gesagt, daß es den Traum mißverstanden habe: Alles in einem Traum dient einem bestimmten Zweck, und Fallen ist nun einmal der schnellste Weg, mit der Geisterwelt in Kontakt zu treten. «Die Fall-Geister lieben dich. Sie ziehen dich in ihr Land.» Es geht nur darum, sich im Traum zu entspannen und die Erfahrung zu genießen, dann mündet die Angst beim Fallen in die Freude zu fliegen. Hat das Kind dann wieder einmal einen Falltraum, so wird es sich an das erinnern, was ihm gesagt wurde, und wird den Traum ändern können.

Stewart hat die Erkenntnisse der Traumtheorie der Senoi in die Sprache der westlichen Psychologie «übersetzt». Im Zuge des Hineinwachsens ins Leben schafft sich der Mensch innere Bilder der äußeren Welt. Einige dieser Bilder stehen mit uns selbst und untereinander in Konflikt, und wenn diese sich feindselig gegenüberstehenden Bilder internalisiert werden, geraten wir in Konflikt mit uns selbst und mit anderen. In Träumen haben wir die Macht, diese psychischen Tatsachen zu erkennen, die sonst in äußeren Formen verkleidet und zu angstbesetzt sind.

Wenn wir etwa im Traum glauben zu sterben, so begegnen wir in Wirklichkeit lediglich Mächten aus der «anderen Welt», eigenen spirituellen Potentialen, die sich mit uns verbünden wollen, wenn wir es nur zulassen.

Jeder Mensch sollte Herr seiner Träume und seiner spirituellen Welt sein. Er kann die Hilfe und Unterstützung aller Mächte, die diese Welt bevölkern, einfordern und erhalten.

Träume und ihre Deutung haben sehr viel mit sozialer Interaktion zu tun. Steht jemand im Wachzustand auf gutem Fuß mit seinen Mitmenschen, dann wird er auch im Schlaf imstande sein, ihre Hilfe in Anspruch zu nehmen.

Schöne Träume wie Flugträume oder angenehme sexuelle Träume sollten möglichst so lange dauern, daß der Träumer nach dem Erwachen imstande ist, den anderen etwas Schönes weiterzugeben. Wenn ein Angehöriger der Senoi zum Beispiel im Traum fliegt, sollte er nach Möglichkeit irgendwo ankommen, sich mit den Wesen, die dort wohnen, bekannt machen, ihre Kunst und ihre Tänze kennenlernen und nützliches Wissen von ihnen übernehmen, etwa eine bessere Jagdtechnik. In gleicher Weise sollte eine sexuelle Begegnung bis zum Orgasmus dauern, und danach sollte der Träumer seinen spirituellen Partner um ein Lied, einen Tanz oder ein Gedicht bitten, aus dem auch die Gruppe etwas von seiner Schönheit und seinem Wissen erahnen kann.[34b]

Wenn ein Junge träumt, daß er von einem Freund angegriffen wird, rät ihm sein Vater, es dem Freund zu sagen. Der Vater des Freundes wiederum wird *seinem* Kind klarmachen, daß es den Träumer vielleicht, ohne es zu wollen, gekränkt hat und ihm deswegen etwas schenken und besonders freundlich zu ihm sein sollte. Auf diese Weise wird die Aggression, die sich im Träumer um das Bild des Freundes herum aufgebaut hat, zum Ausgangspunkt für einen friedfertigen, freundlichen Umgang miteinander. Hat man aber im Wachen gute Beziehungen zu seinen Freunden, so wirkt sich das wiederum auf die Träume aus, und die Freunde helfen einem im Traum.[34c]

Stewart trug Träume von Senoi aller Altersgruppen zusammen und verglich sie mit Traummaterial aus Kulturen, die anders mit Träumen umgehen. Dabei stellte er fest, daß der Traumprozeß sich in den verschiedenen Gesellschaften unterschiedlich entwickelt.

Was Stewarts Bericht über die in einzigartiger Weise «traumtherapeutisch» orientierte Gesellschaft der Senoi so besonders faszinierend macht, ist die Tatsache, daß in zwei- bis dreihundert Jahren keine Gewaltverbrechen und keine kriegerischen Auseinandersetzungen zwischen den einzelnen Gemeinschaften vorkamen. Stewart gibt außerdem an, daß psychische und physische Krankheiten bei den Senoi praktisch unbekannt seien.[34d] Das mag geradezu märchenhaft klingen, doch wir sollten dabei an den holländischen Kulturhistoriker Henri Baudet denken, der zeigen konnte, daß Angehörige des westlichen Kulturkreises schon immer dazu neigten, sich ein irdisches Paradies in irgendeiner exotischen Kultur zu erträumen.[4]

Unter dem Eindruck seiner Erfahrungen bei den Senoi gründete Stewart in den Vereinigten Staaten sein eigenes psychotherapeutisches Institut. Und Patricia Garfield hat seine Methode unter der Bezeichnung «kreatives Träumen» in der modernen amerikanischen Gesellschaft angewendet.[16]

Senoiträume sprengen das jungianische Dogma, daß Träume unabhängige Einheiten sind, die nicht beeinflußt werden können.[39] Es gibt allerdings auch Jungianer, die sich von der Arbeit mit Träumen, wie die Senoi sie praktizieren, inspirieren ließen.[38]

Ich selbst habe Klienten mit extrem angstbesetzten Träumen schon manchmal geraten, sie sollten versuchen, die Träume zu ändern. Eine Frau, die so große Angst vor Hunden hatte, daß sie in ihren Träumen beim Anblick eines Hundes förmlich explodierte, wurde auf diese Weise fähig, im Traum ruhig vor einem Hund stehenzubleiben und ihm direkt in die Augen zu blicken – ein beglückendes Erlebnis für sie. Anderthalb Jahre später wagte sie es sogar im Wachzustand, einen Hund zu streicheln.

Kinder sind nach Auskunft von Garfield, Bertelsen und auch nach meiner eigenen Erfahrung besser in der Lage, ihre Träume zu beeinflussen als Erwachsene. Doch bis jetzt wissen wir zu wenig darüber, wie diese Arbeit mit und an Träumen in unserer Kultur wirkt.

Neben den Senoi haben sich wohl die Maya am meisten mit Träumen beschäftigt. Von einer Population von insgesamt fünfundvierzigtausend Menschen bezeichnen sich nahezu zehntausend Personen als «Traumdeuter».[36]

[Nach dem Erscheinen des vorliegenden Buches stieß ich auf ein bisher von mir übersehenes Werk mit dem Titel The Mystique of Dreams: A Search for Utopia through Senoi Dream Theorie *(Berkeley 1985). Darin nimmt der amerikanische Traumforscher Bill Domhoff das Leben und die Träume der Senoi kritisch unter die Lupe. Er bemängelt die Verläßlichkeit der bisherigen Quellen und stellt das Leben der Senoi sehr viel weniger rosig dar als geschildert. Dennoch notiert er abschließend zur Wirksamkeit der Traumtheorie der Senoi:*

«Die Tatsache, daß Stewarts Theorien, Träume müßten mitgeteilt und könnten kontrolliert werden, von den Senoi gar nicht praktiziert werden oder daß sie relativ unkritisch von einer wißbegierigen neuen Generation hoffnungsvoller Amerikaner übernommen wurden, stellt die Brauchbarkeit der Ideen selbst nicht in Frage. Möglicherweise ist das gemeinsame Erzählen und Besprechen von Träumen tatsächlich hilfreich für einzelne, für Gruppen, ja für ganze Gesellschaften. Und möglicherweise können Stewarts Leitgedanken zur Traumkontrolle auf sinnvolle Weise dazu genutzt werden, das Traumleben der Menschen von all den Aggressionen und negativen Gefühlen zu befreien, die die freundlichen und positiven Gefühle in den Hintergrund drängen – wie bei Träumen aus allen Teilen der Welt zu beobachten war, die von Hall und anderen systematisch erforscht wurden.»[10]*

Domhoff zeigt anhand einiger verstreuter Quellen auf, daß das Erzählen von Träumen in kleinen Gruppen, zum Beispiel in kleinen Schulklassen, kreativitätssteigernd und spannungsreduzierend wirken kann. Und zur Wirkung traumkontrollierender Mechanismen entwickelt er eine Kriterienliste für die experimentelle Prüfung der Thesen Stewarts. (O.V. 1994)]

Kulturübergreifende Studien zum Trauminhalt

Sowohl Freud als auch Jung waren fasziniert davon, Traumthemen mit mythologischem und anthropologischem Material zu vergleichen. Freuds Ödipuskomplex und seine Theorie vom uranfänglichen Vatermord gingen von einem griechischen Mythos und einem anthropologischen Konzept aus, wobei Freud offenbar annahm, daß eine Gleichsetzung der Symbolbedeutung trotz des Unterschieds von Zeit und Kultur möglich sei. In noch weit höherem Maße basierte die Traumdeutung der Jungianer auf mythologischen und kulturvergleichenden Untersuchungen von Symbolen. Träume selbst wurden jedoch erst in den letzten zwanzig bis dreißig Jahren in größerem Maßstab über die Grenzen von Kulturen hinweg einem Vergleich unterzogen. Viele dieser Studien sind statistischer Art und wurden mit Calvin Halls Methoden durchgeführt. Sie zeigen, daß es so etwas wie universale Traumthemen gibt. Ob diese Themen in den verschiedenen Kulturen aber auch dieselbe Bedeutung haben, muß in jedem Fall neu untersucht werden. Daneben gibt es deutliche Unterschiede in manifesten Trauminhalten, die möglicherweise den Einfluß der Gesellschaft und der Kultur auf den einzelnen erhellen.

Altersunterschiede in Männerträumen

Der amerikanische Psychologe Alan Krohn und der Psychologieprofessor David Gutmann untersuchten altersabhängige Veränderungen in den Träumen männlicher Navaho-Indianer und verglichen sie mit anderen Kulturen. Um eine Verfälschung der Befunde durch kulturspezifische Einflüsse auszuschließen, hatte Gutmann zuvor mit Hilfe psychologischer Tests die Altersabhängigkeit des männlichen «Egostils» bei Maya-Indianern und amerikanischen Städtern untersucht. Er stellte dabei fest, daß sich das männliche Ich auf dreierlei Arten bemüht, das Leben zu meistern: Jüngere Männer (30–54 Jahre) waren aktiv, leistungsorientiert und selbstbewußt. Ältere Männer (55–95 Jahre) verhielten sich dem Druck der Umwelt gegenüber passiver und betrachteten die Welt als komplex und unbeherrschbar. Es kam ihnen nicht so sehr darauf an, Spuren zu hinterlassen, sondern eher darauf, in einer Art resignierten Anpassung einigermaßen zurechtzukommen. Unter den Ältesten der Gruppe war der Egostil stärker magisch und projektiv geworden. Gutmann überprüfte nun das Vorkommen dieser drei Stile in den Träumen der Navahos.[24a]

Siebzig Personen im Alter zwischen dreißig und neunzig Jahren wurden psychologische Tests vorgelegt, und jeweils nur der erste Traum jedes Teilnehmers wurde analysiert. Krohn und Gutmann erwarteten nach den Ergebnissen der Voruntersuchungen in den Träumen der jüngeren Männer ein Übergewicht an Themen der aktiven Lebensbewältigung, zum Beispiel aus dem Bereich der Arbeit und Produktivität. Im Gegensatz dazu sollten die Träume der älteren Männer weniger auf die aktive Arbeit bezogen sein und den Träumer eher als «passive, unwichtige Traumfigur» zeigen, oder er sollte nicht einmal im Traum anwesend sein. Gutmann fand denn auch viele seiner Annahmen bestätigt. Bei den jüngeren Männern tauchte nur in neun Träumen das Thema Arbeit nicht auf, während bei den älteren Männern fünfunddreißig Träume nicht von der Arbeit handelten, obwohl ältere Männer in der Navahokultur nach wie vor ihrer Arbeit nachgehen. Bei den jüngeren Männern kam nur in einem einzigen Traum das Traum-Ich überhaupt nicht vor, bei den älteren in elf Träumen. Und während bei den jüngeren Männern das Traum-Ich nur in zwei Träumen nicht die Hauptrolle spielte, gab es in der Gruppe der älteren Männer fünfzehn solcher Träume.[24b]

Meiner Ansicht nach verweisen diese mit statistischen Methoden durchgeführten Untersuchungen zum Älterwerden auf das Entwicklungsmodell Jungs für die zweite Lebenshälfte. Der passiven, nicht auf Beherrschung ausgerichteten Phase entspricht in positiver Weise die

Integration des Weiblichen im Mann, der späteren magischen Perspektive die Begegnung mit dem «alten Weisen» oder dem Selbst. Gutmann wertete seinen Befund dagegen ausschließlich negativ, als Schwinden oder Verlust des männlichen, auf Lebensmeisterung eingestellten Egostiles, während Jung in genau denselben Lebensäußerungen ein Potential für eine wachsende Aufnahme- und Empfindungsfähigkeit der Person und das Reifwerden für eine stärker religiöse Weltauffassung sah. Da Gutmanns Fragebogen letztlich einseitig blieb, überging er all jene Themen, in denen die älteren Männer besser abgeschnitten hätten als die jüngeren. Im übrigen hatten die älteren Männer mehr Träume und waren stärker dazu in der Lage, eine Entsprechung zwischen Traum und Wachleben herzustellen, als die jüngeren[24c] – eine Fähigkeit, die möglicherweise mit einer flexibleren und kreativeren Einstellung zum Leben Hand in Hand geht. Und im Gegensatz zu den Erwartungen der Forscher hatten sie genausoviel Kontrolle über die Traumereignisse und waren genauso objektiv wie die jüngeren Männer.

Geschlechterrollen in Träumen

Zu den Themen, die die kulturvergleichende Traumforschung besonders interessieren, gehört die Untersuchung der Geschlechterrolle. Die Frage lautet hier: Gibt es so etwas wie spezifische Traummuster für die beiden Geschlechter, die in allen oder doch in den meisten Kulturen auftauchen und auf Unterschiede der Geschlechterrolle in Träumen hinweisen?

In Kapitel 3, «Traumleben und Wachleben», haben wir bereits eine Reihe von Unterschieden in den Träumen amerikanischer Männer und Frauen kennengelernt, die sich in den Untersuchungen von Calvin Hall und seinen Kollegen abzeichneten. So tauchten in den Träumen von Männern jeweils zwei Männer pro Frau auf, während Frauen in ihren Träumen proportional gleichviel Männer und Frauen aufweisen. Das Traum-Ich der Männer war in eine größere Zahl aggressiver Interaktionen mit Männern verstrickt als mit Frauen, während Frauen ihre Aggressionen gleichmäßig auf beide Geschlechter verteilten. Und schließlich hatte das männliche Traum-Ich mehr freundliche Kontakte zu Frauen als zu Männern, während Frauen wiederum zu beiden Geschlechtern gleichviel freundliche Kontakte hatten.

Die universale Gültigkeit dieser Ergebnisse wurde durch die Analyse von 3874 Träumen von Hopi-Indianern und australischen Aborigines bestätigt. Dasselbe Resultat zeichnete sich – bei einer kleineren Materialbasis – in Träumen eines afrikanischen Bantuvolkes ab.[9]

Pionierarbeit auf dem Gebiet der kulturvergleichenden Forschung leistete Kenneth Colby von der Stanford-Universität. Colby hatte Zugang zu einer anthropologischen Sammlung von 1843 Träumen von Männern und Frauen «primitiver» Kulturen. In der Sammlung waren fünfundsiebzig verschiedene Stämme, deren Lebensraum über den ganzen Erdball verteilt war, repräsentiert – Indianer, Australier, Afrikaner, Araber, Melanesier usw.

Unter Einsatz statistischer Techniken wählte Colby daraus 549 Träume von 366 Männern und 183 Frauen aus. Diese Träume wurden auf das Vorkommen neunzehn verschiedener Items untersucht.

Bei den Männern ergab sich ein klares Übergewicht der Items *Ehefrau, Waffen, Geschlechtsverkehr, Tod, Tiere*. Bei den Frauen waren es *Ehemann, Mutter, Kleidung, weibliche Person*.[9]

Allerdings besteht bei derartigen Untersuchungen immer die Gefahr, daß durch die starke Vereinfachung der Kategorien, die notwendig wird, um mit großen Datenmengen umzugehen, die einzelnen Einstufungen immer schwammiger und damit weniger aussagefähig werden.

Der amerikanische Anthropologe Richard M. Griffith führte gemeinsam mit den Japanern Miyagi und Tago eine kulturvergleichende Untersuchung über «typische Träume» – ein Begriff, der von Freud stammt – durch. Griffith und seine Kollegen gingen davon aus, daß sich Träume, die in unterschiedlichen Kulturen mit derselben Häufigkeit auftauchen, auf universalere menschliche Zustände beziehen, die weniger von der jeweiligen Umgebung und Mentalität beeinflußt sind. Sie verglichen die Häufigkeit von vierunddreißig «typischen» Traumthemen bei 134 männlichen und 116 weiblichen Collegestudenten aus Kentucky mit dem Vorkommen dieser Themen bei 132 männlichen und 91 weiblichen Collegestudenten aus Tokyo. Die Erhebung erfolgte in Form eines Fragebogens mit Formulierungen wie: «Haben Sie jemals von … geträumt?» Die Amerikaner hatten durchschnittlich von 14,96 der insgesamt vierunddreißig ausgewählten Themen geträumt und die Japaner von 14,93, gleichmäßig auf Männer und Frauen verteilt.

Es bestanden allerdings große Unterschiede zwischen Einzelpersonen der beiden Kulturen. Kamen in den Träumen mancher Teilnehmer alle vierunddreißig Themen vor, so gab es andere, die von gar keinem der Themen träumten. Aber auch kulturelle Unterschiede zeichneten sich ab. Die Träume der Amerikaner kreisten meist um Themen wie «Zuspätkommen», «Eingesperrtsein», «Tod geliebter Menschen», «Geld finden», «unpassend Gekleidetsein», «Nacktheit», «Verrückte». Bei den Japanern fand sich ein Übergewicht der Themen «Angegriffen- oder Verfolgtwerden», «etwas wieder und wieder versuchen», «Schule/Lehrer/Studium», «Feuer», «Fliegen», «bedrohliche wilde Tiere».

Die Männer in beiden Kulturen träumten deutlich häufiger von Geschlechtsverkehr als die Frauen. Umgekehrt träumten sowohl amerikanische als auch japanische Frauen häufiger davon, in den Spiegel zu schauen.

Auf die Frage: «Haben Sie jemals jemanden in Ihren Träumen umgebracht?», antworteten achtunddreißig Prozent der amerikanischen Männer mit «ja», aber nur elf Prozent der Frauen. Im Gegensatz dazu hatten neununddreißig Prozent der Japanerinnen schon einmal in ihren Träumen getötet, jedoch nur zwanzig Prozent der Männer.[18]

Einerseits liefern uns diese Unterschiede einigen Stoff zum Nachdenken, sie weisen auch darauf hin, daß wir aus Träumen viel über universale versus kulturell determinierte menschliche Eigenschaften erfahren können. Die meisten Autoren sind sich jedoch darin einig, daß es ein Irrtum wäre, Themen, die weltweit verbreitet sind, auch eine universale *Bedeutung* zuzuschreiben.[18,29e] Ein gewichtiges methodisches Problem liegt darin, daß typische Träume einander immer nur bis zu einem gewissen Grad ähnlich sind. Marie-Louise von Franz berichtet zum Beispiel, sie habe sechzigtausend Träume analysiert und niemals zwei übereinstimmende gefunden. Das heißt: Wenn man sich tiefgehend genug mit Träumen befaßt, ändern sich die Bedingungen für das, was als «typisch» betrachtet wird.

Um also irgendwelche psychologischen Schlußfolgerungen aus den oben erwähnten Untersuchungen ziehen zu können, müßten sie sehr viel spezifischer sein. Wenn zum Beispiel Frauen häufiger davon träumen, sich selbst im Spiegel anzuschauen, als Männer, so paßt das auf den ersten Blick sehr gut zum Spiegel der Venus als Symbol der Weiblichkeit. Doch der Spiegel kann in Träumen ganz unterschiedliche symbolische Bedeutungen haben. Das Spektrum reicht von Eitelkeit bis zur Fähigkeit zur Selbstreflexion. Was im jeweiligen Fall gemeint ist, hängt von den Umständen ab. Und was hat es zu bedeuten, daß japanische Frauen in ihren Träumen so «mörderisch» sind? Ist ihre Aggression nach außen gerichtet, oder geht es hier um Selbstunterdrückung? Dürfen amerikanische Männer ihre Aggressivität vielleicht stärker ausleben – wie es bei dem robusten Gene aus Calvin Halls Beispiel deutlich wurde (S. 180) – als japanische Männer?

Weitere kulturelle Ähnlichkeiten und Unterschiede

Eine vergleichende Studie zu den Träumen chinesischer, amerikanischer und türkischer Studenten kam zum Schluß, daß soziologische Analysen von Trauminhalten tatsächlich zur Charakterisierung verschiedener Kulturen herangezogen werden können. Kamen zum Beispiel bei den Amerikanern Tiere im Traum vor, so waren sie gewöhnlich zahm, während die Tiere in den Träumen der chinesischen Probanden meist wild und bedrohlich waren. Die türkischen Studenten zeigten sich in ihren Träumen wiederum egozentrischer, selbstsicherer und heroischer als die Chinesen. Sie träumten häufig vom Geschlechtsverkehr, während die Chinesen eher herumschäkerten. Die unverhüllte, handgreifliche Art der türkischen Studenten bei sexuellen Träumen stand in Gegensatz zu dem romantischen, gehemmten Schmachten der Chinesen.[11]

In dem mexikanischen Dorf Tzintzuntzan wurde der Zusammenhang zwischen Träumen und lokaler Lebenshaltung untersucht. Der Anthropologe G. M. Foster, der die Dorfbewohner über zwanzig Jahre beobachtet hatte, charakterisiert sie dahingehend, daß sie das Leben so nehmen, wie es ist, und sich an den kleinen Dingen des Daseins freuen, gleichzeitig aber auch voller Vorurteile und Ängste stecken und stark konformistische Tendenzen zeigen. Sie empfinden die Welt als feindlich, und ihr geringes Selbstvertrauen macht sie passiv. Foster analysierte die zentralen Themen von dreihundertvierunddreißig Träumen. Jeder dritte Traum handelte von bedrohlichen Situationen, jeder zehnte von Versagen, in jedem zehnten Traum war der Träumer allein und verlassen usw. Der typische Grundton der Träume war Furcht und Enttäuschung, in achtzig Prozent der Träume, in denen es um Veränderung ging, verlief diese zum Schlechteren. Foster kam zu dem Schluß, daß die

Träume in treffender Weise Wesen, Denken und Weltanschauung der Dorfbevölkerung spiegelten.[14]

Eine Forschergruppe der Universität Tel Aviv führte eine Fragebogenerhebung zu den Träumen von vierhundertneun arabischen und zweihundertsechzehn israelischen Oberschülern durch. Die Forscher stellten fest, daß die Träume der Israelis strukturierte Persönlichkeiten enthüllten, die mit Schuldgefühlen und Angst reagierten, wenn sie ihren internalisierten Normen nicht gerecht wurden. Die Träume der arabischen Schüler wiesen im allgemeinen keine Anzeichen von Furcht auf – ein Hinweis darauf, daß keine internalisierten Konflikte vorhanden waren.

In beiden Gruppen zeigten die Männer starke Konkurrenztendenzen, die sie jedoch nicht in gleichem Maße umsetzten. Die israelischen Mädchen schienen ängstlich darauf bedacht, den Forderungen der Gesellschaft zu genügen, während die arabischen Mädchen männliche Züge zeigten und in einen geradezu feindseligen Kampf der Geschlechter verstrickt waren.[17]

Ein neues Forschungsgebiet sind die kulturellen Subgruppen. Der amerikanische Psychiater Ronald Farrell zum Beispiel konnte anhand statistischer Inhaltsanalysen zeigen, inwiefern sich die Träume von einhundertachtundvierzig Homosexuellen signifikant vom Rest der männlichen Bevölkerung des betreffenden Gebietes unterschieden: Es kamen mehr sexuelle Handlungen vor, mehr homosexuelle Themen, und die Träume spielten häufiger in Innenräumen.

Mit Hilfe sozialpsychologischer Analysetechniken versuchte Farrell außerdem, den Anteil sozialer Einflüsse an den abweichenden Trauminhalten Homosexueller auszumachen. Er kam zu dem Ergebnis, daß die stereotypen sozialen Reaktionen, mit denen Homosexuelle konfrontiert werden, sie noch stärker in die homosexuelle Rolle hineindrängen.[13]

In einer anderen vergleichenden Untersuchung zu Subkulturen innerhalb einer Gesellschaft wiesen kanadische Hausfrauen «mehr offene Feindseligkeit in ihren Träumen auf» als berufstätige Frauen.[26]

Träume unter totalitären Regimes

Das bei aller Unvollkommenheit beste Zeugnis über den Zusammenhang zwischen Trauminhalt und totalitären Regimes stellt wohl Charlotte Beradts Buch *Das Dritte Reich der Träume* dar.

In den sechs Jahren von der Machtergreifung Hitlers 1933 bis 1939, als sie Deutschland verlassen mußte, schrieb Charlotte Beradt die Träume von annähernd dreihundert Personen auf. Es waren Personen, zu denen ein solches Vertrauensverhältnis bestand, daß sie sie unbesorgt nach ihren Träumen fragen konnte, die meisten von ihnen leisteten allerdings keinen aktiven Widerstand gegen das Regime. Der größte Teil der Befragten befand sich nicht in Psychotherapie.[5a]

Herr S., ein aufrechter Mann, Fabrikbesitzer, träumte drei Tage nach der Machtergreifung Hitlers:

«Goebbels besuchte meine Fabrik. Die Arbeiter mußten sich in zwei Reihen einander gegenüber aufstellen. Ich mußte mich in die Mitte stellen und meinen Arm zum nationalsozialistischen Gruß erheben ...»

Im Traum empfand S. den ganzen Vorgang als extreme Demütigung. Er kämpfte eine halbe Stunde lang, bis sein Arm endlich in die Höhe ging. Als er es schließlich geschafft hatte, sagte Goebbels nur, *«an Ihrem Gruß liegt mir nichts»*, und hinkte hinaus. S. hatte diesen Alptraum in vielen Variationen. Einmal, als er sich damit abmühte, den Arm zu heben, *«bricht sein Rücken, sein Rückgrat».*[5b]

Überraschend fand Beradt, daß Träume von 1933, also unmittelbar nach Hitlers Machtergreifung, sich nicht wesentlich von Träumen aus dem Jahr 1939 unterschieden.

Ein fünfundvierzigjähriger Arzt träumte 1934, daß er in seiner Wohnung auf dem Sofa lag und in einem Buch las, das für ihn die Quintessenz der deutschen Kultur verkörperte, als

«... plötzlich die Wände meines Zimmers und dann meiner ganzen Wohnung verschwanden. Ich blickte um mich und stellte zu meinem Entsetzen fest, daß ich, so weit das Auge reichte, keine einzige Wohnung mehr sah, die noch Wände hatte. Dann hörte ich eine Stimme aus einem

*Lautsprecher: ‹Nach dem Erlaß vom 17. des Monats über die Entfer-
nung von Wänden …›»*[5c]

Eine Hausfrau in mittleren Jahren träumte, ihr Delfter Kachelofen ver-
rate einem von Goebbels' SA-Männern alles Schlechte, was sie je über
das Regime gesagt und gedacht hatte, woraufhin sie, mit der Leine ihres
Hundes gefesselt, abgeführt wurde. Andere träumten, daß Kissen und
Lampen sie denunzierten oder daß die Stuckengel an der Decke ihr Bett
beobachteten.

Beradt weist darauf hin, daß alle diese Träume aus der Zeit um 1933
stammen, als die systematische Installation von Abhöranlagen weder in
der Phantasie noch in der Realität so weit fortgeschritten war. Sie wertete die Träume als Ausdruck dafür, daß das Regime die Menschen auf
nicht wahrnehmbare Weise dazu brachte, Mikrophone zu installieren –
und zwar psychische.

Auslöser der Träume war häufig ein Alltagsereignis. Der Mann, der
vom Verschwinden der Wände träumte, war vom Blockwart aufgesucht
worden, der von ihm wissen wollte, warum er die nationalsozialistische
Flagge nicht gehißt habe. Und die Frau mit dem Kachelofen hatte mit
ihrem Zahnarzt über gefährliche Gerüchte gesprochen.[5d]

Ein Mann erzählte Beradt: «*Ich habe geträumt, daß ich nur noch
von Rechtecken, Dreiecken und Achtecken träume, die alle irgendwie
wie Weihnachtsplätzchen aussehen – wissen Sie, es war verboten zu
träumen.*»

Beradt merkt dazu an: «Der Betreffende entschließt sich, jedes Risiko zu vermeiden, indem er nur noch von abstrakten Formen träumt.»
Sie fand etwa ein halbes Dutzend Träume dieser Art. Ich selbst bin solchen Träumen weder bei Klienten noch irgendwo sonst in der Literatur begegnet.

Eine Frau «*träumte, ich sprach im Schlaf, und zwar russisch, um
mich nicht in Gefahr zu bringen … auf diese Weise verstand nicht
einmal ich mich selbst …*»[5e]

Die nationalsozialistische Propaganda tauchte in vielen Traumelementen auf, konnte aber auch zum Hauptthema eines Traumes werden.
Ein sehr lärmempfindlicher Mann träumte, sein Radio plärre immerfort «*im Namen des Führers, im Namen des Führers …*». Und eine
junge Frau träumte, sie sehe den Slogan «*Gemeinwohl geht vor Eigen-*

nutz» in endloser Wiederholung auf einem flatternden Banner aufgedruckt.[5f]

Viele Träume spiegelten nach Ansicht Beradts auch den kindischen Wunsch, «dazuzugehören» bei Menschen, die eigentlich gegen das Regime waren.

Ein Büroangestellter träumte: «*Göring selbst kam, um mein Büro zu inspizieren, und nickte mir beifällig zu. Leider gefiel mir das sehr, obwohl ich gleichzeitig dachte, was für ein fettes Schwein er doch ist.*»

Ein anderer Mann träumte, daß «*Göring in einem braunen Lederwams erschien und mit der Armbrust schoß, woraufhin ich in lautes Lachen ausbrach …*» Kurz darauf war er im Traum genauso gekleidet wie Göring und zu «*seinem persönlichen Bogenschützen*» ernannt.[5g]

Beradt zeichnete Dutzende von Träumen auf, deren Hauptperson ein Berater oder enger Freund Hitlers, Görings oder Goebbels' war oder in denen eine Frau träumte, eine erotische Beziehung zu Hitler oder Göring zu haben, obwohl sie politisch gegen sie war.

Eine noch krassere Leugnung der eigenen Werte zeigt sich in Träumen von Juden, die der brutalen Einschüchterungspolitik des Regimes nach dem Erlaß der Rassengesetze unterworfen wurden. In ihren Träumen offenbaren sich starke Haßgefühle bis hin zu Todeswünschen gegenüber Verwandten oder Freunden, mit denen sie eigentlich auf gutem Fuß standen, durch die sie sich jetzt aber gefährdet fühlten, weil diese Leute Juden waren. Andere haßten im Traum ihren Teint oder die Form ihrer Nase. Noch selbsterniedrigender, aber nicht untypisch ist der Traum eines jüdischen Anwalts, der einem nationalsozialistischen Minister gegenüber äußerte: «*Die Wachen haben mich gepackt und auf den Boden geworfen. Im Liegen sagte ich: ‹Ich küsse noch den Boden, auf den ihr mich geworfen habt.›*»

Und ein anderer jüdischer Anwalt träumte: «*Ich setzte mich auf die Mülltonne und hängte mir ein Schild um den Hals, wie sie blinde Bettler manchmal tragen – oder wie die, die die Regierung den ‹Rassenschändern› aufzwingt. Darauf stand zu lesen: ‹Ich mache Platz für den Müll, wenn es sein muß.›*»

Der gemeinsame Nenner der «Dritte-Reich-Träume» besteht nach Beradt darin, daß sie alle auf die eine oder andere Art die systematische Zerstörung der Persönlichkeit des einzelnen spiegeln. Sie stellen die Ziele und Maßnahmen des totalitären Systems dar oder nehmen sie vorweg: Verunsicherung, allgemeines Mißtrauen, Rassismus, öffentliche Demütigungen. Und sie beschreiben die abgefeimten Methoden des Regimes wie Propaganda, Bespitzelung und Überwachung, noch bevor sie so richtig zum Einsatz kamen. Doch das ist keine ausreichende Erklärung für diese Träume.

Eine stärker psychologisch orientierte Analyse gibt der berühmte klassische Freudianer Bruno Bettelheim. Bettelheim betrachtet Träume als eine Möglichkeit, das emotionale Gleichgewicht, das im Laufe des Tages gestört worden ist, wiederherzustellen. Die Angst, die die Nationalsozialisten säten, machte jedoch jede Möglichkeit zu emotionaler Befreiung zunichte, so daß die Träumer noch im Schlaf erlebten, daß Widerstand zwecklos war.[6a] Bettelheim verglich solche Träume mit denen von Gefangenen in Konzentrationslagern. Er berichtet, daß die Häftlinge kaum einmal von den Gefahren, die sie umgaben, oder von der Verfolgung durch die Nationalsozialisten träumten. Seiner Ansicht nach lag das daran, daß sich im Unbewußten dieser Menschen kein Kampf mehr zwischen dem Wunsch, sich selbst treu zu bleiben, und dem Wunsch, sich den Nazis zu unterwerfen, abspielte. «Die meisten ihrer Träume handelten von den guten Zeiten, die sie erlebt hatten oder erleben würden», oder «es waren Träume von Flucht oder Rache».[6b]

Eine weitere Vergleichsmöglichkeit, von der sowohl Beradt als auch Bettelheim Gebrauch machte, boten Personen, die aktiven Widerstand leisteten. Nach Bettelheim «waren das typischerweise ‹normale› Träume, das heißt Angstträume (etwa von Folterungen, die man durch die SS erlitt), und Träume von Sieg und Rache (wie man der SS eine Niederlage bereitete). Kaum einer der Träume handelte davon, dem Feind zu gehorchen, indem man den eigenen Willen unterdrückte.»[6c]

Bettelheim interpretierte den Traum des Fabrikbesitzers, dessen Rückgrat brach, als typischen Traum eines Kollaborateurs: Sein moralisches Rückgrat, seine innere Einstellung und Überzeugung wurden gebrochen, weil er mit einem Regime kollaborierte, das er innerlich ablehnte. «Hätte der Mann sich vielleicht innerlich zu einer Weigerung durchringen können, sich mit dem Dritten Reich zu arrangieren, dann hätte er vielleicht geträumt, wie er die Getreuesten seiner Arbeiter zusammenrief und Goebbels mit ihrer Hilfe aus der Fabrik warf.»[6d]

Die Träume von Widerstandskämpfern, die Beradt zitiert, weisen in die gleiche Richtung: «Je stärker das moralische Empfinden und politische Rückgrat einer Person, desto weniger absurd und um so positiver waren ihre Träume.»[5j]

Die weniger Tapferen träumten, daß sie ihre Proteste nicht ausdrücken konnten oder kein Wort herausbekamen. Die Frau eines Widerstandskämpfers, der den Nationalsozialisten mehrfach entkommen war, hatte Angstträume, in denen ihr Mann gefaßt wurde. Doch immer noch konnte sie im Traum schreien: *«Tod allen Feinden!»* oder die Tür zur Zelle ihres Mannes eintreten. Und während die Kollaborateure träumten, *«Was kann man bloß tun?»*, sagte eine Frau aus dem Widerstand im Traum, als es darum ging, eine von den Nationalsozialisten bewachte Grenze zu überqueren, zu sich selbst: *«Du mußt einfach nur wollen, und obwohl er (der Grenzbeamte) eine Augenbraue hochzog, kam ich durch.»*

Die Träume dieser Menschen waren voller Angst und Gewalt, doch mit den Worten von Beradt waren die Träumer darin nie zu «Nicht-Personen» herabgesunken.

Die Studentin und Widerstandskämpferin Sophie Scholl hatte in der Nacht vor ihrer Hinrichtung den folgenden Traum, den sie ihrer Zellengenossin erzählte:

«Es war ein sonniger Tag, und ich trug ein kleines Kind in einem langen, weißen Taufkleid zur Taufe. Der Weg zur Kirche führte einen steilen Hügel hinauf. Doch ich hielt das Kind fest und sicher in meinen Armen. Plötzlich stand ich am Rand eines tiefen Abgrunds. Ich hatte gerade noch genügend Zeit, das Kind auf der anderen Seite abzusetzen, bevor ich in den Abgrund stürzte.»[5j]

Während Beradt der Überzeugung war, daß viele der zitierten Träume rein politisch zu verstehen waren, war Bettelheim der Ansicht, daß sie innere Konflikte widerspiegelten, insbesondere ungelöste Kindheitskonflikte, die nicht durch das Regime entstanden waren, durch dieses jedoch «stark aufgerührt wurden».[6e]

Einige der Träume, die Beradt schildert, nähern sich Erscheinungsbildern, wie wir sie im Kapitel «Traum und Psychose» (S. 392 ff.) kennengelernt haben. Die surrealistischen Vorstellungen von sprechenden und hörenden Öfen, Kissen und Ostereiern erinnern an Borderline-Fälle. Wände, die verschwinden, als einziges und zentrales Motiv eines

Traums, deuten auf paranoide Schizophrenie. Und der zutiefst gedemütigte Rechtsanwalt auf der Mülltonne weist gewisse Ähnlichkeiten zu dem depressiven Senilen auf, der die Toilette hinuntergespült wird (S. 402). Beradt spricht dann auch von «Desorientierung, Depersonalisation und Verlust von Identität und Kontext».

Bettelheim deutete die positiven Träume der Lagerhäftlinge als Verheißung, daß der Alptraum der Lager nicht ewig währen würde, und ging davon aus, daß Träume über Flucht und Rache auf dem unbewußten Gefühl basierten, selbst ein nur in der Phantasie geleisteter Widerstand helfe zu überleben.[6c] Das hört sich an wie eine kompensatorische Funktion.

Man könnte hier aber auch Parallelen zu den «flachen, ausdruckslosen» Träumen schwer Depressiver ziehen (S. 400), die nicht einmal mehr die Kraft haben, daran zu denken, ihrem Elend ein Ende zu setzen.

Eine Studie über Träume schizophrener Patienten wies nach, daß ein «starkes Ich im Wachleben» zu «stark kohärentem Träumen mit vielen Ressourcen» führen kann. Ähnliches scheint auch für die Träumer in totalitären Systemen zu gelten.

Beradt sah ihre Aufgabe nicht darin, auch die zahllosen Träume zu beschreiben, in denen die Träumer erschossen, verfolgt oder gefoltert wurden. Solche Träume hätten während jedes beliebigen Krieges auftreten können und waren nicht spezifisch für das Hitlerregime.[5k]

Der Anthropologe Kenneth Johnson untersuchte Träume von Studenten einer Universität in Uganda, die unter dem Tyrannen Idi Amin lebten, der eine extrem feindselige Haltung gegenüber Intellektuellen einnahm. Soweit ich es nach den Beispielen und dem zur Verfügung stehenden statistischen Material beurteilen kann, handelt es sich dabei eher um «normale» Träume über Angst, Verfolgung und Hinrichtung usw., die ganz deutlich die aktuelle politische Situation widerspiegeln, denen jedoch nichts von den «Dritte-Reich-Träumen» anhaftet. Meiner Ansicht nach hängt das damit zusammen, daß das Aminregime nie auch nur annähernd so perfekt durchorganisiert und so effektiv in seiner Propaganda war wie der Nationalsozialismus.[21]

Kurz vor der Ermordung von Martin Luther King waren Paul Robbins und Roland Tanck vom Fachbereich Psychiatrie der George Washington Universität dabei, eine Untersuchung zu den aggressiven

Inhalten in den Träumen von achtundvierzig Studentinnen durchzu-
führen. Die Ermordung führte zu schweren Unruhen, die mehrere Tage
andauerten. Es kam zu Brandstiftungen und Plünderungen, Verhaftun-
gen wurden durchgeführt, und zwölftausend Soldaten waren im Einsatz. Die Studie wies statistisch signifikant nach, daß während der Unruhen weniger Aggression in den Träumen der Teilnehmerinnen
vorkam als davor. Zwang der Zusammenbruch der öffentlichen Ordnung die Studentinnen möglicherweise zu einer beherrschteren inneren
Haltung?[32]

Zusammenfassung

Das Wesen von Träumen

Die Studien über den Zusammenhang zwischen Traum und Gesellschaft vermitteln uns einen Überblick, wie verschiedene Kulturen das
Wesen des Traums definieren. Die Maya schreiben Träumen größere
Bedeutung zu als Wacherlebnissen, sie behandeln sie wie Offenbarungen, während die Negritas auf den Philippinen den beiden Wirklich-
keiten gleich großen Wert beimessen (Traum- und Wachleben existieren auf verschiedenen Ebenen, stehen aber wechselseitig miteinander in
Verbindung). In unserer Kultur werden Träume im allgemeinen als weniger real angesehen als das Wachbewußtsein.[29f]

Jede dieser drei Einstellungen kann in verschiedenen Kulturen
gefunden werden, und für jede von ihnen steht auch ein bedeutender
Traumtheoretiker: Jung, Hall und Freud. Dies unterstützt unsere
Annahme, daß allen drei theoretischen Richtungen nur eine begrenzte
Gültigkeit zugesprochen werden kann.

Bei den meisten primitiven Kulturen und im historischen Material
scheint die Unterscheidung zwischen «großen» Träumen, die Bedeutung für das ganze Kollektiv haben, und «kleinen» Träumen, die sich
vor allem auf den einzelnen beziehen, üblich. Der Jungianer Kluger
wertete dies als Beleg für die Universalität der Unterscheidung zwischen archetypischen Träumen und alltäglichen Träumen, die er in
seinen Untersuchungen statistisch bestätigt fand.[23a]

Die kulturvergleichenden Studien bestätigen, daß es tatsächlich universale Symbole und Traumthemen gibt, machen zugleich aber auch deutlich, daß sie in jedem Einzelfall neu vor dem Hintergrund des jeweiligen persönlichen und kulturellen Kontexts betrachtet und beurteilt werden müssen.

Von besonderem Interesse für die Forscher war die Frage, inwieweit sich Geschlechterunterschiede über kulturelle Grenzen hinweg in Träumen widerspiegeln. Es wurden aber auch vergleichende Untersuchungen zu Altersunterschieden durchgeführt. Neben den zitierten Arbeiten über den Niederschlag von Altersveränderungen in den Träumen von Männern ist auf Studien zu verweisen, die zeigen, daß europäische und chinesische Kinder ungefähr im selben Alter anfangen, ihre Träume als innere, fiktive Ereignisse zu betrachten, und daß Kinder in allen untersuchten Kulturen mehr von Tieren träumen als Erwachsene.[24d]

Es hat den Anschein, als könne man nahezu jede einigermaßen eingrenzbare soziale Gruppe herausgreifen und Zusammenhänge zwischen den Träumen und dem Lebensstil ihrer Mitglieder finden. Abgesehen von den informativen Aspekten der Symbole werden dabei auch Verdrängungen (man denke an das Fehlen sexueller und aggressiver Themen bei den Bewohnern von Tzintzuntzan), Maskierungen und Auslassungen sichtbar (wie etwa in den Träumen aus dem Dritten Reich). Träume spiegeln also ganz offensichtlich nicht nur psychologische, sondern auch soziale Gegebenheiten, allerdings in einer komplexen Art und Weise.

Die soziale Funktion des Traums

Der Zusammenhang zwischen Träumen und der Zugehörigkeit zu einer bestimmten Gruppe und die Tatsache, daß «große» Träume in vielen Kulturen als Aussagen interpretiert werden, die das Wohl der ganzen Gruppe betreffen, weisen darauf hin, daß Träume unter anderem auch eine gesellschaftliche Funktion haben.[35] Traum und Kreativität hängen eng miteinander zusammen, und wenn es Machthabern mit den Worten Bettelheims gelingt, «den Schlaf zu morden»[6] und die Träume der Menschen mit Furcht und Abwehrreaktionen zu erfüllen, dann ist eine Gesellschaft ernstlich krank.

Rosalind Cartwright stieß bei ihrer Forschungstätigkeit im Schlaflabor auf eine Parallele zwischen ihren Probanden und Roy D'Andrades Studien über Kulturen, die sich sehr stark mit Träumen beschäftigen. Und zwar scheint diese Beschäftigung mit «innerer Spannung, Angst und einem Gefühl, das nun durchstehen zu müssen», verbunden zu sein. Sie vermutete darin eine Erklärung für das wachsende Interesse an Träumen unter der jüngeren Generation in der westlichen Welt, nachdem immer stärker sich lockernde Familienbande und eine allgemein unsichere Wirtschaftslage die Jugend seit den sechziger Jahren dazu veranlaßten, sich auf die Suche nach neuen Ressourcen zu begeben.[30]

Die Traumdeutung

Es herrscht allgemein die Auffassung, daß Träume wenig zu politischen Tagesereignissen Stellung beziehen. Anspielungen politischer Art erscheinen oft als «Tagesreste», die – so nahm Freud an – in Themen von eher persönlicher Bedeutung eingebettet sind. Alles in allem deutet unser Material in der Tat darauf hin, daß Träume soziale und politische Ereignisse selbst unter extremstem äußerem Druck mit inneren psychischen Haltungen verknüpfen.

Andererseits zwingt uns das Interesse verschiedener Kulturen an ganz unterschiedlichen Seiten des Phänomens Traum, darüber nachzudenken, ob nicht der gesellschaftliche Horizont des Deuters einen Einfluß darauf hat, was er überhaupt an einem Traum wahrzunehmen vermag. In einem seiner wichtigsten Essays über Träume deutet Jung den folgenden Traum eines jungen Mannes: *«Ich stehe in einem fremden Garten und pflücke von einem Baume einen Apfel. Ich schaue mich vorsichtig um, ob mich auch niemand sieht.»* Am Abend zuvor hatte der Träumer ein Rendezvous mit einem Dienstmädchen gehabt, hatte jedoch noch nicht mit ihr geschlafen. Seine Assoziationen kreisten hauptsächlich um das schlechte Gewissen, das er wegen seiner sexuellen Wünsche hatte. So fiel ihm ein, wie sein Vater ihn einmal hart bestraft hatte, als er die Mädchen beim Baden beobachtete, der christliche Mythos vom Sündenfall tauchte in seinen Gedanken auf, und auch andere Assoziationen ließen die erotische Erfahrung als ein Vergehen erscheinen.

Jung glaubte, das Unbewußte des Träumers wolle diesem durch den Traum «beibringen», daß er aus Gewissensgründen von seinem erotischen Abenteuer Abstand nehmen sollte. Ob man dem Traum gerade diese Bedeutung unterlegte, hing davon ab, wieweit man «den seit Menschengedenken überlieferten Standpunkt der Moral» akzeptierte, wobei Jung mit dem Argument für diesen moralischen Standpunkt eintrat, daß auch primitive Völker sehr strenge Sexualvorschriften haben.[22]

Mir persönlich ist diese Deutung zu eng. Phänomenologisch gesehen zeigt der Traum, daß der junge Mann die beiden Traumelemente – sinnlicher Genuß und Traum-Ich – nur mit schlechtem Gewissen zusammenbringen kann. Dieses schlechte Gewissen ist mit einer äußerst strengen väterlichen Autorität und dem Verhaftetsein in einer alttestamentlichen Sexualmoral verknüpft, die sich seit Jung beträchtlich gewandelt hat, ohne daß die Welt unterging. Man muß daher annehmen, daß die Konstellation «sexuelle Befriedigung = Schuld», sofern sie nicht in angemessener Weise aufgearbeitet wird, später auf eine vernachlässigte künftige Frau des jungen Mannes übertragen werden könnte.

Die Schwäche der Deutung liegt darin, daß Jung sich kurzerhand auf die Seite des strengen Gottes des Alten Testaments stellt, statt die Informationsfülle, die im Traum enthalten ist, aufzudecken.

Aber stellt das übereilte Begehren des jungen Mannes in der damaligen Gesellschaft nicht tatsächlich eine geradezu kriminelle Rücksichtslosigkeit gegenüber dem Dienstmädchen dar? Sicherlich. Sie konnte schwanger werden und ihre Stelle verlieren. Was aber würde geschehen, wenn er seinen Gefühlen tatsächlich nachgeben würde? War es auszuschließen, daß er sich wirklich verliebte? Ja, daß er sie sogar heiratete? Daß er ihre Situation verstehen lernte und dieses Verständnis in seine eigene Klasse hinübernahm?

Einer von Freuds Klienten träumte, daß er durch einen engen Durchgang zwischen zwei imposanten Palästen schlüpfe. Freud assoziierte aus diesem Bild die «beiden stattlichen Hinterbacken des weiblichen Körpers … Der enge, schräg aufsteigende Gang ist natürlich die Scheide». Seiner Auffassung nach verkörperte der Traum die «Darstellung eines Koitusversuches von rückwärts». Und natürlich stellte sich heraus, «daß am Traumtag ein junges Mädchen in den Haushalt des Träumers eingetreten ist, welches sein Wohlgefallen erregt und ihm den Eindruck gemacht hat, als würde es sich gegen eine derartige Annäherung nicht zu sehr sträuben». Freud war der Ansicht, «daß in Wirklichkeit nur die Rücksicht auf die Ehefrau die Abhaltung von einem solchen Versuche besorgt».[15] Wäre es allzu kühn, die Verkörperung erotisierend wirkender Dienstmädchen in Gestalt von Äpfeln oder Palästen als Beleg für einen verdinglichenden Umgang mit niederen sozialen Schichten zu werten? Und muß man dann zu dem Schluß kommen, daß das soziale Dilemma der damaligen Zeit so massiv verdrängt wurde, daß Dienstmädchen allenfalls über assoziatives Material in Träumen erscheinen konnten?

Empirische Grundlagen

Kulturvergleichende Untersuchungen haben uns empirisches Material von Träumen auf der ganzen Welt zugänglich gemacht, und eine ganze Reihe der daraus gewonnenen Erkenntnisse scheint unsere früheren Ergebnisse zu bestätigen. Der Vergleich des Materials hat jedoch auch seine Schwierigkeiten.

Die meisten kulturvergleichenden Untersuchungen zu Träumen wurden von Anthropologen durchgeführt. Diese vermieden meist den psychoanalytischen Ansatz. Nach Ansicht der finnischen Anthropologen Kalle Achte und Taina Schahir wirkte vor allem Freuds oft allzu wörtliche Anwendung seiner Theorien auf kulturübergreifendes Material ohne Berücksichtigung kultureller Wesensunterschiede abschreckend. Inzwischen wird der Wert psychoanalytischer Theorien, vorausgesetzt sie respektieren die jeweiligen Gegebenheiten, in Anthropologenkreisen allerdings stärker erkannt.[2] Die meisten in diesem Kapitel zitierten Forscher haben sich mit dem Methodenproblem intensiv auseinandergesetzt.

Fehlerquellen bei der anthropologischen Fragebogenmethode bestehen darin, daß Fragen nicht offen genug formuliert sind, daß einzelne Traumelemente aus ihrem Kontext herausgenommen werden und daß die erhaltenen Informationen, um statistisch weiterverarbeitet werden zu können, oft so stark vereinfacht werden müssen, daß sie nahezu sinnlos werden. Die Frage, ob man Vorstellungen aus einer komplexen Kultur überhaupt auf eine «primitivere» übertragen kann, wurde von Krohn und Gutmann und anderen positiv beantwortet. Sie versicherten, «wenn die Traumvariablen … sich im Sinne der Vorhersagen der Theorie verhalten, spielt es keine Rolle, ob die betreffende Theorie mit den Vorstellungen der Kultur, in der sie getestet wird, übereinstimmt oder ihnen fremd ist. Im Gegenteil, ergibt sich ein positives Resultat, dann erfährt dadurch die Theorie selbst und ihre Anwendung außerhalb des kulturellen Umfeldes, in dem und für das sie konzipiert wurde, Bestätigung.»[24e]

Die Qualität derartiger Untersuchungen hängt in der Regel von der Fähigkeit der Forscher ab, sich in die Philosophie und Weltanschauung anderer Kulturen hineinzuversetzen.

14 Andere Richtungen und Methoden

Einführung – Traumarbeit in Gruppen – Traum und Maltherapie

Einführung

In den letzten Jahrzehnten sind Hunderte neuer Therapieformen wie Pilze aus dem Boden geschossen,[7] die meisten von ihnen brachten jedoch wenig Neues. Viele greifen Teilaspekte bereits bekannter Therapien heraus, kombinieren zwei oder drei Techniken unter neuem Namen oder bringen überhaupt nur Wiederholungen. Ich gehe im folgenden nur auf die wichtigsten Strömungen ein.

Was die Traumdeutung betrifft, finden wir häufig Verbindungen alter und neuer Theorien. Die Italiener Ernesto Rossi[21] und Roberto Assagioli[5] sowie Ann Faraday[9] vertreten kreative Traumkonzepte, die aus der Synthese bestehender Theorien hervorgegangen sind. Alle drei sind brillante Traumtheoretiker, doch ihre Ansätze finden sich bereits in den Theorien ihrer Vorgänger.

Die bekannte neofreudianische Psychoanalytikerin Melanie Klein machte zum Beispiel die Feststellung, daß Träume Wachgedanken fortsetzen, die, wenn sie erst einmal angestoßen wurden, darauf drängen, im Traum vollendet zu werden.[8] In dieser Aussage begegnen wir Freuds Annahme von Tagesresten, Calvin Halls und Alfred Adlers Theorie vom Zusammenhang zwischen Traum und Lebensstil und Perls' Vorstellung, daß Träume Situationen zum Abschluß bringen, die nicht vollendet wurden.

Melanie Klein formulierte, ausgehend von der Theorie der Abwehrmechanismen, die Freud und nach ihm seine Tochter Anna entwickelt hatten, eine Theorie der «Objektbeziehung», die in einer bedeutenden psychoanalytischen Schule weiterlebt.

Die Kernaussage von Kleins Theorie ist, daß Kinder beim Größerwerden ihre eigenen emotionalen Zustände auf äußere Objekte (Personen), insbesondere auf die Mutter, projizieren. Das geht zum Teil so weit, daß sie die Art, wie sie andere erleben, mit den eigenen Gefühlen verwechseln. Diese Erfahrungen werden dann jedoch wiederum als innere Objekte aufgenommen (introjiziert), die das Verhalten und Erleben des Kindes bestimmen.[14a] Das Ganze erinnert stark an Jungs Theorie der Komplexe. Ein Beispiel für Traumdeutung nach Klein werde ich im Abschnitt über Träume und Gruppen geben.

Innerhalb der Kognitionstheorie und -psychologie haben sich vor allem die französischen Strukturalisten mit Träumen befaßt. So stimmte Jean Piaget der Jungschen These zu, daß der Mensch eine universale Vorliebe für die Symbolbildung habe,[20] er selbst behandelte Symbole allerdings fast ausschließlich als eine der Stufen der intellektuellen Entwicklung des Kindes. Jacques Lacan, ein anderer, von Freud inspirierter Strukturalist, scheint Träume als Erfahrungsform zu verstehen, die nicht in unsere normale Sprache übersetzt werden kann.[23] Eine ganz ähnliche Vorstellung findet sich bei Charles Rycroft, einem ehemaligen Freudianer. Dasselbe meinte Jung, als er sagte, daß der Traum das grundlegend Unbekannte sei.[27]

Die Frankfurter Schule, eine philosophische Bewegung, die sich zum Ziel setzte, falsche Ideologien zu beseitigen, hat sich mit wissenschaftlichen Vorannahmen, religiösen Gedanken und Vorurteilen auseinandergesetzt, die festlegen, was die Wissenschaft für wahr hält. Sie unternahm auch kritische Studien über die wissenschaftlichen Voraussetzungen der Traumdeutung.[30,31] Nach Auffassung ihrer Vertreter muß die erste (hermeneutische) Phase des Forschungsprozesses darin bestehen, den Rahmen der «Vorverständnisse» zu sprengen. Das deckt sich mit meiner eigenen Kritik an verfälschten (hypostasierenden) Traumdeutungen. In der zweiten (quasi-naturalistischen) Phase wird nach neuen Übereinstimmungen gesucht, und es werden Theorien formuliert, wie es viele Traumtheoretiker auf der Grundlage ihrer klinischen Erfahrung getan haben. In der dritten und letzten (naturalistischen) Phase schließlich wird mit objektrelevanten Daten gearbeitet, wie etwa bei Calvin Halls statistischer Inhaltsanalyse.

Zwei neue Methoden der Arbeit mit Träumen möchte ich im folgenden gesondert behandeln, da sie für die Praxis wichtig sind: die Arbeit in Gruppen und die Verbindung mit Maltherapie. Beide Bereiche erfordern Kenntnisse und Fertigkeiten, die eigene Bücher füllen würden, ihre Bedeutung für das Verständnis des Phänomens Traum an sich wird jedoch durch das bereits Gesagte genügend erhellt.

Traumarbeit in Gruppen

Wir haben bereits im Kapitel über Gestalttherapie und Psychodrama sowie in Zusammenhang mit der Traumtheorie der Senoi das Thema Traum und Gruppe gestreift. Auf einige weitere Aspekte soll hier eingegangen werden.

Träume sind in psychoanalytischen Gruppentherapien, bei denen die Träume der Teilnehmer gedeutet werden, einbezogen worden. Wie bei Perls wird dabei die Entwicklung des einzelnen im Kontext der Gruppe aufgegriffen. Man kann aber auch mit dem arbeiten, was die Träume über Gruppenprozesse, also über das Zusammenspiel zwischen den einzelnen Mitgliedern einer Therapiegruppe, aussagen.

Der Psychiater David Zimmermann, der eine «Melanie-Klein-Abteilung» an einem brasilianischen Krankenhaus leitet, hat Fallbeispiele solcher Gruppenprozesse zusammengetragen, die gleichzeitig einen Einblick in den Bezugsrahmen der Theorie von Melanie Klein vermitteln. Eine Gruppenteilnehmerin träumte:

«Ein nacktes Modell stand in der Mitte des Raums, alle anderen malten an Staffeleien. Ich weiß auch nicht, warum, aber das Modell war ich selbst. Ihre Brüste waren riesig, wie die der letzten Miss Universum. Nach Zeitungsberichten hatte sie sie vergrößern lassen, was eigentlich zu ihrer Disqualifizierung hätte führen müssen. In der nächsten Szene des Traums saugten die Leute, die vorher gemalt hatten, am Körper des Modells.»

In Melanie Kleins Terminologie wird der Ausdruck «die gute Brust» für das gute oder idealisierte Bild der Mutter gebraucht, während die «schlechte Brust» für eine negative Muttererfahrung steht. Für einen

Kleinianer repräsentiert das Modell im Traum eindeutig die «gute Brust» – ein Bild, das auf den Therapeuten übertragen werden kann. Das Modell symbolisierte daher nach Zimmermann gleichzeitig Patientin und Therapeuten. Daß die Gruppenteilnehmer das Modell malten, verstand Zimmermann dahingehend, daß sie es «assimilierten» (introjizierten). Da die Brüste jedoch künstlich vergrößert sind, enthält das «introjizierte Objekt» in Wirklichkeit gar nichts, und die Teilnehmer fallen in einem «vampirartigen» Versuch, das «Objekt (die Mutter) zu zerstören», über die Frau her. (Die aggressiven und destruktiven Gefühle der Mutter gegenüber sind wichtige Faktoren der Kleinschen Theorie.)

In der nächsten Gruppensitzung erzählte eine andere Teilnehmerin einen Traum, in dem *der Analytiker mitten in einer Gruppensitzung plötzlich anfing, Teller mit sehr schmackhaften Speisen herumzureichen* (gekürzt). Beim Erzählen des Traums geriet die ganze Gruppe in eine fröhliche Stimmung. Alle redeten und lachten durcheinander. Das rief in einer Teilnehmerin Erinnerungen an die früheren Sonntagsessen wach, bei denen ihre Mutter herrliches Essen aufgetischt, alle durcheinander geplaudert und keiner zugehört hatte, was die anderen sagten. Das einzig Wichtige war das gute Essen gewesen. Ein anderer Teilnehmer dachte an Gauguins Bild einer Eingeborenenfrau, die einen Teller mit Früchten auf Brusthöhe vor sich her trägt, usw.

Der Traum und die auftauchenden Assoziationen wurden als Ausdruck des gemeinsamen Wunsches der Gruppe gedeutet, zum Therapeuten – Zimmermann – in einer ähnlichen Beziehung zu stehen wie zu einer «Mutter mit prallen Brüsten, die ihnen Nahrung gibt». Zimmermann weigerte sich jedoch, diese Rolle zu übernehmen, und die auf diese Ablehnung folgenden Reaktionen wurden in den Träumen reflektiert, die in der folgenden Sitzung von den Gruppenmitgliedern berichtet wurden.[29a]

Obwohl Zimmermann sicherlich manches überinterpretiert, damit alles in die Kleinsche Theorie paßt, und obwohl man sich auch andere ergänzende Deutungen denken könnte, besteht doch kaum ein Zweifel, daß beide Träume von Gruppenprozessen handelten.

Beobachtungen wie die zitierten veranlaßten einige Theoretiker dazu, zwischen Gruppenträumen und Träumen, die vom einzelnen innerhalb der Gruppe handeln, zu unterscheiden.[29b]

Es ist viel darüber diskutiert worden, ob sich Träume in einer Gruppentherapie von Träumen in einer Einzeltherapie unterscheiden. Klein-Lipschutz vertritt die Auffassung, daß Träume im Rahmen einer Gruppentherapie etwas Direktes und Kindliches an sich haben und weniger verzerrt sind, weil die Übertragung in einer Gruppentherapie weniger erschreckend ist als in der Einzeltherapie.[18] Auch ich selbst habe die Erfahrung gemacht, daß Träume in einer Gruppentherapie häufig einfacher sind als in der Einzeltherapie. Das könnte jedoch auch damit zusammenhängen, daß in der Gruppe weniger Zeit für den einzelnen zur Verfügung steht, der dadurch relativ rasch lernt, präzise und verständliche Träume einzubringen.

Im Gegensatz zu Klein-Lipschutz verwerfen klassische Jungianer die Gruppentherapie mit der Begründung, daß es unmöglich sei, sich in der Gruppe für zutiefst persönliches Material zu öffnen.[3] Der Neojungianer Whitmont machte allerdings die Beobachtung, daß es bei Menschen mit stark intellektueller Abwehr gut sein kann, mit einer Gruppenanalyse zu beginnen, während Personen mit schwachem Ich zuerst in einer Einzeltherapie ihr Ich stabilisieren müssen, da sie sonst eventuell Probleme haben, ihre Integrität im «stärker irrationalen» Gruppenprozeß zu bewahren.[26]

Es ist ein bekanntes Arbeitsprinzip von Gruppentherapeuten, aus Träumen das auszuwählen, was am besten in die Sitzung paßt.[13,24] Das kann eine durchaus vernünftige, praktische Überlegung sein, hat aber auch seine Gefahren. Der Gruppentherapeut Benjamin Fielding betrachtete Abstraktionen und Symbole in Träumen als Versuch, bedrohliche Konflikte vom Bewußtsein fernzuhalten. Seiner Ansicht nach hindern solche Elemente den Klienten an der realistischen Interaktion mit anderen. Fielding entwickelte sogar eigens Methoden dafür, derartige Themen auszuschließen.[10] Damit wird jedoch der wichtigste Teil dessen, was uns die großen Traumtheoretiker zum Verständnis von Träumen an die Hand gegeben haben, ausgeklammert.

Auf dem Hintergrund der relativ dürftigen Literaturbasis zu Träumen und Gruppenarbeit scheint es jedenfalls nicht erforderlich, die bekannten Traumtheorien in entscheidenden Punkten zu modifizieren. Ich möchte hier nur einige praktische Arbeitsmethoden zusammenfassen, die ich bis jetzt nicht erwähnt habe.

Montague Ullman, der weniger Gewicht auf Expertenwissen legt als die Freudianer und Jungianer, hat einen praktischen Ansatz für Traumgruppen entwickelt. Die Arbeit mit dem Traum wird in drei Phasen untergliedert:

Phase I: Ein Teilnehmer erzählt einen Traum. Die anderen hören zu, können sich Notizen machen und danach Fragen stellen, wenn ihnen etwas an dem Traum entgangen ist oder sie etwas nicht verstanden haben. Es erfolgt jedoch keinerlei Deutung.

Phase II: Die Gruppenmitglieder drücken die wichtigsten Gefühle aus, die in ihnen aufstiegen, als der Traum erzählt wurde. Dann erzählen sie, wie sie die Traumbilder deuten würden, wenn sie selbst sie geträumt hätten.

Zu dem Traumbild «auf einen Hügel steigen» kann zum Beispiel geäußert werden: «Ich kann in zwei Richtungen blicken, nach vorn und zurück» oder «Ich merke, daß das, was ich hinter mir gelassen habe, gar nicht so schlimm ist.»

In dieser Phase hört der Träumer zu und kann sich Notizen machen. Ullman vermeidet bewußt die Konfrontation. Er vertraut darauf, daß der Träumer sich selbst aus den Kommentaren aussuchen wird, was er braucht, ohne sich verteidigen zu müssen. «Gute» Kommentare vermitteln dem Träumer gute Ideen, «falsche» Kommentare helfen ihm zu entscheiden, was das Bild nicht bedeutet.

Phase III: Hier steht wieder der Träumer im Vordergrund. Er muß nun seine Deutung finden. Der Gruppenleiter unterstützt ihn darin, indem er das Material ordnet. Die anderen Teilnehmer können eventuell Fragen stellen, die den Träumer auf die richtige Spur bringen. Am Ende ist es jedoch ganz allein seine Deutung, die zählt.[25a]

Neu an Ullmans Methode ist Phase II, die ich persönlich für sehr sinnvoll halte, vor allem, wenn der Gruppenleiter kein «Experte» ist. Diese Phase hat den Effekt, daß mit den Anregungen, die die Teilnehmer geben, auch alle ihre Projektionen ans Tageslicht kommen, ohne daß die Gruppenmitglieder die Möglichkeit haben, den Träumer mit ihnen zu bedrängen.

Ullman hat eine viel einfachere Vorstellung von Träumen als die meisten anderen Theorien. Er versteht Träume als «Ausdruck von Gefühlen», und «Gefühle lügen nicht». «Die therapeutische Bedeutung von Träumen liegt also darin, daß sie die Wahrheit sagen.» Sobald wir uns jedoch vom «Feld der Ehrlichkeit» (Träume) zum Wachzustand hinbewegen, beginnen wir, das, was der Traum uns gesagt hat, «dem sozialen Selbstbild, das wir gerne wahren möchten», anzugleichen. Genau an dieser Stelle kommt die Gruppe ins Spiel. Viele Gruppen arbeiten mit Gruppenleitern. Ullman betont ausdrücklich, daß «niemand Experte für die Träume eines anderen sein kann».[25b] Symbole sind nach Ullmans Auffassung ganz und gar persönlicher Natur, und nur der Träumer kann sagen, was sie wirklich bedeuten. «Wenn ein Traum im Gedächtnis aufsteigt, dann ist der Träumer bereit, sich mit der Botschaft, die er enthält, auseinanderzusetzen.»[24]

Mit dieser Ansicht läßt Ullman das Wissen über Abwehrmechanismen und über die Fähigkeit des Ichs zur Integration sowie die Forschungen zu archetypischen Symbolen unbeachtet.

Ich selbst versuche in der Arbeit mit Gruppen stets, für die Anwendung aller bisher vorgestellten Bezugsrahmen und Techniken – Analyse, Psychodrama, Gestalt, Malen, Meditation, usw., je nachdem, was die Situation gerade erfordert – offen zu sein, um den größten kreativen Nutzen aus den Träumen zu ziehen.

Ich möchte hier auf eine besondere Form der Nutzung von Übertragungen eingehen, die in der Gruppe möglich wird. Bringt zum Beispiel eine Frau einen Traum ein, in dem die männlichen Gestalten bedrohlich erscheinen, die Frauen aber mitfühlend und verständnisvoll, so wird sie wahrscheinlich in dieser Situation Schwierigkeiten haben, Kommentare von Männern anzunehmen. Da ich ein männlicher Therapeut bin, würde ich versuchen, die Teilnehmer*innen dazu zu ermuntern, den Traum zu kommentieren, während ich mich selbst eher heraushalten und die männlichen Kommentare als «acting in» behandeln würde (siehe S. 242). Wenn andererseits die Männer oder eine bestimmte Person im Traum, die den Analytiker symbolisieren könnte, positiv erscheinen, würde ich aktiver eingreifen.

Meist halte ich mich zu Anfang zurück, lasse die Teilnehmer zu Wort kommen und konzentriere mich – von der Körpersprache wie auch vom verbalen Austausch her – ganz auf das, was der Träumer annehmen kann und was nicht, und von wem er es annehmen kann. Daneben achte ich genau auf den Ausdruck der Kommentierenden. Wie ist ihre Körpersprache? Reagieren sie stark emotional, sind sie sehr beharrlich in ihrem Versuch, den Träumer von dieser oder jener Aussage zu überzeugen? Wenn ja, findet Gegenübertragung statt und erhalte ich so vielleicht Anhaltspunkte für ein besseres Verständnis ihrer eigenen Probleme und Träume? Auf diese Weise gerate ich als Therapeut nicht so leicht in Gegenübertragungsprobleme und vermeide einen Widerstand, der Integrationsprozesse verzögern könnte. Das ist deshalb besonders wichtig, weil das Wort des Therapeuten sehr viel größere Autorität hat als das der anderen Teilnehmer.

Im Umgang mit Träumen, bei denen der Träumer nur schwer dazu zu bewegen ist, eine Deutung zu akzeptieren, oder das Material «explosiv» scheint, kann Ullmans Technik sich als sehr sinnvoll erweisen, da die Kommentare der Gruppenteilnehmer weniger verbindlich und damit weniger gefährlich erscheinen. Eine andere sanfte Technik ist das sogenannte «sharing» (siehe S. 239): Nachdem der Traum durchgearbeitet wurde, erzählen die Gruppenteilnehmer von eigenen, ähnlichen Erfahrungen, die ihrer Ansicht nach zur Situation des Träumers passen.

Zwei weitere Beispiele zur Übertragungsarbeit in Gruppen finden sich in dem Kapitel über Traum und Körper (S. 280ff.).

Abgesehen von der direkten Erfahrung im Hier und Jetzt der Gruppensitzung bitte ich auch um eine schriftliche Version des vorgetragenen Traums, so daß ich mir nach klassischer jungianischer Manier eine Vorstellung davon machen kann, wie die Prozesse sich entwickeln.

Einer der Vorteile der analytischen Arbeit mit Gruppen besteht nach Auffassung des Neojungianers Edward H. Whitmont darin, daß «die Gruppenteilnehmer Komplexe auslösen» (durch «acting in») «und ein breiteres Spektrum von Affekten einfangen können als der Analytiker allein». Während Klienten in der Einzeltherapie manchmal nur unter Schwierigkeiten dazu zu bekommen sind, jene Alltagssituationen zu beschreiben, in denen ihre Komplexe ihre persönlichen Beziehungen belasten, werden derartige Handicaps in der Beziehung zu den anderen Gruppenmitgliedern häufig offen und für alle sichtbar ausgelebt. Dabei besteht in der Gruppe großes Verständnis für die Schwächen des einzelnen, da alle (ausgenommen der Analytiker) im selben Boot sitzen. Außerdem kann der Therapeut in der Gruppenarbeit leichter bei Gegenübertragungen und Überinterpretationen ertappt werden.[26] Ich habe allerdings in diesem Zusammenhang die Erfahrung gemacht, daß ein Gruppentherapeut, wenn er (natürlich unbewußt) manipulieren will, genauso viele Fäden hat, an denen er ziehen kann, wie ein Einzeltherapeut. Es kommt lediglich darauf an, mit welcher Arbeitsform (mit einzelnen oder mit Gruppen) man mehr Erfahrung hat.

Zu den Nachteilen der Gruppentherapie, die ich noch erwähnen möchte, da sie für mich persönlich von Bedeutung sind, gehört, daß selten genügend Zeit für den einzelnen Teilnehmer bleibt und viele Menschen sich tatsächlich schwerer damit tun, sich in einer Gruppe zu öffnen als in der Einzeltherapie.

Ich halte wie Ullman Traumgruppen ohne Experten für durchaus möglich. Andererseits erscheint es mir aber auch wünschenswert, der Gruppe das Wissen der Fachleute über Träume, das uns heute vorliegt, zugänglich zu machen. Außerdem erleichtert meiner Ansicht nach die Gegenwart eines neutralen Gruppenleiters, der kein eigenes Material in die Sitzung einbringt, die Deutungsarbeit. In unserem Teil der Welt ist das Wissen über Träume alles andere als Gemeingut; Gruppenarbeit kann diesbezüglich ein Schritt in die richtige Richtung sein.

Traum und Maltherapie

Einführung

Als eine letzte ergänzende Methode für die Arbeit mit Träumen möchte ich die Maltherapie nennen. Es gibt umfassende Literatur zur Maltherapie, und es gibt sehr viele verschiedene maltherapeutische Arbeitsweisen, die eigentlich gesondert dargestellt werden müßten. Doch ähnlich wie bei der Gruppentherapie haben auch die Erfahrungen mit dieser Methode die Theorien zur Traumdeutung nicht grundsätzlich in Frage gestellt oder modifiziert. Deshalb halte ich es für berechtigt, mich kurz zu fassen.

Einen Traum malen

Oft ist es schwierig, beim Malen oder Zeichnen eines Traums alle seine Elemente einzubeziehen. Der Traum muß in ein anderes Medium übertragen werden, ein zeitlicher Verlauf muß «eindimensional» wiedergegeben werden, die Schwierigkeit einer naturalistischen Darstellung macht häufig Vereinfachungen nötig, Farben, Stil und Technik müssen ausgewählt werden usw. Das Unbewußte hat in diesem kreativen Prozeß die Möglichkeit, sich selbst neu auszudrücken. Das trägt zu einer

Bereicherung des assoziativen Materials bei, das Traumerlebnis wird vertieft, wichtige Faktoren können fortgesponnen und das Traumthema erweitert werden.

Jung empfahl seinen Patienten oft, ihre Träume zu malen.[7] Die Jungianerin Jolande Jacobi hat eine Methode entwickelt, nach der die einzelnen Elemente des Bildes auf der Grundlage ihrer räumlichen Zuordnung nach den Regeln der Graphologie interpretiert werden. Außerdem setzte sie das Aussehen der Person in Beziehung zur klassischen Physiognomie. Die freudianischen und jungianischen Erkenntnisse zur Symbolbedeutung, besonders zur Symbolik der Farben, sind hier äußerst hilfreich.[15] Nach Jung sind Bilder ein genauso wertvoller Ausdruck des Unbewußten wie Träume, und er hat den Verlauf des Individuationsprozesses anhand von Bildreihen interpretiert. Aniela Jaffé, eine Vertreterin derselben Schule, hat sich mit Symbolen in der Kunst auseinandergesetzt,[16] und Susan Bach hat die Bilder schwer Geisteskranker beschrieben.[6]

Die dänische Psychologin Hanne Hostrup Larsen setzte, ausgehend von Victor Lowenfelds Untersuchungen zur Entwicklung der Zeichenfähigkeit bei Kindern, dessen Ergebnisse in Beziehung zu Freuds und Eriksons psychosexuellen und psychosozialen Entwicklungsstufen.[19] Ich selbst habe eine Technik entwickelt, die die Arbeit mit Träumen, Bildern, Gefühlen, Körperempfindungen und Gedankenassoziationen kombiniert.

Im folgenden möchte ich einige praktische Beispiele für die Verbindung von Träumen und Bildern anführen.

Eine dreiundfünfzigjährige Frau in einer Traumtherapiegruppe hatte einen Initialtraum, der sich etwa folgendermaßen zusammenfassen läßt:

«*Sie steigt mit dem ehemaligen Chef ihres Mannes eine golden schimmernde, vielleicht aus Bronze bestehende Wendeltreppe hinauf. Sie überlegt, ob er Verkehr mit ihr haben will. Auf dem Weg hat sie Angst zu fallen, entdeckt jedoch zu ihrer Freude, daß ein Geländer da ist. Als sie ganz oben ist und durch die Tür geht, sieht sie Handwerker bei der Arbeit. Sie fragen, wer sie sei, und sie sagt ihnen, sie könnten ihren Mann anrufen (der mittlerweile eine Partnerschaft mit seinem vormaligen Chef eingegangen ist) und sich ihre Identität bestätigen lassen.*»

Da es sich um einen Initialtraum handelt, müssen wir ihm besondere Bedeutung zuschreiben, wofür auch sein archetypischer Charakter spricht. Es handelt sich um ein weibliches Gegenstück zu Wolfgang Paulis Vision von einer Frau auf einer Treppe.

Während bei Pauli die Anima erschien, ist es hier eine Animusgestalt, der Chef, der nach oben, zur spirituellen Entwicklung führt. Zwar tauchen im Traum persönliche Elemente auf, doch das Bild unterstreicht gerade das Unpersönliche an den Figuren. So wurde kein Fußboden eingezeichnet, und die Personen fliegen gleichsam, wie Engel. Das Blau und Weiß der Handwerker und der Träumerin sind spirituelle Farben. Alles in allem betont die Zeichnung das Archetypische und auf Entwicklung Ausgerichtete des Traums und enthebt ihn der persönlichen und sexuellen Sphäre. Das Hauptgewicht liegt damit auf der spirituellen Suche der Frau. Man kann den Traum noch von verschiedenen anderen Perspektiven aus betrachten, doch dies mag hier genügen.

Ein anderes Beispiel stammt von einer Frau, die einen langen Traum hatte, in der ich, «ihr Therapeut, ihr helfen sollte, eine böse Hexe zu bezwingen».

Zu den Dingen, an denen wir arbeiteten, gehörte auch eine Exploration der Bedeutung des Traumelements «Hexe» für sie. Im Laufe der Sitzung gelang es uns, das Bild der Hexe in Verbindung zu verschiedenen emotionalen Zuständen zu bringen, und ich bat die Patientin, diese Zustände in den kommenden Tagen zu beobachten und auch zu malen. Das Resultat war eine Bilderserie, die als Ausdruck des inneren Zustands der Träumerin gedeutet werden kann. Die Bilder zeigen, daß die Träumerin versuchte, die Gefühle, die die Hexe im Traum verkörperte, zu zügeln. Sie spiegeln nicht nur innere Zustände, sondern entsprechen auch bestimmten Verhaltensweisen (gequält, ängstlich, ärgerlich oder kalt aussehen), mit denen die Träumerin ihre Umgebung manipulieren und neurotischen Krankheitsgewinn für sich erzielen konnte.

Die bildliche Darstellung machte das Traumproblem für die Frau sehr anschaulich und vermittelte gleichzeitig dem Analytiker ein ungewöhnlich klares Bild davon, an welchen Gefühlen sie mit seiner Hilfe arbeiten mußte.

Zum Schluß noch ein Beispiel, das zeigt, wie durch die Kombination von Maltherapie und Körperarbeit die Fähigkeit des Ichs, einen Trauminhalt zu integrieren, gefördert werden kann. Eine Frau Ende Dreißig träumte, *«sie ist mit einem ehemaligen Liebhaber im Bett. In einem gewissen Moment hat sie Angst vor Aids, überwindet ihre Furcht jedoch. Und dann vergnügen sie sich miteinander»* (gekürzt).

Ich bat die Träumerin, den Traum mit Ölkreide zu zeichnen, doch obwohl sie daran gewöhnt war, während der Sitzungen bei mir zu malen, hatte sie in diesem Fall Schwierigkeiten anzufangen. Unangenehme Empfindungen meldeten sich unter anderem in Gestalt von Bauchschmerzen, und so bat ich sie, ihre Körperempfindungen zu malen.

Zunächst malte sie in Braun, dann in Grün kräftige Striche, die von der Mitte des Bildes nach außen strebten, dann einige beinahe herzförmige rote Punkte. Diese Farbe fing sie jedoch an zu verwischen, und sie hörte schließlich ganz auf zu malen. Ich sah an ihrer Körperhaltung, daß sie nicht wirklich in ihr Tun vertieft war, und als sie das Bild näher betrachtete, fand sie es zu schön. Außerdem hatte es ihre abdominalen Verkrampfungen nicht gelöst.

Ich bat sie, nun die Gefühle, die noch da waren, zu zeichnen, woraufhin sie mit großer Energie zwei Zeichnungen in lebhaftem Rot, Orange und Gelb verfertigte, die in kräftigen Strichen vom Zentrum des Bildes ausstrahlten. Die Gefühle, die besonders um den Solarplexus gelagert gewesen waren, wanderten nun zur Herzregion und zum Harachakra, waren jetzt aber viel leichter und heller. Von diesem Punkt an war sie in der Lage, sich selbst mit einem Mann nackt beim Liebesspiel zu zeichnen. In einer Reihe von dreißig Bildern war dies die erste Ankündigung einer Versöhnung des Männlichen mit dem Weiblichen in der Klientin.

15 Multidimensionale Traumdeutung

Das multidimensionale Wesen von Träumen – Das Prinzip der Multidimensionalität – Die multidimensionale Funktion von Träumen – Multidimensionale Traumdeutung – Multidimensionale Assoziation – Ein Beispiel – Theoretische und methodologische Erwägungen – Dimensionen des Traums und ein neues Weltbild

Das multidimensionale Wesen von Träumen

In den vorhergehenden Kapiteln habe ich theoretisches und empirisches Material der wichtigsten Richtungen der historischen und wissenschaftlichen Traumforschung beschrieben, systematisiert und analysiert. Manche dieser Richtungen bezeichneten sich selbst als Schulen, andere habe ich aufgrund der Ähnlichkeit ihrer Techniken und theoretischen Vorannahmen zusammengefaßt. Zur ersten Kategorie gehören die psychologischen Traumtheorien von Freud und Jung, zur zweiten die in Kapitel 3 vorgestellten Ansätze, die zwar keine einheitliche Schule darstellen, aber trotzdem als eine deutlich abgrenzbare Richtung der Traumforschung betrachtet werden können, deren Grundposition die Annahme einer engen Verbindung zwischen Traum und Lebensstil im Wachzustand ist. Diese letztere Richtung hat keine umfassenderen theoretischen Systeme hervorgebracht, ihre Vertreter stimmen jedoch darin überein, daß manche Träume kognitive Arbeit leisten, die im Alltagsleben, im Hier und Jetzt, von praktischem Nutzen ist. Natürlich betonten auch Freud und Jung immer wieder den Zusammenhang von Träumen mit der unmittelbaren Lebenssituation des Träumers, maßen diesem Aspekt aber weniger Bedeutung bei. Hier ist wie in vielen Bereichen zu klären, wo es Überschneidungen der richtunggebenden

Gesichtspunkte gibt. Eine vierte Richtung bildete die von der Existenzphilosophie herkommende Daseinsanalyse, die ihre Methode als phänomenologisch versteht, während in einer fünften Strömung Psychotherapieformen zusammenfließen, die erlebnisorientierte Methoden in den Vordergrund stellen und weniger Gewicht auf philosophische oder theoretische Erwägungen legen. Bei der Erläuterung der verschiedenen Richtungen kristallisierte sich allmählich ein vielschichtiges Bild des Arbeitsgebiets der Traumforschung heraus, das trotz konzeptueller Unterschiede mehr Übereinstimmungen zeigt als erwartet.

Da jede neu vorgestellte Richtung Beobachtungen und theoretische Erwägungen zu enthalten schien, die die vorhergehenden vermissen ließen, wurde unser Horizont ständig um Positionen erweitert, von denen aus die schon gegebenen unter neuen Blickwinkeln gesehen werden konnten. Umgekehrt half uns die Pionierarbeit der frühen Traumtheoretiker dabei, das Wertvolle der neueren theoretischen Ansätze wahrzunehmen und in unser System zu integrieren.

Das erste Anliegen des vorliegenden Buches war es denn auch, die heute zugängliche, ungeheure Materialmenge zur Traumforschung zu sichten. In einem nächsten Schritt ging es darum zu erkunden, ob es möglich ist, die verschiedenen Interpretations- und Arbeitstechniken, die bis heute mehr oder weniger unabhängig voneinander existieren, auf sinnvolle Weise miteinander zu kombinieren. Die Möglichkeiten einer solchen Verknüpfung wurden Kapitel um Kapitel an Beispielen aufgezeigt.

Tatsache ist, daß die großen Traumtheoretiker sich in der Praxis oft gezwungen sahen, die Grenzen ihrer eigenen Theorien zu überschreiten. Das wird in ihren eigenen Werken deutlich. Und im Hinblick auf die praktische therapeutische Situation, die sehr viel weniger zensiert ist als zur Veröffentlichung bestimmte Berichte, würde wohl jeder zustimmen, daß die Flexibilität in Hinblick auf Theorie und Methode noch viel größer ist.

Das Ideal wäre demnach eine Theorie, die möglichst viele der bekannten Daten aufnehmen kann und Richtlinien für die Anwendung und Verifizierung beziehungsweise Verwerfung ihrer theoretischen Prämissen an die Hand gibt, die der Realität in der praktischen Arbeit so nahe wie möglich kommen. Erstrebenswert ist also eine neue Theorie zum Wesen, zur Funktion und zur Interpretation von Träumen. Wir wollen jedoch zunächst rekapitulieren, was wir zum Wesen des Traums zusammentragen konnten.

Zuallererst: Was ist überhaupt ein Traum?

Die moderne Laborforschung konnte dokumentieren, daß Träume ein reales Phänomen sind. Das heißt, während des Schlafes zeigt sich eine mentale Aktivität, deren einzelne Sequenzen in etwa der im Wachzustand geschilderten Zeitdauer entspricht. Träume sind gewöhnlich mit einem klar definierten physiologischen Zustand verbunden, der als REM-Schlaf bezeichnet wird, können aber auch außerhalb dieser Phasen auftreten. Das führte zu der Hypothese, daß wir die ganze Zeit träumen, im Wachzustand in unserem Bewußtsein jedoch ein solcher «Lärm» herrscht, daß der Traum darin untergeht.

Eine einfache Definition des Traums gab Calvin Hall: Ein Traum ist «das, was eine Person berichtet, wenn sie gebeten wird, einen Traum zu erzählen, ausschließlich irgendwelcher Kommentare und Deutungen».

Diese Definition hat sich in gewissen wissenschaftlichen Settings als brauchbar bewährt. Sie führt uns vor Augen, daß es nicht nötig ist, das Phänomen «Traum» in vollem Umfang zu kennen, um in der Praxis damit zu arbeiten. Trotzdem ist Halls Definition zu eng für das Phänomen, das ich in den vorausgehenden Kapiteln aufgezeigt habe. Laboruntersuchungen zeigen, daß das, was wir als Traum erzählen, häufig nur das Ende einer ganzen Traumsequenz ist, die wenige Minuten bis eine ganze Stunde gedauert haben kann. Was wir also als Traum bezeichnen, ist ein Fragment, das aus einem Kontext herausgenommen ist.

Bei einer ganzen Reihe von Methoden ist die Deutung des Traums untrennbar von dem Material, das sich um den Traum rankt. Freuds Konzeption von einem latenten Traum hinter einer manifesten Fassade definiert den Traum im Grunde genommen als Kombination von Assoziationen, die unter Benutzung seines Bezugsrahmens verständlich werden. Jung macht – in der Praxis – den Kontext zur determinierenden Komponente für das, womit der Traum sich befaßt, wobei seine Erfahrung mit Träumen unabdingbar verbunden ist mit einem manchmal tiefgründigen Symbolverständnis. Wir haben gesehen, daß auch erlebnisorientierte Arbeit mit Träumen wie freie Assoziation, aktive Imagination, Gestalt, Psychodrama, Körperarbeit, Meditation und Arbeit mit Bildern Material freisetzen kann, das zum Traumkontext paßt und

Freuds Assoziationsmethode wie auch Jungs Symbolamplifikation in mancher Hinsicht oberflächlich, in anderer tiefschürfend erscheinen läßt.

Ein Traum ist also für die meisten Forscher kein klar definiertes Phänomen, sondern eine Kombination aus klinischen Daten und einer Methode, die die Arbeit damit ermöglicht. Das Datensammeln selbst ist grundsätzlich wert- und/oder theoriebelastet, was jedoch völlig legitim ist, sofern es innerhalb der eigenen Prämissen reflektiert wird.

Nach der Auseinandersetzung mit den fünf Hauptströmungen der Traumdeutung konnten wir abschließend feststellen, daß der Traum ein viel komplexeres Gebilde darstellt, als die einzelnen Theorien bisher erfaßt haben.

Eine umfassende Theorie vom Wesen des Traums kann weder im mehr oder weniger reduktiven System der Freudianer enthalten sein, noch im klassischen jungianischen System, in dem der Traum sich auf eine Entwicklungstendenz bezieht oder einen didaktischen Hinweis enthält, auch nicht in Halls «kognitivem» Traumverständnis, in Adlers Emotionstheorie, in Fromms Überzeugung, daß der Traum für sich selbst spricht, oder im normativen Existentialismus eines Medard Boss, der assoziatives Material nicht berücksichtigt. Und auch Perls' Auffassung, daß der Traum eine Gestalt vollendet, nachdem die fünf Schichten der Persönlichkeit durchgearbeitet wurden, wird unserem Traumbegriff nicht gerecht.

Bei Perls und am phänomenologischen Traumverständnis wurde deutlich, daß es nichts bringt, so zu tun, als habe man keine Theorie, während man bewußt oder unbewußt das Material interpretiert und diese erste Deutung als Ausgangspunkt für die weitere Exploration des Traummaterials nimmt.

Wir konnten feststellen, daß die Traumdeuter ständig neue, von ihren Vorgängern unbeachtet gebliebene Schichten des Materials erschlossen, die neuen Entdeckungen aber nicht notwendigerweise die älteren Ergebnisse ungültig machten. Doch trotz des großen Reichtums an Bezugsrahmen für Träume und der Tendenz unter den jüngeren Theoretikern, sie miteinander zu verbinden, konnte keiner der Ansätze völlig befriedigen.

Im Zusammenhang mit der Beziehung von Traum und Körper wies ich darauf hin, daß Menschen, sobald sie Körperempfindungen wahrnehmen, zu Körperbewußtsein gelangen. Wenn die Körpersignale jedoch nicht in eine bereits bestehende Deutung der Welt integriert werden können, sinken sie zurück in Bedeutungslosigkeit, zurück ins Unbewußte. Als die Psychoanalyse noch in den Kinderschuhen steckte, mußte ein Körpersignal so stark sein, daß es eine Krankheit hervorrief, ehe es die Aufmerksamkeit des Psychoanalytikers erregte und damit einen Platz im Bewußtsein und Selbstverständnis des Träumers erhielt. Heute kann ein viel breiteres Spektrum körperlicher Äußerungen im Bewußtsein berücksichtigt werden, was zu einem vertieften Verständnis der Beziehung zwischen Traum und Körper geführt hat.

Viele Forscher akzeptieren parapsychologische Gegebenheiten als Teil des assoziativen Materials. Sie nehmen an, daß Träume ihr Material neben den Tagesresten nicht nur aus der ontogenetischen und phylogenetischen Vergangenheit des einzelnen beziehen, sondern auch aus der Zukunft. In der Beschäftigung mit der esoterischen Traumdeutung kamen wir mit Aspekten der Traumphänomenologie in Berührung, die übersehen oder abgeleugnet worden waren, die sich jedoch in eine Synthese mit Elementen vieler früherer Theorien integrieren ließen. Alte Theorien, daß Geburtserfahrungen sich in Träumen widerspiegeln, wurden durch Rebirthing und bewußtseinserweiternde Techniken bestätigt. Sowohl im Kapitel über Traum und Geburt als auch in der Auseinandersetzung mit der Esoterik wurde deutlich, daß die Art und Weise, wie das Bewußtsein mit Traum und Entwicklung umgeht, Einfluß auf das Spektrum der Traumerfahrungen hat.

Nahezu alle, die sich längere Zeit mit der Sammlung und Deutung von Träumen befaßt haben, kamen zu der Auffassung, daß Träume ein Licht auf grundlegende psychische Probleme werfen – eine Tatsache, die die verschiedenen Traumtheorien eint.

Theorien über die Bedeutung der Abwehrmechanismen für die Traumbildung werden durch beinahe unwiderlegbare Beweise gestützt. Umgekehrt gibt es zahllose wohldokumentierte Beispiele dafür, daß Träume auch schöpferisch, prospektiv und auf Problemlösung ausgerichtet sind.

Auch daß das Traum-Ich als Fortsetzung des Wach-Ichs gelten kann, scheint bestätigt, andererseits weisen Träume häufig Inhalte auf, die nicht unbedingt jenen des Bewußtseins entsprechen.

Allgemeine Übereinstimmung herrscht über die hohe emotionale

Intensität von Träumen, und sowohl LSD-Experimente als auch Untersuchungen mit Psychotikern weisen darauf hin, daß Träume das Bewußtsein normalerweise vor dem Ansturm heftiger triebhafter Impulse und zu starker archetypischer Symbole schützen. Wenngleich sich Freuds These vom Traum als «Hüter des Schlafes» nicht halten läßt, scheint ein Kompromiß zu bestehen zwischen dem Nachlassen der Spannung und einer Reihe von Abwehrmechanismen, die das Ich schützen.

Schon Jungs Theorie vom kollektiven Unbewußten ging davon aus, daß es universale Traummotive gibt und daß die jeweilige Kulturzugehörigkeit Träume prägt. Und Untersuchungen zum Zusammenhang zwischen Traum und Gesellschaft zeigten, daß nicht nur einzelne, sondern eine ganze Gesellschaft bestimmte Themen aus ihren Träumen verbannen und andere, die für sie interessanter sind, kultivieren kann.

Wir haben auch gesehen, daß Träume ihre Ausdruckskraft noch unter extremsten sozialen Bedingungen und sogar in psychotischen Zuständen bewahren. Die Studien zu Traum und Psychose wiesen auf die Notwendigkeit zweier voneinander getrennter Erlebnismodi, des traumartigen und des stärker logisch-rationalen, für die geistige Gesundheit hin.

Das Prinzip der Multidimensionalität

Auf der Grundlage des oben Gesagten wird man mir wohl zustimmen, daß Traumerfahrungen intensiver, analoger, emotional geladener, dramatischer, bilderreicher und ganzheitlicher sind als Wacherfahrungen. Das Material macht uns außerdem deutlich, daß es durchaus angebracht sein kann, von einer stärker theoretisch und methodologisch orientierten Warte aus mit Träumen zu arbeiten, als man es mit einem – durch die gerichtete Aufmerksamkeit des Bewußtseins erhaltenen – Produkt des Wachbewußtseins tun würde. Das stellt uns vor die wiederkehrende Erfahrung, daß der Traum bedeutsames und psychodynamisch intensives Material enthält, das uns mehr Informationen über die Persönlichkeit vermittelt als unsere Alltagsgedanken. Unsere Analysen zeigen uns, in nicht immer ganz greifbarer Form, daß das Traummaterial nach bestimmten Gesetzen angeordnet ist, im Traum also keineswegs nur primäres, zu verarbeitendes Material unorganisiert zusammenströmt. Der Vielfalt der Deutungsansätze entspricht, wie in anderen Bereichen auch, daß unterschiedliche Meßmethoden zu unterschiedlichen Resultaten führen. Das erklärt allerdings noch nicht ausreichend, warum in der psychodynamischen Psychotherapie Träume bewußt formulierten Äußerungen vorgezogen werden, die ja immerhin mit denselben Methoden analysiert werden könnten.

Hier muß ein fundamentaler Unterschied mitbedacht werden. Es ist, als ob die Dynamik und Bedeutung des Traums in die Traumerzählung, die wir als erstes präsentiert bekommen, «eingefaltet» ist und sich erst durch den kreativen Prozeß, den eine Traumdeutung zweifellos darstellt, entfaltet. Traumtheoretiker seit Freud haben dabei immer wieder erfahren, daß diese Entfaltung im Verhältnis zum vorgelegten Material sehr umfangreich ausfällt.

Alle Deuter, mit denen wir uns auseinandergesetzt haben, betrachten Symbole als komplexe Einheiten, auch wenn das, was sie unter Komplexität verstehen, nicht immer dasselbe ist. Freud sah das Symbol als «überdeterminierte» Maskierung, Jung betrachtete es als «Energietransformator», Hall bezeichnete es als komprimierte stenographische Sprache. In der Anwendung erlebnisorientierter Therapieformen ließ sich Jungs energetischer Standpunkt auf ganz unerwartete Weise sichtbar machen. Die Ausdrucksarbeit zeigt, daß Traumsymbole extreme emotionale Energie freisetzen und ganze Dramen aus der inneren Welt der Person ins Hier und Jetzt entfalten können. Bei Stanislav Grof und Jes Bertelsen begegneten wir einem erhöhten Verständnis für das vielschichtige Wesen der Träume und Symbole, gekoppelt mit der Vorstellung einer größeren Informationsdichte im Symbol, das aus verschiedenen Blickwinkeln betrachtet werden kann.

Als Ausgangspunkt für eine Synthese all dieser Standpunkte schlage ich vor, davon auszugehen, daß Träume und ihre Symbole uns mit einem Set von Informationen versorgen, das sowohl kognitiv/intellektuell als auch emotional/energetisch stark komprimiert ist, und daß bestimmte Fähigkeiten des Bewußtseinszustands, in dem der Traumprozeß sich vollzieht, diese Komprimierung ermöglichen.

Das einzelne Symbol oder Element im Traum ist nach Auffassung der meisten Forscher mit Bedeutungsclustern unterschiedlicher Intensität befrachtet. Ich vertrete den Standpunkt, daß die vielen Konnotationen eines Symbols im Traum intelligent, bewußt und, wenn man so will, mit Vorsatz eingesetzt werden. Wenn zum Beispiel ein Kirchturm und ein Penis assoziativ verknüpft sind – um einen berühmten Streit zwischen Freud und Jung aufzugreifen –, so geht es nicht so sehr darum, ob das eine das andere symbolisiert, als um die Frage, ob der Traum darauf hinweist, daß beide Phänomene in der Psyche des Träumers etwas miteinander zu tun haben. Zusätzlich enthält der Traum Informationen über die energetische Ladung der Konnotation und gewichtet sie, so daß diese Energie durch die Bearbeitung des Traums – sei sie nun analytischer, expressiver, körperlicher oder imaginativer Art –, für die der Traum die Energie zur Verfügung stellt, freigesetzt werden kann. Entsprechend ist es in der Denkweise der Traumverarbeitung nicht nur wichtig, ob eine Frau im Traum eines Mannes eine Mutterfigur verkörpert, ein Ausdruck seiner weiblichen Seite ist oder seinen Umgang mit Frauen im Hier und Jetzt widerspiegelt. Ebenso muß erkannt werden, daß die drei Möglichkeiten in einem Spannungszustand zueinander stehen, dessen Stärke nur durch einen psychischen Prozeß bestimmt werden kann.

Wie gelingt es der Psyche jedoch, die Kontrolle über ein so komplexes Gefüge der Freisetzung von Information und Kreativität zu behalten? Neuere Forschungsergebnisse auf dem Gebiet der künstlichen Intelligenz und Vergleiche mit der menschlichen Gehirnaktivität verweisen hier auf einige interessante Analogien. Das Gehirn besteht aus Hunderten von Millionen Verarbeitungseinheiten, von denen jede einzelne Tausende von Verbindungen zu anderen Einheiten hat. Im Gegensatz zum altmodischen seriellen Computer, der wie in der Logik mit Schlüssen arbeitet, ist es sehr viel wahrscheinlicher, daß das Gehirn seine komplexen Wahrnehmungs- und Gedankenoperationen parallel vornimmt. Mit anderen Worten, es verarbeitet eine große Menge von Informationen gleichzeitig, und zwar nicht etwa nach Regeln der Logik, sondern anhand verschiedenster Restriktionen, die bestimmen, was eine vernünftige Lösung darstellt, welche daraufhin eine Entscheidung auslöst. Es ist also die Stärke oder Schwäche der einzelnen Verbindungen, die das Ergebnis bestimmt. In ganz ähnlicher Weise, stelle ich mir vor, hängt die Wirkung des Traums auf den Geist von der Verteilung der Energie in den Symbolen und Mustern ab.

In den klassischen Traumtheorien erscheinen das Ich und das

Bewußtsein als relativ statische Größen im Gegensatz zu den heftigen dynamischen Kräften des Unbewußten. Doch auch das Bewußtsein kann als ein dynamisches System betrachtet werden, das sich durch eine ständige Zufuhr von Aufgaben aufrechterhält und zusammenbricht, wenn diese Aufgaben ausbleiben – etwa im Schlaf, in dem die dann freigesetzte Energie das Aufbrechen anderer mentaler Aktivitäten erlaubt.

Neuere Studien zeigen, daß das Gehirn Millionen von Operationen in einer Sekunde ausführen kann (Campbell, 1990). Und ein wohlbegründetes Axiom der Tiefenpsychologie besagt, daß Energie zwischen verschiedenen psychischen Inhalten hin- und hergeleitet werden und vom Körper in die Psyche und wieder zurück strömen kann. Es hat sich herausgestellt, daß das Gehirn im Schlaf, obwohl die normale gedankliche Aktivität, das gesamte sensorische System und das motorische System während des REM-Schlafs ausgeschaltet sind, physiologisch auf allen Ebenen voll aktiv ist. Geht man vom üblichen Kenntnisstand der Biologie aus, so ist es kaum vorstellbar, daß eine solche Aktivität nicht in geeigneten Formen stattfindet. Meine Idee ist, daß der Überschuß an Informationsverarbeitungskapazität in kumulativen, introspektiven Prozessen verarbeitet wird, die jene komplexen Muster erzeugen, wie sie charakteristisch für Träume sind, und die einen wichtigen Bestandteil in der Gesamtökologie der psychischen Prozesse darstellen.

Um ein anderes Bild zu gebrauchen: Vom Standpunkt des Wachbewußtseins aus gesehen ist es, als ob die Welt, in der die Träume stattfinden, ein Universum mit zahlreichen Dimensionen wäre, das wahrgenommen wird von einem Universum, das weniger Dimensionen aufweist.

Der amerikanische Kernphysiker und Philosoph David Bohm versuchte in anderem Zusammenhang, ein «intuitives Verständnis» dessen zu vermitteln, was damit gemeint ist. Er bedient sich dazu eines Versuchsaufbaus, den ich hier zur Veranschaulichung der multidimensionalen Traumtheorie heranziehen möchte:[1]

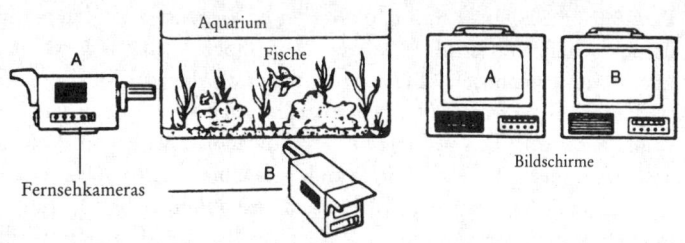

Die Zeichnung zeigt ein Aquarium mit Fischen darin, auf das zwei Fernsehkameras gerichtet sind. Auf den beiden Bildschirmen sind unterschiedliche Bilder zu sehen, die sich jedoch auf dasselbe Objekt beziehen.

Wir können sagen, daß die beiden Fernsehbilder zwei verschiedene Ansichten oder Vorstellungen, zwei Bezugsrahmen, darstellen, die dasselbe Phänomen von unterschiedlichen Positionen aus betrachten. Sie werden sich natürlich bis zu einem gewissen Grad überschneiden, doch aus der Sicht des zweidimensionalen Universums werden deutliche Unterschiede bestehen, während wir von einer höheren Dimension – hier vom Standpunkt der Dreidimensionalität – aus ein vollständigeres Bild erhalten. Es stellt sich dann heraus, daß keine der beiden Fernsehkameras die ganze Wahrheit wiedergibt, daß aber jede wichtige Informationen liefert über das, was geschieht.

Stellen wir uns nun weiter vor, daß Träume im einen oder anderen Sinne in einem multidimensionalen Erfahrungsuniversum existieren. Dann haben wir ein Modell, das die Widersprüche, die angesichts unserer Untersuchung übermäßig schienen, erklärt und deutlich macht, warum es sinnvoll ist, mehrere Bezugsrahmen für denselben Traum heranzuziehen.

Damit soll nun freilich nicht behauptet werden, daß die multidimensionale Erlebnisform des Traums letztlich wertvoller ist als eine Wacherfahrung. Der Vorteil der beiden Fernsehkameras besteht darin, daß sie Teilaspekte gründlicher analysieren können, daß sie mit Zoom arbeiten, das Bild anhalten oder noch einmal zurückspulen können. All das aber entspricht der Art und Weise, wie das Wachbewußtsein Träume betrachtet.

Es mögen gute Gründe vorliegen, die Fische von vorne zu betrachten. Doch es wäre unvernünftig, den, der sie von der Seite anschaut, als unwissenschaftlich oder ignorant zu diskreditieren.

Die multidimensionale Funktion von Träumen

In der Wissenschaftstheorie ist der Begriff der Funktion mit Kausalbeziehungen zwischen zwei oder mehr Einheiten assoziiert. Die Wendung «die Funktion des Traums» kann also ganz einfach mit «Träume bewirken, daß ...»[7a] wiedergegeben werden, wobei diese Wirkung darin bestehen kann, daß man besser schläft, psychisch gesünder wird, daß das Überleben der menschlichen Rasse gesichert wird, usw. Freud setzte einen ganz bestimmten Akzent, indem er die Funktion des Traums mit dem Grund, warum wir träumen, erklärte (vgl. S. 163).[8] Damit redete er einer sehr utilitaristischen Betrachtungsweise das Wort und faßte die Funktion des Traums außerdem als etwas Positives auf. Adler und Jung entwickelten ihre Kompensationsmodelle auf der Grundlage der Physiologie und begriffen Funktion entsprechend als Gebrauchswert. Diese pragmatische und relativ unkomplizierte Sicht wurde seither von der Mehrheit der Forscher übernommen. Wir könnten gleichsam sagen: Ich kann Träume für etwas brauchen (hier für die Psychotherapie), also haben Träume eine Funktion. Daß Träume in einer oder sogar in mehrfacher Hinsicht nützlich sind, wird durch die Tatsache, daß wir zwei Stunden jede Nacht träumen, gestützt, da es biologisch unwahrscheinlich ist, daß eine Spezies die Fähigkeit zu einer so umfangreichen Aktivität besitzt, ohne daß diese eine nützliche Funktion erfüllt.

Ich nenne im folgenden eine Reihe von Funktionen, die Träumen zugeschrieben werden und, obwohl keine von ihnen eine Monopolstellung für sich in Anspruch nehmen kann, doch sämtlich auf methodisch gesammeltem Datenmaterial und logischen Erörterungen basieren.

Träume funktionieren als Sicherheitsventil und schützen das Bewußtsein, wie schon erwähnt, gegen unbewußtes Material (Freud). Sie sind kompensatorisch (Jung), sie bauen das Ich auf und verarbeiten und lösen emotionale Probleme (Neofreudianer, Adler, Fromm). Träume können die Person auf wichtige Übergangssituationen im Leben wie etwa die Midlife-crisis (Jung) und den Tod (Jung, von Franz) vorbereiten, aber auch die Anfänge der Ich-Entwicklung (Neumann) und die Konsolidierung einer männlichen oder weiblichen sexuellen Identität (Vedfelt, Skogemann) können in Träumen antizipiert werden. Dabei rüsten Träume den einzelnen für innere Wandlungen (Jung) und gesellschaftliche Lebensaufgaben aus. Sie versehen den Träumer mit einem kreativen Ego (Dieckmann) und beenden unvollendete Situationen (Perls). Selbst im Fötalstadium sind Träume bereits geistiges Training und vorbereitende Übung; sie programmieren instinktive und archetypische Muster vor (Jouvet, Jung, Watson), sie haben Anteil an der Aufrechterhaltung des Körperbildes und des Bewegungssinns (Lerner), und sie liefern uns Informationen über körperliche Prozesse und Krankheiten.

Die Laborforschung hat die Funktionen des Traums vor allem in der Anpassung des Träumers an seine Umgebung gesehen: Träume konsolidieren Ich-Funktionen wie Lernen, Situationsbewältigung und Problemlösen. Die Ergebnisse aus dem Schlaflabor lassen es sogar wahrscheinlicher erscheinen, daß Träume eine wichtige Funktion haben, ganz gleich, ob wir uns an sie erinnern können oder nicht – eine Annahme, die schon in Freuds Konzept vom Sicherheitsventil, in Jungs autonomen Prozessen, in Adlers Traumkonzeption und in Perls' Theorien enthalten ist.

Träume fördern außerdem die psychische und intellektuelle Entwicklung, sowohl im westlichen Sinne als Individuation (Jung) als auch in Kombination mit östlichen Meditationssystemen (Bertelsen).

Andere Funktionen des Traums sind ein Wiedererleben des Geburtstraumas (Rank), das notwendig ist für das menschliche Überleben (Snyder), und eine soziale Wachpostenfunktion (Ullman). Träume widerspiegeln Verdrängungen und Entwicklungspotentiale in einer Gesellschaft und dienen aufbauenden und erneuernden sozialen Aktivitäten. Einige wenige Traumtheoretiker schreiben Träumen aus Prinzip keinerlei Funktion zu, glauben aber nichtsdestoweniger, daß sie zu besserer Selbsterkenntnis (Hillman) oder einem besseren Umgang mit unserer Umgebung (Boss) verhelfen können.

Im Blick auf die früheren, mehr oder weniger «monofunktionalen» Traumtheorien erscheint eine Synthese der oben genannten möglichen Funktionen des Traums natürlich etwas hoch gegriffen. Andererseits könnte man aber auch fragen, was Träume daran hindern sollte, ebenso wie der Wachzustand viele Funktionen in sich zu vereinen, und warum ein so komplexes System wie das Wachbewußtsein nicht einen ebenso komplexen Gegenpart haben sollte.

Am umstrittensten sind parapsychologische Beobachtungen, die Träumen Kommunikationsfunktionen über die Grenzen von Raum und Zeit hinweg zuschreiben und sie mit der Vorhersage konkreter künftiger Ereignisse in Verbindung bringen. All denjenigen, die solche Dinge für ausgeschlossen halten, bleibt immerhin die Möglichkeit, derartige Phänomene als assoziative empirische Daten, die sich auf die Träume beziehen, zu verstehen.

Die meisten psychotherapeutischen Techniken der Traumarbeit sind darauf ausgerichtet, die positiven dem Traum zugeschriebenen Funktionen zu verstärken, so daß das Wachbewußtsein sie nutzen kann.

Eine Schwäche der Funktionstheorien besteht darin, daß sie weniger aus Träumen selbst abgeleitet sind als vielmehr aus den Deutungssystemen der Forscher.

Dennoch hat das Konzept der Funktion es möglich gemacht, eine ganze Reihe wichtiger Erkenntnisse der Arbeit mit Träumen zusammenzufassen und weiterzugeben, und schon das läßt es vernünftig erscheinen, dieses Konzept beizubehalten. In Zukunft wird es allerdings wichtig sein, eine klarere Unterscheidung zwischen der Vorstellung von der Nützlichkeit des Traumes für uns als Psychotherapeuten und den Träumer auf der einen und den stärker autonomen Funktionen des Traums im ökologischen Gleichgewicht des menschlichen Organismus auf der anderen Seite zu machen. Gelingt dies, so können wir übervereinfachte Vorstellungen von Funktionen, die nicht zur Komplexität des Phänomens passen, über Bord werfen und von einer vielfachen Traumfunktion ausgehen, die in einer multidimensionalen Gleichung eingefügt werden kann.

Multidimensionale Traumdeutung

Das Wort «Deutung» wurde in Verbindung mit Träumen prinzipiell in einem intellektualisierenden und erklärenden Sinn gebraucht. Wie bereits erwähnt, kann es jedoch sehr viel breiter als instinktive Anordnung des emotionalen Lebens um Werte und Symbole herum verstanden werden. Wir wollen Deutung im folgenden versuchsmäßig auf jede sinnvolle Bearbeitung von Träumen beziehen, sei sie nun erklärend, dramatisch, mittels Bildern, Körperempfindungen, oder was auch immer es ermöglicht, die «eingefalteten» Aspekte des Traums zu entfalten. «Deutung» wird somit in einem kreativen und künstlerischen Sinn verstanden, was uns freilich nicht davon abhalten darf, jede Deutung genauester wissenschaftlicher Überprüfung zu unterziehen.

Träume können auf vielen Ebenen und anknüpfend an ganz unterschiedliche Realitätserfahrungen verstanden und bearbeitet werden. Die einfachste, doch keineswegs schlechteste Art ist es, die besondere Erlebnisform des Traums ins Wachleben einfließen zu lassen, indem man auf seine Träume achtet, über sie nachdenkt, sie im Geiste fortspinnt, sie malt usw., ohne sich an irgendeiner systematischen Methode zu orientieren. Wir haben bei den Jungianern und im Zusammenhang mit späteren psychologischen Untersuchungen gesehen, daß es schon zur Persönlichkeitsentwicklung beitragen kann, wenn man ganz einfach achtsam mit seinen Träumen umgeht. (Eine fragwürdigere Form, die Kreativität des Traums für das Alltagsleben nutzbar zu machen, ist der REM-Schlaf-Entzug bei unschöpferischen Personen, S. 267.)

Träume mit anderen zu teilen, sie einfach zu erzählen, kann schon einen hilfreichen Effekt haben. Das kann in Gruppen geschehen, wobei es allerdings ratsam ist, sich an eine Methode zu halten, die das Steckenbleiben in Übertragungs- und Gegenübertragungsprozessen, soweit möglich, verhindert. Die Gruppe kann mit einem Therapeuten oder mit einem neutralen Gruppenleiter arbeiten, wie Montague Ullman vorschlägt. Eine dritte Möglichkeit ist es, einen Experten aufzusuchen, der von einem einzigen Bezugsrahmen her versucht, die Verarbeitung des Traummaterials zu begleiten und zu unterstützen. Wie wir gesehen haben, kann eine solche Einzeltherapie bei dem Vertreter einer bestimmten Richtung durchaus erfolgreich sein und die innere Entwicklung und Selbsterkenntnis des Träumers fördern. Ist der Bezugsrahmen des Therapeuten jedoch eng, so ist möglicherweise eben jene Kritik angebracht, die sich gegen die Psychoanalyse als Ganzes richtete: daß der Hauptnutzen der Traumdeutung darin besteht, den Träumer «mit einem Bezugsrahmen auszurüsten, von dem aus er das Gefühl hat, das, was mit ihm geschieht, kontrollieren zu können».[5] Eine der Stärken dieser Konstellation besteht zweifellos darin, daß der Experte eine umfassende theoretische und klinische Vorbildung mitbringt und Erfahrung darin hat, wie er seine Intervention unter den gegebenen Umständen anlegen muß. Arbeit mit Träumen ohne gründliche Ausbildung dagegen kann höchst problematisch sein, wenn jemand sich als Experte aufspielt und den Träumer dazu bringt, es zu glauben. Es kommt zu einer Übertragung, die den Träumer veranlassen kann, mehr von sich preiszugeben, als der Deuter auffangen kann. Komplizierter wird es, wie unsere Beispiele zeigten, wenn eine kreative Synthese der verschiedenen Deutungsmethoden versucht wird. Auf lange Sicht wird man allerdings, so glaube ich, entdecken, daß eine solche Methode, sofern der Therapeut die notwendigen Fertigkeiten darin erworben hat, dem quecksilbrigen Wesen des Traums und der Assoziationen eher gerecht wird und daß die Ambiguität dieses Vorgehens zu einem Vorteil werden kann und jene Flexibilität ermöglicht, die in der therapeutischen Situation so wichtig ist.

Kreative Synthese kann zweierlei bedeuten. Zum einen können die verschiedenen Deutungsmethoden als unterschiedliche Fangtechniken betrachtet werden, die unterschiedliche Fänge ermöglichen. Zum anderen ist in stärkerem Maße gewährleistet, daß man auf angemessene Weise weiterarbeitet, geht man doch davon aus, daß die verschiedenen Deutungs- und Arbeitsmethoden unterschiedliche Perspektiven darstellen, durch die wir ein multidimensionales Erlebnisuniversum erkennen können.

Multidimensionale Assoziation

In der klassischen Psychoanalyse wird der Träumer, wenn man ihn bittet, Assoziationen zum Traum zu äußern, gedankliche Assoziationen mitteilen, doch man wird oft das Gefühl nicht los, daß sie mechanisch und ohne emotionale Beteiligung erfolgen. Das kann daran liegen, daß das Ich automatisch fortfährt zu tun, was ihm aufgetragen wurde, während der Strom psychischer Energie, der durch die Arbeit am Traum in Bewegung gesetzt wurde, anderswohin fließt. Häufig zeigt sich das in Signalen, die der Körper auszusenden beginnt (wie im

Kapitel «Traum und Körpersprache» beschrieben, S. 294 ff.). Oder an die Stelle eines Gedankens tritt ein Bild, dem eine ganze Reihe von Phantasiebildern folgt, wie in der aktiven Imagination. Doch auch hier wird deutlich, daß es den Bemühungen an innerer Beteiligung fehlt, weil die Energie von der Imagination zu Körperempfindungen, zu einer äußeren Sinneswahrnehmung oder zu einer gedanklichen Assoziation weitergehüpft ist. Eine Möglichkeit, Bild und Körperempfindung zu verbinden, liegt darin, den Träumer mit Farbe und Papier ausdrücken zu lassen, was er sieht. Möglicherweise löst das Malen dann eine Körperempfindung aus und diese wiederum eine neue Zeichnung oder eine Gedankenkette. (Im Zusammenhang mit der maltherapeutischen Arbeit, S. 454, wird dieser Ablauf beispielhaft vorgeführt: Traum – Körperempfindung – Bild – Gefühl – Gedanke.) Dazu können noch alle möglichen Formen der erlebnisorientierter Arbeit, zudem auch Körpertherapie, Meditation oder bewußtseinserweiternde Techniken herangezogen werden.

Auch Übertragungsprozesse spielen eine wichtige Rolle bei Assoziationen. In der klassischen Analyse war die therapeutische Situation vergleichsweise neutral, doch wie wir bei Perls gesehen haben, kann die Intervention des Therapeuten entscheidenden Einfluß auf die Assoziationskette haben. Dasselbe gilt für die körperliche Berührung. Schon allein die physische Nähe des Therapeuten ist mitbestimmend dafür, welche Gedanken sich der Klient in einer bestimmten Situation auszudrücken gestattet. Eine Deutung, die auch auf die emotionale Energie des Traums eingeht und nicht rein intellektuell ist, hat den Vorteil, daß der Deuter schnell von einer Erlebnisdimension in eine andere zu wechseln vermag – wir könnten das Ganze als «multidimensionale Assoziationsmethode» bezeichnen. Diese Methode schließt nicht aus, daß der Traum auch definitiv gedeutet werden kann. Unsere Forschungen haben gezeigt, daß der Deuter bewußt oder unbewußt immer von einem Bezugsrahmen ausgeht. Bei der Arbeit am Traum entwickeln der Träumer und/oder der Deuter, ausgehend von ihrem jeweiligen Hintergrund, Ideen, welcher Weg zu beschreiten ist, die zum roten Faden für die Exploration des Materials werden.

Ein Extrem stellen Calvin Halls Traumreihenanalysen dar, bei denen der Beitrag des Träumers lediglich in Traumniederschriften besteht, die ohne seine Beteiligung analysiert werden. Das gegenteilige Extrem finden wir in der erlebnisorientierten Arbeit oder bei der freien Assoziation, bei der das Erleben des Träumers im Vordergrund steht und durch möglichst wenig Kommentare gestört werden soll.

Der Deuter kann auf vielfache Weise erspüren, wie weiter mit dem Material umgegangen werden sollte: durch Symbolübersetzung oder durch die Orientierung an festen Bezugsrahmen, durch Rückmeldung, aktives Zuhören, Empathie, Telepathie, durch bestimmte Körpersignale des Träumers und natürlich durch Übertragungen zwischen Träumer und Deuter.

In der Praxis gibt uns die Methode multidimensionaler Assoziationen nicht nur Material zum Verständnis des Traums an die Hand, sie setzt zugleich auch einen dynamischen Prozeß in Gang. Es wäre deshalb ein großer Fortschritt, wenn es gelänge, Regeln für eine multidimensionale Assoziationsmethode zu entwickeln.

Ein Beispiel

Wir haben bereits Traumdeutungen kennengelernt, bei denen verschiedene Methoden kombiniert wurden. Ich möchte im folgenden ein hypothetisches Traumbeispiel vorstellen und Anregungen geben, welche Aspekte weiterverfolgt werden könnten, natürlich immer in Abstimmung mit den Erfordernissen der Situation.

Eine fünfzigjährige Frau hat folgenden Traum:

«Ich liege schlafend in meinem kürzlich renovierten Haus. Plötzlich wache ich von einem schrecklichen Sturm auf. Das Haus ist in Gefahr, zerstört zu werden. Durch das eindringende Wasser wölbt sich der neue Fußboden. Auf einmal landet ein Flugzeug, aus dem drei Männer in weißen Anzügen steigen. Sie setzen sich in meine Küche und bedienen sich, als sei nichts geschehen, aus meinem Kühlschrank, während ich sprachlos daneben stehe. Keiner von ihnen kommt mir zu Hilfe. Außen sieht es so aus, als sei das Haus ganz vom Meer umgeben. Der Boden ist schlammig und aufgeweicht vom Regen. Ich gehe hinaus ins Meer. Es ist unangenehm. Jemand sagt, es sei verschmutzt.»

Die Frau hatte eine Zeitlang unter Spannungsgefühlen und Kreuzschmerzen gelitten, die jedoch um die Zeit des Traums schwächer wurden.

Wir wollen den Traum zunächst aus der freudianischen Perspektive betrachten. Freuds Theorie erlaubt uns verschiedene Vorannahmen. Sturm und Regen, die den Boden aufweichen, die Männer, die ins Haus eindringen und sich einfach aus dem Kühlschrank bedienen, all das könnte in den Bereich sexueller Symbolik gehören. Möglicherweise verbirgt sich dahinter ein dem Vater geltendes, sexuelles Begehren der Träumerin. Die Art des Kontakts zu den Männern und die Verteilung der sexuellen Motive im ganzen Traum spiegeln eventuell Erfahrungen der Träumerin mit ihrem Vater im Umgang mit ihrer Mutter und ihr selbst. In dem Problem mit dem Essen können wir außerdem einen Hinweis auf die orale Phase sehen. Der weiche Schlamm könnte sich auf ein anales Problem beziehen. Wenn wir unser Wissen über die psychosexuellen und psychosozialen Entwicklungsstadien heranziehen, können wir mögliche Ursachen des Konflikts in der frühen Kindheit der Frau ausmachen. Was die Übertragung angeht, so müssen wir fragen, ob die Frau dem männlichen Therapeuten dieselbe Einstellung entgegenbringt wie den Männern im Traum, das heißt, ob es ihr schwerfällt zu glauben, daß er sich wirklich für sie einsetzt und ihr helfen kann.

Entscheidend ist jedoch die Unterteilung des Traums in einzelne Elemente, zu denen die Träumerin frei assoziieren sollte. Zu welcher Deutung wir gelangen, hängt von der Abfolge der Assoziationen ab. Doch die ergänzenden Fragen, die wir stellen, unsere Rückmeldungen und sogar unser Schweigen werden durch unsere Kenntnisse bestimmt.

Eine jungianische Deutung beginnt mit der Erstellung eines Kontextes. Neben Assoziationen, die jedoch nicht so weit gehen wie bei Freud, wird überprüft, was am Tag zuvor geschah. Der Traum wird als Teil einer ganzen Reihe betrachtet, die einzelnen Traumelemente werden mit mythologischen Parallelen amplifiziert, und der dramatische Aufbau des Traumes wird eruiert. Die Ausgangssituation des Traums ist das Schlafen der Frau in ihrem kürzlich renovierten Haus. Hauptkonflikt ist der Sturm, der das Haus zu zerstören droht. Das Problem kulminiert, als die Männer in das Haus eindringen und sich, statt der Frau zu helfen, mit Essen aus ihrem Kühlschrank bedienen. Die Lösung bleibt vage. Die Frau geht hinaus ins Meer, wird jedoch gewarnt, daß es verschmutzt sei.

Offenbar hat die Träumerin keinen echten Kontakt zu ihrer männlichen Seite und dem, was diese Seite an konstruktiver Initiative, Dynamik, Spiritualität usw. verkörpert. Die Lösung, die sie im Traum wählt, ist keine gute Lösung. Die Einleitung des Traums deutet an, daß die Frau die Entwicklung ihres Bewußtseins durch den Kontakt mit ihrem Animus bewahren sollte, doch sie geht hinaus ins Meer, ins Unbewußte. Eine Stimme warnt sie allerdings vor der Verschmutzung.

Nach Neumanns Stufen der weiblichen Bewußtseinsentwicklung entspricht dieser Traum dem «Eindringen des Männlichen». Der Boden und der Kühlschrank sind Muttersymbole. Wieder können wir in die Kindheit zurückgehen, nachfragen, wie die Träumerin ihre Beziehung zur Mutter erlebt hat und wie sie die fragliche Entwicklungsstufe bewältigte. Und wir können uns damit beschäftigen, in welcher Form diese Stufe jetzt in ihr aktiv ist.

Das Überflutungsmotiv, das Eindringen des Männlichen und das Toben der Elemente verleihen dem Traum archetypischen Charakter. Es ist deshalb ein besonders wichtiger Traum.

Wir werden überprüfen, inwiefern es Anknüpfungspunkte zu Ereignissen des vorhergehenden Tages gibt, werden jedoch besonderes Gewicht auf den Entwicklungsaspekt des Traums legen. Das Toben des männlichen Sturms über den beiden weiblichen Elementen Wasser und Erde kann als Fruchtbarkeitssymbol verstanden werden. Da dabei jedoch unpersönliche Elemente im Vordergrund stehen, geht es letztlich wohl um Prozesse, die jenseits der Kontrolle des Ichs und des Bewußtseins liegen. Die drei Männer dagegen sind menschliche Wesen und verkörpern damit Inhalte, die dem Bewußtsein näher stehen. Die Befruchtung des Weiblichen durch das Männliche ist offensichtlich im Unbewußten der Träumerin stärker als im Bewußtsein. Auf einer tieferen unbewußten Ebene kommt es tatsächlich zu einer Befruchtung, die die Ankündigung der «Begegnung mit dem Mann» auf der bewußten Ebene sein kann. Wir müssen allerdings damit rechnen, daß einige Zeit vergeht, bis dieses Element integriert werden kann.

Das kürzlich renovierte Haus symbolisiert vermutlich das positive Ergebnis der Arbeit der Klientin an ihrer Persönlichkeitsentwicklung. Es beweist, daß sie Fortschritte gemacht hat. Die Flucht ins Meer, ins kollektive Unbewußte, verkörpert dagegen eine Regression, einen Schritt zurück. Möglicherweise werden uns die vorangehenden und die folgenden Träume genauere Informationen darüber liefern, welche Lebensbereiche der Frau besonders betroffen sind, uns aber auch konstruktive Anregungen geben, wie der Konflikt möglicherweise gelöst werden kann. Eine andere Möglichkeit wäre, die Träumerin im Rahmen aktiver Imagination dazu zu veranlassen, sich wieder in den Traum zu versetzen und selbst zu versuchen, eine zufriedenstellendere Lösung zu finden.

Das Wasser, in das sie hinausgeht, ist verschmutzt. Wir werden ihr daher möglicherweise raten, zurückzugehen und zuerst den Konflikt im Haus zu lösen, das symbolisch als eine Bedingung, die zu der Verschmutzung beiträgt, aufgefaßt werden kann.

Aus dem Verhalten des Traum-Ichs schließen wir, daß ein bevorzugter Abwehrmechanismus der Träumerin die Vermeidung von Konflikten ist. In der Fortsetzung der Traumtherapie werden wir anhand der jungianischen Methoden erkennen, wieweit diese Deutung entkräftet oder gestützt wird, während wir den Entwicklungsfortschritt der Klientin ständig überprüfen.

Wir werden auch klären, inwiefern der Traum den Lebensstil der Frau widerspiegelt. Um dazu verläßliche Informationen zu erhalten, wird es notwendig sein, eine ganze Traumreihe zu analysieren, doch gehen wir einmal davon aus, daß der Traum typisch für sie ist. In diesem Fall verläuft ihr Leben «stürmisch». Ihre Beziehung zu Männern ist verkörpert in der Szene am Kühlschrank: Sie fordert nichts zurück. Wenn die Selbstbedienung der Männer aus dem Kühlschrank tatsächlich ein sexuelles Symbol ist, so würde Calvin Hall fragen, warum sie nicht ein anderes Symbol wählt, zum Beispiel ein Schwert in der Scheide, oder einfach von normalem Geschlechtsverkehr träumt. Es muß noch mehr dahinterstecken, möglicherweise Frigidität? Oder empfindet sie ihre eigene Sexualität vielleicht als etwas Statisches, das erst geöffnet werden muß? Auch hier müssen wir den Traum wieder als Teil einer ganzen Serie betrachten und eine Inhaltsanalyse der Traumelemente nach Halls Richtlinien vornehmen.

Eine phänomenologische Betrachtung des Traums meidet die bisher erwähnten Bezugsrahmen. Bei Medard Boss interessieren uns das Erneuertsein, Stürmischsein, Kühlschrank-Sein und die Verschmutzung als existentielle Phänomene. Wir könnten den Trauminhalt neu bewerten und sagen: «Es ist schön, daß Erneuerung in Ihren Träumen eine so große Rolle spielt, aber ärgert es Sie nicht manchmal, daß Sie nicht um Hilfe bitten, wenn Sie sie brauchen? Ich halte es für äußerst positiv, daß Sie anderen etwas geben können. Der Kühlschrank ist sehr praktisch, weil man darin Nahrung frischhalten kann, bis man sie benötigt. Damit haben Sie ein Gerät, um Ihre Ressourcen zu verwalten. Warum lassen Sie die Männer dann nicht so lange warten, bis sie Ihnen ebenfalls etwas gegeben haben?»

Wir könnten diese Strategie auch nur im Kopf behalten und entsprechende Gedanken und Gefühle bei der Klientin unterstützen, falls sie im Laufe der Arbeit mit dem Traum auftauchen.

Gehen wir eher erlebnisorientiert vor, so können wir die Bedeutung, die die einzelnen Traumelemente für die Träumerin haben, erkunden, indem wir sie entweder gestalttherapeutisch oder im Rahmen eines Psychodramas spielen lassen: Wie fühlt es sich an, ein Fußboden zu sein, der durch das Wasser Wellen wirft? Wir lassen sie die Kraft fühlen, die darin steckt, ein Sturm zu sein; wir lassen sie die Männer oder der Kühlschrank sein, um ihr auf diese Weise zu ermöglichen, in Kontakt mit diesen Seiten ihrer Person zu kommen.

Falls wir bei der Arbeit sehr phantasievoll sind, müssen wir uns auf Überraschungen gefaßt machen, etwa daß die verschiedenen Elemente des Traums völlig verschiedene Bedeutungsebenen enthüllen oder auf traumatische Erfahrungen hinführen, die andernfalls nicht angesprochen worden wären.

Eine erlebnisorientierte Methode wird sich nicht so sehr darauf versteifen, ob die Lösung des Traums nun gut oder dürftig ist, sie verweist auf eine universale menschliche Situation; wie die Träumerin dann damit umgehen wird, liegt in ihrer Verantwortung für das Hier und Jetzt. Vom jungianischen Standpunkt aus deutet der Schluß des Traums auf eine Regression – Zuflucht im Meer, im Unbewußten suchen –, was es erschwert, den ebenfalls im Traum auftauchenden Entwicklungsfortschritt – das kürzlich renovierte Haus – zum Vorteil des Ichs zu nutzen. Wir können diesen Nachteil zum Vorteil gestalten, indem wir die Träumerin alle Konsequenzen des Dranges zur Regression erleben lassen. Wir setzen uns mit ihrem Widerstand auseinander, konfrontieren sie mit ihren Ausweichmanövern und arbeiten die verschiedenen neurotischen Schichten durch, bis sie schließlich in Kontakt mit der Schicht des Lebens kommt. Wenn es gelingt, wird am Ende eine unvollendete Gestalt abgeschlossen, und die emotionale Befreiung wird es ihr ermöglichen, den Traum und seine Entsprechungen zu ihrem Leben deutlicher zu erkennen.

Im Zuge dieser Arbeit können wir auf Körperempfindungen und Körpersprache achten, eine Amplifikation der Schmerzen im Kreuz oder anderer Symptome anregen und eventuell mit Maltherapie arbeiten. Außerdem könnten wir eine geeignete Körpertherapie in die Arbeit miteinbeziehen.

Da der Traum eindeutig archetypisch ist, kann es relevant sein, ihn auch im Hinblick auf die Chakrensymbolik zu betrachten. Die drei Elemente Luft, Wasser und Erde kommen vor. Das Aufweichen des Erdbodens könnte mit der Auflösung von Blockaden im unteren Teil des Körpers zusammenhängen, die ja tatsächlich stattfand. Wenn wir meditativ arbeiten wollen, entspricht das Element Luft dem Herzchakra, das Element Wasser dem Harachakra und das Element Erde dem Wurzelchakra. Wir können den Traum sogar in die vulkanische Geburtsmatrix, die Grof beschreibt, einbinden und eventuell in einer Rebirthingsitzung durcharbeiten. Wir geben uns allerdings nicht mit der Erlebnisarbeit allein zufrieden, sondern betrachten sie lediglich als einen möglichen Bestandteil multidimensionalen Assoziierens, wobei wir darauf achten, daß das Erarbeitete jeweils in ein stärker von Einsicht geprägtes Verständnis des Traums einfließt, das sich konkret für den Umgang der Träumerin mit ihrem Alltag nutzbar machen läßt.

Welche Methoden wir wählen, wird von Abwehrmechanismen, von der Fähigkeit des Ichs zur Integration zum jeweiligen Zeitpunkt und schließlich davon, womit wir früher gearbeitet haben, abhängen.

Auch ganz praktische äußere Bedingungen spielen im Umfeld der Arbeit mit Träumen eine Rolle: Wieviel Zeit steht zur Verfügung? Handelt es sich um Gruppen- oder Einzelarbeit? Wie oft sehen wir die Klientin? Wie weit ist sie fähig, selbständig weiterzuarbeiten? Was ist die Funktion des Therapeuten? usw.

Wenn der Traum typisch ist, liefert er uns wichtige Informationen für eine Persönlichkeitsdiagnose. Wir erhalten Einblick in die Vergangenheit der Träumerin und bekommen eine Vorstellung von dem, was in Zukunft auf sie zukommt. Doch der Traum ist keine objektive, wohldefinierte Einheit. Es gibt keinen absoluten Kontext. Im Gegenteil, der multidimensionale Charakter des Trauminhalts macht die Traumdeutung zu einem großangelegten Selbsterforschungsprojekt.

Natürlich können wir die Träumerin nicht mit all diesen Vorschlägen auf einmal überfallen. In der Praxis werden wir die Deutung an einem Punkt abschließen und einen Aspekt auswählen, an dem wir weiterarbeiten, doch ist es ein wichtiges Anliegen der Methode, nicht in stereotype Deutungen zu verfallen.

In der idealen Arbeit mit Träumen besitzt der Deuter ein möglichst umfassendes Bezugssystem, und sein Geist ist frei von unerlösten Gefühlen und dogmatischen Einstellungen. Er gestattet sich, darüber nachzudenken, welche Bewußtseinserweiterung für die Träumerin am günstigsten wäre, und ist sich dieser Gedanken bewußt. Zugleich ist er jederzeit darauf vorbereitet, seine Konzeption umzuwerfen und dem Prozeß in eine andere Richtung zu folgen. Auf diese Weise kommt es zu einem kreativen Dialog zwischen dem Selbstverständnis der Träumerin, ihrer Arbeit am Traum und ihren Assoziationen und den Ressourcen des Deuters. Damit wird jede Traumdeutung zu einem schöpferischen Akt, bei dem Träumer und Traumdeuter Hand in Hand arbeiten. Beide Parteien lassen sich darauf ein, den ganzen Reichtum ihrer Gedanken zum Ausdruck zu bringen, beide nehmen Risiken auf sich und treffen Entscheidungen, und beide übernehmen die Verantwortung dafür, welche Richtung die Arbeit nimmt. Stellt sich mit der einen Arbeitsweise kein Erfolg ein, so sind beide offen genug, ihre Verantwortung wahrzunehmen und sich auf eine neue Deutung einzulassen.

Die Traumdeutung wird so zu einer kreativen Entfaltung der im Traum enthaltenen Dynamik und Bedeutung.

Theoretische und methodologische Erwägungen

Es läßt sich ohne große Schwierigkeiten beweisen, daß die großen Pioniere der modernen Traumdeutung ihre Theorien als kreative Synthesen aus bereits existierendem Wissen konstruierten.[2] Diese Tatsache wurde zum Teil durch Polemik und den Drang, die eigene Leistung auf Kosten anderer Konkurrenten in den Vordergrund zu spielen, verdunkelt. Das Material, auf das sie sich stützten, stammte größtenteils von ihren eigenen Klienten, was die empirische Basis ihrer Theorien entsprechend schmal machte. Doch die Erfahrung späterer Generationen trug nicht nur zur Bestätigung einer ganzen Reihe von Grundannahmen der einzelnen Schulen bei, man begann auch mehr und mehr, die alten Trennungen zu überbrücken.

Zwar ist noch nicht das ganze Traummaterial nach standardisierten Vorgaben beurteilt worden, wohl aber durch ein breites Spektrum an Methoden und wissenschaftstheoretischen Idealen. Neben den psychoanalytischen Beobachtungen, die als Kombination aus klinischer Wissenschaft und Hermeneutik galten, wurden auch Methoden aus der vergleichenden Religionswissenschaft und Phänomenologie herangezogen. Ein Charakteristikum der meisten Traumtheorien ist, daß sie es für gegeben halten, daß die Traumaktivität von einigen wenigen einfachen Prinzipien kontrolliert wird. Das gilt sowohl im Hinblick auf die psychologischen «Mechanismen» des Traumprozesses als auch auf ihre Funktion.

Freud, Jung und die meisten ihrer Nachfolger benutzten Träume, um eine psychologische Theorie zu schaffen, die sie danach wiederum anhand von Träumen zu verifizieren versuchten. Daten, die nicht ins Muster paßten, wurden ausgefiltert. Das wird an vielen unserer Deutungsbeispiele anschaulich (Freud, Vanggaard, Jung, Hall u.a.).

Überraschend ist, daß häufig theoretische Modelle aus ganz anderen Wissenschaftsbereichen wie Physik, Physiologie, Gestaltpsychologie usw. auf die Traumforschung übertragen wurden, ohne ihre Übertragbarkeit zu hinterfragen. Um dem Phänomen, das sie beschreiben sollten, gerecht zu werden, mußten diese Modelle zum Teil bis aufs äußerste strapaziert werden. Unsere Untersuchung hat aber auch gezeigt, daß die Beschäftigung mit unterschiedlichen philosophischen Orientierungen Offenheit für unterschiedliche Aspekte des Traumes wecken kann, so daß auf einmal andere Muster im Material hervortreten, wobei die veränderten Ausgangsbedingungen die eigenen Beobachtungen stützen.

Ich selbst bin grundsätzlich von einem multidimensionalen Standpunkt ausgegangen, das heißt von der Annahme, daß es mehr als eine gute Theorie gibt und daß die Theorien sich auf unterschiedlichen Gebieten als gültig erweisen können und anwenden lassen. Voraussetzung dafür ist natürlich, die einzelnen Theorien in ihren Unterschieden und in ihren sich gegenseitig ergänzenden Aspekten genau zu kennen, aber auch Kenntnisse zu haben über das, was verschiedene Theoretiker in verwandte Themen hineinlesen. Dies als Absage an den Eklektizismus, der in der Regel nur auf ein unkritisches Wiederkäuen einander im Grunde widersprechender Theorien hinausläuft.[8.10] Anzustreben ist vielmehr eine theoretische Metasprache, die in neutraler und verantwortlicher Weise alle Phänomene erfaßt, die im Laufe von nahezu einem Jahrhundert Traumforschung seriös beschrieben wurden. Doch diese Sprache existiert bisher nicht. Trotzdem bin ich überzeugt, daß es auch so möglich ist, sinnvoll Forschung zu betreiben. Auf anderen Forschungsgebieten, etwa in der Physik, fehlt es ebenfalls an einer «kombinierten» Theorie. Statt dessen haben die Forscher Fortschritte gemacht, indem sie Teiltheorien fanden, die eine begrenzte Gruppe von Ereignissen beschreiben, und indem sie andere Wirkungen ignorierten oder anglichen, um Stephen Hawking, einen der führenden Astrophysiker unserer Zeit, zu zitieren.[9]

Eine «kombinierte» Theorie hat natürlich viele Vorteile, weil sie ein einfacheres Werkzeug darstellt und leichter zum Gegenstand wissenschaftlicher Diskussion und Kritik gemacht werden kann.

Doch wie die Sterne und Planeten sich weiterbewegen, obwohl die Physik noch nicht zu einer Einigung gefunden hat, so geht auch das Traumleben weiter. Träume werden bearbeitet, innerhalb und außerhalb von Therapien, und häufig mit fruchtbaren Ergebnissen. Ich hoffe, daß mein Buch ein praktisches Handwerkszeug für den Therapeuten und ein wichtiger Anstoß für die theoretische Debatte sein wird. Eine «vereinigende» Traumtheorie würde gleichsam einen neuen archimedischen Punkt erfordern, von dem aus die alten Theorien und ihr empirisches Material betrachtet werden können. Zweifellos würde sie komplexere und dynamischere Modelle der mentalen Aktivität der Traumprozesse und des Bewußtseins im allgemeinen voraussetzen. Hier wird sich meiner Ansicht nach die Weiterentwicklung der wissenschaftlichen Theoriebildung, die wir in den vergangenen Jahrzehnten miterlebt haben, als nützlich erweisen.

Was wir brauchen, sind Regeln für eine Methode, die Beobachtung und Therapie verbindet und die psychoanalytische Technik dergestalt erneuert und erweitert, daß sie ein breiteres Spektrum der vorgestellten Ansätze einbeziehen kann. Immer wieder wurden Träume mit einem multidimensionalen Universum verglichen, dessen «eingefaltete» Bedeutung und Dynamik im schöpferischen Prozeß der Traumdeutung «entfaltet» werden können. Das vorliegende Buch hat Material für eine Theorie zusammengetragen, die bei diesem Bild ansetzt.

Dimensionen des Traums und ein neues Weltbild

Es ist in den vergangenen Jahren viel über ein neues Paradigma diskutiert worden, das heißt über einen neuen Blickwinkel, eine neue Denkweise in Wissenschaft, Kunst und im ganz normalen Leben. Dem traditionellen naturwissenschaftlichen Weltbild zufolge ist das Universum eine gefühllose Maschine, und die lebenden Organismen stellen geschlossene Systeme dar, die sich gemäß dem Gesetz der Thermodynamik von der Ordnung zur Unordnung fortbewegen, so lange, bis alle Prozesse erstorben sind. Dieses Verständnismodell hat jedoch den Blick für das Auftauchen neuer Strukturen und Funktionen verstellt – für einen Vorgang, der überall in der Natur zu beobachten ist. Er führte zur Evolution immer höherer Lebensformen, die verwoben sind in ungeheuer komplexe und fein ausbalancierte ökologische Muster.

Mechanistische Funktionen basieren auf linearen Ursache-Wirkungs-Ketten. Solche Modelle können jedoch die immer komplexeren Strukturen nicht erklären, auf die die moderne Forschung stößt, je tiefer sie in die Geheimnisse der Natur eindringt. Die neuen Naturwissenschaften gehen, angeregt von der Systemphilosophie, davon aus, daß lebendige Organismen besser als komplexe, vielschichtige Strukturen mit sich überkreuzenden Kommunikationswegen und Fähigkeiten wie Selbstorganisation und Selbsterneuerung sowie schöpferischen Potentialen zur Entwicklung auf höhere Stufen zu begreifen sind.

Parallel zum neuen Verständnis der Kreativität und Komplexität der Natur begann sich auch ein neues Verständnis des Geistes herauszubilden. Davor wurden «mentale», «psychische» und «spirituelle» Prozesse als auf den Menschen beschränkt betrachtet. Doch lange bevor irgendein menschliches Bewußtsein fähig war, über sich selbst und die Welt nachzudenken, hat die Natur einen Schöpfungsprozeß durchlaufen, der weit komplexer ist als alles, was der Mensch jemals schaffen kann. Die Biologen sprechen mittlerweile von Kognition als einem

Grundmerkmal des Lebens und behaupten, daß der «Geist» mit seinen Funktionen des Wissens, des Entscheidens, des Erinnerns und Kommunizierens Teil aller Organismen ist. Auf der subatomaren Ebene arbeiten führende Physiker mit Begriffen wie Bedeutung, Information und impliziter Ordnung. Es ist möglich, diese Vorstellung noch weiter zu treiben, bis hin zur Kommunikation auf verschiedenen Ebenen, zwischen Zellen, Geweben, Organen und psychischen Strukturen, und sich vorzustellen, daß der Geist – der ja nicht eindeutig an einem bestimmten physischen oder psychischen Ort lokalisierbar ist – in psychosomatischen Einheiten funktioniert.

Die Ähnlichkeit zwischen dieser Naturauffassung und den Strukturen und Prozessen, die uns in Träumen begegnen, ist auffällig. Die polysemantischen, multidimensionalen und ungemein bedeutsamen, sinnträchtigen Muster, die von Träumen und den an sie angeschlossenen Netzwerken erzeugt werden, scheinen Widerspiegelungen genau solcher komplexen, vielschichtigen und wechselseitig miteinander verbundenen psychosomatischen Einheiten zu sein. Sie zeigen spontane Kreativität, die nicht nur in Beziehung zu den engen Zielen des bewußten Ichs steht, sondern zur Gesamtökologie des menschlichen Organismus. Die Traumforschung und die neuen Naturwissenschaften werden zweifellos viel voneinander lernen können, und der funktionale Modus des Traumbewußtseins wird ein neues Licht auf das Wesen des Bewußtseins ganz allgemein werfen – ein Thema, das ich in meinem nächsten Buch behandeln möchte.

Die Geschichte der Wissenschaft ist voller Beispiele dafür, daß innovatives Denken wie das oben beschriebene immer von der Gesamtentwicklung der Wissenschaft und vom geistigen Klima einer Epoche abhängen. In unserer Kultur geht der Zusammenbruch des alten Weltbildes Hand in Hand mit der philosophischen Überwindung des Positivismus, mit der Sehnsucht nach Zusammenhang in einer zersplitterten Welt und mit der Erkenntnis der ökologischen Götterdämmerung, die die Folge einer mechanistischen Sicht der Natur sein könnte.

Während Leben und Evolution früher in der Terminologie des Hobbeschen «Jeder gegen jeden» begriffen wurden, richtet sich die Aufmerksamkeit nun in wachsendem Maße auf die Fähigkeit der Natur zur Synthesebildung und zur ökologischen Zusammenarbeit. Und im Gegenzug zu dem fragmentarischen Weltbild der traditionellen

Wissenschaft gilt das Bemühen heute verstärkt der Schaffung einer holistischen Sicht der Welt als eines großen, lebendigen Organismus, dessen verschiedene Ebenen in einem Wechselspiel stehen – von der anorganischen Materie über biologische Strukturen bis hin zur menschlichen Psyche und Gesellschaft, zur Biosphäre und zum gesamten Kosmos.

Bei der Erklärung neuer Entdeckungen tendierten viele Bewegungen der Traumanalyse in diesem Jahrhundert dazu, Unterschiede übermäßig zu betonen und sich Synthesen zu widersetzen. Sie zersplitterten sich in konkurrierende Schulen und trugen somit zu einer Fragmentierung des Lebens bei, als dessen Feind sie sich damit letztlich alle erwiesen. *Dimensionen der Träume* mit seiner integrierenden Betrachtungsweise und Methode möchte einen Beitrag zu dem neuen Weltbild leisten, dessen Konturen wir heute erst erahnen können.

Anhang

Bibliographien zu den einzelnen Kapiteln

Bibliographie zu Kapitel 1: Freud und die Neofreudianer

1. Alveson, Mats. «Narcissisme i socialpsykologisk belysning» (Narzißmus im Licht der Sozialpsychologie). *Nordisk Psykologi* 35, Nr. 2 (1983): 100–124.
2. Arlow, S. A. und Brenner, C. *Psychoanalytic Concepts and the Structural Theory.* New York: International University Press, 1964.
3. Brenner, Charles. *Grundzüge der Psychoanalyse.* Frankfurt a. M.: Fischer, 1981. a=140ff.; b=144f.; c=151f.
4. Casement, Patrick. *On Learning From the Patient.* London: Tavistock, 1987. 86f.
5. Dieckmann, Hans. *Methodische Bemerkungen zur Traumdeutung.* 165f. *Integration of the Ego Complex in Dreams.* 55. (S. Angaben Kap. 2.)
6. Ellenberger, Henry F. *Die Entdeckung des Unbewußten.* Zürich: Diogenes, ²1996. a=987; b=727–42.
7. Erikson, Erik H. «Das Traummuster der Psychoanalyse.» *Psyche*, VIII. Jahrgang, 10. Heft, Januar 1955. 561–604. a=563; b=560f.; c=587; d=588f.; e=604.
8. Erikson, Erik H. *Kindheit und Gesellschaft.* Stuttgart: Klett-Cotta, 1992. 268.
9. Fairbairn W. R. D. *Psychoanalytic Studies of the Personality.* London: Tavistock, 1952.
10. Fenichel, Otto. *Neurosenlehre.* Olten: Walter, 1980. 53–150.
11. French, Thomas und Fromm, Erika. *Dream Interpretation: A New Approach.* New York, London: Basic Books, 1964. a=118–120; b=205.
12. Freud, Anna. *Das Ich und die Abwehrmechanismen.* München: Kindler, 1964.
13. Freud, Sigmund. *Die Traumdeutung.* Bd. 2 der von Alexander Mitscherlich, Angela Richards und James Strachey herausgegebenen Studienausgabe. Frankfurt a. M.: Fischer, 1989. a=122f.; b=97ff.; c=555f.; d=153–168; e=195–197; f=201f.; g=214; h=183f.; i=118; j=124; k=452f.; m=455; n=170–2; p=456f.; q=396ff.; r=126f.; s=391; t=124f.; u=107; v=48ff.; x=378.
14. Freud, Sigmund. *Metapsychologische Ergänzung zur Traumlehre.* Bd. 3 der Studienausgabe. Frankfurt a. M.: Fischer, 1989.
15. Freud, Sigmund. *Das Ich und das Es.* Bd. 3 der Studienausgabe. Frankfurt a. M.: Fischer, 1989.

16. Freud, Sigmund. «Revision der Traumlehre.» In: *Neue Folge der Vorlesungen zur Einführung in die Psychoanalyse*. Bd. 1 der Studienausgabe. Frankfurt a. M.: Fischer, 1989.

17. Freud, Sigmund. «Traum und Okkultismus.» In: *Neue Folge der Vorlesungen zur Einführung in die Psychoanalyse*. Bd. 1 der Studienausgabe. Frankfurt a. M.: Fischer, 1989.

18. Freud, Sigmund. *Jenseits des Lustprinzips*. Bd. 3 der Studienausgabe. Frankfurt a. M.: Fischer, 1989.

19. Freud, Sigmund. *Gesammelte Werke* (GW), chronologisch geordnet. Herausgegeben von Anna Freud, E. Bibring, W. Hoffer, E. Kris, O. Isakower. Frankfurt a. M.: Fischer, 1940–1950.

Die folgenden Titel enthalten Beobachtungen, die für Freuds Theorie der Traumdeutung wichtig sind:

19a: 1901 *Über den Traum*. GW Bd. III.

19b: 1907 «Der Wahn und die Träume in W. Jensens ‹Gradiva›.» In: *GW Bd. VII*.

19c: 1912–13 *Totem und Tabu*. Bd. IX.

19d: 1913 «Ein Traum als Beweismittel.» In: *GW Bd. X*.

19e: 1918 «Aus der Geschichte einer infantilen Neurose.» In: *GW Bd. XII*.

19f: 1920 «Über die Psychogenese eines Falles von weiblicher Homosexualität.» In: *GW Bd. XII*.

19g: 1923 «Two Encyclopedia Articles.» In: *Standard Edition of the Complete Psychological Works of Freud, Bd. 18*. London, Hogarth Press, 1957.

19h: 1923 «Bemerkungen zur Theorie und Praxis der Traumdeutung.» In *GW Bd. XIII*.

19i: 1925 «Selbstdarstellung.» In: *GW Bd. XIV*.

19j: 1925 «Einige Nachträge zum Ganzen der Traumdeutung.» In: *GW Bd. I*.

19k: 1938 «Abriß der Psychoanalyse.» In: *GW Bd. XVII*.

20. Garfield, Patricia. *Your Child's Dreams*. New York: Ballantine Books, 1984.

21. Gedo, John E. *Portraits of the Artist*. New York: The Guilford Press, 1983.

22. Guntrip, Harry S. *Psychoanalytic Theory, Therapy, and the Self*. New York: Basic Books, 1971.

23. Gutheil, Emil A. *The Handbook of Dream Analysis*. New York: Liveright, 1971. 381.

24. Hall, Calvin S. *A Primer of Freud's Psychology*. New York: The New American Library, 1954. 102–113.

25. Hall, Calvin S. *The Meaning of Dreams*. New York: McGraw Hill, 1966.

26. Hall, Calvin S. und Van de Castle, R. «An Empirical Investigation of the Castration Complex in Dreams.» *Journal of Personality* 33 (1965): 20–29.

27. Hall, James A. *Arbeit mit Träumen in Klinik und Praxis*. Paderborn: Junfermann, 1982.
28. Hawkins, David R. «A Review of the Psychoanalytic Dream Theory in the Light of Recent Psycho-Physiological Studies of Sleep and Dreaming.» *British Institute of Medical Psychology* 39 (1966): 85–103.
29. Laiblin, Wilhelm. *Märchenforschung und Tiefenpsychologie*. Darmstadt: Wissensch. Buchgesellschaft, ²1975.
30. Hougård, Esben. «Psykoterapi som non-specifik behandling.» (Psychotherapie als nicht-spezifische Behandlung). *Psykologisk skriftserie Aarhus* 8, Nr. 6 (1983): 43.
31. Jacobsen, Erling. *Neuroserne og samfundet* (Neurosen und Gesellschaft). Kopenhagen: Hans Reitzel, 1973.
32. Jones, Ernest. *Das Leben und Werk von Sigmund Freud*. Bern: Hans Huber, 1960.
33. Jones, Richard M. *Egosynthesis in Dreams*. Cambridge, Mass.: Shenkman, 1962.
34. Jung, C.G. *Traumanalyse*. Nach Aufzeichnungen der Seminare 1928–1930. Herausgegeben von William McGuire. Olten: Walter, 1991.
35. Kernberg, Otto F. *Borderline-Störungen*. Frankfurt a. M.: Suhrkamp, 1978.
36. Khan, M. Masud R. «Dream Psychology and the Evolution of the Psychoanalytic Situation.» *International Journal of Psychoanalysis* 43 (1962): 21–31. a=27f; b=22–26.
37. Kohut, Heinz. *Narzißmus*. Frankfurt a. M.: Suhrkamp, 1973. 21.
38. Kris, Ernest. «On Preconscious Mental Processes.» *Psychoanalytic Explorations in Art*. International University Press, 1962, 303–318.
39. Langs, Robert I. «Manifest Dreams in Adolescents: A controlled pilot study.» *The Journal of Nervous and Mental Disease* 145, Nr. 1 (1987): 43–52.
40. Langs, Robert I. «Day Residues, Recall Residues, and the Dreams.» *Journal of the American Psychoanalytic Association* 19 (1971): 499–523.
41. Langs, Robert I. «Manifest Dreams from Three Clinical Groups.» *Archive of General Psychiatry* 14 (1966): 634–643.
42. Lipton, Samuel D. «Freud's Position on Problem Solving in Dreams.» *British Institute of Medical Psychology* 40 (1967): 147–149.
43. MacKenzie, Norman. *Dreams and Dreaming*. London: Aldus Books, 1965.
44. Madsen, K.B. *Sammenlignende videnskabsteori for psykologer og pædagoger* (Vergleichende Wissenschaftstheorie für Psychologen und Pädagogen). Kopenhagen: Lærerforeningens materialeudvalg, 1980. 70.
45. Mittelmann, Bela. «Ego Functions and Dreams.» *Psychological Quarterly* 18 (1949): 434–447. a=439f.; b=436; c=438.
46. Nagera, Humberto. *Basic Psychoanalytic Concepts on the Theory of Dreams*. London: Marcsfield Reprints, 1981. a=15–18; b=19–22; c=19–22; d=62–68; e=77; f=103; g=96.
47. Olsen, Ole Andkjær et al. *Metapsykologi I. Indledning til Metapsykologisk sup-*

plement til drømmelæren (Metapsychologie I. Einführung in die metapsychologische Ergänzung zur Traumtheorie). Kopenhagen: Hans Reitzel, 1983. 201–204. a=24; b=Redaktionel indledning (Vorwort des Herausgebers) Bd. II, 13.

48. Olsen, Ole Andkjær und Køppe, Simo. *Psykoanalytisk psykologi og psykopatologi. Psykiatri, en tekstbog* (Psychoanalytische Psychologie und Psychopathologie. Psychiatrie, ein Textbuch). Kopenhagen, 1988. 68–87.

49. O'Nell, Carl. *Dreams, Culture and the Individual*. Los Angeles: Chandler and Sharp, 1976. 37.

50. Rycroft, Charles. *A Critical Dictionary of Psychoanalysis*. New York: Penguin, 1979. a=66; b=28.

51. Rycroft, Charles. *The Innocence of Dreams*. London: Hogarth, 1979.

52. Saul, L. J. und Sheppard, Edith. «An Attempt to Quantify Emotional Forces Using Manifest Dreams.» *Journal of the American Psychoanalytic Association* 4 (1956): 486–502.

53. Saul, L. J. «Utilization of Early Current Dreams in Formulating Psychoanalytic Cases.» *Psychoanal. Quarterly* 9 (1940): 453–469.

54. Schultz, Hermann. *Zur diagnostischen und prognostischen Bedeutung des Initialtraumes in der Psychotherapie*. Ulm: Diss. an der Universität Ulm, 1969. a=43; b=93.

55. Sloane, Paul. *Psychoanalytic Understanding of Dreams*. New York, London: Jason Aronson, 1976. 18–20; a=21.

56. Stewart, Harold. «The Experiencing of the Dream and the Transference.» *International Journal of Psychoanalysis* 54 (1973): 345–347.

57. Vanggaard, Thorkild. *Angst. En psykoanalyses forløb* (Angst. Der Verlauf einer Psychoanalyse). Kopenhagen: Gyldendal, 1987. a=9; b=22–24; c=61–63; d=94f.; e=96f.; f=133f.; g=33; h=81f.; i=83f.; j=136; k=142.

58. Waldhorn. *The Place of the Dream in Psychoanalysis*. New York: International University Press, 1967.

59. Vedfelt, Ole. *Det Kvindelige i manden* (Das Weibliche im Mann). Kopenhagen: Gyldendal, 1985.

60. Whitman, R. «Remembering and Forgetting Dreams in Psychoanalysis.» *Journal of the American Psychoanalytic Association* 11 (1963): 752–774.

61. *Mental Health Abstracts*, 69–86. Nov. Code-Wörter: Dream? + Defence? 0. Resist? 0. Transference? 0. Counter-Transference.

Bibliographie zu Kapitel 2: Jung und die Neojungianer

Folgende Standardwerke, die mehrere Titel enthalten, sind abgekürzt:

GW: Jung, C. G. *Gesammelte Werke* in 20 Bänden. Herausgegeben von Lilly Jung-Merker, Elisabeth Rüf und Leonie Zander. Olten und Freiburg i. Br.: Walter, 1971ff.

MuS: Jung, C. G. und Marie-Louise von Franz, Joseph L. Henderson, Jolande Jacobi und Aniela Jaffé. *Der Mensch und seine Symbole*. Olten: Walter, 1968.

JA: Stein, Murray (Hrsg.). *Jungian Analysis*. London: Shambhala, 1984.

LAP: *The Library of Analytical Psychology*. Bd. I. London: W. Heineman, 1973.

1. Achen, Sven Tito. *Symboler omkring os* (Die Symbole um uns). Kopenhagen: Gad, 1975. 23.

2. Adler, Gerhard: *Das lebendige Symbol*. München: Urban, 1968. 6.

3. Ammann, A. N. *Aktive Imagination*. Olten: Walter, 1978. a=15; b=9-13; c=23 f.; d=23-27; e=29-31; f=9f.

4. Bertelsen, Jes. *Genfødslens psykologi* (Die Psychologie der Wiedergeburt). Kopenhagen: Borgen, 1979. 18.

5. Perera, Sylvia Brinton. *Der Weg zur Göttin der Tiefe*. Interlaken: Ansata, 1990.

6. *Die Bibel:* Jesaja 6.

7. Dallet, Jane. *Active Imagination in Practice*. JA: 173–192.

8. Dieckmann, Hans. *Träume als Sprache der Seele*. Stuttgart: Bonz, 1972. a=136.

9. –: «Methodische Bemerkungen zur Traumdeutung.» In: *Methoden der analytischen Psychologie*. Olten: Walter, 1979. a=165 f.; b=170; c=165; d=164.

10. –: «Über einige Beziehungen zwischen Traumserie und Verhaltensänderungen.» *Zeitschrift für Psychosomatische Medizin* 8 (1962): 273–280. a=281.

11. –: «Integration Process of the Ego Complex in Dreams.» *Journal of Analytical Psychology* 10, Nr. 1 (1962): 41–65. a=51; b=53; c=55; d=52.

12. Edinger, E. *Ego and Archetype*. New York: Putnam, 1972.

13. Eisenstein, Victor W. «Dreams Following Intercourse.» *Psychanal. Quarterly* 18 (1949): 154–172.

14. Eliade, Mircea. *Schamanismus und archaische Ekstasetechnik*. Frankfurt a. M.: Suhrkamp, 1975. a=81 f.

15. Ellenberger, Henry F. *Die Entdeckung des Unbewußten*. Zürich: Diogenes, ²1996.

16. Erikson, Erik H. «Das Traummuster der Psychoanalyse.» *Psyche*, VIII. Jahrgang, 10. Heft, Januar 1955.

17. Faber, P. A. et al. «Induced Waking Fantasy. Its Effects Upon the Archetypal Content of Nocturnal Dreams.» In: *Analytical Psychology* London: Academic Press, 1983.141–164. a=149 f.; b=152.

18. Fordham, M. «The Empirical Foundation of C. G. Jung's Work.» In: *LAP*, 12–39. a=12; b=19; c=20.

19. Freud, Sigmund. *Die Traumdeutung* (s. Kap. 1), 374 f.

20. Frey-Rohn, Liliane. *Von Freud zu Jung*. Zürich: Rascher, 1969. 182 f.

21. Grof, S. und Halifax, J. *Die Begegnung mit dem Tod*. Stuttgart: Klett-Cotta, 1980.

22. Grof, S. *Geburt, Tod und Transzendenz*. München: Kösel, 1985.

23. Hall, James A. *Arbeit mit Träumen in Klinik und Praxis*. Paderborn: Junfermann, 1982. 131–205.

24. Hall, C. *Jungian Dream Interpretation*. Toronto: Inner City Books, 1983. 34.
25. Hall, C. und Nordby, V. *C. G. Jungs psykologi* (Die Psychologie C. G. Jungs). Kopenhagen: Hans Reitzel, 1976.
26. Hannah, Barbara. *Begegnungen mit der Seele*. München: Kösel 1985.
27. –: *Regression und Erneuerung im Alter. Psychotherapeutische Probleme*. Zürich: Rascher, 1964.
28. Harris, T. D. «Dreams About the Analyst.» *International Journal of Psychoanalysis* 43 (1962): 151–158.
29. Hillman, James. *The Dream and the Underworld*. New York: Harper and Row, 1979. a=1; b=95; c=245.
30. Howells, Samuel H. In: Jung, C. G. *Traumanalyse*. Nach Aufzeichnungen der Seminare 1928–1930. Hrsg. William McGuire. Olten: Walter, 1991. 611–617.
31. Huss, Paul D. «The Chosen People. A Psychological Study of the Biblical Experience of Election.» Unveröffentlichte Diplomarbeit am C. G. Jung-Institut, Zürich, 1975.
32. Jacobi, Jolande. *Die Psychologie von C. G. Jung*. Frankfurt a. M.: Fischer, 1984. a=109; b=100; c=97; d=86; e=76; f=116; g=125 f.
33. Jaffé, Aniela. «Bildende Kunst als Symbol.» In: *MuS*. 243.
34. Johnson, John R. «Vocation, Dreams and the Self.» Unveröffentlichte Diplomarbeit am C. G. Jung-Institut, Zürich, 1977. a=26; b=127; c=117; d=35–38; e=123; f=8.

Nr. 35–42 sind die Arbeiten von C. G. Jung, in denen er sich vorrangig mit Träumen befaßt:

35. *Traumanalyse*. Nach Aufzeichnungen der Seminare 1928–1930. Hrsg. William McGuire. Olten: Walter, 1991. a=55 ff.; b=32.
36. *The Visions Seminars*, Book One. Zürich: Spring, 1976. a=172; b=3; c=7; d=19; e=19–28.
37. *The Visions Seminars*, Book Two. Zürich: Spring, 1976. a= 436; b=271; c=383; d=475.
38. «Die praktische Verwendbarkeit der Traumanalyse.» In: *GW 16*, § 294–352. a=§ 322.
39. *Kinderträume*. Hrsg. Lorenz Jung und Maria Meyer-Grass. Olten: Walter, 1987. a=66/105; b=18 f.; c=19 f.; d=20; e=251 ff.; f=253; g=15; h=290; i=295; j=172 ff.; k=32; l=250.
40. «Allgemeine Gesichtspunkte zur Psychologie des Traumes.» In: *GW 8*, § 443–529. a=§ 493; b=§ 472; c=§ 488.
41. «Vom Wesen der Träume.» In: *GW 8*, § 530–569. a=568.
42. «Symbole und Traumdeutung.» In: *GW 18/I*, § 416–607 (sowie der thematisch überlappende Artikel Jungs «Zugang zum Unbewußten.» In: *MuS* 18–103). a=§ 469; b=(MuS)98; c=(MuS)93; d=§ 525 ff.; e=§ 543; f=§ 428; g=§ 426–429; h= § 507; i=§ 591 ff.

43. Jung, C. G. *Erinnerungen, Träume, Gedanken*. Aufgezeichnet und herausgegeben von Aniela Jaffé. Olten: Walter, 1987. a=167; b=179; c=11; d=18.

44. –: *Modern Psychology*. Notizen zu Vorträgen, gehalten in der Eidgenössischen Technischen Hochschule, Zürich, 20. Okt. 1933–11. Juli 1941, Band I–II. Privatdruck, 1959. 203f.

45. –: «Psychologie und Religion.» In: *GW 11*, § 1–168. §109–112.

46. –: «Über die Archetypen des kollektiven Unbewußten.» In: *GW 9/I*, § 1–86.

47. –: «Die transzendente Funktion.» In: *GW 8*, § 131–193. §151f.

48. –: *Symbole der Wandlung*. Analyse des Vorspiels zu einer Schizophrenie. GW 5.

49. –: *Psychologie und Alchemie*. GW 12. a=§ 26ff.; b=§ 343; c=§ 40; d=§ 45; e= § 126; f=§ 50; g=§ 100–113; h=§ 52–121; i=§ 329[160]; k=§ 159.

50. –: «Psychologische Typologie.» In: *GW 6*, § 915-959. § 923–928.

51. –: «Das Symbolische Leben.» In: *GW 18/I*, § 608–696. § 629f.

52/I. Kast Verena. *Imagination als Raum der Freiheit*. Olten: Walter, 1988.

52/II. Kluger, H. Y. «Archetypical Dreams and ‹Everyday› Dreams.» *Israel's Annals of Psychiatry and Related Disciplines* 13 (1955): 6–47. a=6; b=23ff.; c=31f.; d=22.

53. Kübler-Ross, E. *Reif werden zum Tode*. Stuttgart: Kreuz, 1975.

54. Lamberth, Kenneth. «A Critical Commentary to C.G. Jung's Seminar on Dream Analysis.» *Journal of Analyt. Psychology*.

55. Lassen, Helle. «Symbolikken hos Chagall.» (Der Symbolismus bei Chagall). *Louisiana Revy* 23, Nr. 2 (1983): 34f.

56. Mattoon, Mary Ann. *Applied Dream Analysis*. London: John Wiley and Sons, 1978. a=121; b=103; c=135; d=134; e=101.

57. Maslow, Abraham. *Motivation und Persönlichkeit*. Reinbek: Rowohlt, 1989.

58. Meier, C. A. *Die Bedeutung des Traumes*. Olten: Walter, 1972. a=22f.; b=141.

59. Mindell, Arnold. *Traumkörper-Arbeit oder Der Weg des Flusses*. Paderborn: Junfermann, 1993.

60. Moody, Raymond. *Leben nach dem Tod*. Reinbek: Rowohlt, 1977.

61. Moon, Sheila. *Dreams of a Woman*. Boston: Sigo Press, 1983. a=6–8; b=13; c=27; d=26–28; e=79; f=103–106; g=115; h=110; i=118; j=207; k=115; m=9f.; n=26; o=31; p=56–66; q=99; r=106.

62. Murray, Henry A. «Postscript.» In: Jung, C.G. *The Visions Seminars*, Book Two. Zürich: Spring Publications, 1976. 517–521.

63. Neumann, E. «The Moon and Matriarchal Consciousness.» In: *Fathers and Mothers*. Zürich: Spring Publications, 1973.

64. –: *Zur Psychologie des Weiblichen*. Frankfurt a. M.: Fischer, 1993. 9ff.

65. Nyborg, Eigil. «Drømte mig en drøm.» (Ich träumte einen Traum). *Hug 9*, Nr. 45 (1986). a=23.

66. –: *Drømmenes vej til selvet* (Der Weg der Träume zum Selbst). Kopenhagen: Tiderne Skifter, 1986. 11.

67. Piaget, Jean. *Play, Dreams and Imitation in Childhood*. New York: W. W. Norton, 1962. 196. (Deutsch: *Nachahmung, Spiel und Traum*. Band 5 der Gesammelten Werke, Studienausgabe. Stuttgart: Klett-Cotta, 1993.)
68. Salles, C. «Symbols of Transformation in a Dream.» *Journal of Analyt. Psychology* 30 (1985): 347–352.
69. Samuels, Andrew et al. *Wörterbuch Jungscher Psychologie*. München: Kösel, 1989. 63.
70. Samuels, Andrew. «The Emergence of Schools in Analyt. Psychology.» *Journal of Analyt. Psychology* 28 (1982): 345–362. a=346f.; b=351f.; c=353; d=350.
71. –: *Jung und seine Nachfolger*. Stuttgart: Klett-Cotta, 1989. 413.
72. Schultz, Hermann. *Zur diagnostischen und prognostischen Bedeutung des Initialtraumes*. Dissertation an der Universität Ulm, 1969. a=12–15; b=110f.
73. Skogemann, Pia. *Kvindelighed i vækst* (Weiblichkeit im Wachsen). Kopenhagen: Borgen, 1984. a=18–20; b=32; c=65; d=35; 3=41f.; f=33.
74. –: *Religion og symbol* (Religion und Symbol). Kopenhagen: Borgen, 1988. 54–56.
75. –: *Arketyper* (Archetypen). Kopenhagen: Lindhardt og Ringhof, 1976.
76. Stein, Leopold. *Analytical Psychology: A Modern Science*. In: LAP, 3–11. a=3.
77. Teglbjærg, Åse Stubbe. *Lev dine drømme*. Kopenhagen: Klitrose, 1984.
78. Vedfelt, Ole. *Det kvindelige i manden* (Das Weibliche im Mann). Kopenhagen: Gyldendal, 1985. a=47; b=33; c=34f.; d=39; e=141–148; f=84; g=153; h=169; i=173.
79. –: «Interview med Ole Vedfelt» (Interview mit Ole Vedfelt). In: *Hvad er psykoanalyse?* (Was ist Psychoanalyse?) Hrsg. Elna Bering. Kopenhagen: Rosinante, 1988.
80. Wheelwright, Jane. *Death of a Woman*. New York: Putnam's Sons, 1981.
81. Whitmont, Edward. «Recent Influences on the Practice of Jungian Analysis.» In: *JA*. 335f.
82. von Franz, M.-L. *Träume*. Zürich: Daimon, 1985. a=13; b=25; c=12; d=38; e=25; f=14f.; g=33.
83. –: «Über die aktive Imagination.» In: *Die Behandlung in der analytischen Psychologie*. Hrsg. I. F. Baker. Zürich: Bonz, 1980.
84. –: *On Divination*. Toronto: Inner City Books, 1980. 42.
85. –: *Schöpfungsmythen*. München: Kösel, 1990. a=207.
86. –: *C. G. Jung. Sein Mythos in unserer Zeit*. Zürich: Walter, 1996. 25ff.
87. –: «Das Problem des Bösen im Märchen.» In: *Das Böse*. Studien aus dem C. G. Jung-Institut Zürich, XIII, 91–127.
88. –: *Zur Typologie C. G. Jungs*. Fellbach: Bonz, 1980.
89. –: «Der Individuationsprozeß.» In *MuS*, 160–229. a=177ff.; b=189ff.; c=183ff.; d=193; e=185f.; f=194.
90. –: *Alchemy*. Toronto: Inner City Books, 1980. 14f.
91. –: *Das Weibliche im Märchen*. Stuttgart: Bonz, 1977.

92. –: *Psychologische Märcheninterpretation*. München: Th. Knaur Nachf., 1989. a=34.

93. –: *On Dreams and Death*. Boston: Shambhala, 1986. a=xi; b=105; c=xiii; d=30; e=xvi; f=19; g=xv; h=4f.; i=10–13; j=25; k=157; m=51; n=59; o=17; p=46f. (Deutsch: *Traum und Tod*. München: Kösel, 1984)

94. de Vries, Ad. *Dictionary of Symbols and Imagery*. London: North Holland Publ., 1974.

95. Cirlot, J. E. *A Dictionary of Symbols*. London: Routledge and Kegan, 1967.

96. Chetwynd, Tom. *Dictionary of Symbols*. London: Granada,1982.

97. Neumann, Erich. *Das Kind*. Zürich: Rhein, 1963. 27/151ff.

98. Faber, P. A. et al. «Meditation and Archetypal Content of Nocturnal Dreams.» *Journal of Analyt. Psychology* 23 (1978): 1–22.

99. Rycroft, Charles. *A Critical Dictionary of Psychoanalysis*. New York: Penguin Books, 1979. 38.

Bibliographie zu Kapitel 3: Traumleben und Wachleben

1. Adler, Alfred. *Individualpsychologie*. München, Basel: Ernst Reinhardt, ³1982.

2. –: *Social Interest: Challenge to Mankind*. London: Faber und Faber, 1938. 225.

3. –: «Dreams Reveal the Life Style.» In: *The New World of Dreams*. Hrsg. Ralph Woods und Herbert Greenhouse. New York: MacMillan, 1974. 213–216.

4. –: «On the Interpretation of Dreams.» *International Journal of Individual Psychology* 2 (1936): 13–16/225.

5. Breger, Louis. «Function of Dreams.» *Journal of Abnormal Psychology* 72, Nr. 5 (1967): 1.

6. Brenneis, Brooks. «Male and Female Ego Modalities in Manifest Dream Content.» *Journal of Abnormal Psychology* 76, Nr. 3 (1970): 434–442.

7. Erikson, E. H. (S. Bibliographie zu Kap. 1, Nr. 7.)

8. Dallet, Jane. «Theories of Dream Function.» *Psychological Bulletin* 79, Nr. 6 (1973): 408–416.

9. Fiss, Harry. «The Need to Complete One's Dreams.» In: *The Meaning of Dreams*. Hrsg. J. Fisher und L. Breger. Los Angeles: California Mental Health Research Symposium 3, 1969.

10. Foulkes, David. «How is the Dream Formed? Another look at Freud and Adler.» In: *The New World of Dreams*. Hrsg. Ralph Woods und Herbert Greenhouse. New York: MacMillan, 1974. 303–13. a=307.

11. Fromm, Erich. *Märchen, Mythen und Träume*. Konstanz und Stuttgart: Diana, 1957. a=44; b=91; c=69.

12. Garfield, Patricia. *Your Child's Dreams*. New York: Ballantine, 1984. a=39; b=39ff.; c=390.

13. Gold, Leo. «Adler's Theory of Dreams.» In: *Handbook of Dreams*. Hrsg.

Benjamin B. Wolman. New York: Van Nostrand Reinhold Co., 1979, 319–341. a=328; b=332; c=309.

14. Hall, Calvin. «Diagnosing Personality by the Analysis of Dreams.» *Journal of Abnormal and Social Psychology* 42 (1947): 68–79.

15. Hall, Calvin. «A Cognitive Theory of Dream Symbolism.» *The Journal of General Psychology* 48 (1953): 169–186.

16. Hall, Calvin. *The Meaning of Dreams.* New York: McGraw Hill Book Company, 1966. a=72; b=37f.; c=21; d=22–28; e=28–33; f=35; g=14; h=51; i=94f.; j=85–89; k=232ff.; m=31; n=85; p=195–199.

17. Hall, Calvin und Domhoff, Bill. «Aggressions in dreams.» *International Journal of Psychiatry* 9 (1963): 259–267.

18. Hall, Calvin und Domhoff, Bill. «A Ubiquitous Sex Difference in Dreams.» *Journal of Abnormal and Social Psychology* 62 (1963): 278–280.

19. Hall, Calvin. «A Modest Confirmation of Freud's Theory of the Distinction Between the Superego of Men and Women.» *Journal of Abnormal and Social Psychology* 69, Nr. 4 (1969): 440–442.

20. Hall, Calvin und Domhoff, Bill. «Friendliness in Dreams.» *Journal of Social Psychology* 62 (1964): 309–314.

21. Hall, Calvin und Van de Castle, Robert. «An Empirical Investigation of the Castration Complex in Dreams.» *Journal of Personality* 33 (1965): 20–29.

22. Hall, Calvin und Van de Castle, Robert. *The Content Analysis of Dreams.* New York: Appleton Century Drafts, 1966. a=2; b=18; c=19; d=181.

23. Hall, Calvin und Domhoff, Bill. «The Dreams of Freud and Jung.» *Psychology Today* (Juni 1968).

24. Hall, Calvin und Nordby, Vernon. *The Individual and his Dreams.* New York: New American Library, 1972. a=9; b=56f.; c=80ff.; d=84; e=23; f=83; g=42–44; h=9; i=109; j=13; k=156–191; m=160; n=145; p=145; q=23; r=54; s=64f.

25. Hall, Calvin und Domhoff, Bill. «The Difference Between Men and Women Dreamers.» In: *The New World of Dreams.* Hrsg. Ralph Woods und Herbert Greenhouse, New York: MacMillan, 1974. 13–21.

26. Jones, Richard M. *Egosynthesis in Dreams.* Cambridge, Mass.: Schenkman, 1962.

27. Kluger, Yehezkel. «Archetypal Dreams and ‹Everyday› Dreams.» *Israel's Annals of Psychiatry and Related Disciplines* 13 (1955): 6–47.

28. Maeder, A. «Über die Funktion des Traumes.» Jahrbuch für psychoanalytische und psychopathologische Forschungen 5 (1913): 647–686.

29. Pearlmann, Chester A. «The Adaptive Function of Dreaming.» In: *Sleep and Dreaming.* Hrsg. E. Hartmann. Boston: Little, Brown, 1970.

30. Schultz, Erik. *Drømmeforståelse og drømmeteorier* (Traumverständnis und Traumtheorien). Diss. an der Universität Kopenhagen, 1977. 52f.

31. Van de Castle, Robert. *The Psychology of Dreaming.* New York: General Learning Press, 1971.

32. Ullman, Montague. «The Adaptive Significance of the Dream.» *Journal of Nervous and Mental Disease* 129 (1959): 144–149.

33. Ullman, Montague. «Dreaming Life Style and Physiology. A Comment on Adler's View of the Dream.» *Journal of Individual Psychology* 18 (1962): 18–25.

34. Ullman, Montague. *Forstå dine drømme* (Versteh deine Träume). 58. a=15; b=59.

Bibliographie zu Kapitel 4: Daseinsanalytische und phänomenologische Traumdeutung

1. Bandler, Richard und Grinder, John. *Reframing – ein ökologischer Ansatz in der Psychotherapie.* Paderborn: Junfermann, 1984.

2. Boss, Medard. *Der Traum und seine Auslegung.* München: Kindler, 1974.

3. Boss, Medard. «*Es träumte mir vergangene Nacht ...*». Bern: Hans Huber, 1975. a=15; b=35ff.; c=171; d=69ff.; e=95; f=94f.; g=98; h=79ff.; j=147ff.; k=241f.; m=220f.; n=169.

4. Boss, Medard: «The Dreamer Lives in a Real World.» In: *The New World of Dreams.* Hrsg. Ralph Woods und Herbert Greenhouse. New York: MacMillan, 223–225.

5. Boss, Medard. «Dreaming and the Dreamed in the Daseinsanalytic Way of Seeing.» In: *On Dreaming.* Hrsg. Charles E. Scott. Chico: Scholar Press, 1977. 7–35; 20ff.

6. Caligor, Leopold und May, Rollo. *Dreams and Symbols.* New York: Basic Books, 1968.

7. Downing, Christine. «Poetically Dwells Man on This Earth.» In: *On Dreaming.* Hrsg. Charles E. Scott. Chico: Scholar Press, 1977. 86, 99, 87.

8. Fromm, Erich: *Märchen, Mythen und Träume.* Konstanz und Stuttgart: Diana, 1957. 13f.

9. Gendlin, Eugene T. «Phenomenological Concept vs. Phenomenological Method.» In: *On Dreaming.* Hrsg. Charles E. Scott. Chico: Scholar Press, 1977. 57–72. a=59; b=61; c=60.

10. Hall, Calvin. *The Individual and His Dreams.* New York: New American Library, 1972. 11.

11. Jung, C.G. «Über den Archetypus mit besonderer Berücksichtigung des Animabegriffes.» In: *GW 9/I.* § 111–113.

12. Knapp, Susan. «Dreaming: Horney, Kelmann and Shainberg.» In: *Handbook of Dreams.* Hrsg. Benjamin B. Wolman. New York: Van Nostrand Reinhold Co., 1979. 342–360. a=351f.

13. Lowe, Walter James. «On Using Heidegger.» In: *On Dreaming.* Hrsg. Charles E. Scott. Chico: Scholar Press, 1977. 36–55. a=36f; b=57.

14. Næss, Arne. *Filosofiens historie* (Die Geschichte der Philosophie) III. Kopenhagen: Vintens Forlag, 1963. 119–142. Edmund Husserl, 119.

15. Naess, Arne. *Moderne filosoffer* (Moderne Philosophen). Kopenhagen: Vintens Forlag, 1965. 9–156. 181–209. Martin Heidegger, 156.

16. Vedfelt, Ole. *Det kvindelige i manden* (Das Weibliche im Mann). Kopenhagen: Gyldendal, 1985.

17. Stern, Paul J. Vorwort zu Boss: I Dreamt Last Night. New York: Gardner Press Inc., 1977. vii–xxiii. a=xiii; b=xii; c=xiii; d=x; e=xi.

18. Freud, Sigmund. «Revision der Traumlehre.» In: *Neue Folge der Vorlesungen zur Einführung in die Psychoanalyse*. Bd. 1 der von Alexander Mitscherlich, Angela Richards und James Strachey herausgegebenen Studienausgabe. Frankfurt a. M.: Fischer, 1989. 465.

Bibliographie zu Kapitel 5: Erlebnisorientierte Traumarbeit

1. Barz, Ellinor. *Selbstbegegnung im Spiel*. Zürich: Kreuz, 1988.

2. Berger, Milton. Einführung zu Polster, Erving und Miriam. *Gestalttherapie*. Frankfurt a. M.: Fischer, 1983. 9–12.

3. Dieckmann, Hans. Methodische Bemerkungen zur Traumdeutung. In: *Methoden der analytischen Psychologie*. Olten: Walter, 1979.

4. Downing, Jack und Marmorstein, Robert. *Dreams and Nightmares*. New York: Harper and Row, 1973.

5. Laursen, Ville. *Fritz Perls*. Kopenhagen: Forum, 1980. a=23 f.; b=36.

6. Maslow, Abraham. *Motivation und Persönlichkeit*. Reinbek: Rowohlt, 1989. a=27; b=29.

7. Perls, Frederic S., Hefferline, Ralph, Goodman, Paul. *Gestalt-Therapie. Lebensfreude und Persönlichkeitsentfaltung*. 2 Bde. Stuttgart: Klett-Cotta, 1979.

8. Perls, Frederic S. *Gestalt-Therapie in Aktion*. Stuttgart: Ernst Klett, 1974. a=11 f.; b=63 f.; c=59; d=44 ff.; e=60; f=45; g=55 f.; h=82,84; i=83; j=76 f.; k=33 f.; m=62; n=154 ff.; p=59; q=92 f.,95; r=78; t=61.

9. Polster, Erving und Miriam. *Gestalttherapie*. Frankfurt a. M.: Fischer, 1983. a=294; b=249; c=252 ff.; d=291; e=251; f=293; g=253; h=254; i=249.

10. Røine, Eva. *Psykodrama* (Psychodrama). Oslo: Aschehoug, 1978. a=145; b=146 f.; c=87; d=21.

11. Sørensen, Villy. *Digtere og dæmoner* (Dichter und Dämonen). Kopenhagen: Gyldendal, 1979. 139.

12. Vedfelt, Ole. *Det kvindelige i manden* (Das Weibliche im Mann). Kopenhagen: Gyldendal, 1985. 175.

13. Vedfelt, Ole. Interview in Bering, Elna. *Hvad er psykoanalyse?* (Was ist Psychoanalyse?) Kopenhagen: Rosinante, 1988.

14. Whitmont, Edward H. «Recent Influences on the Practice of Jungian Ana-

lysis.» In: Stein, Murray. *Jungian Analysis.* (S. Bibliographie zu Kap. 2, «JA»), 335–364. a=345; b=346.

15. «Gestalt Therapy Reading List.» *Counseling Psychologist* 4, Nr. 4 (1974): 60–63

Bibliographie zu Kapitel 6: Laboruntersuchungen zu Schlaf und Traum

Mehrere der im folgenden genannten Titel stehen in *A Handbook of Dreams* (AHD), s. Wolman, B. und *The New World of Dreams* (NWD), s. Woods und Greenhouse.

1. Allison, Truett, und Van Twyer, Henry. «The Sleep and Dreams of Animals.», In: *NWD*, S. 342–355.

2. Arkin, A., Hastey, J. und Reiser, M. «Post-Hypnotically Stimulated Sleep Talking.» *Journal of Nervous and Mental Disease* 142 (1953): 273.

3. Brunak, Søren und Lautrop, Benny. «Drømmesøvn. Naturvidenskabeligt set.» (Traumschlaf im Licht der Wissenschaft). *Hug* 45 (1986): 54–61. a=54; b=59f.; c=59.

4. Cartwright, Rosalind. *Night Life.* Englewood Cliffs, N. J.: Prentice-Hall, 1977. a=38; b=10; c=11; d=30f.; e=18–24; f=28–31; g=55; h=51–53; i=55–58; j=40f.; k=119–135; l=63; m=20; n=21; o=22; p=24; q=25; r=26f.

5. Crick, Francis und Michison, Graeme. «The Function of Dream Sleep.» *Nature* 304 (1983): 111–114.

6. Dallet, Jane. «Theories of Dream Function.» *Psychological Bulletin* 79, Nr. 6 (1973): 408–416. a=408; b=415.

7. Dement, W. «The Effect of Dream Deprivation.» *Science* 131 (1960): 1705–1707.

8. Dement, W. und Wolpert, E. «The Relation of Eye Movements, Body Mortality, and External Stimuli to Dream Content.» *Journal of Experimental Psychology* 55 (1958): 543.

9. Domhoff, Bill. «Home Dreams Versus Laboratory Dreams.» In: *Dream Psychology and the New Biology of Dreaming.* Hrsg. M. Kramer, Springfield, 1969.

10. Dreyfuss-Brisac. «The EEG of the Premature Infant and the Fall Term Newborn.» In: *Neurological and Electroencephalogic Correlative Studies of Infancy.* Hrsg. Kelloway und Petersen. New York: Grune and Stratton, 1969.

11. Fiss, Harry. «Current Dream Research. A Psychobiological Perspective.» In: *AHD*, 20–75. a=60; b=36; c=38; d=60; e=41f.

12. Foulkes, D. und Fleischer, S. «Mental Activity in Relaxed Wakefulness.» *Journal of Abnormal Psychology* 84 (1975): 66–77. a=72.

13. Foulkes, David. *Die Psychologie des Schlafs.* Frankfurt a. M.: Fischer, 1969.

14. Foulkes, David. «The Dreamlike Fantasy Scale.» Sleep Study Abstracts. *Psychophysiology* 7: 335f.

15. Foulkes, David. «How is the Dream Formed?» In: *NWD*, 303–313. a=309f.; b=312; c=309.

497

16. Foulkes, David. «You Think All Night Long.» In: *The New World of Dreams.* Hrsg. Ralph Woods und Herbert Greenhouse. New York: MacMillan, 1974. 298–319.

17. Foulkes, David. *Children's Dreams. Longitudinal Studies.* New York: John Wiley and Sons, 1982.

18. Greenberg, R. et al. «The Effect of REM-Deprivation on Adaption to Stress.» *Psychosomatic Medicine* 34 (1972): 257–262.

19. Greenhouse, Herbert. «Penile Erections During Dreams.» In: *NWD*, 296–302.

20. Hall, Calvin S. *The Meaning of Dreams* (S. Bibliographie zu Kap. 3). a=6f.

21. Hartmann, Ernest. *The Functions of Sleep.* New Haven: Yale University Press, 1973. a=68.

22. Hartmann, E. «Psychological Differences Between Long and Short Sleepers.» *Archives of General Psychiatry* 26 (1966): 463–468. a=463.

23. Hawkins, David R. «A Review of Psychoanalytic Dream Theory in the Light of Recent Psychophysiological Studies of Sleep and Dreaming.» *British Journal of Medical Psychology* 39 (1966): 85–104. a=93f.

24. Jones, Richard M. *Ego Synthesis in Dreams.* (S. Bibliographie zu Kap. 1.)

25. Jouvet, M. «The Function of Dreaming.» In: *Handbook of Psychobiology.* New York: Academic Press, 1975. a=112.

26. Jung, C.G. *Analytical Psychology, Its Theory and Practice.* New York: Partheon, 1968. a=68. (Deutsch: «Über Grundlagen der Analytischen Psychologie.» In: *GW 18/I*, § 1–415.)

27. Kluger, Yehezkel. «Archetypical Dreams and ‹Everyday› Dreams.» (S. Bibliographie zu Kap. 2.) a=21.

28. Kramer, Milton et al. «Patterns of Dreaming. The Interrelationship of the Dreams of a Night.» *Journal of Nervous Mental Disease* 139 (1964): 426–439.

29. Kripke, D. und Sonnenschein, F. «A Biological Rhythm in Waking Fantasy.» In: *The Stream of Consciousness.* Hrsg. J. Pope und K. J. Singer. New York: Plenum Press, 1978. a=322.

30. McCarley, Robert und Hobson, Allan. «The Form of Dreams and the Biology of Sleep.» In: *Handbook of Dreams.* Hrsg. Benjamin Wolman. New York: Van Nostrand, 1979. 76–130. a=76,124f.; b=112; c=114–117.

31. Reding, G. R. «Systematic Transference Interpretations in the Sleep Laboratory.» *The Journal of Nervous and Mental Disease* 149 (1969): 152–185.

32. Roffwarg, P. *Ontogenetic Development Science* 152 (1966): 604–619.

33. Snyder, Frederich. «Towards an Evolutionary Theory of Dreaming.» *American Journal of Psychiatry* 123, Nr. 2 (1967): 121–142.

34. Trillin, Calvin. «The Discovery of Rapid Eye Movements.» In: *NWD*, 274–278.

35. Tolaas, J. und Ullman, M. «Extrasensory Communication and Dreams.» In: *AHD*, 168–195. a=192f.

36. Watson, Lyall. *Livstidevandet.* Kopenhagen: Gyldendals Bogklub, 1980. a=224; b=230.

37. Verdone, P. «Temporal Reference of Manifest Dream Content.» *Perceptual and Motor Skills* 20 (1965): 1253.

38. Woods, Ralph und Greenhouse, Herbert. *The New World of Dreams*. New York: MacMillan, 1974.

39. Vogel, G. et al. «Sleep Reduction Effects on Depressive Syndromes.» *Archives of General Psychiatry* 18 (1968): 287.

40. Wolman, Benjamin (Hrsg.). *Handbook of Dreams*. New York: Van Nostrand, 1979.

Bibliographie zu Kapitel 7: Traum und Körper

1. Bertelsen, Jes. *Drømme, chakrasymboler og meditation* (Träume, Chakrasymbole und Meditation). Kopenhagen: Borgen, 1985. 25.

2. Boss, Medard. *Der Traum und seine Auslegung*. München: Kindler. 1982.

3. Brenner, Charles. *Grundzüge der Psychoanalyse*. Frankfurt a. M.: Fischer, 1981. 156.

4. von Franz, Marie-Louise. «The Psychological Experience of Time.» In: *Eranos Jahrbuch* 47. Hrsg. Adolf Portmann und Rudolf Ritsema. Frankfurt a. M.: Insel, 1981. 210.

5. Freud, Sigmund. *Metapsychologische Ergänzung zur Traumlehre*. Bd. 3 der von Alexander Mitscherlich, Angela Richards und James Strachey herausgegebenen Studienausgabe. Frankfurt a. M.: Fischer, 1989.

6. Garfield, Patricia. *Creative Dreaming*. New York: Ballantine Books, 1976. 175. (Deutsch: *Kreativ träumen*. Interlaken: Ansata, 1993.)

7. Gutheil, Emil. «Dreams and the Clinic.» In: *The Handbook of Dream Analysis*. New York: Liveright, 1951. 309–327. a=310; b=318; c=320.

8. Jung, C. G. «Über Grundlagen der Analytischen Psychologie.» In: *GW 18/I*, § 1–415. § 135[26].

9. Jung, C. G. «Die praktische Verwendbarkeit der Traumanalyse.» In: *GW 16*, § 294–352. § 344–348.

10. Krackhauer, Karl. «Rolfing the Dreambody.» In: *Bulletin of Structural Integration* 7, Nr. 2 (1981): 14–24. a=14; b=15 f.; c=18 f.; d=19 f.

11. Lerner, Barbara. «Dream Function Reconsidered.» In: *Abnormal Psychology* 72, Nr. 2 (1967): 85–100. a=94; b=93; c=88 f.; d=90.

12. Lowen, Alexander. *Der Verrat am Körper*. Reinbek: Rowohlt, 1982. a=35.

13. Mindell, Arnold. *Dreambody*. London: Routledge and Kegan, 1984. 56. (Deutsch: *The Dreambody. Körpersymptome als Sprache der Seele*. Leinfelden: Bonz, 1991.)

14. Mindell, Arnold. *Working with the Dreaming Body*. London: Routledge and Kegan, 1985. a=13; b=8; c=6; d=7; e=12; f=88 f.; g=3.

15. Mindell, Arnold. *Traumkörper-Arbeit oder Der Weg des Flusses*. Paderborn: Junfermann, 1993.

16. Nyborg, E. «Drømte mig en drøm.» (Ich träumte einen Traum). In: *Hug 9*, Nr. 45 (1986): 23.
17. Perls, Frederick S. G. *Gestalt-Therapie in Aktion*. Aus dem Amerikanischen von Josef Wimmer. © 1969 by Real People Press, Lafayette. Stuttgart: Klett-Cotta, 1974. 8. Aufl. 1996.
18. Rolf, Ida. *Rolfing. Der Weg zu Einheit und Gleichgewicht der Körperstruktur*. München: Hugendubel, 1989.
19. Røine, Eva. *Psykodrama*. (S. Bibliographie zu Kap. 5.) 148.
20. Saul, L. und Sheppard, E. «An Attempt to Quantify Emotional Forces.» *Journal of the American Psychoanalytical Association* 4 (1956): 486–502. a=20.
21. Swami Devi Satyarthi. *Kroppens veje* (Die Wege des Körpers). II. Kopenhagen: Borgen, 1972. 187f.
22. Swanson, Ethel und Foulkes, David. «Dream and the Menstrual Cycle.» *Journal of Nervous and Mental Disease* 145, Nr. 5 (1968): 358–363.
23. Vedfelt, Ole. *Det kvindelige i manden*. Kopenhagen: Gyldendal, 1986. 144f.
24. Vogel, G. und Giesler, D. «Exercise as a Substitute for REM-sleep.» *Psychophysiology* 7 (1977): 300f.
25. Mental Health Abstracts Database. Code-Wörter: Dream, Body. Broeners. Reich. Lowen. Kopenhagen: Det Kongelig Bibliotek, 1986.
26. Cartwright, Rosalind. *Dreamlife*. (S. Bibliographie zu Kap. 6.) 34.
27. Olsen, Ole und Køppe, Simo. «Psykoanalytisk psykologi og psykopatologi.» In: Welner, Journal of *Psykiatri en tekstbog* (Psychiatrie. Ein Textbuch). Kopenhagen: SADL-forlag, 1985. 69.

Bibliographie zu Kapitel 8: Traum und Parapsychologie

1. Barker, J. C. «Premonitions of the Aberfan Disaster.» *Journal of the Society for Psychical Research* 44 (1967): 169–181. a=173.
2. Blomeyer. «Die Konstellierung der Gegenübertragung.» *Analytische Psychologie* 3, I (1971): 28–39.
3. De Zoete, H. E. «Warning Dreams.» *Mental Health Abstracts Data Base* 0105484 HIS1973-07780.
4. Dieckmann, Hans: «Die Konstellierung der Gegenübertragung.» *Analytische Psychologie 3, I* (1971): 11–28. a=16f.
5. Ehrenvald, Jan. «Psi Phenomena and the Existential Shift.» *American Society for Psychical Research* Nr. 2 (1972): 162–172 + *Telepathy and Medical Psychology*. New York: Norton, 1978.
6. Eisenbud, Jules. «The use of the telepathy hypothesis ...» In: *Specialized Techniques in Psychotherapy:* 41–63. a=51–53.
7. Flammarion. *L'Inconnu et les problèmes psychiques*. Paris, 1900. Zitiert nach C. G. Jung, GW 8, § 830[18].

8. Foulkes, David. «Long Distance ‹Sensory Bombardement›. ESP in Dreams: a Failure to Replicate.» *Perceptual and Motor Skills* 35, Nr. 3 (1972): 731–734.

9. Freud, Sigmund. «Traum und Okkultismus.» In: *GW Bd. XV*, Frankfurt a. M.: Fischer, 32–61. a=60; b=39ff.

10. Frey-Wehrlin, C. T. «Reflections on C. G. Jung's Concept of Synchronicity.» *Journal of Analyt. Psychology* 21, Nr. 1: 37–44.

11. Grant, John. *Dreamers.* London: Ashgrove Press, 1984. 133.

12. Greenhouse, H. «The Murder that Triggered World War I.» In: *The New World of Dreams.* Hrsg. Ralph Woods und Herbert Greenhouse. New York: Mac-Millan, 1974. 87f.

13. Grof, Stanislav. *Geburt, Tod und Transzendenz.* München: Kösel, 1985.

14. Kripner, Stanley. «Dreams and Other Altered Conscious States.» *Journal of Communication* 21, Nr. 1 (1975): 173–182.

15. Lamon, Ward Hill. «Abraham Lincoln's Dreams …» In: *The New World of Dreams.* Hrsg. Ralph Woods und Herbert Greenhouse. New York: MacMillan, 1974. 383f.

16. Jung, C. G. «Synchronizität als ein Prinzip akausaler Zusammenhänge.» In: *GW 8,* § 816–958 und «Über Synchronizität.» In: *GW 8,* § 959–987. a= § 964–966; b=§ 902; c=§ 974; d=§ 972; e=§ 973f.

17. Jung, C. G. und Kerényi, C. «The Psychology of the Child Archetype.» In: *Introduction to a Science of Mythology.* London: Routledge and Kegan, 1951. 137. (Deutsch: *Einführung in das Wesen der Mythologie. Das göttliche Kind; Das göttliche Mädchen.* Zürich: Rhein, 1951.

18. Jung, C. G. *Erinnerungen, Träume, Gedanken.* Aufgezeichnet und herausgegeben von Aniela Jaffé. Olten: Walter, 1987. 159.

19. Rhine, Louisa. «The Subject Matter of Psi-Experiments.» *Journal of Parapsychology* 40, Nr. 1 (1976): 53.

20. Rogo, D. Scott. «Dreaming the Future.» In: *Psychic* 6, Nr. 4 (1975): 26–29.

21. Servadio, Emilio. «Psychoanalysis and Telepathy.» In: Devereux, G. New York: International University Press, 1970, 210–220.

22. Skogemann, Pia. *Arketyper.* Kopenhagen: Lindhardt og Ringhof, 1986.

23. Tart, Charles M. *Altered States of Consciousness.* New York: Doubleday, 1972.

24. Sheils, Dean. «A Cross Cultural Study of Beliefs in Out-of-the-Body Experiences.» *Journal of the Society for Psychical Research* 49, 775 (1978): 697–741.

25. Ullman, Montague. «Telepathy and Dreams.» *Experimental Medicine and Surgery* 27 (1969): 19–38. a=20; b=26; c=26–28; d=25; e=24.

26. Ullman, Montague. «The Role of Imagery.» *Journal of Communication* 25, Nr. 1 (1975): 162–172.

27. Ullman, Montague und Kripner, Stanley. *Dream Studies and Telepathy.* Parapsychological Foundation, Inc., 1970.

28. Van de Castle, Robert. «Precognitive Dreaming.» *Sundance Community Dream Journal* 2, Nr. 2 (1978): 174–190. a=185f.

29. von Franz, Marie-Louise. *C. G. Jung. Sein Mythos in unserer Zeit.* Zürich: Walter, 1996. 228.
30. *Mental Health Abstracts Data Base.* Code-Wörter: Dream + Parapsychol? o. ESP o. Extra (Sensor?) o. Telepath? o. Reincarna o. Rebirth o. Occult.
31. *MHAD – Abstract Human Behaviour* 5, Nr. 8 (1976): 34.
32. Bertelsen, Jes. *Højere bevidsthed.* Kopenhagen: Borgen 1983.
33. Spitz, René. Die Entstehung der ersten Objektbeziehungen. Stuttgart: Klett-Cotta, 1992.
34. von Franz, Marie-Louise. «Religiöse oder magische Einstellung zum Unbewussten.» In: *Studien aus dem C. G. Jung-Institut* 17. Zürich: Rascher, 1964.
35. von Franz, Marie-Louise. *Alchemy.* Toronto: Inner City Books, 1980.
36. Dieckmann, Hans. «Transference and Countertransference.» In: *The Journal of Analyt. Psychology* 21 (1976): 25–36. a=33 f.

Bibliographie zu Kapitel 9: Esoterisches Traumverständnis

1. Arnold-Forster, Mary. *Studies in Dreams.* New York: MacMillan, 1928.
2. Banquet, J.-P. et al. «Quantified EEG Spectral Analysis of Sleep and T.M.» In: *Scientific Research on the Transcendental Meditation Program. Collected Papers* I (1977): 182–186 + mehrere andere Artikel: 151–182.
3. Bertelsen, Jes. *Dybdepsykologi* (Tiefenpsychologie) I. Kopenhagen: Borgen, 1978. 121.
4. –: *Dybdepsykologi* (Tiefenpsychologie) *III. Den vestlige meditations psykologi* (Die Psychologie der westlichen Meditation). Kopenhagen: Borgen, 1980. 41f.
5. –: *Drømme, chakrasymboler og meditation* (Träume, Chakrensymbole und Meditation). Kopenhagen: Borgen, 1982. a=52; b=49–51; c=73; d=74; e=76; f=64; g=120; h=122; i=123; j=67; k=128; m=125; n=68,129f.; p=65; q=51; r=150,136. (Deutsch: *Traumarbeit und Meditation. Bewußtseinsentwicklung durch Übungen mit Chakrasymbolen.* München: Goldmann, 1993.)
6. –: *Højere bevidsthed* (Höheres Bewußtsein). Kopenhagen: Borgen, 1983. a=81; b=75.
7. –: *Kvantespring* (Quantensprung). Kopenhagen: Borgen, 1986. 18.
8. Boysen, Birgit. *Drømme, bevidsthed, selvudvikling* (Träume, Bewußtsein, Selbstentwicklung). Kopenhagen: Strubes Forlag, 1987.
9. Castañeda, Carlos. *Reise nach Ixtlan.* Frankfurt a. M.: Fischer, 1984. 131.
10. Cayce, E. *Edgar Cayce on Dreams.* New York: Warner Books, 1969.
11. Coward, H. «Jung and Kundalini.» *Journal of Analyt. Psychology* 30 (1985): 379–392. a=389; b=391; c=390; d=379.
12. Delage, Yves. Described in Green, Celia. (S. Bibliographie zu Kap. 9, Nr. 18.) 143–147. 185f.

13. Eliade, Mircea. *Yoga: Unsterblichkeit und Freiheit*. Zürich: Rascher, 1960.

14. Evans-Wentz, W. Y. *Tibetan Yoga*. London: Oxford University Press, 1967.

15. Faber, P. A. et al. *Meditation* ... (S. Bibliographie zu Kap. 2.)

16. Fox, Oliver. *Astral Projection*. New York: University Books Inc., 1962. a=32f.; b=58–62.

17. Garfield, Patricia. *Creative Dreaming*. New York: Ballantine Books, 1974. a=130–133; b=121. (Deutsch: *Kreativ träumen*. Interlaken: Ansata, 1993.)

18. Green, Celia. *Lucid Dreams*. London: Hamish Hamilton, 1968. a=33–35.

19. Jung, C. G. und J. W. Hauer. *Psychological Commentary on Kundalini Yoga*. Zürich: Spring, Bd. I: 1975, Bd. 2: 1976. (Ursprünglich vervielfältigtes Typoskript: *Kundalini Yoga Seminar*, auch *Tantra Yoga Seminars* genannt). Notizen über das Seminar, gehalten im Psychologischen Club Zürich, 1933.

20. Jacobi, Jolande. «Symbole auf dem Weg zur Reifung.» In: *Der Mensch und seine Symbole*. (S. Bibliographie zu Kap. 2.) 290.

21. Janakananda, Swami. *Oplev Yoga Nidra* (Yoga-Nidra-Erfahrung). Geleitete Tiefenentspannung. Kopenhagen: Bindu, 1986.

22. Jung, C. G. «Yoga und der Westen.» In: *GW 11*, § 859–876. § 868.

23. –: *The Practice of Psychotherapy*, Collected Works, Volume 16. London: Routledge and Kegan. § 540–564.

24. –: «Kommentar zu ‹Das Geheimnis der Goldenen Blüte›.» In: *GW 13*, 1–84. § 42f.

25. –: Siehe Nr. 19, Bd. 1. 1–30.

26. –: Siehe Nr. 19, Bd. 2. 1–36. a=6, b=16.

27. –: *Erinnerungen, Träume, Gedanken*. Aufgezeichnet und herausgegeben von Aniela Jaffé. Olten: Walter, 1987. 297.

28. Leadbeater, C. W. *Chakraerne* (Die Chakras). Kopenhagen: TS Forlag, 1986.

29. Mindell, Arnold. *Dreambody*. London: Routledge and Kegan, 1984. a=51–54; b=37; c=38–45; d=44. (Deutsch: *The Dreambody. Körpersymptome als Sprache der Seele.* Leinfelden: Bonz, 1991.)

30. Moore, Robert S. «Physiology and Growth.» I–VI. Anmerkungen. Ringkjøbing 1986–1988.

31. –: «Couples Courses I–V.» Anmerkungen. Ringkjøbing 1986–1988.

32. Olsen, Jan K. *Mellem søvn og vågen* (Zwischen Schlafen und Wachen). Kopenhagen: Bindu Nr. 13, 1975. 10–12.

33. Ouspensky, P. D. «On the Study of Dreams and Hypnotism.» In: *A New Model of the Universe*. New York: Vintage Books, 1913.

34. Pagano, R. R. «Sleep During T. M.» *Science* 191 (1976): 4224: 308–310.

35. Raman, G. *Patanjalis Yoga Sutras*. Kopenhagen: Strubes Forlag, 1968.

36. Shapiro, S. A. «A Classification Scheme for Out-of-Body Phenomena.» *Journal of Altered States of Consciousness* 2, Nr. 3 (1976): 259–265.

37. Sparrow, George S. *Lucid Dreaming*. Virginia: A. R. E. Press, 1982. a=2; b=50–52.

38. Staff, V. S. *Remembered on Waking. Concerning Psychic and Spiritual Dreams.* Crowborough, Sussex: The Mysticism Committee of the Churches' Fellowship for Psychical and Spiritual Studies, 1975.

39. Van Eeden. «A Study of Dreams.» *Proceedings for the Society for Psychical Research* XXVI (1913).

40. Vedfelt, Ole. *Det kvindelige i manden* (Das Weibliche im Mann). (S. Bibliographie zu Kap. 2).

41. von Franz, Marie-Louise: *On Dreams and Death.* Boston: Shambhala, 1986. a=184. (Deutsch: *Traum und Tod.* München: Kösel, 1984.)

42. –: *On Divination.* Toronto: Inner City Books, 1972.

43. Woodroffe, Sir John (Pseudonym: Avalon, Arthur). *Die Schlangenkraft.* Weilheim, Obb: Otto Wilhelm Barth, 1961.

44. Zimmer, Heinrich. «The Chakras of Kundalini Yoga.» Ergänzung zum Kundalini-Seminar (s. Nr. 19). Zürich: Spring, 1974. 33 f.

45. King, Francis. *Tantra als Selbsterfahrung. Einführung in den indischen Weg zum Wachstum der Persönlichkeit.* München: Heyne, 1986. 96.

46. Jung, C. G. «Zur Phänomenologie des Geistes im Märchen.» In: *GW 9/I*, § 384–455.

47. Moody, Raymond. *Leben nach dem Tod.* Reinbek: Rowohlt, 1977.

48. Rawson, Philip. *Tantra. The Indian cult of ecstasy.* New York: Thames and Hudson, 1979. 18 f. (Deutsch: *Tantra. Der indische Kult der Ekstase.* München: Droemer Knaur 1981.)

49. Mumford, John. *Ecstasy Through Tantra.* Minnesota: Llewelyn publications, 1988.

Bibliographie zu Kapitel 10: Traum und Geburtserfahrung

1. Freud, Sigmund: *Die Traumdeutung.* GW Bd. II. Frankfurt a. M.: Fischer. 404 f.

2. Grof, Stanislav. *Realms of the Human Unconscious I–IV.* (S. Bibliographie zu Kap. 11.)

3. Gutheil, Emil. *The Handbook of Dream Analysis.* (S. Bibliographie zu Kap. 7.) 240 f.

4. Hall, Calvin. *The Individual and His Dreams.* (S. Bibliographie zu Kap. 3.)

5. Jones, Eve. «Rebirthing.» In: Corsini, R. J. (Hrsg.) *Handbuch der Psychotherapie.* 1127–1148.

6. Jung, C. G. «Über Wiedergeburt.» In: *GW 9/I.*

7. –: *Symbole der Wandlung.* GW 5. a=§ 367 f., 333 f.; b=§ 450 ff.

8. Menaker, Esther. *Otto Rank. A Rediscovered Legacy.* New York: Columbia University Press, 1982. 70.

9. Neumann, Erich: *Die Große Mutter. Eine Phänomenologie der weiblichen Gestaltungen des Unbewußten.* Solothurn: Walter, 1994. 75 f.

10. Nilsson, Martin P. *Olympen*. Kopenhagen: Haase, 1966.
11. Rank, Otto. *The Trauma of Birth*. London: Kegan Paul, 1929.

Bibliographie zu Kapitel 11: Traum und bewußtseinserweiternde Techniken

Ein Standardwerk, das mehrere Titel enthält: LSD-ATS = Sankar, D.V.S. *LSD A Total Study*. Westbury, New York: PJD Publications, 1975.

1. Abramson, Harold A. *The use of LSD as an Adjuvant to Psychotherapy*. In: LSD-ATS. 687–699.
2. Brandrup, E. und Vanggaard, T. «LSD-Treatment in a Severe Case of Compulsive Neurosis.» *Acta Psychiatrica Scandinavia* 55 (1977): 127–141.
3. Furst. *Hallucinogens and Culture*. San Francisco: Chandler and Sharp, 1976.
4. Grinspeer, L. und Bakula. *Psychedelic Drugs Reconsidered*. New York: Basic Books. 35.
   Grof, Stanislav. *Realms of the Human Unconscious:*
5. I: *Observations from LSD Research*. New York: Viking Press, 1975. a=101–124; b=33; c=34ff.; d=44; e=95–98; f=154–158; g=124; i=220; j=99f.; k=119; m=154.
6. II: (mit Halifax, Joan). *Begegnung mit dem Tod*. Stuttgart: Klett-Cotta, 1993.
7. III: *LSD Psychotherapy*. Pomona, Cal.: Hunter House, 1980. a=294; b=224; c=223f.; d=230. (Deutsch: *LSD Psychotherapie*. Stuttgart: Klett-Cotta, 1983.)
8. IV: *Geburt, Tod und Transzendenz*. München: Kösel, 1985. a=362ff.; b=181–186; c=176f.; d=346,323; e=190f.; f=341–349; g=286.
9. Hansen, Gustav. «Ketamins psykotrope effect.» *Bibliotek for læger* (Sept. 1966): 252–262.
10. Harner, M.J. (Hrsg.) *Hallucinogens and Shamanism*. New York: Oxford University Press, 1973.
11. Jastov, S. «Anestesia Dreams.» In: Woods und Greenhouse (s. Bibliographie zu Kap. 6). 531–535.
12. Jung, C.G. «Die Beziehungen zwischen dem Ich und dem Unbewußten.» In: *GW 7*, § 202–406. § 250.
13. Rafaelsen, Ole J. *Psykokemi i Psykiatri en tekstbog*. Kopenhagen, 1981. 186.
14. N.N. «The Effect of LSD on Sleep Dream Cycles …» In: *LSD A Total Study*. 460–469.
15. Mental Health Abstracts Data Base 69–86 Aug.: Code-Wörter: Dream? + Psychedel? o. LSD o. Lysergic o. Mescalineor Drug.
16. Kramer, Milton et al. *The Influence of Drugs on Dreams*. (S. Bibliograhie zu Kap. 12.) 305.
17. So Grof persönlich mir gegenüber.
18. Kuhn, Thomas. *Die Struktur wissenschaftlicher Revolutionen*. Frankfurt a.M.: Suhrkamp, 1969.

Bibliographie zu Kapitel 12: Traum und Psychose

Standardwerke mit mehreren Titeln:

1. PT: Welner, J. *Psykiatri en tekstbog* (Psychiatrie. Ein Textbuch). Kopenhagen: SADL, 1985.
2. MHA: Mental Health Abstracts – Database Dialog File 86. Code-Wörter: Dream? + Schizo? o. Borderline? o. Psychot? o. Mania? o. Depressi? o. Psychopatho?
3. Astrachan, G. D. «The Structure of Dreams in Schizophrenia.» In: *MHA*.
4. Baynes, H. G. *Mythology of the Soul*. London: Methuen & Co. a=53 f.; b=770.
5. Boss, Medard: «Psychopathologie des Traums bei schizophrenen und organischen Psychosen.» *Zeitschrift f. d. ges. Neurologie und Psychiatrie* 162 (1938): 459–494. a=467; b=468; c=470; d=476 f.; e=479; f=485; g=483; h=477 f.; i=470; j=488.
6. –: «*Es träumte mir vergangene Nacht …*». Bern: Hans Huber, 1975. a=140; b=142 ff.
7. Carrington, P. «Dreams and Schizophrenia.» In: *Archives of General Psychiatry* 26, Nr. 4 (1972): 343–350.
8. Cartwright, R. «Sleep Fantasy in Normal and Schizophrenic Persons.» *Journal of Abnormal Psychology* 80, Nr. 3 (1972): 275–279.
9. Dieckmann, Hans. *Träume als Sprache der Seele*. Stuttgart: Bonz, 1972. 84.
10. –: «Integration Process of the Ego Complex in Dreams.» *Journal of Analyt. Psychology* 10, Nr. 1 (1962): 41–65. 61.
11. Foulkes, David. «Drug Research and the Meaning of Dreams.» *Experimental Medicine and Surgery* 27 (1969): 39–52.
12. Hauri, Peter. «Dreams in Patients Remitted from Reactive Depressions.» *Journal of Abnormal Psychology* 85, Nr. 1 (1976): 1–10. 2.
13. Hartmann, E. «Longitudinal Studies of Sleep and Dream Patterns in Manic-Depressive Patients.» *Archives of General Psychiatry* 19 (1968): 312–329.
14. «International Classification of Diseases.» (8. Auflage). In: *PT* 126–129.
15. Jung, C. G. «Die Beziehungen zwischen dem Ich und dem Unbewußten.» In: *GW 7*, § 202–406. § 250–252.
16. –: «Der Inhalt der Psychose.» In: *GW 3*, § 317–424. § 390.
17. –: *Erinnerungen, Träume, Gedanken*. Aufgezeichnet und herausgegeben von Aniela Jaffé. Olten: Walter, 1987. a=137; b=136.
18. Kant, Otto. «Dreams of Schizophrenic Patients.» *Journal of Nervous and Mental Disease* 95 (1952): 335–347.
19. Kramer, Milton et al. «The Influence of Drugs on Dreams.» In: *Symposium on Drugs and Sensory Functions*. Boston: Little Brown, 1968. 299–329. a=317–326; b=305; d=308 f.
20. Kramer, M. et al. «Drugs and Dream Content.» *Experimental Medicine and Surgery* 27 (1969): 210–223.

21. –: «Drugs and Dreams III. The Effects of Mipramine on the Dreams of Depressed Patients.» *American Journal of Psychiatry* 124, Nr. 10 (1968): 1385–1392.

22. –: «Manifest Dream Content in Normal and Psychopathological States.» *Archives of General Psychiatry* 22 (Febr. 1970): 149–159.

23. Laing, Ronald. *Phänomenologie der Erfahrung.* Frankfurt a. M.: Suhrkamp, 1967.

24. Miller, Jean B. «Dreams During Varying Stages of Depression.» *Archives of General Psychiatry* 20 (Mai 1969): 560–565. a=560; b=561; c=562; d=563.

25. Olsen, O. und Køppe, Simo. «Psykoanalytisk psykologi og psykopatologi (Psychoanalytische Psychologie und Psychopathologie). In: *PT.* 68–87. a=86; b=87.

26. Perry, J. W. *The Self in Psychotic Process.* (Vorwort von C. G. Jung.) Los Angeles: University of California Press, 1953.

27. Ribi, Alfred. «Forelæsninger om Hieronymus Bosch's billeder» (Vorlesungen über Hieronymus Boschs Bilder). Im C. G. Jung-Institut in Kopenhagen 1986.

28. Richardson, A. und Moore, R. «On the Manifest Dreams in Schizophrenia.» *Journal of the American Psychoanalytical Association* 11 (1963): 281–302.

29. Skogemann, Pia und Reisby, Niels. *Carolines bog* (Carolines Buch). Kopenhagen: Rosinante, 1985. 50.

30. Sunami, Yuzuru. «A Psychophysiological Study on Dreams of Schizophrenics.» In: MHA. *Psychiatria et Neurologia Japonica.*

31. Sussmann, Lotte. «Beitrag zum Problem der Träume von Schizophrenen.» *Nervenarzt* 9 (1936): 453–466.

32. Whitman, R. M. et al. «Drugs and Dream Content.» *Ex. Med. Surg* 27 (1969): 210–223.

33. Wilmer, Harry A. «Vietnam and Madness in Dreams of Schizophrenic Veterans.» *Journal of American Psychoanalysis* 10, Nr. 1 (1982): 47–65. a=55; b=60.

34. –: «Dream Seminar for Chronic Schizophrenic Patients.» *Psychiatry* 45, Nr. 4 (1982): 351–366. a=359; b=351.

35. von Franz, M.-L. *Redemption Motifs in Fairytales.* Toronto: Inner City Books, 1980. 34.

36. Kernberg, Otto F. *Borderline-Störungen.* Frankfurt a. M.: Suhrkamp, 1978.

37. Brenneis, C. Brooks. «Factors Affecting Diagnostic Judgements of Manifest Dream Content in Schizophrenia.» *Yale University. Psychological Reports* 29, Nr. 3 (1971): 811–818.

38. Jung, C. G. *Symbole der Wandlung.* GW 5.

Bibliographie zu Kapitel 13: Traum und Gesellschaft

1. EDP Research: Mental Health Abstracts Data Base + Sociological Abstracts + Psyc. infor. p. Code-Wörter: Dream+(s) Content? + Society o. Social o. Politics.
2. Achte, K. und Shakir, T. «Dreams in Different Cultures.» *Psychiatria Fenica* (1981): 25–39.
3. Artemidor von Daldis. *Das Traumbuch.* Übersetzt, erläutert und mit einem Nachwort von Karl Brackertz. Zürich und München: Artemis, 1979.
4. Baudet, Henri. *Paradise on Earth.* Connecticut: Greenwood Press, 1976.
5. Beradt, Charlotte. *The Third Reich of Dreams.* Wellingborough, Northamptonshire: The Aquarian Press, 1985. a=12ff.; b=5–8; c=22. (Deutsch: *Das Dritte Reich des Traums.* Frankfurt a. M.: Suhrkamp, 1994.)
6. Bettelheim, Bruno. «An Essay.» In: Beradt: *Third Reich …* 150–70. a=151; b=156–158; c=160; d=161; e=167.
7. Brenneis, B. und Roll, S. «Manifest Dreams of Male and Female Chicanos.» In: *Psychiatry* 38 (1975): 172–185.
8. Carrington, P. «Dreams and Schizophrenia.» (S. Bibliographie zu Kap. 12.)
9. Colby, Kenneth. «Sex Differences in a Primitive Tribe.» *American Anthropologist* 65 (1963): 116–122.
10. Devereux, George. «Mohave Dreams and Rituals.» In: *American Anthropologist* 59 (1957): 1036–1045.
11. Eberhardt, Wolfram. «Social Interaction and Social Values in Chinese Dreams.» *Journal of Sociology* 5 (1969): 61106.
12. Ellenberger, Henry F. *Die Entdeckung des Unbewußten.* Zürich: Diogenes, ²1996.
13. Farrel, Ronald. «Social Psychological Factors Associated with the Dream Content of Homosexuals.» *International Journal of Social Psychiatry* 29, Nr. 3 (1983): 183–189.
14. Foster, George. «Dreams, Character and Cognitive Orientation in Tzintzuntzan.» *Ethos* 1, Nr. 1 (1973): 106–121.
15. Freud, Sigmund. *Die Traumdeutung.* GW Bd. II/III. Frankfurt a. M.: Fischer. 402f.
16. Garfield, Patricia. *Creative Dreaming.* New York: Ballantine Books, 1976. (Deutsch: *Kreativ träumen.* Interlaken: Ansata, 1993.)
17. Giora, Z. et al. «Dreams in Cross-Cultural Research.» *Comprehensive Psychiatry* 13, Nr. 2 (März 1972): 105–114.
18. Griffith, M. et al. «The Universality of Typical Dreams.» *American Anthropologist* 6 (1958): 1173–1179.
19. Gutmann, David. «Aging Among the Maya.» *Journal of Personal and Social Psychology* 7, Nr. 1 (1967): 28–35.
20. Hall, James A. *Arbeit mit Träumen in Klinik und Praxis.* Paderborn: Junfermann, 1982.

21. Johnson, Kenneth. «Modernity and Dream Content. A Ugandan Example.» In: *Ethos* 6, Nr. 4 (1978): 212–220.

22. Jung, C. G. «Allgemeine Gesichtspunkte zur Psychologie des Traumes.» In: *GW 8,* § 443–529. § 457.

23. Kluger, H. Y. «Archetypical Dreams and ‹Everyday› Dreams.» *Israel's Annals of Psychiatry and Related Disciplines* 13 (1955). a=9f.

24. Krohn, A. und Gutmann, D. «Changes in Mastery Style with Age.» *Psychiatry* 34 (1971): 289–300. a=289; b=292f.; c=295; d=291; e=290.

25. Lee, S. G. «Social Influences in Zulu Dreaming.» *Journal of Social Psychology* 47 (1958): 265–283.

26. Lortie-Lussier, Monique et al. «Working Mothers Versus Homemakers.» In: *Sex Roles* 12, Nr. 9–10 (1985): 1009–1021.

27. Meggitt, M. I. «Mae Enga Dreams.» In: *South Western Journal of Anthropology* 18 (1962): 216–229.

28. Noone, Richard. *In Search of the Dream People.* New York: Morrow, 1972.

29. O'Nell, Carl. *Dreams, Culture, and the Individual.* Novato, Cal.: Chandler and Sharp, 1976. a=32–35; b=77–80; c=26f.; d=28–30; e=6; f=24.

30. Cartwright, Rosalind. *Night Life.* Englewood Cliffs, N. J.: Prentice-Hall, 1977.

31. Parker, Julia und Derek. *Drømme, tolkning og symboler.* Kopenhagen: Politikens Forlag, 1987. 15.

32. Robbins, P. und Tanck, R. «Community Violence and Aggressions in Dreams.» In: *Perceptual and Motor Skills* 29, Nr. 1 (1969): 41f.

33. Skogemann, Pia. «Chuang Tzu and the Butterfly Dream.» *Journal of Analyt. Psychology* 31 (1986): 75–90.

34. Stewart, Kilton. «Dream Theory in Malay.» In: Tart, C. *Altered States of Consciousness.* New York: Doubleday, 1972. 159–167. a=160; b=161–163; c=165; d=159f.

35. Jung, C. G. *The Visions Seminars,* Book One. Zürich: Spring, 1976. 25.

36. Tedlock, Barbara et al. «Quiche Maya Dream Interpretation.» *Ethos* 9, Nr. 4 (1981): 313–330.

37. Wallace, A. «Dreams and the Wishes of the Soul. A Type of Psychoanalytic Theory among the Seventeenth Century Iroquois.» *American Anthropologist* 60 (1958): 234–248.

38. Williams, Strephon. *Jungian Senoi Dream Work Manual.* Berkeley: Journey Press, 1983.

39. von Franz, Marie-Louise. *Traum und Tod.* München: Kösel, 1984.

40. Meier, C. A. *Der Traum als Medizin. Antike Inkubation und moderne Psychotherapie.* Einsiedeln: Daimon, 1985.

41. Piaget, J. *Nachahmung, Spiel und Traum.* Band 5 der Gesammelten Werke, Studienausgabe. Stuttgart: Klett-Cotta, 1993.

42. D'Andrade, Roy. «Anthropological Studies of Dreams.» In: *Psychological Anthropology.* Dorsey Press, 1961.

Bibliographie zu Kapitel 14: Andere Richtungen und Methoden

1. Data Search. Psychinfo + Mental Health Abstracts. Code-Wörter Dream? Group?
2. The Research Libraries' Data Base «Forbes». Code-Wort: Dream. Decimal classification 13.6 (Tiefenpsychologie seit 1979).
3. Ammann, A. *Aktive Imagination*. Olten: Walter, 1978.
4. Arons, B. «First Reported Dreams in Psychoanalytic Group Psychotherapy.» *American Journal of Psychotherapy 32*, Nr. 4 (1978): 544–551.
5. Assagioli, Roberto. *Psychosynthese*. Paderborn: Junfermann, 1992.
6. Bach, S. *Das Leben malt seine eigene Wahrheit. Über die Bedeutung spontaner Malereien schwerkranker Kinder*. Einsiedeln: Daimon, 1995.
7. Corsini, R. J. *Handbook of Current Psychotherapies*. (S. Bibliographie Kap. 7.)
8. Dallet, Jane. «Theories of Dream Function.» *Psychological Bulletin 79*, Nr. 6 (1973): 408–416. 408 f.
9. Faraday, Ann. *Dream Power*. New York: Berkeley Books, 1972.
10. Fielding, B. «Dreams in Group Psychotherapy.» In: *Psychotherapy: Theory …* 4, Nr. 2 (1967): 74–77.
12. Gendlin, Eugene. *Dein Körper – Dein Traumdeuter*. Salzburg: Müller, Otto, 1987.
13. Gold, Vivian. «Dreams in Group Psychotherapy.» *International Journal of Group Psychotherapy 23*, Nr. 4 (1973): 394–407.
14. Hall, James A. *Arbeit mit Träumen in Klinik und Praxis*. Paderborn: Junfermann, 1982. a=72.
15. Jacobi, Jolande. *Die Psychologie von C. G. Jung*. Frankfurt a. M.: Fischer, 1984.
16. Jaffé, Aniela. «Bildende Kunst als Symbol.» (S. Bibliographie zu Kap. 2)
17. Jung, C. G. *The Visions Seminars*, Book One. Zürich: Spring, 1976. 21.
18. Klein-Lipschutz, Eva. «Dreams in Individual and Group Psychotherapy.» *International Journal of Group Psychotherapy 3* (1953): 143–149.
19. Larsen, Hanne Hostrup. *Tegneterapi i neurosebehandling* (Maltherapie in der Behandlung von Neurosen). Kopenhagen: Dansk Psykologisk Forlag, 1979.
20. Piaget, J. *Play, Dreams and Imitation in Childhood*. New York: W. W. Norton, 1962. 198. : Deutsch: *Nachahmung, Spiel und Traum*. Band 5 der Gesammelten Werke, Studienausgabe. Stuttgart: Klett-Cotta, 1993.
21. Rossi, Ernesto. *Dreams and the Growth of Personality*. New York: Pergamon Press, 1972.
22. Rycroft, Charles. *The Innocence of Dreams*. London: Hogarth Press, 1979.
23. Samuels, Andrew. *Jung und seine Nachfolger*. Stuttgart: Klett-Cotta, 1989. 86 f.; 421.
24. Ullman, Montague. «The Experiential Dream Group.» In: *AHD,* 406–423. (S. Bibliographie zu Kap. 3.) 409.
25. –: *Forstå dine drømme* (Versteh deine Träume). a=190–197; b=15,185 f.

26. Whitmont, Edward C. «Recent Influences on the Practice of Jungian Analysis.» (S. Bibliographie zu Kap. 2.) 361f.

27. von Franz, M.-L. *Träume*. Zürich: Daimon, 1985.

28. Yalom, I. D. *The Theory and Practice of Group Psychotherapy*. New York: Basic Books, 1970.

29. Zimmermann, David. «Dreams an Group-Analytic Psychotherapy.» *International Journal of Group Psychotherapy* 17, Nr. 4 (1967): 524–535. a=526f.; b=525.

30. Schultz, Erik. *Drømmeforståelse og drømmeteorier* (Traumverständnis und Traumtheorien). Diss. an der Universität Kopenhagen, 1977. 9–12.

31. Madsen, K. B. *Sammenlignende videnskabsteori for psykologer og paedagoger* (Vergleichende Wissenschaftstheorie für Psychologen und Pädagogen). Kopenhagen: Lærerforeningens materialeudvalg, 1980. 68–70.

Bibliographie zu Kapitel 15: Multidimensionale Traumdeutung

1. Bohm, David. *Die implizite Ordnung. Grundlagen eines dynamischen Holismus*. München: Dianus-Trikont Buchverlag GmbH, 1985. 243.

2. Ellenberger, Henry F. *Die Entdeckung des Unbewußten*. Zürich: Diogenes, ²1996.

3. Foulkes, David. «How is the Dream Formed? Another look at Freud and Adler.» In: *The New World of Dreams*. Hrsg. Ralph Woods und Herbert Greenhouse. New York: MacMillan, 1974. 312.

4. Grof, Stanislav. *Geburt, Tod und Transzendenz*. München: Kösel, 1985.

5. Hougård, Esben. *Psykoterapi som non-specifik behandling* (Psychotherapie als nicht-spezifische Behandlung). Århus: Psykologisk Skriftserie Århus Universitet, 1983. 45.

6. Jones, Richard M. *Egosynthesis in Dreams*. Cambridge, Mass.: Shenkman, 1962.

7. Madsen, K. B. Sammenlignende videnskabsteori for psykologer og paedagoger (Vergleichende Wissenschaftstheorie für Psychologen und Pädagogen). Kopenhagen: Lærerforeningens materialeudvalg, 1980. a=97; b=22.

8. Freud, Sigmund: *Die Traumdeutung*. GW Bd. II. Frankfurt a. M.: Fischer. 78ff.

9. Hawking, Stephen W. *Eine kurze Geschichte der Zeit*. Reinbek: Rowohlt, 1988.

10. Vedfelt, Ole. «The Nature of Dreams.» In: *Psyke & Logos*, Nr. 1. Kopenhagen, 1991. 21–42.

Register

Neben den wichtigsten Namen und Begriffen ist jeweils durch Kursivschrift angegeben, wo der entsprechende Begriff ausführlicher erklärt wird. Da bereits das Inhaltsverzeichnis viele Hinweise enthält, wurde versucht, im Register Überschneidungen zu vermeiden. Begriffe, die in jedem Kapitel wieder systematisch erörtert werden, wie zum Beispiel *Wesen, Funktion* und *Deutung von Träumen*, wurden nicht aufgenommen. Dasselbe gilt für Begriffe wie Sexualität, Neofreudianer usw.

Bei Namen wie Freud und Jung sind nur die wichtigsten Stellen aufgeführt.

Unter dem Eintrag «Träume (Beschreibungen)» findet sich eine Liste der nahezu zweihundertfünfzig im Buch beschriebenen Träume und unter dem Eintrag «Symbole» eine Reihe besonderer Traumsymbole.

Abbildungsnachweis

S. 258: Cartwright, Rosalind. Night Life. Englewood Cliffs, N. J.: Prentice Hall, 1977. S. 11.

S. 379: Grof, Stanislav. Beyond the Britain. Albany, N. Y.: State University of New York Press, 1985. S. 105.

S. 464: Bohm, David. Die verborgene Ordnung des Seins. Grafing: Aquamarin, 1988.